과거, 출세의 사다리

《족보》를 통해 본 조선 문과급제자의 신분이동

(태조~선조)

한 영 우
· 서울대학교 문리과대학 사학과 졸업. 동 대학원 박사
· 서울대학교 한국문화연구소장 / 한국사연구회장 / 국사편찬위원회 위원 /
서울대학교 규장각관장 / 서울대학교 인문대학장 / 한림대학교 특임교수 /
문화재위원회 사적분과위원장 / 서울특별시사 편찬위원 역임
이화여대 이화학술원 석좌교수 겸 이화학술원장
· 현재
서울대학교 명예교수

태조~선조
과거, 출세의 사다리
《족보》를 통해 본 조선 문과급제자의 신분이동

초판 제1쇄 발행 2013. 1. 7.
초판 제3쇄 발행 2017. 5. 15.

지은이 한 영 우
펴낸이 김 경 희
편 집 최 윤 정·임 유 진
펴낸곳 (주)지식산업사
본사 ◉ 413-832, 경기도 파주시 교하읍 문발리 520-12
전화 (031) 955-4226~7 팩스 (031)955-4228
서울사무소 ◉ 110-040, 서울시 종로구 통의동 35-18
전화 (02)734-1978 팩스 (02)720-7900
한글문패 지식산업사
영문문패 www.jisik.co.kr
전자우편 jsp@jisik.co.kr
등록번호 1-363
등록날짜 1969. 5. 8.

책값은 뒤표지에 있습니다.

ISBN 978-89-423-1162-0 (94910)
ISBN 978-89-423-0068-6 (전4권)

이화학술원 지성사총서 8

科 擧
과거, 출세의 사다리

— 족보를 통해 본 조선 문과급제자의 신분이동

(태조~선조 대)

한 영 우

지식산업사

들어가면서

나는 지금 200자 원고지 1만 2천 장을 탈고하고 나서 이 글을 쓰고 있다. 조선왕조 500년 동안 배출된 문과급제자 약 1만 5천 명(정확하게는 1만 4,615명)의 신원을 《방목榜目》, 《족보》, 《실록》 등의 자료로 면밀하게 조사하고, 그들 성관姓貫의 현재 인구까지도 조사하여 과연 이들이 당당한 벼슬아치의 후예인가, 아니면 신분이 낮은 '개천에서 솟아난 용龍'인가를 알아본 것이 이 책이다.

돌이켜 보면, 혼자서 이 일을 해냈다는 것이 스스로 믿어지지 않는다. 지난 5년 동안 이 일에 몰두하면서 중도에 접고 싶은 충동을 느낀 적도 한두 번이 아니었고, 내 체력으로 끝을 맺을 수 있을까 스스로 회의를 품으면서도 여기까지 온 것은, 누군가 꼭 한번은 해야 할 작업이라는 신념을 가지고 있었기 때문이었다.

조선왕조를 이끌어 간 정치엘리트가 문과급제자들임은 두말할 필요가 없다. 그런데 그동안 이들에 대한 연구는 통계적 수치도 제시하지 않은 가운데 근거가 박약한 자료를 가지고 양반특권층이 세습했다고 주장하거나, 아니면 최근 전산화된 과거급제자 명단인 《방목》만을 이용하여 어느 성관에서 엘리트층이 배출되었는가를 조사하여 통계를 제시하는 데 그쳤다. 그 결과 전체 성관의 5퍼센트에 지나지 아니한 199개 성관에서 문과급제자의 90퍼센트 정도를 배출했다는 통계를 얻어내고, 이 통계수치를 조선사회의 폐쇄성과 경직성을 증명하는 것으로 해석했다.

하지만 이런 접근방법은 근본적인 약점과 한계가 있어, 조선사회가 지닌 신분적 개방성을 크게 왜곡하는 결과를 가져왔다고 본다. 이는 매우 중대한 문제가 아닐 수 없다.

우선 《방목》 연구의 문제점을 지적하면 다음과 같다. 《방목》을 들추면 급제자의 이름, 전력前歷, 벼슬 이름, 내외 4대조(직계 3대조와 외조)의 이름, 그리고 성관이 보인다. 조선 후기 《방목》은 여기서 조금 더 발전하여 급제자의 출생연도가 보이고, 특히 영조 중엽 이후부터는 거주지(군현)도 기록되어 있어 내용이 더욱 자세하다. 그런데 《방목》에는 이런 내용들이 급제자마다 모두 기록되어 있는 것이 아니고, 벼슬, 내외 4대조의 이름, 성관 등이 보이지 않는 급제자들이 많다. 더욱이 성관이 보이지 않을 때에는 급제자의 조상가계祖上家系를 추적하기가 어렵다. 《방목》의 또 하나의 약점은 내외 4대조의 벼슬이 전혀 기록되어 있지 않아 벼슬아치의 후손인지 아닌지를 판단하기 어렵다는 점이다.

그런데 지금까지 《방목》 연구자들은 이렇게 자료의 한계가 있는 기록 가운데 성관만을 주목하여 어느 성관에서 급제자가 많이 배출되었는지를 통계적으로 알아보는 데 그쳤다. 그 결과를 가지고, 위에 말한 것처럼, 조선사회의 폐쇄성을 증명하는 자료로 활용했던 것이다. 그들의 직계 조상이 과연 벼슬아치인지, 향리鄕吏인지, 서얼庶孼인지, 평민平民인지, 잡과인雜科人인지 등은 전혀 고려하지 않았다. 그래서 문과급제자를 많이 배출한 대성大姓은 일률적으로 모두 양반兩班인 것처럼 오해하도록 만들고, 신분이동은 거의 없었던 것처럼 곡해한 것이다.

위와 같은 기왕의 연구가 지닌 약점과 한계를 극복하려면, 반드시 해야 할 네 가지 일이 있다. 하나는 급제자의 직계 조상의 가계家系를 《족보》를 통해 면밀하게 검토하여, 양반의 후예인지 아닌지를 밝혀내야 하며, 둘째는 각 성관이 어느 정도의 인구를 가지고 있었는가를 파악하여 인구비율과 급제자비율의 상관관계를 밝혀내야 한다. 셋째로 《실록》 등을 통해 급제자의 벼슬과 신분에 관한 자료를 뽑아내야 하며, 마지막으로 급제자들이 받은 벼슬의 실체를 빈틈없이 검토하여 그들이 신분에 따라 어떤 벼슬을 받았는지를 밝혀내야 한다. 그런데 이런 작업은 지금까지 전혀 하지 않았다.

여기서 특히 인구문제가 얼마나 중요한 것인가를 알아보기 위해 현재 대한민국의 각 성관이 각기 어느 정도의 인구를 가지고 있는지를 소개하기로 한다. 물론 현재의 성관별 인구비율이 조선시대에도 그대로 일치한다고 말할 수는 없다. 하지만 지금의 대성이 조선시대에 희성稀姓일 수는 없는 것이고, 조선시대 인구가 극히 적었던 희성이 오늘에 와서 갑자기 대성이 될 수도 없는 일이므로, 오늘의 인구비율을 바탕으로 조선시대의 인구비율을 가늠하는 데는 큰 지장이 없다고 할 수 있다.

현재 대한민국의 성관은 대략 4천 개로 알려져 있다. 2000년 현재 통계청에서 발표한 각 성관별 인구통계를 보면, 상위 200대

성관의 인구가 전체 인구의 약 80퍼센트를 차지하고 있다. 이를 뒤집어 말하면, 나머지 약 3,800개 성관이 겨우 인구의 20퍼센트를 차지하고 있다는 뜻이기도 하다. 그만큼 소수의 성관에 인구가 집중되어 있고, 소수의 인구를 가진 희성이 엄청나게 많다는 뜻이다.

말할 것도 없이 현재 200개 대성의 인구서열과 문과급제자를 많이 배출한 200개 성관의 서열이 반드시 일치하지는 않는다. 하지만 인구서열과 급제자서열이 놀랄 정도로 밀접한 상관관계를 가지고 있다는 것이 증명되고 있다. 현재 우리나라 200개 대성 가운데 상위 20대 성관과, 급제자서열과 인구서열이 서로 비슷한 16개 성관을 합한 36개 성관의 급제자서열과 현재 인구서열의 관계를 살펴보면 다음과 같다.

성 관	급 제 자 서 열	인 구 서 열
전주이씨全州李氏	1위	3위
안동권씨安東權氏	2위	11위
파평윤씨坡平尹氏	3위	9위
남양홍씨南陽洪氏	4위	22위
안동김씨安東金氏	5위	18위
청주한씨淸州韓氏	6위	10위
밀양박씨密陽朴氏	7위	2위
광산김씨光山金氏	8위	8위
연안이씨延安李氏	9위	55위
여흥민씨驪興閔氏	10위	56위
진주강씨晋州姜氏	11위	7위
경주김씨慶州金氏	12위	4위
반남박씨潘南朴氏	13위	60위

동래정씨東萊鄭氏	14위	16위
한산이씨韓山李氏	15위	62위
청송심씨靑松沈氏	16위	38위
광주이씨廣州李氏	17위	51위
풍양조씨豊壤趙氏	18위	77위
경주이씨慶州李氏	19위	5위
평산신씨平山申氏	20위	14위
문화유씨文化柳氏	26위	28위
김해김씨金海金氏	27위	1위
연일정씨延日鄭氏	32위	37위
해평윤씨海平尹氏	33위	186위
여산송씨礪山宋氏	38위	35위
강릉김씨江陵金氏	41위	47위
순천박씨順天朴氏	94위	90위
보성오씨寶城吳氏	110위	119위
평창이씨平昌李氏	115위	112위
원주이씨原州李氏	120위	109위
광주노씨光州盧氏	138위	140위
청주정씨淸州鄭氏	147위	153위
풍천노씨豊川盧氏	158위	152위
울산김씨蔚山金氏	173위	163위
청주양씨淸州楊氏	185위	184위
나주오씨羅州吳氏	186위	190위

위에 소개한 36개 성관 가운데 광산김씨는 급제자서열과 인구서열이 각각 8위로 일치하고 있으며, 나머지 성관들도 급제자비율과 인구비율이 얼마나 밀접한 상관관계를 가지고 있는지를 잘 보여준다. 이와 달리 급제자비율과 인구비율이 크게 어긋나는 성관도 있는데, 그 수는 매우 적다. 예를 들면 김해김씨, 연안이씨, 여흥민씨, 반남박씨, 한산이씨, 풍양조씨, 연안김씨, 진주유씨, 풍

산홍씨, 해평윤씨 등이다.

그런데 위에 소개한 10개 성관 가운데 김해김씨[1)]를 뺀 나머지 9개 성관은 인구에 견주어 급제자를 많이 배출하여 성취율이 상대적으로 높은 것을 알 수 있다. 그 가운데 여흥민씨, 반남박씨, 풍양조씨, 연안김씨, 풍산홍씨, 해평윤씨 등 6개 성관은 왕비王妃를 배출한 점이 눈길을 끈다. 아마 왕비족으로서 위상이 급제율을 높이는 데 얼마쯤 영향을 주었는지도 모른다.

이상과 같은 인구와 성관의 관계를 고려할 때, 현재 대한민국의 엘리트층을 성관별로 조사한다면 아마도 조선시대와 비슷하게 5퍼센트에 해당하는 200개의 성관이 90퍼센트의 엘리트를 배출한 결과가 나올지도 모른다. 그렇다고 하여 대한민국을 폐쇄된 사회라고 말할 수 있을까. 대답은 '아니다'일 것이다.

다음에 고려해야 할 것은 문과급제자를 많이 배출한 이른바 대성 가운데에도 신분이 다른 여러 계파가 공존하고 있다는 점이다. 예를 들어 전주이씨, 청주한씨, 밀양박씨 등은 누구나 인정하는 명문대성名門大姓이지만, 그 성관 안에도 다양한 계파가 있다. 조선시대 가장 많은 문과급제자 866명을 배출한 전주이씨는 중인中人에 해당하는 의관醫官, 역관譯官, 음양관陰陽官, 율관律官 등 잡과급제자도 364명을 배출하여 1위를 차지하고 있다. 밀양박씨, 경주김씨, 청주한씨, 순흥안씨의 경우도 사정은 비슷하다.[2)]

1) 김해김씨는 급제자서열이 27위, 인구서열이 1위를 기록하고 있는데, 이는 조선 후기에 가짜 족보가 유행하면서 김해김씨 인구가 크게 늘어난 결과로 보인다.

2) 밀양박씨는 조선시대 문과급제자 260명을 배출했으나, 동시에 잡과급제자 165명을 배출했다. 경주김씨는 문과급제자 209명과 잡과급제자 158명을, 청주한씨는 문과급제자 273명과 잡과급제자 191명을, 순흥안씨는 문과급제자 123명과 잡과급제자 101명을 배출했다.

중인가문으로 알려진 성관의 경우도 마찬가지다. 중인은 조선 전기에는 존재하지도 않았고, 조선 후기에만 보이는 계층으로 의관, 역관, 음양관, 율관 등 잡과급제자를 특별히 많이 배출한 집안을 중인가문이라고 부른다.

대표적인 중인가문을 소개하면 태안이씨泰安李氏, 밀양변씨密陽卞氏, 우봉김씨牛峰金氏, 천녕현씨川寧玄氏, 삼척김씨三陟金氏, 영해박씨寧海朴氏, 경주최씨慶州崔氏, 온양방씨溫陽方氏, 충주지씨忠州池氏, 원주변씨原州邊氏, 하음이씨河陰李氏 등 수십 개 성관이 여기에 해당한다. 하지만 이들 중인가문에서도 문과급제자가 나오지 않은 성관이 거의 없다. 아마 문과급제자를 한 명도 배출하지 못한 중인성관이 있다면 천녕현씨 정도일 것이다. 중인가문에서도 문과급제자를 배출했기 때문에, 중인들은 스스로 중인으로 생각하지 않고 양반으로 자처했던 것이다.

모든 성관이 대부분 다양한 계층으로 구성되어 있기 때문에 어느 성관은 양반이고, 어느 성관은 중인이고, 어느 성관은 평민이라고 일률적으로 단정하는 것은 매우 위험한 것이다. 성관별 접근보다도 계파별 접근이 신분이동의 실상을 이해하는 데 한층 적절하다고 보는 이유가 여기에 있다.

문과급제자의 신분이동을 연구하는 데 또 한 가지 중요한 것은 대성 출신의 급제자보다는 오히려 인구가 극히 적은 희성 출신 급제자들의 신분을 추적하는 일이다. 이들 가운데에는 뒷날 시조始祖로 추앙된 급제자가 매우 많은데, 이들이야말로 '개천에서 일어난 용'이라고 해도 좋을 것이며, 인구비율로 본다면 오히려 급제자 수백 명을 배출한 대성보다도 성취율이 높다고 할 수도 있을 것이다. 그런데도《방목》연구자들은 주로 대성에만 관심을 쏟고 희성에 대한 관심을 별로 보이지 않고 있었다. 하지만 희성이야말로 악조건에서 더 많은 노력을 기울여 출세의 길을 찾은 부류이기 때문에 이들의 존재는 신분이동의 실상을 이해하는 데 큰 도움을 주고 있다.

《방목》연구자들이 빠져 있는 또 하나의 오류는《방목》에 기록된 급제자의 전력을 잘못 해석하고 있는 점이다.《방목》에는 전력을 적을 때 벼슬아치의 경우는 그 벼슬 이름을 적고, 생원生員이나 진사進士에 급제한 인물은 생원이나 진사라고 적었다. 서얼의 경우는 서얼이라고 밝히는 경우도 있지만, 그저 생원과 진사 또는 유학幼學으로 기록된 경우도 많아 얼핏 보면 서얼인지를 알 수 없다. 또 향리 아들 가운데 서리胥吏로 뽑혀서 올라온 사람은 공생貢生이라고 적었지만, 그 밖에 지방에 있는 향리 출신은《방목》에 향리임을 밝히고 있지 않다.

그런데 가장 중요한 것은 전력이 유학으로 되어 있는 급제자들이다. 벼슬도 없고, 생원이나 진사에 급제한 사실도 없는 사람은 모두《방목》에 유학이라고 적었다. 여기서 유학을 만약 양반이라고 해석하고 생원과 진사까지도 양반으로 해석하면, 문과급제자는 전원이 양반일 뿐 아니라 그들의 성관도 모두 양반의 성관이라는 결론이 나온다. 하지만 이는 전혀 잘못된 해석이다. 생원과 진사도 양반신분과 관계가 없을 뿐 아니라, 유학은 더욱 양반만을 가리키는 말이 아니다. 유학이란 요즘 말로 하면 학생學生이라는 뜻이다. 지방에서 향교鄕校나 서원書院에 적籍을 두었다든지 서울의 부학部學에 적을 둔 학생은 누구나 '유학'이라고 불렀다. 다만 조선시대에는 '학생'이라는 말은 죽은 자에게만 붙이고, 살아 있는 학생은 '유학'이라고 불렀을 뿐이다.

'유학'을 양반으로 오해하게 된 것은 이유가 있다. 학생은 군역軍役이 면제되었기 때문에 조선 후기 일부 평민은 군역을 피하기 위해 가짜학생 행세를 하였는데, 이를 '모칭유학冒稱幼學'이라고 불렀다. 요즘 말로 가짜학생이라는 뜻이다. 이렇게 유학에게 군역면제를 해 준 것을 연구자들이 잘못 해석하여 군역이 면제된 자는 모두 양반으로 보고, 유학을 양반으로 해석하게 된 것이다. 하지만 유학에는 양반도 있고, 중인도 있고, 향리도 있고, 서얼도 있고, 평민도 있다.

그러면 조선시대 문과급제자의 성관은 모두 얼마나 되는가? 《방목》에 기록된 성관은 약 1천 개에 달하는데, 성관이 기록되어 있지 않은 급제자가 약 440여 명에 이른다. 만약 성관이 기록되지 않은 급제자들이 각기 다른 성관을 가지고 있다고 가정하면, 모두 합쳐 약 1천 5백 개의 성관에서 급제자들이 배출된 셈이다. 조선시대 성관이 정확히 몇 개인지는 알 수 없지만, 《세종실록》〈지리지〉를 보면 성씨姓氏는 약 265개, 본관은 대략 4천 개 정도가 보인다. 그 가운데에는 이미 없어진 성관도 다수 포함되어 있어 대략 3천 개 정도로 보는 것이 옳을 듯하다. 그렇다면 전체 성관의 절반 정도에서 문과급제자가 배출되었다는 것을 알 수 있다.

1천 5백 개의 성관이 차지하는 인구가 얼마인지는 알 수 없지만, 그 속에 인구가 많은 대성이 들어 있다는 것을 고려하면 아마도 전체인구의 거의 대부분을 차지하고 있다고 보아도 무방할 것이다. 나머지 절반에 해당하는 약 1천 5백 개의 성관은, 비록 성관의 수는 많을지 몰라도, 그들이 차지하는 인구는 매우 적은 것으로 보인다. 그들은 인구가 매우 적은 희성에 속하거나 노비奴婢의 성관일 가능성이 크다. 노비도 성씨가 있지만,[3] 노비는 문과응시가 불가능했기 때문에 문과급제자를 배출할 수 없었다. 따라서 이들의 성관이 《방목》에는 빠질 수밖에 없었을 것이다. 이렇게 본다면 문과급제자는 조선시대 인구의 대부분을 차지하는 성관에서 배출되었다는 결론이 나온다. 이 사실은 과거제도가 얼마나 신분이동에 기여했는지를 단적으로 말해준다.

조선시대 신분구조가 양반과 평민이 확연히 구별되어 있는 것처럼 주장하는 연구자들은 《족보》를 가진 성관들은 모두 양반으로 보고 있는데, 그렇다면 주민의 절대다수를 차지하고 있는 평민의 성관이 무엇인지에 대해서 말하지 않고 있다. 과거급제자의 성관을 모두 양반의 성관으로 해석한다면 평민의 성관은 그 가운데 없다는 것인가? 양반과 다른 평민의 성관이 따로 있다는 것인가, 없다는 것인가? 그들의 주장이 맞다면 평민의 성관이 없다는 것을 증명하던지, 아니면 평민의 성관이 따로 있다면 구체적으로 무엇인지를 말해야 할 것이다.

결론적으로 말해서, 조선시대 신분구조는 법적인 측면에서는 '벼슬아치=양반'과 '비非벼슬아치=평민=서인'이 구별되어 있을 뿐이다. 벼슬아치는 양반 집안에서도 나오고 평민 집안에서도 나왔는데, 일단 벼슬아치가 나오면 누구나 양반으로 자처했다. 그

3) 조선 후기 호적戶籍을 보면 외거노비의 경우는 성씨가 적혀 있고, 솔거노비의 경우는 성씨를 적지 않고 있지만 성씨가 없었던 것은 아니다.

러므로 노비를 제외한 대부분의 평민은 주관적으로는 양반이고, 법적으로는 평민인 셈이다.

양반과 평민의 구별이 얼마나 애매한 것인가를 보여주는 예를 들어보겠다. 우리가 존경하는 독립운동가인 백범 김구白凡 金九 선생의 집안은 명문 안동김씨지만, 그의 조상 김자점金自點이 인조 대 정치적으로 실각한 뒤 황해도로 낙향하여 거의 200년 넘게 평민으로 살아왔다. 그래서 자신의 호를 백정白丁과 범인凡人을 합하여 백범으로 부른 것이다. 하지만 백범선생도 주관적으로는 안동김씨 가문의 후손이라는 양반의 자부심을 결코 잊지 않고 살았을 것이다.

사적인 이야기이지만, 필자의 경우도 비슷하다. 청주한씨는 문과급제자 수백 명을 배출하고, 왕비까지 5명 배출한 대성이다. 하지만 내 직계 조상은 인조 대 이후 당쟁으로 실각하여 300년 동안 벼슬아치를 거의 내지 못한 평민이었다. 그런데 우리 집안은 양반이라는 자부심을 잃지 않고 대대로 살아왔다. 그러니까 법적으로는 평민이며, 주관적이고 정신적으로는 양반인 것이다.

양반과 중인, 평민의 구별이 이렇듯 애매해진 것은 500년 동안 벼슬아치가 나오지 않은 성관이 거의 없기 때문이다. 조선 후기 이후로는 노비층까지도 양인良人으로 신분을 바꾸면서 문과급제자가 배출되었다. 그러므로 오늘날 양반의 후예가 아닌 한국인이 없는 것이다. 이렇게 온 국민이 양반이 되었지만, 각 성관마다 등급의 차이가 있었다. 그래서 벼슬아치가 많이 나온 집안과 벼슬아치가 적게 나온 집안이 서로 비교우위를 다투는 일이 한둘이 아니었다. 이것이 바로 조선시대 양반사회의 특성이었다.

그러면 이제 조선시대 과거제도가 신분 차별을 두었던가를 물어보기로 하자. 신분적 차별을 두었다면 그것은 서얼자손과 노비뿐으로 이들은 문과응시를 금지시켰다. 나머지 사람들은 다음과 같은 죄인에 한해서만 과거응시를 금지시켰다. ① 반역자의 아들, ② 재가녀再嫁女와 실행부녀失行婦女의 아들과 손자, ③ 장리贓吏(탐관오리)의 아들이 그것이다. 이 조건에 해당되지 않는 한 누구나 과거응시가 가능했다.

흔히 내외 4대조內外 四代祖, 다시 말해 직계 3대조와 외조外祖 가운데 현관顯官 곧 문반과 무반의 정직正職 벼슬아치가 없으면 응시가 불가능한 것처럼 생각하는 연구자들이 있으나, 그것은 사실이 아니다. 내외 4대조 가운데 현관이 없을 때에는, 친척 몇 명과 관원이 보증을 서게 한 것뿐이었다. 그 보증 내용도 "아무데 사는 아무개"라고 쓰는 것이었다. 응시자가 양반인가 아닌가를 보증하는 것이 아니고, 위에 말한 대로 노비와 서얼, 그리고 죄인의 자식인가를 알기 위한 보증이었다. 그러므로 내외 4대조 가운데 벼슬아치가 없는 사람도 얼마든지 응시가 가능했다.

과거제도가 이렇게 신분적 제한을 크게 두지 않은 것은 '입현무방立賢無方'과 '유재시용惟才是用'을 표방한 인사정책 때문이었다. '입현무방'이란 어진 사람을 뽑는 데 모가 나서는 안 된다는 뜻인데, 여기서 모가 난다는 것은 혈연血緣, 지연地緣, 학연學緣 등을 따지는 것을 말한다. '유재시용'은 오직 재주 있는 사람, 곧 전문성이 있는 사람을 뽑아야 한다는 뜻이다. 이런 인사원칙을 실현하는 방법이 바로 과거였다. 더욱이 3년마다 정기적으로 시행되는 식년시式年試의 경우에 7배수를 뽑는 초시初試에서 8도의 인구비율로 인원을 강제로 배정했다. 이것은 전국에서 인재를 골고루 선택하겠다는 의지가 반영된 것이었다.

문과응시자가 내외 4대조의 이름과 자기의 성관, 그리고 거주지 등을 적어서 내면 4관四館(교서관, 성균관, 예문관, 승문원)에서 신분조사를 했다. 하지만 실제로 호적戶籍을 일일이 대조하는 것이 아니라, 서류심사로 끝나는 것이었다. 자세한 신원조사는 급제한 다음 벼슬을 내릴 때 사헌부司憲府와 사간원司諫院에서 서경署經을 하면서 이루어졌다. 이때 기록이 위조된 것이 발각되면 급제가 취소되기도 하고, 집안이 한미寒微한 급제자에게는 청요직淸要職을 주어서는 안 된다는 것을 임금에게 진언하기도 하는데, 임금이 이를 따르는 일은 별로 없었다. 더욱이 서경을 하는 권한을 가진 대간臺諫(사헌부와 사간원) 자체에 신분이 낮은 급제자들이 포진되어 있을 때에는 관직임명을 견제하는 일도 별로 일어나지 않았다.

500년 동안 과거제도가 운영되면서 부작용이 없었던 것은 아니다. 시험부정이 일어나고, 선비들이 시험을 위한 공부를 하기 때문에 유학의 근본정신인 수기치인修己治人(도덕을 기르고 나서 정치에 임함)의 정신을 잃게 되었다는 자기반성이 일어나서 이른바 수기치인의 정신으로 돌아가야 한다는 실학운동實學運動이 일어나기도 했지만, 능력 중심으로 인재를 선발하겠다는 과거제도의 본질이 무너졌다고는 볼 수 없다.

나는 앞에서 지난 5년 동안 문과급제자 1만 5천 명의 신원을 조사했다고 말했는데, 조사한 방법을 다시 구체적으로 설명하면 다음과 같다.

첫째, 《방목》에 성관이 기록되어 있지 않은 급제자가 많은데, 이런 사람들은 대부분 내외 4대조의 이름이 없거나, 아버지 이름만 기록된 경우가 많았다. 이런 인물은 《실록》에서 검색해 보아도 이름이 보이지 않는 경우가 많았다. 따라서 이런 인물을 신분이 낮은 부류의 하나로 여겼다.

둘째, 《방목》에 성관이 기록되어 있으나, 그 성관의 《족보》가 세 통합보統合譜에 모두 보이지 않으면 《족보》가 없는 사람으로 보고, 이런 부류를 신분이 낮은 급제자로 분류했다. 여기서 이용한 세 통합보는 일제강점기에 편찬된 《청구씨보靑邱氏譜》와 《만성대동보萬姓大同譜》, 그리고 17세기 초에 편찬된 《씨족원류氏族源流》이다. 전주이씨 급제자의 경우는 전주이씨대동종약원全州李氏大同宗約院에서 편찬한 《전주이씨과거급제자총람全州李氏科擧及第者總覽》(2005)을 참고했다. 이 책은 매우 학구적으로 치밀하게 조사한 결과를 담았기 때문에 자료적 가치가 아주 크다.

세 통합보에 《족보》가 보이지 않더라도 거기서 포기하지 않고 인터넷으로 그들의 성관을 검색해 보고, 현재 인구를 조사하고, 나아가 한국학중앙연구원에서 제공하고 있는 조선시대 문과급제자 전산자료(DB자료)를 참고하여, 그 성관에서 몇 명의 문과급제자가 배출되었는가를 조사했다.

셋째, 급제자의 《족보》가 세 통합보에 보이지만, 그 《족보》에 급제자의 가계가 보이지 않는 부류가 있다. 문과에 급제했음에도 세 통합보의 《족보》에 모두 가계가 보이지 않는다면, 이는 신분에 무엇인가 문제가 있는 인물로 볼 수 있다. 오랜 세대에 걸쳐 벼슬아치가 나오지 않았다든가, 서얼 출신이거나, 향리의 가계이거나, 후손이 끊어졌거나 등의 이유가 있을 것이다. 그 어느 경우이든 신분이 낮은 것은 확실하다. 이런 경우의 급제자도 다시 인터넷을 통해 성관을 검색하고, 위에 말한 전산자료를 검색하여 그 성관에서 몇 명의 급제자가 배출되었는지를 알아보았다.

넷째, 《족보》에 급제자의 가계가 보이지만, 본인이나 아버지까지의 이름만 보이고, 윗대의 가계가 끊어져 있는 급제자들이 있다. 이런 부류는 윗대의 가계를 모르거나, 아니면 윗대를 알고 있더라도 연결시킬 수 없는 어떤 사정이 있다고 볼 수 있다. 어느 경우이든 신분이 낮은 것만은 부인할 수 없다. 그런데 이 경우의 급제자 가운데에는 뒤에 시조로 추앙된 인물이 대부분이다. 말하자면 평민에 속하는 부류라고 말할 수 있다.

다섯째, 《족보》에 가계가 체계적으로 보이기는 하지만, 내외 4대조 가운데 벼슬아치가 없거나 또는 그 윗대에도 4대나 5대, 6대 등 여러 대에 걸쳐 벼슬아치가 보이지 않는 부류들이다. 이런 부류는 성관 자체는 대체로 좋은 편이지만, 본인의 직계신분은 낮은 급제자로 볼 수 있다.

여섯째, 《방목》의 기록과 《족보》의 기록이 서로 다르고, 또 세 통합보에 나오는 《족보》의 기록이 서로 달라 어느 것이 진실인지 알 수 없는 급제자들이다. 이는 신원 미상자로 처리했는데, 아마도 《족보》를 위조한 것으로 보인다. 어쨌든 이 경우도 신분이 낮은 급제자에 속한다.

그 밖에 서얼의 역사를 기록한 《규사葵史》와 《실록》에서 서얼 출신 급제자를 조사하고, 향리의 역사를 기록한 《연조귀감椽曹龜鑑》과 《실록》에서 향리 출신 급제자를 확인하고, 나아가 《세종실록》〈지리지〉에서 속성續姓이면서 향리를 하고 있다고 기록된 성관을 통해서 급제자의 신분이 향리임을 찾아내기도 했다.

이상과 같은 여러 부류의 급제자들을 신분이 낮다고 판단하여 왕대별로 세밀한 통계를 만들었으며, 그 통계수치의 변화를 통해서 신분이동의 추이를 파악했다. 상세한 내용은 본문에서 다룰 것이므로, 여기서는 신분이 낮은 급제자가 전체 급제자에서 차지하는 비율을 왕대별로 소개하는 데 그치고자 한다. 다만 조선 후기의 수치는 연구가 완료되었지만 후속편에서 소개하기로 하고, 여기서는 태조에서 선조 대에 이르는 조선 전기의 수치만을 소개한다.

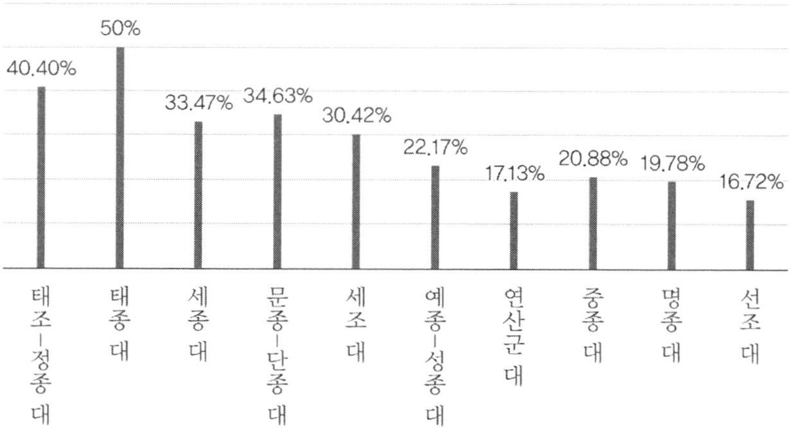

여기서 신분이 낮은 급제자의 비율이 태조-정종 대의 40.40퍼센트에서 시작하여 태종 대 50퍼센트로 정점을 이루고 점차로 수치가 30퍼센트대로 낮아지다가 연산군 대 이후로는 20퍼센트를 전후하는 수치로 내려가고, 선조 대에는 16.72퍼센트로 끝나

고 있음을 볼 수 있다. 그 다음 광해군 대 이후의 추세는 후속편에서 자세히 다루겠지만 큰 흐름만을 소개한다면, 광해군 대에 가장 낮은 수치를 찍고 나서 인조 대 이후로는 다시금 상승곡선을 이루면서 20퍼센트대로 올라가고, 숙종 대 이후로는 30퍼센트대로 더 오르고, 정조 대 이후로는 50퍼센트대 안팎으로 이어지다가 고종 대에는 거의 60퍼센트대로 올라간 상태에서 과거제도가 문을 닫는다. 상세한 내용은 후속편을 참고하기 바란다.

다음에 따져야 할 것은 신분이 낮은 급제자들이 받은 벼슬의 종류와 높이다. 청요직으로 불리는 6조 낭관郎官(5~6품)이나 사헌부, 사간원, 홍문관 등에는 얼마나 많이 진출했으며, 3품 이상 고관에 오른 사례는 얼마나 되는지를 통계적으로 밝혀냈다.

조선 전기의 상황만을 말한다면, 15세기에는 청요직과 고관으로 진출이 매우 활발하고, 16세기 이후로는 상대적으로 위축되는 것을 볼 수 있다. 이는 문벌가문이 점차로 늘어나면서 신분이 낮은 급제자들을 억제하는 시대분위기와 관계가 있다. 신분이 낮은 급제자들이 벼슬을 받을 때 대간이 서경을 하면서 신분이 한미하다든지, 미천微賤하다든지, 용렬庸劣하다든지 등의 이유를 내세워 제동을 거는 일이 자주 나타나고 있다. 하지만 역대 임금은 신분에 관한 한 신하들보다는 언제나 너그러운 태도를 보여주면서 대간의 견제를 물리치는 것이 일상적인 모습이었다.

조선시대 신분 문제에 가장 해박하고 정확한 지식을 가진 조선시대 지식인은 18세기 초의 실학자 유수원柳壽垣(1694~1755)이다. 그는 그의 저서 《우서迂書》에서 자기 시대의 가장 큰 문제점을 문벌門閥의 폐단이라고 진단하고 이를 시정하기 위한 개혁안을 제시했다. 그는 문벌의 형성 시기를 명종–선조 연간 이후라고 보았다.[4] 그러니까 16세기 후반기 이후로 문벌이 형성되기 시작하여 자기 시대에 절정을 이룬 것으로 이해한 것이다.

유수원은 15세기의 국초에는 문벌이 없었으며, 그래서 시골구석에서 명신名臣과 재상宰相이 많이 나왔고, 양인은 누구나 벼슬아치가 될 수 있었다고 말했는데, 그의 지적은 놀랄 만큼 정확하다. 필자의 연구는 그의 지적을 통계적으로 증명해 준 것이라고 말해도 지나치지 않다.

나는 이미 1970년대부터 조선시대 신분구조와 신분이동에 관한 논문을 발표하여 양반의 특권과 세습성을 주장하는 연구자들과 토론을 벌여왔다. 조선 초기의 15세기에는 양반, 중인, 평민이 확연히 대립된 신분구조가 아니라 양인과 노비가 양립되는 구조라는 것과, 16세기 후반 이후부터 서서히 벼슬아치 양반의 세습성이 높아지기 시작하여 17세기에 이르러 양반, 중인, 평민의 계층구조가 성립되었으며, 18세기 후반기 이후부터 신분상승운동이 활발하게 나타나면서 양반신분제가 붕괴되기 시작한다는 것이 나의 기본논지였다.[5]

그런데 그 뒤 양반에 관한 논쟁은 더 이상 진전이 없는 가운데, 두 주장이 평행선을 달리는 모습으로 오늘에 이르고 있다. 그 이유는 어느 쪽 주장이든 확실한 통계적 수치를 가지고 증명하고 있지 못하다는 데 있었다. 이제 내 주장을 통계적 수치로 증명할 수 있게 되었다고 스스로 믿고 있으며, 앞에서 말한 것처럼

4) 한영우, 《꿈과 반역의 실학자 유수원》, 지식산업사, 2007 참고.
5) 한영우, 《조선시대신분사연구》, 집문당, 1997 참고.

유수원의 주장과도 같다는 결론을 얻었다는 점에 대해서도 다행으로 여기고 있다.

이제 붓을 놓으면서 과거제도가 한국사의 발전과정에 어떤 의미를 던져주고 있는가를 음미하고자 한다. 조선시대 과거제도는 등용문登龍門으로 불리고 있었다. 문자 그대로 개천에서 용이 나와 하늘로 올라가는 문이라는 뜻이다. 다른 말로 한다면 초야草野의 외롭고 쓸쓸한 선비들이 열심히 공부하여 벼슬길에 올라가는 출세의 사다리라는 말도 된다.

과거제도는 1894년 갑오경장甲午更張으로 폐지될 때까지 500년 동안 유지되면서 등용문으로서 빛과 희망을 던져 주었다. 과거보러 가는 것을 관광觀光이라고도 불렀다. 관광이란 빛을 본다는 뜻과 아울러 임금의 얼굴을 본다는 두 가지 뜻이 담겨 있었다. 이렇게 공부만 열심히 하면 정승과 판서에 오를 수 있다는 꿈과 희망이 조선시대 젊은이들을 공부벌레로 만들었고, 억울하면 출세하고, 출세하고 싶으면 공부해야 한다는 인생철학을 심어주었다.

그렇다고 과거제도가 긍정적 측면만 있는 것은 아니었다. 그늘도 있었다. 앞에서 지적한 부작용 말고도 정치적 의도에 따라 급제자의 신분이 좌우되는 경우도 없지 않았다. 예를 들면 종친宗親의 권한을 강화하는 정책을 추진하던 대원군 집권기에 전주이씨 급제자가 급증한 것이다. 또 선조 말-광해군 집권기에 대북파의 핵심인물인 이이첨李爾瞻이 자신의 정치세력을 불리고자 시험문제를 미리 가르쳐 주고 부정으로 급제시킨 일도 있었다. 말할 것도 없이 그 다음 인조 대 이르러 부정급제자들이 모두 삭제되고 재시험이 치러지긴 했지만, 이렇게 삭과된 인물이 75명에 이르렀으니 보통 일이 아니었다. 어찌 보면 과거시험을 통해 정치세력을 일신一新하려고 했다고 볼 수 있다. 안동김씨가 세도하던 19세기 전반기에 안동김씨 일문에서 과거급제자가 급증한 것도 과거제도가 정치의 영향을 받고 있었다는 또 하나의 사례가 될 것이다.

하지만 위와 같은 여러 문제점이 있음에도 힘없고 외로운 사람들이 오직 공부만으로 출세하는 길을 열어주고, 이들이 벼슬아치로 문벌 독점과 횡포를 견제하는 구실을 한 것은 조선왕조의 수명을 장수로 이끄는 데 크게 일조했다고 본다.

오늘날 한국은 세계적으로 가장 높은 교육열을 보여주는 나라 가운데 하나로 인정받고 있으며, 누구나 열심히 노력하면 여러 분야에서 정상에 오를 수 있다는 꿈을 가지고 살아가고 있다. 그런 치열한 교육열과 성취욕이 바로 대한민국을 지금 선진국대열로 끌어올린 원동력이라고 할 때, 그런 문화적 유전인자를 만들어 준 것이 바로 과거제도라고 보아도 좋을 것이다.

2012년 12월

이화여자대학교 이화학술원 석좌교수

한 영 우

이 책은 이화여자대학교 이화학술원 지성사총서의 일환으로 간행되었으며, 연구를 도와주신 이화여자대학교에 감사의 뜻을 전합니다.

| 차 례

1
조선 전기 신분제의 성격과 양반

1) 양천제와 양반

양반兩班이라는 말이 크게 유행한 것은 조선시대 이후부터다. 그래서 조선시대를 양반사회로 부르기도 한다. 그런데 양반의 개념에 대해서는 상당한 오해가 있다. 조선의 양반제도를 마치 서양의 귀족제도나 인도의 카스트제도와 비슷한 것처럼 보고, 신분제도가 매우 엄격했다는 시각이 널리 퍼져 있으나 이는 진실과 거리가 멀다. 조선왕조 519년 동안 양반을 똑같은 성격으로 이해하는 것이 잘못되어 있고, 양반을 세습적인 특권층으로 보는 시각도 잘못이다.

양반은 기본적으로 문반文班과 무반武班을 합쳐서 부르는 말이다. 그러니까 벼슬아치 곧 관인官人을 가리키는 말이다. 삼국시대까지는 문관文官이 없고 무관武官이 지배했으므로 양반이라는 말이 없었다. 고려시대에 들어와서 과거제도科擧制度가 시행되고 문반이 독립되면서, 그제야 문무文武를 합쳐서 양반이라고 부르게 되었다. 하지만 무반을 선발하는 무과武科는 고려 말에 비로소 시행되었다. 이때부터 문무가 균형을 이루면서 양반이라는 용어가 벼슬아치를 총칭하는 보편적인 용어로 자리 잡았다.

고려 말 조선 초기의 관찬기록을 보면, 양반의 반대개념은 백성百姓으로 부르고 있다. 여기서 백성은 벼슬아치가 아닌 일반 서인庶人을 가리킨다. 《고려사高麗史》를 보면, 충숙왕忠肅王 대(1313~1330) 호적제도戶籍制度가 문란해져서 이를 바로잡기 위한 조치가 내려지는데, 그 내용은 이렇다.

> 개성부의 오부五部와 외방의 주현州縣에서 백성百姓이 양반兩班이라고 일컫고, 천인賤人이 양인良人이라고 부르면서 호구戶口를 위조하는 자는 법에 따라 죄를 주라.[6]

위 내용을 다시 풀이하면, 이때 주민들이 호적戶籍을 속이는 두 가지 문제를 없애자는 것이다. 하나는 벼슬아치가 아닌 서인이 벼슬아치인 양반인 것처럼 호적을 위조하고, 또 하나는 천인 곧 노비奴婢가 양인인 것처럼 위조하는 것을 막자는 것이다. 여기서 주목해야 할 것은, 당시 신분구조를 표현하는 용어로 양반과 백성을 대칭으로 보고, 양인과 천인을 또 하나의 대칭으로 보고 있다는 점이다. 이 둘을 합쳐서 당시의 신분구조를 해석하면, 양반-백성-양인-천인의 4층구조로 보기 쉬우나 그렇지 않다. 백성이 따로 있고, 양인이 따로 있는 것이 아니기 때문이다. 따라

6) 《고려사》 권79, 食貨二 戶口條.

서 위 기록은 양인과 천인을 하나의 큰 틀로 보고, 양인 가운데 양반과 백성이 포함되어 있다는 것을 뜻한다.

조선시대의 법률적 신분은 양인과 천인뿐이었다. 이것이 바로 양천제良賤制이다. 성종 대 명신 노사신盧思愼은 "우리나라 사람은 양良이 아니면 천賤, 두 개의 길이 있을 뿐이다"[7]라고 말했다. 여기서 양인과 천인의 차이는 법적으로 자유민自由民과 비자유민非自由民을 갈라놓은 것을 뜻한다. 양인은 자유민이기 때문에 재산을 소유할 수 있고, 교육을 받을 수 있고, 벼슬길에 나갈 수 있고, 국방에 참여할 수 있는 권리를 가지고 있었다. 반대로 천인은 양인이 가지고 있는 권리를 가지고 있지 못하기 때문에 천인으로 불린 것이다.

양인과 노비의 차별은, 오늘날 관점에서는 자유민과 비자유민의 차별이지만, 당시 관념으로는 귀貴와 천賤, 또는 존尊과 비卑로 구별되었다. 양천관계를 귀천관계 또는 존비관계로 부르는 이유가 여기에 있는데,[8] 이에 대한 자료는 수없이 많지만 두 가지 자료만 제시하겠다.

> 호구법戶口法은 귀천貴賤을 분별하는 것이다.……천예賤隷의 무리들이 양적良籍을 허위로 받아 명기名器를 더럽히는 일이 간혹 있다. 지금부터는……귀천貴賤의 분分을 엄하게 해야 한다.[9]

7) 《성종실록》 권186, 성종 17년 3월 23일 무진.

8) 송준호宋俊浩 씨는 양인良人을 귀貴하다거나 존尊하다고 부른 일이 없다고 단정하고 있는데, 이는 사료를 면밀히 검토하지 않은 데에서 생긴 오해이다. 한영우, 《조선시대신분사연구》, 집문당, 1997, 195~197쪽 참고.

9) 《태종실록》 권8, 태종 4년 9월 19일 정사.

> 천한 자가 공功이 있으면 상賞으로 벼슬을 주지 않고 포백布帛으로 주는 것은 양천良賤을 구별하여 존비尊卑를 밝히려는 것이다.……앞으로는 천구賤口가 비록 큰 공을 세우더라도 벼슬을 주지 말고 돈이나 옷감으로 주어 양천의 구별을 엄하게 해야 한다.[10]

양인과 노비는 법률적으로 규정된 세습신분이었다. 조선왕조는 양천제를 유지하기 위해 호적제도를 엄격하게 시행하였으며, 양인과 천인 사이의 혼인을 억제했던 것이다.

이렇게 양천제를 바탕으로 한 신분구조 안에서 양반은 벼슬아치라는 뜻을 가진 법률상의 개념이었다. 그러나 사회 관습적으로는 양반의 자제나 그 족친 또는 장차 벼슬아치가 될 준비를 하고 있는 재야의 공부하는 선비들도 양반으로 불리는 경우가 많았다.

하지만 이렇게 확대된 양반 개념은 뚜렷한 법적 구속력을 가진 것은 아니었다. 조선 후기에는 길에서 만나는 사람들끼리 "이 양반, 저 양반" 하면서 상대방을 부르는 것이 유행하였는데, 이는 양반이 아닌 사람이 거의 없어진 시대상황을 보여주는 것이다. 그것은 모든 사람들이 특권층으로서 양반이 되었다는 뜻이 아니고, 벼슬아치를 내지 않은 성관이 없었기 때문에 주관적으로 양반으로 생각하는 사람들이 온 나라를 뒤덮을 지경에 이르렀기 때문에 생긴 호칭일 뿐이다. 이것은 마치 서양에서 특수귀족층을 가리키던 젠틀맨gentleman이나 레이디lady가 오늘날 모든 사람들에게 적용되는 일반적인 칭호로 발전된 것과 비슷하다.

---

10) 《세종실록》 권43, 세종 11년 2월 10일 병술.

2) 양인의 여러 계층

노비를 제외한 모든 주민이 양인이지만, 양인은 하나의 계층이 아니었다. 그 안에는 다양한 계층이 층위를 이루고 있었다. 양인의 성격과 계층을 잘 이해하고 있던 조선시대 지식인은 18세기 초의 실학자 유수원柳壽垣(1694~1755)이었다. 그는 그의 저서 《우서迂書》에서 양인의 의미와 계층을 다음과 같이 설명하면서, 양인 본래의 모습을 되찾아야 한다고 주장했다.[11]

① 양良이라는 글자는 지극히 중요한 뜻을 가진 것인데, 우리나라 풍속에서 양인良人을 천대하는 것은 무슨 이치인가?

② 양인은 비록 관직을 갖지 않은 경우라도 본래 아무런 구애拘碍나 흔구痕咎가 없는 평인平人이다. 어찌 양인을 천대할 이유가 있는가?

③ 양인이란 곧 공경公卿 이하의 자손과 평민平民을 가리키는 말이다.

④ 양인은 재주와 덕德이 있으면 크게는 경상卿相(재상)에서 작게는 백집사百執事(여러 가지 벼슬)에 이르기까지 모든 관직을 담당할 수 있는 신분이다.

⑤ 양인자제良人子弟에게는 국가가 본래 과거에 응시할 수 있는 것을 허용했다.

유수원은 양인의 법률적 지위와 그 층위를 정확하게 지적하였다. 다만 자기 시대에 이르러 양인의 지위가 법률적 지위와 다르게 천시되고 있는 데 대해 안타까운 마음으로 이런 글을 쓴 것이

11) 한영우, 《꿈과 반역의 실학자 유수원》, 지식산업사, 2007, 89쪽.

다. 유수원과 비슷하게 양인의 개념을 정리한 말은 《세종실록》에도 보인다. 세종 16년 예조참판 권도權蹈는 양인의 등급에 대해 임금에게 다음과 같이 말했다.

> 지금 양인이라고 부르는 사람은 등급이 하나가 아닙니다. 의관벌열衣冠閥閱의 후예가 아니라 할지라도 상하上下와 내외內外를 구별할 줄 아는 사람들이 있습니다. 상하와 내외의 구별을 하지 않아도 대대로 평민平民인 사람이 있습니다. 몸은 비록 천賤하지 않지만, 천역賤役과 다르지 않은 사람이 있습니다. 역리驛吏나 보충군補充軍도 또한 통상 양인良人이라고 부릅니다.[12]

이를 다시 정리하면, 양인良人은 ① 의관벌열의 후손은 아니라도 상하와 내외를 구별할 줄 아는 사람, ② 상하와 내외를 구별할 줄 모르더라도 대대로 평민인 사람, ③ 몸은 양인이지만 역役이 천한 사람 곧 신량역천인身良役賤人, ④ 역리와 보충군 등이다. 위 인용문에는 의관벌열의 후손도 양인이라는 뜻이 함축되어 있다.

조선왕조의 헌법이라고 할 《경국대전》은 양인의 여러 계층에 대한 권리와 의무의 차이를 세밀하게 규정해 놓았다. 여기서 양인의 최상층에 속하는 벼슬아치는 사족士族으로, 벼슬을 갖지 못한 평민은 서인庶人으로 표현하고 있다. 이는 양반을 법률적으로는 사족, 백성을 법률적으로는 서인으로 불렀음을 말해준다. 곧 양반=사족, 백성=서인이다. 다만, 하층양인인 향리鄕吏와 신량

12) 《세종실록》 권64, 세종 16년 4월 16일 계해.

역천身良役賤에 대해서는 별도의 호칭을 사용하고 있다. 다시 말해 《경국대전》에는 양인이라는 용어가 독립된 계층으로는 사용된 일이 없다.

(1) 양인의 최상층: 양반=벼슬아치

양인 안에 여러 계층이 있지만, 벼슬을 가진 사족이 양인의 최상층이라는 것은 두말할 필요도 없다. 그런데 양인의 최상층인 양반=벼슬아치도 똑같은 권리와 의무를 가진 것이 아니었다. 품계의 높고 낮음에 따라 세분화한 권리와 의무가 부여되었다. 크게 보면 3품 이상 고관, 4~6품에 이르는 참상관參上官, 7~9품에 이르는 참외관參外官의 구별이 있었다. 그리고 정3품도 둘로 나뉘어 당상관堂上官과 당하관堂下官의 구별이 있어서 당상관 이상을 보통 재상宰相이라고 불렀다.

양반=벼슬아치의 등급은 경卿, 대부大夫, 사士로도 불렀다. 경은 3품 이상 고관을 말하고, 대부는 참상관, 사는 참외관을 가리키는 말이었다. 이들을 모두 묶어서 사대부士大夫라고도 불렀다. 《경국대전》에는 벼슬아치들의 품계에 따른 대우의 차이가 세밀하게 규정되어 있다. 그 차이는 녹봉祿俸, 문음門蔭, 의복衣服, 주택住宅, 분묘墳墓, 제사祭祀, 형벌刑罰 등 여러 방면에서 보이고 있는데, 이는 너무 복잡하여 여기서 모두 설명할 필요가 없다. 가장 중요한 것은 양반=벼슬아치들이 과연 벼슬을 세습하는 특권을 가지고 있었는가를 알아보는 일이다.

우리 학계에서는 양반이 특권적인 세습신분으로서 그들만이 관직과 토지를 독점하고, 그 특권을 자손들에게 세습시킨 것처럼 해석하는 경향이 있는데, 이러한 통념은 사실과 매우 다르다. 문무양반이 일반평민에 견주어 상대적으로 유리한 출세여건을 자손들에게 제공하고 있는 것은 사실이다. 우선 국가로부터 과전科田을 받고 있으므로 경제적으로 유리하고, 이미 과거시험을 치른 경험이 있으므로 집 안에 응시공부에 필요한 서적도 갖추고 있었을 것이다. 따라서 양반 자제들이 비非양반 자제들보다 경쟁력이 높았을 것은 부인할 수 없다. 하지만 이런 현상은 신분사회가 아닌 현대사회에도 얼마든지 있는 현상이다. 문제는 이런 쏠림현상이 있다 하더라도, 그 쏠림이 특권에 말미암아 된 것이 아닌 한 신분제사회로 볼 수는 없는 것이다. 조선의 벼슬아치는 그 지위를 자손에게 세습시킬 아무런 특권도 가지고 있지 않았다. 만약 그런 특권이 있다면, 그 사회는 인도의 카스트제도나 서양 중세의 작위제도爵位制度와 비슷한 사회였을 터이지만, 조선왕조에는 그런 제도가 없었다.

하지만 일부 문무양반에게 약간의 특전을 준 것만은 사실이다. 하나는 대가代加요, 다른 하나는 문음門蔭의 혜택이다. 먼저 대가는 아버지가 받은 자급資級을 자손들에게 물려주는 것을 말한다. 왕실에 경사慶事가 있을 때 그 행사에 공功을 세운 몇몇 고관들에게 상賞으로 자급을 올려주었는데, 만약 본인의 자급이 이미 높아 더 이상 올려줄 수 없을 때에는 그 자급을 자식에게 넘길 수 있게 했다.

자급이란 9품品, 18계階, 36자資에서 나온 말이다. 각 품은 정正과 종從의 두 개의 계로 되어 있고, 각 계는 다시 두 개의 자로 되어 있어서, 최하에서 출발하여 최고의 1품에 오르려면 36단계의 자를 거쳐야 한다. 상으로 자급을 줄 경우, 대개 1자나 2자를 올려주는데, 만약 자급이 이미 최고에 오른 사람은 자급을 더 이상 올려줄 수가 없다. 이럴 때 그 자급을 자손에게 대신 주는 것이 바로 대가이다. 그러나 이 경우에도 자식이 관료라야 대가를 받을 수 있으므로 관료가 아닌 자손들에게는 아무런 의미가 없다. 또 1자나 2자를 더 받는다 해서 출세에 큰 영향을 주는 것은 아니다. 따라서 대가제도가 무슨 큰 특권이나 되는 것처럼 과장해서는 안 된다.

문음은 음서蔭敍 또는 음자제蔭子弟로도 불린다. 《경국대전》 〈이전吏典〉 '음자제조蔭子弟條'를 보면, 음서의 혜택을 받는 대상과 시험과목을 다음과 같이 규정하고 있다. 먼저 음서대상자는 다음과 같다.

① 공신功臣과 2품 이상의 아들, 손자, 사위, 동생, 조카.(원종공신은 아들과 손자)

② 실직實職 3품의 아들과 손자.

③ 이조吏曹, 병조兵曹, 도총부都摠府, 사헌부司憲府, 사간원司諫院, 홍문관弘文館, 부장部將, 선전관宣傳官을 지낸 자의 아들.

다음에 음서대상자의 나이와 시험과목은 다음과 같다.

① 나이 20세 이상.

② 시험과목은 5경五經 가운데 하나와 4서四書 가운데 하나.

③ 다만, 음자제가 녹사錄事에 속하기를 원할 경우에는 시험과목이 더 많다. 곧 5경 가운데 하나, 4서 가운데 하나, 대명률大明律, 경국대전, 해서楷書, 언문諺文, 행산行算이 그것이다.

여기서 주목할 것은 음자제의 범위를 5품 이상 관료의 자손서제질子孫壻弟姪에게 넓게 부여했던 고려시대보다 한층 축소되어 있을 뿐 아니라, 시험을 치러서 합격해야 등용될 수 있다는 것이 시험을 치르지 않는 고려시대와 다른 점이다. 그리고 녹사錄事가 되기를 원하는 자는 한층 까다로운 시험을 통과해야 가능하다. 그러니까 문음이라 해서 자동적으로 벼슬길에 나가는 것이 아니라 과거科擧보다는 쉬운 시험이지만 일단 시험을 통과해야 벼슬길에 나갈 수 있는 것이다.

그러면 문음으로 나가는 벼슬은 무엇인가. 그것은 문반과 무반에 모두 있으며, 9품에서 최고 7품에 이르는 품계를 받을 수 있었다. 그러나 청요직淸要職이 아닌 임시직인 권무직權務職 또는 권지직權知職을 말하는 것이었으므로 실제로는 대단한 혜택이 아니었다. 구체적으로 말하면, 문반 음관蔭官의 경우, 왕실의 가옥을 지키는 전직殿直 또는 궁직宮直, 왕릉을 지키는 능직陵直, 또는 국가의 사단祀壇을 지키는 단직壇直, 그리고 관각館閣을 지키는 관직館直 등으로, 실제로는 아전衙前과 다름없는 자리였다. 성중관成衆官으로 불리는 서리書吏로 나가는 경우도 많았고, 고급 아전인 녹사로 나가는 경우도 있는데, 앞에서 말한 것처럼 이 경우에는 시험을 치러야 했다.

음관은 아전과 동류로 취급되었다. 임금 앞에서 조회할 때에는 문반은 동쪽에, 무반은 서쪽에, 그리고 음관은 남쪽에 섰기 때문에 흔히 남행南行(남항으로도 부름)으로도 불렸다. 그러다가 세조 대 관제개혁이 이루어지면서 권무직 또는 권지직은 모두 참봉參奉(종9품) 또는 봉사奉事(종8품)로 일원화하였다.

이렇게 조선시대의 문음은 조건이 까다로울 뿐 아니라, 그렇게 해서 음관이 되었다 하더라도 청요직에 오르려면 어쨌거나 문과 시험을 다시 통과하지 않으면 안 되었다. 따라서 실제로 고관자제가 음서로 나가는 예는 적지 않았지만, 음서로 고관대작에 오른 경우는 거의 없다고 해도 지나친 말이 아니다. 음관으로 청요직에 나가거나 정승의 반열에 오른 실례를 든다면 한명회韓明澮 정도를 들 수 있을 것이다. 그는 문음으로 경덕궁敬德宮을 지키는 궁직으로 나갔다가 세조의 집권을 도운 공으로 정난공신靖難功臣이 되고, 두 딸을 왕비로 들여보내 부원군府院君이라는 높은 지위까지 올라갔다. 그러나 이는 그가 공신이었기 때문에 가능한 일이었다.

다음에 문무관원이 가진 또 하나의 특전은 과전을 받은 것이다. 그러나 과전은 관직을 가진 기간에 임시로 준 수세권收稅權에 지나지 않는다. 토지소유권을 준 일은 없다. 과전의 소유권은 과전을 경작하는 농민에게 있었다. 그러니까 과전은 녹봉의 부족을 보충한 것으로 볼 수 있다. 국가는 과전이 양반의 소유지로 전환되는 것을 막기 위해 경기도 과전의 일부를 하삼도下三道로 이급移給시키는 등 각종 억압정책을 썼다.[13] 그나마 세조 대에는

13) 한영우, 〈태종-세종조의 대사전시책—사전의 하삼도 이급을 중심으로〉, 《조선전기사회경제연구》, 을유문화사, 1983 참고.

직전제職田制로 바뀌고, 16세기 중엽에는 직전제도 없어졌다.

말할 것도 없이 과전이 양반의 자손에게 상대적으로 유리한 경제적 조건을 만들어 준 것은 부인할 수 없다. 그것이 16세기 이후로 양반의 세습성이 상대적으로 높아지는 이유의 하나이다. 그러나 경제력이 곧 시험경쟁력을 결정적으로 좌우한다고 단정할 수는 없을 것이다.

(2) 품관: 한량

조선 초기의 양인계층을 이야기할 때 양반=벼슬아치 다음으로 주목해야 할 계층은 품관品官, 전함품관前銜品官 또는 한량閑良으로 불리는 부류이다.[14]

원래 한량이라는 말은 고려 말 조준趙浚의 전제개혁상소에 처음으로 나온다. 한량은 조선왕조를 개창한 개혁파 관료들이 처음으로 만든 말인데, '놀고 있는 양인'이라는 뜻이다. 전제개혁에서는 한량에게 본전本田의 크고 작음에 따라 군전軍田 5결 또는 10결을 지급한다고 했다. 그리고 군전을 받은 한량은 일정한 기간 서울에 올라와 살면서 숙위宿衛할 의무를 가지며, 만약 숙위를 하지 않을 경우에는 군전을 회수한다고 했다. 그러니까 한량에게 군전을 주는 대신 군역의 의무를 지우고 있는 것이다.

그러면 한량은 도대체 어떤 사람들인가. 결론부터 말하면 한량은 조선왕조건국이 가져온 사회변화를 이해하는 매우 중요한 열

14) 한량과 품관에 대해서는 한영우, 〈여말선초 한량과 그 지위〉, 《조선전기사회경제연구》, 을유문화사, 1983을 참고할 것.

쇠를 쥐고 있는 존재이다. 새 왕조가 건국되면서 수많은 고려의 관원官員이나 향리들은 전제개혁을 거치며 자신의 토지가 몰수당한 피해자로 변했다. 이들이 바로 한량으로 불렸는데, 여기에는 여러 계층이 포함되어 있었다.

먼저, 이성계일파의 정권에 참여하지 않은 전직관료들이다. 이들은 고향으로 내려가 자신들이나 후손들의 재기를 노리면서 살았을 것이다. 고향인 선산善山으로 내려가 후진을 가르치는 데 진력한 길재吉再나 원주의 원천석元天錫 같은 인물도, 개혁파들은 한량으로 불렀을 것이다.

다음 고려 말에 홍건적이나 왜구와 싸우면서 군공軍功을 세운 사람들이다. 이런 사람들이 많다 보니 국가에서는 토지로 보상할 힘이 없어 그 대신 많은 첨설직添設職을 만들어 포상했다. 첨설직은 실직實職이 아니기 때문에 산직散職이라고 불렀다. 이를 첨설직으로 부르기도 한 것은 한 개의 관직을 많이 만들어 많은 사람들에게 나누어 주었다는 뜻이다. 예를 들면 호조전서戶曹典書라는 자리는 조선의 호조판서에 해당하는 고위직인데, 이 자리를 많이 만들어 군공을 세운 사람들에게 준 것이다. 여러 씨족의 《족보》를 보면 고려 말에 전서典書 또는 판서判書의 벼슬을 가진 인물이 많이 보이는데, 이들은 대부분 첨설직으로 실제 벼슬아치는 아니었다.

첨설직을 받은 사람들은 실제로 벼슬을 하지 않았고 놀고 있는 사람들이었기 때문에 품관 또는 한량으로 불렀다. 그러나 명목상이기는 하지만 높은 품계를 받았으므로 지방에 내려간다면 보통사람들과는 위상이 다른 존재였을 것이다. 이들이 바로 고향에서 품관을 자처하면서 위세를 부리는 존재였다.

그런데 국가의 처지에서 본다면 전직관료와 첨설직을 받은 고려의 구신舊臣들을 그냥 놀릴 수만은 없었다. 그들에 대한 권리와 의무를 새로 부여할 필요가 있었다. 그것이 바로 군전의 지급과 숙위 곧 군역軍役의 의무였던 것이다.

군전은 본전의 많고 적음에 따라 5결 또는 10결을 지급한 것인데, 여기서 본전은 한량이 본래 가지고 있던 땅을 가리킨다. 전제개혁에서는 그 본전을 몰수하는 대신 본전의 크기를 헤아려서 본전이 많은 사람에게는 10결, 그리고 본전이 상대적으로 적은 사람에게는 5결을 군전이라는 이름으로 되돌려 주었으며, 나머지 땅은 국가에서 몰수하여 경작자에게 나누어 주었던 것이다.

그러면 본전이 5결 이하인 한량의 경우는 어떻게 했을까? 이 경우는 군전을 주지 않았을 것으로 보인다. 그래서 품관, 한량 가운데에는 토지를 받은 자와 토지를 받지 않은 자가 있었던 것이다. 전자를 수전품관受田品官, 후자를 무수전품관無受田品官으로 불렀다.[15)]

다음에 한량에게 군전을 지급한 대가로 부과한 것이 군역인데, 이는 거경숙위居京宿衛라고 하여 일정 기간 서울에 올라와 마병馬兵으로 근무하면서 서울을 방어하는 임무였다. 과전법科田法 규정을 보면, 1년에 100일 이상 결근한 한량은 벌로 군전을 몰수하도록 했다. 이런 조치는 한량을 크게 압박하는 것으로, 구세력들을 새 왕조의 인질로 잡아 두고 길들이기 위한 정책으로 보인다.

15) 한영우, 앞의 책 참고.

따라서 구세력들이 이런 조치를 쉽게 따르지는 않았을 것이다. 그래서인지 《실록》을 보면 숙위를 거부한 한량에 대한 처벌을 내리고 있는 기록이 무수히 보인다. 여기서 몇 가지 사례를 소개하겠다.

태조 6년 기일에 맞추어 서울에 올라와 거경숙위居京宿衛를 하지 않은 품관品官 곧 전 문하부사 최렴崔濂과 전 화령윤和寧尹 박천상朴天祥, 전 밀직 전자충全子忠, 손광유孫光裕 등의 직첩과 재산을 몰수했다.[16]

태조 6년 서울에 올라온 품관을 점고點考했는데, 기한에 맞추어 올라오지 않은 전 판서 정우鄭寓와 김을생金乙生 등 4명을 순군옥에 가두었다.[17]

태종 6년 토지(군전)를 받은 품관들을 서울로 불러 대궐문 앞에 모이게 했는데, 500여 명이나 되었다. 이때 태종은 지신사 황희에게 명하여 다음과 같은 교지를 그들에게 내렸다. "전제田制에 보면, '서울에 살면서 왕실을 지킨다'고 분명히 말한 것은 오늘의 일이 아니다. 그런데 너희들은 무슨 까닭으로 자신만이 편하고자 하는가? 너희들 가운데에는 어찌 의리를 아는 자가 없느냐?……만일 5결, 10결의 토지로 서울에 머물기 어려운 자는 마땅히 마음대로 자손이나 사위, 조카에게 물려주어 각각 마음을 바로잡고 임금을 원망하지 말라" 하니 모두 머리를 조아리고 "그럴 리가 있겠습니까" 하고 물러갔다. 이때 여러 번 익명서로 조정을 비

16) 《태조실록》 권11, 태조 6년 6월 2일 임오.
17) 《태조실록》 권12, 태조 6년 10월 28일 병오.

방하고 하윤河崙을 헐뜯었는데, 말한 사람은 모두 수전품관受田品官의 소행이라고 하여 그들을 불러 책망한 것이다.[18]

태종 9년 헌납 송희경은 임금에게 편민사의便民事宜를 올렸는데, 그 속에서 전함품관前銜品官 가운데 전지田地를 받은 자는 세금을 토지의 결수에 따라 거두고, 전지를 받지 못한 품관은 비록 관작의 이름은 있으나 가난한 자가 많아 품마品馬를 바치는 것도 어려운데, 품미品米까지 바치게 하는 것은 지나치다고 말했다.[19]

위 기록들에는 새 왕조의 집권층과 구세력 사이의 팽팽한 긴장 속에서 구세력이 차츰 차츰 길들여져 가는 과정이 엿보인다. 따라서 이들은 새 왕조에 대한 저항을 포기하면서 과거시험을 거쳐 새 왕조의 관료층으로 재기하는 길을 찾아갔을 것이다.

품관과 한량은 비록 법적으로는 양인에 속하고 있었지만, 군전을 받아 중소지주층으로 살아갈 수 있는 경제력이 있고, 또 이미 벼슬을 했거나 벼슬에 준하는 첨설직을 받은 전력이 있으므로, 양인 평민 가운데서는 최상층을 구성하고 있었다고 볼 수 있다. 따라서 한량이나 그 자제들은 과거시험에서 상대적으로 우수한 경쟁력을 가졌다고 보아야 할 것이다. 하지만 그들도 법적으로는 놀고먹는 양인 곧 한량이었을 뿐이다.

18) 《태종실록》 권12, 태종 6년 윤7월 6일 계해.
19) 《태종실록》 권18, 태종 9년 12월 21일 무오.

(3) 향리

양인의 여러 계층 가운데 출세의 잠재력이 큰 계층의 하나로 향리를 들 수 있다. 향리는 신분은 평민이면서 관청에 소속되어 수령을 도우면서 행정실무를 맡았기 때문에 흔히 '서인재관자庶人在官者'로도 불렸다. 하지만 조선왕조는 향리를 억제하는 정책을 강력하게 추진하여 법적으로는 양인 하층에 두어 신량역천의 하나로 자리매김했다. 다시 말해 몸은 양인이지만 역은 천하다는 뜻이다.

그래도 《경국대전》을 보면 향리는 모든 과거시험에 응시할 자격을 주고 있었다. 향리가 문과, 무과, 생원, 진사시에 급제하면 자손의 향역鄕役을 면제하도록 규정했다.[20] 또 세 아들 가운데 한 아들이 잡과雜科에 급제하거나 서리胥吏에 속했다가 거관去官하면 자손의 향역을 면제해 주었다. 이때 향리를 중앙관청의 서리로 보내는 것을 세공생歲貢生 또는 공생貢生이라고 불렀다.[21]

향리는 이렇게 출세의 제약이 없었기 때문에 실제로 문무과에 급제하는 사람이 매우 많았다. 향리가 생원, 진사, 문과 등을 치를 때에는 신분을 공생[22]이라고 적었다. 《문과방목》을 보면 전력前歷이 공생으로서 급제한 사람이 적지 않다. 그 실례는 뒤에 다시 설명할 것이다. 그런데 무과에 급제하는 향리는 문과보다도 더 많았다. 광해군 대 전라도 향리로서 무과에 급제하는 자가 너

20) 《경국대전》, 〈이전吏典〉, 향리조鄕吏條.

21) 《조선왕조실록》 번역본을 보면 공생을 향교鄕校의 교생校生 가운데 우수한 자를 뽑아 올린 사람이라고 주석을 붙여 놓았는데, 이는 잘못된 것이다.

22) 《광해군일기》 권149, 광해군 12년 1월 2일 신사, "貢生 乃是鄕吏也."

무 많아 조정에서 걱정하는 논의까지 일어났다. 이렇게 되면 향역을 질 사람이 부족해진다는 이유에서였다.[23] 이 밖에 향리로서 생원과 진사시에 급제한 인물도 적지 않았는데, 15세기에 32명, 16세기에 52명, 17세기에 7명, 18세기에 3명, 모두 94명이 사마시司馬試에 급제했다고 한다.[24]

고려시대 향리는 조선시대보다 그 지위가 더 높아 관료를 배출하는 가장 기본적인 계층이었다. 고려시대 과거를 통해 중앙관료로 진출하는 사람들은 현직고관의 자제들이거나 아니면 지방향리의 자제들이었다. 고려가 건국되면서 신라 말기 지방호족들을 세력에 따라 호장戶長, 부호장副戶長 등의 등급을 매겨 향리로 편제했는데, 이들은 지방에서 토지와 인민을 확보하고 있어서 출세의 잠재력이 매우 컸던 것이다.

고려 중기에는 문벌가문이 형성되고, 5품 이상의 자제들에게 문음의 기회를 넓게 열어주면서 향리의 관직진출의 기회가 상대적으로 적어졌으나, 고려 말기에는 문벌사회가 무너지면서 향리층의 중앙 진출이 다시 활발하게 진행되었다. 그래서 조선왕조 건국을 주도한 사대부 가운데에는 고려 말 향리 출신이 적지 않았다.

하지만 조선왕조가 건국되면서 향리층 가운데에는 조선왕조의 전제개혁에 반발하는 향리가 적지 않았다. 국가에서는 향리의 본전을 몰수한 대신 10결 또는 5결의 군전을 주고 서울에 와서 일

23) 위와 같음.
24) 최진옥, 〈조선시대 생원진사연구—《사마방목》의 분석〉, 한국정신문화연구원 박사학위논문, 1993.

정 기간 숙위를 하도록 조처하자 불복하는 사람이 많았던 것이다. 국가에서는 정부정책에 불복하거나 지방에서 백성을 괴롭히는 향리를 '원악향리元惡鄕吏'로 불러 사형에 처하기도 하고, 때로는 먼 북방의 외지外地로 보내 그들의 토착 세력기반을 무너뜨렸다. 또 고려시대의 전직관리로서 군전을 받고 복종하지 않는 자도 문관은 해당 읍의 향리로 강등시키기도 하고, 무관의 경우는 해당 읍의 역리驛吏 또는 우리郵吏로 격하시키기도 했다.

《세종실록》〈지리지〉를 보면, 조선 초기에 향리를 강제로 이동시킨 일이 얼마나 많았는지를 알 수 있다. 향리는 원래 토착기반이 강해 토성土姓으로 불리고 있었는데, 다른 지역으로 강제 이주한 뒤에는 토성 대신 속성續姓으로 부르게 되었다.《세종실록》〈지리지〉에는 속성을 가진 향리가 무수히 많다. 대략 향리의 약 80퍼센트가 다른 지역으로 강제로 이주되었다. 조선 후기 향리의 역사를 편찬한《연조귀감椽曹龜鑑》에는 이렇게 강등된 향리 또는 역리 들의 명단을 소개하고 있는데, 그 명단은 다음과 같다.[25]

김한수金漢守 고려시대 문하시랑門下侍郞이었는데 개국 후 진주晋州에 속한 영현永縣의 향리가 되었다. 그 뒤 영현이 혁파되자 고성固城의 향리가 되었다.

김한관金漢寬 김한수의 동생으로 고려시대 문하성 무사武士였으나 개국 후 장흥부 벽사읍碧沙邑의 우리가 되었다.

이천을李天乙 정몽주에게 경학을 배우고 뒤에 안동장군安東將軍

25)《연조귀감》권1,〈不服臣罰定錄〉.

을 지냈으나 개국 후 불복하다가 죽은 이미숭李美崇의 아들로, 개국 후 고령향리高靈鄕吏로 강속되었다.

유연兪? 기계호장杞溪戶長 유의신兪義臣의 14세손으로, 고려시대 좌찬승左贊承을 지냈으나 개국 후 불복하여 고령향리로 강속되었다.

박자완朴自完 상주 사람으로 태종이 선전관宣傳官으로 불렀으나 불응하여 상주호장尙州戶長으로 강속되었다.

이작신李作臣 고려시대 문하시랑으로, 그 후손들은 불복신으로 삼가호장三嘉戶長이 되었다.

김자金紫 광록대부光祿大夫였으나 개국 후 불복신으로 창원향리昌原鄕吏가 되었다.

박취흥朴?興 고려시대 관료였으나 개국 후 울산호장蔚山戶長으로 강속되었다.

오국화吳國華 고려시대 문하시랑이었으나 개국 후 의성호장義城戶長으로 강등되었다.

김성단金成丹 고려시대 찬성贊成을 지내다가 개국 후 불복하여 의성호장으로 강등되었다.

그러나 향리를 이렇게 통제하면서도 그들이 합법적으로 출세하는 길은 열어놓았기 때문에 향리 후손 가운데 다시 문과에 급제하여 벼슬아치로 나가는 경우는 매우 많았다. 조선 전기에 향리로 문과에 급제한 사람은 수십 명에 이르는데, 그 명단은 뒤에 자세히 소개할 것이다.

(4) 일반 평민층: 사농공상

양인 가운데에는 앞에 소개한 품관이나 한량, 그리고 향리에 속하지 않는 일반 평민이 인구비율로는 가장 많았을 것이다. 이들은 직업에 따라 사농공상士農工商으로 나뉘었다. 사士는 향교鄕校나 서원書院에 다니는 학생, 농農은 농민, 공상工商은 수공업자와 상인을 말한다. 그런데 농업이 산업의 기본인 당시에는 공상을 제외하고는 모두가 농민이었다. 농사하면서 향교의 교생校生이나 서원의 유생으로 공부했으므로, 사가 따로 있고 농이 따로 있는 것이 아니었다. 말하자면, 사가 농이고, 농이 사였다. 그래서 세종-성종 대의 명신 양성지梁誠之는 "사士는 농農에서 나온다" 또는 "사농일치士農一致"라고도 말했던 것이다.[26] 《실록》이나 그 밖의 기록에 농민이라는 용어는 거의 보이지 않는다. 농사밖에 모르는 농민이 있다면 그것은 노비뿐이었다.

사와 농은 이렇게 명확하게 구분되는 직업이 아니었고, 인구상으로 보아도 양인의 대다수를 차지했다. 그런데 공상은 인구상으로도 적을 뿐 아니라, 공부할 기회도 적었다. 농업은 독서할 시간을 가질 수 있어서 주경야독晝耕夜讀이라는 말이 생겨났다. 하지만 공상은 생업과 공부를 병행하는 것이 거의 불가능했다. 그래서 공상에 대해서는 정책적으로 농민보다 천대하여 천예賤隷로 부른 일이 많았고, 이들에게 벼슬을 줄 때에도 문반과 구별되는 유외잡직流外雜職으로 불리는 별도의 벼슬을 주었다.[27] 이들이

26) 한영우, 《조선수성기 제갈량 양성지》, 지식산업사, 2008, 284쪽.

27) 《경국대전》 〈이전〉에 보이는 잡직雜職은 6~9품까지의 품계를 받는데, 그 직종은 다음과

하는 일은 왕궁에서 말을 기른다든가, 정원을 가꾼다든가, 음식을 만드는 따위의 잡다한 일이었는데, 유외잡직은 노비도 벼슬을 받을 수 있었다. 하지만 필자는 이번 연구를 통해 행상인行商人 출신으로 문과에 급제한 인물 여러 명을 발견했다.

양인의 하층에는 신량역천으로 불리는 특수한 계층이 있었다. 여기에는 향리와 역리도 포함되어 있지만, 이들 밖에도 또 다른 신량역천층이 있었다. 이른바 간干 또는 척尺으로 불리는 계층이 그들이다.28) 이들은 보충군補充軍이라는 특수부대에 일정한 기간 근무하게 한 다음에 벼슬길에 나가도록 했다. 하지만 이들의 인구는 매우 적어서 큰 의미가 없었다.

양인 안에는 위에 말한 것처럼 다양한 계층이 존재했지만, 중요한 것은 문과를 비롯하여 무과, 잡과, 생진과生進科, 취재取才 등 여러 종류의 시험제도가 있고, 그 관문은 모든 양인에게 개방

같다. 공조工曹와 선공감繕工監 등에서 물건을 만드는 장인匠人, 교서관校書館에서 책을 관리하는 사람, 사옹원司饔院에서 음식을 만드는 사람, 조지서造紙署에서 종이를 만드는 사람, 사복시司僕寺에서 말을 기르는 사람, 군기시軍器寺에서 무기를 만드는 사람, 장악원掌樂院에서 음악을 연주하는 사람, 장원서掌苑署에서 화초를 기르는 사람, 액정서掖庭署에서 왕이 사용하는 붓과 벼루를 공급하고 궁중의 열쇠를 관리하는 사람, 도화서圖畵署에서 그림을 그리는 화원畵員 등이다.

28) 간干이나 척尺으로 불린 이들의 직업은 다음과 같다. 봉화를 올리던 봉화간烽火干, 물고기를 잡던 생선간生鮮干, 가축을 기르던 목자간牧者干, 광산에서 쇠를 캐던 철간鐵干, 소금을 굽던 염간鹽干, 왕실농장인 처處에서 일하던 처간處干, 뱃사공이던 진척津尺 등이다. 그 밖에 버들고리를 만들거나 짐승을 잡거나 광대노릇을 하거나 기생을 하던 이들이 있었는데 이들을 양수척楊水尺 또는 화척禾尺 또는 수척水尺으로 불렀다. 이들은 대개 북방에서 포로로 잡혀온 거란족이나 여진족 등 이민족 출신이 많았는데, 원래 평민들과 섞여 살지 않고 저희들끼리 모여 살고 있었으며, 호적에도 올라 있지 않았다. 마치 서양에서 지금까지도 떠돌면서 살고 있는 집시와 비슷하다. 그래서 이들에게는 교육과 벼슬의 기회를 주지 않다가, 세종 대 신백정新白丁으로 불러 일반민들과 섞여 살도록 허용하고 호적에 올려주면서 평민으로 동화시켰다. 백정白丁이라는 말은 본래 국역國役을 지고 있지 않은 사람들이라는 좋은 뜻이었다. 신량역천은 양인의 하층에 속했지만, 실제로는 그 수효가 매우 적어 무시해도 좋을 정도였다.

되어 있기 때문에 본인의 능력과 선택 여하에 따라서 얼마든지 출세의 사다리를 타고 올라갈 수 있었다는 사실을 주목할 필요가 있다.

그러면 양인은 교육을 받아 출세의 사다리를 탈 수 있을 만한 경제력을 가지고 있었는가? 15세기 전국의 토지는 대략 150만 결에 이르고 있었다. 양인가호良人家戶를 대략 100만 호라고 생각하면, 가호당 평균 보유농지는 1.5결 정도에 달한다. 《실록》을 보면 농민의 70~80퍼센트가 1~2결을 가졌다는 기록과도 일치한다.[29] 이는 농민의 70에서 80퍼센트가 자작농으로 상승했다는 것을 뜻한다. 여기서 1결 또는 2결의 땅을 당시에는 가난한 것으로 보고 있는데, 조선 후기에 반결半結의 땅을 가졌어도 부농富農으로 보았던 것과 비교하면 결코 가난하다고 말하기도 어렵다.

말할 것도 없이, 자작농이 아닌 병작농幷作農이 약 20~30퍼센트를 차지하고 있음을 무시할 수 없다. 그런데 조선 초기의 병작幷作에 대해 그동안 많은 오해가 있었다. 우선 '병작'이라는 말은 고려시대의 '차경借耕'이라는 말과 매우 다르다. 병작은 "병력이작幷力而作"의 준말이라고 《실록》에 그 뜻을 분명하게 정의해 놓았다. '병력이작'은 힘을 합하여 농사짓는다는 뜻이다. 다시 말해 토지를 가졌으나 노동력이 없는 사람과, 노동력이 있으나 토지가 없는 사람이 힘을 합친다는 뜻이다. 해방 후에도 농촌에서는 '병작'을 '어우리'로 부르고 있었다. 그러니까 병작은 매우 합리적이고 평등적인 뜻을 지니고 있다. 이에 견주어 고려시대 차경은 토

29) 《세종실록》 권112, 세종 28년 6월 18일 갑인.

지를 많이 가진 호강자豪强者들이 떠돌아다니는 무산자無産者들을 불러 모아 농사를 짓는다는 뜻이다. 그러므로 차경은 강자와 약자 사이에 맺어지는 불평등한 합작행위다.

조선왕조는 차경이 발각될 때는 그 땅을 몰수하여 경작자에게 주는 정책을 폈다. 말하자면 강자의 탐욕을 없애려는 전제개혁의 정신을 그대로 이어가고 있었던 것이다. 그 대신 국가는 다음과 같은 경우에 한하여 병작을 합법적으로 인정했다. 2결에서 3결 안팎의 적은 땅을 가진 사람이 노동력이 없을 경우, 그 땅을 노동력이 있는 이웃사람[隣里]이나 족친族親에게 빌려주어 농사를 짓게 하고, 소출의 반을 나누게 한 것이다. 이렇게 하면 땅주인도 좋고, 노동력이 있는 사람도 득을 본다. 이를 바꿔 말하면 2~3결이 넘는 토지를 가진 대지주大地主는 병작을 할 수 없게 만든 것이다.

한동안 우리 학계에서는 조선시대 소작제小作制가 있었다는 말을 한 적이 있었다. 그러나 소작이라는 말은 일본에서 들어온 말로, 조선시대에는 그런 말조차 없었다. 병작과 소작은 그 뜻이 전혀 다르다.

이렇게 본다면, 조선 초기 농민은 모두 가난하여 교육을 받거나 과거에 응시할 경제력이 없었다고 하는 주장은 설득력이 없다. 또 당시의 교육제도를, 자본주의사회인 요즘처럼, 막대한 교육비가 든다고 생각하는 것도 잘못된 선입관에 지나지 않는다. 이를테면 향교에 입학하면 관비官費로 배우게 되므로 학비가 필요 없었다. 또 농사철에는 방학을 하고 추수 뒤에 개학을 했기 때문에 농사와 학업을 병행하는 것이 불가능한 것도 아니었다.

향교에 가지 못한 사람이라도 뜻이 있으면 공부할 수 있는 여건이 있었다. 태종 대 교서관校書館의 책임을 맡았던 유명한 학자관료인 변계량卞季良은 "출판되지 않은 책이 없고, 구할 수 없는 책이 없다"는 말을 했다. 얼마쯤 과장이 섞이기는 했으나 그만큼 조선 초기의 종이생산과 출판문화가 활발했던 것은 사실이다. 서적이 활발하게 보급되면 그만큼 독학獨學이 가능하다. 비록 불법이고 예외적인 일이긴 하지만, 학교에 들어간 일이 없는 노비가 주인을 대신해서 과거에 합격하여 말썽을 일으키는 일도 있었다.

다음에 과거에 응시하여 합격하려면 수십 년의 세월이 걸리므로 막대한 경비가 필요했다고 보는 주장도 다시 검토할 필요가 있다. 지금 남아 있는 과거합격자 명단인 《방목》을 보면 과거에 합격한 사람의 나이는 천차만별이다. 10대나 20대 초반에 합격한 사람도 헤아릴 수 없이 많고, 70이 넘어 합격한 사람도 있다. 이는 개인의 능력에 따라 다른 것이므로 일률적으로 수십 년의 세월이 걸린다고 단정할 필요는 없다.

경제력과 과거합격이 어느 정도는 비례한다고 하더라도, 반드시 부유한 사람들만이 과거에 합격할 수 있었다고 단정하는 것은 삼갈 필요가 있다. 요즘 같은 자본주의사회의 입시경쟁을 염두에 두고 조선시대를 바라보는 것은 삼가야 할 일이다.

(5) 제3의 신분: 서얼

조선시대 양천제의 유지에 걸림돌이 있었다. 그것은 바로 서얼층庶孼層이었다. 고려시대에는 일반 서민층은 일부일처제一夫一妻制가 지배적이었지만, 귀족층은 일부다처一夫多妻의 풍습이 있었다. 이 경우 재산상속이나 제사권상속을 둘러싼 분쟁이 일어날 소지가 많았다. 그런데 고려 말에 정통正統을 존중하는 성리학性理學이 들어오면서 가족질서를 바로잡기 위해 일부다처의 풍습을 없애고 일부일처제를 확립하기 위해 본처本妻가 아닌 부인은 첩妾으로 격을 내리고, 첩이 낳은 아들은 서얼庶孼로 불러 본처의 소생과 차별하는 정책을 폈다.

처첩妻妾을 구별하면서 본처와 본처소생의 위상은 전보다 한층 높아졌는데, 처와 첩의 관계는 군신관계君臣關係를 적용했다. 더욱이 본처를 소박疎薄하거나 내쫓는 경우에는 벼슬아치라도 가차 없는 처벌을 받았다. 《실록》을 보면 본처를 소박하다가 파직된 벼슬아치들의 사례가 많이 보이는데, 이런 사례들을 보면 흔히 생각하는 칠거지악七去之惡에 따라 본처를 쉽게 버릴 수 있었다는 생각은 매우 잘못된 것이다.

그런데 첩 가운데 신분이 양첩良妾인 경우도 있고, 비첩婢妾인 경우도 있어서 양첩소생 서얼과 비첩소생 서얼을 똑같이 다룰 수 없는 문제가 발생했다. 원칙적으로 양첩소생은 서자庶子로 부르고, 비첩소생은 얼자孼子로 불렀는데, 이 둘을 합하여 서얼이라는 통칭이 생겨난 것이다.

우선 서얼에 대한 처리문제는, 비첩소생의 경우, 아버지를 따라 양인으로 볼 것인가, 아니면 어머니를 따라 천인으로 볼 것인가부터 문제가 되었다. 만약 종부법從父法을 따르게 되면 양인인구가 늘어나는 장점이 있으나 반대로 노비인구가 줄어드는 것이

문제였다. 한편 종모법從母法을 따르면 반대현상이 일어났다. 그래서 이 두 정책을 시기에 따라 바꿔가면서 양천인구의 균형을 유지해 갔던 것이다.

하지만 양첩서얼이든 비첩서얼이든 본처의 아들과는 차별했다. 그 차별은 벼슬길에서도 나타나고,[30] 가정에서 재산과 제사의 상속권에서도 나타났다. 서얼에 대한 차대는 서얼의 처지에서는 억울한 일이지만, 고려시대 유행했던 일부다처의 풍습에서 오는 가족질서의 문란을 제거하여 일부일처제를 정착시키는 데 도움을 준 것은 사실이었다. 더욱이 가정에서는 재산상속과 제사상속에서 생기는 분쟁을 막을 수 있고, 정치적으로도 서얼벼슬아치의 권력을 제한하는 결과를 가져왔다. 더욱이 왕실의 경우는 왕위세습권을 둘러싼 분쟁을 막을 수 있었다.

서얼차대가 처음으로 논의되기 시작한 것은 잘 알려진 바와 같이 태종 대부터였다. 태종 자신이 누구보다도 서얼차대의 필요성을 절감했다. 태조가 두 사람의 처妻를 두었기 때문에 왕위계승에서 불리한 위치에 있었던 태종 자신은 부왕의 후처後妻 강씨康氏의 소생 방석芳碩을 서얼로 몰아붙여 자신의 왕권세습을 정당화하는 명분으로 삼았던 것이다.

하지만 이런 왕실의 노력에도 아랑곳하지 않고 서얼차대는 쉽

30) 《경국대전》〈이전〉의 한품서용限品敍用에는 서얼에 대한 한품규정이 다음과 같다.
① 문무관 2품 이상의 양첩자손은 정3품에 한하고, 천첩자손은 정5품에 한한다.
② 6품 이상의 양첩자손은 정4품에 한하고, 천첩자손은 정6품에 한한다.
③ 7품 이하에서 관직이 없는 사람에 이르기까지의 양첩자손은 정5품에 한하고, 천첩자손과 천인으로서 양인이 된 자는 정7품에 한한다.
④ 양첩자의 천첩자손은 정8품에 한한다.
⑤ 2품 이상의 첩자손은 사역원司譯院, 관상감觀象監, 전의감典醫監, 내수사內需司, 혜민서惠民署, 도화서圖畵署, 산학算學, 율학律學의 직에 재능에 따라 서용하는 것을 허락한다.

게 시행되지 못했다. 그것은 조선왕조 초기의 정권과 병권을 쥐고 있는 요인 가운데 서얼 출신의 위상이 너무나 컸기 때문이었다. 우선, 태조의 아버지 환조 이자춘桓祖 李子春의 두 비첩이 낳은 이원계李元桂(회군공신)와 이화李和(영의정), 그리고 그들의 후손들이 요직을 차지하고 있었고, 개국공신 가운데에도 정도전, 조영규趙英珪, 함부림咸傅霖, 장담張湛 등이 처계妻系나 모계母系에 얼손孼孫이 있었다고 알려져 있으며, 태종 대 최고 실력자 하윤河崙도 처계에 서얼이 있고, 세종 대 명재상名宰相 황희黃喜도 서얼로 알려져 있다. 그 밖에 세조-성종 대 권신 유자광柳子光이 서출임은 널리 알려진 사실이다.

서얼에 대한 차대가 법률로 명문화된 것은 성종 대 완성한 《경국대전經國大典》부터이다. 여기서는 서얼이 생진과와 문과에 응시하는 것을 금지하고 있어서 이들이 나갈 수 있는 길은 천문관天文官, 음양관陰陽官, 의관醫官, 역관譯官 등을 뽑는 잡과와 무과에 국한될 수밖에 없었고, 이 길로 나간 사람은 최고 정3품에서 벼슬을 떠나도록 되어 있었다.[31] 이를 한품서용限品敍用이라고 불렀다.

하지만 《경국대전》의 그런 규정이 얼마나 준수되었느냐는 별개의 문제이다. 문과급제자의 명단인 《방목》을 통해 급제자의 신분을 조사해 보면 실제로 수많은 서출이 문과에 급제하여 청요직으로 나가고 있음을 볼 수 있기 때문이다. 법과 현실은 많은 차이가 있었던 것이다. 그 실례는 뒤에 자세히 설명할 것이다.

---

31) 주註 28) 참고.

3) 고려시대와 조선시대의 양천제의 차이점

양천제는 조선시대에만 있었던 것이 아니다. 고려왕조도 기본적으로 양천제 국가였다. 하지만 두 시대의 양천제는 차이점이 있다. 우선 양인과 천인의 인구비율이 달랐다. 고려시대는 천인의 계층이 매우 넓고 인구비율도 양인을 능가했다. 예를 들면, 천인에는 향鄕, 소所, 부곡민部曲民과 노비가 포함되었다. 향은 귀족의 농장을 말하고, 소는 국가나 사원에 귀속된 수공업장을 말하며, 부곡은 국가에 소금이나 가축, 어류 등을 바치던 지역을 말하는데, 이곳의 주민들은 교육과 벼슬길이 막혀 있었다. 다만, 노비처럼 매매나 상속이 가능했던 사람들이 아니었으므로 노비보다는 지위가 높았다. 하지만 향, 소, 부곡은 전국적으로 수백 군데에 달하여 그 인구가 만만치 않았던 것으로 보인다. 또 고려시대 노비인구의 비율도 조선시대보다 높았던 것으로 알려져 있다.

따라서 고려시대는 인구비율이 조선시대보다 한층 낮았던 양인층을 대상으로 하여 국가가 운영되었지만, 양인 내부의 계층 사이 차별도 조선시대보다 더욱 심했다. 예를 들면, 5품 이상 관인에게는 공음전功蔭田을 지급하고, 문음의 혜택을 자손뿐 아니라 서제질壻弟姪(사위, 동생, 조카)에게 넓게 부여했다. 이 조치는 벼슬의 세습성을 높이는 데 크게 작용했다.

또 고려시대에는 교육과 과거 응시자격에도 상당한 차별을 두었다. 예를 들면, 국립학교인 국자감國子監에는 여섯 개의 전문분야가 있었는데, 국자학國子學에는 3품 이상의 자제, 태학太學에는 5품 이상의 자제, 사문학四門學에는 7품 이상의 자제만 입학이

가능하고, 8품 이하의 자제와 서인은 오직 율학律學, 서학書學, 산학算學 등 잡학雜學에만 입학할 수 있었다. 이런 교육제도의 차별은 당연히 과거시험에도 영향을 주어 고급문관시험인 명경과明經科에는 하급관인의 자제와 서인의 응시가 불가능했던 것이다.

지방 인재들을 키우는 지방 국립학교인 향교의 경우도 고려시대는 전국의 모든 군현에 세워지지 못하였다. 규모가 큰 주현主縣에만 세워졌기 때문에 전국의 모든 군현에 향교가 세워진 조선시대와 견주어 교육기회가 그만큼 좁을 수밖에 없었다. 여기에 조선시대에는 사립학교인 서원書院이 전국에 퍼져 있어 교육기회가 월등하게 넓어졌다.

출판문화의 수준도 고려와 조선은 차이가 컸다. 고려 말에 금속활자가 발명되었지만, 출판이 활성화하지는 못했다. 이와 달리 조선 초기 이후에는 출판인쇄기술이 진보하면서, 앞에서도 말했듯이, "보급되지 않는 책이 없고, 독서하지 않는 사람이 없다"는 말이 나올 정도로 독서인구가 늘어났다.

이 밖에 고려시대에는 내외 조상 8대조 가운데 천인賤人의 피가 섞인 사람은 벼슬길에 나갈 수가 없었다. 이는 내외 4대조의 신분만을 중요하게 여겼던 조선시대와는 매우 다른 것이다. 이런 제도적 특성 때문에 고려시대에는 부와 권력이 소수 문벌門閥에 집중되는 현상이 조선시대보다 한층 뚜렷할 수밖에 없었다. 고려 말 이른바 '재상지종宰相之宗'으로 불리는 소수 문벌가문이 사람들 입에 오르내린 이유도 여기에 있었다.

4) 양인의 성씨

조선 초기 신분 문제와 관련하여 《세종실록》〈지리지〉에 실린 성씨姓氏의 의미를 검토할 필요가 있다. 여기에는 각 군현의 성씨를 토성土姓, 내성來姓, 속성續姓, 촌성村姓, 백성성百姓姓, 인리성人吏姓, 사성賜姓, 입진성入鎭姓, 망성亡姓, 내접성來接姓, 그리고 그 밖에 여러 명칭으로 분류하여 기록하고 있다. 그러나 아무런 표시 없이 지역별로 성씨를 기록한 경우도 적지 않다. 아마 이 경우는 언제부터 그 지역에 살았는지 파악이 어려웠거나 아니면 토성으로 기록해야 할 성씨를 착오로 빠뜨렸는지도 모른다. 그런데 평안도와 함경도는 토성이 매우 적고 그 대신 입진성이 대부분이다.

이와 같은 기록방식은 각 성씨들이 그 지방의 토착민인가 이주민인가를 구별하는 데 일차적인 목적을 둔 것임을 알 수 있다. 그리하여 오랫동안 그 지역에 살아온 토착민들은 토성으로 기록하고, 이주민들은 속성, 내성, 내접성, 또는 입진성 등으로 기록했던 것이다.

그러면 속성은 무엇인가? 그것은 옛날 문헌에는 보이지 않다가 세종 당시 파악된 성씨를 말하는데, 대부분은 외지에서 이주해 온 향리 집단이다. 그래서 〈지리지〉에서는 이들이 어느 지방에서 왔는지를 기록하고 있다.

속성 가운데 향리가 많은 것은 무슨 까닭인가? 조선왕조는 개국 직후 고려시대의 전직관리들을 한량 또는 품관으로 부르면서 통제하는 정책을 썼고, 이와 병행하여 지방세력가로 행세해 오던

원악향리를 억압하기 위해 약 80퍼센트에 해당하는 향리들을 다른 지역으로 강제 이주시키는 정책을 썼다. 이는 향리들이 지방에 많은 토지와 노동력을 가지고 있으면서 수령을 능욕하여 국가정책에 복종하지 않는 것을 막고자 함이었다.

한량과 향리에 대한 조선왕조의 억압정책을 흔히 양반층의 특권을 유지하는 정책으로 이해하기도 하지만 사실은 전혀 반대다. 지방세력가를 억압하여 일반 백성의 지위를 향상시키려는 민본정책의 일환으로 보는 것이 온당하다.

그런데 경기도에는 속성이 거의 없다. 전라도, 경상도에 주로 속성이 많고, 충청도는 일부 지역에만 속성이 있다. 이는 삼남지방의 향리를 집중적으로 이주시켜 통제했음을 뜻한다. 내성과 내접성도 이주민이지만, 향리는 아니었으며, 그 수효도 그리 많지 않았다.

입진성은 북방개척을 위해 남방 주민을 강제로 평안도와 함경도 등 북방지역으로 이주시킨 주민들의 성씨를 기록한 것이다. 태종 대부터 세종 대에 걸쳐 수만 호의 주민을 남방에서 선발하여 강제로 북방으로 이주시켰기 때문에 이들이 입진성으로 기록된 것이다.

그 밖에 백성성의 실체는 확실치 않으나, 전국적으로 다섯 군현에만 있으며, 모두 합쳐 10개의 성씨뿐이다.[32] 촌성은 현縣으로 편입되지 못한 촌 주민의 성씨를 말하는 것으로 보인다. 사성은 외국에서 귀화한 집단에게 국가가 내린 성씨를 가리킨다.[33]

32) 백성성이 기록된 지역과 성씨는 다음과 같다. 성주星州(田, 卞), 거제巨濟(孫, 曺), 남원南原(黃), 순창淳昌(景), 삼척三陟(葉, 河, 申, 金)

그러나 이런 성씨는 매우 적다.

이상과 같은 성씨기록방식에서 가장 주목해야 할 것은, 각 성씨에 대해 양반, 중인, 평민 등 신분을 전혀 밝히지 않고 있다는 점이다. 이는 당시 성씨가 신분과는 아무런 관계가 없었다는 것을 말해준다. 《세종실록》〈지리지〉뿐 아니라 16세기에 편찬된 《동국여지승람》에서도 각 군현마다 성씨를 기록하면서 신분은 전혀 기록하지 않고 있다.

이렇게 조선시대 성씨정책에서 신분을 구별하지 않은 것은 모든 주민을 양인과 노비로 양분하는 정책과 관련이 있다. 노비도 성씨가 있었지만, 관노비官奴婢의 경우 《노비안奴婢案》을 만들어 관리하고, 사노비私奴婢는 주인의 《호적》에 기록했는데, 솔거노비의 경우는 성을 적지 않았지만, 외거노비의 경우는 노비의 성을 적어 그가 호주임을 밝히고 있다. 어쨌든 노비의 성은 〈지리지〉에 기록할 필요가 없었으며, 〈지리지〉에 기록된 성씨는 모두 양인의 성씨로 볼 수 있다.

그러나 이렇게 각 성씨와 신분은 무관했다 하더라도 가장 많은 성씨는 토성이었다. 이들은 오랫동안 한 지역에서 토착 기반,

33) 《세종실록》〈지리지〉에 사성이 기록된 지역과 성씨는 다음과 같다.
충청도 임천林川; 외오아국畏吾兒國에서 온 이현李玄에게 李氏 姓을 내림.
경상도 경주慶州; 원나라 고창국高昌國에서 온 설손偰遜의 아들 설장수偰長壽에게 偰氏 姓을 내림.
경상도 밀양密陽; 중국 절강성浙江省에서 온 당성唐誠에게 唐氏 姓을 내림.
경상도 상주尙州; 중국 하간부河間府에서 온 이민도李敏道에게 李氏 姓을 내림.
경상도 선산善山; 柳氏 姓을 내림.
강원도 강릉江陵; 玉氏 姓을 내림.
강원도 정선旌善; 文氏 姓을 내림.
강원도 삼척三陟; 秦氏 姓을 내림.

곧 토지와 노동력을 소유하고 있고, 이를 바탕으로 중앙정계에 진출하는 기회가 가장 높았다. 토성은 또한 본관本貫으로도 통했다. 한국 성씨의 본관을 추적해 보면 토성과 본관이 일치하는 경우가 많다. 하지만 조선 초기에는 본관제도가 아직 확립되어 있지 않아 조선시대 문과급제자 가운데에는 본관이 없는 사람이 의외로 많고, 또 본관이 있더라도 토성이 아닌 경우가 적지 않다. 더욱이 신분이 미천한 사람이 벼슬아치가 되었을 때에는 새로운 본관을 정하는 사례를 자주 발견할 수 있다.

그러면 《세종실록》〈지리지〉에 기록된 토성의 종류는 얼마나 되는가? 필자가 조사한 바에 따르면, 전국의 토성을 모두 합치면 대략 1,200종에 달한다. 토성을 뺀 나머지 성씨는 토성의 성씨보다 종류가 적다. 그러니까 성씨의 대부분은 토성으로 볼 수 있다. 그러나 같은 성씨의 토성이 여러 지역의 토성으로 분산되어 있으므로 실제의 성씨는 이보다 훨씬 적다고 볼 수 있다. 그래서 같은 성씨라도 많은 본관이 생기게 된 것이다.

그런데 토성의 성씨가 이렇게 많다는 것은 토성의 인구가 가장 많다는 것을 뜻하므로 문과급제자의 대부분이 토성에서 배출되는 것은 지극히 당연한 일이다. 그리고 이 사실은 벼슬아치가 소수 성씨집단에서 배출된 것이 아니라는 것을 말해준다.

다음에, 토성과 향리성을 비교해 보면 서로 중복되는 성씨가 매우 많다. 다시 말해 같은 성씨가 토성에도 들어가고 향리성에도 들어가고 있다. 그러니 향리성이 따로 있을 리 없다. 성씨를 가지고 신분을 구별할 수 없는 이유가 여기에 있는 것이다.

또 하나 주목할 것은, 조선 전기 문과급제자는 반드시 토성에

서만 배출된 것이 아니라는 것이다. 본관이 없는 문과급제자도 이에 포함시킬 수 있겠지만, 토성에 들어 있지 않은 성씨의 합격자도 얼마든지 찾을 수 있다. 구체적 사례는 뒤에서 다시 검토할 것이다. 여기서 얻을 수 있는 결론은, 토성 자체를 마치 양반의 성씨인 것처럼 이해하는 것은 잘못이라는 것이다. 토성은 바로 양인의 성씨이기 때문이다.

5) 양인의 거족: 《용재총화》의 거족

15세기 성종 시기 관료였던 성현成俔(1439~1504)은 《용재총화慵齋叢話》에서 76종에 달하는 거족鉅族의 명단을 소개하고 있어 눈길을 끈다. 여기에 실린 거족이 조선 초기 대표적인 양반문벌인 것처럼 이해하는 경향이 있는데, 과연 이들 거족이 조선 초기의 양반문벌인가를 검토할 필요가 있다. 먼저 성현의 정체성부터 알아보기로 하자.

성현의 본관은 창령昌寧으로 고려시대에는 창령 지방의 향리를 세습하다가 조선왕조에 들어와 성석린成石璘, 성석용成石瑢, 성석연成石珚 3형제가 개국에 참여하여 고관에 오르면서 명가로 올라섰다. 그 뒤 성종 대 우의정을 지낸 성봉조成奉祖, 연산군 대 영의정을 지낸 성준成俊이 나왔는데, 《용재총화》의 저자인 성현은 성봉조의 조카이다. 이 밖에 사육신의 한 사람으로 유명한 성삼문成三問과 생육신의 하나인 성담수成聃壽도 창령성씨다.

성현은 자신이 속한 창령성씨가 광주이씨廣州李氏 다음의 문벌이라고 자부하고 있는데, 자신의 외가인 순흥안씨의 인물에 대해서도 많은 일화를 소개하면서 자랑하고 있다. 그런데 그가《용재총화》의 말미에 우리나라의 거족 76성씨를 실어놓은 것은 무슨 이유일까? 그의 말을 들어보자.

> 옛날 사람들은 거족巨族을 존중했다. 진晋나라의 왕씨王氏와 사씨謝氏, 당나라의 최씨崔氏와 노씨盧氏가 그런 거족이다. 우리나라의 거족은 모두 주군州郡의 토성土姓에서 나왔는데, 옛날에는 번성했으나 지금은 쇠락한 경우도 있고, 옛날에는 미약했지만 지금은 번성한 경우도 있는데, 이를 모두 기록하겠다.

여기서 성현은 세 가지 메시지를 전하고 있다. 하나는 거족을 존중해야 한다는 것. 둘은 자신이 소개한 거족 76종이 모두 토성에서 나왔다는 것. 셋은 이들 거족이 모두 지금의 거족이 아니고, 옛날에 거족이었다가 지금은 미약해진 거족, 옛날에는 미약했지만 지금은 번성한 거족을 모두 망라한다는 것이다. 그러니까 고대로부터 조선 초기에 이르는 우리나라 역사에 나오는 모든 거족을 망라했다는 뜻이다.

그러면 성현이 기록한 76종의 거족은 구체적으로 어떤 성씨인가? 이를 소개하면 다음과 같다.

> 파평윤씨坡平尹氏, 한양조씨漢陽趙氏, 이천서씨利川徐氏, 여흥민씨驪興閔氏(황려민씨), 수원최씨水原崔氏, 양천허씨陽川許氏(공암허씨), 덕수이씨德水李氏, 행주기씨幸州奇氏, 교하노씨交河盧氏, 인천이씨仁川李氏(경원이씨), 평강채씨平康蔡氏, 남양홍씨南陽洪氏, 용구이씨龍駒李氏, 죽산박씨竹山朴氏,

> 죽산안씨竹山安氏, 양성이씨陽城李氏, 광주이씨廣州李氏, 강화봉씨江華奉氏, 청주한씨淸州韓氏, 청주경씨淸州慶氏, 서산유씨瑞山柳氏, 서산한씨瑞山韓氏, 서산이씨瑞山李氏, 전의이씨全義李氏, 단양우씨丹陽禹氏, 진천송씨鎭川宋氏, 신창맹씨新昌孟氏, 옥천육씨沃川陸氏, 경주김씨慶州金氏, 경주이씨慶州李氏, 김해김씨金海金氏, 김해이씨金海李氏, 안동김씨安東金氏, 안동권씨安東權氏, 진주강씨晋州姜氏, 진주하씨晋州河氏, 성주이씨星州李氏, 상주김씨尙州金氏, 밀양박씨密陽朴氏, 밀양손씨密陽孫氏, 청송심씨靑松沈氏, 거창신씨居昌愼氏, 창녕성씨昌寧成氏, 창녕조씨昌寧曺氏, 영산신씨靈山辛氏, 고령신씨高靈申氏, 동래정씨東萊鄭氏, 하동정씨河東鄭氏, 연일정씨延日鄭氏, 하양허씨河陽許氏, 칠원윤씨漆原尹氏, 순흥안씨順興安氏, 의령남씨宜寧南氏, 선산김씨善山金氏, 완산이씨完山李氏, 광산김씨光山金氏, 나주박씨羅州朴氏, 나주나씨羅州羅氏, 장수황씨長水黃氏, 순천박씨順天朴氏, 능성구씨綾城具氏, 영광정씨靈光丁氏, 여산송씨礪山宋氏, 제주고씨濟州高氏, 해주최씨海州崔氏, 평산신씨平山申氏, 연안이씨延安李氏, 배천조씨白川趙氏, 문화유씨文化柳氏, 신천강씨信川康氏, 원주원씨原州元氏, 강릉최씨江陵崔氏, 강릉함씨江陵咸氏, 평양조씨平壤趙氏, 함종어씨咸從魚氏, 풍천임씨豊川任氏.

위 성씨 가운데 지금 몰락한 성씨와 번성한 성씨를 구별하지 않아 당혹스럽다. 또 벼슬아치가 많이 나온 고성이씨固城李氏(철성이씨)를 누락시킨 것도 이해가 가지 않는다. 어쨌든 성현이 소개한 위 거족의 성씨들을 《세종실록》 〈지리지〉의 성씨와 비교해 보면, 그가 지적한대로 대부분 토성에 속한다.

그러면 성현이 이들을 거족이라고 부른 이유는 무엇일까? 그 이유를 밝히고 있지 않지만 아마 벼슬아치나 왕비王妃가 많이 나왔다는 뜻일 것이다. 실제로 위 성씨들을 검토해 보면 고려시대에 왕실과 혼인을 맺기로 정했던 이른바 '재상지종'이 들어 있다. 예를 들면 경주김씨, 해주최씨, 양천허씨(공암허씨), 인천이씨(경원이씨), 파평윤씨, 평강채씨, 남양홍씨, 여흥민씨(황려민씨), 평양조씨 등이다.

그 밖에 행주기씨, 청주경씨, 강화봉씨, 신천강씨, 단양우씨, 평산신씨, 거창신씨, 제주고씨도 고려시대에 명성을 날렸던 성씨로 보는 것이 옳다. 행주기씨는 몽고간섭시기에 기황후奇皇后, 기철奇轍 등이 나오면서 명성을 떨쳤지만, 조선시대에 들어와서는 그다지 현달한 사람이 없었다. 청주경씨도 고려시대에 경대승慶大升 등이 나왔으나, 조선시대에 현달한 인물은 별로 없다. 강화봉씨는 세조의 정난공신靖難功臣 2등으로 책봉된 봉석주奉石柱를 배출했으나, 그는 무식한 군인으로 뒷날 탐학을 일삼다가 반역죄로 처형되었다. 이천서씨도 고려시대 서희徐熙 등이 나와 명성을 떨쳤으나, 조선시대에는 그다지 현달하지 못했다. 단양우씨도 고려 말기 우현보禹玄寶 등이 나왔으나 조선시대에는 그렇지 못했다. 평산신씨도 고려시대 신숭겸申崇謙이 나와 명성을 떨쳤으나 조선 초기에는 그렇지 못했다.

서산이씨, 서산한씨, 김해이씨 등도 조선시대에 들어와서는 거의 존재가 미미한 성관이다. 따라서 위 성씨들은 성현이 말한 대로 옛날에는 번성했으나 지금은 그렇지 못한 성씨에 속한다고 볼 수 있다.

그 나머지 성씨들은 조선시대에 들어와 비교적 벼슬아치를 많이 낸 것은 사실이지만, 그렇다고 이들 성씨의 모든 계파가 벼슬아치를 낸 것은 아니다. 다시 말해 같은 성씨라도 계파에 따라서는 향리로 떨어진 경우도 있고, 평민으로 하락한 경우도 얼마든지 있다. 성현도 이 점을 모를 리 없을 테지만, 구체적으로 어느 파가 출세하고 어느 파가 몰락했는지를 모두 알 수는 없었을 것이다. 그래서 계파系派는 무시하고 성씨만 부각시켜 놓은 것이다.

다음에 이들 성씨집단은 무슨 특권을 가진 집단도 아니었을 뿐 아니라, 이 밖의 성씨에서도 수많은 벼슬아치가 배출되었음을 유념할 필요가 있다. 성현이 거족을 존중하자고 주장한 것은 거꾸로 말하면 거족에게 특권을 주지 않는 정치현실에 대한 아쉬움이 담겨 있다고 보아야 할 것이다.

6) 기술직 장려와 기술관 우대

의관醫官, 역관譯官, 음양관陰陽官(천문, 지리, 명과 등), 율관律官, 산원算員, 화원畵員 등 기술직을 가진 사람들을 조선 후기에는 중인中人으로 불렀다. 양반도 아니고 상민도 아닌 중간층이라는 뜻이다. 그러나 조선 전기에는 기술관들을 중인으로 부르지 않았으며, 세습직도 아니었다. 기술관은 잡과 또는 취재를 통해서 선발했다. 역관, 의관, 지리관, 천문관, 명과관, 율관은 잡과 또는 취재로 선발하고, 산원, 화원 등은 취재로 뽑았다.

《경국대전》에는 기술관 시험 곧 잡과에 대한 신분제한이 규정되어 있지 않다. 그래서 천인을 포함한 모든 계층이 시험에 응시할 수 있었다. 다만 이들은 기술학을 배운 사람들이기 때문에 정3품 또는 종6품(유외잡직의 경우) 이상은 오르지 못하게 막았다.

이를 '한품거관限品去官'이라 한다. 승진에 제한을 둔 것은 신분 차별이 아니라 그들이 습득한 지식이 정치에 필요한 인문학이 아니라 기술학이기 때문이었다.

그러나 '한품거관'은 서얼들에게 적용한 '한품서용'과는 전혀 뜻이 다르다. 한품서용은 정해진 품계 이상을 절대로 오르지 못하게 한 것이지만, 한품거관은 그 자리를 떠난 뒤 유학儒學을 공부하여 문과에 응시할 경우에는 이를 막지 않았다. 《방목》을 보면, 태종 대 율관 정신鄭信이 문과에 합격하고, 연산군 대에는 역관 출신 최세진崔世珍이 문과에 합격했다. 최세진은 잘 알려진 바와 같이 《훈몽자회訓蒙字會》를 편찬한 국어학자이기도 하다.

무과의 경우는 문과에 견주어 기술관으로서 합격하는 경우가 훨씬 많았고, 반대로 무신이 잡과에 합격하는 경우도 매우 빈번했다.

또 문과나 무과를 거치지 않더라도 현관顯官(정직)으로 나가는 길이 열려 있었다. 《경국대전》〈예전禮典〉'장권조獎勸條'를 보면, 소업所業에 능통한 자는 시험을 치러 현관이나 이직吏職에 제수한다는 규정이 있고, 수령을 뽑는 취재에 합격하면 수령으로 나갈 수도 있었으며, 국가에 공이 큰 경우에는 비록 산직이지만 2품 이상의 품계를 받은 경우가 한둘이 아니었다.

조선 초기 기술관이 이렇게 양반과 뚜렷하게 구분될 만한 신분층이 아니었던 것은 국가의 기술학 장려정책과도 관련이 있었다. 태조 대 왕조의 통치규범을 설계한 정도전은 선비의 소업으로서 천문天文, 음양陰陽, 역학曆學, 지리地理, 복서卜筮, 의학醫學, 병학兵學, 음악音樂 등 기술학도 중요한 교양으로 여겼다.[34] 한편, 태조는 6학六學을 설치하여 양가자제良家子弟로 하여금 공부하도록 했는데, 6학은 병학, 율학律學, 자학字學, 역학, 의학, 산학算學이었다. 그러니까 6학이 모두 기술학인 것이다. 여기서 양가자제에게 기술학을 장려한 것을 눈여겨보아야 한다.

태종 대에는 최고 실권자였던 좌정승 하윤河崙의 요청에 따라 10학十學을 두어 관리들을 시험하고, 그 성적에 따라 승진을 결정하기도 했다. 여기서 10학은 유학儒學, 무학武學, 사학史學, 역학, 음양풍수학陰陽風水學, 의학, 자학, 율학, 산학, 악학樂學을 말한다.[35] 그 가운데 유학, 무학, 사학을 뺀 기술학이 7개 분야를 차지하고 있다.

세종은 기술학을 진흥하기 위해 신분을 초월하여 인재를 등용한 대표적 군주이다. 그가 관노 출신 장영실蔣英實을 우대하여 대호군(종3품)의 벼슬까지 내렸고, 6품 이상은 오를 수 없는 화원 안견安堅에게 부호군(종4품)을 제수하는 등 파격적인 인사정책을 쓴 것은 잘 알려진 사실이다.

세종은 중국과 사대외교에서 역학의 중요성을 깨닫고 의관자제衣冠子弟를 뽑아서 이문吏文을 습득하게 했다. 그래서 이미 세종 원년 문과에 합격한 이변李邊이 이문을 잘하는 것을 알고 사역원판관司譯院判官(종5품)에 임명하기도 했다.[36] 문과에 합격했으면서도 이문, 더욱이 한어漢語에 능통하여 사역원의 일을 맡은 경우는 이변 말고도 김하金何와 김퇴지金退之, 이세형李世衡 등이

34) 한영우, 《왕조의 설계자 정도전》, 지식산업사, 1999.
35) 《태종실록》 권12, 태종 6년 11월 15일 신미.
36) 《세종실록》 권45, 세종 11년 9월 6일 기유.

있었다.[37] 이 가운데 김하는 개성유후 김자지金自知의 아들로 뛰어난 한어 실력으로 세종-세조 대 대명외교對明外交의 주역을 담당하여 뒤에는 판중추원사(종1품)에 오르기도 했다.

세종은 무과 출신으로 의학에 재능이 있는 노중례盧仲禮를 당상관인 첨지중추원사(정3품 당상관)에 임명하기도 했는데,[38] 그는 유명한 《향약집성방鄕藥集成方》을 편찬하기도 했다.

세조도 기술학에 대해 지대한 관심을 가지고 있었다. 기술학을 포함한 여러 학문이 고르게 발전해야 나라가 발전한다고 믿어 "여러 학문이 정精하지 않으면 안 된다. 의학, 산학과 같은 잡학雜學도 모두 정精해야 한다"[39]고 하였다. 그리하여 세조 10년 7학七學을 설치하고 나이 어린 신하들을 각 분야로 나누어 각각 6명씩 배정하여 익히게 했다. 여기서 7학은 천문, 풍수, 율려(음악), 의학, 음양, 사학史學, 시학詩學을 말한다.[40] 사학과 시학을 제외하고는 모두 기술학이다.

세조는 전문적인 기술관을 당상관으로 임명하는 파격적인 조치도 내렸다. 예를 들면, 세조 10년 의관 김상진金尙珍을 첨지중추원사(정3품 당상관)로, 의학백과사전인 《의방유취醫方類聚》를 편찬한 의관 전순의全循義를 자헌대부 동지중추원사(종2품)로 제수한 것이 그것이다.[41]

세조는 잡직에 속하는 화원도 우대하여 잡직 5품 이상은 오를

37) 《세종실록》 권51, 세종 13년 1월 11일 병자.
38) 《세종실록》 권118, 세종 29년 11월 23일 임자.
39) 《세조실록》 권30, 세조 9년 5월 30일 무오.
40) 《세조실록》 권33, 세조 10년 7월 27일 무인.
41) 《세조실록》 권34, 세조 10년 11월 4일 계축.

수 없는 화원 최경崔涇에게 정3품을 제수했는데,[42] 성종도 그에게 당상관인 절충장군(정3품)을 제수했다.[43]

성종도 기술학을 중요하게 여기고 기술관을 우대하기는 마찬가지였다. 성종은 세조의 어용을 그린 화원 최경崔涇을 당상관에 제수한 데 이어, 재위 7년에는 잡직인 풍수상지관風水相地官 안효례安孝禮를 당상관에 제수했으며,[44] 재위 14년에는 신하들의 반대에도 의관 권찬權攢을 자헌대부 공조판서(정2품)로 임명하는 조치를 취했다.[45] 이어 재위 24년에는 의술에 정통한 사람을 현직에 서용하라는 명을 내리기도 했다.[46]

이렇듯 조선 초기 100년 동안은 국가가 앞장서서 기술학을 장려하고, 양가자제가 배우도록 권장했기 때문에 기술관이 천시받을 이유가 없었다. 조선 초기에 과학기술이 크게 발달한 이유도 여기에 있었다.

7) 18세기 초 유수원이 본 조선 초기 신분구조

조선 초기 신분제의 실상을 알려주는 기록으로 17~18세기 전반기 실학자 유수원이 쓴 《우서》가 있다.[47] 그는 고려에서 18세기 전반기에 이르는 신분제의 변천과정을 누구보다도 정확하게

42) 《세조실록》 권30, 세조 9년 3월 10일 기해.
43) 《성종실록》 권19, 성종 3년 5월 26일 임술; 권244, 성종 21년 9월 28일 정축.
44) 《연산군일기》 권40, 연산군 7년 4월 22일 기해.
45) 《성종실록》 권155, 성종 14년 6월 28일 기축.
46) 《성종실록》 권282, 성종 24년 9월 16일 정미.
47) 《우서》에 대해서는 한영우, 《꿈과 반역의 실학자 유수원》, 지식산업사, 2007을 참고할 것.

알고 있던 학자로, 자기 시대 신분제의 모순으로 양반문벌兩班門閥의 폐단을 신랄하게 고발하고 있다. 다시 말해 서울에 사는 양반문벌이 요직을 독점하고, 자손에게까지 특권을 세습하고 있으면서 농공상에 종사하지 않아, 모든 폐단이 여기서 비롯되었다는 것이다.

그런데 그는 조선 초기의 신분제는 양반문벌이 없었다고 하면서, "유재시용" 곧 오직 능력있는 사람을 관료로 선발했기 때문에 유명한 대신들이나 큰 재상들이 한미한 집안에서 배출되는 경우가 많았다고 한다. 그의 말을 옮겨본다.

> 국초에는 유재시용惟才是用 곧 오직 재능에 따라서 인재를 등용하려는 뜻이 있어서 명신名臣(유명한 신하)과 석보碩輔(큰 재상)가 대부분 외롭고 쓸쓸한 집안에서 나왔다. 그러나 지금에 이르러는 한쪽[문벌]으로만 치우쳐서 마침내 돌이킬 수 없는 형세에 이르렀다.[48]

또 다음과 같은 말도 했다.

> 우리나라는 비록 문벌을 숭상했다고는 하지만, 명종明宗과 선조宣祖 이전에는 인재를 등용하는 길이 그다지 비뚤어지고 좁게 막힌 것이 아니었다. 그래서 보상輔相과 경재卿宰가 향곡鄕曲(시골)에서 대부분 배출되었다.[49]

48) 유수원, 《우서》 권2, 〈논문벌지폐〉; 한영우, 《꿈과 반역의 실학자 유수원》, 지식산업사, 2007 참고.

49) 위의 글.

위 두 기록을 종합해 보면 국초에는 문벌이 없어서 유명한 신하들이나 재상들이 한미한 집안에서 많이 나오고, 또 지역적으로도 서울이 아닌 시골에서 나왔다는 것이다. 유수원은 조선 초기의 좋은 인사제도가 무너지고 양반문벌이 형성되는 시기를 구체적으로 사림정치가 뿌리를 내린 명종-선조 연간으로 보고 있으며, 인조반정仁祖反正 이후를 특히 문벌이 성장하는 전기가 되었다고 보았다.

그러면 유수원이 지적한대로 명종-선조 연간이 과연 문벌이 성장하는 전환기였을까? 필자가 《방목》을 통해서 급제자의 신분을 조사한 결과를 보면, 유수원의 지적이 정확하다는 사실을 알 수 있다. 구체적인 사례는 뒤에서 자세히 살피기로 한다.

2
《경국대전》에 규정된 문과응시자격

1) 벼슬아치가 되는 길

조선시대에 벼슬아치가 되는 길은 크게 보면 과거科擧, 문음門蔭, 천거薦擧의 세 길이 있었다. 먼저, 과거에는 세 종류가 있었는데, 사마시司馬試(소과)로 불리는 생원시生員試와 진사시進士試가 있고, 고급 벼슬아치로 나가는 문과文科(또는 대과)와 무과武科가 있으며, 의관醫官, 역관譯官, 음양관陰陽官(천문관, 지리관, 명과관)으로 나가는 잡과雜科가 있었다.

문무과와 생진과 그리고 잡과 말고도 과거로 불리지는 않았지만, 수령守令, 교관敎官, 역승驛丞, 음자제蔭子弟, 녹사錄事, 도류道流, 서리書吏를 선발하는 취재取才가 있었고, 그 밖에 의醫, 역譯, 음양陰陽 등 잡학의 학생學生과 화원畵員, 악생樂生, 악공樂工 등 낮은 단계의 기술관원을 시험으로 선발하는 취재取才도 있었다.

취재 가운데 잡학에 속하는, 전문가를 선발하는 시험은 공상인

工商人과 노비까지도 응시가 가능한 벼슬이었다. 실제로 악기연주자인 악생과 악공 가운데 악생은 양인 출신을 가리키고, 악공은 노비 출신에서 뽑힌 연주자를 가리켰다.

문과와 무과는 관문을 통과하면 최고위직까지 올라가는 길이 열려 있었기 때문에 시험제도 가운데 가장 권위가 있었다. 생원시와 진사시는 문과나 무과와 같은 권위는 없었지만, 여기에 급제하면 최고학부인 성균관 입학이 가능할 뿐 아니라, 지방의 훈도訓導(종9품)나 교관敎官(종6품)을 비롯하여 때로는 현감縣監(종6품)에도 나갈 수 있는 기회를 주었다.

문음은 앞에서 설명한 바 있지만, 고관의 자손서제질子孫壻弟姪을 대상으로 서리급胥吏級의 낮은 벼슬을 주는 제도인데, 다만 취재取才라는 이름의 시험을 치르도록 하여 선발했다. 이때 치르는 시험은 5경五經 가운데 하나와 4서四書 가운데 하나였다.

마지막으로 천거는 재야의 덕망있는 유신儒臣을 천거하여 벼슬을 주는 제도인데, 만약 추천된 사람이 벼슬하면서 죄를 지을 경우에는 추천한 사람에게 연대책임을 지웠다. 추천하는 사람은 3품 이상의 관인官人이나 사헌부와 사간원의 관원만이 해당되었다. 그리고 추천된 사람은 5경 가운데 하나와 4서 가운데 하나를 시험보도록 했다. 하지만 실제로 천거로 벼슬아치가 된 사람은 매우 적었다. 예를 들면 성리학자로 이름을 떨치고 문묘文廟에까지 배향된 우계 성혼牛溪 成渾이 선조 초 천거로 벼슬아치가 된 사례이다.

2) 문과응시자의 자격
: 《경국대전》, 《대전후속록》, 《경국대전주해》의 규정

과거제도 가운데 가장 권위가 있는 문과는 어떤 사람들이 응시할 수 있었는가? 《경국대전》 〈예전禮典〉 '제과조諸科條'를 보면 문과와 생원진사시에 응시할 수 없는 조건을 다음과 같이 규정하고 있다.

① 죄를 범하여 영구히 임용할 수 없는 자의 아들.
② 장리贓吏(탐관오리)의 아들.
③ 재가再嫁하거나 실행失行한 부녀婦女의 아들과 손자.
④ 서얼자손庶孼子孫.

위 조건들은 모두가 어떤 죄를 지은 사람들의 아들이거나 자손을 가리킨다. 물론 서얼의 경우 죄인은 아니지만, 적자嫡子가 아니라는 약점이 있는 것은 사실이다. 여기서 노비奴婢를 언급하지 않은 것이 이상하지만, 노비는 원천적으로 자유민이 아니기 때문에 구태여 언급할 필요를 느끼지 않은 것이다. 결국, 문과응시가 불가능한 사람은 노비와 양인 가운데 위에 열거한 네 가지 경우에 해당하는 사람뿐이다. 이 규정에는 어디에도 양반이나 평민에 대한 언급이 없다. 다시 말해 양인은 이 규정에 해당되지 않는 한 누구나 응시가 가능하도록 열려 있는 것이다.

그런데 《경국대전》의 응시자격 제한에 대한 네 규정은 현실적으로 잘 지켜지지 않았다. 특히 서얼자손이 신분을 속이고 문과

에 응시하여 급제하는 사례가 수시로 나타났다. 규정위반이 빈번했던 이유는 무엇보다 응시자의 신분조사가 어려운 데 있었다. 응시자는 내외 4대조, 곧 직계 3대조(아버지, 할아버지, 증조)와 외조外祖의 이름을 제출하도록 되어 있었는데, 4대조의 이름을 모르면 아버지 이름만 적어도 무방했다.

응시자가 제출한 신원자료는 성균관成均館, 예문관藝文館, 승문원承文院, 교서관校書館 등 네 기관四館에서 접수하여 조사하도록 되어 있었다. 그런데 수천 명에 이르는 응시자의 신원을 일일이 호적戶籍과 대조하여 위조여부를 판단한다는 것은 쉬운 일이 아니었다. 그래서 실제로 정밀한 신원조사는 급제한 뒤 벼슬을 줄 때 대간臺諫(사간원과 사헌부)에서 서경署經을 하는 과정에서 이루어졌다. 그러나 이미 급제한 사람은 신원에 문제가 있다고 하더라도 임금이 그대로 벼슬을 주는 것이 관례처럼 되었다.

그런데 시대가 내려갈수록 신원을 속이는 급제자가 급증하면서 이를 바로잡기 위해 응시절차를 까다롭게 만든 새로운 규정이 생겼다. 그것이 바로 중종 38년(1543) 편찬된 《대전후속록大典後續錄》의 규정이다. 그 규정은 다음과 같다.

> 거자擧子(응시자)의 이름을 적을 때 4조四祖(직계 3대조와 외조) 가운데 중인衆人이 알 수 있는 현관顯官(정직)이 없을 경우, 외방인은 보단자保單子(신원보증서)와 경재소京在所 관원 3명의 이름을 적도록 한 뒤 시험에 응시하게 하고, 서울에 사는 사람은 보단자와 당부當部(한성부)에서 자신이 살고 있는 부部의 관원 3명의 이름을 적어 낸 뒤 시험에 응하도록 한다. 만약 의심스러운 일이 있으면, 이름이 적힌 관원과 경재소 및

당부當部의 관원이 장적帳籍(호적)을 조사하고 빙고憑考하여 죄를 지은 자를 다스리고 천역賤役에 정체定體시키며, 4관의 관원을 모두 내쫓는다.

여기서 내외 4대조 가운데 현관顯官(동서반의 정직)[50]이 있으면 아무 문제가 없지만, 현관이 없을 경우에는 지방인은 보단자保單子 곧 신분보증인과 경재소 관원 3명의 이름을 적어 내게 하고, 서울 사람은 자기가 살고 있는 한성부의 부部의 관원 3명의 이름을 적어 내도록 한다는 것이다. 그리고 그 보증인이 거짓으로 드러나면 호적을 조사하여 죄를 주고 천역賤役을 지운다는 것이다.

위 규정은 마치 보단자와 관원의 보증이 이중으로 필요한 것처럼 보이는데, 《실록》을 보면 그렇지 않다. 우선 보단자는 8촌 이내 사람이나 친지가 보증을 서는 것이고, 그런 사람이 없을 때 경재소 관원이나 부部 관원의 보증이 필요하다는 것이다. 그리고 보증하는 방법은 "아무 고을에 사는 아무개"라고 쓰는 것이다.[51] 이렇게 《대전후속록》에서 응시절차에 보증서류를 첨가한 것은 신분의 위조를 막기 위한 것이지 양반인가 평민인가를 가려내기 위한 목적이 아님을 알 수 있다.

《대전후속록》이 편찬되고 12년 뒤인 명종 10년(1555) 《경국대전주해經國大典註解》가 다시 편찬되어 서얼에 대한 문과응시자격이 수정되었다. 여기서는 문과응시가 금지된 '서얼자손'을 '서얼자자손손'으로 주해註解하여 서얼후손을 영구적으로 금고시켜 놓

50) 《명종실록》 권15, 명종 8년 11월 2일 갑진조를 보면, 현직顯職이란 대간臺諫과 시종侍從만을 일컫는 것이 아니라 모든 동서반의 정직正職을 통칭하는 것이라고 한다. 그러니까 산직散職을 가진 자는 해당되지 않는다.

51) 《중종실록》 권93, 중종 35년 8월 20일 기묘.

았다. 이는 '서얼자손'을 '서얼의 아들과 손자'로 해석할 수 있는 여지를 막아 버린 것이다.

그런데 재미있는 것은 《경국대전주해》가 편찬된 다음 해인 명종 11년(1556) 〈서얼허통절목庶孼許通節目〉이 만들어졌다는 사실이다. 양첩서얼良妾庶孼은 손자에 이르러 문과응시가 가능하도록 한 내용이다. 그러니까 '자자손손' 금고되는 서얼은 천첩서얼賤妾庶孼에만 해당되도록 한 것이다. 이런 조치가 내려진 것은 명종대 실권자였던 윤원형尹元衡이 첩을 처로 삼아 낳은 아들을 출세시키기 위함이라고 하는데, 동기야 어쨌든 결과적으로는 역사상 처음으로 양첩서얼에 대한 문과응시가 가능한 길을 터놓았다.

구체적으로 서얼의 문과급제가 어느 정도 이루어졌는지는 다음에서 살피게 될 것이다.

3) 식년시급제자의 인원과 지방안배, 별시

(1) 식년시와 증광시

문과시험에는 여러 종류가 있었다. 3년마다 시행되는 정기시험이 있는데, 이를 식년시式年試라고 불렀다. 식년시는 간지干支로 자子, 묘卯, 오午, 유酉가 들어간 해에 시행되는 것을 원칙으로 했다. 그런데 식년시 급제만으로 벼슬자리를 충당하기가 어렵다고 판단될 때에는 식년시를 임시로 더 시행했는데, 이를 증광시增廣試라고 불렀다. 식년시와 증광시는 선발되는 인원이 33명으로 정해져 있었고, 7배수를 선발하는 초시급제자는 8도의 인구비율로 강제배분하도록 되어 있었다. 그리고 갑과甲科는 3명, 을과乙科는 7명, 병과丙科는 23명을 뽑는 것이 원칙이었다.

《경국대전》에는 식년시에 관한 시험과목과 시험절차, 급제인원, 성적에 따른 벼슬높이 등이 세밀하게 규정되어 있는데, 여기서는 초시급제자를 어떻게 8도에 안배했는지를 소개하는 데 그치고자 한다. 먼저, 초시급제자는 최종인원 33명의 7배수인 240명을 선발하고, 2차 시험인 복시覆試에서 33명을 선발하고, 3차 시험인 전시殿試에서는 33명에 대한 갑, 을, 병의 성적을 매기도록 되어 있었다. 초시급제자 240명의 각 도별道別 정원을 알아보면 다음 표와 같다.

〈경국대전에 규정된 각 도별 초시합격자 정원〉

성균관 관시館試	50명
한성시漢城試	40명
향시鄕試	150명
경기도	20명
충청도	25명
전라도	25명
경상도	30명
강원도	15명
평안도	15명
황해도	10명
영안도(함경도)	10명
합 계	240명

여기서 지역에 따라 초시급제자의 정원이 다른 것은 각 지역의 인구비율을 고려한 것이다. 다만, 성균관의 경우는 전국에서 올라온 생원과 진사들이 공부하고 있는 최고학부이므로 정원을 특별히 높여준 것이다.

8도의 인구비율로 초시급제자의 정원을 강제로 배분했기 때문에 식년시는 지방응시자들에게 유리한 시험이다. 그 이유는 인재선발의 원칙인 입현무방立賢無方의 정신을 살리기 위함이었다. 현자賢者를 뽑기 위해서는 지연, 혈연, 학연 등을 따지지 않아야 한다는 정신이다.

하지만 2차 시험인 복시에서는 지방안배가 없어지고 성적순으로 33명을 선발했다. 그 이유는 인재선발의 또 하나의 원칙인 유재시용惟才是用 곧 오직 재주있는 사람을 뽑아야 한다는 정신 때문이다. 다시 말해 식년시는 '입현무방'과 '유재시용'의 두 가지 인사원칙을 절묘하게 반영하고 있는 것이다.

다음 3차 시험인 전시에서는 33명을 대상으로 다시 시험을 치러 성적 등급을 매기고, 그에 따라 벼슬의 품계에 차등을 두었다. 여기서 성적이 가장 좋은 3명을 갑과로 정하고, 그 다음 성적이 좋은 7명을 을과로 정하며, 그 나머지 23명은 병과로 정한다. 이들에게 주는 첫 벼슬과 이미 품계를 가진 자에게 올려주는 벼슬은 다음과 같다.

갑과 가운데 수석급제자〔壯元〕	종6품직	이미 품계를 가진 사람은 4계階를 올려준다.
갑과 가운데 나머지 2명	정7품직	이미 품계를 가진 사람은 3계를 올려준다.
을과 7명	정8품직	이미 품계를 가진 사람은 2계를 올려준다.
병과 23명	정9품직	이미 품계를 가진 사람은 1계를 올려준다.

다만, 응시자격 가운데 현직관원은 통훈대부通訓大夫(정3품 당하관) 이하인 사람만이 응시할 수 있는데, 통훈대부가 과거에 급제했을 경우에는 당상관堂上官인 통정대부通政大夫(정3품 당상관)로 올려 주었다.

(2) 별시

문과시험은 앞에서 설명한 식년시가 정기시험이지만, 그 밖에 부정기적으로 시행하는 별시別試가 또 있었다. 국가에 경사스러운 일이 있거나 임금이 성균관에 행차하여 문묘에 인사를 드리거나, 임금이 지방에 행차하여 지방의 선비들을 격려하거나 하는 등의 이유로 치르는 시험이 바로 별시다. 이 경우 정시庭試, 친시親試, 춘당대시春塘臺試 등 다양한 이름이 있으며, 문묘에 배알할 때 성균관 유생들을 대상으로 치르는 시험은 알성시謁聖試로 불렀다.

별시는 느닷없이 치르는 시험이기 때문에 지방민들이 응시하기는 쉽지 않았다. 또 급제자 정원도 정해지지 않아 그때그때 적당한 인원을 선발했다. 갑과, 을과, 병과 등의 성적도 정원이 정해져 있지 않았고, 급제자의 지방안배도 없었다. 그래서 별시는 대체로 서울이나 그 가까운 곳에 사는 선비들에게 유리한 시험으로 볼 수 있고, 기성관원의 자제들이 급제할 가능성이 높았다. 하지만 별시로 선발하는 급제자는 식년시나 증광시급제자에 견주어 인원이 적은 것이 관행이었다. 실제로 식년시와 별시급제자의 신분을 조사해 보면 식년시급제자들의 신분이 별시급제자들에 견주어 한층 낮은 것을 확인할 수 있다. 구체적인 실례는 다음에 설명할 것이다.

3
문과급제자 신분이동 연구자료

1) 《족보》와 《방목》의 자료적 가치와 한계

문과급제자의 신분이동을 연구하는 데 일차적으로 필요한 자료는 《족보》이다. 그런데 모든 성씨가 《족보》를 가지고 있는 것은 아니다. 씨족의 인구가 적고, 조상 가운데 벼슬아치가 별로 없는 씨족은 《족보》를 만들지 않는다. 《족보》는 벼슬아치 집안이라는 것을 과시하기 위한 수단이기 때문이다. 따라서 《족보》를 가지고 있다는 것은 조상 가운데 많고 적든 내세울 벼슬아치가 있는 집안임을 뜻한다.

그런데 《족보》는 조선시대 편찬된 것과 광복 후 최근에 편찬된 것 사이에는 상당한 차이가 있다. 그 예를 들면 다음과 같다.

첫째, 현대 《족보》는 인구가 적은 희성稀姓이 인구가 많은 대성大姓에 흡수되어 사라진 경우가 많고, 서얼의 경우는 대체로 조선시대 《족보》에는 수록이 되지 않는 경우가 많다. 하지만 현대 《족보》에는 모두 수록되는 경우가 많은데 서얼임을 밝히지 않고 있다.

둘째, 현대 《족보》는 도시조都始祖를 신라시대 왕족이나 고려시대 귀족신분으로 거슬러 올라간 것이 적지 않다. 더욱이 김씨金氏의 경우는 경순왕敬順王, 김알지金閼智, 김수로왕金首露王 등의 후예라고 스스로 일컫는 《족보》가 많다. 그러나 이런 《족보》일수록 진실성이 의심된다.

셋째, 현대 《족보》는 조상의 가계家系가 단절되어 있어 가계를 알 수 없는 인물이라도 다른 가계에 집어넣은 경우가 많다.

넷째, 현대 《족보》는 조상의 벼슬을 임의로 적어 넣은 경우도 적지 않다. 더욱이 사실을 추적하기 어려운 삼국시대나 고려시대 인물에 대한 벼슬은 진실성이 없는 기록이 너무나 많다. 또 증직贈職으로 받은 벼슬도 실직實職인 것처럼 기록하고, 산직散職이나 첨설직添設職 등도 실직인 것처럼 적은 것이 많다.

따라서 현대 《족보》가 가장 진실성이 떨어지지만, 현대 이전의 《족보》라 하더라도 씨족에 따라서는 위보僞譜가 적지 않다. 더욱이 조선 후기에 들어 평민과 노비층의 신분상승이 활발해지면서 다른 씨족의 《족보》에 자신의 가계를 집어넣는 일이 유행처럼 되었다. 당시 이런 행위를 '환부역조換父易祖'라고 불렀는데, 풀어 말하자면 성씨를 바꾸고, 조상을 바꾸는 행위라는 뜻이다.

현대와 근대 이전을 가리지 아니하고 《족보》가 지닌 이런 자료상의 한계점을 고려할 때, 《족보》를 그대로 무비판적으로 받아들이는 것은 옳은 방법이 아니다. 하지만 그렇다고 《족보》를 철저하게 불신해 버리면, 이를 대신할 연구자료가 없다. 따라서 비판적 시각을 가지고 《족보》를 활용하는 방법이 바람직하다.

《족보》를 활용한다고 할 때, 가장 큰 문제점 가운데 하나는 개별 씨족의 《족보》를 모두 수집하여 이용한다는 것은 거의 불가능하다는 점이다. 또 많은 연구자료가 지금 전산화하여 제공되고 있지만, 《족보》만은 극소수의 경우를 제외하고는 전산화가 되어 있지 않다. 따라서 현재로서는 여러 씨족의 《족보》를 모아 놓은 통합보統合譜를 이용할 수밖에 없다.

그런데 현재 전하는 통합보도 종류가 적지 않다. 그래서 본 연구에서는 그 가운데 비교적 자료적 가치가 높은 세 종류의 통합보를 참고하기로 했다. 하나는 17세기 초 풍양조씨 조종운趙從耘(1607~1683)이 편찬한 《씨족원류氏族源流》이다. 이 통합보는 수록된 성관姓貫의 종류가 540여 종(115성)에 지나지 않고, 17세기 이후 인물이 누락된 것이 결점이다. 하지만 15~16세기 인물에 대한 정보는 상대적으로 다른 통합보에 견주어 충실한 편이며, 여계女系의 가계가 수록된 것도 장점이다. 또 가계가 단절된 인물은 그대로 가계가 단절된 모습으로 기록하여 오히려 진실을 아는 데 도움이 된다.

또 하나 이용한 자료는 《만성대동보萬姓大同譜》이다. 이 책은 1931년에 윤직구尹稙求가 편찬한 것인데, 516성관의 《족보》가 수록되었으며, 《씨족원류》와 마찬가지로 부인의 아버지 이름이 수록되어 있는 것이 장점이다. 이를 통해 문과급제자의 외조의 신원을 추적할 수 있기 때문이다. 다만, 부인 아버지 이름이 누락된 경우가 적지 않은데, 이는 외조의 신분을 모르거나 내세울 가치가 없어서 누락했다는 것을 보여주므로 오히려 자료적 가치가 크다.

세 번째 이용한 자료는《청구씨보靑邱氏譜》이다. 이 책은 1925년에 경상도 유지 송윤식宋允湜과 박해철朴海徹이 편찬한 것인데, 여기에 수록된 성관은 1,300여 종에 이르고 있다. 그러나 그 가운데 약 3분의 1 정도는 성관만 있고,《족보》가 없다. 이들 성씨는 인구가 매우 적고, 벼슬아치도 배출하지 못했으며, 현재는 소멸되어 있는 성씨이기 때문에《족보》를 구성하지 못하고 있는 것이다. 하지만, 이들의 성관이 비록 수백 종에 이른다고 해도, 인구 구성면에서는 무시해도 좋을 만큼 희소하므로 신분변동을 연구하는 데 큰 의미를 부여할 필요가 없을 것이다.

《청구씨보》는 또한 수록인물이 다른 족보에 견주어 풍부한 편이지만, 가계가 부계만을 기록하여 여계에 관한 정보는 전혀 얻을 수 없는 것이 큰 약점이다.

말할 것도 없이 위 세 통합보는 공통적으로 오류가 많다. 글자의 오류도 있고, 계보를 잘못 적은 것도 있고, 벼슬이 있는 것을 누락시켰거나 벼슬이 없는 인물이 벼슬을 가진 것처럼 기록된 것도 있다. 그래서 이러한《족보》의 약점을 극복하기 위해 세 통합보를 모두 조사하여 서로 비교하기도 하고, 급제자의 벼슬과 신분에 관한 자료를《실록》에서 찾아보았다. 또 그 씨족이 대성인가 희성인가를 알아보기 위해 2000년 현재 대한민국 통계청에서 발표한 인구통계도 활용했다. 현재 인구가 극히 적다면 조선시대에도 당연히 인구가 적었거나 아니면 다른 성씨에 통합되었다는 것을 뜻할 것이다.

그런데 전주이씨全州李氏의 경우는 위 통합보를 이용할 필요가 없다. 전주이씨대동종약원에서 《조선시대과거급제자총람》이라는 방대하고 정밀한 보고서를 편찬하였기 때문이다. 이 책은 문과, 무과, 생진과에 이르기까지 과거에 급제한 사람의 명단과 그들의 가계가 자세하게 정리되어 있으며, 《족보》에 오르지 못한 급제자까지도 적어 놓고 있어 많은 참고가 된다. 《족보》에 오르지 못한 급제자는 '파미분류자派未分類者'로 기록하고 있는데, 이런 급제자는 신분이 매우 미천하거나 서출이라는 것을 암시한다.

이 밖에 조선시대 문과, 무과, 잡과, 생진과 급제자에 대한 성씨별 통계가 전산화되어 지금 한국학중앙연구원에서 인터넷으로 제공하고 있는데, 이 자료도 도움을 주고 있다. 이 자료는 이미 작고한 하버드대학의 와그너 교수와 송준호 교수가 만든 것으로, 각 성관별 벼슬아치의 인원을 이해하는 데는 큰 도움을 주고 있다. 다만 《방목》은 급제자의 이름과 벼슬, 전력前歷, 성관 그리고 내외 4대조의 이름을 적었을 뿐, 조상의 벼슬이 기록되어 있지 않아 벼슬아치의 후손인지 평민의 후손인지를 알 수 없는 것이 큰 약점이다.

또 《방목》은 급제자의 성관이나 벼슬, 내외 4대조의 이름이 전혀 없거나 일부만 기록한 경우가 많아 신원 파악이 매우 어려운 급제자들이 많다. 게다가 본인의 벼슬을 기록한 경우라도 《실록》에 보이는 벼슬과 다른 경우도 적지 않다. 따라서 이렇게 불완전한 《방목》의 기록을 그대로 전산화한 것을 가지고 문과급제자의 신분이동을 연구하는 것은 불가능하다.

《방목》이 이렇듯 약점이 있는데도 현재 조선시대 문과, 무과, 잡과, 생진과 급제자의 신분을 연구하는 학자들은 대부분 위 전산화자료에 의존하여 어느 성관에서 급제자를 많이 배출했는가를 통계적으로 밝혀내는 데 그치고 있다. 그 결과 몇몇 대성이 절대다수의 급제자를 배출했다는 결론이 나오고, 따라서 그 결론을 바탕으로 조선시대는 소수 가문의 양반이 지속적으로 벼슬을 독점한 폐쇄적 사회였다는 것으로 이해하고 있다.

하지만 이런 연구방법은 우리나라 성관 가운데 어느 성관이 벼슬아치를 많이 낸 성관인가를 알려주는 데는 도움이 될지 몰라도, 문과급제자의 신분이동을 이해하는 데는 아무런 도움을 주지 못하고 있다. 왜냐하면 각 성관의 인구비율을 고려하지 않고, 급제자의 가계를 조사하지 않았기 때문이다. 아무리 대성이라도 계파에 따라서는 중인中人계파도 있고, 향리鄕吏계파도 있고, 평민平民계파도 있으며, 서얼庶孼계파도 있고, 노비奴婢도 있을 수 있는데, 이런 점이 무시되고, 대성의 구성원은 마치 전원이 양반兩班인 것처럼 오해를 주고 있기 때문이다.

예를 들어보자. 조선시대 대표적인 양반가문이라고 할 수 있는 전주이씨를 보면 문과급제자가 866명으로 가장 많지만, 잡과雜科급제자도 364명으로 가장 많다. 잡과급제자는 중인으로 널리 알려지고 있으므로 전주이씨 가운데에도 중인가계가 만만치 않게 많다는 것을 알 수 있다. 김해김씨金海金氏의 경우도 비슷하다. 이 성관에서는 문과급제자가 130명이지만, 잡과급제자는 163명으로 오히려 더 많다. 이런 사정은 청주한씨淸州韓氏나 그 밖의 이른바 대성거족大姓巨族으로 불리는 성관에 거의 공통된 현상이다. 중인뿐 아니라 향리가계도 없는 성관이 없다고 말할 수 있다.

다만, 예외적인 사례가 있다. 천녕현씨川寧玄氏 같은 경우는 문과급제자가 1명도 없으나 잡과급제자는 208명에 이르러 전형적인 중인가문中人家門으로 볼 수 있다. 하지만 아무리 중인가문이라도 몇 명의 문무과급제자는 모두 배출하고 있다. 예를 들어 태안이씨泰安李氏, 충주지씨忠州池氏, 온양방씨溫陽方氏, 영월엄씨寧越嚴氏, 밀양변씨密陽卞氏, 우봉김씨牛峰金氏, 해주오씨海州吳氏, 삼척김씨三陟金氏, 영해박씨寧海朴氏, 원주변씨原州邊氏, 홍주피씨洪州皮氏, 하음이씨河陰李氏, 경주최씨慶州崔氏, 천안이씨天安李氏 등은 잡과급제자를 많이 배출한 중인가문이지만, 이들 가문에서도 비록 소수이지만 문과와 무과급제자들이 배출되고 있음을 볼 수 있다.

이렇게 같은 성관 안에도 신분이 다른 계파가 무수히 많음에도, 이런 점을 고려하지 않고 이른바 명문성관名門姓貫의 구성원은 모두 양반으로 해석하는 것은 역사적 진실과는 거리가 멀다. 따라서 조선시대 성관 가운데 마치 양반성관, 중인성관, 평민성관이 따로 있는 것처럼 보는 것은 조선시대 사회구조를 이해하는 데 엄청난 오해와 왜곡을 일으키고 있는 것이다.

이 밖에 급제자들이 받은 벼슬이 얼마나 높고 낮았는가를 따져봐야 신분이동의 실상을 파악할 수 있는데, 이 점도 고려하지 않고 그저 문과에 급제한 사실만 주목하여 신분의 세습성을 강조하는 것도 큰 문제점이다. 이 모든 문제점은 바로 《족보》나 《실록》을 무시한 채 《방목》에만 지나치게 집착하고, 각 성관의 인구편차에 관한 배려가 전혀 없는 안이한 연구태도에서 발생한 것이다.

2) 성씨, 성관의 변화와 인구자료

문과급제자의 신분이동을 제대로 연구하려면 《족보》를 통한 신분변동을 알아보아야 하고, 각 성관의 인구비율을 조사하여 대성인가 희성인가를 따져 보아야 하며, 《실록》 등에 보이는 급제자의 벼슬과 신분사항을 알아보는 일이 절대로 중요하다.

그러면 먼저 각 성씨와 성관이 시대에 따라 어떻게 변천되어 왔는가를 알아보고, 나아가 각 성관의 인구를 검토하기로 한다. 조선시대에서 지금에 이르기까지 성씨와 성관의 수가 어떻게 변화되었는지를 시대순으로 알아보면 다음 표와 같다.

〈시대별 성씨와 성관의 변화〉

시 대	자 료	성 씨 와 성 관
15세기	《세종실록》〈지리지〉	성씨姓氏 260여 종, 성관 4,400여 종
16세기	《동국여지승람》	성씨 270여 종
18세기	이의현의 《도곡총설》	성씨 298종
19세기 초	이덕무의 〈앙엽기〉	성씨 486종
고종 대	《증보문헌비고》	성씨 496종
1930년		성씨 250종, 성관 3,300여 종
1960년		성씨 258종(북한 제외)
1985년		성씨 274종(북한 제외)
2000년		성씨 330여 종(북한 제외), 성관 4,179종

문과급제자 14,615명의 성관 905종

표에서 조선 초기 기록인 《세종실록》〈지리지〉를 보면 성씨는 약 260여 종, 성관은 약 4,400여 종이 있었다.[52] 그러나 여기에는 이미 없어진 성관도 포함되어 있으므로 당시 실존한 성관은 이보다 적었다. 그 뒤 16세기 기록인 《동국여지승람》을 보면 성씨가 약 270여 종으로 되어 있고, 18세기 기록인 이의현李宜顯의 《도곡총설陶谷總說》에는 성씨가 약 298종으로 늘어나고, 다시 19세기 초 이덕무李德懋의 〈앙엽기盎葉記〉에는 성씨가 486종으로 약 200종이 더 늘어나고, 19세기 중엽 《증보문헌비고增補文獻備考》에도 496종이 보인다.

여기서 시대가 내려갈수록 새로운 성씨가 늘어난 것은 하층민의 신분상승운동으로 새로운 성씨가 탄생한 결과로 해석되는데, 이런 변화는 이 글에서 밝힌 18세기 이후 문과급제자의 신분을 통해서도 증명된다. 이 점은 뒤에 다시 자세히 설명할 것이다.

그런데 일제강점기 이후로 오히려 성씨가 줄어드는 현상이 보인다. 1930년 조선총독부에서 실시한 인구센서스 결과를 보면 성씨가 고종 초 496종에서 250종으로 줄고, 성관도 조선 초기보다 오히려 약 1천 종 정도가 줄어들고 있다. 이 사실은 고종 대 이후로 신분제도가 완전히 무너지고, 하층민의 신분상승이 급속도로 진행되었을 뿐 아니라, 인구가 적은 희성들이 대성에 통합되면서 생겨난 현상으로 보인다. 여기에서 성씨와 성관의 수가 시대에 따라 늘어나기도 하고 줄어들기도 하는 현상 자체가 신분이동의 역동성을 그대로 보여주고 있다는 사실을 알아야 한다.

다음에 각 성관의 인구비율을 알아보기로 한다. 우선, 조선시대에는 성관별 인구통계가 없으므로 정확한 수치를 알 수 없다. 하지만 현재 인구비율을 가지고 거슬러 추산하는 방법으로 조선

52) 이수건, 《한국의 성씨와 족보》, 서울대출판부, 2003.

시대 인구비율의 대강은 짐작할 수 있을 것이다. 왜냐하면 조선시대 극소수이던 성관의 인구가 현재에 이르러 대성이 될 수는 없을 것이며, 조선시대 대성이던 인구가 현재에 이르러 극소수로 감소되지는 않았을 것이기 때문이다.

오늘날 한국 통계청은 몇 년 단위로 인구센서스를 시행하면서 각 성관별 인구통계를 발표하고 있다. 다만, 한국의 인구통계는 북한 지역을 제외한 것이라는 한계가 있지만, 큰 추세를 이해하는 데에는 지장이 없을 것으로 보인다. 다음에 2000년을 기준으로 한국의 각 성관별 인구통계 가운데 30대 대성大姓을 소개하고, 각 성관에서 배출된 문과급제자 인원과 그 순위를 소개하면 〈표 1〉과 같다. 이를 통해 성관의 인구와 문과급제자 비율의 상관관계를 살펴보기로 한다.

〈표 1〉 30대 성관의 인구와 문과급제자 인원

인구순위	성관	인구	문과급제자	순위
1	김해김씨金海金氏	4,124,934명	30명	29위
2	밀양박씨密陽朴氏	3,031,478명	263명	7위
3	전주이씨全州李氏	2,609,890명	866명	1위
4	경주김씨慶州金氏	1,736,798명	209명	12위
5	경주이씨慶州李氏	1,424,866명	176명	21위
6	경주최씨慶州崔氏	976,820명	45명	-
7	진주강씨晋州姜氏	966,710명	223명	11위
8	광산김씨光山金氏	837,008명	263명	8위
9	파평윤씨坡平尹氏	713,947명	346명	3위
10	청주한씨淸州韓氏	642,992명	284명	6위
11	안동권씨安東權氏	629,291명	367명	2위
12	인동장씨仁同張氏	591,315명	56명	-
13	김녕김씨金寧金氏	513,015명	2명	-

14	평산신씨平山申氏	496,874명	178명	20위
15	순흥안씨順興安氏	468,827명	123명	31위
16	동래정씨東萊鄭氏	442,363명	199명	15위
17	달성서씨達城徐氏	429,353명	143명	23위
18	안동김씨安東金氏	425,264명	320명	5위
19	해주오씨海州吳氏	422,735명	94명	–
20	전주최씨全州崔氏	392,548명	107명	33위
21	남평문씨南平文氏	380,530명	38명	–
22	남양홍씨南陽洪氏	379,708명	331명	4위
23	창녕조씨昌寧曺氏	338,222명	105명	34위
24	제주고씨濟州高氏	325,950명	35명	–
25	수원백씨水原白氏	316,535명	64명	–
26	한양조씨漢陽趙氏	307,746명	91명	–
27	경주정씨慶州鄭氏	303,443명	24명	–
28	문화유씨文化柳氏	284,083명	141명	26위
29	밀양손씨密陽孫氏	274,665명	31명	–
30	함안조씨咸安趙氏	259,196명	32명	–
합 계		5,047,106명 (53.29%)	5,286명 (36.16%)	

* 비고: ▒ 안의 성씨는 문과급제자 30대 성관

〈표 1〉을 보면, 2000년 현재 인구서열 30등 안에 들어가는 성관의 인구는 약 2천 5백만 명으로 전체 인구 4천 7백만의 53.29퍼센트를 차지하고 있다. 또한 이들 30대 성관에서 배출한 문과급제자는 모두 5,286명으로 전체 급제자 14,615명의 36.16퍼센트를 차지하고 있다. 두 수치가 정확하게 일치하고 있지는 않지만, 상관관계가 높다는 것을 보여준다.

다음에는 조선시대 문과급제자를 많이 배출한 30대 성관의 2000년 현재 인구와 급제자 수를 표로 만들어 인구비율과 급제자비율의 상관관계를 알아보면 〈표 2〉와 같다.

〈표 2〉 30대 급제자성관의 급제자 수와 인구

급제자 순 위	성 관	문 과 급 제 자	2000년 현재 인구	순위
1	전주이씨全州李氏	866명	2,609,890명	3위
2	안동권씨安東權氏	367명	629,291명	11위
3	파평윤씨坡平尹氏	346명	713,947명	9위
4	남양홍씨南陽洪氏	331명	379,708명	22위
5	안동김씨安東金氏	320명	425,264명	18위
6	청주한씨淸州韓氏	284명	642,992명	10위
7	밀양박씨密陽朴氏	263명	3,031,478명	2위
8	광산김씨光山金氏	263명	837,008명	8위
9	연안이씨延安李氏	253명	145,440명	96위
10	여흥민씨驪興閔氏	240명	142,572명	56위
중 간 합 계			9,557,590명	
11	진주강씨晋州姜氏	223명	966,710명	7위
12	경주김씨慶州金氏	209명	1,736,798명	4위
13	한산이씨韓山李氏	202명	136,615명	62위
14	반남박씨潘南朴氏	200명	139,438명	60위
15	동래정씨東萊鄭氏	199명	442,363명	16위
16	청송심씨靑松沈氏	196명	212,717명	38위
16	광주이씨廣州李氏	196명	158,249명	51위
18	전의이씨全義李氏	188명	133,237명	64위
19	풍양조씨豊壤趙氏	186명	113,798명	77위
20	평산신씨平山申氏	178명	496,874명	14위
중 간 합 계			14,094,389명	
21	경주이씨慶州李氏	175명	1,424,866명	5위
22	연안김씨延安金氏	163명	79,788명	96위
23	풍천임씨豊川任氏	149명	99,986명	82위
24	의령남씨宜寧南氏	145명	150,394명	53위
25	달성서씨達城徐氏	143명	429,353명	17위

26	문화유씨文化柳氏	141명	284,083명	28위
27	진주유씨晋州柳氏	137명	60,104명	118위
28	창녕성씨昌寧成氏	134명	167,903명	46위
29	김해김씨金海金氏	130명	4,124,934명	1위
30	풍산홍씨豊山洪氏	129명	36,420명	162위
합 계		6,956명(47.59%)	20,952,220명(44.57%)	

* 비고: ▒▒ 안의 성씨는 2000년 현재 30대 성관에 포함된 성관과 인구순위

〈표 1〉과 〈표 2〉를 다시 한 번 정리하면, 2000년 현재 인구순위 30등 안에 들어가는 성관과 문과급제자를 가장 많이 배출한 30대 성관은 서로 깊은 상관관계를 가진 것을 알 수 있다. 더욱이 〈표 2〉를 보면, 30대 성관이 배출한 문과급제자 6,956명은 전체 급제자 14,615명의 47.59퍼센트를 차지하고 있는데, 바로 그 성관이 차지하고 있는 2000년 현재 인구는 약 2천만으로 전체 인구 4천 7백만의 44.57퍼센트에 이르고 있다. 이 수치는 각 성관의 문과급제율이 인구비율과 놀라울 정도로 비례하고 있다는 것을 보여준다. 다시 말해 이른바 대성大姓이 문과급제자를 많이 배출한 것은 그 성관의 인구가 많은 것과 깊은 관계가 있다는 것이다.

예를 들면, 광산김씨는 인구비율이 8위이고 문과급제율도 8위로 정확하게 일치하고 있으며, 동래정씨도 인구비율은 16위이고, 문과급제비율은 15위로 거의 일치하고 있다. 청주한씨는 인구비율은 10위이고, 문과급제율은 6위이며, 전주이씨는 인구비율은 3위이고, 문과급제율은 1위이다.

그런데 문제가 있다. 〈표 1〉과 〈표 2〉의 차이이다. 〈표 1〉에서

는 현재 30대 성관의 인구에 견주어 조선시대 문과급제자의 성취율이 〈표 2〉보다는 적다는 사실이다. 이런 문제가 생긴 것은 이유가 있다. 현재의 30대 성관 가운데 1위를 차지하고 있는 김해김씨가 문과급제자 순위에서는 29위에 머물고 있으며, 인구순위 13위를 차지하고 있는 김녕김씨는 문과급제자 단 2명을 배출하여 하위 수준에 머물고 있다. 이 사실은 김해김씨나 김녕김씨의 현재 인구가 조선시대의 실제 인구와는 상당한 차이가 있다는 것을 뜻한다. 그 원인은 위보 곧 가짜 족보와 관련이 있어 보인다.

조선 후기 이후로 하층민들이 성장하면서 성관이 다른 유명한 성관의 《족보》에 자신의 가계를 집어넣는 위보가 크게 유행했는데, 이를 당시 '환부역조換父易祖'라고 불렀다. 조상을 바꿔치기한다는 뜻이다. 그런데 그 위보는 조선시대 고관을 많이 배출한 명문대족보다는 그렇지 않은 성관에서 주로 생겨났다. 왜냐하면 성관의 유래가 매우 깊어 권위는 있으면서도 실제로 높은 벼슬아치가 많이 나오지 않아 견제가 약한 성관에서 위보가 집중적으로 생겼기 때문이다. 그런 대상이 김해김씨를 비롯하여 김녕김씨, 경주최씨, 인동장씨 등으로 보인다. 따라서 위보가 적은 성관일수록 인구비율과 급제비율이 서로 엇비슷한 모습을 보여주고 있으며, 위보가 많은 성관일수록 인구비율과 급제비율에 격차가 크다고 말할 수 있다.

어쨌든 위보로 말미암은 현재 인구의 거짓을 감안하더라도, 앞의 표에서 알 수 있듯이 30대 인구성관과 30대 급제자 성관 가운데 16개 성관이 서로 겹치고 있다는 사실은 인구와 급제자의 상관관계가 매우 높다는 사실을 입증하고 있다.

문과급제비율이 인구비율과 깊은 관계가 있다는 사실을 인정한다면, 역으로 소수의 급제자를 배출한 성관은 그만큼 인구가 적은 희성이라는 것을 말해준다. 실제로 조선시대 문과급제자 단 1명을 배출한 성관은 340여 관貫에 이르고 있는데, 이들 성관의 현재 인구를 보면 몇백 명에서 몇십 명에 이르는 희성인 것을 알 수 있다. 이렇게 극소수의 인구를 가진 성관에서 문과급제자가 1명이라도 배출되었다는 것은 인구가 많은 대성에서 몇백 명의 급제자가 배출된 것보다도 오히려 성취율이 높다고 말할 수도 있다. 문자 그대로 개천에서 용이 나왔다는 것을 말해준다. 이에 대해서는 뒤에 자세하게 설명할 것이다.

3) 신분이 낮은 급제자의 유형

앞에서 조선시대 문과급제자의 신분이동을 연구하는 데 필요한 가장 바람직한 연구방법이 무엇인가를 알아보았고, 기왕의 연구자들이 살피지 못한 오류에 대해 설명했다. 이제부터는 《방목》, 《족보》, 《실록》, 현재 인구분포 등의 자료를 폭넓게 활용하면서 실제로 태조(1392~1398)에서 선조(1567~1608) 대에 이르는 조선 전기 200년 동안 문과에 급제한 4,527명 가운데 어떤 부류를 신분이 낮은 급제자로 나눴는지를 설명하기로 한다.

필자는 급제자의 성관을 바탕으로 그 성관의 《족보》를 통해 조상의 가계를 조사할 때 내외 4대조 가운데 벼슬아치가 보이는 급제자는 신분이 좋은 자로 여겨 더 이상 가계를 추적하지 않았다. 그대신 대략 다음과 같은 부류들을 조사대상으로 삼았다.

첫째, 《방목》에 성관이 기록되어 있지 않은 급제자들이다. 이들은 성관이 아직 없거나, 있더라도 기록할 필요를 느끼지 않은 부류이다. 따라서 신분이 매우 낮은 계층으로 보아야 한다.

둘째, 급제자의 성관은 있으나, 그 성관의 《족보》 자체가 세 통합보에 보이지 않는 급제자들이다. 이들은 평민으로서 아직 《족보》를 만들지 못하고 있다는 것을 말해준다.

셋째, 성관이 있고 그 성관의 《족보》도 있으나, 《족보》에 급제자의 가계가 전혀 보이지 않는 급제자들이다. 이들도 신분이 매우 낮은 계층으로 보아야 할 것이다.

넷째, 《족보》에 급제자의 이름이 보이지만, 조상 가운데 아버지나 본인의 이름만 기록되어 있다든가, 할아버지까지만 기록되어 있고, 그 이후의 가계가 끊어진 급제자들이다. 이들도 신분이 낮은 부류로 인정해야 한다.

다섯째, 《방목》에 전력을 서얼이나 공생貢生으로 기록한 급제들이다. 서얼은 문자 그대로 서출임을 알 수 있고, 공생은 바로 향리 출신을 말한다. 하지만 서얼이나 공생으로 적지 않은 급제자 가운데에도 서얼과 향리 출신이 매우 많은 것을 볼 수 있다.

여섯째, 《족보》에 가계가 보이지만, 외조는 말할 것도 없고, 직계로도 4대조 또는 그 윗대의 여러 대에 걸쳐 벼슬아치가 보이지 않는 급제자들이다. 이들은 앞에 소개한 부류들보다는 상대적으로 집안이 좋다고 볼 수 있지만, 내외 4대조 가운데 현관顯官이 없는 경우로서, 흔히 문과응시가 어려웠던 것으로 이해하고 있으나 실제로는 그렇지 않다.

이상과 같은 여러 부류의 문과급제자들의 인원을 통계적으로 조사하고, 나아가 그들이 받은 최고 벼슬이 어디까지 도달했는가를 품계순으로 조사하여 통계를 냈다. 여기서 특히 첫째에서 다섯째에 이르는 급제자들은 잡과 출신의 중인이거나, 향리이거나, 평민이거나, 서얼이거나, 그 어느 가운데 하나일 것이다.

여기서 선택한《족보》는 앞에서 설명한 세 통합보이다. 그 세 통합보에 모두 가계가 보이지 않으면,《족보》에 가계가 오르지 못한 인물로 여기고, 그 가운데 한 통합보에라도 가계가 보이면《족보》에 오른 것으로 판단했다.

또《방목》에 본인의 벼슬이 보이지 않는 급제자는《실록》에서 벼슬 여부를 확인하여《실록》에도 벼슬이 보이지 않으면 벼슬을 받지 못한 것으로 판단했다.

4
태조-정종 대 신분이 낮은 급제자와 벼슬

1) 이용자료와 시험과목별 급제자 인원

태조 대(1392~1398)에는 재위 7년 동안 식년시式年試가 두 번 시행되었으며, 그 다음 정종 대(1398~1400)에는 재위 3년 동안 식년시가 한 번 시행되었다. 이 두 시기를 합쳐서 검토해 보면, 9년 동안 시행된 시험은 회마다 33명을 선발하여 모두 99명에 이르며, 매년 평균 11명을 선발한 셈이다. 그런데 태종 대 이후로는 식년시 말고도 친시親試, 증광시增廣試, 알성시謁聖試 등이 추가되면서 문과급제자는 갈수록 늘어난다. 그리하여 태조에서 성종에 이르는 100년 동안 매해 평균 급제자는 17.40명을 헤아리게 되었다.

태조-정종 대에 이렇게 문과급제자를 적게 선발한 것은 조선왕조 건국과정에서 개국공신開國功臣, 원종공신原從功臣 등 많은 공신들이 배출되고, 그들 가운데에는 문과를 거치지 않고 벼슬을 차지한 인물들이 매우 많아 신진관원의 충원이 그다지 절실하지 않았기 때문이었다. 사실, 공신으로 벼슬을 차지한 인물들의 신분은 문과를 거쳐 벼슬아치가 된 부류보다도 더 낮은 편에 속하지만 벼슬은 오히려 더 높은 관직에 오른 경우가 많았다. 왜냐하면 공신들 가운데에는 서출庶出이나 무식한 무인武人들이 많았지만, 국가에 미친 공로 때문에 정승이나 판서에 오른 이가 적지 않았기 때문이다. 하지만 이들에 관한 자세한 논의는 여기서는 논외로 해 둔다.

이제 태조-정종 대 문과급제자의 신분을 알아보기 위해 일차적으로는 《문과방목文科榜目》(앞으로 《방목》이라고 함)을 활용했다. 《방목》에는 원칙적으로 출생연도, 전직, 벼슬, 직계 3대조와 외조外祖의 이름, 그리고 성관姓貫을 적도록 되어 있었다. 그런데 조상의 벼슬을 적지 않았기 때문에 벼슬아치 집안인지 아닌지를 판단하기 어려울 뿐 아니라, 세대 간 신분이동을 살필 수 없는 것이 큰 약점이다.

《방목》의 약점을 극복하여 조상의 벼슬 여부와 세대 간 신분이동을 알아보기 위해서는 두 가지 보완자료가 필요하다. 첫째는 《족보》의 활용이요, 둘째는 《실록》의 활용이다. 《족보》에는 벼슬이 보이고, 처부妻父(장인)의 이름과 벼슬이 보이는 경우도 있다. 그렇지만 각 씨족에서 발간한 현행 《족보》를 활용하는 것은 실제로 불가능하다. 그 대안으로 선택한 것이 여러 씨족의 《족보》를 모아 놓은 통합보統合譜이다.

필자는 통합보 가운데 세 종류를 선택했다. 《만성대동보萬姓大同譜》(앞으로 《만성》이라고 함), 《청구씨보靑邱氏譜》(앞으로 《청구》라고 함), 그리고 《씨족원류氏族源流》(앞으로 《씨족》이라고 함)가 그것이다. 이 세 통합보는 각각 특징이 있다. 《청구》는 희성稀姓을 많이 소개한 것이 장점이나 처부의 이름이 없는 것이 약점이며, 《만성》은 처부의 이름이 보이나 희성이 많이 누락된 것이 약점이다. 《씨족》은 처부의 벼슬과 사위의 가계까지도 기록하고 있다는 것이 장점이지만, 편찬자가 17세기 인물인 조종운趙從耘(1607~1683)이기 때문에 임진왜란 이후의 인물이 모두 빠져 있는 것이 약점이다. 따라서 이 세 통합보를 서로 대조하면서 활용할 필요가 있다.

《족보》와 아울러 《실록》도 문과급제자의 가계와 신분을 이해하는 데 매우 중요한 자료이다. 문과급제자는 벼슬을 새로 받을 때마다 사간원司諫院과 사헌부司憲府 등 대간臺諫의 서경署經을 받아야 한다. 이때 신분이 낮은 급제자가 6조 낭관郎官(5~6품)이나 삼사三司(사헌부, 사간원, 홍문관) 등 청요직淸要職에 임명되면 대간의 봉박封駁(비판)을 받는 일이 많았다. 대간이 신분이 낮은 급제자를 비판할 때에는 인물이 "한미寒微하다", "미천微賤하다", "비천卑賤하다", "용렬庸劣하다", "명망名望이 없다", "잔약孱弱하다"는 등의 표현을 즐겨 썼다. 그 밖에 노골적으로 "서얼庶孼"이라든가, "비첩婢妾의 소생"이라는 표현이 보이기도 한다. 따라서 이런 기록들을 통해서 문과급제자들이 관료사회에서 어떤 대접을 받았으며, 구체적으로 어떤 벼슬을 받았는지도 좀 더 자세히 알 수 있다.

마지막으로, 문과급제자의 신분을 이해하는 데 그가 속한 성씨의 현재 인구를 알아보는 것도 중요한 일이다. 대한민국 통계청은 주기적으로 각 성관별 인구통계를 발표하고 있는데, 현재는

2000년의 통계가 가장 최근 정보이다. 말할 것도 없이 이 통계는 북한주민을 제외했다는 점과, 조선 후기 이후 작은 성관들이 큰 성관에 점차로 통합되어 오늘에 이르고 있다는 점 때문에 현재 인구를 가지고 조선시대 인구를 유추하는 것이 조심스럽다는 한계를 지니고 있다. 하지만 각 성관별 인구비율을 이해하는 데에는 큰 지장을 주지 않는다.

각 성관의 인구비율과 문과급제자를 배출하는 비율은 깊은 상관관계를 가지고 있다. 예를 들어 조선시대 문과급제자를 많이 배출하여 대성大姓으로 알려진 성관들은 오늘날에도 인구가 상위그룹에 속하고 있으므로, 조선시대에도 비슷한 수준의 상위그룹의 인구를 가지고 있었다고 볼 수 있다. 이런 시각에서 문과급제자의 인구가 몇백 명에 지나지 않는 극희성에서 문과급제자 1~2명을 배출했더라도, 그 가문의 성취도를 높이 평가할 수 있을 것이며, 현재 인구가 몇백 만이나 되는 대성에서 문과급제자 몇백 명을 배출했다면 가문의 성취도는 극희성만도 못하다고 할 수 있을 것이다. 다시 말해 인구를 고려하지 않고 문과급제자의 수만 가지고 그 성관의 위상을 논하는 것은 조심스럽다는 것이다.

2) 신분이 낮은 급제자

위 여러 자료들을 이용하여 태조-정종 대의 문과급제자들의 가계家系와 신분을 조사해 보면 전체 급제자 99명 가운데 40.40퍼센트에 해당하는 40명의 급제자들은 조상의 가계를 알 수 없거나, 향리 출신이거나, 자기 성관의 시조가 된 인물들이다. 곧 신분이 상대적으로 낮은 사람들로서 문과를 통해 신분상승에 성공한 인물들이기도 하다.

위 40명의 급제자들을 좀더 자세히 살펴보면 대체로 다음과 같은 여섯 부류가 있다.

(1) 《방목》에 본관이 없는 급제자

태조-정종 대 신분이 낮은 급제자 40명 가운데 《방목》에 본관이 기록되어 있지 않은 급제자는 모두 28명이다. 그 가운데 신원 파악이 되지 않는 급제자는 14명이고, 나머지 14명은 현행 《족보》에 가계가 보인다. 그런데 28명 가운데 벼슬을 받지 못한 급제자는 7명이고, 나머지 21명은 벼슬을 받았다. 벼슬을 받지 못한 급제자는 모두 본관이 기록되지 않았다.

과거응시자는 본관을 기록하는 것이 원칙이었지만, 본관이 기록되지 않았다는 것은 아직 본관을 갖지 못했거나, 본관을 기록할 만한 벼슬아치가 없다는 사실을 말해준다. 본관이 없는 급제자는 대개 4대조(직계 3대조와 외조) 이름 가운데 아버지만 기록하고 있거나, 아니면 아버지 이름조차 없기도 하다. 본관도 없고 아버지 이름도 모른다면 과거응시가 불가능했을 것으로 보이지만, 현실은 그렇지 않았다는 것을 알 수 있다. 이런 부류의 급제자는 평민 출신이거나, 서얼이거나, 향리거나 아니면, 천인이 신분을 속이고 있는 경우로 볼 수 있다.

(가) 3품 이상 고관에 오른 급제자

《방목》에 본관이 없는 28명 가운데 7명은 벼슬을 받지 못했고, 나머지 벼슬을 받은 21명 가운데 3품 이상 고관에 오른 급제자는 6명에 이른다. 나머지 급제자 15명도 사헌부 감찰監察(정6품), 장령掌令(정4품), 사간원 헌납獻納(정5품, 4명), 홍문관 수찬修撰(정6품), 정랑正郎(정5품) 등 청요직을 받은 인물이 8명에 이른다. 다음에 3품 이상 고관에 오른 인물을 소개하면 다음과 같다.

변계손卞季孫 《방목》에는 본관이 없지만, 《초계변씨보》에는 가계가 보인다. 아버지 이름이 《방목》과 달라 신분이 의심스럽지만 벼슬은 사간원 사간司諫(종3품)에 올랐다.

김식金湜 《방목》에 본관이 없지만 지금 본관이 청주淸州로 알려져 있는데, 《청주김씨보》에는 가계가 보이지 않는다. 벼슬은 형조판서(정2품)에 이르렀으며, 김식이 조선시대 첫 급제자이다.

나득경羅得卿 《방목》에 본관이 없으나 나주羅州로 짐작되는데, 세 통합보의 《나주나씨보》에는 가계가 보이지 않는다. 벼슬은 검교한성윤檢校漢城尹(종2품)에 올랐다.

허조許慥(또는 鄭慥) 일명 정조라고도 한다고 《방목》에 기록되어 있어 성조차 확실치 않은 인물인데, 본관도 알 수 없다. 그런데 벼슬은 감정監正(정3품 당하관)에 올랐다.

정재鄭載 본관을 알 수 없는 인물이다. 벼슬이 사간원 정언正言(정6품)과 정랑正郎(정5품)을 거쳐 판제용감사判濟用監事(정3품)에 이르렀다.

김염金濂 《방목》에 본관이 없으나, 현재 영흥김씨永興金氏의 시조가 된 인물이다. 벼슬이 부윤府尹(종2품)에 이르렀다. 조선시대 유일한 문과급제자이다.

(2) 《족보》에 가계가 보이지 않는 급제자

《족보》는 있으나 《족보》에 가계가 보이지 않는 급제자는 8명이다. 그 가운데 5명은 《방목》에 본관이 기록되지 않아 다른 방법으로 본관을 알 수 있었지만 해당 《족보》에 가계가 보이지 않는 인물이고, 나머지 3명은 《방목》에 본관이 있지만 《족보》에 가계가 보이지 않는 인물이다. 《족보》에 가계가 보이지 않는다는 것은 신분에 어떤 문제가 있다는 것을 말해준다. 조상 가운데 벼슬아치가 없는 평민이거나, 서출이거나, 향리거나, 그 밖에 본관을 속인 경우로 보아야 할 것이다. 앞에 소개한 《청구》, 《만성》, 《씨족》의 세 통합보에 공통적으로 가계가 보이지 않는다면 《족보》의 미비함을 탓할 여지가 없는 것이다.

본관이 있는데도 《족보》에 가계가 보이지 않는 3명은 다음과 같다.

오극경吳克敬 본관이 해주海州로서 벼슬이 의정부 사인舍人(정4품)에 올랐으나, 《해주오씨보》에 가계가 보이지 않는다.

이공의李公義 본관이 단양丹陽으로 좌의정 이무李茂의 아들이다. 벼슬이 세자시강원의 시학侍學에 이르렀으나 《단양이씨보》에는 이공의의 이름이 보이지 않는다.

전예田藝 벼슬이 경차관敬差官에 이르렀는데, 경차관은 대개 정랑正郎(정5품)이 한다. 그런데 전예는 어느 본관의 전씨보에도 가계가 보이지 않는다. 하지만 전력이 향공학생鄕貢學生으로 되어 있어서 향리의 아들임을 알 수 있다. 《세종실록》〈지리지〉를 보면 경기도 남양南陽의 속성續姓으로 전씨가 있는데, 향리를 하고 있다고 되어 있으므로 그의 본관은 남양인 듯하다.

(3) 조상의 가계가 단절된 급제자

(가) 시조가 된 급제자

《족보》에 급제자의 이름이 보이지만, 본인이나 아버지 윗대의 조상이 보이지 않는 급제자는 모두 8명인데, 그 가운데 뒤에 자기 본관의 시조가 된 인물은 6명이다. 여기에 속하는 급제자들은 대부분 현재 인구가 몇백 명에 지나지 않는 희성稀姓에 속하며, 조선시대 단 1명의 문과급제자를 내는 데 그치는 경우가 많다. 다시 말해 시조 한 사람만이 문과에 급제했다는 뜻이다. 예를 들어 보겠다.

한이韓彛 벼슬이 판관判官(종5품)에 올랐다. 본관이 부안扶安으로 뒤에 부안한씨의 시조가 되었다. 그런데 《청구》의 《부안한씨보》에는 오직 한이 한 사람만 올라 있다. 조선시대 문과급제자 2명을 배출했다.

김반金泮 정종 원년 급제하여 벼슬이 대사성大司成(정3품 당상관)에 올랐다. 경학經學이 뛰어난 학자로 김구金鉤, 김말金末과 더불어 '경학3김經學三金'으로 불렸다. 본관이 평안도 강서江西로 뒤에 강서김씨의 시조가 되었으며, 조선시대 문과급제자도 김반이 유일하다.

김염金濂 앞에서 이미 설명했다.

이양부李陽敷 정종 원년 급제하여 벼슬이 좌랑(정6품)을 거쳐 총제總制(정2품)에 올랐다. 뒤에 함흥이씨咸興李氏의 시조가 되었는데, 문과급제자는 이양부가 유일하다. 2000년 현재 인구는 229가구 786명으로 극희성에 속한다.

조현수趙玄璲 정종 원년 급제하여 벼슬이 주부主簿(종6품)에 올라 서장관書狀官(4~6품)으로 중국에 다녀오기도 했다. 뒤에 남해조씨南海趙氏의 시조가 되었다. 조선시대 문과급제자는 조현수가 유일하며, 2000년 현재 인구는 138가구 375명의 희성이다.

유종규柳宗揆 정종 원년 급제하여 벼슬이 관찰사(종2품)에 올랐다. 뒤에 연안유씨延安柳氏의 시조가 되었으며, 조선시대 문과급제자는 유종규가 유일하다. 2000년 현재 인구도 195가구 622명의 희성이다.

(나) 3품 이상 고관에 오른 급제자

《족보》에 조상의 가계가 단절된 급제자 가운데에는 3품 이상 고관에 오른 급제자가 위에 소개한 4명 말고도 2명이 더 있다. 다음에 그 명단을 소개하겠다.

은여림殷汝霖 벼슬이 이조판서(정2품)에 올랐다. 《방목》에는 본관이 태인泰仁으로 되어 있으나, 《태인은씨보》에는 조상의 가계가 단절되어 있어 가계를 알 수 없다. 조선시대 문과급제자도 은여림이 유일하다.

한집韓緝 벼슬이 부정副正(종3품)에 올랐다. 본관이 양주楊州이지만, 《양주한씨보》에는 조상의 가계가 단절되어 있어서 신원을 알 수 없다. 양주한씨는 현재 청주한씨로 통합되어 있다.

(4) 향리 출신

태조-정종 대 문과급제자 가운데 향리 출신으로 확인된 급제자는 3명이다. 그 명단을 소개하면 다음과 같다.

윤상尹祥(1373~1455) 벼슬이 대사성大司成(정3품 당상관)에 오르고, 경학자로 이름을 떨쳤다. 호가 별동別洞이다. 그런데 윤상은 예천醴泉의 향리 출신이다.

김종리金從理 벼슬이 예문관 직학直學(정3품 당하관)에 오른 인물인데, 본관이 선산善山으로 대대로 호장戶長을 지내던 향리 집안 출신이다. 《선산김씨보》를 보면 직계 3대조 가운데 오직 증조만이 고려시대 잡과雜科(명법업)에 급제하였다.

전예田藝 앞에서 이미 설명했다.

(5) 내외 4대조 가운데 벼슬아치가 없는 급제자

《족보》에 내외 4대조 가운데 벼슬아치가 없는 급제자는 1명이다. 그 명단은 다음과 같다.

옥고玉沽 길재吉再의 문인으로 정종 원년에 급제하여 벼슬이 집현전 교리校理(정5품)와 사헌부 장령掌令(정4품)에 올랐다. 《의령옥씨보》를 보면 직계 조상 5대조 가운데 벼슬아치가 없다.

3) 신분이 낮은 급제자의 벼슬

태조-정종 대 문과급제자로 신분이 낮은 급제자 40명 가운데 벼슬을 받지 못한 급제자는 7명이고, 나머지 33명은 모두 벼슬을 받았다. 이들이 받은 벼슬의 최고품계순으로 인원을 정리해 보면 다음과 같다.

벼슬과 품계	인원
판서判書(정2품)	2명 (김식, 은여림)
총제總制(정2품)	1명 (이양부)
관찰사觀察使(종2품)	1명 (유종규)
부윤府尹(종2품)	1명 (김염)
검교한성윤檢校漢城尹(종2품)	1명 (나득경)
대사성大司成(정3품 당상관)	2명 (김반, 윤상)
판제용감사判濟用監事(정3품)	1명 (정재)
감정監正(정3품 당하관)	1명 (허조)
예문관 직학直學(정3품 당하관)	1명 (김종리)
사간원 사간司諫(종3품)	1명 (변계손)
부정副正(종3품)	1명 (한집)
1~3품	13명
의정부 사인舍人(정4품)	1명
사헌부 장령掌令(정4품)	1명
통례원 봉례랑奉禮郎(정4품)	1명
군수郡守(종4품)	1명
승문원 교감校勘(종4품)	1명
정랑正郎(정5품)	1명
사간원 헌납獻納(정5품)	5명
판관判官(종5품)	1명
좌랑佐郎(정6품)	1명
시강원 시학侍學(3~6품)	1명
사헌부 감찰監察(정6품)	1명
사간원 정언正言(정6품)	1명
감무監務(종6품)	1명

교수관敎授官(종6품) 주부主簿(종6품)	1명 1명
4~6품	19명
성균관 직학直學(종9품)	1명
7~9품	1명
벼슬을 받지 못한 급제자	7명
합 계	40명

위 표를 다시 정리해 보면, 신분이 낮은 급제자 40명 가운데 7명은 벼슬을 받지 못했고 나머지 33명이 벼슬을 얻었으므로, 전체 40명 가운데 82.50퍼센트가 벼슬을 받은 셈이다.

벼슬의 높이를 알아보면, 3품 이상 고관에 오른 이가 13명으로 전체 40명 가운데 32.50퍼센트를 차지한다. 그 가운데에는 판서에 오른 이가 2명, 성균관 대사성에 오른 이도 2명이다. 하지만 의정부 정승에 오른 급제자가 없는 것이 한계라고 볼 수 있다.

판서직에 오른 인물은 본관을 모르는 김식金湜과 본관이 태인泰仁으로 알려진 은여림殷汝霖이다. 태인은씨는 현재 74가구 251명밖에 되지 않는 극희성으로 조선시대 문과급제자는 은여림이 유일하다. 대사성에 오른 인물은 조선 초기에 김구金鉤, 김말金末과 더불어 '경학3김'으로 이름을 떨친 김반金泮과 예천향리醴泉鄕吏 출신으로 별동선생別洞先生으로 존경을 받은 윤상尹祥이다. 이 두 사람은 성리학자로 이름을 크게 떨쳤다. 김반은 평안도 강서江西 사람으로 집안이 몹시 가난하고 자식까지 없다. 본관이 원래 강릉이었다가 뒤에 본관을 강서로 바꿔 강서김씨의 시조가 되었으며, 조선시대 문과급제자는 그가 유일하다.

그 다음 4~6품에 이르는 참상관參上官이 모두 19명으로, 그 가운데 요직要職에 속하는 6조 낭관郞官(5~6품)에 오른 이가 4명, 청직淸職에 속하는 사헌부와 사간원의 대간에 오른 이가 8명이나 된다. 더욱이 언관직인 사간원 헌납이 5명이나 되는 것은 눈여겨볼 만하다. 그 밖에 군수, 감무, 판관, 교수관 등 지방관으로 나간 이가 5명인데, 이들도 청요직을 거친 경우가 적지 않다.

이들이 청요직에 임명될 때 서경을 맡은 대간에서는 신분이 낮은 것을 이유로 간혹 체차(교체)를 임금에게 요구하기도 했지만, 신분이 낮은 인물이 대간에 많이 포진하여 그 정도가 후대처럼 심하지는 않았다.

태조-정종 대 전체 급제자 99명 가운데 조상 4대조 가운데 벼슬아치가 있는, 상대적으로 가문이 좋은 급제자들의 벼슬은 위에 소개한 40명보다는 나은 것이 사실이다. 다시 말해 의정부 정승이나 판서의 벼슬은 대부분 4대조 가운데 벼슬아치가 있는 집안 출신이 차지하고 있었다. 바로 이 점이 신분이 낮은 급제자들이 받은 차별이라면 차별일 것이다.

4) 태조-정종 대 신분이 낮은 급제자 명단

태조-정종 대 신분이 낮은 급제자 40명의 명단을 급제연대순으로 소개하면 다음과 같다.

1 **탁함**卓諴(1345 또는 1353~?) 생원을 거쳐 태조 2년(1393) 49세 또는 41세로 문과에 급제했는데, 《방목》에는 아버지〔允順〕 이름

만 보이고, 본관이나 벼슬 이름은 보이지 않는다. 그런데 탁씨의 본관은 광주光州(광산)밖에 없는데, 《만성》과 《씨족》의 《광산탁씨보光山卓氏譜》에는 탁함의 이름이 보이지 않는다. 《청구》의 《광주탁씨보》에는 계보가 끊어진 형태로 그의 아버지와 그만을 따로 기록하고 있는데, 아버지는 벼슬이 없다. 조상의 가계가 분명치 않은 인물이다. 2000년 현재 광주탁씨 인구는 490가구 1,631명의 희성으로, 조선시대 문과급제자는 모두 6명이고, 그가 처음이다.

2 **변계손**卞季孫(1368~?) 생원을 거쳐 태조 2년 26세로 문과에 급제하여 벼슬이 사간원 사간司諫(종3품)에 이르렀다. 《방목》에는 아버지〔載〕 이름만 보이고, 본관이 없다. 그런데 《청구》의 《초계변씨보草溪卞氏譜》에 변계손의 이름이 보이는데, 아버지 이름이 관寬으로 《방목》과 달라 신분이 의심스럽다. 《만성》과 《씨족》의 《초계변씨보》에는 그의 이름이 보이지 않는다. 정체를 알 수 없는 인물이다.

3 **소호인**蘇好仁(1356~?) 진사를 거쳐 태조 2년 38세로 문과에 급제하여 벼슬이 사헌부 감찰(정6품)에 이르렀다. 《방목》에는 아버지〔義〕 이름만 보이고, 본관이 없다. 그런데 소씨의 본관은 진주晋州와 함양咸陽 둘뿐이다. 《청구》의 《함양소씨보》를 보면, 아버지와 소호인의 이름만 기록되어 있고 아버지는 벼슬이 없다. 한편 《만성》과 《씨족》에는 《함양소씨보》가 없으며, 《진주소씨보》에는 그의 가계가 보이지 않는다. 《세종실록》 〈지리지〉에는 함양군에 소씨가 보이지 않는다. 따라서 그는 본래 본관도 없고, 어디에서 살았는지도 모르다가 후손들이 함양을 본관으로 정한 것

으로 보인다. 하지만 그는 지금 《진주소씨보》에 올라 있다.

4 **김식**金湜(1356~?) 진사를 거쳐 태조 2년 38세로 문과에 급제하여 벼슬이 형조판서(정2품)에 이르렀다. 《방목》에는 아버지〔揮仲〕 이름만 보이고, 본관이 없다. 현재 본관은 청주淸州로 알려져 있지만, 《청구》와 《만성》의 《청주김씨보》에는 김식의 이름이 보이지 않고, 《씨족》에는 《청주김씨보》 자체가 없다. 조선시대 문과급제자 9명이 배출되었는데, 그가 처음이다.

5 **송호**宋瑚(1373~?) 진사를 거쳐 태조 2년 21세로 문과에 급제하여 벼슬이 예조좌랑(정6품)에 이르렀다. 《방목》에는 아버지〔之毅〕와 할아버지〔守〕의 이름이 보이고, 본관이 태인泰仁으로 되어 있다. 그러나 《청구》의 《태인송씨보》에는 호장戶長(향리)을 지낸 송진宋進 한 사람만 기록되어 있고, 송호의 이름은 보이지 않으며, 《만성》에는 《태인송씨보》 자체가 없다. 《씨족》의 《태인송씨보》에 그의 가계가 보이는데, 할아버지가 첫머리에 실려, 벼슬이 판서判書이고, 아버지는 중랑장中郞將으로 되어 있다. 그러나 할아버지와 아버지의 벼슬은 신빙성이 없다. 아마 고려 말 향리에게 준 첨설직으로 보인다. 《세종실록》 〈지리지〉에는 송씨가 태인의 일반성一般姓 가운데 하나로 기록되어 있어서 송호가 태인에 살았던 것으로 보인다. 2000년 현재 태인송씨 인구는 29가구 92명의 희성으로 조선시대 문과급제자는 송호가 처음이며, 현종 대 두 번째 급제자가 나왔을 뿐이다.

6 **나득경**羅得卿(1369~?) 진사를 거쳐 태조 2년 25세로 문과에 급제하여 태종 대 벼슬이 검교한성윤檢校漢城尹(종2품)에 이르렀으나 죄를 짓고 파직되었다. 《방목》에는 아버지〔仲呂〕 이름만 보이

고, 벼슬이나 본관이 없다. 파직되었으므로 벼슬과 본관을 적지 않은 것으로 보인다. 그러나 《청구》의 《나주나씨보羅州羅氏譜》를 보면, 아버지와 같은 항렬인 나중우羅仲佑, 나득경과 같은 항렬인 나득강羅得康이 보이는 것으로 보아 나득경도 나주나씨로 보인다. 그런데 그의 이름은 《청구》, 《만성》, 《씨족》의 《나주나씨보》에 보이지 않는다. 《세종실록》〈지리지〉를 보면 나씨는 나주의 토성土姓 가운데 하나이므로 그는 나주 토착민 출신임을 알 수 있다.

7 **민안**閔顔(1350~?) 진사를 거쳐 태조 2년 44세로 문과에 급제하여 벼슬이 감무監務(종6품)에 이르렀다. 《방목》에는 아버지〔天裕〕 이름과 벼슬이 감무라는 것만 적고 있으며, 본관이 없다. 그러나 민씨는 본관이 여흥驪興뿐이므로, 민안의 본관은 여흥일 것이다. 하지만 《청구》, 《만성》, 《씨족》의 《여흥민씨보》에는 그의 가계가 보이지 않는다.

8 **박조**朴澡 진사를 거쳐 태조 2년 문과에 급제하여 벼슬이 군수郡守(종4품)에 이르렀다. 《방목》에는 아버지〔乙陽〕 이름만 보이고, 그 밖에 아무런 기록이 없어 신원을 알 수 없다.

9 **한연**韓璉(1367~?) 진사를 거쳐 태조 2년 27세로 문과에 급제했다. 《방목》에는 아버지〔庇〕 이름만 보이고, 그 밖에 아무런 기록이 없어 신원을 알 수 없다.

10 **오상명**吳尙明(1371~?) 생원을 거쳐 태조 2년 23세로 문과에 급제했다. 《방목》에는 아버지〔臣囧〕 이름만 보일 뿐, 그 밖에 아무런 기록도 없다. 따라서 신원을 알 수 없는 인물이다.

11 **문가용**文可容(또는 可用) 생원을 거쳐 태조 2년 문과에 급제했

다. 《방목》에는 아버지〔益夏〕 이름만 보이고, 그 밖에 아무런 기록이 없어 신원을 알 수 없다. 《청구》, 《만성》, 《씨족》의 어느 문씨보에도 문가용의 가계는 보이지 않는다.

12 **은여림**殷汝霖 생원으로 태조 5년(1396) 문과에 급제하여 벼슬이 사간원 헌납獻納(정5품)을 거쳐 이조판서(정2품)에 이르렀다. 《방목》에는 처부〔李衍生〕 이름만 보이고, 본관이 태인泰仁으로 되어 있다. 그러나 《청구》와 《만성》에는 《태인은씨보》 자체가 없으며, 은여림의 이름은 《행주은씨보幸州殷氏譜》에 실려 있다. 다만 《씨족》에는 《태인은씨보》가 있는데, 그의 가계는 끊어진 형태로 기록되어 있을 뿐이다. 아마 후손들이 행주은씨로 이적한 것으로 보인다. 《세종실록》 〈지리지〉에는 태인의 성씨 가운데 은씨가 보이지 않는다. 따라서 그는 태인에 살고 있었지만, 실제로는 본관이 없는 평민임을 알 수 있다. 2000년 현재 태인은씨 인구는 74가구 251명의 희성으로, 조선시대 문과급제자는 그가 유일하다.

13 **한이**韓彛 생원을 거쳐 태조 5년 문과에 급제하여 벼슬이 판관判官(종5품)에 이르렀다. 《방목》에는 4대조 이름이 모두 없고, 본관이 부안扶安으로 되어 있다. 《세종실록》 〈지리지〉에는 부안현에 한씨가 일반성으로 나오고 있어서 토성이 아님을 알 수 있다. 《만성》에는 《부안한씨보》가 없으며, 《청구》의 《부안한씨보》를 보면 오직 한이 한 사람만 기록되어 있어서, 그는 부안한씨의 시조임을 알 수 있다. 조선시대 부안한씨 문과급제자는 그를 포함하여 모두 2명뿐이다. 오늘날에는 부안한씨 자체가 없어졌다.

14 **윤상**尹祥(1373~1455) 호가 별동別洞이다. 생원을 거쳐 태조 5년 24세로 문과에 급제하여 벼슬이 제학提學 겸 성균관 대사성大司成(정3품 당상관)에 올랐는데, 성리학자로 이름을 날렸다. 《방목》에는 아버지〔善〕, 할아버지〔信端〕, 증조〔忠〕, 처부의 이름이 보이고, 본관이 예천醴泉으로 되어 있다. 조상 대대로 예천의 향리로 내려오다가 윤상이 큰 벼슬아치가 되어, 증조 이후 3대가 모두 증직을 받았다.

15 **이경생**李敬生(개명 陽明) 생원을 거쳐 태조 5년 문과에 급제하여 벼슬이 사간원 헌납(정5품)에 이르렀다. 《방목》에는 처부〔金鍾〕 이름만 보일 뿐 그 밖에 아무런 기록이 없어 신원을 알 수 없다.

16 **허조**許慥(또는 鄭慥) 생원을 거쳐 태조 5년 문과에 급제하여 벼슬이 감정監正(정3품 당하관)에 이르렀다. 《방목》에는 그의 성이 정씨鄭氏라고도 한다고 되어 있을 뿐 그 밖에 아무런 기록이 없다. 실제 허조라는 인물은 세종 29년 문과에 급제한 인물로, 세종 대 좌의정을 지낸 허조許稠의 손자이므로 여기서 보이는 허조는 정조鄭慥로 보는 것이 맞을 듯하다. 하지만 그의 정체는 불분명하다.[53]

17 **정지**鄭墀(또는 穉) 생원을 거쳐 태조 5년 문과에 급제하여 벼슬이 사간원 헌납(정5품)에 이르렀다. 《방목》에는 이름이 치穉라고도 한다고 하여 이름조차 확실치 않다. 4대조의 이름은 말할

53) 한국학중앙연구원의 《방목》 DB에서는 허조의 본관이 하양河陽이고, 허조許稠의 손자라고 되어 있는데, 허조의 손자 허조許慥는 세종 29년 문과에 급제한 인물이므로 태조 5년에 급제한 인물과는 다르다.

것도 없고 본관에 관한 기록도 없어 신원을 알 수 없다.

18 **서윤**徐倫 생원을 거쳐 태조 5년 문과에 급제하여 벼슬이 교수관敎授官(종6품)에 이르렀다. 《방목》에는 벼슬 말고 아무런 기록이 없어 신원을 알 수 없다. 그런데 이천利川에 거주한다고 되어 있어[54] 본관이 이천으로 보인다. 하지만 《청구》, 《만성》, 《씨족》의 《이천서씨보》에는 서윤의 이름이 보이지 않는다.

19 **김종리**金從理 생원으로 태조 5년 문과에 급제하여 벼슬이 임실감무任實監務를 거쳐 예문관 직학直學(정3품 당하관)에 이르렀다. 《방목》에는 아버지〔邦老〕, 할아버지〔珥〕, 증조〔光偉〕의 이름이 보이고, 본관이 선산善山이다. 그런데 《청구》의 《선산김씨보》에는 김종리의 가계가 보이지 않으며, 《만성》의 《선산김씨보》를 보면 그의 고조까지 대대로 호장으로 내려오다가 그 아래 직계 3대조는 모두 벼슬이 없다. 한편 《씨족》의 《선산김씨보》를 보면 고조까지 대대로 호장으로 내려오다가 증조가 잡과인 명법업明法業에 등과하고, 할아버지와 아버지는 벼슬이 없다. 따라서 그의 가계는 대대로 향리가문이었다가 그에 이르러 처음으로 문과급제자가 나온 것이다.

20 **노이**盧異 생원을 거쳐 태조 5년 문과에 급제하여 벼슬이 예문관 한림翰林(사관; 7~9품)과 홍문관 수찬修撰(정6품), 사간원 정언正言(정6품)에 이르렀다. 하지만 세종 대 죄를 짓고 관노官奴가 되었다. 《방목》에는 벼슬 말고 아무런 기록이 없어 신원을 알 수 없다. 다만 거주지는 경상도 합천陜川이다.

54) 《세종실록》 권19, 세종 5년 2월 26일 정축.

21 **정여**鄭餘 생원을 거쳐 태조 5년 문과에 급제하여 벼슬이 승문원 교감校勘(종4품)에 이르렀다. 《방목》에는 4대조 이름과 본관에 관한 기록이 없어 신원을 알 수 없다.

22 **김재사**金再思 생원을 거쳐 태조 5년 문과에 급제했다. 《방목》에 4대조는 말할 것도 없고 벼슬이나 본관 등에 관한 기록이 없어 신원을 알 수 없다.

23 **정재**鄭載 전라도 무주茂朱 사람이다. 생원으로 태조 5년 문과에 급제하여 벼슬이 사간원 정언(정6품)을 거쳐 예조정랑(정5품)과 제용감판사濟用監判事(정3품)에 이르렀다가 세종 대 파직되었다. 《방목》에는 벼슬 말고 아무런 기록이 없어 신원을 알 수 없다.

24 **김반**金泮 권근權近의 문인으로, 생원을 거쳐 정종 원년(1399) 문과에 급제하여 벼슬이 성균관 대사성(정3품 당상관)에 이르렀다. 김구金鉤, 김말金末과 더불어 '경학3김經學三金'이라고 불릴 정도로 경학經學이 뛰어났으며, 성균관에서 많은 후학을 길러냈다. 세종 말년 임금이 내불당內佛堂을 짓자 이를 철거할 것을 요구하다가 70이 넘은 나이에 파직되었는데, 본디 가난한데다가 아들까지 없어서 평안도 강서江西에 살다가 굶어 죽었다.55) 《방목》에는 4대조 이름이 전혀 없고, 본관이 강릉江陵, 거주지가 강서로 되어 있다. 그런데 《청구》와 《만성》을 보면, 김반은 강릉김씨가 아니라 강서김씨의 시조로 기록되어 있으며, 단 한 사람만 기록되어 있다. 《씨족》에는 《강서김씨보》 자체가 없다. 여기

55) 《단종실록》 권11, 단종 2년 6월 10일 신묘.

에서 그는 본래 본관이 강릉이었다가 벼슬한 뒤에 분적하여 강서김씨의 시조가 된 것을 알 수 있는데, 조상의 가계가 없는 것으로 보아 집안이 매우 한미했던 것 같다. 2000년 현재 강서김씨 인구는 1,210가구 3,870명으로 희성에 속하는데, 조선시대 문과 급제자는 그가 유일하다.

25 **김염**金濂 생원을 거쳐 정종 원년 문과에 급제하여 벼슬이 부윤府尹(종2품)에 이르렀다. 《방목》에는 오직 벼슬만 보이고, 조상이나 본관이 없다. 그런데 《청구》의 《영흥김씨보永興金氏譜》에 오직 김염 한 사람만 적고 있어, 그가 뒷날 영흥김씨의 시조가 된 것을 알 수 있다. 《만성》과 《씨족》에는 《영흥김씨보》 자체가 없다. 조선시대 영흥김씨 문과급제자는 그가 유일하다.

26 **김구연**金九淵 생원을 거쳐 정종 원년 문과에 급제했는데, 급제한 뒤에 바로 요절하여 26세의 부인이 13년 동안 무덤을 지켜 열부로 표창받았다고 한다. 《방목》에는 김구연에 관한 아무런 기록이 없어서 신원을 알 수 없다.

27 **오극경**吳克敬 생원을 거쳐 정종 원년 문과에 급제하여 벼슬이 의정부 사인舍人(정4품)에 이르렀다. 《방목》에는 벼슬 이름과 본관이 해주海州라는 것만 적혀 있고, 그 밖에 아무런 기록이 없다. 그러나 《청구》, 《만성》, 《씨족》의 《해주오씨보》에는 오극경의 가계가 보이지 않는다.

28 **이양부**李陽敷 생원으로 정종 원년 문과에 급제하여 벼슬이 예조좌랑(정6품)을 거쳐 총제摠制(정2품)에 이르렀다. 《방목》에는 벼슬과 거주지, 본관을 적고 있는데, 거주지와 본관은 함흥咸興(영흥)이다. 그런데 《청구》의 《영흥이씨보永興李氏譜》에 오직 이

양부 한 사람만 적고 있어, 그가 영흥이씨의 시조가 된 것을 알 수 있다. 한편《만성》과《씨족》에는《영흥이씨보》자체가 없다. 2000년 현재 함흥이씨 인구는 229가구 786명에 지나지 않는 희성으로, 조선시대 문과급제자는 그가 유일하다.

29 **정안지**鄭安止 태묘서승太廟署丞을 거쳐 정종 원년 문과에 급제하여 벼슬이 사간원 헌납(정5품)과 시강원 문학文學(정5품)에 이르렀다. 그러나 죄를 짓고 세종 대 참형당했다.《방목》에 벼슬과 아버지〔義〕 이름은 보이나 본관이 없다. 현재 본관이 광주로 알려져 있는데,《청구》,《만성》,《씨족》의《광주정씨보》에는 정안지의 가계가 보이지 않는다.

30 **이공의**李公義 좌의정을 지내다가 반역죄로 처단된 이무李茂(?~1608)의 아들이다.[56] 생원을 거쳐 정종 원년 문과에 급제하여 벼슬이 원자元子의 시학侍學에 이르렀다.《방목》에는 이공의에 관해 아무런 기록이 없다. 그러나 아버지 이무의 본관은 단양丹陽이다. 그런데《청구》,《만성》,《씨족》의《단양이씨보》에는 이무의 아들 가운데 이공유李公柔의 이름만 보이고, 이공의의 이름은 보이지 않는다.

31 **문수성**文守成 생원을 거쳐 정종 원년 문과에 급제하여 벼슬이 정언(정6품)을 거쳐 헌납(정5품)에 이르렀다.《방목》에는 벼슬 이름만이 보이고, 그 밖에 아무런 기록이 없어 신원을 알 수 없다.《청구》,《만성》,《씨족》의 어느 문씨보에도 문수성의 가계는 보이지 않는다.

---

56)《태종실록》권3, 태종 2년 4월 18일 경오.

32 **옥고**玉沽 길재吉再 문하에서 공부한 뒤, 생원을 거쳐 정종 원년 문과에 급제하여 벼슬이 집현전 교리校理(정5품)와 사헌부 장령掌令(정4품)에 이르렀다. 《방목》에는 벼슬 말고 아무런 기록이 없다. 《청구》의 《의령옥씨보宜寧玉氏譜》에 옥고의 이름이 보이는데, 조상 5대조 가운데 벼슬아치가 없다. 《만성》과 《씨족》에는 《의령옥씨보》 자체가 없다. 《세종실록》 〈지리지〉를 보면, 옥씨는 의령의 토성 가운데 하나이다. 조선시대 문과급제자는 3명인데, 그가 처음이다.

33 **홍석주**洪錫疇 생원을 거쳐 정종 원년 문과에 급제하여 벼슬이 성균관 직학(종9품)에 이르렀다. 《방목》에는 벼슬만 적혀 있을 뿐 조상의 이름과 본관이 적혀 있지 않다. 신원을 알 수 없다.

34 **최득평**崔得平 유학을 거쳐 정종 원년 문과에 급제하여 벼슬이 감무(종6품)에 이르렀다. 《방목》에는 벼슬 말고 아무런 기록이 없어 신원을 알 수 없는 인물이다. 《실록》에도 아무런 기록이 없다.

35 **손증**孫曾 생원을 거쳐 정종 원년 문과에 급제하여 벼슬이 봉례랑奉禮郞(정4품)에 이르렀다. 《방목》에는 벼슬 말고 아무런 기록이 없어서 신원을 알 수 없다.

36 **전예**田藝 향공학생鄕貢學生으로 정종 원년 문과에 급제하여 벼슬이 경차관敬差官에 이르렀는데, 경차관은 대개 정랑(정5품)이 맡았다. 《방목》에는 벼슬 말고 아무런 기록이 없어 신원을 알 수 없는 인물이다. 《청구》, 《만성》, 《씨족》의 어느 전씨보에도 전예의 이름은 보이지 않는다. 하지만 전직이 향공학생으로 불린 것은 그가 향리 출신임을 말해준다. 《세종실록》 〈지리지〉를 보

면, 남양南陽의 속성續姓으로 전씨가 있어, 본관이 남양으로 이곳 향리 출신으로 보인다.

37 **조현수**趙玄璲 유학을 거쳐 정종 원년 문과에 급제하여 벼슬이 주부主簿(종6품)로서 서장관書狀官(4~6품)으로 중국에 다녀왔다. 《방목》에는 조상의 이름이 하나도 없고, 본관이 남해南海로 되어 있다. 그런데 《청구》의 《남해조씨보》를 보면 조현수만 기록하고 있으며, 《만성》과 《씨족》에는 《남해조씨보》 자체가 없다. 2000년 현재 남해조씨 인구는 138가구 375명의 희성으로 조선시대 문과급제자는 그가 유일하며, 남해조씨의 시조이다.

38 **황보규**皇甫規 생원을 거쳐 정종 원년 문과에 급제하여 벼슬이 사간원 헌납(정5품)에 이르렀다. 《방목》에는 4대조 이름이 전혀 없고 본관이 영천永川으로 되어 있다. 그런데 《만성》의 《영천황보씨보》에는 황보규의 가계가 보이지 않으며, 《청구》와 《씨족》의 《영천황보씨보》를 보면, 그는 계보가 끊어진 상태에서 외따로 기록되어 있어서 조상의 가계를 알 수 없다. 그러나 아들 황보공皇甫恭과 황보량皇甫良은 세종 대 문과에 급제했다. 영천황보씨는 황보규를 시작으로 조선 초기 문과급제자 4명을 배출한 것이 전부이다.

39 **한집**韓緝 진사를 거쳐 정종 원년 문과에 급제하여 벼슬이 부정副正(종3품)에 이르렀다. 《방목》에는 4대조 이름이 모두 없고, 본관이 양주楊州로 되어 있다. 그런데 《청구》의 《양주한씨보》에는 조상이 끊어진 상태로 한집만 외따로 기록되어 있어 가계를 알 수 없으며, 《만성》과 《씨족》에는 《양주한씨보》 자체가 없다. 한씨는 양주의 토성 가운데 하나이지만, 지금은 청주한씨로 통합

되었다. 조선시대 문과급제자는 모두 2명이다.

40 **유종규**柳宗揆 생원을 거쳐 정종 원년 문과에 급제하여 벼슬이 황해도 관찰사(종2품)에 이르렀다. 《방목》에는 벼슬 이름만 보이고 그 밖에 아무런 기록이 없다. 그런데 《청구》의 《연안유씨보延安柳氏譜》에는 오직 유종규 한 사람만 기록되어 있어서, 그가 연안유씨의 시조가 된 것을 알 수 있으며, 《만성》과 《씨족》에는 《연안유씨보》 자체가 없다. 2000년 현재 연안유씨 인구는 195가구 622명으로 극희성에 속하는데, 조선시대 문과급제자는 그가 유일하다.

5
태종 대 신분이 낮은 급제자와 벼슬

1) 시험과목별 급제자 인원

태종 대(1400~1418)에는 재위 18년 동안 9회에 걸쳐 문과시험이 거행되어 모두 266명의 급제자를 선발했다. 매년 평균 14.77명을 선발한 셈이다. 이는 태조-정종 대 매년 평균 11명을 선발한 것과 비교하여 수치가 늘어난 것이다. 이제 시험종류별로 급제자 인원을 살펴보면 다음 표와 같다.

식년시式年試	6회	198명
증광시增廣試	1회	33명
친시親試	2회	35명
합 계		266명

태조-정종 대와 비교하면 식년시뿐만 아니라 증광시와 친시가 추가로 거행된 것이 다르다. 그 결과 태종 대에는 식년시급제자 198명에다 증광시와 친시급제자 68명이 더 늘어나게 되었다.

이렇게 급제자 인원이 늘어난 것은 신진관료의 수요가 그만큼 커졌다는 것을 뜻하는 동시에, 앞 시기에 권력의 중핵을 차지하고 있던 공신세력을 후퇴시키면서 관료정치를 정착시키고, 나아가 왕권을 안정시키려는 정책적 의도가 반영된 것으로 보인다. 더욱이 식년시와 같이, 8도의 인구비율로 초시급제자를 안배하는 증광시를 거행한 것은 신분이 낮은 지방 인재들을 더 적극적으로 관료층으로 흡수하려는 의도를 가진 것으로 볼 수 있다.

2) 신분이 낮은 급제자

태종 대 급제자 266명의 신분을 알아보기 위해 태조-정종 대와 마찬가지로 《청구》, 《만성》, 《씨족》 등 세 통합보에서 가계를 조사하였으며, 《실록》이나 기타 자료에서 신분을 검증하는 방법을 택했다. 그 결과 신분이 낮은 급제자로 판명된 급제자는 모두 133명이었다. 이는 전체 급제자의 50퍼센트에 해당한다. 그러니까 전체 급제자의 절반은 신분이 낮은 계층에서 선발되었다는 뜻이다. 이 수치는 태조-정종 대 40.40퍼센트에 견주어 거의 10퍼센트가 늘어난 것으로, 태종 대 과거가 하층민을 더욱 적극적으로 수용했다는 것을 뜻한다.

신분이 낮은 133명의 신원을 더 심층적으로 검토해 보면 다음과 같은 여러 부류가 있다. ① 본관本貫 자체를 모르는 급제자, ② 본관은 있으나 《족보》 자체가 없는 급제자, ③ 본관과 《족보》는 있으나 《족보》에 가계가 보이지 않는 급제자, ④ 《족보》에 이름이 보이나, 조상의 가계가 끊어져 있는 급제자, ⑤ 《족보》에서 시조로 떠받들고 있는 급제자, ⑥ 《족보》는 있으나 내외 4대조 가운데 벼슬아치가 없는 급제자, ⑦ 성씨 자체가 확실치 않거나 《방목》과 《족보》의 조상 이름이 서로 다른 급제자, ⑧ 향리鄕吏 또는 잡직雜職, 장리贓吏 자손 출신의 급제자, ⑨ 조상 이름이 《족보》마다 다른 급제자 등이다. 이들을 다시 자세히 소개하면 다음과 같다.

(1) 본관을 모르는 급제자

신분이 낮은 급제자 133명 가운데 《방목》에 본관이 없는 급제자는 모두 75명으로 56.39퍼센트를 차지한다. 그들 가운데 일부는 다른 방법으로 본관을 확인할 수 있었지만, 《족보》에 가계가 보이지 않는다. 또 이들 75명 가운데 벼슬을 받지 못한 급제자는 12명에 이른다. 신분이 낮은 급제자 가운데 벼슬을 받지 못한 급제자는 모두 17명이므로, 벼슬을 받지 못한 급제자의 대부분이 본관을 모르는 급제자임을 알 수 있다.

본관이 기록되지 않은 급제자들은 대부분 내외 4대조의 이름이 보이지 않고, 때로 처부妻父의 이름이나 아버지의 이름이 보이는 경우가 있을 뿐이다. 본관이 기록되지 않은 것은 본관 자체가 아직 형성되지 않았거나, 본관이 있더라도 내세울 만한 벼슬아치가 없어 아직 《족보》가 만들어지지 않았거나, 본관을 일부러 감춘 경우라고 볼 수 있다. 평민이나, 향리나, 서출의 경우가 여기에 해당할 것이다.

(가) 3품 이상 고관에 오른 급제자

본관을 모르는 급제자 75명 가운데 3품 이상 고관에 오른 인물이 7명이나 있다. 그 명단을 소개하면 다음과 같다.

정주鄭疇 벼슬이 유후留後(종2품)에 올랐는데 본관을 모른다.

김위민金爲民 벼슬이 대사성大司成(정3품 당상관)에 올랐는데 본관을 모른다.

김최金最 벼슬이 성균관 사성司成(종3품)에 올랐는데 본관을 모른다.

김지형金知逈 벼슬이 부정副正(종3품)에 올랐는데 본관을 모른다.

차유車有 벼슬이 유후(종2품)에 올랐는데 본관을 모른다.

박시생朴始生 벼슬이 목사牧使(정3품)에 올랐는데 본관을 모른다.

조백규趙白珪 벼슬이 대사간大司諫(정3품 당상관)에 올랐는데 본관을 모른다.

(2) 《족보》가 없는 급제자

본관은 있지만 그 본관의《족보》자체가 통합보에 없는 급제자는 모두 5명이다. 실례를 들면 임실강씨任實康氏의 강이康理, 상주엄씨尙州嚴氏의 엄간嚴幹, 함평노씨咸平魯氏의 노극명魯克明, 안동정씨安東鄭氏의 정지담鄭之澹, 강진이씨康津李氏의 이세형李世衡이 그들이다.《족보》자체가 없는 이유는 인구가 희박하거나 내세울 만한 벼슬아치가 없어 족보가 만들어지지 못한 경우로 볼 수 있다. 2000년 현재 이들의 인구를 알아보면 다음 표와 같다.

임실강씨	80가구, 233명
상주엄씨	292가구, 917명
함평노씨	1,604가구, 5,131명
안동정씨	649가구, 2,114명
강진이씨	1,472가구, 4,686명

현재 인구와 조선시대 인구는 물론 차이가 있을 것이지만, 조선시대로 거슬러 올라가면 이들의 인구가 얼마나 적었을지 짐작할 수 있을 것이다. 당연히 현재보다 조선시대 인구가 많을 수도 있고 적을 수도 있다. 대성大姓으로 통합되어 갔다면 오히려 현재 줄어들었을 것이고, 대성에 통합되지 않았다면 인구는 갈수록 늘어났을 것이다. 하지만 어쨌든 이들이 상대적으로 희성稀姓인 것만은 사실이다. 이들 가운데 3품 이상 고관이 2명 배출되고, 2명은 자기 성관의 시조가 되었으며, 1명은 벼슬을 받지 못했다. 실례를 들면 다음과 같다.

정지담鄭之澹 안동정씨로 장원급제하여 벼슬이 직제학直提學(정3품 당하관)에 이르렀으나, 통합보에 《안동정씨보》가 없다.

이세형李世衡 강진이씨로 벼슬이 관찰사觀察使(종2품)에 올랐으나, 통합보에 《강진이씨보》가 없다.

엄간嚴幹 벼슬이 주부主簿(종6품)에 이르렀는데, 뒤에 상주엄씨의 시조가 되었다. 조선시대 문과급제자는 엄간이 유일하다.

강이康理 벼슬이 군수郡守(종4품)에 이르렀는데, 뒤에 임실강씨의 시조가 되었다.

노극명魯克明 벼슬을 받지 못했는데, 조선시대 문과급제자는 노극명이 유일하다.

(3) 《족보》에 가계가 보이지 않는 급제자

《족보》가 있지만 통합보에 가계가 전혀 보이지 않는 급제자는 모두 24명이다. 이들은 대부분 《방목》에 조상의 이름이 보이고,

본관本貫도 명문대성名門大姓인 경우가 많다. 그럼에도 《족보》에 가계가 보이지 않는다는 것은 편찬자들이 이들을 의도적으로 누락시켰기 때문일 것이다. 그 이유를 추측해 보면, 가까운 조상 가운데 내세울 만한 벼슬아치가 없는 평민 출신이거나, 서출이거나, 향리이거나, 또는 본관을 속인 경우이다. 어느 경우이든 집안이 한미寒微한 부류임에는 틀림없다.

(가) 3품 이상 고관에 오른 급제자

《족보》에 가계가 보이지 않는 급제자 24명 가운데 3품 이상 고관에 오른 급제자는 12명에 이른다. 그들의 명단을 소개하면 다음과 같다.

김타金沱 본관이 경주이고, 벼슬이 판내자시사判內資寺事(정3품 당하관)에 올랐는데, 《경주김씨보》에는 가계가 보이지 않는다.

윤상은尹尙殷 본관이 파평이고, 벼슬이 성균관 사성司成(종3품)에 올랐는데, 《파평윤씨보》에는 가계가 보이지 않는다.

김유보金兪甫 본관이 광산이고, 벼슬이 성균관 사성(종3품)에 올랐는데, 《광산김씨보》에는 가계가 보이지 않는다.

진준陳遵 본관을 모르고 벼슬이 공조참의工曹參議(정3품 당상관)에 올랐는데, 어느 진씨보에도 가계가 보이지 않는다.

정환鄭還 본관이 안동이고, 벼슬이 부사府使(종3품)에 올랐는데, 《안동정씨보》에는 가계가 보이지 않는다.

서성徐省 벼슬이 사간원 사간司諫(종3품)에 올랐는데, 어느 서씨보에도 가계가 보이지 않는다.

조숭덕曺崇德 벼슬이 공조참의(정3품 당상관)에 올랐는데, 어느 조씨보에도 가계가 보이지 않는다. 중국에서 귀화한 사람으로 알려져 있다.

최맹량崔孟良 본관이 전주이고, 벼슬이 군자부정軍資副正(종3품)에 올랐는데, 《전주최씨보》에는 가계가 보이지 않는다.

이규李樛(일명 楏) 본관이 부평이고, 벼슬이 예문관 직제학直提學(정3품 당하관)에 올랐는데, 《부평이씨보》에는 가계가 보이지 않는다.

김조金銚 본관이 김해인데 벼슬이 판서判書(정2품)와 지중추원사에 올랐다. 《세종실록》에는 "한낱 한미한 유생으로서 세종의 지우를 입어 벼슬이 재보宰輔에 이르렀다"고 기록되어 있는데, 《김해김씨보》에는 가계가 보이지 않는다.

정광원鄭廣元 본관이 진주로 벼슬이 사재감 부정副正(종3품)에 올랐는데, 《진주정씨보》에는 가계가 보이지 않는다.

김말金末(1383~1464) 본관이 의성義城으로 벼슬이 대사성大司成(정3품 당상관)과 예문관 제학提學(종2품), 그리고 판중추부사判中樞府事(종1품)에까지 올랐다. 김구金鉤, 김반金泮과 아울러 '경학3김經學三金'으로 존경받던 인물인데, 《족보》에는 가계가 보이지 않는다. 다만 《씨족》의 《의성김씨보》에 김말의 이름이 가계가 끊어진 형태로 외따로 기록되어 있을 뿐이다.

(4) 《족보》에 조상의 가계가 끊어진 급제자

《족보》를 가지고 있으면서 《족보》에 본인 한 사람만 외따로 기록되어 있거나, 아니면 아버지와 더불어 두 사람만이 기록되어 있는 급제자는 모두 12명이다. 이들은 가까운 조상 가운데 벼슬아치가 없는 평민이거나, 향리거나, 서출이라는 것을 말해준다.

(가) 3품 이상 고관에 오른 급제자

조상의 가계가 《족보》에 단절된 급제자 12명 가운데에는 3품 이상 고관에 오른 인물이 6명에 이른다. 그 명단을 소개하면 다음과 같다.

노혁盧革 벼슬이 목사牧使(정3품)에 이르렀는데, 《만경노씨보》를 보면 노혁 한 사람만 외따로 기록되어 있다.

송포宋褒 벼슬이 사헌부 집의執義(종3품)에 올랐는데, 《김해송씨보》에는 송포만이 외따로 기록되어 있다.

안지安止(1377~1464) 벼슬이 집현전 학사를 거쳐 영중추부사領中樞府事(정1품)에까지 올랐다. 정인지鄭麟趾와 더불어 《용비어천가龍飛御天歌》를 편찬한 인물로도 유명하다. 《방목》에는 4대조 이름이 전혀 없고, 처부의 이름만 보이는데 본관이 강진康津(탐진)으로 되어 있다. 그러나 《씨족》의 《탐진안씨보耽津安氏譜》에만 그의 이름이 가계가 단절된 형태로 외따로 보인다. 《실록》을 보면 "안지는 초야草野의 외로운 몸으로 과거에 급제했다", "안지의 집은 본래 빈한貧寒했다"고 한다.

모순牟恂 벼슬이 사간司諫(종3품)과 판사재감사判司宰監事(정3품)에 올랐는데, 《함평모씨보咸平牟氏譜》를 보면 모순의 이름이 외따로 기록되어 있다.

윤통尹統 벼슬이 서운부정書雲副正(종3품)에 올랐는데, 《경주윤씨보》를 보면 윤통이 시조로 되어 있으며, 조선시대 문과급제자는 그가 유일하다.

김구金鉤(?~1462) 벼슬이 집현전 부제학(정3품), 예문관 제학提學(종2품)을 거쳐 판중추원사判中樞院事(종1품)에 이르렀다. '경학 3김'의 한 사람으로 존경을 받은 인물로, 《아산김씨보》를 보면 가계가 끊어진 형태로 외따로 기록되어 있다. 《실록》을 보면 김구는 "어렸을 때 집이 너무 가난하여 몸소 나무를 하고, 물을 길러 어버이를 봉양했으며,……대대로 아산牙山에 살았다"고 한다. 그는 뒤에 아산김씨의 시조가 되었다.

(5) 시조가 된 급제자

《족보》에 시조로 되어 있는 급제자는 모두 8명이다. 그 명단을 소개하면 다음과 같다.

김구金鉤 앞에서 이미 설명했다.

엄간嚴幹 앞에서 이미 설명했다.

강이康理 앞에서 이미 설명했다.

윤통尹統 앞에서 이미 설명했다.

김극신金克信 벼슬은 모르나 장성김씨長城金氏의 시조가 되었으며 조선시대 유일한 문과급제자이다.

이수李隨 세종을 왕자시절에 가르치고 문과에 급제한 뒤 벼슬이 이조판서(정2품)에 올랐다. 뒤에 봉산이씨鳳山李氏의 시조가 되었다.

이사동李士侗 벼슬이 현감(종6품)에 이르고, 뒤에 순창이씨淳昌李氏의 시조가 되었다.

강제로姜齊老 벼슬이 판관判官(종5품)에 오르고, 뒤에 해미강씨海美姜氏의 시조가 되었다.

(6) 내외 4대조 또는 그 윗대에 벼슬아치가 없는 급제자

이 부류에 속하는 급제자는 모두 4명이다. 그래도 이들은 벼슬을 얻었는데, 그 가운데 1명은 3품 이상 고관에 올랐다. 그 명단은 다음과 같다.

이긍李兢 벼슬이 공조참판(종2품)에 올랐는데, 《함평이씨보》를 보면 직계 4대조는 벼슬이 없고, 외조는 이름을 알 수 없다.

(7) 성씨 자체가 확실치 않거나
《방목》과 《족보》의 조상 이름이 서로 다른 급제자

이 부류에 속하는 급제자는 모두 5명이다. 구체적인 실례는 생략한다. 뒤의 명단을 참고하기 바란다. 다만 그 가운데 고몽현高夢賢은 벼슬이 성균관 사성司成(종3품)에 올랐다.

(8) 향리 출신, 잡직 출신

이 부류에 속하는 급제자는 모두 5명이다. 그 가운데 향리 출신으로 급제한 인물은 3명으로 그 명단은 다음과 같다.

유상지兪尙智, **유상리**兪尙理 **형제** 유상지는 벼슬이 직제학(정3품)과 부대언副代言(정3품)에 오르고, 유상리는 벼슬이 정랑正郞(정5

품)에 올랐는데, 본관이 창원昌原이다.

정척鄭陟(1390~1475) 진주향리晋州鄕吏로 대제학大提學(정2품)과 지중추원사(정2품)에 올랐다. 양성지와 더불어 〈동국지도〉를 편찬한 인물로 유명하다.

정신鄭信 하급 잡직雜職에 속하는 율과律科 출신으로 다시 문과에 급제했는데, 정신이 받은 벼슬과 본관을 알 수 없다.

3) 신분이 낮은 급제자의 벼슬

앞에 소개한 태종 대 신분이 낮은 급제자 133명은 구체적으로 어떤 벼슬을 받았을까? 벼슬을 받지 못한 급제자는 모두 17명으로, 나머지 116명이 받은 벼슬을 최고품계순으로 인원을 정리해 보면 다음과 같다.

벼슬과 품계	인원
영중추부사領中樞府事(정1품)	1명 (안지)
판중추원사判中樞院事(종1품)	2명 (김구, 김말)
판서判書(정2품)	2명 (김요, 이수)
대제학大提學(정2품)	1명 (정척)
관찰사觀察使(종2품)	1명 (이세형)
참판參判(종2품)	1명 (이긍)
유후留後(종2품)	2명 (차유, 정주)
대사간大司諫(정3품 당상관)	1명
성균관 대사성大司成(정3품 당상관)	1명
참의參議(정3품 당상관)	2명
내자시 판사判事(정3품)	1명
사재감 판사判事(정3품)	1명

목사牧使(정3품)	2명
예문관 직제학直提學(정3품 당하관)	3명
부사府使(종3품)	1명
사간원 사간司諫(종3품)	1명
사헌부 집의執義(종3품)	1명
성균관 사성司成(종3품)	5명
부정副正(종3품)	4명
1~3품	33명
사헌부 장령掌令(정4품)	3명
의정부 사인舍人(정4품)	1명
예문관 응교應敎(정4품)	1명
성균관 사예司藝(정4품)	2명
소윤少尹(종4품)	2명
군수郡守(종4품)	8명
경력經歷(종4품)	1명
정랑正郎(정5품)	3명
사헌부 지평持平(정5품)	2명
사간원 헌납獻納(정5품)	3명
성균관 직강直講(정5품)	3명
판관判官(종5품)	3명
현령縣令(종5품)	2명
교리校理(종5품)	3명
부사직副司直(종5품)	1명
사간원 정언正言(정6품)	1명
좌랑佐郎(정6품)	7명
사헌부 감찰監察(정6품)	6명
현감縣監(종6품)	15명
교수敎授(종6품)	3명
주부主簿(종6품)	3명
4~6품	73명
승정원 주서注書(정7품)	1명

박사博士(정7품)	2명
시강원 사경司經(정7품)	2명
교서관 저작著作(정8품)	2명
승문원 정자正字(정9품)	3명
7~9품	10명
벼슬을 갖지 못한 급제자	17명
합 계	133명

위 표를 다시 정리해 보면 벼슬을 가진 것이 확인되는 급제자는 모두 116명이고, 벼슬이 확인되지 않는 급제자는 17명이다. 신분이 낮은 전체 급제자 133명 가운데 87.21퍼센트가 벼슬을 받은 것이 된다. 이 수치는 태조-정종 대 85퍼센트에 견주어 약간 높아졌다. 하지만 벼슬이 확인되지 않는 급제자도 정말로 벼슬을 받지 못했는지, 아니면 《방목》과 《실록》에서 기록이 빠진 것인지는 확단할 수 없다.

116명이 받은 벼슬의 품계는 최고 정1품에서 최하 정9품에 걸쳐 있는데, 3품 이상 고관에 오른 급제자가 33명으로 전체 133명 가운데 24.81퍼센트를 차지한다. 이는 태조-정종 대의 32.50퍼센트에 견주어 낮아졌다. 4~6품에 이르는 참상관에 오른 급제자는 73명인데, 3품 이상의 급제자를 합하면 107명이다. 133명 가운데 80.45퍼센트가 참상관 이상의 벼슬을 얻었다는 것을 뜻한다. 7~9품의 참외관에 오른 급제자는 10명에 지나지 않는다.

3품 이상 고관에 오른 사람들의 벼슬은 최고직이 영중추부사(정1품)로 안지安止가 올랐다. 그가 초야草野에서 일어난 사람임은 앞에서 이미 설명하였다. 하지만 그가 의정부 정승에 오르지 못한 것은 신분의 한계로 보인다. 두 번째 고위직인 판중추원사(종1품)에 오른 것은 김구金鉤와 김말金末로, 두 사람 모두 집안이 매우 한미하다는 것은 앞에서 살펴보았다. 그러나 이들은 조선 초기 성균관 관학을 이끈 대표적인 유학자였다.

판서직에 오른 이수李隨와 김조金銚도 시골의 이름 없는 집안에서 몸을 일으킨 '개천의 용'이라고 할 수 있다. 이수는 봉산이씨鳳山李氏의 시조가 될 만큼 집안이 한미했다. 김조도 《김해김씨보》에 가계가 보이지 않는 한미한 집안에서 몸을 일으킨 인물로, 세종의 지우를 입어 간의대簡儀臺와 자격루自擊漏 등을 만드는 데 큰 공을 세웠다. 세조 대 양성지梁誠之와 더불어 유명한 〈동국지도東國地圖〉를 제작한 정척鄭陟은 벼슬이 대제학大提學(정2품)에 이르렀는데, 진주의 이름 없는 향리 출신이었다.

다음 참상관에 오른 73명의 급제자들이 받은 벼슬은 대부분 청요직淸要職으로 불리는 6조 낭관과 사헌부, 사간원, 승문원, 홍문관 등이다. 이는 주로 문벌자제에게 청요직이 주어지던 조선 중기 이후의 경우를 비교해 보면 큰 차이가 있다.

4) 태종 대 신분이 낮은 급제자 명단

태종 대 신분이 낮은 급제자 133명의 명단을 급제연대순으로 소개하면 다음과 같다.

1 **김타**金沱 생원을 거쳐 태종 원년(1401) 증광시에 급제하여 벼슬이 세종 대 사헌부 집의執義(종3품)와 판내자시사判內資寺事(정3

품)에 이르렀다. 《방목》에는 아버지〔元器〕, 할아버지〔仲孫〕, 증조〔將有〕의 이름이 보이고, 본관이 경주慶州로 되어 있다. 그런데 《청구》의 《경주김씨보》에는 증조의 이름만 보이고, 그 아래 세계는 보이지 않으며, 《만성》과 《씨족》의 《경주김씨보》에도 김타의 가계가 보이지 않는다.

2 **양권**梁權 녹사錄事로 태종 원년 증광시에 급제하여 벼슬이 교서관 교리校理(종5품)를 거쳐 사헌부 지평持平(정5품)에 이르렀다. 《방목》에는 벼슬과 아버지〔宜生〕, 할아버지〔思道〕, 증조〔允瑛〕, 외조〔崔仲孫〕의 이름이 보이고, 본관이 남원南原으로 되어 있다. 그런데 《만성》과 《씨족》의 《남원양씨보》에는 양권의 가계가 보이지 않으며, 《청구》의 《남원양씨보》에는 조상의 가계는 보이나 그의 이름은 보이지 않는다. 외조의 신원도 알 수 없다.

3 **한목**韓牧 생원을 거쳐 태종 원년 증광시에 급제하여 벼슬이 주부主簿(종6품)에 이르렀다. 《방목》에는 벼슬만 적혀 있고, 그 밖에 아무런 기록이 없어 신원을 알 수 없다.

4 **성부석**成敷錫 생원을 거쳐 태종 원년 증광시에 급제하여 벼슬이 승정원 주서注書(정7품)에 이르렀다. 《방목》에는 벼슬과 아버지〔湑〕, 할아버지〔之傑〕, 증조〔萬庸〕의 이름이 보이고, 본관이 창녕昌寧으로 되어 있다. 그런데 《청구》, 《만성》, 《씨족》의 《창녕성씨보》에는 성부석의 가계가 보이지 않는다.

5 **장진**張晋(일명 縉) 생원을 거쳐 태종 원년 증광시에 급제하여 벼슬이 예조정랑(정5품)에 이르렀다. 그런데 가난을 싫어하여 조강지처를 버리고 목사 정남진의 딸에게 새 장가를 갔다. 그런 장진에게 헌납獻納의 벼슬을 주려 하자 사헌부가 서경署經을 거부

하는 사태가 일어났다.[57] 《방목》에는 처부〔鄭南鎭〕의 이름만 보이고, 본관이 없어 신원을 알 수 없다.

6 **정윤로**鄭允老 생원을 거쳐 태종 원년 증광시에 급제하여 벼슬이 박사博士(정7품)에 이르렀다. 《방목》에는 벼슬과 아버지〔林生〕, 할아버지〔廉〕, 증조〔惟白〕의 이름이 보이고, 본관이 동래東萊로 되어 있다. 그런데 《청구》의 《동래정씨보》를 보면 할아버지까지의 가계는 보이나 아버지와 정윤로의 이름은 보이지 않으며, 《씨족》의 《동래정씨보》를 보면 4대조 가운데 벼슬아치가 없다. 한편 《만성》의 《동래정씨보》에는 그의 가계가 보이지 않는다.

7 **주을서**周乙序(개명 孟序) 생원을 거쳐 태종 원년 증광시에 급제했다. 《방목》에는 이름 말고 아무런 기록이 없어 신원을 알 수 없다. 《청구》와 《만성》, 《씨족》의 어느 주씨보에도 주을서의 이름은 보이지 않는다.

8 **김찬**金瓚(일명 纘) 생원을 거쳐 태종 원년 증광시에 급제하여 벼슬이 교수敎授(종6품)에 이르렀다. 《방목》에는 벼슬 말고 아무런 기록이 없어 신원을 알 수 없다.

9 **김구**金矩 진사를 거쳐 태종 원년 증광시에 급제하여 벼슬이 승문원 정자正字(정9품)에 이르렀다. 《방목》에는 벼슬과 처부〔李仲實〕의 이름만 기록하고, 그 밖에는 아무런 기록도 없어 신원을 알 수 없다.

10 **정주**鄭疇 생원을 거쳐 태종 원년 증광시에 급제하여 벼슬이 유후留後(종2품)에 이르렀다. 《방목》에는 벼슬 말고 아무런 기록

57) 《태종실록》 권30, 태종 15년 7월 26일 신유.

이 없어 신원을 알 수 없다.

11 **배금**裵錦 생원을 거쳐 태종 원년 증광시에 급제했다. 《방목》에는 이름 말고 아무런 기록이 없어 신원을 알 수 없다.

12 **김위민**金爲民 생원으로 태종 원년 증광시에 급제하여 벼슬이 직학直學을 거쳐 세종 대 대사성大司成(정3품 당상관)에 이르렀다. 《방목》에는 벼슬 이름만 보이고 그 밖에 아무런 기록이 없어 신원을 알 수 없다.

13 **윤상은**尹尙殷 유학으로 태종 원년 증광시에 급제하여 벼슬이 지사知事를 거쳐 성균관 사성司成(종3품)에 이르렀다. 《방목》에는 벼슬과 아버지〔智孫〕와 처부〔宋忠孫〕의 이름만 보이고, 본관이 없다. 그러나 현재 본관이 파평坡平으로 알려져 있는데, 《청구》, 《만성》, 《씨족》의 《파평윤씨보》에는 윤상은의 가계가 보이지 않는다.

14 **김유보**金兪甫 생원을 거쳐 태종 원년 증광시에 급제하여 벼슬이 세종 대 군사郡事(종4품)와 성균관 사성(종3품)에 이르렀다. 《방목》에는 벼슬 이름 말고 아무런 기록이 없고, 본관이 광주光州(광산)로 되어 있다. 그런데 《청구》, 《만성》, 《씨족》의 《광산김씨보光山金氏譜》에는 김유보의 가계가 보이지 않는다.

15 **노혁**盧革 생원을 거쳐 태종 원년 증광시에 급제하여 벼슬이 부정副正(종3품)과 목사牧使(정3품)에 이르렀다. 《방목》에는 4대조 이름이 전혀 없으며, 본관은 만경萬頃으로 되어 있다. 그런데 《청구》의 《만경노씨보》에는 오직 노혁 한 사람만 기록되어 있으며, 《만성》과 《씨족》에는 《만경노씨보》 자체가 없다. 조선시대 문과급제자는 그를 포함하여 모두 3명이다.

16 **진준**陳遵 생원을 거쳐 태종 2년(1402) 식년시에 급제하여 벼슬이 세종 대 공조참의工曹參議(정3품 당상관)에 이르렀다. 《방목》에는 벼슬 말고 아무런 기록이 없어 신원을 알 수 없는 인물이다. 《청구》와 《만성》, 《씨족》의 어느 진씨보에도 진준의 가계가 보이지 않는다.

17 **정환**鄭還 경상도 영천永川 사람으로, 생원을 거쳐 태종 2년에 식년시에 급제하여 벼슬이 사간원 헌납(정5품)과 세종 대 안동부사(종3품)에 이르렀다. 《방목》에는 4대조 이름이 전혀 없고, 본관이 안동安東으로 되어 있다. 그러나 《청구》, 《만성》, 《씨족》에는 《안동정씨보》 자체가 없다. 신원을 알 수 없는 인물이다. 2000년 현재 안동정씨 인구는 629가구 2,114명의 희성으로, 조선시대 문과급제자는 정환이 유일하다.

18 **김최**金最 생원으로 태종 2년 식년시에 급제하여 벼슬이 사헌부 지평(정5품)을 거쳐 세종 대 성균관 사성(종3품)에 이르렀다. 태종 대 김최를 지평으로 임명하였지만 사헌부에서 그의 관향貫鄕이 불분명한 것을 이유로 서경을 하지 않자, 임금이 재령현령(종5품)을 삼았다.[58] 《방목》에는 벼슬과 아버지〔壽珍〕 이름이 보이고, 본관이 없어 신원을 알 수 없다.

19 **윤거**尹擧 생원을 거쳐 태종 2년 식년시에 급제하여 벼슬이 현감縣監(종6품)에 이르렀다. 《방목》에는 벼슬 이름이 보이고, 본관이 파평坡平으로 되어 있다. 그런데 《청구》, 《만성》, 《씨족》의 《파평윤씨보》에는 윤거의 가계가 보이지 않는다.

58) 《태종실록》 권21, 태종 11년 2월 23일 갑인.

20 **정회**鄭繪 생원을 거쳐 태종 2년 식년시에 급제하여 벼슬이 전사판관典祀判官(종5품)을 지내고 세종 대 소윤少尹(종4품)에 이르렀다. 《방목》에는 벼슬 말고 아무런 기록이 없어 신원을 알 수 없다.

21 **김영**金寧 생원을 거쳐 태종 2년 식년시에 급제하여 벼슬이 세종 대 사헌부 장령掌令(정4품)과 군사(종4품)에 이르렀다. 《방목》에는 벼슬 말고 아무런 기록이 없어 신원을 알 수 없다.

22 **이줄**李茁 생원을 거쳐 태종 2년 식년시에 급제하여 벼슬이 판관判官(종5품)에 이르렀다. 그러나 《방목》에는 벼슬 말고 아무런 기록이 없어 신원을 알 수 없다.

23 **박효제**朴孝悌 생원을 거쳐 태종 2년 식년시에 급제하여 벼슬이 감무監務(종6품)와 사역원 주부(종6품)에 이르렀다. 《방목》에는 벼슬 말고 아무런 기록이 없어서 신원을 알 수 없다. 본관이 현재 함양咸陽으로 알려져 있으나, 《청구》, 《만성》, 《씨족》의 《함양박씨보》에는 박효제의 가계가 보이지 않는다.

24 **송포**宋褒 생원을 거쳐 태종 2년 식년시에 급제하여 벼슬이 사헌부 집의(종3품)에 이르렀다. 《방목》에는 본인 이름 말고 아무런 기록이 없어서 신원을 알 수 없다. 지금 본관이 김해金海로 알려져 있는데, 《청구》의 《김해송씨보》에는 송포의 가계가 보이지 않는다. 《만성》에는 《김해송씨보》 자체가 없고, 《씨족》에는 그만이 외따로 가계가 끊어진 형태로 기록되어 있다. 2000년 현재 김해송씨 인구는 1,204가구 3,813명의 희성으로, 조선시대 문과급제자는 그가 처음이고 그 뒤로 1명이 더 급제하여 모두 2명에 그쳤다.

25 **김피**金彼 생원을 거쳐 태종 2년 식년시에 급제했는데, 《방목》에는 본인 이름 말고 아무런 기록이 없어 신원을 알 수 없다. 현재 본관이 의성義城으로 알려져 있으나, 《청구》, 《만성》, 《씨족》의 《의성김씨보》에는 김피의 가계가 보이지 않는다.

26 **서성**徐省 생원을 거쳐 태종 2년 식년시에 급제하여 벼슬이 세종 대 사간원 사간司諫(종3품)에 이르렀다. 《방목》에는 벼슬 말고 아무런 기록이 없어 신원을 알 수 없다. 《청구》, 《만성》, 《씨족》의 어느 서씨보에도 서성의 가계가 보이지 않는다.

27 **김지효**金知孝 생원을 거쳐 태종 2년 식년시에 급제하여 벼슬이 세자시강원의 사경司經(정7품)에 이르렀다. 《방목》에는 벼슬 말고 아무런 기록이 없어 신원을 알 수 없다.

28 **고몽현**高夢賢 진사를 거쳐 태종 2년 식년시에 급제하여 벼슬이 성균관 사성(종3품)에 이르렀다. 《방목》에는 아버지〔進〕, 할아버지〔安勝〕, 증조〔懽〕의 이름이 보이고, 본관이 제주濟州로 되어 있다. 그런데 《청구》의 《제주고씨보》에는 조상 이름이 전혀 다르며,[59] 《만성》과 《씨족》의 《제주고씨보》에는 고몽현의 가계가 보이지 않는다. 신원을 알 수 없다.

29 **김심**金沁 생원을 거쳐 태종 2년 식년시에 급제했는데, 《방목》에 벼슬은 말할 것도 없고 아무런 인적사항이 기록되어 있지 않아 신원을 알 수 없다.

30 **김지형**金知逈 생원으로 태종 2년 식년시에 급제하여 벼슬이 세종 대 형조정랑(정5품)을 거쳐 부정(종3품)에 이르렀다. 《방목》

59) 고몽현의 아버지는 도원道源, 할아버지는 회晦, 증조는 성구省久로 되어 있다.

에는 벼슬 말고 아무런 기록이 없어 신원을 알 수 없다.

31 **배한**裵澣 생원을 거쳐 태종 2년 식년시에 급제하여 벼슬이 사간원 정언正言(정6품)에 이르렀다. 《방목》에는 벼슬과 처부〔洪德安〕의 이름이 보이고, 본관이 없어서 신원을 알 수 없다.

32 **유면**兪勉 생원을 거쳐 태종 5년(1405) 식년시에 장원급제하여 벼슬이 사헌부 지평(정5품)과 지군사知郡事(종4품)에 이르렀다. 《방목》에는 아버지〔斯貴〕, 할아버지〔天佐〕, 증조〔成烈〕의 이름이 보이고, 본관은 인동仁同으로 되어 있다. 그러나 《청구》의 《인동유씨보》를 보면 유면의 3대조는 전혀 보이지 않고, 그만이 외따로 기록되어 있으며, 《만성》의 《인동유씨보》에는 그의 가계가 보이지 않는다. 《씨족》의 《인동유씨보》를 보면 아버지와 그가 외따로 기록되어 있는데, 아버지는 낭장郎將(정6품)으로 되어 있으나 실직인지 의심스럽다. 2000년 현재 인동유씨 인구는 1,514명에 지나지 않는 희성으로 조선시대 문과급제자 3명을 배출했는데, 그가 최초의 급제자이다.

33 **이긍**李兢(?~1433) 생원을 거쳐 태종 5년 식년시에 급제하여 벼슬이 세종 대 공조참판(종2품)에 이르렀는데, 한어漢語에 능통했다. 《방목》에는 벼슬과 아버지〔繼先〕, 할아버지〔之華〕, 증조〔仁檢〕, 처부〔李椒〕의 이름이 보이고, 본관이 함평咸平으로 되어 있다. 그런데 《만성》의 《함평이씨보》에는 이긍의 가계가 보이지 않으며, 《청구》의 《함평이씨보》를 보면 직계 4대조 가운데 벼슬아치가 없다. 한편 《씨족》의 《함평이씨보》를 보면 증조는 영동정令同正으로 실직이 아니며, 할아버지와 아버지는 그로 말미암아 모두 증직贈職을 받았을 뿐이다.

34 **박기**朴頎 생원을 거쳐 태종 5년 식년시에 급제하여 벼슬이 세종 대 예조좌랑(정6품)에 이르렀다. 《방목》에는 벼슬 말고 아무런 기록이 없어 신원을 알 수 없다.

35 **김극신**金克信 생원을 거쳐 태종 5년 식년시에 급제했는데, 《방목》에는 아무런 기록이 없어서 벼슬도 모르고 신원도 알 수 없다. 그런데 《청구》의 《장성김씨보長城金氏譜》를 보면 오직 김극신 한 사람만 기록하고 있어 그가 장성김씨의 시조임을 알 수 있다. 《만성》과 《씨족》에는 《장성김씨보》 자체가 없다. 2000년 현재 장성김씨 인구는 159가구 525명의 희성으로, 조선시대 문과 급제자는 그가 유일하다.

36 **채지지**蔡知止 생원으로 태종 5년 식년시에 급제하여 벼슬이 병조좌랑(정6품)을 거쳐 세종 대 헌납(정5품), 세조 대 소윤(종4품)으로 원종공신原從功臣에 책봉되었다. 《방목》에는 벼슬 말고 아무런 기록이 없어서 신원을 알 수 없다. 하지만 채씨의 본관은 인천仁川과 평강平康뿐인데, 《청구》, 《만성》, 《씨족》의 어느 채씨보에도 채지지의 가계는 보이지 않는다.

37 **유상지**兪尙智(?~1432) 생원으로 태종 5년 식년시에 급제하여 벼슬이 세종 대 헌납(정5품), 집현전 직제학直提學(정3품)을 거쳐 부대언副代言(정3품)에 이르렀다. 《방목》에는 아버지〔貴生〕, 할아버지〔弘〕, 증조〔冏〕, 처부〔姜有信〕의 이름이 보이고, 본관이 창원昌原으로 되어 있다. 그런데 향리의 역사를 적은 《연조귀감掾曹龜鑑》에 유상지는 향리 출신이라고 한다. 《청구》와 《만성》의 《창원유씨보》를 보면, 직계 조상 3대조가 모두 벼슬이 있으나 실직實職이 아닌 것으로 보인다.

38 **박의**朴誼 생원을 거쳐 태종 5년 식년시에 급제하여 벼슬이 수원水原교수(종6품)에 이르렀다. 《방목》에는 벼슬 말고 아무런 기록이 없어 신원을 알 수 없다.

39 **박식**朴式(또는 或) 생원을 거쳐 태종 5년 식년시에 급제하여 벼슬이 성균관 사성(종3품)에 이르렀다. 《방목》에는 벼슬 말고 아무런 기록이 없어 신원을 알 수 없다.

40 **최민**崔岷 생원을 거쳐 태종 5년 식년시에 급제하여 벼슬이 세종 대 의금부 도사都事(종5품)와 군수(종4품)에 이르렀다. 《방목》에는 벼슬 말고 아무런 기록이 없어 신원을 알 수 없다.

41 **조숭덕**曹崇德(?~1425) 귀화 중국인 조증曹証의 아들로, 생원을 거쳐 태종 5년 식년시에 급제하여 벼슬이 세종 대 판승문원사判承文院事와 공조참의(정3품 당상관)에 이르렀다. 이문吏文과 한어에 능통했다고 한다.[60] 《방목》에는 벼슬 말고 아무런 기록이 없고, 《청구》, 《만성》, 《씨족》의 《창녕조씨보》에도 조숭덕의 가계가 보이지 않는다.

42 **주명신**周命新 생원을 거쳐 태종 5년 식년시에 급제했는데, 《방목》에는 아무런 인적사항을 기록하지 않고 있어 신원을 알 수 없다. 《청구》, 《만성》, 《씨족》의 어느 주씨보에도 주명신의 이름은 보이지 않는다.

43 **유구사**柳九思 생원으로 태종 5년 식년시에 급제하여 벼슬이 세종 대 시강원 사경(정7품)을 거쳐 예조좌랑(정6품)에 이르렀다. 《방목》에는 벼슬 말고 아무런 기록이 없어 신원을 알 수 없다.

60) 《세종실록》 권29, 세종 7년 8월 12일 무인.

44 **차유**車有 생원을 거쳐 태종 5년 식년시에 급제하여 벼슬이 제주판관, 사간원 헌납(정5품), 평양소윤平壤少尹(종4품), 유후(종2품)에 이르렀다. 《방목》에는 벼슬 말고 아무런 기록이 없어서 신원을 알 수 없다. 《청구》, 《만성》, 《씨족》의 어느 차씨보에도 차유의 가계는 보이지 않는다.

45 **양질**楊秩 생원으로 태종 5년 식년시에 급제하여 벼슬이 정언(정6품), 의금부 도사(종5품), 병조정랑(정5품), 사헌부 장령(정4품)을 거쳐 세종 대 의정부 사인舍人(정4품)에 이르렀다가 죄를 짓고 파직되어 수군水軍에 충정되었다. 《방목》에는 벼슬 말고 아무런 기록이 없어 신원을 알 수 없다. 《청구》, 《만성》, 《씨족》의 어느 양씨보에도 양질의 가계가 보이지 않는다.

46 **신도**申圖 생원을 거쳐 태종 5년 식년시에 급제하여 벼슬이 사간원 헌납(정5품)에 이르렀다. 《방목》에는 아무런 인적상황이 기록되어 있지 않아 신원을 알 수 없다. 《청구》, 《만성》, 《씨족》의 어느 신씨보에도 신도의 가계는 보이지 않는다.

47 **이성**李誠 생원을 거쳐 태종 5년 식년시에 급제했는데, 《방목》에는 아무런 인적사항에 관한 기록이 없어 신원을 알 수 없다. 《실록》에도 아무런 기록이 보이지 않는다.

48 **이뢰**李賴 생원을 거쳐 태종 5년 식년시에 급제하여 벼슬이 세종 대 사간원 헌납(정5품)에 이르렀다. 《방목》에는 벼슬 말고 아무런 기록이 없어 신원을 알 수 없다.

49 **박거선**朴居善(일명 居信) 생원을 거쳐 태종 5년 식년시에 급제하여 벼슬이 세종 대 교수관(종6품)과 부사직(종5품)에 이르렀다. 《방목》에는 아무런 기록이 없어 신원을 알 수 없다.

50 **김구경**金久冏[61] 생원을 거쳐 태종 5년 식년시에 급제하고 중시에도 급제하여, 벼슬이 좌랑(정6품)에 이르렀다. 세종 대 일본에 통신사로 다녀오기도 했다. 그러나 《방목》에는 벼슬 말고 아무런 기록이 없어 신원을 알 수 없다.

51 **김장**金廧 생원을 거쳐 태종 8년(1408) 식년시에 급제하여 벼슬이 세종 대 병조정랑(정5품)을 지내고 사헌부 장령(정4품)에 이르렀다. 《방목》에는 벼슬 말고 아무런 기록이 없어 신원을 알 수 없다.

52 **김원로**金元老 생원을 거쳐 태종 8년 식년시에 급제하여 벼슬이 춘추관 장무掌務와 경연 사경(정7품)에 이르렀다. 《방목》에는 벼슬 말고 아무런 기록이 없어 신원을 알 수 없다.

53 **이훈**李薰 제공提控(종7품)으로 태종 8년 식년시에 급제하여 벼슬이 현령(종5품)에 이르렀다. 《방목》에는 벼슬 말고 아무런 기록이 없어 신원을 알 수 없다.

54 **최맹량**崔孟良 서승署丞을 거쳐 태종 8년 식년시에 급제하여 벼슬이 세종 대 감무(종6품)를 지내고 정언(정6품)과 군자부정軍資副正(종3품)에 이르렀다. 《방목》에는 벼슬과 아버지〔盤〕, 할아버지〔邕〕, 증조〔龍角〕, 처부〔李龜〕의 이름이 보이고, 본관이 전주全州로 되어 있다. 그런데 《청구》와 《만성》의 《전주최씨보》에는 할아버지까지의 가계만 있을 뿐 아버지와 최맹량의 이름은 보이지 않으며, 《씨족》의 《전주최씨보》에도 그의 가계는 보이지 않는다.

61) 《방목》에는 이름이 金九冏으로 되어 있으나, 《실록》에는 金久冏으로 되어 있다. 여기에서는 《실록》을 따랐다.

55 **김유무**金由畝 진사를 거쳐 태종 8년 식년시에 급제하여 벼슬이 공조정랑(정5품)에 이르렀다. 《방목》에는 아버지〔篤〕 이름만 보이고, 본관이 없어 신원을 알 수 없다.

56 **나유수**羅有綏 생원으로 태종 8년 식년시에 급제하여 벼슬이 정언(정6품)을 거쳐 세종 대 승문원 교리(종5품)와 경상도 도사(종5품)에 이르렀다. 《방목》에는 벼슬 말고 아무런 기록이 없어 신원을 알 수 없다.

57 **정개보**鄭介保 생원을 거쳐 태종 8년 식년시에 급제하여 벼슬이 좌랑(정6품)에 이르렀다. 《방목》에는 벼슬과 아버지〔允老〕, 할아버지〔林生〕, 증조〔廉〕의 이름이 보이고, 본관이 동래東萊로 되어 있다. 그런데 《청구》와 《만성》의 《동래정씨보》에는 정개보의 가계가 보이지 않는다. 한편 《씨족》의 《동래정씨보》를 보면 직계 5대조 가운데 벼슬아치가 없다.

58 **이정문**李正文 생원을 거쳐 태종 8년 식년시에 급제하여 벼슬이 예조정랑(정5품)과 군사(군수; 종4품)에 이르렀는데, 관물을 훔친 죄로 장리贓吏 처벌을 받았다. 장리의 아들은 과거응시가 법으로 금지되어 있었지만, 그 아들 이처공李處恭은 과거응시를 허용했다.[62] 《방목》에는 벼슬 말고 아무런 기록이 없어 신원을 알 수 없다.

59 **유상리**兪尙理(?~1425) 의정부 녹사를 거쳐 태종 8년 식년시에 급제하여 벼슬이 세종 대 안협현감(종6품)과 정랑(정5품)에 이르렀다. 《방목》에는 아버지〔貴生〕 이름이 보이고, 유상지兪尙智의

62) 《세종실록》 권115, 세종 29년 2월 9일 신축.

아우라고 하며, 본관이 창원昌原으로 되어 있다. 그런데 태종 5년 급제한 형 유상지가 향리 출신이므로 유상리도 자연히 향리 출신이다.

60 **이각**李漼 생원을 거쳐 태종 8년 식년시에 급제하여 벼슬이 성균관 직강直講(정5품)에 이르렀다. 《방목》에는 벼슬 말고 아무런 기록이 없어 신원을 알 수 없다.

61 **강이**康理 생원으로 태종 8년 식년시에 급제하여 벼슬이 판관을 거쳐 박천군수(종4품)에 이르렀다. 《방목》에는 벼슬 말고 아무런 기록이 없어 신원을 알 수 없다. 지금은 본관이 임실任實로 알려져 있는데, 《청구》, 《만성》, 《씨족》에는 《임실강씨보》 자체가 없다. 《세종실록》 〈지리지〉를 보면 임실에 강씨가 없어, 강이는 이곳 주민이 아니었다가 벼슬을 얻으면서 이곳으로 본관을 정하게 된 것으로 보인다. 2000년 현재 임실강씨 인구는 80가구 233명의 희성으로 조선시대 문과급제자는 그가 유일하며, 시조이다.

62 **이미**李敉 생원을 거쳐 태종 8년 식년시에 급제하여 벼슬이 의정부 사인舍人(정4품)에 이르렀다. 《방목》에는 벼슬 말고 아무런 기록이 없어 신원을 알 수 없다.

63 **정인**鄭粦 생원을 거쳐 태종 8년 식년시에 급제하여 벼슬이 성균관 사예司藝(정4품)에 이르렀다. 《방목》에는 벼슬과 처부[梁京]의 이름만 보이고, 그 밖에 아무런 기록이 없어 신원을 알 수 없다.

64 **정신**鄭信 하급 잡직에 해당하는 율과律科급제자로 태종 8년 식년시에 급제했다. 《방목》에는 전직이 '율과급제'라는 것만 밝

히고, 그 밖에 아무런 기록이 없어 신원을 알 수 없다. 중인세습직으로 잘못 알려진 율과급제자가 다시 문과에 급제했다는 것이 눈길을 끈다. 그러나 무슨 벼슬을 했는지는 알 수 없다.

65 **한처명**韓處命(일명 處寧) 생원을 거쳐 태종 11년(1411) 식년시에 급제하고 중시에도 급제하여, 벼슬이 성균관 박사(정7품)와 집현전 교리(정5품)에 이르렀다. 《방목》에는 벼슬 말고 아무런 기록이 없어 신원을 알 수 없다.

66 **임회**林薈 생원을 거쳐 태종 11년 식년시에 급제하여 벼슬이 교수(종6품)에 이르렀다. 《방목》에는 벼슬 이름 말고 아무런 기록이 없어 신원을 알 수 없다.

67 **김유진**金由畛 생원으로 태종 11년 식년시에 급제하여 벼슬이 세종 대 병조좌랑(정6품)을 거쳐 내자판관內資判官(종5품)에 이르렀다. 《방목》에는 아버지〔金篤〕와 처부〔梁元堅〕의 이름이 보일 뿐, 본관이 없어서 신원을 알 수 없다. 지금 본관이 광산光山으로 알려져 있으나, 《청구》, 《만성》, 《씨족》의 《광산김씨보》에는 김유진의 가계가 보이지 않는다.

68 **박시**朴恃 생원을 거쳐 태종 11년 식년시에 급제하여 벼슬이 현감(종6품)에 이르렀다. 《방목》에는 벼슬 말고 아무런 기록이 없어 신원을 알 수 없다.

69 **신주**辛宙(일명 寅) 생원을 거쳐 태종 11년 문과에 급제했다. 《방목》에 아무런 기록이 없어 신원을 알 수 없다. 《청구》, 《만성》, 《씨족》의 어느 신씨보에도 신주의 이름은 보이지 않는다.

70 **강명덕**姜明德 유학을 거쳐 태종 11년 식년시에 급제하여 벼슬이 현감(종6품)에 이르렀다. 《방목》에는 벼슬 말고 아무런 기

록이 없어 신원을 알 수 없다. 《청구》, 《만성》, 《씨족》의 어느 강씨보에도 강명덕의 이름은 보이지 않는다.

71 **허광**許匡 생원을 거쳐 태종 11년 문과에 급제하여 벼슬이 성균관 직강直講(정5품)에 이르렀다. 《방목》에는 벼슬 말고 아무런 기록이 없어 신원을 알 수 없다. 《청구》, 《만성》, 《씨족》의 어느 허씨보에도 허광의 가계는 보이지 않는다.

72 **이규**李樛(개명 棐) 생원을 거쳐 태종 11년 식년시에 급제하여 벼슬이 예문관 직제학(정3품)에 이르렀다. 《방목》에는 이름을 비棐로 바꾸었다는 것만 밝히고, 그 밖에 아무런 기록이 없어 신원을 알 수 없다. 현재 본관이 부평富平으로 알려져 있으나, 《청구》, 《만성》, 《씨족》의 《부평이씨보》에는 이규의 가계가 보이지 않는다.

73 **김조**金銚(초명 鑌, ?~1455) 생원으로 태종 11년 식년시에 급제하고 중시에도 급제하여, 벼슬이 예조판서(정2품)와 중추원사(정2품)에 이르렀다. 세종 대 집현전 학사가 되고, 간의대와 자격루, 그리고 갑인자를 만드는 데 참여했다. 조銚라는 이름은 세종이 내려주었다고 한다. 《세조실록》을 보면, 그는 "한낱 한미寒微한 유생으로서 세종의 지우를 입어 벼슬이 재보宰輔에 이르렀으며,……아버지가 일찍 죽은 것을 한탄했다"[63]고 한다. 《방목》에는 4대조 이름이 전혀 없으며, 본관은 김해金海로 되어 있다. 그러나 《청구》, 《만성》, 《씨족》의 《김해김씨보》에는 그의 이름이 보이지 않는다.

63) 《세조실록》 권2, 세조 원년 10월 11일 계축.

74 **최약지**崔瀹之 별장別將(종9품)으로 태종 11년 식년시에 급제하여 벼슬이 세종 대 광흥창사廣興倉使를 거쳐 군자감 판관(종5품)에 이르렀다. 《방목》에는 벼슬 말고 아무런 기록이 없어 신원을 알 수 없다. 낮은 무관인 별장 출신이라는 것이 눈길을 끈다.

75 **이유혜**李有蹊 생원을 거쳐 태종 11년 식년시에 급제했는데, 《방목》에는 이유혜의 벼슬과 인적사항이 전혀 기록되어 있지 않아 신원을 알 수 없다.

76 **조강**趙講 생원으로 태종 11년 식년시에 급제하여 벼슬이 이조좌랑(정6품)을 거쳐 성균관 사예司藝(정4품)에 이르렀다. 《방목》에는 벼슬 말고 아무런 기록이 없어 신원을 알 수 없다. 현재 본관이 함안咸安으로 알려져 있으나, 《청구》, 《만성》, 《씨족》의 《함안조씨보》에는 조강의 가계가 보이지 않는다.

77 **김여하**金慮遐 생원을 거쳐 태종 11년 식년시에 급제하여 벼슬이 단천군수(종4품)에 이르렀는데, 죄를 짓고 도망한 일도 있었다. 《방목》에는 벼슬 말고 아무런 기록이 없어 신원을 알 수 없다. 그런데 호군 김효성이 그의 친족이라고 한 것으로 보아, 본관이 연안延安으로 보인다. 그러나 《청구》, 《만성》, 《씨족》의 《연안김씨보》에는 김여하의 가계가 보이지 않는다.

78 **손미옥**孫美玉 생원을 거쳐 태종 14년(1414) 식년시에 급제하여 벼슬이 군수(종4품)에 이르렀으나, 뒤에 관물을 훔친 죄로 파직되었다. 《방목》에는 벼슬 말고 아무런 기록이 없어 신원을 알 수 없다. 《청구》, 《만성》, 《씨족》의 어느 손씨보에도 손미옥의 이름은 보이지 않는다.

79 **박용**朴容 생원을 거쳐 태종 14년 식년시에 급제하여 벼슬이

현감(종6품)에 이르렀다. 《방목》에는 벼슬 말고 아무런 기록이 없어 신원을 알 수 없다.

80 **방문중**房文中 유학을 거쳐 태종 14년 식년시에 급제하여 벼슬이 교서관 저작著作(정8품)에 이르렀는데, 뒤에는 임금에게 죄를 짓고 관노官奴가 되었다.64) 《방목》에는 벼슬 말고 아무런 기록이 없어 신원을 알 수 없다. 《청구》에는 《남양방씨보》와 《수원방씨보》가 있는데, 그 어느 곳에도 방문중의 이름은 없다. 아마 노비가 되었기 때문에 삭제된 것으로 보인다. 다만 현재 본관이 남양으로 알려져 있다. 방씨는 원래 삼국시대 당나라에서 귀화해 온 성씨이다. 조선시대 문과급제자 8명을 배출했는데, 그가 처음이다.

81 **정광원**鄭廣元 유학을 거쳐 태종 14년 식년시에 급제하고 중시에도 급제하여 벼슬이 세종 대 성균관 직강直講(정5품), 사재감부정(종3품)에 이르렀다. 《방목》에는 벼슬 이름이 보이고, 정은鄭垠의 아버지라고 기록하며 본관이 진주晋州로 되어 있다. 그러나 《청구》, 《만성》, 《씨족》의 《진주정씨보》에는 정광원의 이름이 보이지 않는다. 신원을 알 수 없다.

82 **김비**金羆 생원을 거쳐 태종 14년 식년시에 급제하여 벼슬이 군수(종4품)에 이르렀다. 《방목》에는 벼슬 말고 아무런 기록이 없어 신원을 알 수 없다.

83 **조양**趙襄 생원을 거쳐 태종 14년 문과에 급제하여 벼슬이 현감(종6품)에 이르렀다. 《방목》에는 벼슬 말고 아무런 기록이 없

64) 《태종실록》 권36, 태종 18년 7월 16일 갑자.

어 신원을 알 수 없다.

84 **이규**李逵 생원을 거쳐 태종 14년 문과에 급제했으나, 《방목》에는 아무런 기록이 없어 신원을 알 수 없다.

85 **정척**鄭陟(1390~1475) 생원을 거쳐 태종 14년 식년시에 급제하여 벼슬이 예문관 대제학大提學(정2품), 관찰사(종2품), 지중추원사(정2품)에 이르렀다. 양성지와 더불어 세조 대 〈동국지도東國地圖〉 편찬에 참여하기도 하는 등 문화적으로 큰 활약을 했다. 《방목》에는 벼슬과 아버지〔舌〕, 할아버지〔子淳〕, 증조〔莊〕, 처부〔李養蒙〕의 이름이 보이고, 성근誠謹의 아버지임을 밝히고 있다. 그런데 향리의 역사를 적은 《연조귀감》을 보면 정척은 진주의 향리 출신이라고 되어 있으며, 《성종실록》의 졸기에도 "정척은……진주의 향리"[65]라고 나온다. 《청구》, 《만성》, 《씨족》의 《진주정씨보》를 보면, 그의 조상 가운데 벼슬아치가 없다. 다만 그가 높이 출세했기 때문에 3대조가 모두 증직을 받았다.

86 **공종주**孔宗周 생원을 거쳐 태종 14년 식년시에 급제하여 벼슬이 세종 대 사헌부 감찰監察(정6품)과 현풍현감(종6품)에 이르렀다. 《방목》에는 아버지〔千壽〕와 처부〔曺功顯〕의 이름이 보이고, 본관이 창원으로 되어 있다. 그런데 《청구》와 《씨족》의 《창원공씨보》에는 공종주의 가계가 보이지 않으며, 《만성》에는 《창원공씨보》 자체가 없다.

87 **임경**任敬 부사정副司正(종7품)을 거쳐 태종 14년 식년시에 급제하여 벼슬이 세종 대 홍천현감(종6품)에 이르렀다. 《방목》에는

65) 《성종실록》 권58, 성종 6년 8월 2일 무인.

벼슬 말고 아무런 기록이 없어 신원을 알 수 없다. 《청구》, 《만성》, 《씨족》의 어느 임씨보에도 임경의 가계는 보이지 않는다.

88 **김갱**金鏗 별장(종9품)을 거쳐 태종 14년 식년시에 급제하여 벼슬이 교수(종6품)와 사헌부 감찰(정6품)에 이르렀다. 《방목》에는 벼슬 말고 아무런 기록이 없어 신원을 알 수 없다. 그런데 《청구》의 《창원김씨보》에 할아버지 이후의 가계가 보인다. 아버지 김상지金尙志는 전서典書를, 할아버지 김원金元은 평리시사評理侍事를 지냈다고 하는데, 모두 실직이 아니다. 그리고 김갱의 벼슬을 참판參判으로 적었는데, 이것은 아들 김계창이 이조참판에 오른 뒤에 받은 증직이다. 《만성》과 《씨족》에는 《창원김씨보》 자체가 없다. 《세종실록》 〈지리지〉를 보면 김씨는 창원의 내성來姓으로 되어 있어 이곳의 토착민이 아닌 것을 알 수 있다. 2000년 현재 인구는 983가구 3,094명의 희성으로 조선시대 문과 급제자는 3명인데 그가 처음이고 아들 김계창이 두 번째이며, 연산군 대 김윤화金允和가 문과에 급제했다.

89 **주수**周遂 생원을 거쳐 태종 14년 식년시에 급제하여 벼슬이 병조좌랑(정6품)에 이르렀다. 《방목》에는 벼슬 말고 아무런 기록이 없어 신원을 알 수 없다. 《청구》, 《만성》, 《씨족》의 어느 주씨보에도 그의 이름은 보이지 않는다.

90 **윤무**尹務 생원으로 태종 14년 문과에 급제하여 벼슬이 도사(종5품)를 거쳐 군수(종4품)에 이르렀다. 《방목》에는 벼슬 말고 아무런 기록이 없어 신원을 알 수 없다.

91 **황사간**黃士幹 생원을 거쳐 태종 14년 식년시에 급제하여 벼슬이 정자(정9품)에 이르렀다. 《방목》에는 처부[吳顯]의 이름과

효원孝源의 아버지라는 것을 밝히고, 본관이 상주尙州로 되어 있다. 그런데 황사간의 조상가계가 기록마다 다르다. 《청구》의 《상주황씨보》를 보면, 아버지의 이름이 하신河信(종정), 할아버지가 을구乙耈(소윤), 증조가 자신自新(대장)으로 되어 있다. 《만성》의 《상주황씨보》를 보면 아버지가 을명乙冥인데 시조로 되어 있어 《청구》와 다르다. 한편 《씨족》의 《상주황씨보》를 보면 시조가 황사간으로 되어 있다. 조선시대 문과급제자는 모두 3명으로 그가 처음이며, 그 아들 황효원이 좌찬성으로 높은 벼슬을 했을 뿐이다.

92 **유상우**劉尙友 생원으로 태종 14년 식년시에 급제하여 벼슬이 세종 대 양구현감(종6품)을 거쳐 서장관(4~6품)으로 중국에 다녀왔다. 《방목》에는 벼슬 말고 아무런 기록이 없어 신원을 알 수 없다. 《청구》의 어느 유씨보에도 유상우의 가계가 보이지 않으며, 《만성》의 《강릉유씨보江陵劉氏譜》를 보면 개국공신 유창劉敞의 셋째 아들로 나온다. 하지만 다른 형제들과 항렬行列이 전혀 다르고,[66] 벼슬도 기록되어 있지 않으며 출계出系했다고 되어 있어 매우 의심스럽다. 한편 《씨족》의 《우계(강릉)유씨보羽谿劉氏譜》를 보면 유창의 아들 가운데 그의 이름은 보이지 않는다. 결론적으로 그는 신원이 확실치 않은 인물이다.

93 **김신절**金臣節 생원을 거쳐 태종 14년 식년시에 급제하여 벼슬이 승문원 교리(종5품)에 이르렀다. 《방목》에는 벼슬 말고 아무런 기록이 없어 신원을 알 수 없다.

66) 다른 형제들의 이름은 형 인통仁統, 인제仁制, 동생 인길仁吉로 되어 있다.

94 **김흥서**金興緖(일명 興瑞) 생원을 거쳐 태종 14년 식년시에 급제했다. 《방목》에는 벼슬이나 인적사항이 아무것도 없어 신원을 알 수 없다. 《실록》에도 기록이 없다.

95 **박서**朴敍(또는 舒) 생원을 거쳐 태종 14년 식년시에 급제하여 벼슬이 현감(종6품)에 이르렀다. 《방목》에는 벼슬과 처부〔李望〕의 이름만 보이고, 본관이나 조상의 이름이 없어 신원을 알 수 없다.

96 **정의민**鄭宜民 유학을 거쳐 태종 14년 식년시에 급제하여 벼슬이 세종 대 집현전 학사와 저작著作(정8품)에 이르렀다. 《방목》에는 벼슬 말고 아무런 기록이 없어 신원을 알 수 없다.

97 **박질**朴耋 생원을 거쳐 태종 14년 식년시에 급제하여 벼슬이 현감(종6품)과 사헌부 감찰(정6품)에 이르렀다. 《방목》에는 벼슬 말고 아무런 기록이 없어 신원을 알 수 없다.

98 **안지**安止(1377~1464) 생원으로 태종 14년 친시문과에 급제하여 벼슬이 집현전 학사를 거쳐 영중추부사(정1품)에 올랐다. 정인지와 함께 《용비어천가龍飛御天歌》를 지은 인물로 유명하다. 그러나 《방목》에는 4대조 이름 없이 처부〔宋忠孫〕의 이름이 보이고, 본관이 강진康津(탐진)으로 되어 있다. 그런데 《청구》에는 《탐진안씨보耽津安氏譜》 자체가 없으며, 《만성》의 《탐진안씨보》에는 안지의 가계가 보이지 않는다. 한편 《씨족》의 《탐진안씨보》를 보면 그는 가계가 끊어져 외따로 기록되어 있다. 《세조실록》에는 그가 "초야草野의 외로운 몸으로 과거에 급제하여 벼슬길에 올랐다.……안지의 집이 본래 빈한貧寒하여 그가 고향에 돌아갈 때에는 행장行裝이 몇 바리도 안 되었다"[67]고 기록하고 있다. 여기에서 안지가 조상을 모르는 초야의 평민임을 알 수 있다.

조선시대 문과급제자는 모두 4명인데, 그가 처음이다.

99 **이수**李隨(?~1430) 생원과 직장直長(종7품)을 거쳐 태종 14년 친시문과에 합격하여 벼슬이 이조판서(정2품)에 이르렀다. 일찍이 세종이 왕자로 있을 때, 이수는 황해도 봉산鳳山에 살고 있었는데 도道에서 천거하여 세종의 스승이 되기도 했다. 《방목》에는 처부〔趙成吉〕의 이름만 나오고, 본관이 봉산으로 되어 있다. 《청구》의 《봉산이씨보》에는 그가 시조로 기록되어 있고, 《만성》과 《씨족》에는 《봉산이씨보》 자체가 없다. 이씨는 봉산의 토성土姓 가운데 하나이며, 2000년 현재 인구는 2,284가구 7,389명으로 희성에 속한다. 조선시대 문과급제자는 이수가 처음으로 그가 시조가 되었으며, 그 뒤로 고종 대 이봉구李鳳九가 급제한 것이 전부다.

100 **곽거완**郭居完 생원을 거쳐 태종 14년 친시문과에 급제하여 벼슬이 좌랑(정6품)에 이르렀다. 《방목》에는 벼슬과 처부〔金乙卿〕의 이름이 나오고, 그 밖에 아무런 기록이 없어 신원을 알 수 없다. 《청구》와 《만성》, 《씨족》의 어느 곽씨보에도 곽거완의 가계는 보이지 않는다.

101 **이사동**李士侗 유학을 거쳐 태종 14년 친시문과에 급제하여 벼슬이 현감(종6품)에 이르렀다. 《방목》에는 직계 조상의 이름 없이 계정繼禎의 아버지라고 기록되어 있고, 본관이 순창淳昌으로 되어 있다. 그런데 《청구》의 《순창이씨보》를 보면 이사동과 그 아들 이름만 보인다. 한편 《만성》과 《씨족》에는 《순창이씨

67) 《세조실록》 권33, 세조 10년 4월 12일 갑오.

보》 자체가 없다. 조선시대 문과급제자는 그와 아들 이계정뿐이며, 이사동이 순창이씨의 시조다. 현재 인구도 파악되지 않는다.

102 **송은**宋殷 풍저승豊儲丞을 거쳐 태종 14년 친시문과에 급제하여 벼슬이 병조좌랑(정6품)에 이르렀다. 《방목》에는 벼슬 말고 아무런 기록이 없어 신원을 알 수 없다.

103 **정주생**鄭周生 생원을 거쳐 태종 14년 친시문과에 급제하여 벼슬이 병조정랑(정5품)과 경력經歷(종4품)에 이르렀다. 《방목》에는 벼슬 말고 아무런 기록이 없어 신원을 알 수 없다.

104 **윤통**尹統 생원을 거쳐 태종 14년 친시문과에 급제하여 벼슬이 성균관 사예司藝(정4품), 서운부정書雲副正(종3품)에 이르렀다. 《방목》에는 벼슬 말고 아무런 기록이 없어 신원을 알 수 없다. 그런데 《청구》의 《경주윤씨보慶州尹氏譜》를 보면 윤통이 경주윤씨 시조로 기록되어 있으며, 《만성》과 《씨족》에는 《경주윤씨보》 자체가 없다. 2000년 현재 경주윤씨 인구는 543가구 1,684명의 희성으로 조선시대 문과급제자는 그가 유일하다.

105 **박시생**朴始生 생원을 거쳐 태종 14년 친시문과에 급제하여 벼슬이 목사(정3품)에 이르렀다. 《방목》에는 벼슬 말고 아무런 기록이 없어 신원을 알 수 없다.

106 **엄간**嚴幹 유학을 거쳐 태종 14년 친시문과에 급제하여 벼슬이 성균관 박사(정7품)와 주부(종6품)에 이르렀다. 《방목》에는 벼슬 말고 아무런 기록이 없어 신원을 알 수 없다. 《세종실록》을 보면, 엄간은 상주尙州 사람으로 효성이 지극하여 시골에 사는 늙은 부모를 봉양하기 위해 벼슬을 버리고 낙향하였기에 국가에서 포상하자는 논의가 일어나기도 했다.[68] 그런데 《청구》, 《만

성》, 《씨족》에는 《상주엄씨보》 자체가 없다. 2000년 현재 상주 엄씨 인구는 292가구 917명의 희성으로 그를 시조로 받들고 있으며, 그가 유일한 문과급제자이다.

107 **이존**李存 생원을 거쳐 태종 14년 친시문과에 급제하여 벼슬이 현감(종6품)에 이르렀다. 《방목》에는 벼슬 말고 아무런 기록이 없어 신원을 알 수 없다.

108 **노극명**魯克明 생원을 거쳐 태종 14년 친시문과에 급제했다. 《방목》에는 벼슬이 없고, 아버지〔誠之〕 이름만 보이고, 본관은 함평咸平이다. 그런데 《청구》, 《만성》, 《씨족》에는 《함평노씨보》 자체가 없다. 2000년 현재 함평노씨 인구는 1,604가구 5,131명의 희성으로 조선시대 문과급제자는 노극명이 유일하다.

109 **곽상**郭常(일명 鄭常) 생원을 거쳐 태종 14년 친시문과에 급제했다. 《방목》에는 성을 정鄭이라고도 한다고 기록했을 뿐 그 밖에 아무런 기록이 없어 신원을 알 수 없다. 성씨조차 확실하지 않은 인물이다.

110 **정지담**鄭之澹 생원을 거쳐 태종 16년(1416) 친시문과에 장원급제하고 중시에도 급제하여, 벼슬이 직제학(정3품 당하관)과 문종 대 안동부사(종3품)에 이르렀다. 《방목》에는 직계 조상의 이름 없이 처부〔金峙〕의 이름이 나오고, 본관이 안동安東으로 되어 있다. 그런데 《청구》, 《만성》, 《씨족》에는 《안동정씨보》 자체가 없어서 신원을 알 수 없다.

111 **김자돈**金自敦 생원을 거쳐 태종 16년 친시문과에 급제하여

68) 《세종실록》 권45, 세종 11년 9월 24일 정묘.

벼슬이 승문원 정자(정9품)와 현감(종6품)을 거쳐 사헌부 감찰(정6품)에 이르렀다. 《방목》에는 벼슬 말고 아무런 기록이 없어 신원을 알 수 없다.

112 **김구**金鉤(?~1462) 생원으로 태종 16년 친시문과에 급제하여 벼슬이 세종 대 성균관 사성(종3품), 단종 대 집현전 부제학(정3품), 예문관 제학(종2품)을 거쳐 세조 대 판중추원사(종1품)에 이르렀다. 김말金末, 김반金泮과 더불어 '경학3김經學三金'으로 불릴 정도로 경학經學이 뛰어나 성균관에서 많은 인재를 키워냈으며, 죽은 뒤에 문장文長이라는 시호를 받았다. 《세조실록》의 졸기卒記에는 "어렸을 때 집이 너무 가난하여 몸소 나무를 하고 물을 길러 어버이를 봉양했으며,……대대로 아산牙山에 살았다"[69]고 되어 있다. 그런데 《방목》에는 본관도 없고, 4대조 이름도 전혀 없다. 《청구》의 《아산김씨보》를 보면 김구의 이름이 가계가 끊어진 형태로 외따로 기록되어 있어 그가 시조인 셈이다. 한편 《만성》과 《씨족》에는 《아산김씨보》 자체가 없다. 《세종실록》 〈지리지〉를 보면 아산에 김씨가 없는데도, 그가 대대로 이곳에서 살았다고 한 것을 보면, 존재가 극히 미미했던 집안임을 짐작할 수 있다. 2000년 현재 아산김씨 인구는 4가구 13명의 희성으로 조선시대 문과급제자는 김구가 처음이고, 선조 대 김응문金應文이 두 번째로 급제한 것이 전부다.

113 **김이로**金尼老(일명 土老) 생원을 거쳐 태종 16년 친시문과에 급제하여 벼슬이 사헌부 감찰(정6품)에 이르렀다. 《방목》에는 벼

69) 《세조실록》 권28, 세조 8년 4월 9일 갑술.

슬 말고 아무런 기록이 없어 신원을 알 수 없다.

114 **진사격**陳思格 유학을 거쳐 태종 17년(1417) 식년문과에 급제하여 벼슬이 승문원 정자(정9품)에 이르렀다. 《방목》에는 벼슬 말고 아무런 기록이 없어 신원을 알 수 없다. 《청구》, 《만성》, 《씨족》의 어느 진씨보에도 진사격의 가계는 보이지 않는다.

115 **김치명**金致明[70] 생원을 거쳐 태종 17년 식년시에 급제하여 벼슬이 예조좌랑(정6품)과 현령(종5품)에 이르렀다. 《방목》에는 아무런 기록이 없어 신원을 알 수 없다.

116 **김유**金鏐(?~1433) 생원을 거쳐 태종 17년 식년시에 급제하여 벼슬이 세 대군을 가르치는 종학박사宗學博士(정7품)에 이르렀다. 《방목》에는 벼슬이 성균관 직강(정5품)[71]으로, 본관이 안동安東으로 되어 있다. 그런데 《청구》, 《만성》, 《씨족》의 《안동김씨보》에는 김유의 가계가 보이지 않는다.

117 **이세형**李世衡(?~1442) 유학으로 태종 17년 식년시에 급제하고 세종 대 중시에도 급제하여, 벼슬이 사헌부 집의(종3품)를 거쳐 함경도 관찰사(종2품)와 도절제사(정3품)에 이르렀다. 《방목》에는 벼슬 말고 아무런 기록이 없어 신원을 알 수 없다. 현재 본관이 강진康津으로 알려져 있으나, 《청구》, 《만성》, 《씨족》에는 《강진이씨보》 자체가 없다. 《세종실록》 〈지리지〉를 보면 강진에 이씨 성이 없어, 후대에 이곳을 관향으로 삼은 것으로 보인다. 조선시대 문과급제자는 2명이다.

---

70) 《방목》에는 이름이 최치명으로 나오는데, 《실록》에는 김치명으로 나온다. 여기서는 《실록》을 따르기로 한다.

71) 《방목》에는 김유의 벼슬이 직강(정5품)으로 되어 있으나, 《실록》의 졸기에는 종학박사(정7품)로 되어 있다. 여기서는 《실록》에 나온 벼슬을 따르기로 한다.

118 **여빈주**呂賓周 생원을 거쳐 태종 17년 식년시에 급제했는데, 《방목》에는 이름 말고 아무런 기록이 없어 신원을 알 수 없다. 《청구》, 《만성》, 《씨족》의 어느 여씨보에도 여빈주의 가계는 보이지 않는다.

119 **조변**趙忭 유학을 거쳐 태종 17년 식년시에 급제했는데, 《방목》에는 이름 말고 아무런 기록이 없어 신원을 알 수 없다. 《세종실록》을 보면, 조변은 벼슬이 감찰監察(정6품)을 거쳐 사간원 헌납(정5품)과 사헌부 지평(정5품) 등을 역임한 것으로 나온다.

120 **최통**崔統(또는 韓統) 생원을 거쳐 태종 17년 식년시에 급제했는데, 《방목》에는 성이 최崔로 되었다고 할 뿐 아무런 기록이 없어 신원을 알 수 없다. 성씨조차 확실치 않은 인물이다.

121 **민인**閔寅 생원을 거쳐 태종 17년 식년시에 급제하여 벼슬이 사간원 정언(정6품)을 거쳐 헌납(정5품)에 이르렀다. 《방목》에는 벼슬 말고 아무런 기록이 없어 신원을 알 수 없다. 그러나 민씨의 본관은 오직 여흥驪興뿐인데, 《청구》, 《만성》, 《씨족》의 《여흥민씨보》에는 민인의 가계가 보이지 않는다.

122 **모순**牟恂 생원을 거쳐 태종 17년 식년시에 급제하여 벼슬이 사간원 사간(종3품)과 판사재감사(정3품)에 이르렀다. 《방목》에는 조상의 기록이 없고, 본관이 진주晋州로 되어 있다. 그러나 《청구》에는 《진주모씨보》가 없으며, 《함평모씨보咸平牟氏譜》에 모순의 이름이 외따로 기록되어 있다. 여기에서 그의 본관이 함평이라는 것을 알 수 있으나 가계는 알 수 없다. 《만성》과 《씨족》에는 《함평모씨보》 자체가 없다. 함평모씨는 조선시대 문과 급제자 4명을 배출했는데 그가 처음이다.

123 **반제로**潘悌老 생원을 거쳐 태종 17년 식년시에 급제하여 벼슬이 사헌부 감찰(정6품)에 이르렀다. 《방목》에는 벼슬 말고 아무런 기록이 없어 신원을 알 수 없다. 《청구》의 《거제반씨보巨濟潘氏譜》에 반제潘悌의 이름이 보이는데 아마 반제로를 잘못 적은 것으로 보인다. 그러나 그의 선계가 끊어져 있어 가계를 알 수 없다. 《만성》에는 반씨보 자체가 없으며, 《씨족》에는 《거제반씨보》와 《광주반씨보》가 있으나 그의 이름은 보이지 않는다. 반씨는 거제의 토성 가운데 하나로, 조선시대 문과급제자 2명을 배출했는데 그가 처음이다.

124 **배약**裵爚 생원을 거쳐 태종 17년 식년시에 급제하여 벼슬이 현감(종6품)에 이르렀다. 《방목》에는 벼슬 말고 아무런 기록이 없어 신원을 알 수 없다. 《청구》, 《만성》, 《씨족》의 어느 배씨보에도 배약의 가계는 보이지 않는다.

125 **변기종**邊起宗 생원을 거쳐 태종 17년 식년시에 급제하여 벼슬이 현감(종6품)에 이르렀다. 《방목》에는 벼슬 말고 아무런 기록이 없어 신원을 알 수 없다. 《청구》, 《만성》, 《씨족》의 어느 변씨보에도 변기종의 가계는 보이지 않는다.

126 **이행언**李行言(일명 行吉) 유학을 거쳐 태종 17년 식년시에 급제했는데, 《방목》에는 이름이 행길行吉이라고 부르기도 한다는 것 말고 아무런 기록이 없어 벼슬과 신원을 알 수 없다.

127 **주소**朱卲 생원을 거쳐 태종 17년 식년시에 급제하여 벼슬이 예문관 응교應敎(정4품)에 이르렀다. 《방목》에는 벼슬 말고 아무런 기록이 없어 신원을 알 수 없다. 《청구》의 《능성주씨보綾城朱氏譜》에 주소의 이름이 보이는데 조상이 끊어진 상태로 외

따로 기록되어 있어 조상의 가계를 알 수 없다. 《만성》과 《씨족》의 《능성주씨보》에는 그의 이름이 보이지 않는다. 주씨는 능성의 토성 가운데 하나이고, 2000년 현재 인구는 977가구 3,300명의 희성으로 조선시대 문과급제자 4명을 배출했는데, 그가 처음이다.

128 **김말**金末(1383~1464) 생원으로 태종 17년 식년시에 급제하여 벼슬이 집현전 응교(정4품), 성균관 대사성(정3품 당상관), 예문관 제학(종2품) 등을 거쳐 세조 10년 판중추부사(종1품)에 이르러 82세로 세상을 떠났다. 세종 대 김반金泮, 김구金鉤와 더불어 '경학3김'으로 불릴 정도로 경학에 밝고, 성균관에서 많은 후학을 길러냈다. 또 여러 대군大君에게 글을 가르쳤던 명유 가운데 한 사람이다. 시호는 문장文長이다. 《방목》에는 4대조 이름이 전혀 없고 본관이 의성義城으로 되어 있다. 《세조실록》의 졸기에도, 김말은 의성 사람으로 되어 있다.[72] 그런데 《청구》, 《만성》, 《씨족》의 《의성김씨보》에는 그의 가계가 보이지 않는다. 따라서 그는 신원을 알 수 없는 미지의 인물이다.

129 **강제로**姜齊老 생원을 거쳐 태종 17년 식년시에 급제하여 벼슬이 현감(종6품), 감찰(정6품)을 거쳐 판관(종5품)에 이르렀다. 그런데 강제로의 신분은 매우 복잡한 내막을 지니고 있었다. 세종 11년 사헌부 감찰로 있을 때, 사헌부는 그의 신분에 문제가 있음을 지적하고 벼슬을 박탈할 것을 임금에게 요청했다. 그는 처음에 이름을 이석以石이라고 했는데, 스승의 기생첩과 간통하

72) 《세조실록》 권34, 세조 10년 11월 22일 신미.

여 쫓겨난 뒤로 이름을 보명寶明으로 바꾸었다. 또 그의 어머니는 처음에 사노私奴에게 시집갔다가 뒤에 강성길姜成吉에게 시집와서 그를 낳았다는 것이다.[73] 그의 신분 문제는 세종 12년 청주판관에 임명될 때에도 다시 터져 나왔다. 이번에는 할아버지의 벼슬이 거짓이라는 이유로 사간원이 서경을 거부한 것이다. 이에 강제로는 증조와 할아버지가 중국에 가서 벼슬을 하고 귀국했다고 주장했으나 증거자료를 제시하지 못했다. 그러나 세종은 그에게 쓸 만한 재주가 있다는 점을 고려하여 벼슬을 주었다.[74]

《방목》에는 벼슬과 아버지〔成吉〕, 할아버지〔節〕, 증조〔周〕의 이름이 보이고, 본관이 진주晋州로 되어 있다. 그런데 《청구》, 《만성》, 《씨족》의 《진주강씨보》에는 강제로의 가계가 보이지 않는다. 그 대신 《청구》의 《해미강씨보海美姜氏譜》에 아버지와 그의 이름이 보이는데 아버지는 벼슬이 없다. 《만성》과 《씨족》에는 《해미강씨보》 자체가 없다. 아마 말년에 해미에서 교수관을 지낸 것을 계기로 본관을 해미로 정한 것으로 보이며, 《방목》에 쓴 것은 거짓으로 볼 수 있다. 《세종실록》 〈지리지〉에는 해미에 강씨가 없다고 적혀 있는 것을 보아서도 그렇다. 2000년 현재 해미강씨 인구는 62가구 223명의 희성으로 조선시대 문과급제자는 그뿐이며, 그가 시조이다.[75]

130 **김전**金銓 생원을 거쳐 태종 17년 식년시에 급제하여 벼슬이 성균관 직강(정5품)에 이르렀다. 《방목》에는 벼슬 말고 아무

---

73) 《세종실록》 권43, 세종 11년 2월 15일 신묘.

74) 《세종실록》 권50, 세종 12년 12월 16일 임오.

75) 현재 해미강씨는 시조가 강이식姜以式이라고 하는데, 이는 강이석姜以石과 같은 사람으로 보인다.

런 기록이 없어 신원을 알 수 없다.

131 **강흘**姜仡 생원을 거쳐 태종 17년 식년시에 급제하여 벼슬이 현감(종6품)에 이르렀다. 《방목》에는 벼슬 말고 아무런 기록이 없어 신원을 알 수 없다.

132 **조백규**趙白圭 생원을 거쳐 태종 17년 식년시에 급제하여 벼슬이 대사간大司諫(정3품 당상관)에 이르렀다. 《방목》에는 벼슬 말고 아무런 기록이 없어 신원을 알 수 없다.

133 **윤상신**尹尙信 교도敎導를 거쳐 태종 17년 식년시에 급제하여 벼슬이 사헌부 감찰(정6품)에 이르렀다. 《방목》에는 벼슬 말고 아무런 기록이 없어 신원을 알 수 없다.

6
세종 대 신분이 낮은 급제자와 벼슬

1) 시험과목별 급제자 인원

세종 재위 32년 동안(1418~1450)에는 모두 18회에 걸쳐 문과 시험이 거행되어 급제자 463명이 배출되었다. 이를 시험과목별로 알아보면 다음 표와 같다.

식년시式年試	10회	331명
증광시增廣試	1회	33명
친시親試	6회	74명
알성시謁聖試	1회	25명
합 계		463명

식년시는 3년마다 시행되는 정기시험으로 매회 33명을 선발하는 것을 원칙으로 하고 있는데, 단 한 번 34명을 선발한 일이 있었다. 세종 원년에 시행된 문과는 내용으로 볼 때 증광시라 할 수 있다. 식년시와 증광시는 8도의 인구 비율로 초시급제자를 선발하는 까닭에 지방민에게 유리한 시험인데, 이렇게 선발된 급제자는 모두 361명으로 전체 급제자의 77.96퍼센트이다. 나머지 급제자는 6회에 걸친 친시로 74명, 1회

의 알성시로 25명을 선발했다.

전체 급제자 463명을 재위 32년으로 나누면 매년 평균 14.46명이 되는데, 이 수치는 태종 대 14.77명과 엇비슷하다.

2) 신분이 낮은 급제자

세종 대 문과급제자 463명의 신분을 알아보기 위해 통합보統合譜인 《청구》, 《만성》, 《씨족》에서 조상의 가계를 조사하고, 《실록》을 통해 벼슬과 신분에 관한 기록을 검토한 결과, 신분이 낮은 급제자로 판명된 인물은 모두 155명이었다. 이 수치는 전체 급제자의 33.47퍼센트를 차지한다. 이는 태조-정종 대의 40.40퍼센트, 태종 대 50퍼센트와 비교하여 낮아진 수치다.

신분이 낮은 급제자 155명을 좀 더 자세히 분류해 보면 다음과 같다. ① 《방목》에 본관本貫이 없어 《족보》를 통해 가계를 확인할 수 없는 급제자, ② 《방목》에 본관이 보이지만 그 본관의 《족보》가 세 통합보에 보이지 않는 급제자, ③ 《족보》는 있으나 가계家系가 보이지 않는 급제자, ④ 《족보》에 이름이 보이지만 조상의 가계가 끊어져 있어 신원을 확인하기 어려운 급제자, ⑤ 《족보》에 시조始祖로 기록된 급제자, ⑥ 《족보》마다 기록이 달라 정확한 가계를 확인하기 어려운 급제자, ⑦ 역과譯科, 향리鄕吏, 장리贓吏, 서출庶出, 또는 정재인呈才人의 자식으로 밝혀진 급제자, ⑧ 《족보》에 가계가 보이지만, 내외 4대조 또는 그 윗대의 여러 대에 걸쳐 벼슬아치가 보이지 않는 급제자 등이다. 이제 이들 급제자들의 신원과 인원을 한층 심층적으로 조사해 보면 다음과 같다.

(1) 《방목》에 본관이 없는 급제자

이 부류에 속하는 급제자는 모두 99명이다. 전체 급제자 463명 가운데 21.38퍼센트를, 신분이 낮은 급제자 155명 가운데 63.87퍼센트를 차지한다. 본관이 기록되지 않은 급제자는 대부분 조상의 이름도 보이지 않는데, 이는 본관도 모르고 조상의 이름도 잘 모르고 있거나, 알고서도 일부러 숨긴 경우로 볼 수 있다. 조상 가운데 벼슬아치가 없는 평민이거나 향리거나 또는 서출이거나, 아니면 신분을 속인 사람들로 보인다.

그런데 신분이 낮은 급제자의 63.87퍼센트가 본관을 모르는 급제자라는 사실은 태종 대 56.39퍼센트에 견주어 한층 높아진 수치다. 그러니까 세종 대는 태종 대보다 신분이 낮은 급제자의 비율은 낮아졌지만, 그 대신 신분이 가장 낮은 급제자의 비율은 오히려 많아졌다는 것을 뜻한다. 이는 세종이 신분에 크게 구애되지 않는 인사정책을 편 것과 관련이 있다고 보인다.

한편 본관을 모르는 급제자 99명 가운데 12명은 벼슬을 받지 못했다. 신분이 낮은 급제자 가운데 벼슬을 받지 못한 사람이 모두 12명인데, 이들이 모두 본관을 모르는 급제자라는 사실이 흥미롭다. 아마도 신분확인이 안 되어 벼슬을 내리는 과정에 탈락한 것으로 보인다.

(가) 3품 이상 고관에 오른 급제자

본관을 모르는 급제자 99명 가운데 3품 이상 고관에 오른 인물이 15명에 이른다. 이들의 명단을 소개하면 다음과 같다.

정양鄭穰 벼슬이 사간원 사간司諫(종3품)에 이르렀는데, 본관을 모른다.

오신지吳愼之 벼슬이 참판參判(종2품)과 통례문 지사知事(정2품)에 올랐는데, 본관을 모른다.

김효기金孝起 벼슬이 이조판서(정2품)에 올랐는데, 본관을 모른다.

권형權衡 벼슬이 사헌부 집의執義(종3품)에 이르렀는데, 본관을 모른다.

문여량文汝良 벼슬이 집현전 직제학(정3품)에 올랐는데, 본관을 모른다.

강의姜毅 벼슬이 지중추부사(정2품)에 올랐는데, 본관을 모른다.

이영구李英耈 벼슬이 목사(정3품)에 올랐는데, 본관을 모른다.

이계수李桂遂 벼슬이 정正(정3품)에 올랐는데, 본관을 모른다.

박인朴璘 벼슬이 첨지僉知(정3품 당상관)에 올랐는데, 본관을 모른다.

하길지河吉之 벼슬이 사헌부 집의(종3품)에 올랐는데, 본관을 모른다.

조추趙秋 벼슬이 홍문관 제학(정3품 당상관)에 올랐는데, 본관을 모른다.

김효맹金孝孟 벼슬이 사헌부 집의(종3품)에 올랐는데, 본관을 모른다.

최제남崔悌男 벼슬이 목사(정3품)에 올랐는데, 본관을 모른다.

고신교高愼驕 벼슬이 부사(종3품)에 올랐는데, 본관을 모른다.

방강方綱 벼슬이 성균관 사성司成(종3품)에 올랐는데, 본관을 모른다.

(나) 정재인의 아들

정재인은 궁중연회 때 춤추는 무동舞童을 가리키는데, 노비는 아니지만 재인才人의 하나로 천인에 속한다.

손효문孫孝文 벼슬이 현감(종6품)에 이르렀는데, 본관을 모른다.

(2) 《족보》 자체가 없는 급제자

《방목》에 본관이 보이지만, 그 본관의 《족보》가 세 통합보에 보이지 않는 급제자는 모두 4명이다. 이들은 대부분 인구가 극히 적은 희성에 속하는데, 3품 이상 고관에 오른 인물이 1명 있다. 이들의 명단과 2000년 현재의 이들 성관의 인구를 소개하면 다음과 같다.

김진지金震知 벼슬이 관찰사(종2품)에 이르렀다. 보령김씨保寧金氏로 355가구 1,157명이며, 김진지가 유일한 문과급제자이다.

조윤성曺允誠 벼슬이 성균관 직강直講(정5품)에 이르렀다. 수성조씨壽城曺氏로 200가구 607명이며, 조선시대 문과급제자는 조윤성과 그 아들뿐이다.

조보인趙寶仁 벼슬이 현감(종6품)에 이르렀다. 영산조씨靈山趙氏로 107가구 329명의 희성이며, 조보인이 유일한 문과급제자이다.

강우문姜遇文 벼슬이 소윤少尹(종4품)에 이르렀다. 동복강씨同福姜氏로 인구파악이 안 된다. 진주강씨에 통합된 듯하다.

(3) 《족보》에 가계가 보이지 않는 급제자

《족보》는 있으나 가계가 보이지 않는 급제자는 모두 19명이다. 그 이유를 정확하게 알기는 어려우나, 대체로 가까운 조상 가운데 벼슬아치가 없는 평민이거나 서출이거나 향리이거나 후사가 끊어진 경우를 생각할 수 있다. 어느 경우이든 집안이 한미寒微한 사람들로 볼 수 있다.

(가) 3품 이상 고관에 오른 급제자

《족보》에 가계가 보이지 않는 급제자 19명 가운데 3품 이상 고관에 오른 인물은 6명이다. 그 명단을 소개하면 다음과 같다.

이영견李永肩 벼슬이 이조참의(정3품 당상관)에 이르렀다. 본관이 수안遂安이지만, 《수안이씨보》에 가계가 보이지 않는다.

최설崔泄 벼슬이 성균관 대사성(정3품 당상관)에 이르렀다. 본관은 전주全州이지만, 《전주최씨보》에 가계가 보이지 않는다.

김계희金係熙 벼슬이 이조참의(정3품 당상관)에 올랐다. 본관은 김해金海이지만, 《김해김씨보》에 가계가 보이지 않는다.

이전수李全粹 벼슬이 관찰사(종2품)에 이르렀다. 본관은 인천仁川이지만, 《인천이씨보》에 가계가 보이지 않는다.

김효급金孝給 벼슬이 예조참의(정3품 당상관)에 이르렀다. 본관은 상주尙州이지만, 《상주김씨보》에 가계가 보이지 않는다.

김율金慄 벼슬이 사헌부 집의(종3품)에 이르렀다. 본관은 영광靈光이지만, 《영광김씨보》에는 가계가 보이지 않는다.

(4) 《족보》에 가계가 단절된 급제자

《족보》에 이름이 보이지만, 본인이나 아버지의 이름만 보이고, 그 윗대의 가계가 단절된 급제자는 모두 9명이다. 인구가 급히 적거나 조상 가운데 벼슬아치가 없는 평민이거나 서얼, 향리 집안으로 보인다.

(가) 3품 이상 고관에 오른 급제자

《족보》에 가계가 단절된 급제자 9명 가운데 3품 이상 고관에 오른 급제자는 4명이다. 그 명단을 소개하면 다음과 같다.

정자영鄭自英 벼슬이 예조판서(정2품)와 지중추부사(정2품)에 올랐다. 《영덕정씨보盈德鄭氏譜》에는 아버지부터 가계가 시작되는데, 아버지는 벼슬이 없고 정자영이 최초의 벼슬아치다. 그는 "어려서 고학苦學으로 공부했다"고 한다. 2000년 현재 인구는 395가구 1,298명의 희성으로 조선시대 문과급제자 2명을 배출했는데, 그가 처음이다.

최연崔淵 벼슬이 성균관 사성(종3품)에 올랐는데, 《흥해최씨보興海崔氏譜》에는 최연만 기록되어 있다. 2000년 현재 3,610가구 11,479명의 희성으로 조선시대 문과급제자 3명을 배출했는데, 그가 처음이다.

송수중宋守中 벼슬이 승문원 부지사副知事(종3품)에 올랐는데,

《문경송씨보聞慶宋氏譜》에는 송수중이 첫머리에 기록되어 있어 가계를 알 수 없다. 2000년 현재 1,035가구 3,327명의 희성으로 그가 유일한 문과급제자이다.

주백손朱伯孫 벼슬이 성균관 사성(종3품)에 올랐는데, 《능성주씨보綾城朱氏譜》에는 주백손만 외따로 기록되어 있어 가계를 알 수 없다. 2000년 현재 977가구 3,300명의 희성으로 조선시대 문과급제자 4명을 배출했다.

(5) 시조가 된 급제자

자기 성관의 시조가 된 급제자는 모두 9명이다. 이 부류의 급제자는 대부분 인구가 적은 희성稀姓이며, 조선시대 본인 한 사람만 급제한 경우가 많다. 그 명단과 2000년 현재 인구를 소개하면 다음과 같다.

장숙莊淑 금천장씨衿川莊氏의 시조로, 벼슬이 현감(종6품)에 이르렀다. 2000년 현재 인구는 166가구 476명으로, 조선시대 문과급제자는 장숙뿐이다.

안자립安自立 청주안씨淸州安氏의 계파 시조로, 벼슬이 호조참의(정3품 당상관)에 이르렀다. 2000년 현재 인구는 538가구 1,678명으로, 조선시대 문과급제자는 모두 2명이다.

허사문許斯文 태인허씨泰仁許氏의 시조로, 벼슬이 사헌부 지평持平(정5품)에 이르렀다. 2000년 현재 74가구 251명의 희성으로, 조선시대 문과급제자는 허사문뿐이다.

조주趙注 강진조씨康津趙氏의 시조로, 벼슬이 호조참판(종2품)에 이르렀다. 2000년 현재 인구는 630가구 1,998명의 희성으로, 조선시대 문과급제자는 조주뿐이다.

김순金淳 영산김씨靈山金氏의 시조로, 벼슬이 대사헌(종2품)과 지중추부사(정2품)에 이르렀다. 2000년 현재 5,349가구 17,120명의 희성으로, 조선시대 문과급제자는 김순이 유일하다.

정차공鄭次恭 영천정씨永川鄭氏의 시조로, 벼슬이 예문관 직제학(정3품)에 이르렀다. 2000년 현재 인구는 332가구 1,074명으로, 조선시대 문과급제자는 정차공이 유일하다.

허종항許從恒 함창허씨咸昌許氏의 시조로, 벼슬이 목사(정3품)에 이르렀다. 2000년 현재 인구는 32가구 115명으로, 조선시대 문과급제자는 허종항이 유일하다.

이선로李善老 강흥이씨江興李氏의 시조로, 벼슬이 집현전 교리校理(정5품)에 이르렀다. 현재 인구는 파악되지 않고 있으며, 조선시대 문과급제자는 이선로가 유일하다.

주숙손周叔孫 풍기주씨豊基周氏의 시조로, 벼슬이 사헌부 집의(종3품)에 이르렀다. 2000년 현재 인구는 47가구 160명으로, 조선시대 문과급제자는 주숙손이 유일하다.

(6) 신원 파악이 어려운 급제자

이 부류에 속하는 급제자는 모두 6명이다. 이들은 《방목》의 가계와 《족보》의 가계가 다르기도 하고, 또 세 통합보의 기록이 서로 달라 어느 것이 진실인지 알 수 없다. 이런 경우는 《방목》이나 《족보》의 기록을 거짓으로 볼 수 있다. 그런데 신원 파악이 어려움에도 예조판서라는 높은 벼슬에 오른 인물이 있다. 바로 구종직이다.

구종직丘從直(1404~1477) 벼슬이 예조판서(정2품)에 올랐는데, 세조와 경학經學을 자주 토론한 인물로 유명하다. 본관은 평해平海인데,《족보》마다 조상의 가계와 벼슬이 달라 혼란을 주고 있다. 그런데 후세 사람들은 낮은 신분에서 출세한 사람을 말할 때, 중종 대 반석평潘碩枰과 세조 대 구종직을 드는 것이 관례였다.

(7) 역과, 향리 출신, 장리의 아들, 서출 등

이 부류에 속한 급제자는 모두 6명이다. 역과 출신이 1명, 향리 출신이 2명, 장리의 아들이 1명, 서출이 1명, 정재인의 아들이 1명이다. 그 명단을 소개하면 다음과 같다.

김하金何(?~1462) 역과 출신으로 문과에 급제하여 벼슬이 예조판서(정2품)와 판중추원사(종1품)에 이르렀다. 본관은 연안延安이다.

민원閔瑗 전주향리全州鄕吏의 후예로 벼슬이 예조참판(종2품)에 이르렀는데, 본관은 여흥驪興이다.

김탁金鐸 벼슬이 사헌부 감찰(정6품)에 올랐는데, 본관은 우봉牛峰으로 우봉김씨는 이 지역의 향리였다. 조선 후기에는 역과급제자 92명을 배출한 중인가문의 하나가 되었다.

장근지張謹止 탐관오리인 장리의 아들은 문과응시가 금지되어 있었다. 그러나 장근지는 장리 장윤화張允和 아들이지만 세종의 특명으로 문과에 급제하여 벼슬이 통례문 봉례奉禮(정4품)에 이르렀다.

이선李宣 벼슬이 판서(정2품)와 예문관 대제학(정2품)에 올랐다. 태조 이성계의 서녀庶女가 낳은 아들로 문과응시가 불가하다는 신하의 상소가 있었으나, 세종은 이선에게 능력이 있다는 점을 고려하여 응시를 허락하였고 고관에 오른 것이다. 본관은 송경松京(개성)이다. 하지만 《송경이씨보》는 존재하지 않으며, 문과급제자는 그가 유일하다.

손효문孫孝文 궁중에서 춤을 추는 정재인의 아들이라는 사실은 앞에서 이미 설명했다.

(8) 내외 4대조 또는 가까운 윗대에 벼슬아치가 없는 급제자

이 부류에 속하는 급제자는 모두 3명으로 그 가운데 2명은 직계 조상 5대조 가운데 벼슬아치가 없고, 1명은 4대조 가운데 벼슬아치가 없다. 그러나 이들의 벼슬은 각각 교리(종5품), 사헌부 지평(정5품), 그리고 첨지중추원사(정3품 당상관)에 올랐다. 자세한 내용은 뒤의 명단을 참고하기 바란다.

3) 신분이 낮은 급제자의 벼슬

세종 대 문과급제자로서 신분이 낮은 것으로 밝혀진 급제자 155명 가운데 벼슬을 받지 못한 급제자는 12명이고, 그 나머지 143명은 벼슬을 받았다. 이들이 받은 벼슬의 최고품계순으로 인원을 살펴보면 다음과 같다.

벼슬과 품계	인원
판중추원사判中樞院事(종1품)	1명 (김하)
지중추부사知中樞府事(정2품)	2명 (김순, 강의)
통례문 지사知事(정2품)	1명 (오신지)
판서判書(정2품)	4명 (김효기, 정자영, 이선, 구종직)
관찰사觀察使(종2품)	2명 (김진지, 이전수)
참판參判(종2품)	2명 (민원, 조주)
첨지중추부사僉知中樞府事(정3품 당상관)	2명 (박인, 최이로)
대사성大司成(정3품 당상관)	2명 (최설, 공기)
참의參議(정3품 당상관)	3명 (안자립, 이영견, 김계희)
목사牧使(정3품)	4명
직제학直提學(정3품)	3명
정正(정3품)	1명
통례문 통례通禮(정3품 당하관)	1명
사헌부 집의執義(종3품)	5명
부사府使(종3품)	2명
승문원 부지사副知事(종3품)	1명
성균관 사성司成(종3품)	4명
1~3품	40명
성균관 사예司藝(정4품)	2명
사헌부 장령掌令(정4품)	3명
통례문 봉례奉禮(정4품)	1명
군수郡守(종4품)	5명
소윤少尹(종4품)	3명
경력經歷(종4품)	2명
정랑正郎(정5품)	2명
성균관 직강直講(정5품)	6명
사간원 헌납獻納(정5품)	7명
사헌부 지평持平(정5품)	3명

현령縣令(종5품)	7명
부령部令(종5품)	2명
서령署令(종5품)	1명
교리校理(종5품)	5명
판관判官(종5품)	2명
도사都事(종5품)	2명
별좌別坐(종5품)	1명
좌랑佐郎(정6품)	1명
사헌부 감찰監察(정6품)	7명
서장관書狀官(4~6품)	1명
현감縣監(종6품)	26명
주부主簿(종6품)	5명
통례문 통찬通贊(종6품)	1명
4~6품	95명
승정원 주서注書(정7품)	1명
성균관 학정學正(정8품)	1명
예문관 대교待教(정8품)	1명
승문원 정자正字(정9품)	1명
교서랑校書郎(정9품)	1명
직학直學(정9품)	1명
예문관 검열檢閱(정9품)	1명
교도教導	1명
7~9품	8명
벼슬을 갖지 못한 급제자	12명
합 계	155명

위 표를 다시 정리해 보면, 신분이 낮은 급제자 155명 가운데 벼슬을 받은 급제자는 143명이고 벼슬을 갖지 못한 급제자는 12명으로, 92.25퍼센트가 벼슬을 받은 셈이다. 이 수치는 태종 대 87.96퍼센트와 비교하여 훨씬 높다.

신분이 낮은 급제자 155명 가운데 3품 이상 고관에 오른 급제자는 모두 40명으로 25.80퍼센트를 차지한다. 그 가운데 판서가 4명에 이른다. 하지만 의정부 정승政丞에 나간 인물이 없다는 것이 한계라고 볼 수 있다. 다음에 4~6품의 참상관參上官에 오른 급제자는 모두 95명인데, 6조 낭관郎官과 삼사三司 등 청요직에 골고루 분포되어 있는 것을 알 수 있다. 7~9품의 참외관參外官에 오른 이는 8명이다. 그러니까 155명 가운데 87.09퍼센트에 해당하는 135명이 참상관 이상의 벼슬에 오른 것이다.

한편 155명 가운데 벼슬을 갖지 못한 급제자는 모두 12명으로, 7.74퍼센트를 차지한다. 이들이 평생 벼슬을 받지 못했는지, 아니면 벼슬이 있었으나 기록으로 나타나지 않은 것인지는 알 수 없다. 다만 벼슬이 없는 급제자 12명은 모두 《방목》에 본관이 기록되지 않는 급제자들로 신분이 가장 낮은 부류라고 볼 수 있다.

급제자의 벼슬을 관청별로 살펴보면 목사를 비롯한 수령직守令職이 49명으로 가장 많은데, 그 가운데 특히 현감(종6품)이 26명을 차지한다. 그 다음은 사헌부司憲府에 19명, 성균관成均館에 17명, 사간원司諫院에 7명, 그 밖에 예문관, 승문원, 교서관, 집현전 등에도 골고루 진출하고 있다. 다만 6조 정랑(정5품)이나 좌랑(정6품) 등 낭관에 진출한 이는 3명에 지나지 않아 비교적 적은 편이다.

세종 대에는 집현전集賢殿이 있었기 때문에 홍문관弘文館의 위상은 높지 않았다. 홍문관 진출자는 1명에 지나지 않지만, 집현전 직제학(정3품)이나 교리(종5품) 등으로 진출한 급제자는 적지 않다.

세종 대에는 신분이 낮은 급제자들이 청요직에 임명될 때 대간臺諫이 서경署經을 거부하는 일이 거의 없었다. 이는 대간 자체에 신분이 낮은 급제자들이 많이 진출하고 임금이 또한 신분 문제에 매우 너그러운 태도를 지니고 있는 데 원인이 있다고 할 수 있다.

4) 세종 대 신분이 낮은 급제자 명단

세종 대 신분이 낮은 문과급제자 155명의 명단을 연대순으로 소개하면 다음과 같다.

1 **장후**張厚 생원으로 세종 원년(1419) 문과에 급제하여 벼슬이 승정원 주서注書(정7품)를 거쳐 성균관 사예司藝(정4품)에 이르렀다. 《방목》에는 벼슬 말고 아무런 기록이 없어 신원을 알 수 없다. 장후의 본관은 현재 수성壽城으로 알려져 있으나, 《청구》, 《만성》, 《씨족》에는 《수성장씨보》 자체가 없다. 조선시대 문과 급제자는 오직 그뿐이다.

2 **조윤성**曺允誠(또는 允成) 생원을 거쳐 세종 원년 문과에 급제하여 벼슬이 성균관 직강直講(정5품)에 이르렀다. 《방목》에는 4대조 이름이 모두 없으며, 본관이 수성壽城으로 되어 있다. 그런데 《청구》, 《만성》, 《씨족》에는 《수성조씨보》 자체가 없어서 가계를 알 수 없다. 2000년 현재 수성조씨 인구는 200가구 607명의 희성으로, 조선시대 문과급제자는 조윤성과 그 아들 조극치曺克治뿐이다.

3 **강여중**康汝中(또는 姜汝中) 교도敎導를 거쳐 세종 원년 문과에 급제하여 벼슬이 보령현감(종6품)에 이르렀다. 《방목》에는 효문孝文의 아버지라고만 나오고, 그 밖에 본관이나 조상의 이름이 보이지 않는다. 또 강여중의 성姓이 《이록彛錄》에 강姜으로 되어 있다고 하여, 성조차 분명하지 않다. 아들 강효문은 문종 대 급제한 인물로 본관이 신천信川으로 되어 있어, 강여중의 본관도 신천으로 보인다. 하지만 《청구》, 《만성》, 《씨족》의 《신천강씨보》에는 그의 가계가 보이지 않는다.

4 **윤수부**尹秀夫 생원을 거쳐 세종 원년 문과에 급제하여 벼슬이 승문원 정자正字(정9품)에 이르렀다. 《방목》에는 벼슬 말고 아무런 기록이 없어 신원을 알 수 없다.

5 **박흡**朴洽 교도로 세종 원년 문과에 급제하여 벼슬이 병조정랑(정5품)을 거쳐 군수(종4품)에 이르렀다. 《방목》에는 벼슬 말고 아무런 기록이 없어 신원을 알 수 없다.

6 **정장**鄭璋 생원을 거쳐 세종 원년 문과에 급제하여 벼슬이 사헌부 감찰(정6품)에 이르렀다. 《방목》에는 벼슬 말고 아무런 기록이 없어 신원을 알 수 없다.

7 **오윤명**吳允明 교도를 거쳐 세종 원년 문과에 급제하여 벼슬이 현감(종6품)에 이르렀다. 《방목》에는 벼슬과 인적사항이 전혀 없어 신원을 알 수 없다.

8 **김의생**金義生 생원을 거쳐 세종 원년 문과에 급제하여 벼슬이 부령部令(종5품)에 이르렀다. 《방목》에는 벼슬 말고 아무런 기록이 없어 신원을 알 수 없다.

9 **양봉래**梁鳳來 생원을 거쳐 세종 원년 문과에 급제하여 벼슬이

사헌부 감찰(정6품)에 이르렀다. 《방목》에는 본관이 제주濟州, 거주지가 김해金海로 되어 있을 뿐 조상의 가계가 없다. 《청구》, 《만성》, 《씨족》의 《제주양씨보》에는 양봉래의 가계가 보이지 않는다.

10 **안홍기**安鴻起 생원을 거쳐 세종 원년 문과에 급제하여 벼슬이 현감(종6품)에 이르렀다. 《방목》에는 벼슬 말고 아무런 기록이 없어 신원을 알 수 없다.

11 **오효문**吳孝文 생원을 거쳐 세종 원년 문과에 급제하여 벼슬이 주부主簿(종6품)와 아산현감(종6품)에 이르렀다. 《방목》에는 벼슬 말고 아무런 기록이 없어 신원을 알 수 없다.

12 **김호**金浩(또는 全浩) 생원을 거쳐 세종 원년 문과에 급제하여 벼슬이 현감(종6품)에 이르렀다. 《방목》에는 벼슬 이름과 성씨가 족보에 전全으로 되어 있다고 적고, 그 밖에 아무런 기록이 없다. 성씨조차 불분명하다.

13 **최맹하**崔孟河 생원을 거쳐 세종 원년 문과에 급제하여 벼슬이 현감(종6품)에 이르렀다. 《방목》에는 벼슬 말고 아무런 기록이 없어 신원을 알 수 없다.

14 **임징**任徵 봉상시 직장直長(종7품)을 거쳐 세종 2년(1420) 문과에 급제했는데, 《방목》에는 이름 말고 아무런 기록이 없어 신원을 알 수 없다.

15 **이거경**李居敬 유학으로 세종 2년 문과에 급제하여 벼슬이 주부(종6품)를 거쳐 현령(종5품)에 이르렀다. 《방목》에는 벼슬 말고 아무런 기록이 없어 신원을 알 수 없다. 그런데 《청구》의 《인천이씨보仁川李氏譜》에 이거경의 이름이 실려 있는데, 조상의 가계

가 단절되어 있어 가계를 알 수 없다. 《만성》과 《씨족》의 《인천이씨보》에는 그의 가계가 보이지 않는다.

16 **이극복**李克復 도염직장都染直長(종7품)을 거쳐 세종 2년 문과에 급제하여 벼슬이 승정원 주서(정7품)에 이르렀다. 《방목》에는 벼슬 말고 아무런 기록이 없어 신원을 알 수 없다.

17 **윤순**尹恂 생원을 거쳐 세종 2년 문과에 급제하여 벼슬이 현령(종5품)에 이르렀다. 《방목》에는 아버지〔安仁〕 이름이 보이고, 본관이 파평坡平으로 되어 있다. 그러나 《청구》, 《만성》, 《씨족》의 《파평윤씨보》에는 윤순의 가계가 보이지 않는다.

18 **최중**崔中 생원을 거쳐 세종 2년 문과에 급제하여 벼슬이 사간원 헌납獻納(정5품)에 이르렀다. 《방목》에는 가계와 본관이 없어 신원을 알 수 없다.

19 **조자**趙孜 생원으로 세종 2년 문과에 급제하여 벼슬이 판관(종5품)을 거쳐 사헌부 장령掌令(정4품)에 이르렀다. 《방목》에는 벼슬 말고 아무런 기록이 없어 신원을 알 수 없다.

20 **장돈의**蔣敦義(일명 敢義) 생원을 거쳐 세종 2년 문과에 급제하여 벼슬이 현감(종6품)에 이르렀다. 《방목》에는 아버지〔天瑞〕 이름만 보이고, 본관이 청송靑松으로 되어 있다. 《세종실록》〈지리지〉를 보면, 장씨는 36호가 사는 청송의 조그만 고을 청부靑鳧의 일반성으로 나온다. 그런데 《청구》, 《만성》 에는 《청송장씨보》 자체가 없으며, 《씨족》의 《청송장씨보》에는 장돈의의 가계가 보이지 않는다. 2000년 현재 청송장씨 인구는 102가구 317명의 희성으로, 조선시대 문과급제자는 그가 유일하다.

21 **이형기**李馨期 유학을 거쳐 세종 2년 문과에 급제하여 벼슬이

주부(종6품)에 이르렀다. 《방목》에는 벼슬만 보이고 아무런 기록이 없어 신원을 알 수 없다.

22 **김규**金揆 유학을 거쳐 세종 2년 문과에 급제했는데, 《방목》에는 이름 말고 아무런 기록이 없어 신원을 알 수 없다.

23 **김퇴지**金退之 생원으로 세종 2년 문과에 급제하여 벼슬이 서장관書狀官(4~6품)을 거쳐 소윤少尹(종4품)에 이르렀다. 《방목》에는 아버지〔矩〕와 외조〔李仲實〕의 이름이 보이고, 본관이 없어 신원을 알 수 없다.

24 **배인**裵寅 생원을 거쳐 세종 2년 문과에 급제하여 벼슬이 사간원 헌납(정5품)에 이르렀다. 《방목》에는 벼슬 말고 가계에 관한 기록이 없고, 본관이 김해金海(분성)로 되어 있다. 그러나 《청구》와 《만성》의 《김해배씨보》에는 배인의 가계가 보이지 않으며, 《씨족》에는 《김해배씨보》 자체가 없다. 다만 김해 토성土姓 가운데 배씨가 보여 김해 토착민임을 알 수 있다.

25 **이원적**李元適 교도를 거쳐 세종 2년 문과에 급제하여 벼슬이 서장관(4~6품)으로 중국에 다녀왔다. 《방목》에는 이름 말고 아무런 기록이 없어 신원을 알 수 없다.

26 **이승문**李承文(일명 承門) 생원을 거쳐 세종 2년 문과에 급제하여 벼슬이 사간원 헌납(정5품)과 소윤(종4품)에 이르렀다. 《방목》에는 이름 말고 아무런 기록이 없어 신원을 알 수 없다.

27 **이보지**李寶之 유학을 거쳐 세종 2년 문과에 급제하여 벼슬이 현감(종6품)에 이르렀다. 《방목》에는 이름 말고 아무런 기록이 없어 신원을 알 수 없다.

28 **이영문**李榮門 생원으로 세종 5년(1423) 문과에 급제하여 벼

슬이 승정원 주서(정7품)를 거쳐 사헌부 지평持平(정5품)에 이르렀다. 《방목》에는 벼슬 말고 아무런 기록이 없어 신원을 알 수 없다.

29 **권칠림**權七臨 유학을 거쳐 세종 5년 문과에 급제하여 벼슬이 현감(종6품)에 이르렀다. 《방목》에는 벼슬 말고 아무런 기록이 없어 신원을 알 수 없다. 《청구》, 《만성》, 《씨족》의 어느 권씨보에도 권칠림의 가계는 보이지 않는다.

30 **조겸**趙謙 생원을 거쳐 세종 5년 문과에 급제하여 벼슬이 현감(종6품)에 이르렀다. 《방목》에는 벼슬 말고 아무런 기록이 없어 신원을 알 수 없다.

31 **안규**安規 생원을 거쳐 세종 5년 문과에 급제하여 벼슬이 현령(종5품)에 이르렀다. 《방목》에는 이름 말고 아무런 기록이 없어 신원을 알 수 없다.

32 **강자경**康子敬 생원을 거쳐 세종 5년 문과에 급제하여 벼슬이 현감(종6품)에 이르렀다. 《방목》에는 벼슬 말고 아무런 기록이 없어 신원을 알 수 없다. 《청구》, 《만성》, 《씨족》의 어느 강씨보에도 강자경의 가계는 보이지 않는다.

33 **김하**金何(?~1462) 생원으로 처음에 역과에 급제하였다가 세종 5년 문과에 급제하여 능통한 한어漢語 실력으로 명나라 외교에 큰 수완을 발휘했으며, 벼슬이 예조판서(정2품)를 거쳐 세조대 판중추원사(종1품)에까지 이르렀다. 《방목》에는 벼슬과 아버지[自知], 할아버지[濤], 증조[光厚], 외조[趙瑚]의 이름이 보이고, 본관이 연안延安으로 되어 있다. 아버지 김자지는 유후留後(종2품)를 역임한 벼슬아치로, 집안이 좋은데 잡과를 거쳐 문과에 급

제한 것이 특이하다.

34 **정양**鄭穰 생원을 거쳐 세종 5년 문과에 급제하여 벼슬이 판관判官(종5품), 지군사知郡事(종4품), 사간司諫(종3품)에 이르렀다. 《방목》에는 벼슬 말고 아무런 기록이 없어 신원을 알 수 없다.

35 **이종의**李從義 교도를 거쳐 세종 5년 문과에 급제하여 벼슬이 교서랑校書郎(정9품)에 이르렀다. 《방목》에는 이름 말고 아무런 기록이 없어 신원을 알 수 없다.

36 **김이**金膩 생원을 거쳐 세종 5년 문과에 급제하여 벼슬이 사헌부 감찰(정6품)에 이르렀다. 《방목》에는 이름 말고 아무런 기록이 없어 신원을 알 수 없다.

37 **이숭의**李崇義 교도를 거쳐 세종 5년 문과에 급제하여 벼슬이 서령署令(종5품)에 이르렀다. 《방목》에는 이름 말고 아무런 기록이 없어 신원을 알 수 없다.

38 **장숙**莊叔 생원을 거쳐 세종 5년 문과에 급제하여 벼슬이 현감(종6품)에 이르렀다. 《방목》에는 벼슬 말고 아무런 기록이 없다. 그런데 《청구》의 《금천장씨보衿川莊氏譜》를 보면, 오직 장숙 한 사람만이 기록되어 있어 그가 시조임을 알 수 있으며, 《만성》과 《씨족》에는 《금천장씨보》 자체가 없다. 2000년 현재 금천장씨 인구는 166가구 476명의 희성으로, 조선시대 문과급제자는 그가 유일하다.

39 **김신지**金愼之 생원을 거쳐 세종 5년 문과에 급제하여 벼슬이 사헌부 감찰(정6품)과 현감(종6품)에 이르렀다. 《방목》에는 이름 말고 아무런 기록이 없어 신원을 알 수 없다.

40 **조전**趙篆 생원을 거쳐 세종 8년(1426) 문과에 급제했는데,

《방목》에는 이름 말고 아무런 기록이 없어 신원을 알 수 없다.

41 **고승안**高承顔 생원을 거쳐 세종 8년 문과에 급제하여 벼슬이 예문관 대교待敎(정8품)에 이르렀다. 《방목》에는 처부〔金玗〕의 이름이 보이고, 본관이 제주濟州로 되어 있다. 그런데 《청구》의 《제주고씨보》에는 고승안이 외따로 기록되어 있어 가계를 알 수 없으며, 《만성》과 《씨족》의 《제주고씨보》에는 그의 가계가 보이지 않는다.

42 **오신지**吳愼之 생원을 거쳐 세종 8년 문과에 급제하여 벼슬이 참판參判(종2품)과 지통례문사知通禮門事(정2품)에 이르렀다. 《방목》에는 벼슬 말고 아무런 기록이 없어 신원을 알 수 없다.

43 **진회**陳誨 생원을 거쳐 세종 8년 문과에 급제하여 벼슬이 현감(종6품)에 이르렀다. 《방목》에는 벼슬 말고 아무런 기록이 없어 신원을 알 수 없다. 《청구》, 《만성》, 《씨족》의 어느 진씨보에도 진회의 이름은 보이지 않는다.

44 **김효기**金孝起(개명 久起) 생원을 거쳐 세종 8년 문과에 급제하여 벼슬이 이조판서(정2품)에 이르렀다. 《방목》에는 이름을 구기久起로 바꾸었다는 것 말고 아무런 기록이 없어 신원을 알 수 없다. 그런데 이조판서에 오른 인물이 《실록》에 보이지 않는 것이 이상하다.

45 **김문효**金文孝 유학으로 세종 8년 문과에 급제하여 벼슬이 집현전 정자(정9품)를 거쳐 직학直學(정9품)에 이르렀다. 《방목》에는 벼슬 말고 아무런 기록이 없어 신원을 알 수 없다.

46 **심수**沈粹 교도를 거쳐 세종 8년 문과에 급제하여 벼슬이 현감(종6품)에 이르렀다. 《방목》에는 벼슬 말고 아무런 기록이 없

어 신원을 알 수 없다.

47 **손하**孫何(일명 河) 생원을 거쳐 세종 8년 문과에 급제했는데, 《방목》에는 벼슬 이름과 인적사항에 대한 기록이 없어 신원을 알 수 없다. 《청구》, 《만성》, 《씨족》의 어느 손씨보에도 손하의 이름은 보이지 않는다.

48 **박경손**朴慶孫 유학을 거쳐 세종 8년 문과에 급제하여 벼슬이 현감(종6품)과 성균관 직강(정5품)에 이르렀다. 《방목》에는 벼슬 말고 아무런 기록이 없어 신원을 알 수 없다.

49 **황서**黃瑞(또는 理) 생원을 거쳐 세종 8년 문과에 급제하여 벼슬이 예문관 검열檢閱(정9품)에 이르렀다. 《방목》에는 황서의 이름이 이理라고도 한다는 것과 처부〔金盱〕의 이름이 보이고, 그 밖에 아무런 기록이 없어 신원을 알 수 없다.

50 **권형**權衡 생원을 거쳐 세종 8년 문과에 급제하여 벼슬이 사헌부 집의執義(종3품)에 이르렀다. 《방목》에는 벼슬 말고 아무런 기록이 없어 신원을 알 수 없다.

51 **김시석**金視石 생원을 거쳐 세종 8년 문과에 급제하여 벼슬이 부령(종5품)에 이르렀다. 《방목》에는 아버지〔興世〕 이름만 보이고 그 밖에 아무런 기록이 없어 신원을 알 수 없다.

52 **장아**張莪 생원을 거쳐 세종 8년 문과에 급제하여 벼슬이 군수(종4품)에 이르렀다. 《방목》에는 벼슬 이름이 보이고, 계증季曾의 아버지라고 되어 있을 뿐 본관이나 조상 이름이 없다. 아들 장계증은 세종 24년 문과에 급제했는데, 본관이 창녕昌寧으로 되어 있다. 그런데 《청구》에는 《창녕장씨보》 자체가 없으며, 《만성》의 《창녕장씨보》에는 장아의 가계가 보이지 않는다. 《씨족》

의 《창녕장씨보》에는 선계가 끊어져 있어 가계를 알 수 없다.

53 **안자립**安自立 생원을 거쳐 세종 8년 문과에 급제하여 벼슬이 세조 대 호조참의(정3품 당상관)에 이르렀다. 《방목》에는 벼슬과 아버지〔弘祚〕, 할아버지〔止善〕, 증조〔承張〕, 처부의 이름이 보이고, 본관이 충주忠州로 되어 있다. 《청구》와 《씨족》의 《충주안씨보》를 보면 안자립이 충주안씨 한 계파의 시조로 되어 있다. 《만성》에는 《충주안씨보》 자체가 없다. 《세종실록》〈지리지〉에는 안씨가 충주의 토성 가운데 하나이다. 2000년 현재 충주안씨 인구는 538가구 1,678명의 희성으로 그가 최초의 문과급제자이다.

54 **전윤승**田允升 교도를 거쳐 세종 8년 문과에 급제했는데, 《방목》에는 이름 말고 아무런 기록이 없어 신원을 알 수 없다.

55 **민원**閔瑗 생원을 거쳐 세종 8년 문과에 급제하여 벼슬이 예조참판(종2품)에 이르렀다. 《방목》에는 아버지〔守貞〕와 할아버지〔貴〕의 이름이 보이고, 본관이 여흥呂興으로 되어 있다. 그런데 《연조귀감》과 《동국여지승람》에는 민원이 전주향리全州鄕吏의 후예라고 한다. 《청구》, 《만성》, 《씨족》의 《여흥민씨보》에는 그의 가계가 보이지 않는다.

56 **임중**任重 생원으로 세종 8년 문과에 급제하여 벼슬이 정자를 거쳐 대흥현감(종6품)에 이르렀다. 《방목》에는 이름 말고 아무런 기록이 없어 신원을 알 수 없다. 《청구》, 《만성》, 《씨족》의 어느 임씨보에도 임중의 가계가 보이지 않는다.

57 **정유**鄭愉 교도를 거쳐 세종 9년(1427) 친시문과에 급제하여 벼슬이 판관(종5품)에 이르렀다. 《방목》에는 벼슬 말고 아무런 기록이 없어 신원을 알 수 없다.

58 **진자번**陳子蕃 부사정副司正(종7품)을 거쳐 세종 9년 친시문과에 급제하여 벼슬이 교리校理(종5품)에 이르렀다. 《방목》에는 아버지〔迪〕 이름만 보이고 아무런 기록이 없어 신원을 알 수 없다. 그런데 《청구》의 《여양진씨보驪陽陳氏譜》에 진자번의 이름이 보이는데, 5대조 가운데 벼슬아치는 전혀 없다. 한편 《만성》과 《씨족》의 《여양진씨보》에는 그의 가계가 보이지 않는다.

59 **최수로**崔壽老 역승驛丞(종9품)을 거쳐 세종 9년 친시문과에 급제하여 벼슬이 예문관 검열(정9품), 성균관 직강(정5품), 현감(종6품), 판관(종5품)에 이르렀다. 《방목》에는 아버지〔希慶〕와 외조〔趙愼〕, 처부〔林希正〕의 이름이 보일 뿐 본관이 없어 가계를 알 수 없다.

60 **최윤중**崔允中 예빈시 녹사錄事로 세종 9년 친시문과에 급제하여 벼슬이 집현전 대교(정8품)를 거쳐 단종 대 주자소 별좌別坐(종5품), 군수(종4품)에 이르렀다. 《방목》에는 벼슬 말고 아무런 기록이 없어 신원을 알 수 없다.

61 **강의경**姜宜卿(일명 直卿) 유학을 거쳐 세종 9년 친시문과에 급제하여 벼슬이 사간원 헌납(정5품)에 이르렀다. 《방목》에는 아버지〔克謙〕 이름만 보이고 본관이 없어 신원을 알 수 없다.

62 **허사문**許斯文 생원을 거쳐 세종 11년(1429) 문과에 장원급제하여 벼슬이 사헌부 지평(정5품)에 이르렀다. 《방목》에는 아버지〔慶〕, 할아버지〔倫〕, 증조〔仲民〕, 처부〔朴貴生〕의 이름이 보이고, 본관이 태인泰仁으로 되어 있다. 그런데 《청구》의 《태인허씨보》에는 허사문 한 사람만 보이고, 《만성》의 《태인허씨보》에는 직계 조상 3대조 가운데 벼슬아치가 없으며, 《씨족》에는 《태인허씨

보》 자체가 없다. 하지만 《세종실록》〈지리지〉를 보면 태인의 토성 가운데 허씨가 있어 이 지방의 토착민임을 알 수 있다. 조선시대 문과급제자는 그가 유일하며, 현재 태인허씨의 시조로 되어 있다.

63 **원내인**元乃仁 생원을 거쳐 세종 11년 문과에 급제하여 벼슬이 사간원 헌납(정5품)에 이르렀다. 《방목》에는 벼슬 말고 아무런 기록이 없어 신원을 알 수 없다. 원씨의 본관은 원주原州뿐인데, 《청구》, 《만성》, 《씨족》의 《원주원씨보》에는 원내인의 가계가 보이지 않는다. 《실록》에는 그의 아내가 행실이 부정한 전계겸全季謙의 딸이라고 한다.

64 **김중종**金仲宗(일명 仲孫) 생원으로 세종 11년 문과에 급제하여 벼슬이 부령(종5품)을 거쳐 현령(종5품)에 이르렀다. 《방목》에는 이름이 중손仲孫이라고도 한다는 것과 벼슬 이름이 보이고 그 밖에 아무런 기록이 없어 신원을 알 수 없다.

65 **이보흠**李甫欽(?~1457) 유학을 거쳐 세종 11년 문과에 급제하여 벼슬이 부사(종3품)에 이르렀다. 세종 대 공법貢法 제정에 참여하고, 세조 대 단종복위운동을 벌이다가 교형을 당하기도 했다. 《방목》에는 벼슬 이름 말고 아무런 기록이 없으며, 본관이 영천永川으로 되어 있다. 그런데 《청구》의 《영천이씨보》를 보면 아버지 현실玄實(玄寶의 오기)은 아무런 벼슬이 없고, 이현보의 조상은 계보가 끊어져 있다. 한편 《만성》의 《영천이씨보》를 보면 아버지 이름이 《방목》과 달리 안안安案으로 되어 있어 정체를 알기 어렵다. 《씨족》의 《영천이씨보》에는 이보흠의 가계가 보이지 않는다.

66 **이영견**李永肩 생원을 거쳐 세종 11년 문과에 급제하여 벼슬이 이조참의(정3품 당상관)에 이르렀다. 《방목》에는 아버지〔求晳〕, 할아버지〔甲仁〕, 증조〔完〕, 외조〔李謨〕, 처부〔陳淳〕의 이름이 보이고, 본관이 수안遂安으로 되어 있다. 그러나 《만성》에는 《수안이씨보》 자체가 없으며, 《청구》와 《씨족》의 《수안이씨보》에는 이영견의 가계가 보이지 않는다. 다만 이씨는 수안의 토성 가운데 하나이므로, 그는 수안 지역 토착민으로 보인다.

67 **장자강**張自剛 교도를 거쳐 세종 11년 문과에 급제했는데, 《방목》에는 이름 말고 아무런 기록이 없어 신원을 알 수 없다.

68 **조보인**趙寶仁 생원을 거쳐 세종 11년 문과에 급제하여 벼슬이 영산현감(종6품)에 이르렀다. 《방목》에는 4대조 이름이 없고, 본관이 영산靈山으로 되어 있다. 그런데 《청구》, 《만성》, 《씨족》에는 《영산조씨보》 자체가 없다. 《세종실록》 〈지리지〉를 봐도 영산에 조라는 성이 없다. 현재 조보인은 《함안조씨보咸安趙氏譜》에 올라 있는데, 이것으로 보아 원래는 본관이 함안이었다가 영산현감을 지내면서 본관을 영산으로 바꾸고 시조가 된 것으로 보인다. 2000년 현재 영산조씨 인구는 107가구 329명의 희성으로, 조선시대 문과급제자는 그가 유일하다.

69 **김약충**金若衷 교도를 거쳐 세종 11년 문과에 급제하여 벼슬이 현감(종6품)에 이르렀다. 《방목》에는 벼슬 말고 아무런 기록이 없어 신원을 알 수 없다.

70 **홍서주**洪敍疇 부승府丞(종9품)을 거쳐 세종 11년 문과에 급제하여 벼슬이 전라도 도사都事(종5품)에 이르렀다. 《방목》에는 4대조 이름이 전혀 없으며, 본관이 홍주洪州로 되어 있다. 《청구》

의 《홍주홍씨보》를 보면 가계가 끊어진 형태로 할아버지 이후의 가계가 보이는데, 아버지와 할아버지는 벼슬이 없어 조상 가운데 벼슬아치가 확인되지 않는다. 한편 《만성》과 《씨족》에는 《홍주홍씨보》 자체가 없다. 《세종실록》〈지리지〉를 보면 홍주 토성 가운데 홍씨가 있어, 이 지방의 토착민으로 보인다. 2000년 현재 홍주홍씨 인구는 302가구 935명의 희성으로 조선시대에 문과급제자 4명이 배출되었는데, 홍서주가 처음이다.

71 **박윤창**朴允昌 교도를 거쳐 세종 11년 문과에 급제하여 벼슬이 성균관 사예(정4품), 사간원 헌납(정5품), 군사郡事(종4품)에 이르렀다. 《방목》에는 벼슬 말고 아무런 기록이 없어 신원을 알 수 없다.

72 **문여량**文汝良 생원을 거쳐 세종 11년 문과에 급제하여 벼슬이 사헌부 지평(정5품), 집현전 직제학(정3품 당하관), 제주목사(종3품)에 이르렀다. 《방목》에는 벼슬 말고 아무런 기록이 없어 신원을 알 수 없다.

73 **권수**權銖 교도로 세종 11년 문과에 급제하여 벼슬이 교리(정5품)에 이르렀다. 《방목》에는 벼슬과 아버지〔近仲〕 이름만 보이고, 본관이 안동安東으로 되어 있다. 그런데 《청구》, 《만성》, 《씨족》의 《안동권씨보》에는 권수의 가계가 보이지 않는다.

74 **김효신**金孝信 교도를 거쳐 세종 11년 문과에 급제했는데, 《방목》에는 이름 말고 아무런 기록이 없어 신원을 알 수 없다.

75 **강의**姜毅 유학을 거쳐 세종 11년 문과에 급제하여 벼슬이 지중추부사(정2품)에 이르렀다. 《방목》에는 벼슬 말고 아무런 기록이 없어 신원을 알 수 없다.

76 **윤적**尹適 교도를 거쳐 세종 11년 문과에 급제하여 벼슬이 현감(종6품)에 이르렀다. 《방목》에는 벼슬 말고 아무런 기록이 없어 신원을 알 수 없다.

77 **조주**趙注 녹사錄事를 거쳐 세종 11년 친시문과에 급제하여 벼슬이 호조참판(종2품)에 이르렀다. 《방목》에는 처부[朴堧]의 이름이 보이고, 본관이 강진康津으로 되어 있다. 그런데 《청구》의 《강진조씨보》를 보면 조주 한 사람만 기록되어 있어 조상의 가계를 알 수 없으며, 그가 시조로 되어 있다. 《만성》과 《씨족》에는 《강진조씨보》 자체가 없다. 또한 조씨는 강진의 일반성 가운데 하나이며, 2000년 현재 강진조씨 인구는 630가구 1,998명의 희성으로, 조선시대 문과급제자는 그가 유일하다.

78 **장근지**張謹止 사재감 직장(종7품)을 거쳐 세종 11년 친시문과에 급제하여 벼슬이 통례원 봉례奉禮(정4품)에 이르렀다. 《방목》에는 이름 말고 아무런 기록이 없어 신원을 알 수 없다. 장리贓吏로 악명을 떨쳤던 장윤화張允和의 아들이라고 하여 신하들이 장근지의 과거응시를 막아야 한다고 주장했으나 세종은 이를 받아들이지 않았다. 세종 대 관찰사와 병조참의를 지냈다. 아버지 장윤화의 본관이 흥덕興德으로 되어 있는데, 《청구》, 《만성》, 《씨족》의 《흥덕장씨보》에는 아버지와 그의 이름이 보이지 않는다.

79 **김순**金淳 생원을 거쳐 세종 14년(1432) 문과에 급제하여 벼슬이 대사헌(종2품)과 지중추부사(정2품)에 이르렀다. 시호는 희헌僖憲이다. 《방목》에는 아버지[錫我] 이름이 보이고, 본관이 영산靈山으로 되어 있다. 그런데 《씨족》에는 《영산김씨보》 자체가 없으며, 《청구》의 《영산김씨보》에는 아버지와 김순의 이름만이

기록되어 있는데 아버지는 벼슬이 없다. 《만성》의 《영산김씨보》에는 오직 김순만이 기록되어 있는데 그가 시조이다. 《세종실록》 〈지리지〉를 보면 영산현에 김씨가 보이지 않는데, 이것으로 보아 뒤에 이곳을 본관으로 삼아 시조가 된 것으로 보인다. 조선시대 문과급제자는 그가 유일하다.

80 **박익**朴翼 생원을 거쳐 세종 14년 문과에 급제하여 벼슬이 성균관 직학(정9품)과 학정學正(정8품)에 이르렀다. 《방목》에는 벼슬 말고 아무런 기록이 없어 신원을 알 수 없다.

81 **이선**李宣 호군護軍을 거쳐 세종 14년 문과에 급제하여 벼슬이 판서(정2품)와 대제학(정2품)에 이르렀다. 《방목》에는 벼슬과 아버지〔篬〕, 할아버지〔開〕의 이름이 보이고, 태조의 외손外孫이라고 하며, 본관이 송경松京으로 되어 있다. 이성계의 서녀庶女가 낳은 서자로 문과응시가 불가하다는 신하의 반대가 있었으나, 세종은 이를 무시하고 응시를 허락했다.

82 **이영구**李英耈 생원을 거쳐 세종 14년 문과에 급제하여 벼슬이 교리(정5품)와 지평(정5품)을 거쳐 목사(정3품)에 이르렀다. 《방목》에는 벼슬 말고 아무런 기록이 없어 신원을 알 수 없다.

83 **김탁**金鐸 생원을 거쳐 세종 14년 문과에 급제하여 벼슬이 사헌부 감찰(정6품)과 현감(종6품)에 이르렀다. 《방목》에는 벼슬과 아버지〔瑞〕, 할아버지〔益成〕, 증조〔祿〕, 외조〔玄仲呂〕, 처부〔任復生〕의 이름이 보이고, 본관이 우봉牛峰으로 되어 있다. 그런데 《청구》의 《우봉김씨보》에는 증조(대호군; 종3품)의 이름만 보이고, 《만성》의 《우봉김씨보》에는 김탁의 이름만 보이며, 《씨족》에는 《우봉김씨보》가 없다. 《세종실록》 〈지리지〉를 보면 김씨는 우

봉의 속성續姓으로서 향리로 되어 있는데, 이것으로 보아 그는 향리 출신으로 보인다. 2000년 현재 우봉김씨 인구는 915가구 2,980명의 희성으로 조선시대 문과급제자는 김탁과 연산군 대 1명, 그리고 고종 대 1명 모두 3명뿐이다. 그러나 조선 후기에는 역과 92명, 주학籌學 15명 등 무수한 잡과급제자를 배출하여 전형적인 중인가문 가운데 하나가 되었다.

84 **이중민**李仲民 생원을 거쳐 세종 14년 문과에 급제하여 사헌부 감찰(정6품)에 이르렀는데, 잘못을 저질러 좌천되었다. 《방목》에는 이름 말고 아무런 기록이 없어 신원을 알 수 없다.

85 **박겸지**朴謙之 생원을 거쳐 세종 14년 문과에 급제하여 벼슬이 현감(종6품)에 이르렀다. 《방목》에는 벼슬 말고 아무런 기록이 없어 신원을 알 수 없다.

86 **조봉진**趙逢辰 생원을 거쳐 세종 14년 문과에 급제하여 벼슬이 교도에 이르렀다. 《방목》에는 벼슬 말고 아무런 기록이 없어 신원을 알 수 없다.

87 **이계수**李桂邃 유학으로 세종 14년 문과에 급제하여 벼슬이 형조정랑(정5품)과 현감(종6품)을 거쳐 정正(정3품 당하관)에 이르렀다. 《방목》에는 벼슬과 할아버지〔甫〕의 이름만 보이고, 그 밖에 아무런 기록이 없어 신원을 알 수 없다.

88 **송인창**宋仁昌 생원을 거쳐 세종 14년 문과에 급제하여 벼슬이 사간원 헌납(정5품)에 이르렀다. 《방목》에는 벼슬 말고 아무런 기록이 없어 신원을 알 수 없다.

89 **정차공**鄭次恭 생원을 거쳐 세종 14년 문과에 급제하여 벼슬이 예문관 직제학(정3품 당하관)에 이르렀다. 《방목》에는 벼슬 말

고 아무런 기록이 없어 신원을 알 수 없다. 그런데 《청구》의 《영천정씨보永川鄭氏譜》를 보면 정차공의 이름이 외따로 기록되어 있어 본관이 영천이고, 그가 시조임을 알 수 있다. 《만성》과 《씨족》에는 《영천정씨보》 자체가 없다. 《세종실록》〈지리지〉를 보면 영천에 정씨가 없어, 그가 이곳을 본관으로 삼으면서 이곳과 인연을 맺게 된 것으로 보인다. 2000년 현재 영천정씨 인구는 332가구 1,074명의 희성으로, 조선시대 문과급제자는 그가 유일하다.

90 **김기**金期 생원을 거쳐 세종 14년 문과에 급제하여 벼슬이 성균관 사예(정4품)에 이르렀다. 《방목》에는 벼슬 말고 아무런 기록이 없어 신원을 알 수 없다.

91 **박인**朴璘 생원을 거쳐 세종 16년(1434) 알성문과에 급제하여 벼슬이 예조좌랑(정6품)과 사헌부 장령(정4품)을 거쳐 중추부 첨지僉知(정3품 당상관)에 이르렀다. 《방목》에는 이름 말고 아무런 기록이 없어 신원을 알 수 없다.

92 **정자영**鄭自英(?~1474) 유학을 거쳐 세종 16년 알성문과에 급제하여 벼슬이 예조판서(정2품)와 지중추부사(정2품)에 이르렀다. 세조-성종조에 성리학자로 이름을 떨쳤다. 《방목》에는 아버지[道] 이름만 보이고, 본관이 영덕盈德으로 되어 있다. 《성종실록》의 졸기卒記에는 "어려서 고학苦學으로 공부하여 5경五經과 4서四書에 통달했다.……어렸을 때 학문을 하기 위해 집을 나가 10년이나 집에 돌아오지 않았다"[76]고 한다. 《청구》의 《영덕정씨보》

76) 《성종실록》 권50, 성종 5년 12월 16일 정유.

에는 정자영의 아버지가 시조로 되어 있는데 아무런 벼슬이 없으며, 《만성》과 《씨족》에는 《영덕정씨보》 자체가 없다. 《세종실록》 〈지리지〉를 보면 영덕의 촌성村姓 가운데 정씨가 있는데, 촌성은 성씨 가운데 신분이 낮은 것이다. 이런 기록들을 종합하면 그는 매우 한미한 집안에서 고학으로 출세한 인물임을 알 수 있다. 2000년 현재 영덕정씨 인구는 395가구 1,299명의 희성으로, 조선시대 문과급제자는 오직 2명인데 그가 처음이고, 선조 대 두 번째 급제자가 나왔다.

93 **하길지**河吉之 유학으로 세종 16년 알성문과에 급제하여 벼슬이 성균관 직강(정5품)을 거쳐 사헌부 집의(종3품)에 이르렀다. 《방목》에는 벼슬 말고 아무런 기록이 없어 신원을 알 수 없다. 이름으로 보아 하위지河緯地와 같은 항열로 보이는데, 《청구》, 《만성》, 《씨족》의 어느 하씨보에도 하길지의 가계는 보이지 않는다.

94 **이극효**李克孝 생원을 거쳐 세종 17년(1435) 문과에 급제하여 벼슬이 사헌부 지평(정5품)에 이르렀다. 《방목》에는 조상의 가계가 없이 벼슬 이름과 종호宗顥의 아버지임을 밝히고, 본관이 부평富平(수주)으로 되어 있다. 그런데 《청구》와 《만성》의 《부평이씨보》를 보면 이극효의 조상 5대는 모두 벼슬이 없다. 《씨족》의 《수주이씨보樹州李氏譜》에는 그의 가계가 보이지 않는다.

95 **노진해**盧晋諧 생원을 거쳐 세종 17년 문과에 급제하고 중시에도 급제하여 벼슬이 주부(종6품)와 현감(종6품)에 이르렀다. 《방목》에는 벼슬 말고 아무런 기록이 없어 신원을 알 수 없다. 《청구》, 《만성》, 《씨족》의 어느 노씨보에도 노진해의 가계는 보

이지 않는다.

96 **하막지**河邈之 유학을 거쳐 세종 17년 문과에 급제하여 벼슬이 경시서京市署 주부(종6품)에 이르렀다. 《방목》에는 벼슬 말고 아무런 기록이 없어 신원을 알 수 없다. 이름으로 보아 위에 소개한 하길지나 하위지 등과 같은 항열로 보이나, 《청구》, 《만성》, 《씨족》의 어느 하씨보에도 하막지의 가계가 보이지 않는다.

97 **김중량**金重良(일명 重民) 생원을 거쳐 세종 17년 문과에 급제하여 벼슬이 예문관 검열(정9품)에 이르고, 중국에 서장관(4~6품)으로 다녀오기도 했다. 《방목》에는 벼슬 말고 아무런 기록이 없어 신원을 알 수 없다.

98 **조부**趙敷 생원을 거쳐 세종 17년 문과에 급제하여 벼슬이 현감(종6품)에 이르렀다. 《방목》에는 벼슬 말고 아무런 기록이 없어 신원을 알 수 없다.

99 **이수산**李壽山 생원을 거쳐 세종 17년 문과에 급제하여 벼슬이 현감(종6품)에 이르렀다. 《방목》에는 벼슬 말고 아무런 기록이 없어 신원을 알 수 없다.

100 **송윤지**宋允智 생원을 거쳐 세종 17년 문과에 급제하여 벼슬이 주부(종6품)에 이르렀다. 《방목》에는 벼슬 말고 아무런 기록이 없어 신원을 알 수 없다.

101 **김시주**金時霔 생원을 거쳐 세종 17년 문과에 급제하여 벼슬이 현령(종5품)에 이르렀다. 《방목》에는 이름 말고 아무런 기록이 없어 신원을 알 수 없다.

102 **안중의**安仲毅 생원을 거쳐 세종 17년 문과에 급제하여 벼슬이 성균관 직강(정5품)에 이르렀다. 《방목》에는 벼슬 말고 아무

런 기록이 없어 신원을 알 수 없다.

103 **김상렴**金尙廉(일명 尙濂) 생원을 거쳐 세종 17년 문과에 급제하여 벼슬이 예조좌랑(정6품), 별좌(종5품)에 이르렀다. 《방목》에는 벼슬 말고 아무런 기록이 없어 신원을 알 수 없다.

104 **서상문**徐尙文 교도를 거쳐 세종 17년 문과에 급제했는데, 《방목》에는 이름 말고 아무런 기록이 없어 신원을 알 수 없다.

105 **한윤**韓閏 교도를 거쳐 세종 18년(1436) 친시문과에 급제했는데, 《방목》에는 이름 말고 아무런 기록이 없어 신원을 알 수 없다.

106 **강원량**姜元亮 교도를 거쳐 세종 18년 친시문과에 급제하여 벼슬이 도사都事(종5품), 성균관 전적典籍(정6품)에 이르렀다. 《방목》에는 아버지〔壽明〕 이름만 보이고 본관이 없어 신원을 알 수 없다. 《청구》, 《만성》, 《씨족》의 어느 강씨보에도 강원량의 가계는 보이지 않는다.

107 **이영정**李永禎 유학을 거쳐 세종 18년 친시문과에 급제하여 벼슬이 예문관 검열(정9품)과 형조좌랑(정6품)에 이르렀는데, 뒤에 간통죄로 파직되었다. 《방목》에는 벼슬 말고 아무런 기록이 없어 신원을 알 수 없다.

108 **허종항**許從恒 생원으로 세종 20년(1438) 문과에 급제하여 벼슬이 현감(종6품), 정랑(정5품), 경력(종4품)을 거쳐 해주목사(정3품)에 이르렀다. 《방목》에는 벼슬 말고 아무런 기록이 없어 신원을 알 수 없다. 그런데 《청구》의 《함창허씨보咸昌許氏譜》에 오직 허종항 한 사람만이 기록되어 있어, 그가 함창허씨의 시조임을 알 수 있다. 《만성》과 《씨족》에는 《함창허씨보》 자체가 없

다.《세종실록》〈지리지〉를 보면 함창에 허씨가 없는데, 벼슬한 뒤에 이곳을 본관으로 정한 것으로 보인다. 2000년 현재 함창허씨 인구는 32가구 115명의 희성으로, 조선시대 문과급제자는 그가 유일하다.

109 **이선로**李善老(개명 賢老) 생원을 거쳐 세종 20년 문과에 급제하여 벼슬이 집현전 교리(정5품)와 예조좌랑(정6품)에 이르렀다. 풍수지리에 밝아 세종의 총애를 받았고, 정인지와 더불어《훈민정음해례》를 지었다.《방목》에는 아버지〔光後〕와 처부〔趙休〕의 이름이 보이고, 본관이 강흥江興으로 되어 있다. 그런데《청구》의《강흥이씨보》를 보면 오직 이선로 한 사람만 기록하고 있어 그가 시조임을 알 수 있다.《만성》과《씨족》에는《강흥이씨보》자체가 없다. 2000년 현재 인구를 알 수 없으며, 조선시대 문과급제자는 그가 유일하다.

110 **김진지**金震知 진사를 거쳐 세종 20년 문과에 급제하여 벼슬이 충청도 관찰사(종2품)에 이르렀다. 그러나 재상에게 뇌물을 바친 죄로 세조 대 참형당했다.《방목》에는 벼슬 말고 아무런 기록이 없어 신원을 알 수 없다. 본관이 현재 보령保寧으로 알려져 있는데,《청구》,《만성》,《씨족》에는《보령김씨보》자체가 없다.《세종실록》〈지리지〉를 보면 보령에 김씨가 없어, 김진지는 이곳 토착민이 아님을 알 수 있다. 2000년 현재 보령김씨 인구는 355가구 1,157명의 희성으로, 조선시대 문과급제자는 그가 유일하다. 그러나 조선 후기 보령김씨 가문에서는 역과 11명, 의과醫科 3명, 음양과 1명, 율과律科 6명, 주학籌學 1명의 급제자를 배출하여 전형적인 중인가문의 하나를 이루었다.

111 **최청강**崔淸江 생원을 거쳐 세종 20년 문과에 급제하여 벼슬이 현령(종5품)과 사헌부 장령(정4품)에 이르렀는데, 역모에 가담한 죄로 관노官奴가 되었다. 《방목》에는 이름 말고 아무런 기록이 없어 신원을 알 수 없다.

112 **이한겸**李漢謙 생원을 거쳐 세종 20년 문과에 급제하여 벼슬이 예조정랑(정5품)에 이르렀다. 《방목》에는 벼슬 말고 아무런 기록이 없어 신원을 알 수 없다.

113 **하영지**河穎之 유학을 거쳐 세종 20년 문과에 급제하여 벼슬이 현감(종6품)에 이르렀다. 《방목》에는 처부〔崔景溥〕의 이름만 보이고, 본관이 진주晋州로 되어 있다. 이름으로 보아 위에 소개한 하길지, 하막지 등과 같은 항열로 보이나, 《청구》, 《만성》, 《씨족》의 《진주하씨보》에는 하영지의 이름이 보이지 않는다. 신원을 알 수 없다.

114 **최연**崔淵 생원을 거쳐 세종 20년 문과에 급제하여 벼슬이 성균관 사성司成(종3품)에 이르렀다. 《방목》에는 벼슬 말고 아무런 기록이 없다. 그런데 《청구》의 《흥해최씨보興海崔氏譜》에 최연이 외따로 기록되어 있어 본관이 흥해인 것을 알 수 있다. 그러나 《만성》과 《씨족》에는 《흥해최씨보》 자체가 없다. 최씨는 흥해의 토성 가운데 하나이며, 조선시대 문과급제자 3명을 배출했는데, 그가 처음이다.

115 **이양근**李養根 진사로 세종 20년 문과에 급제하여 벼슬이 예문관 대교(정8품)를 거쳐 사헌부 감찰(정6품)과 통례원 통례(정3품 당하관)에 이르렀다. 《방목》에 아버지〔仲誠〕, 할아버지〔之湑〕, 처부〔鄭而讓〕의 이름이 보이나 본관이 없다. 《청구》의 《함평이씨

보咸平李氏譜》에 이양근의 이름이 보이는데 조상의 이름이 방목과 전혀 다르다.77) 《만성》과 《씨족》의 《함평이씨보》에는 그의 가계가 보이지 않아 신원을 알 수 없다.

116 **김윤복**金潤福 생원을 거쳐 세종 20년 문과에 급제하여 벼슬이 사헌부 지평(정5품)과 예조정랑(정5품)에 이르렀다. 《방목》에는 벼슬 말고 아무런 기록이 없어 신원을 알 수 없다.

117 **최설**崔泄 유학을 거쳐 세종 20년 문과에 급제하여 벼슬이 성균관 대사성(정3품 당상관)에 올랐다. 《방목》에는 아버지〔汝碩〕와 처부 이름만 보이고, 본관이 전주全州로 되어 있다. 그러나 《청구》, 《만성》, 《씨족》의 《전주최씨보》에는 최설의 가계가 보이지 않아 신원을 알 수 없다.

118 **강우문**姜遇文 생원을 거쳐 세종 20년 문과에 급제하여 벼슬이 소윤(종4품)과 사헌부 집의(종3품)에 이르렀는데, 뒤에 단종복위운동에 가담하여 처벌되었다. 《방목》에는 벼슬 말고 아무런 기록이 없어 신원을 알 수 없다. 현재 본관이 동복同福으로 알려져 있는데, 《청구》, 《만성》, 《씨족》에는 《동복강씨보》 자체가 없다. 《세종실록》 〈지리지〉를 보면 동복에는 강씨가 없어, 뒤에 동복을 본관으로 정한 것으로 보인다. 2000년 현재 인구를 알 수 없으며, 조선시대 문과급제자는 강우문 한 사람뿐이다.

119 **이삼**李森 생원을 거쳐 세종 20년 문과에 급제하여 벼슬이 성균관 직강(정5품)에 이르렀다. 《방목》에는 벼슬 말고 아무런 기록이 없어 신원을 알 수 없다.

77) 《함평이씨보》에는 이양근의 아버지가 여규如珪, 할아버지가 중길中吉로 되어 있다.

120 **이전수**李全粹 생원으로 세종 21년(1439) 친시문과에 급제하여 벼슬이 성종 대 목사(정3품)를 거쳐 관찰사(종2품)에 이르렀다. 《방목》에는 아버지〔灌〕, 할아버지〔元紘〕, 증조〔庸〕의 이름이 보이고, 본관이 인천仁川으로 되어 있다. 그런데 《청구》와 《만성》의 《인천이씨보》에는 이전수의 가계가 보이지 않으며, 《씨족》의 《인천이씨보》에는 아버지까지의 가계는 보이나 그의 이름은 보이지 않는다.

121 **장계숙**張季叔 사용司勇(정9품)을 거쳐 세종 21년 친시문과에 급제하여 벼슬이 사헌부 감찰(정6품)에 이르렀다. 《방목》에는 처부〔皇甫仁〕의 이름만 보이고, 본관이 흥양興陽(고흥)으로 되어 있다. 그러나 《청구》, 《만성》, 《씨족》에는 《흥양장씨보》 자체가 없어 신원을 알 수 없다. 다만 처부 황보인은 영의정을 지낸 고관이다. 아마 처부의 위세를 빌려 문과응시자격을 얻은 것으로 보인다. 《세종실록》〈지리지〉를 보면 흥양에 장씨가 없어, 뒤에 이곳을 본관으로 정한 것으로 보인다. 2000년 현재 흥양장씨 인구는 60가구 226명의 희성으로 조선시대 문과급제자는 장계숙이 유일하다.

122 **김계희**金係熙 생원을 거쳐 세종 23년(1441) 문과에 급제하여 벼슬이 세조 대 이조참의(정3품 당상관)에 이르렀다. 《방목》에는 벼슬 이름이 보이고, 본관이 김해金海로 되어 있을 뿐 그 밖에 아무런 기록이 없다. 그런데 《청구》, 《만성》, 《씨족》의 《김해김씨보》에는 김계희의 가계가 보이지 않아 신원을 알 수 없다.

123 **조추**趙秋 생원을 거쳐 세종 23년 문과에 급제하여 벼슬이 세조 대 홍문관 직제학(정3품 당하관)과 사헌부 집의(종3품)에 이

르렀다. 《방목》에는 벼슬 말고 아무런 기록이 없어 신원을 알 수 없다.

124 **최이로**崔泥老(일명 士老) 생원으로 세종 23년 문과에 급제하여 벼슬이 사간원 헌납(정5품)을 거쳐 세조 대 첨지중추원사(정3품 당상관)와 인수부윤仁壽府尹(종2품)에 이르렀다. 《방목》에는 벼슬과 아버지〔瑞南〕, 할아버지〔有源〕, 증조〔瓊〕의 이름이 보이고, 본관이 전주全州로 되어 있다. 그런데 《청구》, 《만성》의 《전주최씨보》에는 최이로의 가계가 보이지 않으며, 《씨족》의 《전주최씨보》를 보면 직계 4대조 가운데 벼슬아치가 없다.

125 **한혁**韓奕 생원으로 세종 23년 문과에 급제하여 벼슬이 집현전 박사(정7품)를 거쳐 성균관 직강(정5품)에 이르렀다. 《방목》에는 벼슬 말고 아무런 기록이 없다. 본래 본관이 교하交河였으나, 지금은 청주淸州로 알려져 있다. 그런데 《청구》, 《만성》, 《씨족》에는 《교하한씨보》 자체가 없다. 《세종실록》 〈지리지〉를 보면 교하에 한씨가 없어, 이곳 토착민이 아닌 것을 알 수 있다. 조선시대 문과급제자는 한혁이 유일하다. 교하한씨는 뒤에 청주한씨로 통합되었는데, 현행 《청주한씨보》를 보면 직계 조상 4대조 가운데 벼슬아치가 없다.

126 **최유**崔洧 후릉직厚陵直을 거쳐 세종 23년 문과에 급제하여 벼슬이 통례원 통찬通贊(종6품)에 이르렀다. 그러나 관비官婢를 첩으로 삼은 것이 발각되어 파직되었다. 《방목》에는 아버지〔宣〕와 할아버지〔乙義〕, 증조〔思儉〕, 외조〔李貴齡〕의 이름이 보이고, 본관이 전주全州로 되어 있다. 그런데 《청구》와 《만성》의 《전주최씨보》를 보면 할아버지까지의 가계는 보이나 아버지와 최유의

이름은 보이지 않으며, 《씨족》의 《전주최씨보》에는 그의 가계가 보이지 않는다.

127 **나치정**羅致貞 생원으로 세종 23년 문과에 급제하여 벼슬이 성균관 정록正錄과 판관(종5품)을 거쳐 단종 대 삼군진무三軍鎭撫, 세조 대 경력經歷(종4품)에 이르렀다. 《방목》에는 벼슬 말고 아무런 기록이 없어 신원을 알 수 없다. 《청구》, 《만성》, 《씨족》의 어느 나씨보에도 나치정의 가계가 보이지 않는다.

128 **김유**金游 생원을 거쳐 세종 23년 문과에 급제하여 벼슬이 주부(종6품)에 이르렀다. 《방목》에는 벼슬 말고 아무런 기록이 없어 신원을 알 수 없다.

129 **김효맹**金孝孟 유학을 거쳐 세종 23년 문과에 급제하여 벼슬이 사헌부 집의(종3품)에 이르렀다. 《방목》에는 벼슬 말고 아무런 기록이 없어 신원을 알 수 없다.

130 **최제남**崔悌男 녹사를 거쳐 세종 23년 문과에 급제하여 벼슬이 사헌부 장령(정4품)과 목사(정3품)에 이르렀다. 《방목》에는 벼슬과 아버지〔知臨〕 이름이 보이고, 그 밖에 아무런 기록이 없어 신원을 알 수 없다.

131 **강의산**姜義山 녹사를 거쳐 세종 23년 문과에 급제하여 벼슬이 군수(종4품)에 이르렀다. 《방목》에는 벼슬 말고 아무런 기록이 없어 신원을 알 수 없다.

132 **송수중**宋守中 생원으로 세종 23년 문과에 급제하여 벼슬이 병조좌랑(정6품)과 도사(종5품)를 거쳐 부지승문원사副知承文院事(종3품)에 이르렀다. 《방목》에는 벼슬 말고 아무런 기록이 없다. 그런데 《청구》의 《문경송씨보聞慶宋氏譜》를 보면 송수중이 첫머

리에 기록되어 있다. 하지만 조상의 가계를 알 수 없으며, 《만성》과 《씨족》에는 《문경송씨보》 자체가 없다. 《세종실록》 〈지리지〉를 보면 송씨는 문경의 토성 가운데 하나이며, 2000년 현재 인구는 1,035가구 3,327명의 희성으로, 조선시대 문과급제자는 그가 유일하다.

133 **김효급**金孝給 생원으로 세종 23년 문과에 급제하여 벼슬이 소윤(종4품), 군수(종4품), 목사(정3품)를 거쳐 성종 대 예조참의(정3품 당상관)에 이르렀다. 《방목》에는 조상에 관한 기록이 없이 본관이 상주尙州(상산)로 되어 있다. 그런데 《청구》, 《만성》, 《씨족》의 《상산김씨보商山金氏譜》에는 김효급의 가계가 보이지 않아 신원을 알 수 없다.

134 **손계륜**孫季崙(일명 孝崙) 생원을 거쳐 세종 23년 문과에 급제했는데, 《방목》에는 이름 말고 아무런 기록이 없어 신원을 알 수 없다.

135 **주백손**朱伯孫 생원으로 세종 26년(1444) 문과에 급제하여 벼슬이 도사(종5품)와 경력(종4품)을 거쳐 세조 대 성균관 사성(종3품)에 이르렀으며, 경학에 밝은 인물로 평가받았다. 《방목》에는 벼슬 말고 아무런 기록이 없다. 그런데 《청구》의 《능성주씨보綾城朱氏譜》에 주백손이 가계가 끊어진 형태로 외따로 기록되어 있으며, 《만성》과 《씨족》의 《능성주씨보》에는 그의 가계가 보이지 않는다. 다만 주씨는 능성의 토성 가운데 하나이므로 이 지방의 토착민임을 알 수 있다.

136 **주숙손**周叔孫 교도를 거쳐 세종 26년 문과에 급제하여 벼슬이 현감(종6품)을 거쳐 사헌부 집의(종3품)에 이르렀다. 《방목》에

는 벼슬 말고 아무런 기록이 없다. 그런데 《청구》의 《풍기주씨보豊基周氏譜》에 주숙손의 이름이 외따로 기록되어 있어 그가 풍기주씨의 시조임을 알 수 있다. 한편 《만성》과 《씨족》에는 《풍기주씨보》 자체가 없다. 2000년 현재 풍기주씨 인구는 47가구 160명의 희성으로, 조선시대 문과급제자는 그가 유일하다.

137 **구종직**丘從直(1404~1477) 지방 학교의 선생인 교도를 거쳐 세종 26년 문과에 급제하여 벼슬이 예조판서(정2품)와 행지중추부사(정2품)에 이르렀다. 세조 대 임금과 경학을 토론하기도 하였다. 《방목》에는 아버지〔揚善〕, 할아버지〔春浩〕, 증조〔天雨〕, 외조〔孔成吉〕, 처부〔鄭穗〕의 이름이 보이고, 본관은 평해平海로 되어 있다. 그런데 《청구》, 《만성》, 《씨족》의 《평해구씨보》는 서로 내용이 달라 혼선을 준다.[78] 그러나 어느 경우이든 조상이 가진 벼슬은 구종직으로 말미암아 받은 증직贈職이거나, 고려 말 받은 산직散職으로 보인다. 후세 사람들은 신분이 낮은 데서 크게 출세한 사람을 말할 때 그를 예로 드는 일이 많았다.[79] 《연조귀감》에도 낮은 신분으로 출세한 인물로 반석평潘碩平과 구종직을 들고 있다.[80] 《세종실록》 〈지리지〉에는 구씨가 평해平海의 토성

78) 《방목》, 《청구》, 《만성》, 《씨족》의 구종직 가계를 비교하면 다음과 같다.
《방목》의 가계: 천우天雨-춘호春浩-양선揚善-종직從直
《청구》의 《평해구씨보》: 대림大林(시조, 僕射)-선혁宣赫(尙書)-천우天雨(文 判書)-춘신春信(判事)-양선揚善(副使)-종직從直
《만성》의 《평해구씨보》: 선혁宣奕(시조, 典書)-천우天雨(版圖判書)-춘호春浩(判事)-양선揚善(僉使)-종직從直
《씨족》의 《평해구씨보》: 대림大林(시조, 左僕射)-선혁宣奕(民部典書)-천우天雨(版圖判書)-춘호春浩(司宰寺判事)-양선揚善(副使)-종직從直
여기서 《방목》의 가계와 일치하는 것은 《만성》과 《씨족》이다. 조상들이 가진 벼슬은 문과를 통해 얻은 실직實職이 아니라 고려 말 지방인들에게 내려준 첨설직添設職으로 보인다.
79) 《정조실록》 권37, 정조 21년 8월 16일 임자.

으로 기록되어 있다.[81]

138 **김율**金慄 생원으로 세종 26년 문과에 급제하여 벼슬이 현감(종6품)과 성균관 직강(정5품)을 거쳐 사헌부 집의(종3품)에 이르렀다. 《방목》에는 벼슬 말고 아무런 기록이 없어 신원을 알 수 없다. 그런데 《만성》의 《영광김씨보靈光金氏譜》에 김율의 가계가 보인다. 아버지〔龜年〕는 금부도사, 할아버지〔明遠〕는 생원과 문과, 증조〔塊〕는 문과를 거쳐 헌납, 고조〔瑾〕는 이조참의로 세종 29년 문과에 급제하였다고 되어 있다. 하지만 고조가 고손자가 합격하고 3년 뒤 문과에 급제했다는 것은 있을 수 없는 일이다. 한편 《청구》와 《씨족》의 《영광김씨보》를 보면 고조와 증조의 이름만 보이고, 그 이후 가계는 보이지 않는다. 요컨대 《만성》의 기록은 거짓이고, 《청구》와 《씨족》의 기록이 진실로 보인다. 하지만 이 두 족보에는 그의 이름이 보이지 않는다.

139 **안귀행**安貴行 유학을 거쳐 세종 26년 문과에 급제하여 벼슬이 현령(종5품)에 이르렀다. 《방목》에는 벼슬 말고 아무런 기록이 없어 신원을 알 수 없다.

140 **고신교**高愼驕 주부(종6품)로 세종 26년 문과에 급제하여 벼슬이 성균관 사예(정4품)를 거쳐 부사(종3품)에 이르렀다. 《방목》에는 벼슬 말고 아무런 기록이 없어 신원을 알 수 없다. 《청구》,

---

80) 《연조귀감》 권3, 襄陽耆舊錄序.

81) 《세종실록》 〈지리지〉 평해군조에는 "土姓四 黃孫房水 丘百姓姓四 葉河申金"으로 되어 있다. 이를 번역하면 토성이 넷이고 구백성성이 넷이라는 뜻인데, 그렇게 해석하면 '丘百姓姓'이 무슨 뜻인지 알 수 없다. 따라서 '구丘'를 토성에 포함시켜 해석하는 것이 맞지 않을까? 그러나 그렇게 되면 토성이 다섯이 되어 곤란하지만 그래도 그렇게 해석하는 것이 자연스러울 것 같다. 이와 달리 《동국여지승람》의 평해군조에는 '黃孫房永丘'를 한 묶음으로 소개하고, '葉河申金을 村姓'으로 또 한 묶음으로 기록하고 있다. 이를 보아도 《세종실록》의 기록을 필자처럼 해석하는 것이 합리적이다.

《만성》, 《씨족》의 어느 고씨보에도 고신교의 가계는 보이지 않는다.

141 **허장**許璋(개명 琳) 유학을 거쳐 세종 26년 문과에 급제하여 벼슬이 주부(종6품)에 이르렀다. 《방목》에는 벼슬 말고 아무런 기록이 없어 신원을 알 수 없다. 《청구》, 《만성》, 《씨족》의 어느 허씨보에도 허장의 가계는 보이지 않는다.

142 **김위**金煒(일명 渭) 생원을 거쳐 세종 29년(1447) 문과에 급제하여 벼슬이 성균관 사예(정4품)에 이르렀다. 《방목》에는 벼슬 말고 아무런 기록이 없어 신원을 알 수 없다.

143 **강미수**姜眉壽 생원을 거쳐 세종 29년 문과에 급제하여 벼슬이 사헌부 장령(정4품)에 이르렀다. 《방목》에는 벼슬 이름이 보이고, 본관이 진주晋州로 되어 있다. 그러나 《청구》, 《만성》, 《씨족》의 《진주강씨보》에는 강미수의 가계가 보이지 않아 신원을 알 수 없다.

144 **강복**康福(또는 輻) 생원을 거쳐 세종 29년 문과에 급제하여 벼슬이 판관(종5품)과 현령(종5품)에 이르렀다. 그러나 아내를 두 번 버린 일로 죄를 받았다. 《방목》에는 벼슬 말고 아무런 기록이 없어 신원을 알 수 없다. 《청구》의 어느 강씨보에는 강복의 가계가 보이지 않는다. 《만성》의 《신천강씨보信川康氏譜》에는 그의 이름이 보이는데, 아버지〔物〕는 벼슬이 없고, 할아버지〔永〕는 문과급제자이며, 증조〔允暉〕는 판도판서로 되어 있다. 이와 달리 《씨족》에는 《곡산강씨보》에 증조의 이름이 보이고, 그 후손은 보이지 않는다. 본관이 신천인지 곡산인지조차 확실치 않다.

145 **홍우**洪宇(개명 甄) 진사를 거쳐 세종 29년 문과에 급제하여

벼슬이 경력(종4품), 사헌부 감찰(정6품), 지평(정5품)에 이르렀다. 《방목》에는 벼슬 말고 아무런 기록이 없어 신원을 알 수 없다.

146 **김극행**金克行 생원을 거쳐 세종 29년 문과에 급제했으나, 《방목》에는 이름 말고 아무런 기록이 없어 신원을 알 수 없다.

147 **공기**孔頎 교도를 거쳐 세종 29년 문과에 급제하여 벼슬이 성균관 대사성大司成(정3품 당상관)에 이르렀다. 《방목》에는 아버지[成吉]와 할아버지[伯], 증조[帑]의 이름이 보이고, 본관이 창원昌原으로 되어 있다. 그런데 《청구》, 《만성》, 《씨족》의 《창원공씨보》를 보면, 조상의 가계가 아래처럼 서로 달라 혼란스럽다.

> 《청구》: 소紹(시조; 平章事, 昌原伯) – 탕帑(平章事; 고려 말 전쟁으로 도망 옴) – 부俯(伯의 오기로 보임, 太學士; 태조 3년 보문각 제학의 벼슬을 주었으나 받지 않고 어촌에 내려가 살았음. 글씨를 잘 씀) – 규逵(進士) – 성길成吉(判尹) – 귀貴(頎의 오기로 보임, 司成)
>
> 《만성》: 소紹(孔子의 53대손) – 탕帑(集賢殿 太學士) – 백伯(直長) – 성길成吉 – 기頎(大司成)
>
> 《씨족》: 소紹(門下侍中) – 탕帑(大尹) – 성길成吉(繕工監正, 漢城少尹) – 기頎(司成)
>
> 《방목》: 탕帑 – 백伯 – 성길成吉 – 기頎

여기서 《방목》과 같은 가계를 기록한 것은 《만성》뿐이며, 《청구》와 《씨족》은 조상의 가계가 《방목》과 다르다. 그런데 이 가운데 어떤 것이 진실인지는 단정하기 어렵다. 벼슬 내용을 본다면 《청구》의 기록이 사실에 가깝게 느껴지는데, 그렇다면 왜

《방목》에서 할아버지에 해당하는 규逵를 뺐는지 알 수 없다. 하지만 아버지 성길成吉도 《만성》에서는 벼슬이 없으며, 할아버지로 기록된 백伯은 《청구》와 《씨족》에는 보이지 않으니 실제인물인지 의심스럽다. 요컨대 공기의 가계는 의문투성이다.

148 **정명응**丁明應 생원을 거쳐 세종 29년 문과에 급제하여 벼슬이 현감(종6품)에 이르렀다. 《방목》에는 벼슬 말고 아무런 기록이 없어 신원을 알 수 없다. 《청구》, 《만성》, 《씨족》의 어느 정씨보에도 정명응의 가계는 보이지 않는다.

149 **최효남**崔孝男(일명 享男) 녹사와 사정司正(정7품)을 거쳐 세종 29년 친시문과에 급제하여 벼슬이 도사(종5품)와 사간원 헌납(정5품)에 이르렀다. 《방목》에는 벼슬 말고 아무런 기록이 없어 신원을 알 수 없다.

150 **안덕손**安德孫 생원으로 세종 29년 친시문과에 급제하여 벼슬이 형조좌랑(정6품)을 거쳐 군수(종4품)에 이르렀다. 《방목》에는 아버지〔習〕와 할아버지〔翊〕, 외조〔李亮〕, 처부〔尹鈞〕의 이름이 보이고, 본관이 공산公山으로 되어 있다. 그런데 《만성》에는 《공산안씨보》 자체가 없으며, 《청구》의 《공산안씨보》에는 안덕손 한 사람만 기록되어 있어 가계를 알 수 없다. 오직 《씨족》의 《공산안씨보》에만 그의 가계가 보이는데, 할아버지는 문하찬성사, 아버지는 병마사(종2품)로 되어 있다. 그런데 《씨족》의 기록에 몇 가지 문제가 있다.

첫째, 《태종실록》에 할아버지 안익의 졸기가 보이는데, "아들이 없다"[82]고 기록되어 있다. 그렇다면 아버지 안습은 안익의 아들이 아니라는 말이 되며, 《방목》과 《씨족》의 기록은 거짓이 된다. 둘째, 안익의 후취부인은 이계손李係孫의 딸이고, 안습의 부인은 이계손의 아들 이양李亮의 딸이라고 한다. 다만 안습은 전처에서 난 아들이라고 한다. 하지만 전처의 이름은 보이지 않는다. 여기서 이계손 부자의 두 딸이 안익 부자에게 시집갔다는 것은 있을 수 없는 일이다. 안익과 안습의 부자관계父子關係를 억지로 만든 것으로 보인다. 셋째, 아버지 안습의 벼슬이 병마사로 되어 있는 것도 믿기 어렵다. 병마사는 종2품의 고관인데 《실록》에 전혀 기록이 없다는 것은 이해가 되지 않는다. 결론적으로 안덕손은 가계를 알 수 없는 인물이다. 2000년 현재 공산안씨 인구는 538가구 1,678명의 희성으로, 조선시대 문과급제자는 그가 유일하다.

151 **방강**方綱 생원을 거쳐 세종 29년 친시문과에 급제하여 벼슬이 성균관 사성(종3품)에 이르렀다. 《방목》에는 벼슬 말고 아무런 기록이 없어 신원을 알 수 없다. 《청구》, 《만성》, 《씨족》의 어느 방씨보에도 방강의 가계는 보이지 않는다.

152 **홍우치**洪禹治 영능직英陵直을 거쳐 세종 29년 친시문과에 급제하여 벼슬이 교리(정5품)에 이르렀다. 《방목》에는 벼슬 말고 아무런 기록이 없어 신원을 알 수 없다.

153 **이회정**李懷精 온양교도溫陽敎導를 거쳐 세종 29년 친시문과에 급제하여 벼슬이 현감(종6품)에 이르렀다. 《방목》에는 벼슬 말고 아무런 기록이 없어 신원을 알 수 없다.

154 **전효우**全孝宇 녹사를 거쳐 세종 29년 친시문과에 급제하여

82) 《태종실록》 권20, 태종 10년 12월 7일 기해.

벼슬이 춘추관 기사관記事官(6~9품), 예문관 봉교奉敎(정7품), 교리(정5품)에 이르렀다. 《방목》에는 아버지〔叔謙〕, 할아버지〔五倫〕, 증조〔賁〕의 이름이 보이고, 본관이 정선旌善으로 되어 있다. 그런데 《청구》와 《만성》의 《정선전씨보》에는 증조와 할아버지의 이름은 보이나 아버지와 전효우의 이름은 보이지 않으며, 《씨족》에는 《정선전씨보》 자체가 없다. 신원을 알 수 없다.

155 **손효문**孫孝文 교도를 거쳐 세종 29년 친시에 급제하여 벼슬이 현감(종6품)에 이르렀다. 《방목》에는 4대조 이름과 본관이 전혀 기록되어 있지 않다. 그런데 《단종실록》을 따르면, 손효문의 아버지는 의금부 정재안呈才案에 들어 있다고 한다.[83] 정재인呈才人은 궁중연회 때 춤을 추는 무동舞童을 말하므로 천인에 속한다. 그런데도 그는 문과에 급제하는 데 지장이 없었다.

83) 《단종실록》 권7, 단종 원년 7월 22일 정축.

7
문종-단종 대 신분이 낮은 급제자와 벼슬

1) 시험과목별 급제자 인원

문종(1450~1452)과 단종(1452~1455)은 재위기간이 너무 짧아, 두 시대를 합쳐서 문과급제자의 신분과 벼슬을 살펴보기로 한다. 먼저, 시험과목별 급제자 인원을 살펴보면 다음 표와 같다.

식년시式年試	2회	66명
증광시增廣試	2회	80명
문과文科	1회	33명
합 계		179명

문종-단종 대(1450~1455)는 재위기간이 6년이다. 이 기간에 2차에 걸친 식년시에서 66명을 선발하고, 2차에 걸친 증광시에서 80명을 선발했으며, 그 밖에 1회에 걸친 문과를 시행하여 33명을 선발하여 모두 179명을 헤아리게 되었다. 매년 평균 29.83명을 선발한 셈이다. 이 수치는 앞선 세종 대나 태종 대에 견주어 2배로 늘어난 것이다. 왕이 두 번 바뀌었으므로 이를 기념하여 증광시를 2회에 걸쳐 치른 것이 그런 결과를 가져왔다.

2) 신분이 낮은 급제자

문종-단종 대 급제자 179명의 신분을 앞에서 사용한 세 통합보統合譜와 《실록》 등의 자료를 통해 조사해 보면, 전체 급제자의 34.63퍼센트에 해당하는 62명이 신분이 낮은 급제자로 판명되었다. 이 수치는 세종 대 33.69퍼센트, 태종 대 50퍼센트, 태조-정종 대 40.40퍼센트와 비교하면 세종 대와 비슷하다.

신분이 낮은 급제자 62명의 신분을 좀 더 심층적으로 살펴보면 다음과 같은 여러 부류가 있다. ① 《방목》에 본관이 기록되지 않은 급제자, ② 본관과 《족보》가 있으나 《족보》에 가계가 보이지 않는 급제자, ③ 《족보》에 조상의 가계가 단절된 채 아버지와 본인, 또는 본인만 기록되어 있는 급제자, ④ 《족보》에 시조로 되어 있는 급제자, ⑤ 내외 4대조 가운데 벼슬아치가 없는 급제자, ⑥ 전력이 공생貢生으로 되어 있는 급제자, ⑦ 《방목》과 《족보》의 가계가 서로 달라 신원을 정확하게 알기 어려운 급제자 등이다. 이들의 인원과 개인적인 신원을 소개하면 다음과 같다.

(1) 《방목》에 본관이 없는 급제자

《방목》에 본관이 기록되지 않은 급제자는 모두 35명으로, 신분이 낮은 62명 가운데 56.45퍼센트, 전체 급제자의 19.55퍼센트를 차지한다. 이들은 원래 본관이 없는 평민이거나, 본관이 있더라도 내세울 만한 벼슬아치가 없어 기록하지 않았거나, 아니면 신분을 감추기 위해 기록하지 않았거나 하는 이유가 있는 것으로 보인다. 본관이 없는 급제자는 4대조의 이름을 모두 적은 경우는 없고, 아버지만 기록하거나 아버지 이름조차도 없는 경우가 적지 않다. 그만큼 집안이 한미寒微하다는 뜻이다.

신분이 낮은 급제자 62명 가운데 벼슬을 얻지 못한 급제자는 4명으로, 그 가운데 3명은 본관이 없다. 따라서 이들이 다른 부류에 견주어 상대적으로 불리한 위치에 있었음을 알 수 있다.

(가) 3품 이상 고관에 오른 급제자

본관이 없는 급제자 35명 가운데에는 벼슬을 받지 못한 인물도 있지만, 이와 달리 3품 이상 고관에 오른 이도 5명에 이른다. 판서(정2품)가 1명, 관찰사(종2품)가 2명, 목사(정3품)가 1명, 참지參知(정3품 당상관)가 1명 배출되었다. 몇 사람의 실례를 들면 다음과 같다.

김자정金自貞 단종 대 식년시에 급제하여 벼슬이 공조판서(정2품)에 올랐다. 《동국여지승람》 편찬에도 참여했고, 한어漢語를 잘하여 중국과 외교에도 크게 기여했다. 그러나 본관을 모른다.

최호원崔灝元 단종 대 증광시에 급제하여 벼슬이 성종 대 병조참지兵曹參知(정3품 당상관)에 올랐다. 풍수, 지리 등 잡학雜學에도 뛰어난 재능을 지니고 있었다. 그러나 본관이 없어 신원을 알 수 없다.

김호형金好衡 문종 대 증광시에 급제하여 벼슬이 관찰사(종2품)에 이르렀다. 그러나 본관이 없어 신원을 알 수 없다.

박계성朴繼性 단종 대 식년시에 급제하여 벼슬이 대사간(정3품 당상관)을 거쳐 관찰사(종2품)에 이르렀다. 그러나 본관이 없어 신원을 알 수 없다.

(나) 이문습독관 출신, 초모 출신

본관이 없는 급제자 가운데에는 역관譯官 출신과 초모草茅 출신이 각각 1명씩 있다. 그 명단은 다음과 같다.

김윤종金潤宗 벼슬이 사헌부 장령掌令(정4품)에 올랐는데, 왜어倭語에 능통하여 승문원의 습독관習讀官을 지내기도 했다. 역관 집안 출신으로 보이나 본관을 알 수 없다.

이희철李希哲 벼슬이 성균관 전적典籍(정6품)에 올랐는데, 본관이 없어 신원을 알 수 없다. 《실록》에는 이희철이 초모의 인물로 활을 잘 쏜다고 한다. 여기서 초모란 시골의 평민을 말한다.

(2) 《족보》에 가계가 보이지 않는 급제자

《족보》가 있지만 통합보의 《족보》에 가계가 보이지 않는 급제자는 모두 10명에 이른다. 문과에 급제했음에도 《족보》에 오르지 못했다면, 이는 직계 조상 가운데 벼슬아치가 거의 없는 평민이거나, 서출이거나, 향리거나, 후손이 끊어졌거나, 신원을 속인 경우로 볼 수 있다. 이 부류의 급제자들은 《방목》에도 아버지만 기록되어 있는 경우가 많다.

이 부류의 급제자들은 급제 뒤 1명만 벼슬을 갖지 못했으며, 나머지 9명은 모두 벼슬을 얻었다.

(가) 3품 이상 고관에 오른 급제자

《족보》에 가계가 보이지 않는 급제자 10명 가운데 3품 이상 고관에 오른 급제자는 모두 4명이다. 그 명단을 소개하면 다음과 같다.

노자형盧自亨 본관이 광주光州로, 벼슬이 대사성大司成(정3품 당상관)에 올랐으나, 《광주노씨보》에 가계가 보이지 않는다.

정은鄭垠 본관이 진주晋州로, 단종 대 증광시에 급제하여 성종 대 벼슬이 관찰사(종2품)에 올랐는데, 《진주정씨보》에 가계가 보이지 않는다.

하한근河漢近 본관이 진주晋州로, 단종 대 식년시에 급제하여 성종 대 벼슬이 첨지중추원사(정3품 당상관)에 올랐는데, 《진주하씨보》에 가계가 보이지 않는다.

박맹지朴孟智 본관이 반남潘南으로, 단종 대 문과에 급제하여 성종 대 벼슬이 사헌부 집의執義(종3품)에 올랐으나, 《반남박씨보》에 가계가 보이지 않는다.

(나) 수군의 아들

《족보》에 가계가 보이지 않는 급제자 가운데 수군水軍의 아들이 있다.

김의정金義貞 본관이 영광靈光으로, 벼슬이 현감(종6품)에 올랐는데, 《영광김씨보》에 가계가 보이지 않는다. 《실록》에는 김의정이 수군의 아들로 한미寒微한 집안에서 나왔다고 한다.

(3) 《족보》에 가계가 단절된 급제자

《족보》에 본인이나 아버지까지만 보이고, 그 윗대의 조상이 단절된 급제자는 모두 5명이다. 이 부류는 본인 윗대에 벼슬아치가 없는 평민이거나, 향리거나 아니면 서출로 보인다.

(가) 3품 이상 고관에 오른 급제자

《족보》에 가계가 단절된 급제자 5명 가운데 3품 이상 고관에 오른 급제자는 4명이다. 그 명단을 소개하면 다음과 같다.

백수희白受禧 본관이 직산稷山으로, 문종 대 식년시에 급제하여 성종 대 부사(종3품)에 올랐다. 《씨족》의 《직산백씨보》에는 아버지와 본인의 이름만 보이는데, 아버지는 벼슬이 없다.

조안정趙安貞 본관이 광주廣州 또는 여흥驪興으로, 문종 대 식년시에 급제하여 벼슬이 예조참의(정3품 당상관)에 올랐다. 《광주조씨보》에는 아버지와 본인의 이름만 보이고, 시조는 아버지이지만 벼슬이 없다.

김수광金秀光 본관이 김해金海로, 문종 대 식년시에 급제하여 벼슬이 목사(정3품)에 올랐다. 《청구》의 《김해김씨보》에는 아버지 이후만 보이는데, 아버지는 벼슬이 없다.

양순석梁順石 본관이 남원南原으로, 벼슬이 관찰사(종2품)에 올랐다. 《남원양씨보》에는 아버지와 본인만 기록되어 있는데 아버지는 벼슬이 없다.

(4) 시조가 된 급제자

자기 본관의 시조가 된 급제자는 모두 3명이다. 이 부류에 속한 급제자의 성관은 인구가 극히 적은 희성稀姓이다. 그 명단을 소개하면 다음과 같다.

윤자임尹自任 벼슬이 사간원 정언正言(정6품)에 올랐는데, 뒤에 신녕윤씨新寧尹氏의 시조가 되었다. 2000년 현재 인구는 88가구 252명의 희성으로, 조선시대 문과급제자는 오직 2명뿐이다.

오백창吳伯昌 벼슬이 대사헌(종2품)에 올랐는데, 뒤에 두원오씨荳原吳氏의 시조가 되었다. 2000년 현재 인구는 16가구 47명의 희성으로, 문과급제자는 오백창뿐이다.

이병규李丙奎 벼슬이 예조정랑(정5품)에 올랐는데, 뒤에 장성이씨長城李氏의 시조가 되었다. 2000년 현재 인구는 244가구 760명의 희성으로, 문과급제자는 이병규가 유일하다.

(5) 내외 4대조 또는 그 윗대 가운데 벼슬아치가 없는 급제자

이 부류에 속하는 급제자는 모두 5명이다. 그런데 이 부류에서도 3품 이상 고관에 오른 급제자가 있다. 그 이름을 소개하면 다음과 같다.

홍우성洪禹成(개명 允成) 충청도 홍산鴻山 사람으로 집안이 빈천貧賤함에도 홍산향교에서 열심히 공부하여 문종 대 문과에 급제한 뒤 벼슬이 세조 대 영의정(정1품)에 올랐다. 활을 잘 쏘고 용맹스

럽기도 한 인물이었다. 본관은 회인懷仁이다. 《청구》와 《만성》의 《회인홍씨보》를 보면 증조가 시조인데 홍윤성에 이르기까지 벼슬아치가 없다. 2000년 현재 인구는 13가구 39명의 희성으로, 조선시대 문과급제자는 그가 유일하다. 집안이 얼마나 한미한가를 알 수 있다.

(6) 공생 출신으로 급제한 인물

공생貢生은 향리를 말한다.[84] 공생 출신 급제자는 1명뿐이다.

국경례麴經禮 문종 대 급제하여 벼슬이 사간원 사간司諫(종3품)에 올랐는데, 본관이 담양潭陽이다. 그런데 《청구》의 《담양국씨보》에는 아버지 이름이 보이지 않고, 《만성》의 《담양국씨보》에는 아버지 이름이 《방목》과 다를 뿐 아니라 3대조 가운데 벼슬아치가 없다. 《씨족》에는 《담양국씨보》 자체가 없다. 향리이기 때문에 조상 가운데 벼슬아치가 없는 것이다.

(7) 《방목》과 《족보》의 가계가 서로 다른 급제자

《방목》에 보이는 가계와 《족보》에 보이는 가계가 서로 달라 신원이 확실치 않은 급제자는 모두 3명이다. 아마도 신분을 속인 것으로 의심되지만, 확실치는 않다. 이들은 벼슬이 낮은 것이 특징이다.

84) 《광해군일기》 권148, 광해군 12년 1월 2일 신사.

박평朴枰 벼슬이 상급 아전인 녹사錄事에 올랐다.
이미李美 벼슬이 성균관 전적典籍(정6품)에 올랐다.
정지소鄭至韶 벼슬이 성균관 학유學諭(종9품)에 올랐다

3) 신분이 낮은 급제자의 벼슬

문종-단종 대 신분이 낮은 급제자 62명은 어떤 벼슬에 올랐을까? 먼저 벼슬을 받지 못한 급제자는 4명이고, 그 나머지 58명은 벼슬을 받았다. 그들이 받은 벼슬 가운데 최고품계순으로 인원을 정리해 보면 다음과 같다.

벼슬과 품계	인원
영의정領議政(정1품)	1명 (홍윤성)
판서判書(정2품)	1명 (김자정)
대사헌大司憲(종2품)	1명 (오백창)
관찰사觀察使(종2품)	4명 (김호형, 정은, 박계성, 양순석)
첨지중추원사(정3품 당상관)	1명
대사성大司成(정3품 당상관)	1명
참의參議(정3품 당상관)	1명
병조참지參知(정3품 당상관)	1명
목사牧使(정3품)	2명
부사府使(종3품)	1명
사간원 사간司諫(종3품)	1명
사헌부 집의執義(종3품)	1명
1~3품	16명
성균관 사예司藝(정4품)	2명
사헌부 장령掌令(정4품)	3명
통례문 봉례奉禮(정4품)	1명

광흥창 부사副使(종4품)	1명
정랑正郎(정5품)	2명
사헌부 지평持平(정5품)	3명
성균관 직강直講(정5품)	1명
별좌別坐(정5품)	1명
현령縣令(종5품)	1명
서령署令(종5품)	1명
부령部令(종5품)	1명
판관判官(종5품)	3명
교리校理(종5품)	1명
사간원 정언正言(정6품)	2명
성균관 전적典籍(정6품)	4명
사헌부 감찰監察(정6품)	2명
서장관書狀官(4~6품)	1명
현감縣監(종6품)	4명
교수敎授(종6품)	1명
주부主簿(종6품)	1명
4~6품	36명
예문관 봉교奉敎(정7품)	1명
성균관 학정學正(정8품)	1명
정자正字(정9품)	1명
교서랑校書郎(정9품)	1명
성균관 학유學諭(종9품)	1명
녹사錄事	1명
7~9품	6명
벼슬을 갖지 못한 급제자	4명
합 계	62명

위 표를 다시 정리하면, 신분이 낮은 급제자 62명 가운데 벼슬을 가진 급제자는 모두 58명이고 벼슬을 갖지 못한 급제자는 4

명으로, 94.54퍼센트가 벼슬을 받았다. 벼슬을 갖지 못한 급제자 4명 가운데 3명은 본관이 없는 급제자이고, 나머지 1명은 《족보》에 가계가 보이지 않는 급제자이다. 신분이 가장 낮은 부류에서 무직자가 나온 셈이다.

58명이 받은 최고 벼슬을 보면, 3품 이상 고관이 16명으로 27.58퍼센트를 차지한다. 그 가운데 영의정(정1품)이 1명 나온 것은 매우 이례적이다. 바로 홍우성洪禹成이다. 그 다음 판서(정2품)와 대사헌(종2품)도 각각 1명씩 배출되고, 관찰사(종2품)는 4명에 이른다. 다만 집안이 좋은 급제자들에 견준다면 정승과 판서로 진출함이 상대적으로 부진하다고 할 수 있다.

다음에 직종별로 이들의 벼슬을 살펴보자. 청요직으로 불리는 6조 낭관과 사헌부, 사간원, 예문관, 성균관, 승문원 등 모든 직종에 골고루 분포되고, 목사에서 현감에 이르는 지방 수령도 골고루 포진되어 있다.

마지막으로 지적하고 싶은 것은 이렇게 신분이 낮은 급제자들이 청요직에 임명되더라도 서경권署經權을 가진 대간臺諫에서 이를 반대하는 일이 거의 없었다는 사실이다. 이런 경향은 임금의 열린 마음과 관련이 있지만, 동시에 대간 자체에 이런 부류들이 크게 진출하고 있는 데에도 이유가 있다고 볼 수 있다.

4) 문종-단종 대 신분이 낮은 급제자 명단

문종-단종 대 신분이 낮은 급제자 62명의 명단을 급제연대순으로 소개하면 다음과 같다.

1 **김의정**金義精 수군의 아들로, 진사를 거쳐 문종 즉위년(1450) 식년시에 급제하여 벼슬이 현감(종6품)에 이르렀다. 《방목》에는 아버지〔自剛〕 이름만 보이고, 본관이 없다. 김의정이 문과에 급제할 때 대책對策에서 수석을 차지하자 사람들은 "김의정은 계통이 한미寒微한 가문에서 나왔고 또 명망도 없는데, 비록 대책을 잘 지었다고 하더라도 수석으로 뽑은 것은 마땅치 않다"85)는 불평을 하기도 했다. 현재 본관이 영광靈光으로 알려져 있으나, 《청구》, 《만성》, 《씨족》의 《영광김씨보》에는 그의 가계가 보이지 않는다.

2 **홍우성**洪禹成(개명 允成, 1425~1475) 교도敎導를 거쳐 문종 즉위년 문과에 급제하여 세조의 사랑을 받아 벼슬이 영의정領議政(정1품)에까지 올랐다. 《방목》에는 벼슬과 아버지〔齊年〕 이름만 보이고, 본관은 충청도 회인懷仁으로 되어 있다. 그런데 《세조실록》에는 홍우성의 집안과 사람됨을 다음과 같이 적고 있다.

> 홍윤성(우성)은 홍산鴻山사람이다. 젊었을 때 빈천貧賤하여 홍산 향교에서 독서하면서 괴로워도 부지런하고, 게을리하지 않았다. 사람됨이 호협하고 용맹하며 힘이 세어 활을 잘 쏘고, 그 기운이 낙락하여 보통 사람과 달랐다.86)

여기서 그가 빈천한 집안 곧 가난하고 천한 집안의 출신임을 알 수 있다. 그런데 《청구》와 《만성》의 《회인홍씨보》를 보면

85) 《문종실록》 권4, 문종 즉위년 10월 12일 임오.
86) 《세조실록》 권45, 세조 14년 3월 3일 계해.

직계 3대조의 이름이 보이는데 아무런 벼슬이 없다. 한편 《씨족》에는 《회인홍씨보》 자체가 없다. 홍씨는 회인의 토성土姓 가운데 하나로, 2000년 현재 회인홍씨 인구는 13가구 39명의 희성인데, 조선시대 문과급제자는 그가 유일하다.

3 **노자형**盧自亨(1414~1490) 장흥長興 사람으로, 생원을 거쳐 문종 즉위년 문과에 급제하여 벼슬이 성종조에 대사성大司成(정3품 당상관)에 이르렀다. 학문이 깊어 유생들의 존경을 받았다. 《방목》에는 벼슬과 아버지[義] 이름만 보이고, 본관이 광주光州로 되어 있다. 그러나 《청구》, 《만성》, 《씨족》의 《광주노씨보》에는 노자형의 가계가 보이지 않는다.

4 **윤자임**尹自任 생원을 거쳐 문종 즉위년 문과에 급제하여 벼슬이 사간원 정언正言(정6품)에 이르렀다. 《방목》에는 벼슬과 아버지[莘卑] 이름만 보이고, 그 밖에 아무런 기록이 없다. 그런데 《청구》의 《신녕윤씨보新寧尹氏譜》에 윤자임과 그의 아버지 두 사람만이 기록되어 있다. 아버지는 벼슬이 없는 평민이고 윤자임이 시조이다. 《만성》과 《씨족》에는 《신녕윤씨보》 자체가 없다. 《세종실록》〈지리지〉를 보면 윤씨는 경상도 신녕의 속성續姓 가운데 하나이므로, 그는 이 지역 토착민이 아니었음을 알 수 있다. 아마 이 지역의 향리였다가 그가 벼슬한 뒤에 이 지역을 본관으로 삼게 된 것으로 보인다. 2000년 현재 신녕윤씨 인구는 88가구 252명의 희성으로, 조선시대 문과급제자는 오직 2명뿐인데, 그가 처음이다.

5 **백수희**白受禧 교도를 거쳐 문종 즉위년 문과에 급제하여 벼슬이 세조 대 사간원 헌납獻納(정5품), 성종 대 부사(종3품)에 이르

렀다. 《방목》에는 아버지〔乙生〕와 처부〔閔安孫〕의 이름만 보이고, 본관이 직산稷山으로 되어 있다. 그런데 《청구》의 《직산백씨보》에는 백수희의 이름이 보이지 않고 다른 사람의 이름 하나만이 보이며, 《만성》에는 《직산백씨보》 자체가 없다. 《씨족》의 《직산백씨보》에는 아버지 을생과 그의 이름이 보이는데, 아버지는 벼슬이 없으며, 선계가 끊어져 있어 가계를 알 수 없다. 《세종실록》 〈지리지〉에는 백씨가 직산의 토성 가운데 하나로 기록되어 있어, 이 지방 토착민임을 알 수 있다. 2000년 현재 직산백씨 인구는 28가구 93명의 희성으로, 조선시대 문과급제자는 그가 유일하다.

6 **조안정**趙安貞 생원을 거쳐 문종 즉위년 문과에 급제하여 벼슬이 예조참의(정3품 당상관)에 이르렀다. 《방목》에는 아버지〔繼文〕 이름만 보이고, 본관이 광주廣州로 되어 있다. 그러나 《청구》와 《만성》에는 《광주조씨보》 자체가 없고, 《여흥조씨보驪興趙氏譜》에 조안정의 이름이 보인다. 이를 보면 시조는 아버지 계문으로 벼슬이 없다. 이와 달리 《씨족》의 《광주조씨보》에 그의 이름이 보이는데, 아버지는 벼슬이 없고 선계가 끊어져 있어 가계를 알 수 없다. 또 《세종실록》 〈지리지〉에는 광주와 여흥의 성씨 가운데에 조씨가 없다. 따라서 그는 집안의 내력을 알 수 없는 평민임을 알 수 있다. 2000년 현재 광주조씨 인구는 329가구 1,072명의 희성으로, 조선시대 문과급제자는 오직 2명뿐인데, 그가 처음이다.

7 **최종복**崔宗復 생원을 거쳐 문종 즉위년 문과에 급제하여 벼슬이 사간원 정언(정6품)과 현감(종6품)에 이르렀다. 《방목》에는 벼

슬과 아버지〔斯江〕 이름 말고 아무런 기록이 없어 가계를 알 수 없다.

8 **오백창**吳伯昌(1415~1472) 교도를 거쳐 문종 즉위년 문과에 급제하여 벼슬이 대사헌(종2품)과 관찰사(종2품)에 이르렀다. 죽은 뒤에 양체襄替라는 시호를 받았다. 《방목》에는 아버지〔寧老〕, 외조〔洪龜〕, 처부〔閔道〕의 이름만 보이고, 본관은 두원荳原으로 되어 있다. 그런데 《씨족》에는 《두원오씨보》 자체가 없고, 《청구》의 《두원오씨보》에는 아버지의 벼슬이 원평윤原平尹으로 시조이며, 《만성》에는 아버지가 시조임은 같으나 벼슬이 좌랑佐郎으로 되어 있어 《청구》와 다르다. 아마 아버지의 벼슬은 실직實職이 아니라 아들로 말미암아 받은 증직贈職으로 보인다. 현재 두원오씨는 오백창을 시조로 받들고 있는데, 여기에서도 아버지는 벼슬이 없다. 다만 오씨는 장흥長興 두원의 토성 가운데 하나이므로 이 지방의 토착민임을 알 수 있다. 2000년 현재 두원오씨 인구는 16가구 47명의 희성으로, 조선시대 문과급제자는 그가 유일하다.

9 **김상징**金尙澄 교도를 거쳐 문중 즉위년 문과에 급제했는데, 《방목》에는 아버지〔超〕 이름만 보이고 그 밖에 아무런 기록이 없어 신원을 알 수 없다.

10 **조승본**趙承本 교도를 거쳐 문종 즉위년 문과에 급제하여 벼슬이 현감(종6품)에 이르렀다. 《방목》에는 벼슬과 아버지〔宜瑾〕 이름 말고 아무런 기록이 없어 신원을 알 수 없다.

11 **김호인**金好仁 교도를 거쳐 문종 즉위년 문과에 급제하여 벼슬이 성종 대 목사(정3품)에 이르렀다. 《방목》에는 벼슬과 아버지〔壽延〕 이름 말고 아무런 기록이 없어 신원을 알 수 없다.

12 **김수광**金秀光 생원으로 문종 즉위년 문과에 급제하여 벼슬이 사간원 헌납(정5품)을 거쳐 원주목사(정3품)에 이르렀다. 《방목》에는 벼슬 말고 아무런 기록이 없다. 《청구》의 《김해김씨보》에는 김수광이 이조판서를 지낸 불비不比의 아들로 나오는데, 불비의 조상은 가계가 끊어져 있다. 하지만 김불비가 이조판서를 했다면 《실록》에 보여야 하는데 보이지 않는다. 따라서 김수광의 선대가 벼슬을 했다는 증거가 없다. 한편 《만성》과 《씨족》의 《김해김씨보》에는 그의 가계가 보이지 않는다.

13 **박앙**朴鴦 교도로 문종 원년(1451) 증광문과에 급제했는데, 《방목》에는 이름 말고 아무런 기록이 없어 신원을 알 수 없다.

14 **이맹영**李孟英 충순위 사직司直(정5품)을 거쳐 문종 원년 증광문과에 급제하여 벼슬이 사헌부 지평持平(정5품)에 이르렀다. 《방목》에는 벼슬 말고 아무런 기록이 없어 신원을 알 수 없다.

15 **김천**金賤 생원을 거쳐 문종 원년 증광문과에 급제하여 벼슬이 광흥부사廣興副使(종4품)에 이르렀다. 《방목》에는 벼슬 말고 아무런 기록이 없어 신원을 알 수 없다. 현재 본관이 부안扶安으로 알려져 있으나, 《청구》, 《만성》, 《씨족》의 《부안김씨보》에는 김천의 가계가 보이지 않는다.

16 **국경례**麴經禮(1428~?) 공생貢生을 거쳐 문종 원년 증광문과에 급제하여 벼슬이 사간원 사간司諫(종3품)에 이르렀다. 《방목》에는 벼슬과 아버지〔濡〕 이름이 보이고 본관이 담양潭陽으로 되어 있다. 그런데 《청구》의 《담양국씨보》에는 총랑摠郞 국영돈麴暎敦의 후손으로 되어 있을 뿐 아버지 이름이 보이지 않는다. 《만성》의 《담양국씨보》에는 아버지 이름이 이釐(진사)로 되어 있고

3대조 안에 벼슬아치가 없으며, 《씨족》에는 《담양국씨보》 자체가 없다. 《족보》마다 국경례의 가계가 다르게 나타나고 있는 것이다. 전력이 공생이라고 한 것은 그가 향리 출신임을 말해준다. 국씨는 담양의 토성 가운데 하나이며, 담양국씨는 고려 인종 대 송나라에서 귀화해 온 국양의 후손이다. 조선시대 문과급제자는 2명인데, 그가 처음이다.

17 **오상문**吳尙文 거창居昌 사람으로, 생원을 거쳐 문종 원년 증광문과에 급제하여 벼슬이 현감(종6품)[87]과 충주판관忠州判官(종5품)[88]에 이르렀다. 《방목》에는 벼슬〔영춘추관; 정1품〕[89]과 아버지〔善良〕, 할아버지〔興〕, 증조〔起龍〕의 이름이 보이고 본관이 함양咸陽으로 되어 있다. 그러나 《청구》의 《함양오씨보》에는 오상문의 가계가 보이지 않으며, 《만성》의 《함양오씨보》에는 직계 조상 3대조 가운데 벼슬아치가 없다. 한편 《씨족》의 《함양오씨보》를 보면 아버지의 벼슬이 사정(정7품), 할아버지가 소윤(종4품)으로 되어 있는데, 아버지 벼슬은 무반산직으로 실직이 아니며, 할아버지 벼슬도 《청구》와 《만성》의 기록을 따르면 믿어야 할지 의문이다. 다만 오씨는 함양의 토성 가운데 하나이며, 조선시대 문과급제자 11명을 배출했다.

18 **이근**李覲 생원을 거쳐 문종 원년 증광문과에 급제하여 벼슬이 승문원 교리校理(종5품)에 이르렀으며, 일본에 통신사로 갔다가 표류해 돌아오기도 했다. 《방목》에는 벼슬 말고 아무런 기록

87) 《만성》과 《씨족》의 《함양오씨보》에는 오상문의 벼슬이 현감으로 되어 있다.
88) 《세조실록》 권17, 세조 5년 8월 26일 을해.
89) 《방목》에는 벼슬이 영춘추관領春秋館으로 되어 있는데, 이는 정1품 벼슬로 오상문과는 관계가 없다. 오기로 보인다.

이 없어 신원을 알 수 없다.

19 **이병규**李丙奎 생원을 거쳐 문종 원년 증광문과에 급제하여 벼슬이 성종 대 예조정랑(정5품)에 이르렀다. 《방목》에는 벼슬 말고 아무런 기록이 없다. 그런데 《청구》의 《장성이씨보長城李氏譜》에는 이병규가 시조로 되어 있으며, 《만성》과 《씨족》에는 《장성이씨보》 자체가 없다. 《성종실록》을 보면, 그는 어떤 이의 비첩婢妾이 낳은 딸을 후처後妻로 맞이했다고 한다.90) 2000년 현재 장성이씨 인구는 244가구 760명의 희성으로, 조선시대 문과급제자는 그가 유일하다.

20 **신숙서**申叔胥 생원을 거쳐 문종 원년 증광문과에 급제하여 벼슬이 성종 대 제천현감(종6품)에 이르렀다. 《방목》에는 벼슬과 처부[具安義]의 이름만 보이고, 그 밖에 아무런 기록이 없다. 현재 본관이 평산平山으로 알려져 있는데, 《청구》, 《만성》, 《씨족》의 《평산신씨보》에는 신숙서의 가계가 보이지 않는다.

21 **이효생**李孝生 사직(정5품)을 거쳐 문종 원년 증광문과에 급제하여 벼슬이 교수(종6품)에 이르렀다. 《방목》에는 벼슬 말고 아무런 기록이 없어 신원을 알 수 없다.

22 **곽자호**郭自湖(일명 自潮) 생원을 거쳐 문종 원년 증광문과에 급제했는데, 《방목》에는 이름 말고 아무런 기록이 없어 신원을 알 수 없다. 《청구》, 《만성》, 《씨족》의 어느 곽씨보에도 곽자호의 가계는 보이지 않는다.

23 **박평**朴枰 교도를 거쳐 문종 원년 증광문과에 급제하여 벼슬

90) 《성종실록》 권63, 성종 7년 1월 29일 갑술.

이 상급 아전인 녹사錄事에 이르렀는데, 《방목》에는 아버지〔得之〕, 할아버지〔祥〕, 증조〔渙〕의 이름이 보이고, 본관이 함양咸陽으로 되어 있다. 그런데 《청구》와 《만성》의 《함양박씨보》에는 박평의 가계가 보이지 않는다. 한편 《씨족》의 《함양박씨보》에는 아버지 이름이 득화得和(산원), 할아버지가 상詳(전서), 증조가 민중敏中(군수)으로 되어 있어 가계가 《방목》과 다르다. 신원이 분명치 않은 인물이다. 다만 박씨는 함양의 토성 가운데 하나이다.

24 **임효검**林孝儉(일명 效儉)91) 유학으로 문종 원년 증광문과에 급제하여 벼슬이 병조정랑(정5품)을 거쳐 사간원 헌납(정5품)에 이르렀다. 《방목》에는 벼슬과 처부〔金士忠〕의 이름만 보이고, 그 밖에 아무런 기록이 없다. 《청구》, 《만성》, 《씨족》의 어느 임씨보에도 임효검의 가계는 보이지 않는다.

25 **이제림**李悌林 생원으로 문종 원년 증광문과에 급제하여 벼슬이 예문관 봉교奉敎(정7품)와 대교待敎(정8품)를 거쳐 현감(종6품)에 이르렀다. 《방목》에는 벼슬 말고 아무런 기록이 없어 신원을 알 수 없다.

26 **김호형**金好衡 진사로 문종 원년 증광문과에 급제하여 벼슬이 서장관(4~6품)을 거쳐 감사(종2품)에 이르렀다. 《방목》에는 벼슬 말고 아무런 기록이 없어 신원을 알 수 없다.

27 **최계동**崔繼潼 진사로 문종 원년 증광문과에 급제하여 벼슬이 도사都事(종5품)를 거쳐 성균관 직강(정5품)에 이르렀다. 《방목》에는 벼슬 말고 아무런 기록이 없다. 현재 본관이 흥해興海(곡강)

91) 《방목》에는 朴孝儉으로 되어 있는데, 이는 林孝儉의 오기이다.

로 알려져 있는데, 《청구》와 《만성》의 《흥해최씨보》에는 최계동의 가계가 보이지 않으며, 《씨족》에는 《흥해최씨보》 자체가 없다. 최씨는 흥해의 토성 가운데 하나이며, 2000년 현재 인구는 3,610가구 11,479명의 희성으로, 조선시대 문과급제자는 모두 3명이다.

28 **김보륜**金輔輪 교도를 거쳐 단종 원년(1453) 증광문과에 급제하여 벼슬이 교서랑校書郎(정9품)에 이르렀다. 《방목》에는 벼슬 말고 아무런 기록이 없어 신원을 알 수 없다. 현재 본관이 상주尙州로 알려져 있으나, 《청구》, 《만성》, 《씨족》의 《상주김씨보》에는 김보륜의 가계가 보이지 않는다.

29 **정은**鄭垠 생원으로 단종 원년 증광문과에 급제하여 벼슬이 교리(종5품)와 도사(종5품)를 거쳐 성종 대 관찰사(종2품)에 이르렀다. 《방목》에는 벼슬과 아버지〔廣元〕 이름이 보이고, 본관이 진주晋州로 되어 있다. 그런데 《청구》, 《만성》, 《씨족》의 《진주정씨보》에는 정은의 가계가 보이지 않는다.

30 **이희철**李希哲 충청도 홍산鴻山 사람으로, 생원을 거쳐 단종 원년 증광문과에 급제하여 벼슬이 교수(종6품)와 현감(종6품), 성종 대 성균관 전적典籍(정6품)에 이르렀다. 《방목》에는 벼슬 말고 아무런 기록이 없어 신원을 알 수 없다. 그런데 《성종실록》에는 이희철이 품성이 순수하고, 활을 잘 쏘며, 본래 초모草茅의 인물이라고 한다.[92] 따라서 한미한 집안 출신임을 알 수 있다.

31 **이미**李美 생원을 거쳐 단종 원년 증광문과에 급제하여 벼슬

92) 《성종실록》 권120, 성종 11년 8월 15일 임술.

이 성균관 전적(정6품)에 이르렀다. 《방목》에는 벼슬과 처부〔姜匪虎〕의 이름이 보이고, 인형仁亨의 아버지라고 밝히고 있으며, 본관이 함안咸安으로 되어 있다. 아들 이인형은 세조 14년 문과에 급제하여 벼슬이 대사헌(종2품)에 이르렀다. 그의 《방목》을 보면 할아버지, 곧 이미의 아버지가 이명도李明道로 되어 있다. 그런데 《청구》의 《함안이씨보》를 보면 이미의 아버지가 이원로李元老(호조참의; 정3품 당상관)로 되어 있어 《방목》과 다르다. 《청구》의 《함안이씨보》가 거짓인 듯하다. 한편 《만성》과 《씨족》의 《함안이씨보》에는 그의 가계가 보이지 않는다. 요컨대 가계가 분명치 않은 인물이다.

32 **강기수**姜耆壽 생원으로 단종 원년 증광문과에 급제하여 세조 대 부정자副正字(종9품)를 거쳐 서장관(4~6품)으로 명나라에 다녀오기도 했다. 《방목》에는 이름 말고 아무런 기록이 없어 신원을 알 수 없다. 《청구》, 《만성》, 《씨족》의 어느 강씨보에도 강기수의 가계는 보이지 않는다.

33 **이종산**李鍾山 생원으로 단종 원년 증광문과에 급제하여 벼슬이 성균관 학유學諭(종9품)와 주부(종6품)를 거쳐 성종 대 사헌부 지평(정5품)과 장원서 장원掌苑(정6품)에 이르렀다. 《방목》에는 벼슬 말고 아무런 기록이 없어 신원을 알 수 없다.

34 **심산보**沈山甫 교도를 거쳐 단종 원년 증광문과에 급제하여 벼슬이 사헌부 지평(정5품)에 이르렀다. 《방목》에는 아버지〔孟思〕 이름만 보이고, 본관이 삼척三陟으로 되어 있다. 그러나 《청구》와 《만성》의 《삼척심씨보》에는 심산보의 가계가 보이지 않는다. 《씨족》의 《삼척심씨보》에만 가계가 끊어진 형태로 아버지와 그

의 이름이 보이는데, 아버지는 교도이지만 이는 벼슬이 아니다. 따라서 그의 조상은 벼슬아치가 없다. 하지만《세종실록》〈지리지〉를 보면 심씨가 삼척의 토성 가운데 하나로 기록되어 있어, 그가 삼척 지방의 토착민임을 알 수 있으며, 조선시대 첫 문과급제자이다.

35 **양정명**梁井明 생원을 거쳐 단종 원년 증광문과에 급제하여 벼슬이 성균관 전적(정6품)에 이르렀다.《방목》에는 벼슬 말고 아무런 기록이 없어 신원을 알 수 없다.《청구》,《만성》,《씨족》의 어느 양씨보에도 양정명의 가계는 보이지 않는다.

36 **김석통**金石通 승사랑承仕郎(종8품)으로 단종 원년 증광문과에 급제하여 벼슬이 판관判官(종5품)과 현감(종6품)에 이르렀다.《방목》에는 벼슬 말고 아무런 기록이 없어 신원을 알 수 없다.

37 **송흥문**宋興門 무반산직인 사직(정5품)으로 단종 원년 증광문과에 급제하여 벼슬이 직장直長(종7품)을 거쳐 세조 대 사헌부 감찰監察(정6품)에 이르렀다.《방목》에는 벼슬 말고 아무런 기록이 없어 신원을 알 수 없다.

38 **최호원**崔灝元 승丞(5품)을 거쳐 단종 원년 증광문과에 급제하고 중시에도 급제하여, 벼슬이 부사(종3품)와 첨지중추부사(정3품 당상관)를 거쳐 성종 대 병조참지兵曹參知(정3품 당상관)에 이르렀다. 또한 풍수학자로서도 이름이 높았다.《성종실록》에는 최호원이 "비록 유과儒科 출신이긴 하지만 학문이 올바르지 못하여 음양, 지리, 도류道流 등의 황당한 학설로서 그 간사함을 시행할 수 있어서 외람되게 정조政曹(이조와 병조)에 끼이게 되었다"[93]고 기록되어 있다. 잡학雜學을 하는 사람이 당상관에 오른 것이다.《방

목》에는 벼슬과 아버지〔安止〕 이름 말고 아무런 기록이 없어 신원을 알 수 없다.

39 **옥려**玉礪 생원을 거쳐 단종 원년 증광문과에 급제했는데, 《방목》에는 이름 말고 아무런 기록이 없어 신원을 알 수 없다. 옥씨는 본관이 반성班城(진주 소속)밖에 없는데, 《청구》, 《만성》, 《씨족》에는 《반성옥씨보》 자체가 없어 아직 본관을 갖지 못한 평민임을 알 수 있다. 《세종실록》 〈지리지〉를 보면 옥씨는 반성의 일반성 가운데 하나이다. 2000년 현재 반성옥씨 인구는 28가구 108명의 희성으로, 조선시대 문과급제자는 옥려가 처음이고, 그 뒤 광해군 대 1명이 추가되었을 뿐이다.

40 **박근**朴瑾 교도로 단종 원년 식년시에 급제하여 벼슬이 성균관 전적(정6품)과 현감(종6품)을 거쳐 서령署令(종5품)에 이르렀다. 《방목》에는 벼슬 말고 아무런 기록이 없어 신원을 알 수 없다. 현재 본관이 의흥義興으로 알려져 있는데, 《청구》, 《만성》, 《씨족》에는 《의흥박씨보》 자체가 없다. 2000년 현재 의흥박씨 인구는 3,395명으로 희성에 속한다. 조선시대 문과급제자는 모두 3명으로 박근이 처음이다.

41 **박계성**朴繼性 진사로 단종 원년 식년시에 급제하여 벼슬이 성종 대 대사간大司諫(정3품 당상관)을 거쳐 관찰사(종2품)에 이르렀다. 《방목》에는 벼슬 말고 아무런 기록이 없어 신원을 알 수 없다.

42 **남승보**南勝寶 교도로 단종 원년 식년시에 급제하여 벼슬이

---

93) 《성종실록》 권173, 성종 15년 12월 8일 신유.

성균관 학정學正(정8품)에 이르렀다. 《방목》에는 벼슬과 아버지〔得儉〕, 외조부의 이름 말고 아무런 기록이 없어 신원을 알 수 없다. 현재 본관이 고성固城으로 알려져 있으나, 《청구》, 《만성》, 《씨족》의 《고성남씨보》에는 남승보의 가계가 보이지 않는다.

43 **양순석**梁順石 생원을 거쳐 단종 원년 식년시에 급제하여 벼슬이 성종 대 관찰사(종2품)에 이르렀다. 《방목》에는 벼슬과 처부〔鄭孝忠〕의 이름이 보이고, 하賀의 아버지라고 적고 있으며, 본관이 남원南原으로 되어 있다. 그러나 《청구》와 《만성》의 《남원양씨보》에는 양순석의 가계가 보이지 않으며, 《씨족》의 《남원양씨보》에는 가계가 끊어진 형태로 그와 아들 양하의 이름을 기록하고 있다. 곧 그는 선계先系를 알 수 없는 인물이다.

44 **김구영**金九英 교도로 단종 원년 식년시에 급제하여 벼슬이 통례원 봉례奉禮(정4품)와 병조정랑(정5품)을 거쳐 예조정랑(정5품)에 이르렀다. 《방목》에는 벼슬 말고 아무런 기록이 없어 신원을 알 수 없다. 현재 본관이 김해金海로 알려져 있으나, 《청구》, 《만성》, 《씨족》의 《김해김씨보》에는 김구영의 가계가 보이지 않는다.

45 **박치명**朴致明 진의進義로 단종 원년 식년시에 급제하여 벼슬이 성균관 학유(종9품)를 거쳐 주부(종6품)에 이르렀다. 《방목》에는 벼슬 말고 아무런 기록이 없어 신원을 알 수 없다.

46 **김병문**金炳文 유학으로 단종 원년 식년시에 급제하여 벼슬이 훈도(종9품)를 거쳐 부령部令(종5품)에 이르렀다. 《방목》에는 벼슬 말고 아무런 기록이 없어 신원을 알 수 없다.

47 **안신손**安信孫 생원으로 단종 원년 식년시에 급제하여 벼슬이

예문관 검열檢閱(정9품)을 거쳐 봉교(정7품)에 이르렀다. 《방목》에는 벼슬과 처부[李士敏]의 이름만 보이고, 본관이 죽산竹山으로 되어 있다. 그런데 《청구》와 《만성》의 《죽산안씨보》에는 안신손의 가계가 보이지 않으며, 《씨족》의 《죽산안씨보》에는 그의 이름이 가계가 끊어진 형태로 외따로 기록되어 있어 선계를 알 수 없다. 다만 처부 이사민은 부사를 지냈다. 《실록》에는 세종 대 문과에 급제한 안철손安哲孫의 동모제同母弟라고 되어 있으나, 《죽산안씨보》의 가계와 전혀 다르다.

48 **김자정**金自貞 진사를 거쳐 단종 원년 식년시에 급제하여 벼슬이 공조판서(정2품)에 이르렀다. 성종 대 《동국여지승람》 편찬에도 참여했는데, 한어漢語를 잘하여 외교업무에 공이 많았다. 《방목》에는 벼슬 말고 아무런 기록이 없어 신원을 알 수 없다. 본관은 현재 김해金海로 알려져 있으나, 《청구》, 《만성》, 《씨족》의 《김해김씨보》에는 김자정의 가계가 보이지 않는다.

49 **김영벽**金暎璧 교도로 단종 원년 식년시에 급제하고 중시에도 급제하여, 성균관 사예司藝(정4품)를 거쳐 옥천군수(종4품)에 이르렀다. 경학에 밝은 인물로 알려졌는데, 세조 대 불법을 저질러 파직되었다. 《방목》에는 이름 말고 아무런 기록이 없어 신원을 알 수 없다.

50 **하한근**河漢近 진사를 거쳐 단종 원년 식년시에 급제하여 벼슬이 승정원 주서(정7품), 군기시첨정(종4품)으로 일본 통신사 부사副使로 다녀오고 성종 대 숙천부사肅川府使(종3품)와 첨지중추원사(정3품 당상관)에 이르렀다. 《방목》에는 벼슬 말고 아무런 기록이 없어 신원을 알 수 없다. 현재 본관이 진주晋州로 알려져 있

지만, 《청구》, 《만성》, 《씨족》의 《진주하씨보》에는 하한근의 가계가 보이지 않는다.

51 **최수지**崔水智 부위副尉(7~9품)로 단종 원년 식년시에 급제하여 벼슬이 사헌부 감찰(정6품)을 거쳐 성종 대 현풍현감(종6품)에 이르렀다. 대사헌 서거정은 최수지가 "잔열孱劣하고 능력이 없어서 수령의 자질이 없다"94)고 하면서 반대했다. 《방목》에는 벼슬과 아버지〔自涇〕, 할아버지〔斯泌〕, 증조〔澤〕의 이름이 보이고, 본관이 화순和順으로 되어 있다. 그런데 《청구》, 《만성》, 《씨족》의 《화순최씨보》에는 그의 가계가 보이지 않는다. 집안이 매우 한미한 것을 알 수 있다.

52 **김효신**金孝新 유학을 거쳐 단종 원년 식년시에 급제하여 벼슬이 판관(종5품)에 이르렀는데, 죄를 지어 파직되었다. 《방목》에는 벼슬 말고 아무런 기록이 없어 신원을 알 수 없다.

53 **정지소**鄭至韶 진사를 거쳐 단종 2년(1454) 문과에 급제하여 벼슬이 세조 대 성균관 훈도(종9품)와 성균관 학유(종9품)에 이르렀다. 《방목》에는 벼슬과 아버지〔淮衡〕 이름 말고 아무런 기록이 없어 신원을 알 수 없다. 그런데 《청구》와 《만성》의 《연일정씨보延日鄭氏譜》를 보면, 정지소는 문예文裔(교도)의 아들로 기록되어 있어서 《방목》과 다르다. 정체를 알 수 없다.

54 **김윤종**金潤宗 진사로 단종 2년 문과에 급제하여 벼슬이 승문원 습독관習讀官을 거쳐 일본에 통신사 서장관(4~6품)으로 다녀왔으며, 성종 대 사헌부 장령掌令(정4품)에 이르렀다. 습독관을

94) 《성종실록》 권32, 성종 4년 7월 1일 경인.

지내고 통신사로 다녀온 것을 볼 때 왜어倭語에 능통한 것으로 보인다. 조선 후기였다면 중인에 속한다. 《방목》에는 벼슬 말고 아무런 기록이 없어 신원을 알 수 없다. 본관은 현재 광산光山으로 알려져 있으나, 《청구》, 《만성》, 《씨족》의 《광산김씨보》에는 김윤종의 가계가 보이지 않는다.

55 **신복륜**申卜倫(일명 福倫) 생원을 거쳐 단종 2년 문과에 급제하여 벼슬이 교서관 정자(정9품)에 이르렀다. 《방목》에는 벼슬 말고 아무런 기록이 없어 신원을 알 수 없다. 《청구》, 《만성》, 《씨족》의 어느 신씨보에도 신복륜의 가계는 보이지 않는다.

56 **김적복**金積福 유학으로 단종 2년 문과에 급제하여 벼슬이 세조 대 서장관(4~6품)으로 중국에 다녀오고, 예종 대 승문원 교리(종5품)를 거쳐 현령(종5품)에 이르렀다. 《방목》에는 벼슬과 아버지〔仲祥〕, 할아버지〔庥〕, 증조〔允輟〕의 이름이 보이고, 본관이 영양英陽으로 되어 있다. 그러나 《청구》의 《영양김씨보》에는 김적복의 가계가 보이지 않으며, 《만성》의 《영양김씨보》에는 증조가 시조로 3대조의 이름이 보이는데 모두 벼슬이 없다. 《씨족》의 《영양김씨보》에는 증조가 시조인데, 벼슬이 전서典書로 되어 있으나 실직이 아닌 첨설직이다.

57 **조호지**曹好知 진사로 단종 2년 문과에 급제하여 벼슬이 성균관 학유(종9품)와 성균관 전적(정6품)을 거쳐 현감(종6품)에 이르렀다. 《방목》에는 벼슬 말고 기록이 없어 신원을 알 수 없다. 조씨는 본관이 창녕昌寧, 남평南平, 옥천玉川 등 세 곳뿐인데, 《청구》, 《만성》, 《씨족》의 어느 조씨보에도 조호지의 가계가 보이지 않는다.

58 **박맹지**朴孟智 생원으로 단종 2년 문과에 급제하여 벼슬이 세조 대 성균관 학유(종9품), 성종 대 평사評事(정6품), 현감(종6품)을 거쳐 사헌부 집의執義(종3품)에 이르렀다. 《방목》에는 아버지〔安敬〕 이름이 보이고, 본관이 반남潘南으로 되어 있다. 그러나 《청구》, 《만성》, 《씨족》의 《반남박씨보》에는 박맹지의 가계가 보이지 않는다.

59 **문소조**文紹祖 사정司正(정7품)을 거쳐 단종 2년 문과에 급제하여 벼슬이 별좌別坐(정5품)에 이르렀다. 《방목》에는 벼슬 말고 아무런 기록이 없어 신원을 알 수 없다.

60 **손차면**孫次綿 상주尙州 사람으로, 교도를 거쳐 단종 2년 문과에 급제하여 벼슬이 성균관 전적(정6품), 병조정랑(정5품)을 거쳐 사헌부 장령(정4품)에 이르렀다. 《방목》에는 벼슬 말고 아무런 기록이 없어 신원을 알 수 없다. 《청구》, 《만성》, 《씨족》의 어느 손씨보에도 손차면의 가계는 보이지 않는다.

61 **구자평**仇自平 교도를 거쳐 단종 2년 문과에 급제하여 벼슬이 사헌부 장령(정4품)에 이르렀다. 《방목》에는 4대조 이름이 전혀 없고, 본관은 창원昌原으로 되어 있다. 《청구》에는 구씨의 본관을 알 수 없다고 적으며 두 사람의 이름을 기록하고 있는데, 구자평은 보이지 않는다. 《만성》과 《씨족》에도 《창원구씨보》는 없다. 《세종실록》〈지리지〉를 보면 구씨는 창원의 촌성村姓 가운데 하나이므로 평민임을 알 수 있다. 정조 대 구씨仇氏를 구씨具氏로 바꾸게 하여 지금은 구씨仇氏가 존재하지 않는다. 조선시대 문과급제자는 2명으로, 그가 처음이다.

62 **이삼산**李三山(일명 三彦) 생원을 거쳐 단종 2년 문과에 급제하

여 벼슬이 성균관 사예(정4품)에 이르렀다. 《방목》에는 벼슬이 보이고, 본관이 연안延安으로 되어 있다. 그런데 《청구》, 《만성》, 《씨족》의 《연안이씨보》에는 이삼산의 가계가 보이지 않는다.

8
세조 대 신분이 낮은 급제자와 벼슬

1) 시험과목별 급제자 인원

세조 대(1455~1468)는 재위 14년 동안 모두 18회에 걸쳐 과거 시험이 시행되어 급제자 309명을 선발했다. 시험과목별로 급제자 인원을 살펴보면 다음 표와 같다.

식년시式年試	5회	165명
친시親試, 별시別試	11회	104명
평양별시平壤別試	1회	22명
고성별시高城別試	1회	18명
합 계		309명

이를 다시 정리하면, 매년 평균 22.07명을 선발한 것으로, 문종-단종 대 29.83명, 세종 대 14.46명, 태종 대 14.77명, 태조-정종 대 11명과 견주어 시대가 내려갈수록 늘어나는 것을 볼 수 있다. 이는 세조의 집권과정에 생겨난 공신세력을 억제하고 신진세력을 키우려는 왕권 의지와도 관련이 있는 것으로 보인다.

문과 가운데 3년마다 시행되는 정기시험인 식년시는 5회에 걸쳐 165명을 선발했다. 이는 회마다 정원 33명을 정확하게 지킨 것이다. 이 밖에 친시와 별시 등으로 선발한 급제자는 모두 144명으로, 식년시급제자 수와 엇비슷하다. 더욱이 평양平壤과 강원도 고성高城에서 별시를 시행한 것은 전에 없던 일이다. 이는 세조가 여진족이 출몰하는 4군6진과 인접한 북방지역의 안정을 위해 평안도와 강원도를 순행하면서 시행한 것으로, 이 지역 선비들을 적극 포용하려는 의도가 반영된 것이다.

2) 신분이 낮은 급제자

세조 대 문과급제자 309명의 신분을 알아보기 위해 앞 시기와 마찬가지로 《청구》, 《만성》, 《씨족》의 세 통합보統合譜에서 가계家系를 조사하고, 그 밖에 《실록》, 《방목》 등에서 벼슬과 신분 관련 자료를 검색해 보았다. 그 결과 신분이 낮은 것으로 확인된 급제자는 모두 94명으로 전체 급제자의 30.42퍼센트를 차지한다. 이를 앞 시기와 비교하면 다음 그림과 같다.

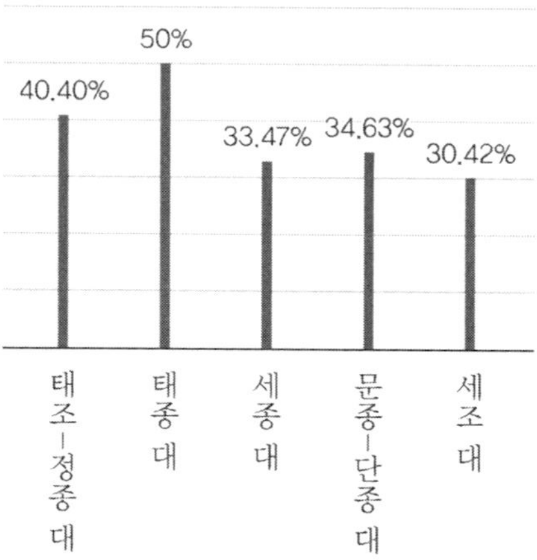

이를 다시 정리하면, 태종 대 50퍼센트로 절정에 달했던 신분이 낮은 급제자의 비율이 시대가 내려가면서 점진적으로 낮아

져가고 있음을 알 수 있다. 하지만 세조 대 30.42퍼센트의 비율도 결코 낮은 수치는 아니다. 이 수치는 그 다음 시대와 비교하면 상대적으로 높은 것이다.

신분이 낮은 급제자 94명을 심층적으로 살펴보면 다음과 같은 여러 부류가 있다. ① 《방목》에 본관이 없어 가계 확인이 어려운 급제자, ② 본관과 《족보》가 있으나 《족보》에 가계가 보이지 않는 급제자, ③ 《족보》에 본인, 또는 아버지 이상의 가계가 끊어져 있는 급제자, ④ 《족보》에 가계가 보이나 내외 4대조 가운데 벼슬아치가 없는 급제자, ⑤ 전력이 율관律官, 의관醫官, 향리鄕吏, 무과武科 출신 등으로 알려진 급제자, ⑥ 서자庶子로 알려진 급제자 등이다. 이들의 인원과 실례를 들어보면 다음과 같다.

(1) 《방목》에 본관이 없는 급제자

《방목》에 본관이 기록되지 않은 급제자는 모두 53명으로, 신분이 낮은 급제자 94명 가운데 56.38퍼센트, 전체 급제자의 17.15퍼센트를 차지한다. 《방목》에 본관이 기록되지 않은 것은 조상 가운데 벼슬아치가 없어서 본관 자체가 아직 형성되지 않은 평민이거나, 급제자 본인이 자신의 본관을 모르거나, 본관을 알더라도 대외적으로 밝히기 어려운 어떤 사정이 있는 경우로 볼 수 있다. 말하자면 평민, 서출, 향리, 또는 신분을 속였다고 할 수 있다. 어떤 경우이든 집안이 좋지 않다는 것은 분명하다. 본관이 없는 급제자는 《방목》에 내외 4대조의 이름이 전혀 없거나, 아니면 아버지 이름만 보이는 경우가 많다. 그러니까 아버지 위로는 뿌리를 모르거나 밝히지 않고 있는 것이다.

본관을 모르는 급제자 53명 가운데 벼슬을 갖지 못한 급제자는 10명이고 전체적으로 벼슬을 갖지 못한 급제자도 10명이므로, 이들의 신분이 가장 낮은 것을 알 수 있다.

(가) 3품 이상 고관에 오른 급제자

본관을 모르는 급제자 53명에서 벼슬을 받지 못한 급제자 10명을 뺀 42명 가운데 3품 이상 고관에 오른 자가 6명이다. 그 명단을 소개하면 다음과 같다.

박시형朴時衡 벼슬이 부사(종3품)에 올랐는데, 본관을 모른다.

최호崔灝 벼슬이 첨지중추원사(정3품 당상관)에 올랐는데, 본관을 모른다.

황진손黃震孫 벼슬이 선공감정(정3품 당하관)에 올랐는데, 본관을 모른다.

김경조金敬祖 벼슬이 성균관 대사성(정3품 당상관)과 관찰사(종2품)에 올랐는데, 본관을 모른다.

안처량安處良 벼슬이 예조참의(정3품 당상관)와 부제학(정3품 당상관)에 올랐는데, 본관을 모른다.

한여승韓汝升 벼슬이 승문원 판교判校(정3품)에 올랐는데, 본관을 모른다.

(나) 의관 출신, 고한한 급제자

본관을 모르는 급제자 가운데에는 의관醫官 출신과 《실록》에 신분이 고한孤寒하다고 기록된 사람이 2명 있다. 그 명단을 소개하면 다음과 같다.

유원로兪元老 의관으로 문과에 급제하여 집현전 직제학(정3품 당하관)을 지낸 유효통兪孝通의 아들이다. 유원로 자신도 의관으로 있다가 세조 12년 문과에 급제하여 벼슬이 군수(종4품)와 첨정(종4품)에 올랐다. 그런데 그의 본관은 기계杞溪임에도 《방목》에 기록이 없으며, 《기계유씨보》에도 가계가 보이지 않는다.

김초金軺 본관이 보이지 않는데, 문과에 급제하여 벼슬이 경력經歷(종4품)에 올랐다. 《실록》을 보면, 김초는 자신의 신분이 "영해寧海의 고한孤寒"이라고 말했다. '고한'은 외롭고 썰렁하다는 뜻이고 '영해'는 그의 본관으로 보인다. 하지만 《청구》, 《만성》, 《씨족》에는 《영해김씨보》가 없어 신원을 확인할 수 없다. 2000년 현재 인구는 214가구 718명의 희성으로, 조선시대 문과급제자도 그가 유일하다.

(2) 《족보》에 가계가 보이지 않는 급제자

《족보》에 가계가 보이지 않는 급제자는 모두 14명이다. 《족보》가 있음에도 가계가 보이지 않는 것은 조상 가운데 내세울 만한 벼슬아치가 없는 평민이거나, 향리 출신이거나, 아니면 《족보》에 고의적으로 누락시킨 서출일 가능성이 크다. 어느 쪽이라고 단정할 수는 없지만, 집안이 한미寒微한 것은 사실이다.

(가) 3품 이상 고관에 오른 급제자

《족보》에 가계가 보이지 않는 급제자 가운데 3품 이상 고관에 오른 인물은 2명이다.

박윤륜朴允倫 벼슬이 성균관 사성司成(종3품)에 올랐다. 본관이 함양咸陽이지만, 《함양박씨보》에 가계가 보이지 않는다.

최수崔洙 벼슬이 가선대부(종2품)에 올랐는데, 무과 출신으로 문과에 급제하였다. 본관은 강릉江陵인데, 《강릉최씨보》에는 가계가 보이지 않는다.

(나) 향리 출신 급제자

《족보》에 가계가 보이지 않는 급제자 가운데 향리 출신은 2명이 보인다.

김양완金良琓 벼슬이 군수(종4품)에 이르렀는데, 전력은 지인知印으로 되어 있다. 지인은 수령 밑에서 잔심부름하던 하급 아전衙前을 말한다. 본관은 상주尙州이지만, 《상주김씨보》에 가계가 보이지 않는다.

단유인段由仁 벼슬이 현감(종6품)에 올랐으며, 뒤에 연안단씨延安段氏의 시조가 되었다. 《세종실록》〈지리지〉를 보면 단씨는 연안의 속성續姓으로 향리를 하고 있다고 되어 있다.

(3) 《족보》에 가계가 끊어져 있는 급제자

《족보》에 본인이나 아버지까지의 이름만 보이고, 그 윗대가 단절된 급제자는 모두 21명이다. 이들은 본인이나 아버지 윗대에 벼슬아치가 없거나 가계가 분명치 않기 때문에 《족보》에 가계가 단절된 것으로 볼 수밖에 없다. 이들도 평민, 향리, 또는 서출로 보인다.

(가) 향리 출신 급제자

《족보》에 가계가 단절된 급제자 가운데 향리 출신은 2명이다.

박서남朴瑞男 벼슬이 성균관 전적典籍(정6품)에 올랐는데, 본관이 우봉牛峰이다. 그런데《세종실록》〈지리지〉를 보면 박씨는 우봉의 속성續姓으로 향리를 하고 있다고 했으므로, 박서남도 향리 집안 출신으로 보인다.

임건林乾 벼슬이 성균관 사예司藝(정4품)에 올랐는데, 아버지가 사리司吏(아전)로 개령임씨開寧林氏의 시조이다. 따라서 임건은 아전의 아들로 처음에 지방 율관律官인 검율檢律(종9품)이었다가 문과에 급제했다. 율관은 잡직 가운데서도 하층에 속한다.

(나) 시조가 된 급제자

《족보》에 가계가 단절된 급제자 가운데 시조가 된 급제자는 1명이다.

이인미李仁美 벼슬이 현감(종6품)에 올랐는데, 뒤에 낙안이씨樂安李氏의 시조가 되었다. 2000년 현재 인구는 2가구 5명뿐이며, 조선시대 문과급제자는 이인미가 유일하다.

(다) 3품 이상 고관에 오른 급제자

《족보》에 가계가 단절된 급제자 가운데 3품 이상 고관에 오른 급제자는 5명이다.

김선金瑄 벼슬이 관찰사(종2품)와 지중추부사(정2품)에 올랐다.

본관이 함창咸昌이지만, 《함창김씨보》에는 아버지 이상의 가계가 끊어져 있고, 아버지는 벼슬아치가 아니다.

이평李枰 벼슬이 사간원 대사간(정3품 당상관)에 올랐다. 본관이 안악安岳이지만, 《안악이씨보》에 가계가 끊어져 있다.

유희익兪希益 벼슬이 성균관 대사성(정3품 당상관)에 올랐다. 본관이 무안務安으로, 《무안유씨보》에는 유희익이 첫머리에 기록되어 있어 가계를 알 수 없다. 조선시대 문과급제자는 그가 유일하다.

손비장孫比長 벼슬이 승지(정3품 당상관)와 부제학(정3품 당상관)에 오르고, 《동국통감》 편찬에도 참여하였다. 본관이 부안扶安으로, 《부안손씨보》를 보면 아버지가 시조이지만 벼슬이 없다. 2000년 현재 인구는 68가구 238명에 지나지 않는 극희성이다.

이맹지李孟智 벼슬이 사헌부 집의執義(종3품)에 올랐다. 본관이 단양丹陽으로, 《단양이씨보》에는 가계가 끊어져 있어 신원을 알 수 없다. 이씨는 단양의 토성이기도 하고 속성이기도 한데, 만약 속성이라면 향리일 가능성이 크다.

(4) 내외 4대조 가운데 벼슬아치가 없는 급제자

《족보》에 가계가 보이지만, 내외 4대조 가운데 벼슬아치가 없는 급제자는 5명이다. 이들은 대부분 본관 자체는 좋지만 직계의 가계가 한미한 경우로 볼 수 있다. 그런데 이들의 외조 이름이 보이지 않으므로 직계 3대조 가운데 벼슬이 없는 경우이다. 하지만 외조를 적지 않은 것은 벼슬아치가 아니기 때문일 것이므로 실제로는 내외 4대조 가운데 벼슬아치가 없다고 볼 수 있다.

(가) 3품 이상 고관에 오른 급제자

내외 4대조 가운데 3품 이상 고관에 오른 급제자는 4명이고, 비록 벼슬은 4품에 머물렀지만 집안이 매우 한미한 급제자가 1명 있다. 그 명단을 소개하면 다음과 같다.

오응吳凝 본관이 함양咸陽으로 벼슬이 관찰사(종2품)에 올랐는데, 내외 4대조 가운데 벼슬아치가 없다.

홍귀달洪貴達 본관이 부계缶溪로, 벼슬이 이조판서(정2품)와 대제학(정2품)에 올랐다. 그런데 《실록》의 졸기卒記에 "귀달은 한미寒微한 신분에서 일어나 힘써 배워서 벼슬이 재상에 이르렀다"고 되어 있다. 《부계홍씨보》를 보면 내외 4대조 가운데 벼슬아치가 없다.

최숙정崔淑精(1433~1480) 본관이 양천陽川으로, 벼슬이 홍문관 부제학(정3품 당상관)에 오르고, 《동문선》 편찬에도 참여했다. 그런데 《실록》의 졸기에는 "초야草野에서 출생하고, 집안 또한 빈한貧寒하다"고 되어 있다.

유진兪鎭 본관이 인동仁同으로, 벼슬이 집현전 부제학(정3품 당상관)에 올랐다. 그런데 《실록》에는 "집안이 대대로 한미寒微하였다"고 되어 있다.

하숙산河叔山 본관이 진주晋州로, 장원급제하여 벼슬이 군수(종4품)에 올랐다. 그런데 《실록》에는 "초모한생草茅寒生"이라고도 하고, "민간의 가난한 서생書生"이라고도 한다.

(5) 서자로 알려진 급제자

세조 대 문과급제자 가운데 서자庶子로 명백하게 알려진 급제자로서 고관에 오른 인물이 1명 있다.

유자광柳子光 본관이 영광靈光으로 벼슬이 무령부원군(정1품)에 올랐다. 유자광이 서자 출신임은 잘 알려진 사실이다. 직계 조상이 모두 벼슬아치이지만, 그는 부윤 유규柳規의 서자이다. 말할 것도 없이 그 말고도 서자 출신이 많은 것은 앞에서 이미 설명한 바 있다. 하지만 그가 특별히 서자로 부각된 것은 워낙 높은 벼슬에 올라가고, 무오사화戊午士禍를 일으켜 선비들을 탄압한 인물이기 때문이다. 어쨌든 그가 문과에 응시하였다는 것은 그 사실 자체가 법규에 어긋나는 일이지만, 실제로는 문제가 되지 않았다는 것을 보여준다.

3) 신분이 낮은 급제자의 벼슬

신분이 낮은 급제자 94명 가운데 벼슬을 받지 못한 급제자는 10명으로, 84명이 벼슬을 받았다. 따라서 89.36퍼센트가 벼슬을 받은 것이다. 이제 84명이 받은 벼슬의 최고품계순으로 인원을 정리해 보면 다음과 같다.

벼슬과 품계	인원
부원군府院君(정1품)	1명 (유자광)
판서判書(정2품)	1명 (홍귀달)

가선대부嘉善大夫(종2품)	1명 (최수)
관찰사觀察使(종2품)	3명 (오응, 김경조, 김선)
참판參判(종2품)	1명 (김극검)
순찰사巡察使(종2품)	1명
동지중추부사(정3품 당상관)	1명
참의參議(정3품 당상관)	2명
부제학副提學(정3품 당상관)	3명
대사간大司諫(정3품 당상관)	1명
대사성大司成(정3품 당상관)	1명
승문원 판교判校(정3품)	2명
선공감정繕工監正(정3품)	1명
부사府使(종3품)	2명
성균관 사성司成(종3품)	1명
사헌부 집의執義(종3품)	1명
1~3품	23명
사헌부 장령掌令(정4품)	3명
성균관 사예司藝(정4품)	2명
군수郡守(종4품)	5명
서윤庶尹(종4품)	1명
경력經歷(종4품)	1명
첨정僉正(종4품)	1명
승문원 교감校勘(종4품)	2명
성균관 직강直講(정5품)	2명
정랑正郎(정5품)	3명
사헌부 지평持平(정5품)	3명
현령縣令(종5품)	1명
판관判官(종5품)	3명
도사都事(종5품)	2명
교리校理(종5품)	3명
사헌부 감찰監察(정6품)	5명
성균관 전적典籍(정6품)	6명

사간원 정언正言(정6품)	3명
좌랑佐郎(정6품)	1명
현감縣監(종6품)	8명
교수教授(종6품)	1명
4~6품	56명
승문원 박사博士(정7품)	1명
승정원 주서注書(정7품)	1명
직장直長(종7품)	1명
성균관 학정學正(정8품)	1명
훈도訓導(종9품)	1명
7~9품	5명
벼슬을 갖지 못한 급제자	10명
합 계	94명

위 표를 다시 정리해 보면 3품 이상 고관에 오른 급제자는 23명으로, 24.46퍼센트를 차지한다. 다음 4~6품 참상관參上官에 오른 급제자는 56명, 그리고 7~9품 참외관參外官에 오른 급제자는 5명이다. 대부분이 참상관 이상의 벼슬에 오른 것을 알 수 있다.

고관에 오른 급제자로 가장 지위가 높은 급제자는 서자 출신의 유자광柳子光으로 부원군(정1품)에 올랐으며, 이조판서(정2품)에 오른 홍귀달洪貴達도 《실록》에 한미寒微한 출신으로 기록되어 있다. 청요직인 홍문관이나 집현전 부제학(정3품 당상관)에 오른 인물도 3명이나 되고, 참판(종2품)이 1명, 참의(정3품 당상관)가 2명이다. 사간원 대사간(정3품 당상관)과 성균관 대사성(정3품 당상관)도 각각 1명씩 배출되었는데, 당상관을 모두 합치면 16명에 이른다. 한 가지 아쉬운 것은 의정부 정승政丞이 한 사람도 없다는 것이다. 바로 이 점이 신분이 낮은 급제자들에 대한 차별이라고 할 수 있다.

다음 참상관에 오른 급제자의 직종을 살펴보면, 청요직으로 알려진 6조 낭관과 사헌부, 사간원, 홍문관, 집현전, 승문원, 성균관, 수령직 등에 골고루 포진되어 있는 것을 알 수 있다. 군수(종4품) 이하 수령직으로 나간 급제자가 22명으로 가장 많고, 그 다음은 사헌부가 11명, 성균관이 10명, 사간원이 3명이다.

청요직 가운데 노른자위로 알려진 홍문관에 나간 급제자가 상대적으로 적은 것이 눈에 띤다. 이 직종은 집안이 좋은 급제자들이 더 많이 차지하고 있기 때문이다. 신분이 낮은 급제자들이 의정부 정승의 자리에 오르지 못한 이유도 여기에 있다.

마지막으로 언급해야 할 것은 신분이 낮은 급제자들이 청요직에 임명될 때 대간臺諫에서 서경署經을 거부하는 일이 거의 없었다는 점이다. 그 이유는 당시의 시대적 분위기이기도 하지만, 서경권을 가진 대간의 벼슬에 신분이 낮은 급제자들이 상당수 참여하고 있었기 때문으로 볼 수 있다.

4) 세조 대 신분이 낮은 급제자 명단

세조 대 신분이 낮은 급제자 94명의 명단을 급제연대순으로 소개하면 다음과 같다.

1 **박시형**朴時衡 생원으로 세조 2년(1456) 식년시에 급제하고 중시에도 급제하여, 벼슬이 교리校理(정5품)와 사헌부 지평持平(정5품)을 거쳐 부사(종3품)에 이르렀다. 《방목》에는 벼슬 말고 아무

런 기록이 없어 신원을 알 수 없다. 현재 본관이 밀양密陽으로 알려져 있으나, 《청구》, 《만성》, 《씨족》의 《밀양박씨보》에는 박시형의 가계가 보이지 않는다.

2 **표영중**表永中 진사를 거쳐 세조 2년 식년시에 급제하여 벼슬이 도사都事(종5품)에 이르렀다. 《방목》에는 벼슬과 아버지〔明壽〕 이름이 보이고, 본관이 신창新昌으로 되어 있다. 그러나 《청구》, 《만성》, 《씨족》의 《신창표씨보》에는 표영중의 가계가 보이지 않는다. 신원을 알 수 없다.

3 **최호**崔灝 무반산직인 사용司勇(정9품)을 거쳐 세조 2년 식년시에 급제하여 벼슬이 첨지중추원사(정3품 당상관)에 이르렀다. 《방목》에는 아버지〔得河〕와 처부〔宋處恭〕의 이름만 보이고 본관이 없어 신원을 알 수 없다. 현재 본관이 해주海州로 알려져 있으나, 《청구》, 《만성》, 《씨족》의 《해주최씨보》에는 최호의 가계가 보이지 않는다.

4 **유희익**兪希益 교도를 거쳐 세조 2년 식년시에 급제하여 벼슬이 성균관 대사성(정3품 당상관)에 이르렀다. 《방목》에는 벼슬과 아버지〔定〕 이름 말고 아무런 기록이 없다. 그런데 《청구》의 《무안유씨보務安兪氏譜》를 보면 유희익이 첫머리에 기록되어 있어 선계先系를 알 수 없다. 《만성》에는 《무안유씨보》 자체가 없고, 《씨족》의 《장사(무안)유씨보》에는 그의 가계가 보이지 않는다. 조선시대 문과급제자는 그가 유일하다.

5 **박윤륜**朴允倫(일명 允儉) 수의修義(종8품)를 거쳐 세조 2년 식년시에 급제하여 벼슬이 성균관 사성(종3품)에 이르렀다. 《방목》에는 아버지〔萱〕와 처부의 이름이 보이고, 본관이 함양咸陽으로 되

어 있다. 그러나 《청구》, 《만성》, 《씨족》의 《함양박씨보》에는 박윤륜의 가계가 보이지 않는다.

6 **윤승안**尹承安 생원을 거쳐 세조 2년 식년시에 급제했는데, 《방목》에는 아버지〔任〕 이름 말고 아무런 기록이 없어 신원을 알 수 없다. 《실록》에는 성균관 학유學諭(종9품)를 지낸 윤승안尹承顔의 이름이 보이는데, 아마 같은 사람으로 보인다. 왜냐하면 학유를 지냈으면 문과급제자일텐데, 《방목》에는 그의 이름이 보이지 않기 때문이다.

7 **김정**金淀 생원을 거쳐 세조 2년 식년시에 급제하여 벼슬이 현감(종6품)에 이르렀다. 《방목》에는 벼슬과 아버지〔禮仲〕 이름 말고 아무런 기록이 없어 신원을 알 수 없다.

8 **김윤선**金潤善 교도敎導를 거쳐 세조 2년 식년시에 급제하여 벼슬이 사헌부 감찰(정6품)에 이르렀다. 《방목》에는 벼슬과 아버지〔忱〕 이름 말고 아무런 기록이 없어 신원을 알 수 없다.

9 **박서남**朴瑞男 생원을 거쳐 세조 2년 식년시에 급제하여 벼슬이 성균관 전적典籍(정6품)에 이르렀다. 《방목》에는 벼슬과 아버지〔厚林〕 이름이 보이고, 본관이 우봉牛峰으로 되어 있다. 그런데 《청구》의 《우봉박씨보》에는 아버지 박원림朴原林(朴厚林의 오기) 한 사람만 기록되어 있으며, 그가 시조이다. 《만성》과 《씨족》에는 《우봉박씨보》 자체가 없다. 《세종실록》 〈지리지〉를 보면, 박씨는 황해도 우봉의 속성續姓 가운데 하나로 향리라고 한다. 따라서 박서남은 향리로 문과에 급제한 것으로 보인다. 2000년 현재 우봉박씨 인구는 669명의 희성으로, 조선시대 문과급제자는 그가 유일하다.

10 **서지문**徐知文 녹사를 거쳐 세조 3년(1457) 친시에 급제하여 벼슬이 교리(종5품)에 이르렀다. 《방목》에는 벼슬 말고 아무런 기록이 없어 신원을 알 수 없다.

11 **고선경**高善慶 무반산직인 사직司直(정5품)을 거쳐 세조 3년 문과에 급제하여 벼슬이 성균관 직강直講(정5품)에 이르렀다. 《방목》에는 벼슬과 아버지〔壽仁〕, 처부의 이름이 보이고, 본관이 개성開城으로 되어 있다. 그러나 《청구》, 《만성》, 《씨족》의 《개성고씨보》에는 고선경의 가계가 보이지 않는다. 다만 고씨는 개성의 토성이므로 이 지역 토착민임에 틀림없다.

12 **김양완**金良琬 아전인 지인知印을 거쳐 세조 3년 문과에 급제하여 벼슬이 군수(종4품)에 이르렀다. 《방목》에는 벼슬과 아버지〔孝敏〕, 외조〔朴仲榮〕, 처부의 이름이 보이고, 양경良璥의 아우라고 적고 있으며, 본관이 광주光州로 되어 있다. 그런데 형 김양경은 세종 24년 문과에 급제한 인물로 《방목》에는 광주光州 사람으로 되어 있으나, 《실록》의 졸기卒記에 상주尙州 사람으로 되어 있다. 본관이 상주요, 광주는 오기로 보인다. 그런데 《청구》, 《만성》, 《씨족》의 《상주김씨보》에는 김양완의 가계가 보이지 않는다. 그가 아전 출신이므로 그 집안도 평민이거나 향리로 보인다.

13 **오응**吳凝 전직殿直을 거쳐 세조 3년 별시에 장원급제하여 벼슬이 관찰사(종2품)에 이르렀다. 《방목》에는 아버지〔致仁〕, 할아버지〔尙德〕, 증조〔邦植〕, 처부의 이름이 보이고, 본관이 함양咸陽으로 되어 있다. 그러나 《청구》의 《함양오씨보》에는 아버지 치인致仁이 벼슬 없이 가계가 끊어진 형태로 기록되어 있다. 이와 달리 《만성》과 《씨족》의 《함양오씨보》에는 아버지가 판서判書, 할

아버지가 소감少監, 증조가 소윤少尹의 벼슬을 한 것으로 기록되어 있다. 하지만 아버지가 판서를 했다면 반드시 《실록》에 기록이 있어야 할 텐데 아무런 기록이 없다. 실직이 아닌 듯하다. 할아버지와 증조의 경우도 마찬가지로, 오응으로 말미암아 추증된 것으로 보인다. 오씨는 함양의 토성土姓 가운데 하나이다.

14 **김초**金軺 진사를 거쳐 세조 3년 별시에 급제하여 벼슬이 경력經歷(종4품)에 이르렀는데, 뒤에 죄를 입어 추국당했다. 《방목》에는 벼슬 말고 아무런 기록이 없어 신원을 알 수 없다. 그런데 《예종실록》에 김초는 스스로 "영해寧海의 고한孤寒"95)이라고 말하고 있어, 경상도 바닷가의 외롭고 썰렁한 집안 출신임을 밝히고 있다. 영해는 그의 거주지일 뿐 아니라 본관으로 보인다. 하지만 《청구》, 《만성》, 《씨족》에는 《영해김씨보》 자체가 없다. 2000년 현재 인구는 214가구 718명의 희성으로, 조선시대 문과 급제자는 그가 유일하다.

15 **서효우**徐孝虞 생원을 거쳐 세조 3년 별시에 급제하여 벼슬이 사헌부 장령掌令(정4품)에 이르렀다. 《방목》에는 벼슬 말고 아무런 기록이 없어 신원을 알 수 없다.

16 **박문성**朴文星 생원을 거쳐 세조 3년 별시에 급제하여 벼슬이 판관(종5품)에 이르렀다. 《방목》에는 벼슬 말고 아무런 기록이 없어 신원을 알 수 없다.

17 **도하**都夏 대구 사람으로, 교도를 거쳐 세조 4년(1458) 별시문과에 장원급제하여 벼슬이 사간원 정언正言(정6품)을 지내고 부

95) 《예종실록》 권7, 예종 원년 8월 3일 갑인.

사(종3품)에 이르렀다. 《방목》에는 벼슬 말고 아무런 기록이 없다. 도씨는 오직 성주(팔거)도씨星州(八莒)都氏 하나뿐인데, 《청구》와 《만성》의 《성주도씨보》에는 도하의 가계가 보이지 않으며, 《씨족》의 《성주도씨보》에는 가계가 끊어진 형태로 그가 외따로 기록되어 있어 선계를 알 수 없다.

18 **송수은**宋守殷(일명 時殷) 진사를 거쳐 세조 4년 별시에 급제하여 벼슬이 현감(종6품)에 이르렀는데, 죄를 짓고 관노官奴가 되었다. 《방목》에는 벼슬과 처부[睦敬]의 이름만 보이고, 희문希文의 아버지라고 적고 있으며, 본관이 연안延安으로 되어 있다. 그런데 《만성》의 《연안송씨보》에는 송수은의 가계가 보이지 않고, 《청구》와 《씨족》의 《연안송씨보》에는 가계가 끊어진 형태로 이름이 외따로 기록되어 있어 선계를 알 수 없다. 송씨는 연안의 토성 가운데 하나이며, 2000년 현재 인구는 129가구 442명의 희성으로, 조선시대 문과급제자는 모두 4명이다.

19 **조의질**趙義質 생원을 거쳐 세조 5년(1459) 식년시에 급제하여 벼슬이 의영고義盈庫 직장直長(종7품)에 이르렀는데, 죄를 짓고 구금되었다. 《방목》에는 벼슬 이름 말고 아무런 기록이 없어 신원을 알 수 없다.

20 **선순보**宣淳輔 생원을 거쳐 세조 5년 식년시에 급제하여 벼슬이 성균관 전적(정6품)에 이르렀다. 《방목》에는 벼슬 말고 아무런 기록이 없다. 《청구》와 《만성》의 어느 선씨보에도 선순보의 가계가 보이지 않는다. 그런데 《씨족》의 《보성선씨보寶城宣氏譜》를 보면 가계가 끊어진 형태로 이름이 외따로 기록되어 있어 선계를 알 수 없다.

21 **김극검**金克儉(일명 士廉) 생원을 거쳐 세조 5년 식년시에 급제하고, 중시에도 장원급제하고 발영시에도 급제하여, 벼슬이 호조참판(종2품), 동지중추원사(종2품)에 이르렀다. 《방목》에는 조상에 관한 기록이 없이 관寬의 아버지라는 것을 밝히고, 본관이 김해金海로 되어 있다. 《청구》의 《김해김씨보》를 보면 아버지 강의剛毅가 벼슬 없이 가계가 끊어진 상태로 기록되어 있어서 조상의 뿌리를 알 수 없다. 한편 《만성》의 《김해김씨보》에는 김극검의 가계가 보이지 않으며, 《씨족》의 《김해김씨보》에는 그가 외따로 기록되어 있어 가계를 알 수 없다.

22 **이중원**李仲元 교도를 거쳐 세조 5년 식년시에 급제하여 벼슬이 사헌부 감찰(정6품)에 이르렀다. 《방목》에는 아버지〔良茂〕, 할아버지〔長密〕, 증조〔乙年〕, 외조〔崔安鳳〕, 처부의 이름이 보이고, 본관이 영해寧海(영천)로 되어 있다. 그러나 《청구》의 《영해이씨보》에는 이중원과 그의 조상 이름이 보이지 않고, 오직 이언량李彦良 한 사람만 시조로 기록하고 있는데 벼슬이 없다. 한편 《만성》의 《영천이씨보寧川李氏譜》에도 그의 가계는 보이지 않으며, 《씨족》에는 《영해이씨보》 자체가 없다. 2000년 현재 영해이씨 인구는 664가구 2,101명의 희성으로, 조선시대 문과급제자 6명을 배출했는데 그가 처음이다.

23 **강치서**姜致恕 생원을 거쳐 세조 5년 식년시에 급제하여 벼슬이 승문원 교감校勘(종4품)에 이르렀다. 《방목》에는 아버지〔茂〕와 처부〔黃績〕의 이름만 보이고, 본관이 없어 신원을 알 수 없다. 《청구》, 《만성》, 《씨족》의 어느 강씨보에도 강치서의 가계가 보이지 않는다.

24 **소우석**蘇禹錫 생원을 거쳐 세조 5년 식년시에 급제하여 벼슬이 승문원 판교判校(정3품 당하관)에 이르렀다. 《방목》에는 사식斯軾의 아버지라고 밝히며 본관이 진주晋州로 되어 있다. 그러나 《청구》와 《만성》의 《진주소씨보》에는 소우석의 가계가 보이지 않으며, 《씨족》의 《진주소씨보》에는 가계가 끊어진 형태로 그가 외따로 기록되어 있어 가계를 알 수 없다. 다만 소씨는 진주의 토성 가운데 하나이다.

25 **김종지**金從知 진사를 거쳐 세조 5년 식년시에 급제했는데, 《방목》에는 이름 말고 아무런 기록이 없어 벼슬과 신원을 알 수 없다.

26 **정유산**鄭惟産 종사랑(정9품)을 거쳐 세조 5년 식년시에 급제하여 벼슬이 승문원 교감(종4품)에 이르렀다. 《방목》에는 아버지〔孝安〕 이름이 보이고, 본관이 진주晋州로 되어 있다. 그러나 《청구》와 《만성》의 《진주정씨보》에는 정유산의 가계가 보이지 않으며, 《씨족》의 《진주정씨보》에는 아버지 정효안이 별개의 가계를 이루고 있는데 벼슬이 없다. 따라서 그의 조상 가운데 벼슬아치를 찾을 수 없다.

27 **단유인**段由仁[96] 진사를 거쳐 세조 5년 식년시에 급제하여 벼슬이 현감(종6품)에 이르렀다. 《방목》에는 벼슬 말고 아무런 기록이 없다. 그런데 지금 연안단씨延安段氏의 시조로 되어 있다. 하지만 《청구》, 《만성》, 《씨족》에는 《연안단씨보》 자체가 없다. 《세종실록》〈지리지〉를 보면 단씨는 연안의 속성으로 향리를 하

---

96) 《방목》에는 성을 형邢이라고도 하고 단段이라고도 한다고 되어 있으나, 《실록》에 단유인으로 되어 있으므로 이를 따른다.

고 있다고 되어 있어, 단유인은 향리 출신으로 문과에 급제한 것을 알 수 있다. 2000년 현재 연안단씨 인구는 437가구 1,429명의 희성으로, 조선시대 문과급제자는 그가 유일하다.

28 **나중산**羅仲山 진사를 거쳐 세조 5년 식년시에 급제했는데, 《방목》에는 이름 말고 아무런 기록이 없어 벼슬과 신원을 알 수 없다. 《청구》, 《만성》, 《씨족》의 어느 나씨보에도 나중산의 가계는 보이지 않는다.

29 **임맹지**任孟智 생원으로 세조 6년(1460) 춘당대시에 급제하여 벼슬이 도사(종5품)를 거쳐 서윤庶尹(종4품)에 이르렀다. 《방목》에는 벼슬 말고 아무런 기록이 없어 신원을 알 수 없다. 《청구》, 《만성》, 《씨족》의 어느 임씨보에도 임맹지의 가계는 보이지 않는다.

30 **김수명**金秀命 교도로 세조 6년 별시에 급제했는데, 《방목》에는 이름 말고 아무런 기록이 없어 벼슬과 신원을 알 수 없다.

31 **주중문**周仲文 진사를 거쳐 세조 6년 별시에 급제하여 벼슬이 성균관 학정學正(정8품)에 이르렀다. 《방목》에는 아버지[夏]와 외조부[朴農]의 이름이 나오고, 그 밖에 다른 기록이 없어 신원을 알 수 없다. 《청구》와 《만성》, 《씨족》의 어느 주씨보에도 주중문의 가계는 보이지 않는다.

32 **탁중**卓中 생원으로 세조 6년 별시에 급제하여 벼슬이 전주교수全州教授(종6품)를 거쳐 성균관 전적(정6품)에 이르렀다. 《방목》에는 벼슬 말고 아무런 기록이 없어 신원을 알 수 없다. 탁씨는 오직 광주탁씨光州卓氏밖에 없는데, 《청구》의 《광주탁씨보》에는 탁중의 가계가 보이지 않는다. 《만성》의 《광주탁씨보》에는

그부터 가계가 시작되고 있으며, 《씨족》에는 《광주탁씨보》 자체가 없다. 다만 탁씨는 광주의 토성 가운데 하나로, 2000년 현재 인구는 490가구 1,631명으로 희성에 속한다.

33 **이맹찬**李孟贊 무반산직인 사직(정5품)을 거쳐 세조 6년 별시에 급제했는데, 《방목》에는 이름 말고 아무런 기록이 없어 신원을 알 수 없다.

34 **김의화**金義和 유학을 거쳐 세조 6년 별시에 급제했는데, 《방목》에는 이름 말고 아무런 기록이 없어 신원을 알 수 없다.

35 **최팔준**崔八俊 생원으로 세조 6년 별시에 급제하여 벼슬이 병조좌랑(정6품)과 도사(종5품)를 거쳐 성균관 직강(정5품)에 이르렀다. 《방목》에는 아버지[汝寬], 할아버지[進明], 증조[濊]의 이름이 보이고, 본관이 전주全州로 되어 있다. 그러나 《청구》, 《만성》, 《씨족》의 《전주최씨보》에는 최팔준의 가계가 보이지 않는다.

36 **박영손**朴榮孫(일명 永孫) 교도로 세조 6년 별시에 급제하여 벼슬이 정자(정9품)를 거쳐 교수(종6품)에 이르렀는데, 탐오의 죄를 입어 파직되었다. 《방목》에는 벼슬 말고 아무런 기록이 없어 신원을 알 수 없다.

37 **황진손**黃震孫 생원을 거쳐 세조 6년 별시에 급제하여 벼슬이 현감(종6품)을 지내고 선공감정繕工監正(정3품 당하관)에 이르렀다. 《방목》에는 벼슬 이름과 계옥啓沃의 아버지라는 것 말고 아무런 기록이 없다. 아들 황계옥은 성종 대 문과에 급제한 인물로, 그 또한 본관이 없다. 《청구》, 《만성》, 《씨족》의 어느 황씨보에도 황진손의 가계는 보이지 않는다. 신원을 알 수 없다.

38 **안집**安緝 생원을 거쳐 세조 6년 별시에 급제하여 성종 대 벼

슬이 이조정랑(정5품)에 이르렀다. 《방목》에는 벼슬 말고 아무런 기록이 없어 신원을 알 수 없다.

39 **서지학**徐志學 유학을 거쳐 세조 6년 별시에 급제하여 벼슬이 군수(종4품)에 이르렀다. 《방목》에는 벼슬 말고 아무런 기록이 없어 신원을 알 수 없다.

40 **박암신**朴巖臣 진사를 거쳐 세조 6년 별시에 급제하여 벼슬이 교수(종6품)에 이르렀다. 《방목》에는 벼슬 말고 아무런 기록이 없어 신원을 알 수 없다.

41 **김길손**金吉孫 생원을 거쳐 세조 6년 별시에 급제하여 벼슬이 사헌부 감찰(정6품)에 이르렀다. 《방목》에는 벼슬 말고 아무런 기록이 없어 신원을 알 수 없다.

42 **강응형**姜應亨 진사를 거쳐 세조 6년 평양별시에 급제하여 벼슬이 사간원 정언(정6품)에 이르렀다. 《방목》에는 벼슬 이름이 보이고, 본관이 진주晋州로 되어 있다. 그런데 《청구》, 《만성》, 《씨족》의 《진주강씨보》에는 강응형의 가계가 보이지 않는다.

43 **박형량**朴亨良 진사를 거쳐 세조 6년 평양별시에 급제하여 벼슬이 사간원 정언(정6품)에 이르렀다. 《방목》에는 벼슬 말고 아무런 기록이 없어 신원을 알 수 없다.

44 **김근**金根 생원을 거쳐 세조 6년 평양별시에 급제하여 벼슬이 현령(종5품)에 이르렀다. 《방목》에는 벼슬 말고 아무런 기록이 없어 신원을 알 수 없다.

45 **여호**呂箎 생원을 거쳐 세조 6년 평양별시에 급제하여 벼슬이 사헌부 장령(정4품)에 이르렀다. 《방목》에는 벼슬 말고 아무런 기록이 없어 신원을 알 수 없다. 《청구》, 《만성》, 《씨족》의

《성주여씨보星州呂氏譜》와 《함양여씨보咸陽呂氏譜》에도 여호의 가계는 보이지 않는다. 신원을 알 수 없다.

46 **김회신**金懷愼(일명 懷信) 생원을 거쳐 세조 6년 평양별시에 급제하여 벼슬이 사헌부 감찰(정6품)에 이르렀다. 《방목》에는 벼슬과 아버지[愼] 이름이 보이고, 본관이 청주淸州로 되어 있다. 그러나 《청구》와 《만성》의 《청주김씨보》에는 김회신의 가계가 보이지 않으며, 《씨족》에는 《청주김씨보》가 없다. 다만 김씨는 청주의 토성 가운데 하나이다.

47 **백훈**白勛 생원을 거쳐 세조 6년 평양별시에 급제하여 벼슬이 승문원 교리(종5품), 현감(종6품), 적전령籍田令(종5품) 등에 이르렀다. 《방목》에는 벼슬 말고 아무런 기록이 없어 신원을 알 수 없다. 《청구》, 《만성》, 《씨족》의 어느 백씨보에도 백훈의 가계가 보이지 않는다.

48 **이인미**李仁美 생원을 거쳐 세조 6년 평양별시에 급제하여 벼슬이 현감(종6품)에 이르렀다. 《방목》에는 조상에 관한 기록이 없고, 본관이 낙안樂安으로 되어 있다. 그러나 《만성》과 《씨족》에는 《낙안이씨보》가 없고, 《청구》의 《낙안이씨보》에는 오직 이인미만을 기록하고 있다. 2000년 현재 낙안이씨 인구는 2가구 5명으로 소멸 직전인데, 조선시대 문과급제자는 그가 유일하다.

49 **윤수영**尹壽榮 생원을 거쳐 세조 6년 평양별시에 급제하여 벼슬이 훈도訓導(종9품)에 이르렀다. 《방목》에는 벼슬 말고 아무런 기록이 없어 신원을 알 수 없다. 현재 본관이 예천醴泉으로 알려져 있으나, 《청구》, 《만성》, 《씨족》의 《예천윤씨보》에는 윤수영의 가계가 보이지 않는다.

50 **이명철**李明哲 생원을 거쳐 세조 6년 평양별시에 급제하여 벼슬이 사헌부 감찰(정6품)에 이르렀다. 《방목》에는 벼슬 말고 아무런 기록이 없어 신원을 알 수 없다. 현재 본관이 우봉牛峰으로 알려져 있으나, 《청구》, 《만성》, 《씨족》의 《우봉이씨보》에는 이명철의 가계가 보이지 않는다.

51 **최아**崔涐 생원을 거쳐 세조 6년 평양별시에 급제하여 벼슬이 성균관 전적(정6품)에 이르렀다. 《방목》에는 벼슬 말고 아무런 기록이 없어 신원을 알 수 없다. 현재 본관이 경주慶州로 알려져 있으나, 《청구》, 《만성》, 《씨족》의 《경주최씨보》에는 최아의 가계가 보이지 않는다.

52 **안근**安根 생원을 거쳐 세조 6년 평양별시에 급제하여 벼슬이 판관(종5품)에 이르렀다. 《방목》에는 벼슬 말고 아무런 기록이 없어 신원을 알 수 없다.

53 **하숙산**河叔山 생원으로 세조 7년(1461) 별시에 장원급제하여 벼슬이 사간원 정언(정6품)을 거쳐 낙안군수(종4품)에 이르렀다. 《성종실록》에는 하숙산이 본래 "초모한생草茅寒生"[97]이라고 하고, 또 "민간의 가난한 서생書生"[98]이라고 한다. 《방목》에는 아버지〔自昆〕 이름만 보이고, 본관은 진주晋州로 되어 있다. 그런데 《청구》와 《씨족》의 《진주하씨보》에는 그의 가계가 보이지 않는다. 《만성》의 《진주하씨보》를 보면 아버지 자곤自昆은 부장副將, 할아버지 만지萬枝는 동정同正으로 되어 있는데, 이는 모두 실직實職이 아니다. 따라서 집안이 한미한 것이 사실이다.

97) 《성종실록》 권94, 성종 9년 7월 14일 계유.
98) 위와 같음.

54 **김염**金濂 진사를 거쳐 세조 7년 별시에 장원급제하고 발영시에도 급제하여, 벼슬이 형조좌랑(정6품)과 예문관 한림翰林(7~9품)에 이르렀다.《방목》에는 벼슬 말고 아무런 기록이 없어 신원을 알 수 없다.

55 **홍귀달**洪貴達(1438~1504) 진사를 거쳐 세조 7년 별시에 급제하여 벼슬이 이조판서(정2품), 좌참찬(정2품), 대제학(정2품)에 이르렀고, 연산군의 폭정에 항거하다가 교형을 당했다. 죽은 뒤에 문광文匡이라는 시호를 받았고, 선비들의 큰 존경을 받았다. 호는 허백虛白이다.《연산군일기》의 졸기卒記를 보면, "귀달은 한미寒微한 신분에서 일어나 힘써 배워서 급제하여 벼슬이 재상에 이르렀다"[99]고 하여 홍귀달의 출신이 미천함을 밝히고 있다.《방목》에는 아버지〔孝孫〕, 할아버지〔得禹〕, 증조〔淳〕, 처부〔金淑貞〕의 이름이 보이고, 본관은 부계缶溪로 되어 있다. 그런데《씨족》의《부계홍씨보》를 보면 직계 3대조는 모두 벼슬이 없다.《청구》와《만성》의《부계홍씨보》를 보면 아버지와 할아버지는 전혀 벼슬이 없고 증조 순淳만이 사재감에서 벼슬한 것으로 되어 있는데, 사실인지 알 수 없다. 2000년 현재 부계홍씨 인구는 242가구 700명의 희성으로, 조선시대 문과급제자 8명을 배출했는데, 홍귀달이 처음이다.

56 **장중성**張仲誠 생원을 거쳐 세조 8년(1462) 식년시에 급제하여 벼슬이 현감(종6품)에 이르렀다.《방목》에는 벼슬 말고 아무런 기록이 없어 신원을 알 수 없다.

---

99)《연산군일기》권54, 연산군 10년 6월 16일 을해.

57 **유종준**柳宗濬(일명 李宗濬)[100] 부위副尉(7~9품)를 거쳐 세조 8년 식년시에 급제했다. 《방목》에는 이름 말고 아무런 기록이 없고, 성姓을 유柳라고도 한다고 적었다.

58 **최숙정**崔淑精(1433~1480) 진사를 거쳐 세조 8년 식년시에 급제하고 중시와 발영시에도 급제하여, 벼슬이 홍문관 부제학(정3품 당상관)에 이르렀다. 성종 대 《삼국사절요》와 《동문선》 편찬에도 참여한 명신이다. 《성종실록》의 졸기를 보면, "최숙정은 초야草野에서 출생했고, 집안 또한 빈한貧寒하다"[101]고 되어 있다. 《방목》에는 벼슬과 아버지〔仲生〕, 할아버지〔承洽〕, 증조〔兩甫〕, 외조〔安善福〕, 처부의 이름이 보이고, 본관이 양천陽川으로 되어 있다. 그런데 《청구》, 《만성》, 《씨족》의 《양천최씨보》를 보면 증조와 할아버지는 벼슬이 없으며, 아버지는 오위사정五衛司正(정7품) 또는 동정同正으로 되어 있다. 여기서 사정이나 동정은 모두 실직實職이 아니다. 따라서 최숙정의 직계 3대조 조상 가운데에는 벼슬아치가 없는 셈이다. 다만 외조가 현감을 지냈으므로 그 덕으로 문과응시가 가능했던 것 같다.

59 **남정**南鼎 진사를 거쳐 세조 8년 식년시에 급제하고 중시에도 급제하여, 벼슬이 승문원 박사(정7품)에 이르렀다. 《방목》에는 아버지〔允寶〕와 할아버지〔得儉〕의 이름만 나오고, 그 밖에 다른 기록이 없어 신원을 알 수 없다.

60 **이희손**李喜孫[102] 진의부위進義副尉(종9품)를 거쳐 세조 8년 식

100) 《방목》에는 성이 이李라고도 하고 유柳라고도 한다고 되어 있는데, 《실록》에는 유종준만 이 보여 이를 따르기로 한다.

101) 《성종실록》 권121, 성종 11년 9월 2일 기묘.

102) 《방목》에는 이름이 박희손朴喜孫이라고 적고 또는 성姓이 이李라고도 한다고 되어 있는

년시에 급제하여 벼슬이 사헌부 지평(정5품)과 부정副正(종3품)에 이르렀다. 《방목》에는 벼슬 말고 아무런 기록이 없어 신원을 알 수 없다.

61 **조보**趙普 훈도(종9품)를 거쳐 세조 8년 식년시에 급제하여 벼슬이 교서관 교리(종5품)에 이르렀다. 《방목》에는 아버지〔疑〕와 처부의 이름이 보이고, 본관이 없어 신원을 알 수 없다.

62 **유진**兪鎭 훈도(종9품)를 거쳐 세조 8년 식년시에 급제하여 벼슬이 청요직인 집현전 부제학(정3품 당상관)에 올랐다. 뒤에 그는 가난한 누이와 조카를 돌보지 않은 죄로 파직되었다. 이때 대신들은 "유진은 집안이 대대로 한미寒微하여 한 몸의 자생資生을 오로지 녹봉에 의지하므로……갈 곳을 잃은 동기同氣를 돌볼 힘이 없었다"고 하고, 또 "유진은 한미寒微한 집에서 나와 봉록이 박하고 집이 가난하므로 넉넉히 그 친척을 돌보지 못했으니" 그 정상을 참작하여 벼슬을 복직시켜 주자고 임금에게 요청했다.[103] 여기서 유진은 대대로 집안이 한미하고 가난한 집에서 성장하여 과거에 합격한 인물임을 알 수 있다. 《방목》에는 아버지〔興俊〕, 할아버지〔仁守〕, 처부의 이름이 보이고, 본관이 인동仁同으로 되어 있다. 그런데 《씨족》의 《인동유씨보》에 그는 조상의 가계가 끊어진 형태로 별개의 계파를 이루고 있으며, 《청구》의 《인동유씨보》에는 할아버지가 시조로 되어 있는데 할아버지와 아버지는 벼슬이 없다. 한편 《만성》의 《인동유씨보》에는 아버지 벼슬이 사재부정司宰副正(종3품)으로 되어 있으나, 아들로 말미암아 받은

데, 《실록》에는 이희손만 보여 이를 따르기로 한다.

103) 《성종실록》 권43, 성종 5년 6월 26일 기묘.

증직으로 보인다. 2000년 현재 인동유씨 인구는 1,514명의 희성으로 조선시대 문과급제자는 모두 3명이다.

63 **오효부**吳孝夫 훈도를 거쳐 세조 8년 문과에 식년시에 급제하여 벼슬이 첨정(종4품)에 이르렀다. 《방목》에는 벼슬과 익념益念의 아버지라는 것만 나오고, 그 밖에 다른 기록이 없다. 아들 오익념은 성종 25년 문과에 급제했는데 본관을 모른다.

64 **홍윤서**洪潤緖 생원을 거쳐 세조 8년 별시에 급제했는데, 《방목》에는 이름 말고 아무런 기록이 없어 신원을 알 수 없다. 본관은 현재 남양南陽으로, 아버지는 경손敬孫으로 알려져 있으나, 《청구》, 《만성》, 《씨족》의 《남양홍씨보》에는 홍윤서의 가계가 보이지 않는다.

65 **오비민**吳庇民 생원을 거쳐 세조 8년 별시에 급제하여 벼슬이 화순현감(종6품)에 이르렀다. 《방목》에는 벼슬 말고 아무런 기록이 없어 신원을 알 수 없다.

66 **최인수**崔獜壽 생원을 거쳐 세조 8년 별시에 급제하여 벼슬이 현감(종6품)에 이르렀다. 《방목》에는 벼슬 말고 아무런 기록이 없어 신원을 알 수 없다.

67 **김경조**金敬祖 진사를 거쳐 세조 8년 별시에 급제하고 중시에도 급제하여, 벼슬이 성종 대 성균관 대사성(정3품 당상관)과 황해도 관찰사(종2품)에 이르렀다. 《방목》에는 벼슬 말고 아무런 기록이 없어 신원을 알 수 없다.

68 **손비장**孫比長 생원을 거쳐 세조 10년(1464) 문과에 급제하여 벼슬이 승지(정3품 당상관)와 부제학(정3품 당상관)에 이르렀고, 《동국통감》 편찬에도 참여했다. 《방목》에는 아버지〔順祖〕와 처

부[李操]의 이름이 보이고, 본관이 부안扶安(부령)으로 되어 있다. 그런데 《청구》와 《만성》에는 《부안손씨보》 자체가 없고, 오히려 《밀성손씨보密城孫氏譜》에 손비장의 이름이 보인다. 하지만 아버지가 민敏으로 되어 있어서 《방목》과 다르다. 한편 《씨족》에는 《부안손씨보》에 그의 가계가 보이는데, 아버지 순조順祖가 시조로 되어 있으나 벼슬이 없고 부안에 살았다고 되어 있어, 가장 신빙성이 크다. 그러나 《세종실록》 〈지리지〉를 보면 부안에 손씨가 없다. 2000년 현재 부안손씨 인구는 68가구 238명의 희성으로, 조선시대 문과급제자를 5명 배출했으며, 그가 처음이다.

69 **안처량**安處良 생원으로 세조 10년 문과에 급제하여 벼슬이 예조참의(정3품 당상관)와 부제학(정3품 당상관)을 거쳐 형조참판(종2품)에 이르렀다. 《방목》에는 벼슬 말고 아무런 기록이 없어 신원을 알 수 없다. 지금 본관이 제천提川으로 알려져 있는데, 《청구》, 《만성》, 《씨족》에는 《제천안씨보》 자체가 없다. 집안이 한미한 것을 알 수 있다. 안씨는 제천의 토성으로, 2000년 현재 제천안씨 인구는 79가구 252명의 희성인데, 조선시대 문과급제자는 안처량이 유일하다.

70 **양진손**梁震孫 무관인 선전관宣傳官을 거쳐 세조 10년 문과에 급제하여 벼슬이 예조정랑(정5품)에 이르렀다. 《방목》에는 아버지[漢達]와 할아버지[好]의 이름이 보이고, 계벽季壁의 아버지라고 적고 있으며, 본관이 제주濟州로 되어 있다. 그런데 《청구》와 《만성》의 《제주양씨보》에는 양진손의 가계가 보이지 않고, 《씨족》의 《제주양씨보》에는 가계가 보인다. 여기에는 할아버지부터 별개 파를 이루고 있는데, 아버지는 벼슬이 없고 할아버지는 천

안天安에 사는 효자라고 한다.

71 **박거명**朴居明 현령(종5품)을 거쳐 세조 10년 문과에 급제하여 벼슬이 군수(종4품)에 이르렀다. 《방목》에는 벼슬 이름이 보이고, 본관이 밀양密陽으로 되어 있다. 그런데 《청구》, 《만성》, 《씨족》의 《밀양박씨보》에는 박거명의 가계가 보이지 않아 신원을 알 수 없다.

72 **김의강**金義綱(일명 義剛) 무반산직인 사직(정5품)을 거쳐 세조 10년 문과에 급제하여 벼슬이 판관判官(종5품)에 이르렀다. 《방목》에는 벼슬 말고 아무런 기록이 없어 신원을 알 수 없다.

73 **이양석**李陽錫 생원을 거쳐 세조 11년(1465) 식년시에 급제했는데, 《방목》에는 이름 말고 아무런 기록이 없어 벼슬과 신원을 알 수 없다.

74 **오백안**吳伯顔 진사를 거쳐 세조 11년 문과에 급제하여 벼슬이 전라도 도사(종5품)에 이르렀다. 그런데 뇌물을 받고 정병正兵의 번상番上을 면제시켜 준 죄로 예종 대 파직되었다가 성종 대 복직되었다. 《방목》에는 아버지〔陟〕 이름만 보이고, 본관이 기록되지 않아 신원을 알 수 없다. 그런데 《청구》의 《낙안오씨보樂安吳氏譜》에 오직 오백안 한 사람만 기록하고 있고, 《만성》과 《씨족》에는 《낙안오씨보》 자체가 없다. 따라서 그의 가계도 알 수 없다. 오씨는 낙안의 토성 가운데 하나로 조선시대 문과급제자는 모두 3명인데, 조선 후기에는 역과譯科급제자 37명을 배출하여 대표적인 중인가문의 하나가 되었다.

75 **진여달**陳汝達 진사를 거쳐 세조 11년 문과에 급제하여 벼슬이 현감(종6품)에 이르렀다. 《방목》에는 벼슬 말고 아무런 기록

이 없어 신원을 알 수 없다.

76 **이맹지**李孟智 현감(종6품)을 거쳐 세조 11년 문과에 급제하여 벼슬이 사헌부 집의執義(종3품)에 이르렀다. 《방목》에는 조상의 이름 없이 겸謙의 아버지라는 사실만 밝히고 있으며, 본관이 단양丹陽으로 되어 있다. 그런데 《청구》의 《단양이씨보》에는 선계先系가 끊어진 형태로 이맹지의 가계가 외따로 기록되어 있어 조상의 가계를 알 수 없다. 《만성》의 《단양이씨보》에는 그의 가계가 보이지 않고, 《씨족》에는 《단양이씨보》 자체가 없다. 신원을 알 수 없는 인물이다. 《세종실록》〈지리지〉에는 이씨가 단양의 토성이자 속성으로도 나온다. 속성인 경우에는 향리일 가능성이 크다.

77 **이계종**李繼宗(일명 金繼宗) 진사로 세조 11년 별시에 급제하여 벼슬이 성균관 학유學諭(종9품)를 거쳐 양전순찰사(종2품)에 이르렀다. 《방목》에는 벼슬 말고 아무런 기록이 없어 신원을 알 수 없으며, 김계종金繼宗이라고도 한다고 하여 성조차 분명치 않다. 그런데 김계종은 문과에 급제하지 않은 군인으로 뒤에 병마절도사(종2품)에 오른, 이계종과는 다른 인물이다.

78 **진지**陳祉 훈도(종9품)를 거쳐 세조 12년(1466) 고성춘시高城春試에 장원급제하여 벼슬이 성균관 전적(정6품)과 사간원 정언(정6품)에 이르렀다. 《방목》에는 벼슬 말고 아무런 기록이 없어 신원을 알 수 없다.

79 **김예원**金禮源 진사를 거쳐 세조 12년 고성춘시에 급제하여 벼슬이 예문관 검열檢閱(정9품), 성균관 사예司藝(정4품)와 성종대 병조좌랑(종6품)에 이르렀다. 《방목》에는 벼슬 말고 아무런

기록이 없어 신원을 알 수 없다. 현재 본관이 음성陰城으로 알려져 있으나, 《청구》, 《만성》, 《씨족》에는 《음성김씨보》 자체가 없다. 《세종실록》 〈지리지〉를 보면 음성에는 김씨가 없으며, 현재 음성김씨 인구도 알 수 없다. 조선시대 문과급제자는 김예원이 유일하다.

80 **유원로**兪元老 부봉사副奉事(정9품)를 거쳐 세조 12년 춘시에 급제하여 벼슬이 군수(종4품)와 첨정(종4품)에 이르렀다. 《방목》에는 이름 말고 아무런 기록이 없어 신원을 알 수 없다. 그런데 현재 본관이 기계杞溪로, 아버지는 집현전 직제학을 지낸 유효통兪孝通으로 알려져 있으나, 《청구》, 《만성》, 《씨족》의 《기계유씨보》에는 윤원로의 이름이 보이지 않는다. 《성종실록》을 보면 그는 의과醫科 출신 의관이었다가 문과에 급제했다고 한다.[104] 큰 벼슬아치의 아들이 의과를 거쳐 문과로 급제한 것이나 《족보》에 누락된 것이 이상하다.

81 **김온**金溫(일명 謹) 생원을 거쳐 세조 12년 춘시에 급제하여 벼슬이 승정원 주서注書(정7품)에 이르렀다. 《방목》에는 벼슬 말고 아무런 기록이 없어 신원을 알 수 없다.

82 **김구**金龜 무관인 사용(정9품)을 거쳐 세조 12년 춘시에 급제하여 벼슬이 사헌부 지평(정5품)에 이르렀다. 《방목》에는 벼슬 말고 아무런 기록이 없어 신원을 알 수 없다.

83 **이유생**李有生 훈도(종9품)로 세조 12년 춘시에 급제했는데, 《방목》에는 이름 말고 아무런 기록이 없어 신원을 알 수 없다.

104) 《성종실록》 권282, 성종 24년 9월 16일 정미.

84 **한여승**韓汝升 부사(종3품)를 거쳐 세조 12년 춘시에 급제하여 승문원 판교(정3품)에 이르렀다. 《방목》에는 벼슬 말고 아무런 기록이 없어 신원을 알 수 없다.

85 **오형**吳亨 생원을 거쳐 세조 12년 춘시에 급제했는데, 《방목》에는 이름 말고 아무런 기록이 없어 신원을 알 수 없다.

86 **임건**林乾 지방 율관律官인 검율檢律(종9품)을 거쳐 세조 14년(1468) 식년시에 급제하여 벼슬이 성균관 사예(정4품)에 이르렀다. 《방목》에는 아버지〔達〕 이름이 보이고, 제광霽光의 아버지라는 것을 밝히며, 본관이 개령開寧으로 되어 있다. 그런데 《씨족》의 《개령임씨보》를 보면 아버지가 시조로 되어 있는데, 벼슬이 사리司吏다. 아전이라는 뜻이다. 한편 《청구》와 《만성》의 《개령임씨보》에는 아버지가 시조로 진사進士라고 한다. 따라서 임건은 조상 가운데 벼슬아치가 전혀 없었음을 알 수 있다. 그의 전직 율관은 잡학의 하나인 율학律學을 배운 사람을 말하므로, 잡학을 거쳐 문과에 급제한 사례에 해당한다. 2000년 현재 인구는 파악되지 않고 있다. 조선시대 문과급제자는 모두 2명인데, 그와 연산군 대 문과에 급제한 그의 아들 임제광林霽光뿐이다.

87 **박정손**朴精孫 장사랑將仕郞(종9품)을 거쳐 세조 14년 식년시에 급제하여 벼슬이 성균관 전적(정6품)에 이르렀다. 《방목》에는 벼슬과 아버지〔恒進〕만 보이고, 그 밖에 아무런 기록이 없어 신원을 알 수 없다.

88 **최수**崔洙 유학으로 세조 14년 식년시에 급제하여 벼슬이 군수(종4품)를 거쳐 가선대부(종2품)에 이르렀다. 《방목》에는 벼슬과 아버지〔恒〕 이름이 보이고, 본관이 강릉江陵으로 되어 있다.

《성종실록》을 보면, 최수는 무과 출신으로 문과에 급제하여 군수에 이르렀다고 한다.[105] 그러나 《청구》, 《만성》, 《씨족》의 《강릉최씨보》에는 모두 그의 가계가 보이지 않는다.

89 **김선**金瑄 훈도(종9품)로 세조 14년 식년시에 급제하여 벼슬이 관찰사(종2품)를 거쳐 지중추부사(정2품)에 이르렀고, 중종반정에 공을 세워 정국공신靖國功臣에 봉해졌다. 《방목》에는 아버지〔遇賢〕와 처부의 이름이 보이고, 본관이 함창咸昌으로 되어 있다. 그런데 《청구》와 《만성》의 《함창김씨보》에는 김선의 가계가 보이지 않는다. 《씨족》의 《함창김씨보》를 보면 그와 아버지의 가계가 끊어진 형태로 별개의 파를 이루고 있는데, 아버지 벼슬은 수의부위修義副尉(종8품)이다. 이는 실직이 아닌 무반산직으로, 아들로 말미암아 받은 증직으로 보인다. 따라서 그의 집안은 매우 한미하다. 김씨는 함창의 토성 가운데 하나로 조선시대 문과급제자를 7명 배출했는데, 그가 처음이다.

90 **장인신**張鄰臣 생원으로 세조 14년 식년시에 급제하여 벼슬이 성균관 전적(정6품)에 이르렀다. 《방목》에는 아버지〔季淵〕 이름이 보이고, 본관이 흥양興陽(흥덕)으로 되어 있다. 그런데 《청구》와 《만성》의 《흥덕장씨보興德張氏譜》에는 장인신의 가계가 보이지 않는다. 《씨족》의 《흥덕장씨보》를 보면 가계가 끊어진 형태로 그와 아버지 계연이 외따로 기록되어 있어 가계를 알 수 없다. 아버지는 벼슬이 사용(정9품)으로, 가장 낮은 무관이다.

91 **심가보**沈家甫 훈도(종9품)를 거쳐 세조 14년 식년시에 급제하

105) 《성종실록》 권257, 성종 22년 9월 8일 신사.

여 벼슬이 현감(종6품)과 교수(종6품)에 이르렀다. 《방목》에는 벼슬과 아버지〔孟恩〕 이름이 보이고, 본관이 삼척三陟으로 되어 있다. 그런데 《청구》의 《삼척심씨보》에는 심가보의 가계가 보이지 않는다. 《만성》과 《씨족》의 《삼척심씨보》에는 조상이 끊어진 상태로 그와 아버지가 외따로 기록되어 있고, 아버지 벼슬은 교도로 되어 있다. 그런데 교도는 생원, 진사 가운데 주현州縣의 아이들을 가르치는 선생으로 품계가 없다. 따라서 그의 조상은 벼슬아치가 없다. 그런데 단종 원년 문과에 급제한 심산보沈山甫를 보면 아버지가 맹은으로 심가보와 똑같고, 할아버지가 심덕부沈德符(1328~1401)로 되어 있다. 심덕부는 개국원종공신으로 벼슬이 좌의정에 오른 인물인데, 이를 보면 그의 할아버지는 심덕부이다. 그런데 왜 《방목》과 《족보》에는 그의 가계가 할아버지와 끊어져 있는지 알 수 없다.

92 **조달생**趙達生 생원을 거쳐 세조 14년 식년시에 급제하여 벼슬이 성균관 전적(정6품), 사헌부 장령(정4품)에 이르렀다. 《방목》에는 벼슬과 아버지〔瑜〕 이름이 보이고, 본관이 없다. 《청구》의 《수원조씨보水原趙氏譜》에 조달생과 아버지 조유의 이름이 보이는데, 아버지는 벼슬이 없지만 수원조씨의 시조로 되어 있다. 한편 《만성》과 《씨족》에는 《수원조씨보》 자체가 없다. 2000년 현재 수원조씨의 인구는 알 수 없으며, 조선시대 문과급제자는 그가 유일하다.

93 **유자광**柳子光(?~1512) 부윤府尹 유규柳規의 서자庶子로,[106] 세

106) 《연산군일기》 권49, 연산군 9년 5월 13일 무인.

조 13년 이시애의 난이 일어나자 자원하여 종군하여 공을 세우고 세조의 총애를 받아 병조정랑(정5품)에 올랐다. 세조 14년 온양별시에 장원급제하여 벼슬이 사옹원 제조(정3품 당하관)를 거쳐 무령부원군(정1품)에 이르렀다. 연산군 대 무오사화가 일어나자 사림파를 제거하는 데 앞장서고, 중종반정에 참여하여 정국공신 1등에 봉해지고 부원군에 이른 것이다. 《방목》에는 벼슬과 아버지〔規〕, 할아버지〔斗明〕, 증조〔沔〕의 이름이 보이고, 본관이 영광靈光으로 되어 있다. 《청구》의 《영광유씨보》를 보면 아버지는 부윤府尹, 할아버지는 대언代言의 벼슬을 가진 당당한 양반이었다. 그런데 서출로 문과에 급제한 까닭으로 조정에서 배척을 받아 요직을 얻지 못하자 분함을 품고 사건을 일으켜 공신으로 높은 벼슬에 오른 것이다.

94 **이평**李枰 판관(종5품)을 거쳐 세조 14년 별시에 급제하여 벼슬이 청주목사(정3품), 병조참의(정3품 당상관), 남원부사(정3품), 대사간(정3품 당상관)에 이르렀다. 《방목》에는 아버지〔九寬〕, 할아버지〔晨〕, 증조〔桂乙〕의 이름이 보이고, 본관이 안악安岳으로 되어 있다. 그런데 《씨족》에는 《안악이씨보》 자체가 없고, 《만성》의 《안악이씨보》에는 이평의 가계가 보이지 않으며, 오직 《청구》의 《안악이씨보》에만 그의 가계가 보인다. 하지만 가계가 끊어진 형태로 할아버지 이후의 가계가 실려 있다. 아버지는 벼슬이 없고, 할아버지는 감무(종6품)로 되어 있는데, 손자로 말미암은 증직인 것 같다. 이씨는 안악의 토성 가운데 하나로, 2000년 현재 인구는 2,961가구 9,507명의 희성이며, 조선시대 문과급제자는 모두 4명으로 그가 처음이다.

9

예종-성종 대 신분이 낮은 급제자와 벼슬

1) 시험과목별 급제자 인원

예종 대(1468~1469)는 재위기간이 14개월밖에 되지 않는다. 과거시험은 단 한 차례 식년시가 시행되어 33명이 선발되었다. 그 다음 성종 대(1469~1495)는 재위기간이 25년으로, 과거시험은 모두 25회 시행되어 모두 445명이 선발되었다. 예종 대는 너무 짧은 기간이었으므로 이 시기를 성종 대와 합쳐서 계산하면 재위 26년 동안 478명이 선발된 셈이다. 예종-성종 대 문과급제자를 시험과목별 선발인원을 조사해 보면 다음 표와 같다.

식년시式年試	9회	297명
별시別試	11회	125명
친시親試	6회	56명
합 계		478명

위 표를 다시 정리하면, 3년마다 시행되는 정기시험인 식년시는 모두 9회에 걸쳐 시행되어 297명을 선발했다. 회마다 정확하게 33명을 선발한 것이 특징이다. 식년시는 초시급제자를 8도

의 인구비율로 안배하는 까닭에 지방민들에게 유리하다. 식년시 급제자 인원은 전체 급제자의 62.13퍼센트를 차지한다.

한편 부정기시험인 별시와 친시는 지방안배가 없는 특별시험으로, 모두 17회에 걸쳐 시행되어 181명을 선발했다.

전체 급제자 478명을 예종-성종의 재위기간인 26년으로 나누어 보면, 평균 18.38명이다. 세조 대 22.07명, 문종-단종 대 29.83명, 세종 대 14.46명, 태종 대 14.77명, 태조-정종 대 11명과 비교하면, 태조-세종 대보다 많아지고 문종-세조 대보다 적어진 것을 알 수 있다. 이는 정치적 격변기에 급제자가 늘어나고, 정치적 안정기에는 급제자가 적어졌음을 뜻한다. 그리고 이 사실은 정치적 격변기에 관직이 삭탈되거나 죽임을 당하는 관료가 많기 때문에 이를 보충하려는 의도와 관련이 있어 보인다.

2) 《경국대전》의 응시자격 규정

성종 대 이후로는 관료사회에서 신분이 낮거나 잡과雜科에 속하는 기술직 관료들을 문반文班에서 배제하려는 움직임이 일어나고 있었다. 이런 움직임이 신분이동의 역동성을 제약하기 시작하였다.[107] 그리고 이런 분위기가 성종 대 완성된 《경국대전》에 반영되어, 문과응시자의 자격조건을 제약하는 규정으로 나타나게 된 것이다. 《경국대전》의 문과응시자 규정을 보면 네 부류의 사람들에게 응시자격을 박탈하고 있다. ① 죄범영불서용자罪犯永

107) 한영우, 《조선시대신분사연구》, 집문당, 1997 참고.

不敍用者의 아들 다시 말해 반역자의 아들, ② 장리贓吏 곧 탐관오리의 아들, ③ 재가실행부녀再嫁失行婦女의 아들과 손자, ④ 서얼庶孼의 자손이 그것이다. 그리고 규정에는 보이지 않지만, 노비의 경우는 당연히 문과응시가 허용되지 않았다.

그런데 위 규정은 서얼을 빼고는 특정한 범죄자들에 해당하는 규정이지, 죄를 짓고 살지 않는 일반 평민이나 향리 등에게는 전혀 해당되지 않는다. 그런데 예종-성종 대의 문과급제자를 보면 이런 규정이 서얼이나 범죄자의 자식들에게 엄격하게 적용되고 있는 것은 아니라는 것을 알 수 있다. 무엇보다 문과응시자의 신원을 시험 과정에 파악하기가 어려웠기 때문이다. 응시자의 신원 조사는 4관四館 곧 교서관, 성균관, 예문관, 승문원에서 하게 되어 있었지만, 응시자의 신원을 하나하나 호적戶籍과 대조하여 조사한다는 것은 결코 쉬운 일이 아니었다.

또 신원이 파악되었다 하더라도 그 신원이 급제 후에 문제되는 것이지 급제 이전에는 따질 필요가 없었다는 점도 고려되어야 한다. 그래서 신원조회는 급제한 자가 벼슬을 받을 때 대간臺諫(사헌부와 사간원)이 서경署經을 하면서 심사하는 것이 현실이었다. 하지만 서경권을 가진 대간에 신분이 낮은 급제자들이 많이 참여하고 있었기 때문에 크게 문제되는 일이 없었다.

3) 신분이 낮은 급제자

예종-성종 대 문과급제자 478명의 신분을 알아보고자, 앞 시기와 마찬가지로 《청구》, 《만성》, 《씨족》의 세 통합보統合譜와

《실록》, 《방목》 등의 자료를 통해 급제자의 가계를 조사하였다. 그 결과 신분이 낮은 급제자는 모두 106명으로 판명되었다. 이는 전체 급제자의 22.17퍼센트에 해당한다. 이를 앞 시기와 비교하면 다음과 같다.

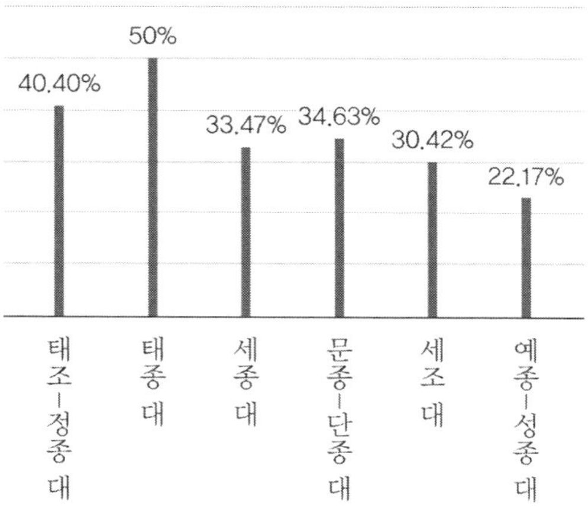

위 표를 다시 정리하면, 태조-태종 대에 40~50퍼센트를 차지했던 수치가 세종-세조 대에 30퍼센트대로 떨어지고, 다시 예종-성종 대에 이르러 20퍼센트대로 더 떨어진 것을 볼 수 있다. 이는 뒤집어 말하면 문과급제자의 신분이 시간이 지날수록 높아지고 있다는 뜻이다. 왕조가 개창된 지 100년이 흐르면서 그만큼 사회가 안정되고, 벼슬아치들의 자제가 급제하는 비율이 갈수록 높아지고 있다는 것을 뜻한다. 하지만 아직도 20퍼센트대의 급제자가 신분이 낮은 계층에서 충원되고 있었다는 사실에서 문과를 통한 신분이동이 아직도 역동성을 지니고 있었다고 볼 수 있다.

예종-성종 대 신분이 낮은 급제자 106명은 구체적으로 어떤 신분에 속해 있었을까? 이를 심층적으로 살펴보면 크게 여섯 부류가 있다. ①《방목》에 본관이 보이지 않아 신원 파악이 어려운 급제자, ②《방목》에 본관이 보이지만 그 본관의《족보》자체가 없거나《족보》에 가계가 보이지 않는 급제자, ③《족보》에 가계가 보이지만 본인이나 아버지 이상의 가계가 끊어져 있는 급제자, ④《족보》에 시조로 기록되어 있는 급제자, ⑤《족보》에 가계가 보이지만 내외 4대조 가운데 벼슬아치가 없는 급제자, ⑥ 서얼庶孼, 향리鄕吏, 공생貢生, 화원畵員, 갑사甲士의 아들 등으로 판명된 급제자 등이다. 다음 이들의 인원과 구체적인 실례를 들어보기로 한다.

(1) 본관이 없는 급제자

예종-성종 대 문과급제자 478명 가운데《방목》에 본관이 기록되지 않은 급제자는 모두 71명이다. 신분이 낮은 급제자 106명 가운데 66.98퍼센트를 차지하고, 전체 급제자 가운데 14.85퍼센트를 차지한다. 이들 가운데에는 현행《족보》를 통해서 본관이 확인되는 22명이 있는데, 이들을 뺀 급제자 51명은 신원을 확인할 길이 없다.

문과급제자 가운데 벼슬이 확인되지 않는 급제자가 3명인데, 이들은 모두 본관이 기록되지 않는 인물이다. 하지만 이들이 벼슬을 받지 못한 주된 이유는 나이가 70세를 훨씬 넘어 직책을 수행하기 어려웠기 때문이었다.

《방목》에 본관이 기록되어 있지 않은 급제자는 본관을 모르고 있거나, 본관 자체가 아직 정해지지 않았거나, 본관을 알더라도 밝히기 어려운 어떤 사정이 있는 것으로 보인다. 여기에 속하는 급제자들은 직계 조상 가운데 벼슬아치가 없는 평민이거나, 향리이거나, 잡직집안이거나, 아니면 서출인 경우도 있을 것이다.

(가) 3품 이상 고관에 오른 급제자

《방목》에 본관이 기록되지 않은 급제자 71명 가운데에도 3품 이상 고관에 오른 인물이 10명인데, 그 명단을 소개하면 다음과 같다.

최자축崔自丑 벼슬이 사간원 사간(종3품)에 올랐는데, 본관이 없어서 신원을 알 수 없다.

이성李晟 벼슬이 첨지중추부사(정3품 당상관)에 올랐는데, 본관이 없어서 신원을 알 수 없다.

김진석金晋錫 벼슬이 부사(종3품)에 이르렀는데, 본관이 없어 신원을 알 수 없다.

김종근金從謹, **손집경**孫執經 두 사람 모두 벼슬이 성균관 사성司成(종3품)에 올랐는데, 본관이 없어서 신원을 알 수 없다.

김의동金意同, **오한상**吳漢相 두 사람 모두 벼슬이 목사(정3품)에 이르렀는데, 본관이 없어서 신원을 알 수 없다.

서극철徐克哲 벼슬이 사간원 대사간(정3품 당상관)에 올랐는데, 본관이 없어서 신원을 알 수 없다.

조형趙珩 벼슬이 부정副正(종3품)에 올랐는데, 본관이 없어 신원을 알 수 없다.

섭천지葉千枝 벼슬이 중종 대 사간원 대사간(정3품 당상관)에 올랐는데, 《방목》에는 본관이 없다. 고려 말 귀화한 중국인의 후손으로, 현재 경주慶州와 충주忠州를 본관으로 삼고 있다. 2000년 현재 인구는 127명에 지나지 않고, 섭천지가 유일한 문과급제자이다.

(나) 시조가 된 급제자

《방목》에 본관이 없는 급제자 71명 가운데에는 뒤에 시조始祖로 추앙된 급제자가 5명에 이른다. 그 명단을 소개하면 다음과 같다.

김치제金治濟 벼슬은 비록 확인되지 않고 있지만, 뒷날 청산김씨靑山金氏의 시조가 되었다. 2000년 현재 인구는 810명이며, 조선시대 문과급제자는 김치제가 유일하다.

정치형鄭致亨 벼슬이 사간원 헌납獻納(정5품)에 오른 뒤에 정산정씨定山鄭氏의 시조가 되었다. 조선시대 문과급제자는 정치형이 유일하며, 2000년 현재 인구는 98가구 342명에 지나지 않는 희성이다.

손원로孫元老 벼슬이 사재감정司宰監正(정3품 당하관)에 올랐는데, 뒤에 구례손씨求禮孫氏의 시조가 되었다. 2000년 현재 인구는 472가구 1,526명의 희성으로, 손원로가 최초의 문과급제자이다.

김준손金俊孫 벼슬이 승지承旨(정3품 당상관)를 거쳐 중종반정의 공신으로 연산군燕山君(정1품~종1품)에 봉해졌는데, 뒤에 연주(연기)김씨燕州金氏의 시조가 되었다. 2000년 현재 연주김씨 인구는 170가구 584명의 희성으로, 김준손이 유일한 문과급제자이다.

이원성李元成 벼슬이 사간원 헌납(정5품)에 올랐는데, 뒤에 장흥이씨長興李氏의 시조가 되었다. 2000년 현재 인구는 625가구 2,121명의 희성으로, 조선시대 문과급제자는 이원성이 유일하다.

(다) 향리, 역관, 공생, 화원, 갑사의 아들

《방목》에 본관이 없는 급제자 가운데에는 향리 출신이 2명, 역관 출신 또는 역관의 아들 2명, 화원의 아들이 1명, 갑사의 아들이 1명 있다.

김수문金秀文 벼슬이 사간원 헌납(정5품)에 올랐다. 영덕호장盈德戶長의 아들로 본인도 향리인 지인知印을 거쳐 문과에 급제했다. 현재 본관이 영덕으로 알려져 있는데, 2000년 현재 인구는 3,401명의 희성으로 김수문이 유일한 문과급제자이다.

양자해梁自海 벼슬이 성균관 전적(정6품)에 올랐다. 전력이 남원공생南原貢生으로 되어 있어서 향리 출신임을 알 수 있다. 본관은 《방목》에 없지만 남원으로 보이는데, 《남원양씨보》에는 양자해의 가계가 보이지 않는다.

박삼길朴三吉 벼슬이 이조참의(정3품 당상관)에 올랐다. 아버지가 한어漢語 통역관인 통사通事였다. 본관이 지금 면천으로 알려져 있다. 2000년 현재 면천박씨는 1,241가구 3,980명의 희성으로, 조선시대 문과급제자는 박삼길이 유일하다.

이춘경李春景 벼슬이 정랑(정5품)에 올랐는데, 한어 역관이었다. 본관을 알 수 없는 인물이다.

안소희安紹禧 벼슬이 성균관 전적(정6품)에 올랐는데, 유명한 화원 안견安堅의 아들이다. 《방목》에는 본관이 없으나, 안견의 본관은 지금 지곡池谷으로 알려져 있다. 그러나 《청구》, 《만성》, 《씨족》에는 《지곡안씨보》가 없어 가계를 알 길이 없다.

이수무李秀茂 벼슬이 사간원 헌납(정5품)에 올랐다. 아버지가 갑사로, 갑사는 5위五衛 소속의 군인이다. 본관은 현재 평창平昌으로 알려져 있다.

(라) 서자 출신

《방목》에 본관이 없는 급제자 가운데에는 서자 출신도 1명 있다.

최서崔湑 벼슬이 군수(종4품)에 올랐는데, 《방목》에 서庶라고 적어 서출임을 밝히고 있는데, 본관이 없다. 최서는 자신이 "초모草茅의 선비로서 문지門地가 외롭고 가난하며, 조상의 문벌門閥의 명망이 없고, 조정에도 도와주는 사람이 없어 세상에 이름을 날리기가 어렵다"고 말했다.

(2) 《족보》에 가계가 보이지 않는 급제자

《족보》에 가계가 보이지 않는 급제자는 모두 18명이다. 그런데 이들도 다음과 같은 여러 부류가 있다.

(가) 3품 이상 고관에 오른 급제자

《족보》에 가계가 보이지 않지만, 3품 이상 고관에 오른 급제자는 모두 9명이다. 그 명단을 소개하면 다음과 같다.

이익지李益之 본관이 사천沙川으로 벼슬이 첨지사僉知事(정3품 당상관)에 올랐는데, 《사천이씨보》에 가계가 보이지 않는다.

유효산柳孝山 본관이 고흥高興으로 벼슬이 판교判校(정3품 당하관)에 올랐는데, 《고흥유씨보》에 가계가 보이지 않는다.

강삼姜參 본관이 진주晋州로 벼슬이 승지(정3품 당상관)에 올랐는데, 《진주강씨보》에 가계가 보이지 않는다.

손번孫藩 본관이 밀양密陽으로 벼슬이 부사(종3품)에 올랐는데, 《밀양손씨보》에 가계가 보이지 않는다.

이의손李懿孫 본관이 고성固城으로 벼슬이 사간원 사간(종3품)과 승지(정3품 당상관)에 올랐는데, 《고성이씨보》에 가계가 보이지 않는다.

박한주朴漢柱 본관이 밀양密陽으로 벼슬이 지신사知申事(정3품)에 올랐는데, 《밀양박씨보》에 가계가 보이지 않는다.

이희락李希洛 본관이 수원水原으로 벼슬이 목사(정3품)에 올랐는데, 《수원이씨보》에 가계가 보이지 않는다.

조호曺浩 본관이 창녕昌寧으로 벼슬이 목사(정3품)에 올랐는데, 《창녕조씨보》에 가계가 보이지 않는다.

김인후金麟厚 본관이 임진臨津으로 벼슬이 이조참의(정3품 당상관)에 올랐는데, 《임진김씨보》에 가계가 보이지 않는다.

(나) 향리 출신

《족보》에 가계가 보이지 않는 급제자 가운데 향리 출신 급제자는 2명이다. 그 명단을 소개하면 다음과 같다.

이순명李順命 고부공생古阜貢生으로 성종 5년에 급제하여 벼슬이 사헌부 장령(정4품)에 올랐다. 《실록》에는 "한미寒微한 집안에서 시작하여 과거에 급제하자 조강지처를 버렸다"고 한다. 그런데 《고부이씨보》에는 이순명의 가계가 보이지 않는다.

강자어姜子魚 성종 14년에 급제하여 벼슬이 성균관 전적(정6품)에 올랐다. 《방목》에 진주호장晋州戶長이라고 적어 강자어가 본래 진주의 향리였음을 알 수 있다. 그러나 《진주강씨보》에는 그의 가계가 보이지 않는다.

(3) 《족보》에 가계가 끊어진 급제자

《족보》에 본인이나 아버지 이름만 보이고, 그 윗대가 끊어진 급제자는 모두 10명이다. 이들은 인구가 적은 희성稀姓으로 조상 가운데 벼슬아치가 없는 평민이거나, 아니면 향리거나 서출인 경우로 볼 수 있다.

(가) 3품 이상 고관에 오른 급제자

《족보》에 조상의 가계가 끊어진 급제자 가운데에도 3품 이상 고관에 오른 급제자가 4명에 이른다. 명단은 다음과 같다.

반우형潘佑亨 벼슬이 사헌부 대사헌(종2품)에 올랐다. 《거제반씨보》에는 아버지와 반우형만 기록되어 있는데, 아버지는 벼슬이 없다.

황인黃璘 벼슬이 목사(정3품)에 올랐는데, 《선산황씨보》에는 황인이 시조로 되어 있다.

이희익李希益 벼슬이 관찰사(종2품)에 올랐다. 《고부이씨보》에는 아버지와 이희익만 기록되어 있는데, 아버지는 벼슬이 없다.

그는 스스로 "향곡鄕曲에서 성장했다"고 임금에게 말했다.

조옥곤趙玉崑 벼슬이 호조참판(종2품)에 올랐다. 본관이 부안扶安 또는 함열咸悅로 알려져 있고, 《부안조씨보》에는 아버지와 조옥곤만 기록되어 있는데, 아버지는 벼슬이 없다.

(나) 시조가 된 자, 한미한 출신

《족보》에 가계가 끊어진 급제자 가운데에는 성관의 시조가 된 자가 있고, 인구가 극히 적은 희성과 한미한 출신의 급제자도 있다. 그 예를 들면 다음과 같다.

김삼준金三俊 벼슬이 군수(종4품)에 올랐는데, 뒤에 담양김씨潭陽金氏의 시조가 되었다. 2000년 현재 288가구 900명의 희성으로 김삼준이 유일한 문과급제자이다.

조호문趙好問 벼슬이 도사(종5품)에 올랐다. 본관이 주천酒泉(원주)으로, 2000년 현재 인구는 25가구 82명이며, 조호문이 유일한 문과급제자이다.

최부崔溥 벼슬이 예문관 응교應敎(정4품)와 홍문관 교리校理(정5품)에 올랐다. 《동국통감》 편찬에 참여하고 《표해록漂海錄》의 저자로 이름을 떨쳤다. 본관이 강진康津(탐진)이지만, 《강진최씨보》에는 아버지 이상의 가계가 끊어져 있는데, 아버지는 벼슬이 없다. 최부가 조선시대 최초의 문과급제자이다.

(4) 내외 4대조 가운데 벼슬아치가 없는 급제자

《족보》의 가계를 조사한 결과 내외 4대조 가운데 벼슬아치가 없는 급제자는 모두 7명이다. 그런데 이들 가운데에도 3품 이상 고관에 올라 이름을 떨친 세 사람이 있다. 그 명단을 소개하면 다음과 같다.

봉원효奉元孝 식년시에 급제하여 벼슬이 사간원 사간(종3품)에 올랐다. 본관이 하음河陰으로 《하음봉씨보》를 보면 직계 조상 가운데 벼슬아치가 없다. 스스로 임금에게 "신은 족계族系가 본래 단미單微하고 한낱 서생書生으로서 지위가 3품에 이르렀으니 벼슬을 이루고 이름을 세웠다고 할 만합니다"라고 말했다.

고형산高荊山(1453~1528) 식년시에 급제하여 벼슬이 중종 대 형조, 호조, 병조의 판서(정2품)를 거쳐 의정부 찬성贊成(종1품)에까지 올랐다. 본관이 강원도 횡성橫城이다. 그러나 《횡성고씨보》를 보면 조상 가운데 벼슬아치가 없다. 《중종실록》에는 고형산을 평하여 "횡성에 대대로 살던 사람으로 초모草茅로서 과거에 급제했다. 처음에는 이름도 잘 몰라 지방 수령으로 보냈는데, 치적이 좋아 만년에는 큰 뜻을 폈다"고 썼다. 여기서 '초모'라는 말은 원래 잡초雜草를 가리키는 말인데, 일반 평민을 비유적으로 가리키는 말이기도 하다.

방유령方有寧(1460~1529) 식년시에 급제하여 벼슬이 중종 대 사헌부 대사헌(종2품)과 병조판서(정2품)에까지 올랐다. 본관이 온양溫陽으로도 알려지고 군위軍威로도 알려져 두 《족보》에 모두 이름이 보이지만, 조상 가운데 벼슬아치는 보이지 않는다. 《중종실록》에는 방유령이 "합천陜川의 초모인草茅人으로서……스스로 말하기를 '한생寒生이 과거에 급제하여 지위가 2품에 이르렀으니 이는 포의布衣로서는 지극히 높은 자리'라고 말했다"고 한다. 여기서 '초모인'이니 '한생'이니 하는 말은 보잘것없는 평민이라는 뜻이다.

지금까지 예종-성종 대 문과급제자 가운데 신분이 낮은 106명의 신분을 살펴보았다. 세부적으로 보면 여러 부류가 있지만, 신분이 특별히 낮은 것으로 확인된 급제자는 시조가 된 인물 7명, 향리 출신 4명, 역관 출신 2명, 서자 1명, 화원의 아들 1명, 갑사의 아들 1명, 그리고 초모인으로 불리는 순수평민이 2명에 이르고 있다. 그러나 이들은 신원이 확인된 사람들일 뿐이고, 신분확인이 안 되는 급제자 대부분도 이런 부류의 인물이라고 보아야 한다. 다시 말해 106명의 급제자들이 대동소이한 낮은 신분을 지니고 있다고 볼 수 있는 것이고, 이들은 전체 급제자 478명의 22.17퍼센트를 차지하고 있다.

4) 신분이 낮은 급제자의 벼슬

예종-성종 대 급제자 478명 가운데 신분이 낮은 106명이 받은 벼슬은 어떠했는가? 우선 벼슬이 확인되지 않는 급제자는 모두 3명이고, 나머지 103명은 벼슬을 받았다. 따라서 97.16퍼센트가 벼슬을 받은 것이다. 이들이 받은 벼슬의 최고품계순으로 인원을 정리해 보면 다음과 같다.

벼슬과 품계	인원
군君(정1품~종1품)	1명 (김준손)

의정부 찬성贊成(종1품)	1명 (고형산)
지중부추부사知中樞府事(정2품)	1명 (조숙기)
판서判書(정2품)	1명 (방유령)
사헌부 대사헌大司憲(종2품)	1명 (반우형)
관찰사觀察使(종2품)	1명 (이희익)
부윤府尹(종2품)	1명
참판參判(종2품)	1명 (조옥곤)
참의參議(정3품 당상관)	2명 (김인후, 박삼길)
승지承旨(정3품 당상관)	2명
지신사知申事(정3품 당상관)	1명
사간원 대사간大司諫(정3품 당상관)	2명
첨지사僉知事(정3품 당상관)	2명
목사牧使(정3품)	5명
감정監正(정3품)	1명
승문원 판교判校(정3품)	1명
사간원 사간司諫(종3품)	2명
부사府使(종3품)	2명
성균관 사성司成(종3품)	2명
부정副正(종3품)	1명
홍문관 전한典翰(종3품)	1명
우후虞候(종3품)	1명
1~3품	33명
성균관 사예司藝(정4품)	3명
사헌부 장령掌令(정4품)	3명
예문관 응교應敎(정4품)	1명
군수郡守(종4품)	4명
첨정僉正(종4품)	1명
승문원 교감校勘(종4품)	1명
정랑正郎(정5품)	4명
사헌부 지평持平(정5품)	2명
성균관 직강直講(정5품)	1명

사간원 헌납獻納(정5품)	6명
시강원 문학文學(정5품)	1명
현령縣令(종5품)	2명
도사都事(종5품)	3명
판관判官(종5품)	1명
승문원 교리校理(종5품)	1명
성균관 전적典籍(정6품)	9명
사헌부 감찰監察(정6품)	6명
사간원 정언正言(정6품)	2명
좌랑佐郎(정6품)	3명
현감縣監(종6품)	8명
주부主簿(종6품)	4명
4~6품	66명
박사博士(정7품)	3명(홍문관, 승문원, 성균관 각 1명)
승문원 정자正字(정9품)	1명
6~7품	4명
벼슬을 받지 못한 급제자	3명
합 계	106명

위 표를 다시 정리하면, 신분이 낮은 급제자 106명 가운데 벼슬을 받지 못한 급제자는 3명이고 벼슬을 받은 급제자는 103명이다. 벼슬을 받지 못한 이유는 나이가 70세를 훨씬 넘어 벼슬을 감당할 수 없기 때문이었다.

벼슬을 받은 103명의 최종 벼슬 가운데 3품 이상 고관에 오른 급제자는 모두 33명으로 31.13퍼센트를 차지한다. 그 가운데 정3품 당상관 이상으로 오른 급제자는 17명에 이른다. 의정부 삼정승三政丞만 나오지 않았을 뿐이지, 중요한 벼슬에 오르고 있음을 볼 수 있다. 그 가운데 1품에 해당하는 군君과 찬성이 각각 1명씩 있으며, 2품직도 5명이나 있다.

의정부 찬성(종1품)에 오른 고형산高荊山과 군君(정1품~종1품)에 오른 김준손金俊孫, 병조판서(정2품)에 오른 방유령方有寧, 관찰사(종2품)에 오른 이희익李希益, 지중추부사(정2품)에 오른 조숙기曺淑沂, 대사헌(종2품)에 오른 반우형潘佑亨, 호조참판(종2품)에 오른 조옥곤趙玉崑 등은 더없이 한미한 집안 출신이다.

고형산은 조상 가운데 벼슬아치가 없는 강원도 횡성의 초모인 출신이고, 김준손은 연주김씨燕州金氏의 시조가 된 인물이고, 방유령은 합천陜川의 초모인 출신이다. 이희익은 가계를 알 수 없는 고부이씨古阜李氏의 향곡 출신이며, 반우형은 조상의 가계를 알 수 없으며, 조옥곤도 본관이 함열咸悅로 2000년 현재 인구가 11가구 39명에 지나지 않는 극희성이다.

4~6품의 참상관參上官에 오른 급제자는 모두 66명이다. 직종職種을 보더라도 6조 낭관과 청요직에 해당하는 홍문관, 사헌부, 사간원, 예문관, 성균관, 승문원 등에 골고루 퍼져 있는 것을 볼 수 있다. 성균관이 13명으로 가장 많고, 사헌부가 11명, 사간원이 8명이다. 하지만 이들은 서로 직종을 옮겨가면서 벼슬했기 때문에 특별히 어느 직종에 몰려 있는 것은 아니다. 지방관도 군수에서 현령, 도사, 판관, 현감 등에 골고루 나가고 있는데, 이들도 삼사三司나 6조 낭관을 거쳐서 나가는 경우가 많으므로 고정된 직종은 아니었다.

5) 예종-성종 대 신분이 낮은 급제자 명단

예종-성종 대 신분이 낮은 급제자 106명의 명단을 급제연대순으로 소개하면 다음과 같다.

1 **장한필**張漢弼 연산군의 애첩 장녹수張綠水의 아비로, 생원을 거쳐 예종 원년(1469) 문과에 급제하여 벼슬이 현령(종5품)에 이르렀다. 《방목》에는 벼슬 말고 아무런 기록이 없어 신원을 알 수 없다. 장녹수는 본래 장한필의 첩이 낳은 딸로, 제안대군의 종이었다가 연산군의 사랑을 받아 숙원淑媛의 지위에 올랐다. 본관은 흥덕興德(흥성)으로 알려져 있으나, 《청구》, 《만성》, 《씨족》의 《흥덕장씨보》에는 그의 가계가 보이지 않는다.

2 **송창**宋昌 훈도(종9품)로 예종 원년 문과에 급제하여 벼슬이 성균관 전적典籍(정6품)을 거쳐 군수郡守(종4품)에 이르렀다. 《방목》에는 벼슬 말고 아무런 기록이 없어 신원을 알 수 없다.

3 **김윤온**金允溫 유학으로 예종 원년 문과에 급제하여 벼슬이 현감(종6품)을 거쳐 성균관 사예司藝(정4품)에 이르렀다. 《방목》에는 벼슬 말고 아무런 기록이 없어 신원을 알 수 없다.

4 **박원순**朴元順(일명 元信) 생원을 거쳐 예종 원년 문과에 급제하여 벼슬이 우후虞候와 현감(종6품)에 이르렀다. 《방목》에는 벼슬 말고 아무런 기록이 없어 신원을 알 수 없다.

5 **정영보**鄭英輔 훈도(종9품)를 거쳐 예종 원년 문과에 급제하여 벼슬이 성균관 전적(정6품)에 이르렀다. 《방목》에는 벼슬 말고 아무런 기록이 없어 신원을 알 수 없다.

6 **최징**崔澄 진사를 거쳐 예종 원년 문과에 급제하여 벼슬이 사헌부 감찰(정6품)에 이르렀다. 《방목》에는 벼슬 말고 아무런 기록이 없어 신원을 알 수 없다. 그런데 오늘날 황주최씨黃州崔氏는 최징을 황주최씨의 조상으로 여기고 있다. 그러나 《청구》와 《씨족》에는 《황주최씨보》가 없고, 《만성》에는 《황주최씨보》가 있으나 그의 가계는 보이지 않는다.

7 **최개지**崔蓋地 생원을 거쳐 예종 원년 문과에 급제하여 벼슬이 승문원 박사(정7품)에 이르렀다. 《방목》에는 벼슬 말고 아무런 기록이 없어 신원을 알 수 없다.

8 **박숭지**朴崇地(일명 宗地) 유학을 거쳐 예종 원년 문과에 급제하여 벼슬이 사헌부 감찰(정6품)에 이르렀다. 《방목》에는 벼슬 말고 아무런 기록이 없어 신원을 알 수 없다.

9 **장강**張綱 생원을 거쳐 예종 원년 문과에 급제하여 벼슬이 성균관 전적(정6품)에 이르렀다. 《방목》에는 벼슬 말고 기록이 없어 신원을 알 수 없다.

10 **김치제**金治濟108) 선교랑(종6품)을 거쳐 예종 원년 문과에 급제했는데, 《방목》에는 이름 말고 아무런 기록이 없어 신원을 알 수 없다. 현재 청산김씨靑山金氏의 시조로 알려져 있는데, 《만성》과 《씨족》에는 《청산김씨보》 자체가 없고, 《청구》의 《청산김씨보》에는 김치제 한 사람만 외따로 기록되어 있다. 2000년 현재 인구는 810명으로, 조선시대 문과급제자는 그가 유일하다.

11 **최자축**崔自丑(일명 自忍) 무반산직인 효력부위(정9품)를 거쳐

108) 《방목》에는 김치제의 이름이 김제金濟로 되어 있으나, 이는 오기다.

성종 원년(1470) 별시에 급제하여 벼슬이 사간원 사간司諫(종3품)에 이르렀다. 《방목》에는 벼슬 이름과 시매時邁의 아버지라는 것만 보이고, 그 밖에 아무런 기록이 없어 신원을 알 수 없다. 아들 최시매도 알 수 없는 인물이다.

12 **박원수**朴元秀 생원을 거쳐 성종 원년 별시에 급제하여 벼슬이 사간원 헌납獻納(정5품)과 사헌부 지평持平(정5품)에 이르렀다. 《방목》에는 벼슬 말고 아무런 기록이 없어 신원을 알 수 없다.

13 **최수담**崔壽聃 유학을 거쳐 성종 원년 문과에 급제하여 벼슬이 사헌부 감찰(정6품)과 사간원 헌납(정5품)에 이르렀다. 《방목》에는 벼슬 말고 아무런 기록이 없어 신원을 알 수 없다.

14 **손상장**孫尙長 진사를 거쳐 성종 2년(1471) 별시에 급제하여 벼슬이 군수(종4품)에 이르렀다. 《방목》에는 아버지〔順祖〕 이름이 보이고, 비장比長의 아우라고 밝히고 있으며, 본관이 부안扶安으로 되어 있다. 형 손비장의 신분에 대해서는 앞에서 이미 설명하였고, 아버지가 시조이지만 벼슬이 없다.

15 **손서륜**孫敍倫 생원을 거쳐 성종 2년 별시에 급제하여 벼슬이 현감(종6품)에 이르렀다. 《방목》에는 벼슬 말고 아무런 기록이 없어 신원을 알 수 없다.

16 **이성**李晟 생원으로 성종 3년(1472) 식년시에 급제하여 벼슬이 사온직장司醞直長(종7품)을 거쳐 첨지중추부사(정3품 당상관)에 이르렀다. 《방목》에는 벼슬과 아버지〔保民〕 이름이 보이나 본관이 없다. 그런데 성종 3년 이성이 사온직장으로 있을 때, 예안禮安에 사는 아버지 이보민 부처가 강도에게 상해를 입자 벼슬을 그만두고 집으로 갔다는 기록이 있다.[109] 이것으로 보아 그의 본

관이 예안일 가능성이 크다. 하지만 《청구》, 《만성》, 《씨족》의 《예안이씨보》에는 그의 가계가 보이지 않는다.

17 **변철산**卞哲山 생원을 거쳐 성종 3년 문과에 급제하여 벼슬이 봉상시 첨정僉正(종4품)과 이조좌랑(정6품)에 이르렀다. 《방목》에는 아버지〔澄源〕와 처부의 이름이 보이고, 본관이 초계草溪로 되어 있다. 그러나 《청구》, 《만성》, 《씨족》의 《초계변씨보》에는 변철산의 가계가 보이지 않는다.

18 **방옥정**房玉精 생원을 거쳐 성종 3년 문과에 급제하여 벼슬이 시강원 문학文學(정5품)에 이르렀다. 《방목》에는 아버지〔有儉〕 이름이 보이고 본관이 남양南陽으로 되어 있다. 그런데 《청구》와 《씨족》의 《남양방씨보》를 보면 아버지는 유륜有倫으로 아무런 벼슬이 없이 가계가 끊어진 형태로 기록되어 있어 가계를 알 수 없다. 한편 《만성》의 《남양방씨보》에는 아버지가 현감으로 나오는데, 이는 믿을 수 없다.

19 **이인우**李仁佑 교수(종6품)를 거쳐 성종 3년 문과에 급제하여 벼슬이 성균관 사예(정4품)와 첨정(종4품)에 이르렀다. 《방목》에는 벼슬과 아버지〔勝〕 이름만 나올 뿐 아무런 기록이 없어 신원을 알 수 없다.

20 **김신행**金信行 무반산직인 효력부위(정9품)를 거쳐 성종 3년 문과에 급제하여 벼슬이 주부主簿(종6품)와 현감(종6품)에 이르렀다. 《방목》에는 아버지〔義敬〕 이름이 보이고, 본관이 안동安東으로 되어 있다. 그런데 《청구》, 《만성》, 《씨족》의 《안동김씨보》

---

109) 《성종실록》 권16, 성종 3년 3월 19일 을묘.

에는 김신행의 가계가 보이지 않아 신원을 알 수 없다.

21 **안귀흠**安貴欽 진사를 거쳐 성종 3년 문과에 급제하여 벼슬이 현감(종6품)에 이르렀다. 《방목》에는 아버지〔春景〕 이름만 있고 본관이 없어서 신원을 알 수 없다.

22 **김진석**金晋錫 진사를 거쳐 성종 3년 문과에 급제하여 벼슬이 사헌부 지평(정5품)을 거쳐 부사(종3품)에 이르렀다. 《방목》에는 아버지〔瑾〕와 할아버지〔乙候〕의 이름이 보일 뿐 본관이 없어 신원을 알 수 없다.

23 **최자점**崔自霑 생원을 거쳐 성종 3년 문과에 급제하여 벼슬이 사간원 정언正言(정6품)에 이르렀다. 《방목》에는 아버지〔允行〕와 처부의 이름이 보이고, 본관이 강릉江陵으로 되어 있다. 그러나 《청구》, 《만성》, 《씨족》의 《강릉최씨보》에는 최자점의 가계가 보이지 않아 신원을 알 수 없다.

24 **이익지**李益之 훈도(종9품)를 거쳐 성종 3년 문과에 급제하여 벼슬이 첨지사僉知事(정3품 당상관)에 이르렀다. 《방목》에는 벼슬과 아버지〔種〕 이름만 있을 뿐 아무런 기록이 없어 신원을 알 수 없다. 현재 본관이 사천泗川으로 알려져 있으나, 《만성》과 《씨족》에는 《사천이씨보》 자체가 없고, 《청구》의 《사천이씨보》에는 이익지의 가계가 보이지 않는다. 2000년 현재 사천이씨 인구는 2,546가구 8,074명의 희성으로, 조선시대 문과급제자는 모두 2명인데, 그가 처음이다.

25 **김수문**金秀文 생원을 거쳐 성종 3년 문과에 급제하여 벼슬이 사간원 헌납(정5품)에 이르렀다. 《방목》에는 벼슬과 아버지〔謹〕 이름 말고 다른 기록이 없어 신원을 알 수 없다. 《중종실록》에

김수문은 향리로서 헌납이 되었다고 하며,[110] 《연조귀감》에도 그는 영덕호장盈德戶長의 아들로 지인知印을 거쳐 문과에 급제했다고 한다. 이를 보면 그의 본관은 영덕으로 보이는데, 《씨족》과 《만성》에는 《영덕김씨보》가 없으며, 《청구》의 《영덕김씨보》에는 그의 가계가 보이지 않는다. 2000년 현재 영덕김씨 인구는 3,401명의 희성으로, 조선시대 문과급제자는 그가 유일하다.

26 **봉원효**奉元孝 훈도(종9품)를 거쳐 성종 5년(1474) 식년시에 급제하고 중시에도 급제하여, 벼슬이 사간원 사간(종3품)에 이르렀다. 《방목》에는 아버지〔伸〕와 외조〔洪齡〕의 이름이 보이고, 본관은 하음河陰으로 되어 있다. 그런데 《청구》의 《하음봉씨보》에는 아버지 신은 아무런 벼슬이 없고, 그 조상도 벼슬아치가 없다. 한편 《만성》의 《하음봉씨보》에는 아버지가 규奎로 되어 있어 《방목》과 다르다. 《씨족》의 《하음봉씨보》에는 봉원효의 가계가 보이지 않는다. 《성종실록》에 그가 성종에게 사직을 청하면서 자신을 평하기를 "신은 족계族系가 본래 단미單微하고, 한낱 서생書生으로서 지위가 3품에 이르렀으니 벼슬을 이루고, 이름을 세웠다고 할 만합니다"[111]라고 했다. 스스로 집안이 보잘것없다고 인정하는 것이다. 조선시대 문과급제자는 모두 3명인데, 그가 첫 급제자이다.

27 **변욱**邊旭 훈도(종9품)를 거쳐 성종 5년 식년시에 급제했는데, 《방목》에는 이름 말고 아무런 기록이 없어 신원을 알 수 없다. 《청구》, 《만성》, 《씨족》의 어느 변씨보에도 변욱의 이름은 보이

---

110) 《중종실록》 권24, 중종 11년 4월 22일 계유.
111) 《성종실록》 권223, 성종 19년 12월 15일 갑진.

지 않는다.

28 **박삼길**朴三吉 진사로 성종 5년 식년시에 급제하여 벼슬이 대사간(정3품 당상관)을 거쳐 연산군 대 이조참판(종2품)에 이르렀다. 《방목》에는 벼슬과 아버지〔孝順〕 이름이 보이고, 본관이 없다. 《청구》와 《만성》의 《면천박씨보沔川朴氏譜》에 박삼길의 가계가 보이는데, 《청구》에는 아버지 벼슬이 참판으로 되어 있으나, 《만성》에는 직계 3대조가 모두 무직으로 나온다. 한편 《씨족》에는 《면천박씨보》 자체가 없다. 《성종실록》을 보면 아버지 박이순은 통사通事로 중국에 다녀온 일이 있었으므로 역관임을 알 수 있다.112) 따라서 그의 참판 벼슬은 실직이 아닌 증직이다. 박씨는 면천의 토성土姓 가운데 하나로, 2000년 현재 인구는 1,241가구 3,980명의 희성이며, 조선시대 문과급제자는 그가 유일하다.

29 **반우형**潘佑亨 진사를 거쳐 성종 5년 식년시에 급제하여 벼슬이 연산군 대 대사헌(종2품)에 이르렀다. 그 뒤 중종반정에 참여하고, 기묘사화 때 유배당했다. 《방목》에는 아버지〔慥〕 이름만 보이고, 본관은 거제巨濟(기성)로 되어 있다. 그런데 《청구》의 《거제반씨보》에는 아버지 반조 한 사람만 적어 놓고 있는데 벼슬이 없다. 한편 《만성》의 《기성반씨보岐城潘氏譜》에는 아버지가 희熙로 되어 있어 《청구》와 다르다. 한편 《씨족》의 《거제반씨보》에는 아버지와 반우형이 외따로 기록되어 있어 선계를 알 수 없는데, 아버지는 벼슬이 없다. 이것으로 보아 그의 집안은 매

112) 《성종실록》 권212, 성종 19년 윤1월 15일 경진.

우 한미함을 알 수 있다. 《세종실록》〈지리지〉에는 반씨가 거제 토성 가운데 하나로 기록되어 있다. 조선시대 문과급제자는 오직 2명뿐이다.

30 **이광영**李光英 횡성훈도(종9품)로 성종 5년 이미 머리가 흰 나이로 식년시에 급제하여 벼슬이 현감(종6품)에 이르렀다.113) 《방목》에는 벼슬 말고 아무런 기록이 없어 신원을 알 수 없다. 강원도 횡성훈도를 지낸 것으로 보아 횡성 사람으로 보인다.

31 **문구민**文具敏(일명 文敏) 순천교수(종6품)를 거쳐 성종 5년 머리가 흰 나이로 식년시에 급제하여 벼슬이 주부(종6품)와 현감(종6품)에 이르렀다. 《방목》에는 벼슬과 아버지〔自訥〕 이름 말고 아무런 기록이 없어 신원을 알 수 없다. 《청구》, 《만성》, 《씨족》의 어느 문씨보에도 문구민의 이름은 보이지 않는다.

32 **신경**申經 생원을 거쳐 성종 5년 식년시에 급제하여 벼슬이 이조정랑(정5품)에 이르렀다. 《방목》에는 벼슬 말고 아무런 기록이 없어 신원을 알 수 없다.

33 **감상중**甘尙中(일명 尙牛) 창원교수(종6품)를 거쳐 성종 5년 나이가 늙어 식년시에 급제하여 벼슬이 현감(종6품)에 이르렀다. 《방목》에는 벼슬 말고 아무런 기록이 없어 신원을 알 수 없다. 감씨의 본관은 회산檜山(창원) 하나뿐인데, 《씨족》에는 《회산감씨보》 자체가 없고, 《청구》와 《만성》의 《회산감씨보》에는 감상중의 이름이 보이지 않는다. 감씨는 원나라에서 귀화한 중국인의 후손으로 2000년 현재 679가구 2,113명의 희성이며, 조선시대 문

113) 《성종실록》 권40, 성종 5년 3월 22일 정미.

과급제자는 그가 유일하다.

34 **황정**黃玎 경주慶州 사람으로, 진사를 거쳐 성종 5년 식년시에 급제하여 벼슬이 승문원 교검校檢(정6품)과 사간원 정언(정6품)에 이르렀다. 학문이 뛰어나고 효행이 지극한 것으로 유명했다. 《방목》에는 벼슬만 보이고, 본관이 평해平海로 되어 있다. 그런데 《청구》, 《만성》, 《씨족》의 《평해황씨보》에는 황정의 가계가 보이지 않는다. 다만 황씨는 평해의 토성 가운데 하나이다.

35 **권임**權任 현령(종5품)을 거쳐 성종 5년 식년시에 급제하여 벼슬이 사헌부 지평(정5품)에 이르렀다. 《방목》에는 아버지〔英世〕 이름만 보이고, 본관이 안동安東으로 되어 있다. 그런데 《청구》, 《만성》, 《씨족》의 《안동권씨보》에는 권임의 가계가 보이지 않는다.

36 **이순량**李純良 유학을 거쳐 성종 5년 식년시에 급제하여 벼슬이 성균관 직강直講(정5품)과 현감(종6품)에 이르렀다. 《방목》에는 벼슬 말고 아무런 기록이 없어 신원을 알 수 없다.

37 **이순명**李順命 훈도(종9품)를 거쳐 성종 5년 식년시에 급제하여 벼슬이 성균관 사예(정4품)와 사헌부 장령(정4품)에 이르렀다. 《방목》에는 조상에 대한 기록 없이 본관이 고부古阜로 되어 있으며, 고부공생古阜貢生이라는 단서를 달았다. 공생貢生은 바로 향리로서 중앙에 서리로 파견된 사람을 말한다. 《성종실록》을 보면 사헌부 지평 송여해가 "장령 이순명은 한미寒微한 집안에서 시작하여 과거에 급제하자 조강지처를 버렸으니 대간에 임용하는 것은 부당하다"114)고 등용을 반대하였다. 그러자 성종은 이순명을 중국 춘추시대에 소먹이는 일을 한 백리해百里奚에 비유하

며 "미천微賤하더라도 그를 기용해야 한다"고 하면서 장령에 임용했다. 그런데 《청구》, 《만성》, 《씨족》의 《고부이씨보》에는 그의 가계가 보이지 않는다. 이씨는 고부의 토성 가운데 하나이다.

38 **조숙기**曺淑沂 생원을 거쳐 성종 5년 식년시에 급제하여 벼슬이 사헌부 대사헌(종2품)과 지중추부사(정2품)에 이르렀다. 《방목》에는 벼슬과 아버지〔顔仲〕, 할아버지〔勍〕, 증조〔甲生〕, 처부의 이름이 보이고, 본관이 창녕昌寧으로 되어 있다. 《씨족》의 《창녕조씨보》를 보면 아버지 조안중과 조숙기가 별도의 가계를 이루고 있는데 아버지는 벼슬이 없다. 한편 《청구》의 《창녕조씨보》에는 그의 가계가 보이지 않으며, 《만성》의 《창녕조씨보》에는 아버지는 천호千戶, 할아버지는 재신宰臣, 증조는 시랑侍郎의 벼슬을 지낸 것으로 되어 있다. 재신이니 시랑이니 하는 벼슬은 실직이 아니며, 《씨족》과 《청구》의 기록이 신빙성이 크다. 이를 따르면 집안이 한미하다.

39 **유효산**柳孝山 무반산직인 여절부위(종6품)를 거쳐 성종 6년(1475) 친시에 급제하여 벼슬이 승문원 판교判校(정3품 당하관)에 이르렀다. 《방목》에는 벼슬과 아버지〔宗敍〕, 할아버지〔仲敬〕, 증조〔濬〕의 이름이 보이고, 본관이 고령高靈으로 되어 있다. 고령은 고흥高興(흥양)의 오기다. 그런데 《청구》와 《만성》의 《고흥유씨보》에는 유효산의 가계가 보이지 않으며, 《씨족》의 《고흥유씨보》를 보면 직계 3대조의 이름은 보이나 그의 이름은 보이지 않는다.

114) 《성종실록》 권292, 성종 25년 7월 1일 정해.

40 **박문효**朴文孝 생원을 거쳐 성종 7년(1476) 별시에 급제하여 벼슬이 사헌부 장령掌令(정4품)에 이르렀다. 《방목》에는 벼슬과 아버지〔南樹〕 이름이 보이고, 본관이 밀양密陽으로 되어 있다. 그러나 《청구》, 《만성》, 《씨족》의 《밀양박씨보》에는 모두 박문효의 가계가 보이지 않아 신원을 알 수 없다. 《실록》을 보면, 성종 9년 그가 죽자 너무 가난한 나머지 장례를 치르지 못해 국가에서 군인을 보내 장사를 치렀다고 한다. 《실록》에 따르면 "박문효는 외방의 가난한 선비로서 남의 집에 기탁하고 있었는데, 가난하여 염습殮襲과 장사를 치르지 못했다. 그래서 광주廣州 지역에다 임시로 쑥대를 덮어 매장했다가, 뒤에 국가에서 군인을 보내 고향에서 장례를 치러 주었다"115)고 한다. 집안도 한미할 뿐 아니라 경제적으로도 빈한했음을 알 수 있다.

41 **엄효량**嚴孝良 훈도(종9품)를 거쳐 성종 7년 별시에 급제하여 벼슬이 성균관 전적(정6품)에 이르렀다. 《방목》에는 아버지〔國材〕 이름이 보이고, 본관이 영월寧越로 되어 있다. 그러나 《청구》와 《만성》의 《영월엄씨보》에는 엄효량의 가계가 보이지 않는다. 《씨족》의 《영월엄씨보》에는 가계가 끊어진 형태로 아버지와 그가 외따로 기록되어 있는데, 아버지는 벼슬이 없다.

42 **정치형**鄭致亨 생원을 거쳐 성종 7년 별시에 급제했는데, 《방목》에는 이름 말고 아무런 기록이 없어 벼슬과 신원을 알 수 없다. 《성종실록》을 보면 서장관(4~6품)으로 중국에 다녀오기도 하고, 경성판관鏡城判官(종5품)과 사간원 헌납(정5품) 등을 지내기

115) 《성종실록》 권212, 성종 19년 윤1월 26일 신묘; 권221, 성종 19년 10월 17일 정미.

도 했다. 《청구》의 《정산정씨보定山鄭氏譜》를 보면, 정치형 한 사람만이 기록되어 있어 그가 정산정씨의 시조임을 알 수 있다. 한편 《만성》과 《씨족》에는 《정산정씨보》 자체가 없다. 《세종실록》〈지리지〉를 보면 정산의 성씨 가운데 정씨가 없어, 그가 세종 대 이후 충청도 정산으로 이주한 다음 그곳을 본관으로 삼은 듯하다. 2000년 현재 정산정씨 인구는 98가구 342명의 희성으로, 조선시대 문과급제자는 그가 유일하다.

43 **노모**盧瑁 진사를 거쳐 성종 8년(1477) 식년시에 급제하여 벼슬이 봉상시 주부(종6품)에 이르렀다. 그런데 성종 24년 밀양에 공무로 갔다가 비명횡사했다. 《방목》에는 아버지[珣]와 할아버지[珎]의 이름이 보일 뿐 본관이 없어 자세한 신원을 알 수 없다.

44 **김종근**金從謹(일명 從漢) 훈도(종9품)를 거쳐 성종 8년 식년시에 급제하여 벼슬이 성균관 사성(종3품)에 이르렀다. 《방목》에는 이름 말고 아무런 기록이 없어 신원을 알 수 없다.

45 **유효전**兪孝全 훈도(종9품)를 거쳐 성종 8년 식년시에 급제하여 벼슬이 좌랑(정6품)에 이르렀으나, 장리贓吏로 지목되어 벼슬길이 끊어졌다. 《방목》에는 벼슬 이름이 보이고, 본관이 기계杞溪로 되어 있다. 그러나 《청구》, 《만성》, 《씨족》의 《기계유씨보》에는 유효전의 가계가 보이지 않는다.

46 **박말주**朴末柱 생원을 거쳐 성종 8년 식년시에 급제하여 벼슬이 정자正字(정9품)에 이르렀다. 《방목》에는 벼슬이 보이고, 본관이 밀양密陽으로 되어 있을 뿐 조상의 이름이 보이지 않는다. 《청구》, 《만성》, 《씨족》의 《밀양박씨보》에도 박말주의 가계가 보이지 않는다.

47 **임을손**林乙孫 진사를 거쳐 성종 8년 식년시에 급제하여 벼슬이 현령(종5품)에 이르렀다. 《방목》에는 벼슬 말고 아무런 기록이 없어 신원을 알 수 없다. 《청구》, 《만성》, 《씨족》의 어느 임씨보에도 임을손의 가계는 보이지 않는다. 《실록》에도 일절 기록이 없다.

48 **황인**黃璘 생원을 거쳐 성종 8년 식년시에 급제하여 벼슬이 사헌부 집의執義(종3품)와 목사(정3품)에 이르렀다. 《방목》에는 조상의 이름이 전혀 없고, 본관이 선산善山으로 되어 있다. 그런데 《청구》의 《선산황씨보》에는 황인 한 사람만 기록되어 있어 그가 시조임을 알 수 있다. 《만성》과 《씨족》에는 《선산황씨보》 자체가 없다. 《세종실록》 〈지리지〉를 보면 선산에 황씨가 없다. 2000년 현재 선산황씨 인구는 파악되지 않고 있는데, 아마 다른 황씨에 통합된 것으로 보인다. 조선시대 문과급제자는 황인의 3형제가 전부이다.

49 **이윤적**李允迪 승의랑(정6품)으로 성종 8년 식년시에 급제하여 벼슬이 성균관 학정學正(정8품)을 거쳐 현감(종6품)에 이르렀다. 《방목》에는 벼슬 말고 아무런 기록이 없어 신원을 알 수 없다.

50 **손원로**孫元老 생원을 거쳐 성종 8년 식년시에 급제하여 벼슬이 중종 대 사재감정司宰監正(정3품 당하관)에 이르렀다. 《방목》에는 벼슬과 아버지[嗣興] 이름이 보이고, 본관이 없다. 그런데 《청구》의 《구례손씨보求禮孫氏譜》에 손원로 한 사람만 기록되어 있어 시조가 된 것을 알 수 있다. 《만성》과 《씨족》에는 《구례손씨보》 자체가 없다. 다만 손씨는 구례의 토성 가운데 하나이다. 2000년 현재 구례손씨 인구는 472가구 1,526명의 희성으로, 조선

시대 문과급제자는 모두 3명이다.

51 **이양현**李良鉉 교수(종6품)를 거쳐 성종 8년 식년시에 급제하여 벼슬이 현감(종6품)에 이르렀다. 《방목》에는 아버지[繼文]와 할아버지[迓]의 이름이 보이고, 본관이 안성安城으로 되어 있다. 그런데 《청구》의 《안성이씨보》를 보면, 아버지와 할아버지는 아무런 벼슬이 없고 증조는 누구인지 알 수 없다. 한편 《만성》과 《씨족》의 《안성이씨보》에는 이양현의 가계가 보이지 않는다.

52 **김수현**金秀賢 승사랑(종8품)을 거쳐 성종 9년(1478) 친시에 급제하여 벼슬이 사헌부 감찰(정6품)에 이르렀다. 《방목》에는 벼슬 말고 아무런 기록이 없어 신원을 알 수 없다.

53 **안소희**安紹禧 승사랑(종8품)을 거쳐 성종 9년 친시에 급제하여 벼슬이 성균관 전적(정6품)에 이르렀다. 《방목》에는 벼슬 말고 아무런 기록이 없어 신원을 알 수 없다. 《성종실록》을 보면, 세종 대 화원畵員으로 이름을 떨친 안견安堅의 아들이라고 한다. 성종 10년 안소희에게 감찰(정6품)의 벼슬을 주려 하자, 사헌부에서는 화공畵工의 아들에게 감찰을 주는 것은 옳지 않다고 주장했다. 하지만 성종은 그가 이미 과거에 급제했기 때문에 감찰을 주는 것이 아무 문제없다고 사헌부의 의견을 받아들이지 않았다.[116] 그러나 신하들이 반대가 거듭되자 성균관 전적의 벼슬을 주었다. 여기서 화공의 아들이 문과에 급제한 사실을 눈여겨볼 필요가 있다. 아버지 안견은 지곡안씨池谷安氏로 알려져 있는데, 《청구》, 《만성》, 《씨족》에는 《지곡안씨보》 자체가 없다. 현재

116) 《성종실록》 권100, 성종 10년 1월 8일 을축.

인구도 알 수 없다.

54 **이유한**李維翰 승의랑(정6품)을 거쳐 성종 10년(1479) 별시에 급제하여 벼슬이 성균관 박사(정7품)에 이르렀다. 《방목》에는 아버지[耕疇] 이름이 보이고, 본관이 광주廣州로 되어 있다. 그런데 《청구》, 《만성》, 《씨족》의 《광주이씨보》에는 이유한의 가계가 보이지 않는다. 신원을 알 수 없다.

55 **최서**崔湑 진사를 거쳐 성종 11년(1480) 친시에 장원급제하여 벼슬이 군수(종4품)에 이르렀다. 《방목》에는 벼슬 말고 아무런 기록이 없어 신원을 알 수 없는데, 다만 벼슬 아래에 서庶라고 적어 서출임을 밝히고 있다. 최서가 문과에 급제한 뒤 성균관 전적(정6품)에 제수하자 그의 외계外系가 천구賤口라고 소송한 사람이 나왔다. 그러나 사헌부에서 조사한 결과 사실이 아님이 드러났다. 그는 자기 신분을 다음과 같이 밝혔다.

> 신臣은 초모草茅의 천한 선비로서 문지門地가 외롭고 가난하여 조상 문벌의 명망이 없고, 조정에도 도와주는 사람이 없어 세상에 이름을 날리기가 어렵습니다. 그러나 어릴 때부터 학문에 뜻을 두어 지난 경자년(성종 9) 봄에 전하께서 친히 성균관에 임하시어……선비를 시험하셨는데, 신이 요행으로 외람되게 수석을 들었습니다. 이는 사문斯文의 영광된 이름이며, 일신의 뜻하지 않은 지우知遇입니다.[117]

다시 말해 그는 자신이 "초모의 천한 선비"임을 스스로 인정하고 있는 것이다. 실제로 그의 본관과 조상의 이름을 알려주는 자

117) 《성종실록》 권143, 성종 13년 7월 6일 계유.

료는 없다.

56 **이춘경**李春景 원래 한어에 능통한 역관譯官으로,[118] 행사직行司直을 거쳐 성종 11년 친시에 급제하여 벼슬이 정랑(정5품)에 이르렀다. 《방목》에는 벼슬 말고 아무런 기록이 없어 조상의 가계와 본관을 알 수 없다.

57 **주윤창**周允昌 유학을 거쳐 성종 11년 친시에 급제하여 벼슬이 군수(종4품)에 이르렀다. 《방목》에는 벼슬 말고 아무런 기록이 없어 신원을 알 수 없다. 《청구》, 《만성》, 《씨족》의 어느 주씨보에도 주윤창의 이름은 보이지 않는다.

58 **강삼**姜參 진사로 성종 11년 식년시에 급제하여 벼슬이 헌납(정5품)을 거쳐 연산군 대 승지承旨(정3품 당상관)에 이르렀다. 《방목》에는 벼슬과 아버지〔膺〕 이름만 보이고 다른 기록이 없어 가계를 알 수 없다. 현재 본관이 진주晋州로 알려져 있으나, 《청구》, 《만성》, 《씨족》의 《진주강씨보》에는 강삼의 가계가 보이지 않는다.

59 **이대형**李大亨 진사를 거쳐 성종 11년 식년시에 급제하고 중시에도 급제하여, 벼슬이 좌랑(정6품)과 사헌부 감찰(정6품)에 이르렀다. 《방목》에는 벼슬 말고 아무런 기록이 없어 신원을 알 수 없다. 본관은 현재 함안咸安으로 알려져 있으나, 《청구》, 《만성》, 《씨족》의 《함안이씨보》에는 이대형의 가계가 보이지 않는다.

60 **손번**孫蕃 진사로 성종 11년 식년시에 급제하여 벼슬이 사헌부 장령(정4품)을 거쳐 부사(종3품)에 이르렀다. 《방목》에는 벼슬

118) 《성종실록》 권74, 성종 7년 12월 12일 신사.

과 아버지〔次綱〕 이름이 보이고, 본관이 밀양密陽으로 되어 있다. 그러나 《청구》, 《만성》, 《씨족》의 《밀양손씨보》에는 손번의 가계가 보이지 않는다. 신원을 알 수 없다.

61 **조호문**趙好問 무반산직인 현신(종5품)으로 성종 11년 식년시에 급제하여 벼슬이 성균관 직강(정5품)을 거쳐 도사(종5품)에 이르렀다. 《방목》에는 벼슬과 처부의 이름이 보이고, 본관이 주천酒泉으로 되어 있다. 그런데 《청구》의 《주천조씨보》에 조호문의 이름이 보이지 않고, 오히려 《평산조씨보平山趙氏譜》에 그의 이름이 보인다. 시조는 아버지 발發로 벼슬이 없다. 아마 주천조씨가 뒤에 본관을 평산으로 바꾼 것으로 보인다. 《만성》과 《씨족》에는 《주천조씨보》나 《평산조씨보》 자체가 없다. 조씨는 원주原州 산하 주천의 일반성一般姓 가운데 하나이다. 2000년 현재 주천 조씨 인구는 25가구 82명의 극희성으로, 조선시대 문과급제자는 그가 유일하다.

62 **홍찬**洪璨 무반산직인 수의교위(종6품)로 성종 11년 식년시에 급제하여 벼슬이 성균관 학록學錄(종9품)을 거쳐 사헌부 감찰(정6품)과 평사評事(정6품)에 이르렀다. 《방목》에는 벼슬과 아버지〔永河〕 이름 말고 아무런 기록이 없어 신원을 알 수 없다.

63 **신자주**申自周 교수(종6품)를 거쳐 성종 11년 식년시에 급제하여 벼슬이 승문원 교감校勘(종4품)에 이르렀다. 《방목》에는 벼슬 말고 아무런 기록이 없어 신원을 알 수 없다.

64 **손집경**孫執經 생원으로 성종 11년 식년시에 급제하여 벼슬이 성균관 전적(정6품)과 사예(정4품)를 거쳐 사성司成(종3품)에 이르렀다. 《방목》에는 벼슬 말고 아무런 기록이 없어 신원을 알 수

없다. 《청구》, 《만성》, 《씨족》의 어느 손씨보에도 손집경의 가계는 보이지 않는다.

65 **오인로**吳仁老 계공랑(종7품)을 거쳐 성종 11년 식년시에 급제하여 벼슬이 주부(종6품)에 이르렀다. 《방목》에는 벼슬 말고 아무런 기록이 없어 신원을 알 수 없다.

66 **김권**金權 통사랑(정8품)으로 성종 11년 식년시에 급제하여 벼슬이 사헌부 감찰(정6품)에 이르렀다. 《방목》에는 벼슬과 아버지〔三老〕 이름 말고 아무런 기록이 없어 신원을 알 수 없다.

67 **김수형**金秀荊 교수(종6품)를 거쳐 성종 11년 식년시에 급제하여 벼슬이 사헌부 감찰(정6품)에 이르렀다. 《방목》에는 벼슬 말고 아무런 기록이 없어 신원을 알 수 없다.

68 **윤달신**尹達莘 진사를 거쳐 성종 12년(1481) 친시에 장원급제하여 벼슬이 충주판관(종5품)에 이르렀다. 그런데 첫째 부인이 강자녕康子寧 첩의 소생임이 알려져 정부에서 논란이 일어났다. 《방목》에는 벼슬 말고 아무런 기록이 없어 신원을 알 수 없는데, 첩의 소생을 아내로 맞이했다는 점에서 신분이 매우 낮았던 것을 알 수 있다. 현재 본관이 충주忠州로 알려져 있으나 《청구》, 《만성》, 《씨족》에는 《충주윤씨보》 자체가 없다. 충주윤씨는 현재 인구를 알 수 없는데, 아마도 다른 윤씨에 통합된 것으로 보인다. 조선시대 문과급제자는 윤달신이 유일하다.

69 **송은상**宋殷商 직장(종7품)을 거쳐 성종 12년 친시에 급제하여 벼슬이 승문원 교리(종5품)에 이르렀다. 《방목》에는 벼슬 이름과 더불어 의술醫術에 정통했다고 밝히고 있으나, 그 밖에 아무런 기록이 없어 신원을 알 수 없다. 현재 본관이 연안延安으로 알려

져 있는데, 《청구》, 《만성》, 《씨족》의 《연안송씨보》에는 송은상의 가계가 보이지 않는다. 의술에 정통했다는 것으로 보아 의관醫官 출신인 듯하다. 그는 연안송씨의 첫 번째 문과급제자이다.

70 **최부**崔溥(1454~1504) 김종직의 문인으로, 진사를 거쳐 성종 13년(1482) 친시에 급제하고 중시에도 급제하여, 벼슬이 홍문관 교리校理(정5품)를 지내고 예문관 응교應敎(정4품)에 이르렀다. 《동국통감》과 《동국여지승람》 편찬에 참여하기도 하고, 성종 19년에는 중국에 표류했을 때 체험을 적은 《표해록漂海錄》을 임금에게 바치기도 했다. 갑자사화 때 사림파로 몰려 참형을 당했다. 호는 금남錦南이다. 《방목》에는 벼슬과 아버지〔澤〕 이름이 보이고, 본관이 강진康津(탐진)으로 되어 있다. 그런데 《청구》의 《탐진최씨보》를 보면 아버지는 석갑錫甲으로 되어 있어 《방목》과 다르다. 《만성》의 《탐진최씨보耽津崔氏譜》에는 아버지가 택으로 되어 있는데, 진사進士일 뿐 벼슬이 없고, 그 조상도 끊어져 있다. 한편 《씨족》의 《탐진최씨보》에도 최부의 이름이 외따로 기록되어 있으며, 아버지가 택으로 되어 있는데 벼슬이 없다. 이런 기록들을 종합해 보면, 그는 가계를 알 수 없는 인물이다. 《세종실록》 〈지리지〉에는 강진의 일반성 가운데 최씨가 있어 이곳이 본관이 된 것으로 보인다. 탐진최씨는 조선시대 문과급제자 6명을 배출했는데, 그가 처음이다.

71 **김의동**金意同 장사랑(종9품)을 거쳐 성종 13년 친시에 급제하여 벼슬이 목사(정3품)에 이르렀다. 《방목》에는 벼슬과 아버지〔均〕 이름 말고 아무런 기록이 없어 신원을 알 수 없다.

72 **이수무**李秀茂 생원을 거쳐 성종 13년 친시에 급제하여 벼슬

이 사헌부 지평(정5품), 사간원 헌납(정5품), 병조좌랑(정6품)에 이르렀다. 《방목》에는 벼슬 말고 아무런 기록이 없다. 그런데 《씨족》의 《평창이씨보》를 보면 이수무와 아버지 이공손이 외따로 기록되어 있어 그의 본관이 평창平昌임을 알 수 있다. 아버지는 벼슬이 갑사甲士로 되어 있다. 한편 《청구》와 《만성》의 《평창이씨보》에는 그의 가계가 보이지 않는다.

73 **최형한**崔亨漢 진사를 거쳐 성종 13년 문과에 급제하여 벼슬이 사헌부 장령(정4품), 군수(종4품)에 이르렀다. 전교서 정자로 일하던 성종 15년 병을 얻어 사경을 헤매고 있었는데, 승정원에서 임금에게 최형한을 도와줄 것을 요청하는 상소를 올렸다. 그 상소에 "최형한은 본래 가난한 선비로 서울에 와 있는데, 이제 큰 병을 얻어 거의 사경에 이르렀습니다. 청컨대 치료해 주게 하소서"라고 하였다. 임금은 그에게 약과 음식을 내려주고 이에 말미암아 전교하기를 "이 사람만이 아니라, 먼 지방에서 어렵게 벼슬하는 자가 있거든 모두 써서 아뢰라"[119]고 하였다. 그는 영암 지방에서 올라온 가난하고 보잘것없는 집안의 벼슬아치였다. 《방목》에는 아버지[永源], 할아버지[仲齊]의 이름이 보이는데, 본관이 없다. 본관은 지금 영암靈巖으로 알려져 있는데, 《청구》, 《만성》, 《씨족》에는 《영암최씨보》 자체가 없어 신원을 알 수 없다. 2000년 현재 영암최씨 인구는 503가구 1,524명의 희성으로, 조선시대 문과급제자 3명을 배출했는데 그가 처음이다.

74 **김원**金瑗 무공랑(정7품)을 거쳐 성종 14년(1483) 식년시에 급

---

119) 《성종실록》 권172, 성종 15년 11월 17일 경자.

제하여 벼슬이 예조정랑(정5품)에 이르렀다. 《방목》에는 벼슬 이름과 세헌世憲의 아버지라는 것을 밝히고, 본관이 의성義城으로 되어 있다. 그러나 《청구》, 《만성》, 《씨족》의 《의성김씨보》에는 김원의 가계가 보이지 않는다. 신원을 알 수 없다.

75 **이의손**李懿孫 전력부위(종9품)를 거쳐 성종 14년 식년시에 급제하여 벼슬이 사간원 헌납(정5품), 사헌부 장령(정4품), 사간원 사간(종3품)을 지내고 승지(정3품 당상관)에 이르렀다. 《방목》에는 벼슬과 아버지〔壽福〕 이름 말고 아무런 기록이 없어 신원을 알 수 없다. 현재 본관이 고성固城(철성)으로 알려져 있지만, 《청구》, 《만성》, 《씨족》의 《고성이씨보》에는 이의손의 가계가 보이지 않는다.

76 **강자어**姜子魚 진사를 거쳐 성종 14년 식년시에 급제하여 벼슬이 성균관 전적(정6품)에 이르렀다. 《방목》에는 아버지〔延壽〕 이름이 보이고, 벼슬 아래에 진주호장晋州戶長이라고 적었으며, 본관이 진주晋州로 되어 있다. 따라서 강자어는 진주향리 출신으로 벼슬아치가 된 것이다. 그래서인지 《청구》, 《만성》, 《씨족》의 《진주강씨보》에는 그의 가계가 보이지 않는다.

77 **하윤**河潤 무반산직인 수의부위(종8품)로 성종 14년 식년시에 급제하여 벼슬이 예문관 검열檢閱(정9품)을 거쳐 예조좌랑(정6품)과 사헌부 지평(정5품)에 이르렀다. 《방목》에는 벼슬과 아버지〔繼支〕 이름이 보이고, 본관이 없어 신원을 알 수 없다. 하씨의 본관은 진주晋州이지만 《청구》, 《만성》, 《씨족》의 《진주하씨보》에는 하윤의 가계가 보이지 않는다.

78 **고형산**高荊山(1453~1528) 생원을 거쳐 성종 14년 식년시에 합

격한 뒤 벼슬이 형조, 호조, 병조의 판서判書(정2품)를 역임하고, 의정부 찬성贊成(종1품)에 이르렀다. 그런데 《중종실록》의 졸기를 보면, 고형산은 "횡성橫城에 대대로 살던 사람으로 초모로서 과거에 급제했다. 처음에는 이름도 잘 몰라 지방수령으로 보냈는데, 치적이 좋아 만년에는 큰 뜻을 폈다.……나라의 중신重臣이 되었으나 성품이 근검하고 질박하여 사치를 몰랐으며, 성심으로 국가에 봉사했다"[120]고 칭송했다. 여기서 그를 '초모'라고 부른 것은 '시골 촌사람'이라는 뜻이다. 《방목》에는 아버지〔思信〕와 할아버지〔襲〕의 이름이 보이고, 본관이 강원도 횡성橫城으로 되어 있다. 그런데 《만성》에는 《횡성고씨보》가 없으며, 《청구》의 《횡성고씨보》에는 할아버지 이후의 가계만 보이는데, 할아버지와 아버지는 모두 벼슬이 없다. 한편 《씨족》의 《횡성고씨보》를 보면 아버지와 그의 이름만 보이는데, 여기에도 아버지는 벼슬이 없다. 따라서 그가 평민 출신인 것은 확실하다. 다만 고씨는 횡성의 토성 가운데 하나로, 조선시대 문과급제자 2명을 배출했는데 그가 처음이다.

79 **김수영**金秀英 유학을 거쳐 성종 14년 문과에 급제하여 벼슬이 강원도 도사都事(종5품)에 이르렀다. 《방목》에는 벼슬과 아버지〔惠〕 이름 말고 아무런 기록이 없어 신원을 알 수 없다.

80 **박한주**朴漢柱 생원으로 성종 16년(1486) 별시에 급제하여 벼슬이 사간원 헌납(정5품)을 거쳐 지신사知申事(정3품 당상관)에 이르렀다. 연산군 10년 갑자사화에 연루되어 능지처사하고 아들들

120) 《중종실록》 권64, 중종 23년 11월 20일 무오(졸기).

은 관노官奴가 되었다. 《방목》에는 아버지〔敦仁〕 이름이 보이고, 본관이 밀양密陽으로 되어 있다. 그러나 《청구》, 《만성》, 《씨족》의 《밀양박씨보》에는 박한주의 가계가 보이지 않아 신원을 알 수 없다.

81 **서극철**徐克哲 생원으로 성종 16년 별시에 급제하여 벼슬이 사헌부 장령(정4품), 부사(종3품) 등을 거쳐 병조참지(정3품 당상관)와 사간원 대사간(정3품 당상관)에 이르렀다. 《방목》에는 벼슬과 아버지〔仁興〕 이름 말고 아무런 기록이 없어 신원을 알 수 없다.

82 **조형**趙珩 생원으로 성종 16년 별시에 급제하여 벼슬이 사헌부 장령(정4품)과 부정副正(종3품)에 이르렀다. 그런데 연산군 4년 무오사화에 연루되어 유배당했다. 《방목》에는 벼슬과 아버지〔得璧〕 이름 말고 아무런 기록이 없어 신원을 알 수 없다.

83 **섭천지**葉千枝 훈도(종9품)로 성종 16년 문과에 급제하여 벼슬이 성균관 전적(정6품)을 거쳐 중종 대 사간원 대사간(정3품 당상관)에 이르렀다. 《방목》에는 4대조 이름과 본관이 없다. 《청구》의 《섭씨보》에는 섭천지 이름만 적어 놓고, 본관을 알 수 없다고 기록하였다. 섭씨는 고려 말 중국에서 귀화한 섭공제葉公濟의 후손으로, 경주慶州와 충주忠州를 본관으로 삼고 있다. 2000년 현재 인구는 127명이며, 조선시대 문과급제자는 그가 유일하다.

84 **김팽석**金彭石 진사를 거쳐 성종 16년 별시에 급제하여 벼슬이 주부(종6품)에 이르렀다. 《방목》에는 벼슬과 아버지〔銑〕 이름이 보이고, 본관이 부안扶安으로 되어 있다. 그런데 《청구》, 《만성》, 《씨족》의 《부안김씨보》에는 김팽석의 가계가 보이지 않는

다. 김씨는 부안의 토성 가운데 하나이다.

85 **김삼준**金三俊 진사로 성종 17년(1487) 식년시에 급제하여 벼슬이 사간원 정언(정6품)을 거쳐 군수(종4품)에 이르렀다.《방목》에는 벼슬이 보이고, 본관이 담양潭陽으로 되어 있으나, 조상의 이름이 없다.《청구》의《담양김씨보》를 보면 아버지는 김옥金沃인데 벼슬이 없고, 김삼준이 시조로 되어 있다. 한편《만성》과《씨족》에는《담양김씨보》자체가 없다.《세종실록》〈지리지〉에는 김씨가 담양의 속성續姓으로 나오므로, 이 지방의 향리일 가능성이 크다. 2000년 현재 담양김씨 인구는 288가구 900명의 희성으로, 조선시대 문과급제자는 그가 유일하다.

86 **김준손**金俊孫 훈도(종9품)로 성종 17년 식년시에 급제하였다. 벼슬이 승지(정3품 당상관)를 거쳐 중종반정에 참여한 공으로 정국공신靖國功臣이 되었으며, 도총관都摠管과 연산군燕山君(종1품)에 이르렀다.《방목》에는 벼슬 말고 아무런 기록이 없어 신원을 알 수 없다. 그러나《청구》의《연주(연기)김씨보燕州(燕岐)金氏譜》에 김준손이 들어 있는데, 아버지 김덕의金德義는 벼슬이 없고 김준손이 시조로 되어 있다.《만성》과《씨족》에는《연기김씨보》자체가 없다. 김씨는 연기의 속성 가운데 하나이므로 향리일 가능성도 있다. 2000년 현재 연기김씨 인구는 170가구 584명의 희성으로, 조선시대 문과급제자는 2명인데, 그가 처음이다.

87 **이원성**李元成 진사를 거쳐 성종 17년 식년시에 급제하여 벼슬이 사간원 정언(정6품), 헌납(정5품), 찰방(종6품)에 이르렀다.《방목》에는 이름 말고 아무런 기록이 없다. 그러나《청구》의《장흥이씨보長興李氏譜》에는 이원성 한 사람만 기록되어 있어 그

가 장흥이씨의 시조임을 알 수 있다. 《만성》과 《씨족》에는 《장흥이씨보》 자체가 없다. 2000년 현재 장흥이씨 인구는 625가구 2,121명의 희성으로, 조선시대 문과급제자는 그가 유일하다.

88 **이희락**李希洛 종사랑(정9품)으로 성종 17년 식년시에 급제하여 벼슬이 예문관 검열(정9품), 예조좌랑(정6품)을 거쳐 목사(정3품)에 이르렀다. 《방목》에는 벼슬과 아버지〔養源〕 이름 말고 아무런 기록이 없어 신원을 알 수 없다. 현재 본관이 수원水原으로 알려져 있는데, 《청구》의 《수원이씨보》에는 이희락의 가계가 보이지 않으며, 《만성》과 《씨족》에는 《수원이씨보》 자체가 없다. 조선시대 문과급제자는 단 2명으로 그가 처음이다.

89 **최필숭**崔必崇 생원을 거쳐 성종 17년 문과에 급제하여 벼슬이 충청도 도사(종5품)에 이르렀다. 《방목》에는 벼슬과 아버지〔玉淵〕 이름이 보이고, 본관이 강릉江陵으로 되어 있다. 그러나 《청구》, 《만성》, 《씨족》의 《강릉최씨보》에는 모두 최필숭의 가계가 보이지 않아 신원을 알 수 없다.

90 **황육운**黃六雲 교관敎官을 거쳐 성종 18년(1487) 별시에 급제하여 벼슬이 승정원 주서注書(정7품), 예조정랑(정5품), 주부(종6품)에 이르렀다. 《방목》에는 벼슬과 아버지〔吉明〕 이름 말고 아무런 기록이 없어 신원을 알 수 없다.

91 **조호**曺浩 진사를 거쳐 성종 20년(1489) 식년시에 급제하여 벼슬이 사헌부 장령(정4품)과 목사(정3품)에 이르렀다. 《방목》에는 벼슬과 아버지〔秀文〕 말고 아무런 기록이 없어 신원을 알 수 없다. 조씨의 본관은 창녕昌寧밖에 없는데, 《청구》, 《만성》, 《씨족》의 《창녕조씨보》에는 조호의 가계가 보이지 않는다.

92 **김인후**金麟厚 생원으로 성종 20년 식년시에 급제하여 벼슬이 사헌부 장령(정4품)을 거쳐 이조참의(정3품 당상관)에 이르렀다. 《방목》에는 벼슬과 아버지〔日新〕 이름이 보이고, 본관이 임진臨津으로 되어 있다. 그런데 《청구》와 《씨족》의 《임진김씨보》에는 김인후의 가계가 보이지 않으며, 《만성》에는 《임진김씨보》 자체가 없다. 김씨는 임진의 토성이다. 2000년 현재 임진김씨 인구는 35가구 115명의 극희성으로, 조선시대 문과급제자는 그가 유일하다.

93 **김갱수**金鏗壽 성종 17년 영안도에서 실시한 유생시험에서 우등을 차지하고, 진사를 거쳐 성종 20년 식년시에 급제하여 벼슬이 홍문관 전한典翰(종3품)에 이르렀다. 《방목》에는 벼슬과 아버지〔養中〕 이름 말고 아무런 기록이 없어 신원을 알 수 없다. 본관이 의성義城으로 알려져 있으나, 《청구》, 《만성》, 《씨족》의 《의성김씨보》에는 김갱수의 이름이 보이지 않는다.

94 **심준**沈濬(일명 池濬) 진사를 거쳐 성종 20년 식년시에 급제하여 벼슬이 예조좌랑(정6품)에 이르렀다. 《방목》에는 벼슬과 아버지〔文桂〕, 할아버지〔忠寶〕, 처부의 이름이 보이고, 언광彦光(이조판서)의 아버지라고 밝히고 있으며, 본관이 삼척三陟으로 되어 있다. 심씨는 일명 지씨池氏라고 하여 성씨조차 확실치 않다. 그런데 《청구》와 《씨족》의 《삼척심씨보》를 보면 심준의 아버지는 심문계가 아니라 할아버지 심충보로 되어 있어 《방목》의 가계와 다르다. 여기에서 심충보는 벼슬이 없고, 선계가 끊어져 있다. 한편 《만성》의 《삼척심씨보》에는 아버지는 문주文柱(文桂의 오기로 보임), 할아버지는 충보忠輔로 되어 있어 《방목》과 같으나 모두

벼슬이 없다. 따라서 가계 자체가 불분명할 뿐 아니라 조상 가운데 벼슬아치가 없다.

95 **방유령**方有寧(1460~1529) 진사를 거쳐 성종 20년 식년시에 급제하여 중종 대 사헌부 대사헌(종2품)과 병조판서(정2품)에 이르렀다. 중종 12년 방유령이 대간의 탄핵을 받아 사헌부 대사헌의 직책을 떠났는데, 《중종실록》에는 그가 "합천陜川의 초모인草茅人으로, 맑고 건실한 태도로 높고 중요한 자리를 맡았는데……파직되었다. 방유령은 탄식하면서 말하기를 '한생寒生이 과거에 합격하여 지위가 2품에 이르렀으니 이는 포의布衣로서는 지극히 높은 자리이다'라고 말하면서 가족을 이끌고 고향으로 돌아갔다. 그러나 얼마 안 되어 임금이 다시 불러 조정으로 돌아왔다"121)고 썼다. 여기서 '초모인', '한생', '포의' 등으로 표현한 것은 그가 스스로 집안이 한미한 것을 인정한 것이다. 고형산과 더불어 조선시대 한미한 집안에서 배출된 정승 가운데 하나로 사람들의 입에 오르내렸다.

《방목》에는 아버지〔和止〕 이름이 보이고, 본관이 온양溫陽으로 되어 있다. 그런데 《청구》의 《온양방씨보》에는 조상의 계보가 끊어진 형태로 그의 이름만 보인다. 또한 《만성》에는 그가 《군위방씨보軍威方氏譜》에 실려 있고, 아버지는 중지仲止로 되어 있어, 《방목》의 기록과 다르다. 한편 《씨족》의 《온양방씨보》를 보면 아버지가 중지仲至로 선계가 끊어진 형태로 외따로 기록되어 있는데, 아버지 벼슬은 사정司正(정7품 무관)이다. 본관과 가계가

121) 《중종실록》 권29, 중종 12년 8월 23일 병인.

분명치 않고 집안이 한미하다.

96 **김효흥**金孝興 훈도(종9품)를 거쳐 성종 20년 식년시에 급제했는데, 《방목》에는 이름 말고 아무런 기록이 없어 벼슬과 신원을 알 수 없다. 《성종실록》을 보면, 김효흥은 76세에 급제하여 서울에 머무르면서 조석의 끼니도 잇지 못하고 있었다 한다.122) 임금은 그의 향학열을 가상히 여겨 옷 한 벌과 쌀 5석, 그리고 음식을 내려주었다. 그렇지만 나이 때문에 벼슬은 내리지 않았다. 가난한 평민 출신으로 보인다.

97 **안만철**安萬哲 생원을 거쳐 성종 21년(1490) 별시에 급제하여 벼슬이 사헌부 장령(정4품)에 이르렀다. 《방목》에는 벼슬과 아버지〔俊〕 이름 말고 아무런 기록이 없어 신원을 알 수 없다. 《청구》, 《만성》, 《씨족》의 어느 안씨보에도 안만철의 가계가 보이지 않는다.

98 **오한상**吳漢相 생원을 거쳐 성종 22년(1491) 별시에 급제하여 벼슬이 목사(정3품)와 부사(종3품), 그리고 부정(종3품)에 이르렀다. 《방목》에는 벼슬과 아버지〔秀孫〕 이름 말고 아무런 기록이 없어 신원을 알 수 없다.

99 **양자해**梁自海 생원과 훈도(종9품)를 거쳐 성종 23년(1492) 식년시에 급제하여 벼슬이 연산군 대 성균관 전적(정6품)에 이르렀다가, 나이가 많고 용렬하다 하여 도태되었다. 《방목》에는 벼슬 이름과 남원공생南原貢生이라는 것을 밝히고 그 밖에 아무런 기록이 없다. 따라서 양자해는 남원의 향리 출신이다. 《청구》, 《만

122) 《성종실록》 권227, 성종 20년 4월 8일 병신.

성》, 《씨족》의 《남원양씨보》에는 그의 가계가 보이지 않는다.

100 **변기곤**邊起坤 유학을 거쳐 성종 23년 식년시에 급제하여 벼슬이 성균관 전적(정6품)에 이르렀다. 《방목》에는 벼슬 말고 아무런 기록이 없어 신원을 알 수 없다. 《청구》, 《만성》, 《씨족》의 어느 변씨보에도 변기곤의 이름은 보이지 않는다.

101 **강필경**姜弼卿 유학을 거쳐 성종 23년 문과에 급제하여 벼슬이 주부(종6품)에 이르렀다. 《방목》에는 벼슬 말고 아무런 기록이 없어 신원을 알 수 없다. 강씨의 본관은 진주, 금천, 안동뿐인데, 《청구》, 《만성》, 《씨족》의 어느 강씨보에도 강필경의 가계는 보이지 않는다.

102 **이희익**李希益(일명 希孟) 생원을 거쳐 성종 23년 별시에 장원 급제하여 벼슬이 사간원 사간(종3품), 도승지(정3품 당상관), 관찰사(종2품)에 이르렀다. 《방목》에는 벼슬과 아버지〔從根〕 이름 말고 아무런 기록이 없다. 그런데 《청구》의 《고부이씨보古阜李氏譜》에 이희맹(희익)의 이름이 보인다. 이를 보면 이서李瑞의 후손으로만 되어 있어 자세한 가계를 알 수 없다. 한편 《만성》의 《고부이씨보》에는 그의 가계가 보이지 않으며, 《씨족》의 《고부이씨보》에는 아버지와 그의 이름이 가계가 끊어진 가운데 외따로 기록되어 있는데 아버지는 벼슬이 없다. 따라서 그는 조상의 가계를 알 수 없는 인물이다. 스스로 향곡鄕曲에서 성장하여 민간의 병폐를 잘 안다고 성종 임금에게 아뢴 일이 있는데,[123] 이를 보더라도 시골의 한미한 집안에서 성장한 것을 알 수 있다.

123) 《성종실록》 권283, 성종 24년 10월 30일 신묘.

103 **황필**黃㻶 생원을 거쳐 성종 23년 별시에 급제하여 벼슬이 부윤(종2품)에 이르렀다. 《방목》에는 벼슬과 아버지〔龜壽〕, 처부의 이름이 보이고, 본관이 없어 가계를 알 수 없다. 현재 본관이 선산善山으로 알려져 있는데, 《청구》의 《선산황씨보》에는 황필의 가계가 보이지 않으며, 《만성》과 《씨족》에는 《선산황씨보》 자체가 없다. 성종 8년에 급제한 황인黃璘, 연산군 8년에 급제한 황위黃瑋는 모두 친형제로, 이들만이 문과에 급제했다.

104 **오익념**吳益念 생원으로 성종 25년(1494) 별시에 급제하여 벼슬이 성균관 전적(정6품)에 이르렀다. 《방목》에는 벼슬과 아버지〔孝夫〕 이름 말고 아무런 기록이 없어 신원을 알 수 없다.

105 **성중엄**成重淹 생원을 거쳐 성종 25년 별시에 급제하여 벼슬이 홍문관 박사(정7품)와 저작著作(정8품)에 이르렀다가, 연산군 대 무오사화에 연루되어 유배를 당했다. 《방목》에는 벼슬과 아버지〔彭老〕 이름 말고 아무런 기록이 없어 신원을 알 수 없다. 성씨의 본관은 창녕昌寧뿐인데 《청구》, 《만성》, 《씨족》의 《창녕성씨보》에는 성중엄의 가계가 보이지 않는다.

106 **조옥곤**趙玉崑 생원을 거쳐 성종 25년 별시에 급제하여 벼슬이 중종 대 호조참판(종2품)에 이르렀다. 《방목》에는 벼슬과 아버지〔智〕 이름 말고 아무런 기록이 없어 신원을 알 수 없다. 본관은 현재 함열咸悅로 알려져 있는데, 《청구》, 《만성》, 《씨족》에는 《함열조씨보》가 없다. 오히려 《청구》의 《부안조씨보》에 조옥곤과 아버지의 이름이 보이는데, 아버지 조지는 벼슬이 없다. 2000년 현재 함열조씨 인구는 11가구 39명의 희성으로, 조선시대 문과급제자는 모두 2명이며 그가 처음이다.

10

연산군 대 신분이 낮은 급제자와 벼슬

1) 시험과목별 급제자 인원

연산군 대(1494~1506) 재위 12년 동안 문과급제자는 모두 251명에 이른다. 이를 시험과목별로 알아보면 다음 표와 같다.

식년시式年試	4회	132명
별시別試	8회	119명
합 계		251명

이를 다시 정리하면 3년마다 시행되는 정기시험인 식년시는 4회 실시되어 132명을 선발했다. 이는 매회 평균 33명을 뽑은 셈인데, 전체 급제자의 52.58퍼센트를 차지한다. 한편 별시는 8회 실시되어 모두 119명을 선발하였다. 매회 평균 14.87명을 선발한 셈이다. 12년 동안 251명을 선발한 것은 해마다 평균 20.91명을 선발한 셈이 되는데, 이는 앞 시기와 거의 비슷하다.

2) 신분이 낮은 급제자

연산군 대 급제자 251명의 신분을 알아보기 위해, 《청구》, 《만성》, 《씨족》의 세 통합보統合譜에서 가계家系를 알아보고 《실록》을 비롯한 여러 자료에서 신분 관련 기사를 조사해 본 결과, 신분이 낮은 것으로 판명된 급제자는 모두 43명이다. 이는 전체 급제자의 17.13퍼센트에 해당하는 것으로, 앞 시기와 비교하면 다음과 같다.

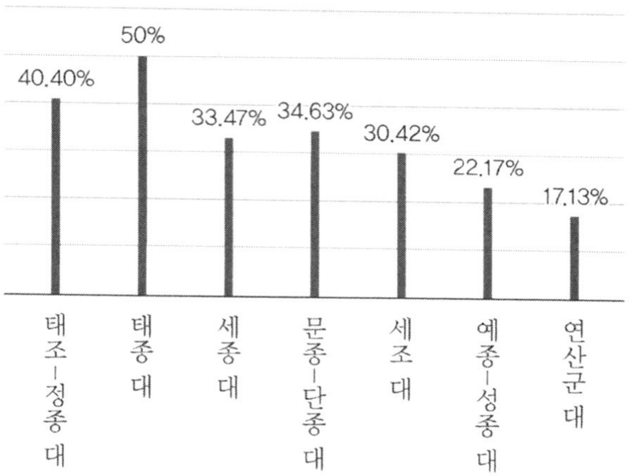

여기서 태조-태종 대 40~50퍼센트에 이르렀던 수치가 세종-세조 대에 30퍼센트대로 떨어지고, 예종-성종 대에 다시 20퍼센트대로 내려갔다가 연산군 대에 이르러 17퍼센트대로 떨어진 변화를 읽을 수 있다. 이는 그만큼 신분이 좋은 사람들의 급제율이 시대가 내려갈수록 높아지고 있다는 것을 뜻한다.

그러면 신분이 낮은 급제자 43명은 구체적으로 어떤 가계를 가지고 있었는가? 이들의 신분은 다음의 몇 부류로 나누어 검토할 필요가 있다. ① 《방목》에 본관本貫이 없어 신원 파악이 어려운 급제자, ② 본관은 알 수 있으나 《족보》 자체가 없는 급제자, ③ 《족보》는 있으나 가계가 보이지 않는 급제자, ④ 《족보》에 이름이 보이지만 조상의 가계가 단절되어 있는 급제자, ⑤ 내외 4대조 가운데 벼슬아치가 보이지 않는 급제자 등이다. 다음에 각 부류의 인원과 실례를 들어보기로 한다.

(1) 본관이 없는 급제자

《방목》에 본관이 없는 급제자는 모두 21명이다. 이는 신분이 낮은 급제자 43명 가운데 48.83퍼센트, 전체 급제자의 8.36퍼센트를 차지한다. 다만 이들 가운데 15명은 현재 본관이 알려져 있으며, 나머지 6명은 본관을 모른다. 이들은 아직 본관을 갖지 못했거나, 본관을 알더라도 밝힐 필요를 느끼지 못한 부류일 것이다. 아마도 대대로 벼슬아치가 없는 평민平民이거나, 향리鄕吏거나, 아니면 서출庶出 등으로 짐작된다. 이들 가운데 3명은 어떤 벼슬을 했는지 알 수 없으며, 나머지 18명은 벼슬을 받았다.

(가) 3품 이상 고관에 오른 급제자

《방목》에 본관이 없는 급제자 21명 가운데 3품 이상 고관에 오른 급제자는 모두 3명이다. 그 명단을 소개하면 다음과 같다.

김언평金彦平 벼슬이 부사(종3품)에 올랐는데, 《방목》에 본관이 없다. 그러나 현재 본관이 상주尙州로 알려져 있는데, 통합보의

《상주김씨보》에는 가계가 보이지 않는다.

조유형趙有亨 벼슬이 시정寺正(정3품 당하관)에 올랐는데, 《방목》에 본관이 없다.

김우한金佑漢 벼슬이 목사(정3품)에 올랐는데, 《방목》에 본관이 없다. 그러나 현재 본관이 해주海州로 알려져 있으며, 김우한이 해주김씨 시조이다. 조선시대 문과급제자는 오직 2명뿐인데, 조선 후기에는 역과譯科 6명, 의과醫科 21명, 음양과陰陽科 9명의 급제자를 배출하여 중인가문의 하나가 되었다.

(나) 시조가 된 급제자

김우한金佑漢 앞에서 이미 설명했다.

(2) 《족보》 자체가 없는 급제자

본관은 알아도, 그 본관의 《족보》가 《청구》, 《만성》, 《씨족》에 공통적으로 보이지 않는 급제자는 모두 4명이다. 이들은 인구가 매우 적고 조상 가운데 벼슬아치가 없어 《족보》를 형성하지 못했거나, 그 밖에 향리 또는 서얼庶孼 출신으로 보인다. 향리 출신이 확인된 급제자는 1명이다.

(가) 3품 이상 고관에 오른 급제자

《족보》 자체가 없는 급제자 4명 가운데 3품 이상 고관에 오른 인물이 2명 있다. 그 명단을 소개하면 다음과 같다.

김기지金驥趾 벼슬이 부사(종3품)에 올랐다. 본관이 함흥咸興이지만 세 통합보에《함흥김씨보》가 없다. 2000년 현재 인구는 53가구 187명의 희성으로, 조선시대 문과급제자 2명을 배출했을 뿐이다.

박원령朴元科 벼슬이 승문원 참교參校(종3품)에 올랐다. 본관이 언양彦陽이지만 세 통합보에《언양박씨보》자체가 없다. 2000년 현재 인구는 105가구 356명의 희성으로, 조선시대 문과급제자 2명을 배출했는데, 박원령이 처음이다.

(나) 시조가 된 급제자

《족보》자체가 없는 급제자 가운데 자기 본관의 시조가 된 급제자는 2명이다.

나승간羅承幹 벼슬이 성균관 전적(정6품)에 올랐다. 본관이 정산定山이지만 세 통합보에《정산나씨보》가 없다. 2000년 현재 인구도 138명에 지나지 않는 극희성으로, 조선시대 문과급제자는 나승간뿐이며, 그가 시조로 되어 있다.《세종실록》〈지리지〉에는 정산에 나씨가 없어 뒤에 이곳을 본관으로 정한 것으로 보인다.

이득전李得全 벼슬이 사헌부 장령(정4품)에 올랐다. 본관이 천안天安이지만 세 통합보에《천안이씨보》가 없다.《실록》을 보면 이득전은 향리였지만 공생貢生으로 추천되어 문과에 급제했으며, 뒤에 천안이씨의 시조가 되었다. 그 말고 다른 문과급제자는 나오지 못했지만, 조선 후기에 역과 7명, 의과 18명, 율과律科 3명, 주학籌學 3명의 급제자가 배출되어 중인가문의 하나가 되었다.

(3) 《족보》에 가계가 보이지 않는 급제자

《족보》는 있으나 가계가 보이지 않는 급제자는 모두 19명이다. 이들은 평민이거나, 향리거나, 서얼이거나 그 밖에 신분적으로 하자가 있는 부류로 볼 수 있다.

(가) 3품 이상 고관에 오른 급제자

《족보》에 가계가 보이지 않는 급제자 19명 가운데 3품 이상 고관에 오른 인물은 모두 4명이다. 그 명단을 소개하면 다음과 같다.

김유金鏐 벼슬이 승지(정3품 당상관)에 올랐는데, 《안동김씨보》에는 김유의 가계가 보이지 않는다.

김언평金彦平 벼슬이 부사(종3품)에 올랐는데, 《상주김씨보》에는 김언평의 가계가 보이지 않는다.

김감金瑊 벼슬이 공조참의(정3품 당상관)에 올랐는데, 《광산김씨보》에는 김감의 가계가 보이지 않는다.

이만손李萬孫 벼슬이 목사(정3품)에 올랐는데, 《원주이씨보》에는 이만손의 가계가 보이지 않는다.

(4) 《족보》에 가계가 끊어져 있는 급제자

《족보》에 본인이나 아버지만 보이고, 그 윗대가 끊어져 있는 급제자는 8명이다. 그 가운데 1명은 벼슬을 받지 못했으며, 나머지 7명은 벼슬을 받았다.

(가) 3품 이상 고관에 오른 급제자

《족보》에 가계가 단절된 급제자 8명 가운데 3품 이상 고관에 오른 인물은 3명이다. 그 명단을 소개하면 다음과 같다.

복희달卜禧達 본관이 면천沔川이며, 벼슬이 군자감정軍資監正(정3품 당하관)에 올랐다. 《실록》에는 "인물이 잔열孱劣하다"고 되어 있다. 《씨족》의 《면천복씨보》에는 선계先系가 단절되어 외따로 가계를 이루고 있다.

이희보李希輔 본관이 평양平壤이며, 벼슬이 성균관 대사성(정3품 당상관)에 올랐다. 연산군의 애첩 장녹수의 딸을 키운 오천부정烏川副正의 사위가 되어 장녹수에게 빌붙어 높은 벼슬을 얻었다는 비난을 받았다. 아버지가 시조인데 아들 덕분에 현감의 벼슬을 받았다. 2000년 현재 평양이씨 인구는 185가구 579명의 희성으로, 이희보가 유일한 조선시대 문과급제자이다.

최세진崔世珍(?~1542) 본관이 괴산槐山으로, 역관譯官 출신이다. 벼슬이 승문원 제조提調(정2품)와 동지중추부사(종2품)에 올랐으며, 《운회옥편》, 《훈몽자회》 등 이문吏文에 관한 저술을 펴내 언어학 발달에 크게 기여했다. 《괴산최씨보》를 보면 조상 가운데 벼슬아치가 없다. 《실록》의 졸기에는 "미천한 신분으로 벼슬이 2품에 이르렀다"고 썼다. 2000년 현재 괴산최씨 인구는 127가구 440명의 희성으로, 조선시대 문과급제자는 최세진이 유일하다.

(나) 시조가 된 급제자

《족보》에 가계가 단절된 8명 가운데 뒷날 시조로 추앙된 인물은 1명이다.

노윤창盧允昌 《방목》에는 본관이 없으나, 현재 본관이 청도淸道로 알려져 있는데, 벼슬이 현령(종5품)에 올라 뒤에 청도노씨의 시조가 되었다. 2000년 현재 인구는 82가구 280명의 희성으로, 노윤창이 유일한 문과급제자이다. 《세종실록》〈지리지〉에는 청도에 노씨가 없어 후세에 청도를 본관으로 삼은 듯하다.

(다) 희성 출신

《족보》에 가계가 단절된 급제자 가운데 자기 본관의 유일한 급제자, 또는 희성 출신 급제자는 2명이다.

장익張翼 본관이 부안扶安이며, 벼슬이 승문원 교검校檢(정6품)에 올랐는데, 《만성》의 《부안장씨보》에는 장익의 이름만 보인다. 2000년 현재 인구는 824가구 2,594명의 희성으로, 조선시대 문과급제자는 그가 유일하다.

황위黃瑋 본관이 선산善山으로, 벼슬이 판관(종5품)에 올랐는데, 조상 가운데 벼슬아치가 없다. 황위의 형 황인黃璘이 시조이며, 조선시대 문과급제자는 황인, 황필, 황위 3형제뿐이다. 현재 선산황씨 인구는 알 수 없는데, 다른 본관에 통합된 듯하다.

(5) 내외 4대조 가운데 벼슬아치가 없는 급제자

《족보》에 조상의 가계가 보이지만 내외 4대조 가운데 벼슬아치가 없는 급제자는 모두 6명이다. 그들은 대부분 인구가 극히 적은 희성稀姓이고, 향리 출신도 있다.

(가) 3품 이상 고관에 오른 급제자

내외 4대조 가운데 벼슬아치가 없지만 3품 이상 고관에 오른 급제자는 1명이다.

서지徐祉 본관이 남평南平으로 벼슬이 사헌부 대사헌(종2품)에 올랐다. 《남평서씨보》를 보면 내외 4대조 가운데 벼슬아치가 없다. 2000년 현재 남평서씨 인구는 361가구 979명의 희성으로, 조선시대 문과급제자 3명을 배출했는데, 서지가 처음이다.

(나) 희성 출신, 향리 출신 시조

내외 4대조 가운데 벼슬아치가 없는 급제자 가운데 인구가 극히 적은 희성 출신은 1명, 향리 출신으로 시조가 된 급제자는 1명이다.

주선림朱善林 본관이 웅천熊川으로 벼슬이 성균관 전적(정6품)에 올랐다. 《청구》의 《웅천주씨보》에는 주선림의 이름이 보이지 않으며, 《웅천주씨보》를 보면 아버지 주하朱夏가 시조이나 벼슬이 없다. 2000년 현재 인구는 247가구 806명의 희성으로, 조선시대 문과급제자 5명을 배출했는데, 그가 두 번째다.

오영년吳永年 의성義城의 향리로 급제하여 벼슬이 사헌부 장령(정4품)에 오른 뒤에 의성오씨의 시조가 되었다. 《세종실록》〈지리지〉에는 오씨가 의성의 속성續姓으로 향리로 되어 있으며, 2000년 현재 의성오씨 인구는 179가구 562명의 희성으로, 오영년이 조선시대 유일한 문과급제자이다.

이상 연산군 대 신분이 낮은 급제자 43명의 신분을 여러 부류로 나누어 검토해 보았다. 이를 총괄해 보면, 자기 본관의 시조가 된 인물이 5명, 향리 출신이 2명, 역관 출신이 1명이다. 그리고 나머지 급제자들은 대부분 내외 4대조나 또는 그 윗대에 벼슬아치가 없는 평민이거나 서출로 보인다.

3) 신분이 낮은 급제자의 벼슬

연산군 대 문과급제자 251명 가운데 신분이 낮은 급제자는 43명인데, 이들 가운데 벼슬이 보이지 않는 급제자는 3명이고, 나머지 40명은 벼슬을 받았다. 이들이 받은 벼슬의 최고품계순으로 인원을 정리해 보면 다음과 같다.

벼슬과 품계	인원
승문원 제조提調(정2품)	1명 (최세진)
사헌부 대사헌大司憲(종2품)	1명 (서지)
참의參議(정3품 당상관)	1명 (김감)
승지承旨(정3품 당상관)	1명 (김류)
성균관 대사성大司成(정3품 당상관)	1명 (이희보)
목사牧使(정3품)	2명
시정寺正(정3품)	1명
군자감정軍資監正(정3품)	1명
승문원 참교參校(종3품)	1명
부사府使(종3품)	3명
1~3품	13명
사헌부 장령掌令(정4품)	4명
군수郡守(종4품)	5명
사간원 헌납獻納(정5품)	1명
사헌부 지평持平(정5품)	1명

정랑正郎(정5품)	2명 (병조, 예조에 각 1명)
현령縣令(종5품)	1명
판관判官(종5품)	1명
홍문관 수찬修撰(정6품)	1명
성균관 전적典籍(정6품)	6명
승문원 교검校檢(정6품)	1명
현감縣監(종6품)	1명
주부主簿(종6품)	1명
4~6품	25명
성균관 학정學正(정8품)	2명
7~9품	2명
벼슬을 받지 못한 급제자	3명
합 계	43명

위 표를 다시 정리하면, 신분이 낮은 급제자 43명 가운데 벼슬을 받지 못한 자는 3명이고, 나머지 40명은 벼슬을 받았다. 40명 가운데 3품 이상 고관에 오른 인물은 13명으로 43명 가운데 30.23퍼센트를 차지하며, 당상관堂上官에 오른 인물은 7명이다. 다만 의정부 정승政丞과 6조 판서判書, 참판參判이 하나도 없다는 것이 눈길을 끈다. 이 점은 판서와 참판이 계속해서 나왔던 앞 시기와 다른 점이다. 하지만 가장 높은 벼슬아치가 승문원 제조(정2품)요 그것을 맡은 사람이 역관 출신의 최세진崔世珍이라는 점이 눈에 띤다. 그래도 신분보다 능력을 존중하는 기풍이 남아 있음을 보여준다.

다음에 4~6품의 참상관參上官과 7~9품의 참외관參外官에 오른 인물은 28명이다. 그들이 맡은 직종 가운데 6조 낭관은 2명뿐이고, 성균관 전적(정6품)과 학정(정8품)에 오른 인물이 8명으로 가장 많다. 사헌부 장령(정4품)과 사간원 지평(정5품)이 5명으로 그 다음이며, 외직인 군수(종4품)와 현령(종5품), 현감(종6품), 판관(종6품)이 모두 8명에 이르고 있다. 하지만 이들의 직종은 수시로 바뀌고 있으므로 큰 의미는 없다. 다만 청요직인 홍문관弘文館으로 진출한 인물이 매우 빈약한 것은 앞 시기와 비슷하다.

총괄적으로 말하면, 의정부 삼정승三政丞과 홍문관으로 진출함이 제약되고 있었다는 것이 신분이 낮은 급제자들이 갖는 한계라고 할 수 있다.

4) 연산군 대 신분이 낮은 급제자 명단

연산군 대 신분이 낮은 급제자 43명의 명단을 급제연대순으로 소개하면 다음과 같다.

1 **노수**盧琇 진사를 거쳐 연산군 원년(1495) 별시에 급제했는데, 《방목》에는 아버지〔變皓〕 이름 말고 아무런 기록이 없어 벼슬과 신원을 모두 알 수 없다.

2 **박경**朴璚(일명 瑗) 진사를 거쳐 연산군 원년 별시에 급제하여 벼슬이 성균관 전적典籍(정6품)에 이르렀다. 《방목》에는 벼슬과 아버지〔瑞昌〕 이름이 보이고, 본관이 함양咸陽(속함)으로 되어 있다. 그러나 《청구》, 《만성》, 《씨족》의 《함양박씨보》에는 박경의 가계가 보이지 않는다.

3 **최자숙**崔自淑 진사를 거쳐 연산군 원년 별시에 급제하여 벼슬이 군수(종4품)에 이르렀다. 《방목》에는 벼슬 말고 아무런 기록

이 없어 신원을 알 수 없다. 현재 본관이 양주楊州로 알려져 있으나, 《청구》와 《만성》의 《양주최씨보》에는 최자숙의 가계가 보이지 않으며, 《씨족》에는 《양주최씨보》 자체가 없다.

4 **이수**李壽 생원을 거쳐 연산군 원년 별시에 급제하여 벼슬이 군수(종4품)에 이르렀다. 《방목》에는 벼슬과 아버지〔李完〕, 할아버지〔師昌〕의 이름이 보이고, 본관이 덕수德水로 되어 있다. 그런데 《청구》, 《만성》, 《씨족》의 《덕수이씨보》에는 이수의 가계가 보이지 않는다.

5 **김유**金鏐 생원으로 연산군 원년 별시에 급제하고 중시에도 급제하여 벼슬이 사헌부 장령掌令(정4품)과 현령(정5품)을 거쳐 부제학(정3품 당상관)과 승지(정3품 당상관)에 이르렀다. 《방목》에는 벼슬과 아버지〔興生〕, 처부〔尹瀆〕의 이름이 보이고, 진鎭의 아우라고 밝히고 있으며, 본관이 안동安東으로 되어 있다. 그런데 《청구》, 《만성》, 《씨족》의 《안동김씨보》에는 김유의 가계가 보이지 않는다.

6 **신봉로**申奉盧 진사로 연산군 원년 별시에 급제하여 벼슬이 성균관 전적(정6품)을 거쳐 중종 대 군수(종4품)에 이르렀다. 《방목》에는 벼슬과 아버지〔輔〕, 할아버지〔士謙〕, 증조〔可權〕의 이름이 보이고 봉전奉全의 아우라고 적고 있으며, 본관이 평산平山으로 되어 있다. 그런데 《청구》의 《평산신씨보》에는 증조까지만 가계가 보이고 그 이후는 보이지 않으며, 《씨족》의 《평산신씨보》에는 할아버지까지의 가계만 보이고, 그 이후는 보이지 않는다. 《만성》에는 전혀 가계가 보이지 않는다.

7 **신소**辛紹(일명 申紹) 진사를 거쳐 연산군 2년(1496) 문과에 급제

하여 벼슬이 현감(종6품)에 이르렀다. 《방목》에는 아버지〔永理〕 이름이 보이고, 본관이 영산靈山으로 되어 있다. 성이 신辛이라고도 한다고 한다. 영산을 본관으로 하는 신씨는 신辛이 맞으므로 신申은 오기로 보인다. 그런데 《청구》, 《만성》, 《씨족》의 《영산신씨보》에는 신소의 가계가 보이지 않는다.

8 **김언평**金彦平 생원과 장사랑將仕郎(종9품)을 거쳐 연산군 2년 문과에 급제하여 벼슬이 사간원 정언正言(정6품), 정랑(정5품), 사헌부 장령(정4품)을 지내고 부사(종3품)에 이르렀다. 《방목》에는 벼슬과 아버지〔欣〕 이름이 보이고, 본관이 없다. 현재 본관이 상주尙州로 알려져 있으나, 《청구》, 《만성》, 《씨족》의 《상주김씨보》에는 김언평의 가계가 보이지 않는다.

9 **김치현**金致賢 계공랑(종7품)으로 연산군 2년 문과에 급제하여 벼슬이 홍문관 수찬修撰(정6품)에 이르렀다. 《방목》에는 벼슬 말고 아무런 기록이 없어 신원을 알 수 없다. 현재 본관이 양산梁山으로 알려져 있는데, 《청구》, 《씨족》의 《양산김씨보》에는 김치현의 가계가 보이지 않으며, 《만성》에는 《양산김씨보》 자체가 없다. 2000년 현재 양산김씨 인구는 820가구 2,628명의 희성으로, 조선시대 문과급제자 3명이 배출되었는데 그가 처음이다.

10 **성한**成翰 교수(종6품)를 거쳐 연산군 2년 문과에 급제하여 벼슬이 사간원 헌납獻納(정5품)과 사헌부 감찰監察(정6품)에 이르렀다. 《방목》에는 벼슬과 아버지〔是仁〕 이름 말고 아무런 기록이 없어 신원을 알 수 없다. 성씨의 본관은 창녕昌寧뿐인데, 《청구》, 《만성》, 《씨족》의 《창녕성씨보》에는 성한의 가계가 보이지 않는다.

11 **노윤창**盧允昌 진사로 연산군 3년(1497) 별시에 급제하여 벼슬이 현령(종5품)에 이르렀다. 《방목》에는 벼슬과 아버지〔信同〕 이름 말고 아무런 기록이 없어 신원을 알 수 없다. 그런데 《청구》의 《청도노씨보淸道盧氏譜》에 노윤창과 아버지 노신동 두 사람이 기록되어 있다. 아버지는 벼슬이 없고, 노윤창이 시조이다. 《만성》과 《씨족》에는 《청도노씨보》 자체가 없다. 《세종실록》 〈지리지〉와 《동국여지승람》을 보면 청도에 노씨가 없어, 그는 이곳 출신이 아닌 것 같다. 2000년 현재 청도노씨 인구는 82가구 280명의 희성으로, 조선시대 문과급제자는 그가 유일하다.

12 **오영년**吳永年 진사를 거쳐 연산군 3년 별시에 급제하여 벼슬이 사헌부 장령掌令(정4품)에 이르렀다. 《방목》에는 벼슬과 아버지〔札〕 이름이 보이고, 본관이 의성義城으로 되어 있다. 그런데 《청구》의 《의성오씨보》에는 오영년과 아버지 오찰 두 사람의 이름만 보인다. 아버지는 벼슬이 없으며, 현재 오영년이 시조로 되어 있다. 한편 《만성》과 《씨족》에는 《의성오씨보》 자체가 없다. 《세종실록》 〈지리지〉를 보면, 의성의 속성續姓 가운데 오씨가 있는데 향리를 하고 있다고 한다. 이를 보면, 그는 의성 향리 출신으로 보인다. 2000년 현재 의성오씨 인구는 179가구 562명의 희성으로, 조선시대 문과급제자는 그가 유일하다.

13 **서지**徐祉 생원을 거쳐 연산군 4년(1498) 식년시에 급제하여 벼슬이 사헌부 대사헌(종2품)과 판윤判尹(정2품)에 이르렀다. 《방목》에는 벼슬과 아버지〔孝堂〕, 할아버지〔灝〕, 외조〔金旭〕, 처부의 이름이 보이고, 본관이 남평南平으로 되어 있다. 그런데 《청구》의 《남평서씨보》에는 단 두 사람의 이름이 보인다. 할아버지 서

호가 시조로 나오고, 아버지 이름은 보이지 않은 채 서지의 이름이 나오는데, 할아버지는 벼슬이 없다. 한편《만성》의《남평서씨보》에도 시조는 서호로 벼슬이 문판文判이고, 아버지 효당은 아무런 벼슬이 없다. 하지만 문판이라는 벼슬은 없다. 또《씨족》의《남평서씨보》에는 아버지가 시조로 나오고 있으나 아들로 말미암아 증직贈職받았을 뿐이다. 따라서 남평서씨는 서지에 이르러 처음으로 높은 벼슬아치가 나온 것이다.《세종실록》〈지리지〉에 서씨는 남평의 일반성씨 가운데 하나이다. 2000년 현재 남평서씨 인구는 361가구 979명의 희성으로, 조선시대 문과급제자는 모두 3명이며, 그가 처음이다.

14 **윤언함**尹彦咸 생원을 거쳐 연산군 4년 식년시에 급제하여 벼슬이 군수(종4품)에 이르렀다.《방목》에는 벼슬이 보이고, 본관이 남원南原으로 되어 있으나, 조상의 이름이 전혀 없어 신원을 알 수 없다.《청구》,《만성》,《씨족》의《남원윤씨보》에는 윤언함의 이름은 보이지 않는다.《중종실록》을 보면, 중종 10년 그가 서천군수로서 겸춘추兼春秋를 겸하도록 하자 사헌부에서는 세계世系가 불명확하고 인물이 적당치 않다는 이유로 서경署經을 거부했다. 하지만 임금은 이를 받아들이지 않았다.124) 이를 보면 그 또한 세계를 알 수 없는 평민임을 알 수 있다.

15 **박종인**朴宗仁 생원을 거쳐 연산군 4년 식년시에 급제하여 벼슬이 성균관 학정學正(정8품)에 이르렀다.《방목》에는 벼슬과 아버지〔郁〕 이름 말고 아무런 기록이 없어 신원을 알 수 없다.

124)《중종실록》 권22, 중종 10년 7월 22일 정미.

16 **조영후**趙英珝 생원을 거쳐 연산군 4년 식년시에 급제하여 벼슬이 주부(종6품)에 이르렀다. 《방목》에는 벼슬과 아버지〔崇善〕 이름 말고 아무런 기록이 없어 신원을 알 수 없다. 현재 본관이 평산平山으로 알려져 있으나, 《만성》과 《씨족》에는 《평산조씨보》 자체가 없고, 《청구》의 《평산조씨보》에는 조영후의 이름이 보이지 않는다. 2000년 현재 인구는 996가구 3,196명으로, 조선시대 문과급제자 3명을 배출했는데, 그가 처음이다.

17 **이세진**李世蓁 생원을 거쳐 연산군 4년 식년시에 급제하여 벼슬이 성균관 전적(정6품)에 이르렀다. 《방목》에는 벼슬과 아버지〔叔祚〕 이름이 보이고, 본관이 영천永川으로 되어 있다. 그런데 《청구》와 《만성》의 《영천이씨보》에는 이세진의 가계가 보이지 않는다. 《씨족》의 《영천이씨보》를 보면 선계가 끊어진 형태로 그와 아버지 이숙조가 외따로 기록되어 있는데, 아버지는 벼슬이 여절교위(종6품)다. 여절교위는 실직이 아닌 무반산직에 지나지 않는다. 따라서 그의 가계는 불분명하고 벼슬아치도 없다.

18 **조유형**趙有亨 진사를 거쳐 연산군 4년 식년시에 급제하여 벼슬이 사간원 정언(정6품)과 시정寺正(정3품 당하관)에 이르렀다. 《방목》에는 벼슬 말고 아무런 기록이 없어 신원을 알 수 없다.

19 **장희**張禧 진사를 거쳐 연산군 4년 식년시에 급제했는데, 《방목》에는 아버지〔安命〕 이름 말고 아무런 기록이 없어 신원을 알 수 없다. 벼슬도 모른다. 그런데 《만성》의 《창녕장씨보昌寧張氏譜》에 장희가 시조로 기록되어 있어, 본관이 창녕으로 보이지만 가계를 알 수 없다. 《청구》에는 《창녕장씨보》 자체가 없고, 《씨족》의 《창녕장씨보》에는 그의 이름이 보이지 않는다.

20 **복희달**卜禧達 김제金堤 사람으로, 생원을 거쳐 연산군 4년 식년시에 급제하여 벼슬이 병조정랑(정5품)과 군자감정軍資監正(정3품 당하관)에 이르렀다. 《실록》에는 복희달이 임사홍任士洪에게 아첨하여 병조정랑에 임명되었다고 하고, 또 "인물이 잔열孱劣하다"고도 한다. 《방목》에는 벼슬 이름이 보이고, 본관이 면천沔川으로 되어 있으나 조상의 이름이 없다. 《청구》의 《면천복씨보》에는 그의 이름이 보이지 않으며, 《만성》에는 《면천복씨보》 자체가 없다. 다만, 《씨족》의 《면천복씨보》에 그가 외따로 가계가 끊어진 형태로 기록되어 있어 조상의 가계를 알 수 없다. 면천복씨는 고려 개국공신 복지겸卜智謙의 후손으로 조선시대 문과급제자 7명을 배출했는데, 그는 세 번째이다.

21 **오희증**吳希曾 훈도(종9품)를 거쳐 연산군 4년 별시에 급제하여 벼슬이 성균관 학정(정8품)에 이르렀다. 《방목》에는 벼슬과 처부[李伯孫]의 이름 말고 아무런 기록이 없어 신원을 알 수 없다. 현재 본관이 함평咸平으로 알려져 있으나, 《만성》과 《씨족》에는 《함평오씨보》 자체가 없으며, 《청구》의 《함평오씨보》에는 오희증의 이름이 보이지 않는다. 《세종실록》 〈지리지〉를 보면 오씨는 함평의 일반성이며, 2000년 현재 함평오씨 인구는 878가구 2,845명의 희성으로, 조선시대 문과급제자는 그가 유일하다.

22 **김개**金漑 생원을 거쳐 연산군 7년(1501) 식년시에 갑과로 급제하여 벼슬이 사헌부 지평持平(정5품)에 이르렀다. 《방목》에는 벼슬과 아버지[履祥], 할아버지[承古], 증조[祚]의 이름이 보이고, 본관이 영광靈光으로 되어 있다. 그런데 《청구》와 《만성》의 《영광김씨보》에는 김개의 가계가 보이지 않는다. 《씨족》의 《영광김

씨보》에는 가계가 끊어진 형태로 그와 아버지가 외따로 기록되어 있는데, 아버지의 벼슬은 적순부위(정7품)로 실직이 아닌 무반 산직이다.

23 **장익**張翼 훈도(종9품)를 거쳐 연산군 7년 식년시에 급제하여 벼슬이 현감(종6품)과 승문원 교검校檢(정6품)에 이르렀다. 《방목》에는 아버지〔若連〕 이름만 보이고, 본관이 부안扶安으로 되어 있다. 그러나 《청구》와 《씨족》에는 《부안장씨보》 자체가 없고, 《만성》의 《부안장씨보》에는 오직 장익 한 사람만 기록하고 있다. 《세종실록》〈지리지〉를 보면 장씨는 부안의 토성土姓 가운데 하나이고, 2000년 현재 인구는 824가구 2,594명의 희성으로, 조선시대 문과급제자는 그가 유일하다.

24 **이희보**李希輔 생원으로 연산군 7년 식년시에 급제하여 벼슬이 중종 대 성균관 대사성(정3품 당상관)에 올랐다. 글을 잘 지어 명성을 얻었으나, 연산군의 애첩 장녹수에게 빌붙어 출세했다는 비난을 평생 받으면서 살았다. 이희보가 장녹수와 가까워진 이유는 장녹수의 딸을 키운 오천부정烏川副正의 사위가 되었기 때문이었다.[125] 《방목》에는 벼슬과 아버지〔克文〕 이름이 보이고, 본관이 평양平壤으로 되어 있다. 《청구》와 《씨족》의 《평양이씨보》에는 아버지 이극문이 시조로 되어 있다. 벼슬이 현감으로 되어 있으나, 이는 아들로 말미암아 받은 증직으로 보인다. 2000년 현재 평양이씨 인구는 185가구 579명에 지나지 않는 희성으로, 조선시대 문과급제자는 이희보가 유일하다.

125) 《중종실록》 권82, 중종 31년 9월 6일 무오.

25 **박원령**朴元稌(일명 元齡) 훈도(종9품)로 연산군 7년 식년시에 급제하여 벼슬이 승문원 참교參校(종3품)에 이르렀다. 《방목》에는 벼슬과 아버지〔有精〕 이름이 보이고, 본관이 언양彦陽으로 되어 있다. 그런데 《청구》, 《만성》, 《씨족》에는 《언양박씨보》 자체가 없다. 하지만 아버지 박유정은 5위五衛 군사인 사직司直(정5품)으로 있다가 세조 6년 원종공신元從功臣 3등에 책록되어 언양 박씨의 시조가 되었다. 박씨는 언양의 토성 가운데 하나며, 2000년 현재 인구는 105가구 356명의 희성으로, 조선시대 문과급제자 2명을 배출했는데, 박원령과 그 아들 박재朴栽뿐이다.

26 **김기지**金驥趾 훈도(종9품)를 거쳐 연산군 7년 식년시에 급제하여 벼슬이 부사(종3품)에 이르렀다. 《방목》에는 벼슬 말고 아무런 기록이 없어 신원을 알 수 없다. 현재 본관이 함흥咸興으로 알려져 있는데, 《청구》, 《만성》, 《씨족》에는 《함흥김씨보》 자체가 없다. 김씨는 함흥의 입진성入鎭姓 가운데 하나로, 조선 초기 남방에서 강제로 이주시킨 주민이다. 2000년 현재 함흥김씨 인구는 53가구 187명의 희성으로, 조선시대 문과급제자는 김기지를 포함하여 2명뿐이다.

27 **황위**黃瑋 생원을 거쳐 연산군 8년(1502) 별시에 급제하여 벼슬이 판관(종5품), 찰방(종6품), 현감(종6품)에 이르렀다. 《방목》에는 벼슬과 아버지〔龜壽〕 이름이 보이고, 필瑾의 아우라고 적었으나 본관이 없다. 그러나 성종 23년 문과에 급제한 황필의 본관이 선산善山이므로 황위의 본관도 선산이다. 또 성종 8년 문과에 급제한 친형 황인黃璘도 본관이 선산이고 아버지도 황귀수이다. 따라서 황인, 황필, 황위는 3형제이다. 그런데 《만성》과 《씨족》

에는 《선산황씨보》 자체가 없고, 《청구》의 《선산황씨보》에는 황인 한 사람만 기록되어 있어 가계를 알 수 없다. 《세종실록》 〈지리지〉를 보면 선산에 황씨가 없다. 현재 인구도 파악되지 않는데, 조선시대 문과급제자는 앞에 소개한 3형제뿐이다.

28 **최세진**崔世珍(?~1542) 생원을 거쳐 한어漢語를 가르치는 강이습독관講肄習讀官으로 있으면서 연산군 9년(1503) 별시에 급제하여 벼슬이 승문원 교검(정6품)을 거쳐 성균관 직강(정5품), 승문원 제조(정2품), 동지중추부사(종2품)에 이르렀다. 문과급제 후 신분이 낮다 하여 한때 파직되기도 했으나, 외교실무에 밝은 것을 고려하여 되돌려 주었다. 한어와 이문吏文에 능통한 것이 평가되어 사헌부의 반대에도 높은 벼슬에 이르렀으며, 《황극경세서집람》, 《운회옥편》, 《소학편몽》, 《훈몽자회》 등 많은 저서를 내어 이학吏學과 국어학 발달에 크게 기여했다. 《중종실록》의 졸기卒記에는 "최세진은 미천微賤한 가문에서 태어났는데, 어려서부터 학문에 힘썼으며, 더욱이 한어에 정통하였다. 급제한 뒤로는 모든 사대事大에 관한 이문을 모두 그가 맡아보았고, 추천받아 발탁되어 벼슬이 2품에 이르렀다"[126]고 썼다. 《방목》에는 벼슬과 아버지〔正潑〕 이름만 보이고, 본관이 없다. 그런데 《청구》의 《괴산최씨보槐山崔氏譜》에는 아버지 최정발이 시조로 기록되어 있으나 벼슬이 없으며, 《만성》과 《씨족》에는 《괴산최씨보》 자체가 없다. 역관 출신으로 고관에 오른 대표적 인물 가운데 하나이다. 《세종실록》 〈지리지〉를 보면 괴산에 최씨성이 없는 것으로 보

126) 《중종실록》 권97, 중종 37년 2월 10일 신유.

아, 이곳의 토착민은 아닌 것으로 보인다. 2000년 현재 괴산최씨 인구는 127가구 440명의 희성으로, 조선시대 문과급제자는 그가 유일하다.

29 **김문성**金文成 유학을 거쳐 연산군 10년(1504) 별시에 급제하여 벼슬이 성균관 전적(정6품)에 이르렀다. 《방목》에는 벼슬 말고 아무런 기록이 없어 신원을 알 수 없다.

30 **김우한**金佑漢(일명 佑謹) 유학으로 연산군 10년 별시에 급제하여 벼슬이 형조정랑(정5품), 찰방(종6품)을 거쳐 목사(정3품)에 이르렀다. 《방목》에는 벼슬 말고 아무런 기록이 없다. 그런데 《청구》의 《해주김씨보海州金氏譜》에는 김우한 한 사람만이 기록되어 있고, 《만성》의 《해주김씨보》에는 그의 이름이 보이지 않으며, 《씨족》에는 족보 자체가 없다. 《세종실록》 〈지리지〉를 보면 해주에 김씨가 없어 뒤에 해주로 이주한 것으로 보인다. 2000년 현재 인구는 1,824가구 5,864명의 희성으로, 조선시대 문과급제자는 2명인데, 그가 처음이다. 조선 후기에는 역과 6명, 의과 21명, 음양과 9명의 급제자를 배출하여 중인中人가문의 하나가 되었다. 해주김씨는 시조를 각기 달리하는 세 파가 있는데, 그 가운데 하나는 그를 시조로 받들고 있다.

31 **나승간**羅承幹 유학을 거쳐 연산군 10년 별시에 급제하여 벼슬이 성균관 전적(정6품)에 이르렀다. 《방목》에는 벼슬 말고 아무런 기록이 없어 신원을 알 수 없다. 현재 정산나씨定山羅氏의 시조로 알려져 있는데, 《청구》, 《만성》, 《씨족》에는 《정산나씨보》가 없다. 《세종실록》 〈지리지〉를 보면 정산에 나씨가 없어 후대에 이주한 것으로 생각된다. 2000년 현재 정산나씨 인구는

138명의 희성으로, 조선시대 문과급제자는 나승간이 유일하다.

32 **김감**金瑊 진사를 거쳐 연산군 10년 식년시에 급제하여 벼슬이 공조참의(정3품 당상관)에 이르렀다. 《방목》에는 벼슬과 아버지〔文孫〕 이름 말고 아무런 기록이 없다. 본관은 현재 광산光山으로 알려져 있는데, 《청구》, 《만성》, 《씨족》의 《광산김씨보》에는 김감의 가계가 보이지 않는다.

33 **박양근**朴良根 생원으로 연산군 10년 식년시에 급제했는데, 《방목》에는 이름 말고 아무런 기록이 없어 신원을 알 수 없다.

34 **최윤손**崔允孫 유학으로 연산군 10년 식년시에 급제하여 벼슬이 사간원 정언(정6품)을 거쳐 부사(종3품)에 이르렀다. 《방목》에는 벼슬과 아버지〔慶男〕 이름이 보이고, 본관이 전주全州로 되어 있다. 그러나 《청구》, 《만성》, 《씨족》의 《전주최씨보》에는 최윤손의 가계가 보이지 않는다.

35 **박전**朴佺 생원으로 연산군 10년 식년시에 급제하여 벼슬이 사간원 정언(정6품)과 헌납(정5품)을 거쳐 병조정랑(정5품)에 이르렀다. 《방목》에는 벼슬과 아버지〔從亨〕 이름이 보이고, 본관이 울산蔚山으로 되어 있다. 그러나 《청구》, 《만성》, 《씨족》의 《울산박씨보》에는 박전의 가계가 보이지 않는다.

36 **이충남**李忠男 진사로 연산군 10년 식년시에 급제하여 벼슬이 성균관 전적(정6품)을 거쳐 사헌부 장령(정4품)에 이르렀다. 《방목》에는 이름 말고 아무런 기록이 없어 신원을 알 수 없다.

37 **이득전**李得全 진사를 거쳐 연산군 10년 식년시에 급제하여 벼슬이 사헌부 장령(정4품)에 이르렀다. 《방목》에는 벼슬과 처부의 이름 말고 아무런 기록이 없어 신원을 알 수 없다. 그러나

《실록》을 보면 이득전은 문과에 급제하기 전에 천안天安의 공생貢生이었다고 한다.127) 이 때문에 문과에 급제한 다음 사헌부 정언(정6품)에 임명되자, 대간에서 그가 향리라는 것을 이유로 벼슬을 바꾸기를 요청했다.128) 그 뒤 사헌부 지평(정5품)에 임명되자 사간원에서는 그의 문벌이 한미寒微한 것을 이유로 반대했다.129) 그는 "신臣이 전일 정언, 지평으로 있을 때, 대간은 신을 향리 출신이라고 계청하여 체직되었는데, 지금 장령掌令이 되었으니 체직하기를 청합니다"130)라고 임금에게 말했으나, 임금은 이를 허락하지 않았다. 본관은 지금 천안으로 알려져 있지만, 《청구》, 《만성》, 《씨족》에는 《천안이씨보》가 없다. 《세종실록》〈지리지〉에는 천안의 이씨가 망성亡姓으로 되어 있어 그가 벼슬아치가 된 뒤에 이곳을 본관으로 삼은 것을 알 수 있다. 2000년 현재 천안이씨 인구는 709가구 2,297명의 희성으로, 조선시대 문과급제자는 그가 유일하며, 시조이다. 하지만 조선 후기에 역과 7명, 의과 18명, 율과律科에 3명, 주학籌學 3명의 급제자를 배출하여 전형적인 중인가문의 하나가 되었다.

38 **이만손**李萬孫 생원을 거쳐 연산군 10년 식년시에 급제하여 벼슬이 사헌부 집의執義(종3품)와 부사(종3품)를 거쳐 목사(정3품)에 이르렀다. 《방목》에는 아버지[章肅], 할아버지[季孝], 증조[肩]의 이름이 보이고, 본관이 원주原州로 되어 있다. 그러나 《청구》, 《만성》, 《씨족》의 《원주이씨보》에는 이만손의 가계가 보이지

127) 《연산군실록》 권31, 연산군 4년 윤11월 9일 경오.
128) 《중종실록》 권17, 중종 7년 12월 3일 계묘.
129) 《중종실록》 권20, 중종 9년 6월 8일 기해.
130) 《중종실록》 권24, 중종 11년 4월 21일 임신.

않는다. 신원을 알 수 없다.

39 **김윤화**金允和 선무랑(종6품)을 거쳐 연산군 10년 식년시에 급제하여 벼슬이 성균관 전적(정6품)에 이르렀다. 《방목》에는 벼슬 말고 아무런 기록이 없다. 현재 본관이 창원昌原으로 알려져 있는데, 《씨족》과 《만성》에는 《창원김씨보》가 없으며, 《청구》의 《창원김씨보》에는 김윤화의 가계가 보이지 않는다. 신원을 알 수 없다. 《세종실록》〈지리지〉에는 김씨가 내성來姓으로 되어 있어, 그는 토착민이 아니다. 2000년 현재 인구는 983가구 3,094명의 희성으로, 조선시대 문과급제자는 모두 2명이다.

40 **주선림**朱善林 생원을 거쳐 연산군 10년 식년시에 급제하여 벼슬이 성균관 전적(정6품)에 이르렀다. 《방목》에는 4대조 이름이 모두 없고, 본관이 웅천熊川으로 되어 있다. 그런데 《청구》의 《웅천주씨보》에는 주선림의 이름이 보이지 않고, 《만성》의 《웅천주씨보》에는 아버지 주하朱夏가 시조로 되어 있지만 벼슬이 없다. 《씨족》에는 《웅천주씨보》 자체가 없다. 2000년 현재 웅천주씨 인구는 247가구 806명의 희성으로, 조선시대 문과급제자는 모두 5명인데, 그가 두 번째이다.

41 **김우서**金禹瑞 진사로 연산군 10년 식년시에 급제하여 벼슬이 사헌부 장령(정4품)을 거쳐 의정부 사인舍人(정4품)에 이르렀다. 《방목》에는 벼슬과 아버지[浩] 이름이 보이고, 본관이 광주光州로 되어 있다. 그런데 《청구》, 《만성》, 《씨족》의 《광산김씨보》에는 김우서의 가계가 보이지 않는다.

42 **정인원**鄭仁源 생원을 거쳐 연산군 12년(1506) 별시에 급제하여 벼슬이 군수(종4품)에 이르렀다. 《방목》에는 벼슬과 아버지

〔孝智〕 이름이 보이나 본관이 없어 신원을 알 수 없다.

43 **신맹경**辛孟卿 경주 사람으로, 유학을 거쳐 연산군 12년 별시에 급제하여 벼슬이 승문원 정자正字(정9품)와 도사都事(종5품)를 지내고 예조정랑(정5품)에 이르렀다. 사헌부는 신맹경이 용렬한 사람이므로 예관에 적합지 않다고 반대했으나, 임금은 이를 받아들이지 않았다.[131] 《방목》에는 벼슬과 아버지〔孝忠〕 이름 말고 아무런 기록이 없다. 그런데 《만성》의 《영월신씨보寧越辛氏譜》에 그의 가계가 보이는데, 아버지 효충은 벼슬이 사직司直(정5품)으로 무관이다. 이와 달리 《청구》와 《씨족》의 《영월신씨보》에는 그의 이름이 보이지 않는다.

131) 《중종실록》 권35, 중종 14년 4월 25일 무자.

11
중종 대 신분이 낮은 급제자와 벼슬

1) 중종 대 서얼차대 심화: 《대전후속록》 편찬

《경국대전》에는 서얼의 벼슬을 제한하는 규정이 들어 있다. 하나는 문과응시를 금지한다는 규정이고, 다른 하나는 무과武科와 잡과雜科의 응시는 허용하지만, 급제하더라도 아버지의 벼슬과 어머니가 양첩良妾인가 천첩賤妾인가를 따져서 최고 정3품에서 최하 정8품에 이르기까지 차등을 두어 그 이상으로는 나아갈 수 없게 한 규정이다. 전자는 한직서용限職敍用이고 후자는 한품서용限品敍用이다. 한품서용의 요지를 소개하면 다음과 같다.

① 2품 이상의 양첩자손良妾子孫은 정3품으로 제한하고, 천첩자손賤妾子孫은 정5품으로 제한한다.

② 6품 이상의 양첩자손은 정4품으로 제한하고, 천첩자손은 정6품으로 제한한다.

③ 7품 이하에서 무직인無職人에 이르는 양첩자손은 정5품으로 제한하

고, 천첩자손과 천인으로 양인이 된 자는 정7품으로 제한한다.

④ 양첩 아들의 천첩자손은 정8품으로 제한한다.

⑤ 병조兵曹도 이와 같다.

그런데 현실은 《경국대전》의 규정이 무시되고, 서얼들이 신분을 속이고 과거에 응시하는 일이 적지 않았다. 《중종실록》을 보면, 조강朝講에서 사간원 정언 채무역蔡無斁이 서얼들이 과거에 응시하고 있는 사실을 다음과 같이 보고하고 있다.

> 과거시험은 나라의 큰일이므로 의당 자세히 살펴야 할 일인데도 요즘 천얼賤孽들이 많이 과거시험에 응시하고 있음을 외간에서도 모두 알고 있어서 파방罷榜(합격 취소)해야 한다는 이야기가 떠돌고 있으며……132)

또 같은 날 사헌부에서 올린 보고에도 "요즘 외람된 일이 매우 많아서 서얼과 같이 천한 자들이 과거에 무릅쓰고 응시해서 합격한 자들이 한둘이 아닌데다……"라는 구절이 보인다.

이렇게 16세기에 들어와 서얼에 대한 반감이 높아지고 있었다. 이런 풍조 속에서도 조광조趙光祖나 김안국金安國 등은 서얼차대를 옳지 못한 것으로 주장하기도 했지만 소용이 없었다. 그리하여 중종 38년(1543) 편찬된 《대전후속록大典後續錄》에서는 생진과와 문무과 응시자에게 보단자를 제출하도록 규정을 바꾸어 응시절차를 한층 까다롭게 만들었다. 《대전후속록》에 규정된 과거 응시 절차는 다음과 같다.

132) 《중종실록》 권70, 중종 25년 12월 9일 을축.

거자擧子(응시자)의 이름을 적을 때 4조四祖(직계 3대와 외조) 가운데 중인衆人들이 모두 알 수 있는 현관顯官(동서반의 정직)이 없을 경우, 외방인은 보단자保單子(보증인 이름)와 경재소京在所 관원 3명의 이름을 적도록 한 뒤 시험에 응시하게 하고, 서울에 사는 사람은 보단자와 당부當部(한성부 5부 가운데 본인이 살고 있는 부) 관원 3명의 이름을 적어 낸 뒤 시험에 응하도록 한다. 만약 의심스러운 일이 있으면 이름이 적힌 관원과 경재소, 그리고 당부의 관원이 장적帳籍을 조사하고 빙고憑考하여 죄를 지은 자를 다스리고 천역賤役에 정체定體시키며, 4관四館(성균관, 홍문관, 교서관, 예문관) 관원을 모두 파출罷黜시킨다.

여기서 응시자의 4조 곧 아버지, 할아버지, 증조, 외조 가운데 현관顯官[133]이 없을 경우, 지방 사람은 본인의 보단자保單子와 경재소京在所 관원 3명의 이름을 적어 내게 하고, 서울 사람은 보단자와 그 사람이 살고 있는 부部 관원 3명의 이름을 적어 내도록 한다. 만약 거짓이 있을 경우에는 장적을 조사하여 죄를 주고 천역을 시킨다는 것이다.

위 규정을 보면 보단자와 관원 3명이라는 보증인이 이중적으로 필요한 것처럼 보이지만, 《실록》을 보면 그렇게까지 까다로운 규정이 아님을 알 수 있다. 다시 말해 지방 사람은 8촌 안의 사람이나 친지親知가, 그런 사람이 없을 때에는 경재소 관원 2~3명이 보증을 서도록 하고, 서울 사람은 경재소 관원 대신 한성부의 당부當部 관원이 보증을 서는 제도였다. 보증의 내용은

133) 《명종실록》 권15, 명종 8년 11월 2일 갑진조에 "현직顯職이란 대간臺諫, 시종侍從만을 일컫는 것이 아니라, 모든 동서반의 정직正職을 통칭하는 것"이라는 구절이 보인다.

"아무 고을에 사는 아무개"라고 쓰는 것이다.[134]

보단자제도는 무자격자가 과거에 응시하는 것을 막기 위한 조치로, 흔히 생각하듯이 양반인가 아닌가를 가려내기 위한 조치는 아니었다. 여기서 무자격자는 《경국대전》에 규정된 범죄자나 서얼, 또는 천인의 신분을 말한다. 따라서 이 제도의 시행으로 무자격자의 응시를 견제하는 데에는 효과를 보았지만, 그 밖에 평민의 응시를 막는 것과는 관계가 없었다.

보단자와 관련된 사건이 중종 18년에 일어났다. 아버지가 천인이었다가 양인으로 속량된 자의 아들이 알성시謁聖試에 급제했는데, 그가 보단자에 쓴 보증인의 이름을 거짓으로 쓴 것이 발각되어 급제가 취소된 것이었다.[135] 하지만 그는 재주가 인정되어 승문원 이문학관吏文學官에 임명되었다. 만약 보단자를 위조하지 않았다면 급제가 취소되지는 않았을 것이다.

문과급제자의 신분 조사는 실제 응시과정에서 거의 이루어지지 않았다. 그 많은 응시자의 신분을 조사할 겨를이 없었기 때문이다. 그래서 급제한 뒤에 보단자의 기록을 바탕으로 재조사를 실시하여 무자격자가 발견되면 급제를 취소하거나 아니면, 낮은 벼슬을 주기도 했다. 하지만 보단자제도가 실시된 이면에 과거급제자의 신분을 높이려는 의도가 작용한 것만은 사실이다. 그래서 중종 대 이후로는 급제자에게 청요직淸要職을 줄 때에는 대간臺諫이 서경署經을 하면서 급제자의 신분을 문제삼는 경우가 적지 않게 나타났다. 물론 그렇더라도 임금이 대간의 거부를 모두 받

134) 《중종실록》 권93, 중종 35년 8월 20일 기묘.
135) 《중종실록》 권47, 중종 18년 3월 27일 무진.

아들이지는 않았다.

중종 대 서얼이면서 문과에 급제하여 당당하게 높은 벼슬을 한 인물이 있었다. 중종 23년 별시에 급제하여 벼슬이 판돈녕부사(종1품)에 오른 조광원曺光遠이 그렇다. 그는 형조판서(정2품) 조계상曺繼商의 서자였다. 《경국대전》 규정을 따른다면 문과응시도 불가능하고, 더욱이 종1품에 오른다는 것은 있을 수는 없는 일이었다.

2) 시험과목별 급제자 인원

중종 대(1506~1544) 재위 39년 동안 시행된 문과에 급제한 인원은 모두 900명이다. 시험과목별로 급제자 인원을 살펴보면 다음 표와 같다.

식년시式年試	13회	412명
증광시增廣試	1회	36명
현량과賢良科	1회	28명
별시別試	33회	409명
알성시謁聖試	2회	7명
친시親試	2회	8명
합 계		900명

이를 다시 정리해 보면, 3년마다 시행되는 정기시험인 식년시는 13회에 걸쳐 412명을 선발했다. 이는 매회 평균 31.69명을 선발한 셈이다. 회마다 33명을 선발하는 것이 원칙이지만 무슨 이유인지 3회에 걸쳐 급제자를 적게 선발한 것이 이런 결과를 가져왔다. 증광시도 8도의 인구비율로 초시급제자를 안배한다는 점에서 식년시와 비슷한 성격을 지니고 있으므로 이를 식년시와 합치면, 448명으로 전체 급제자의 49.77퍼센트에 이른다. 이는

예종-성종 대 62.13퍼센트, 연산군 대 52.58퍼센트에 견주어 낮아졌다. 그러나 이런 수치의 변화는 별로 큰 의미가 없다.

급제자 900명을 재위기간 39년으로 나누면 평균 23.07명이다. 연산군 대 20.91명, 예종-성종 대 18.38명, 세조 대 22.07명, 문종-단종 대 29.83명, 세종 대 14.46명, 태종 대 14.77명, 태조-정종 대 11명과 비교할 때, 대체로 시대가 내려갈수록 수치가 늘어나고 있음을 볼 수 있다.

3) 신분이 낮은 급제자

중종 대 문과급제자 900명 가운데 신분이 낮은 것으로 보이는 급제자는 188명으로, 전체 급제자의 20.88퍼센트를 차지한다. 이 수치를 앞 시기와 비교하면 오른쪽 그림과 같다.

이를 다시 정리하면, 태조-태종 대에 40~50퍼센트를 차지하던 신분이 낮은 급제자 비율이 세종-세조 대에는 30퍼센트대로 내려가고, 다시 예종-중종 대에는 20퍼센트대 안팎으로 더 내려간 것을 알 수 있다. 이 수치는 선조 대부터 16퍼센트대로 내려가서 광해군 대 14퍼센트대로 최저점을 찍은 다음에 조금씩 늘어나게 된다.[136)]

---

136) 인조 대에 20퍼센트대로 늘어나고, 숙종 대 이후로 30퍼센트대를 지속하다가 정조 대 이후로 50퍼센트대로 확대되었다. 그 뒤 고종 대에는 58퍼센트를 기록하면서 과거제도는 끝나고 있다. 이것이 조선왕조 500년의 큰 흐름이다. 위 흐름을 세기별로 관찰하면 건국 초기인 15세기가 낮은 신분의 급제자 비율이 가장 높았다가 16세기 이후로 서서히 하락세를 보이다가 17세기에 이르러 최저점을 보이고, 다시 18세기 이후로 상승세로 돌아서고 있다는 것을 뜻한다. 그리고 이 현상은 17세기 실학자들이 문벌사회의 모순을 가장 격렬하게 비판하는 현상과 그대로 일치함을 볼 수 있다.

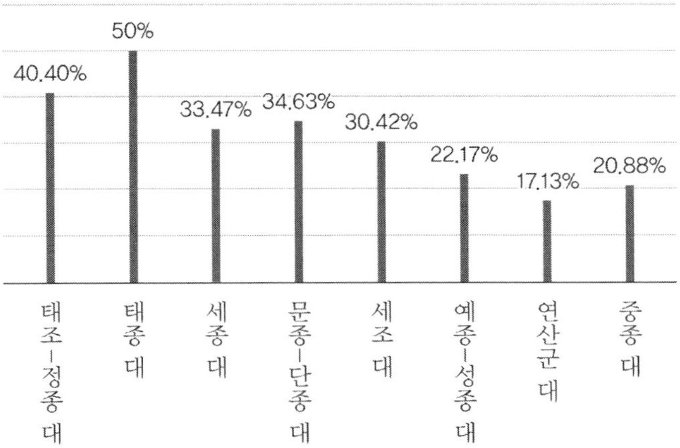

중종 대 신분이 낮은 급제자 188명을 더 깊이 조사해 보면 다음과 같은 여러 부류가 있다. ① 《방목》에 본관이 없는 급제자, ② 본관은 있으나 《족보》 자체가 없는 급제자, ③ 《족보》에 가계가 보이지 않는 급제자, ④ 《족보》에 조상의 가계가 단절되어 있는 급제자, ⑤ 내외 4대조 가운데 벼슬아치가 없는 급제자 등이다. 다음에 구체적인 인원과 실례를 들면 다음과 같다.

(1) 《방목》에 본관이 없는 급제자

《방목》에 본관이 기록되어 있지 않은 급제자는 모두 39명으로, 신분이 낮은 급제자 188명 가운데 20.74퍼센트를 차지하고, 전체 급제자 900명의 4.33퍼센트를 차지한다. 이들은 대개 내외 4대조의 이름이 모두 없거나, 아니면 아버지 이름만 적은 경우가 대부분이다. 조상 가운데 벼슬아치가 없는 평민이거나, 향리이거나, 서얼이거나, 그 밖에 신분적으로 하자가 있는 것으로 보인다. 그래서 이들이 관직을 받을 때 용렬庸劣하다, 비천卑賤하다는 등의 이유로 대간이 서경을 거부하는 일이 종종 있었지만 임금은 반드시 이를 따르지는 않았다.

(가) 3품 이상 고관에 오른 급제자

《방목》에 본관이 없는 급제자 39명 가운데 3품 이상 고관에 오른 급제자는 16명이다. 그 명단을 소개하면 다음과 같다.

김희정金希貞 벼슬이 판윤判尹(정2품)에 올랐으나, 본관을 알 수 없다.

이원화李元和, **김홍**金泓 이 두 사람은 벼슬이 목사牧使(정3품)에 올랐으나, 《방목》에 본관이 없어 신원을 알 수 없다.

정세웅鄭世雄 벼슬이 통례원 통례通禮(정3품 당하관)에 올랐으나, 본관을 알 수 없다.

조충손趙忠孫 벼슬이 성균관 사성司成(종3품)에 올랐으나, 본관을 모른다.

정자견丁自堅, **최언삼**崔彦參, **박영건**朴永健, **안세호**安世豪, **김우석**金禹錫(일명 禹弼), **오전**吳詮 이 여섯 사람은 벼슬이 부정副正(종3품)에 올랐으나, 모두 본관을 몰라 신원을 알 수 없다. 더욱이 김우석은 《실록》에서 용렬하고 어리석다는 대간의 비판을 받기도 하였다.

김공간金公侃, **전순인**全舜仁, **김정신**金鼎臣 이 세 사람은 벼슬이 부사府使(종3품)에 올랐으나, 모두 본관이 없어 신원을 알 수 없다.

최운崔雲, **김명언**金明彦 이 두 사람은 벼슬이 시정寺正(정3품 당하관)에 올랐으나, 모두 본관이 없어 신원을 알 수 없다. 최운은 인물이 용렬하고 망령되다는 이유로 대간이 서경을 거부하기도 했다. 김명언도 문벌門閥이 낮다는 대간의 비판을 받았다.

(나) 상인의 아들

본관이 없는 급제자 39명 가운데는 상인의 아들도 보인다.

황유중黃有中 중종 9년(1514) 급제하여 벼슬이 성균관 전적典籍(정6품)과 예조좌랑(정6품)에 올랐다. 《실록》에 "조상이 상판商販을 하여 극히 미천微賤하다"고 하여 대간이 서경을 거부했으나, 임금이 이를 따르지 않고 벼슬을 주었다.

(2) 《족보》 자체가 없는 급제자

본관은 알 수 있으나, 그 본관의 《족보》가 《청구》, 《만성》, 《씨족》에 보이지 않는 급제자는 모두 16명에 이른다. 이들은 대부분 인구가 매우 적은 희성의 평민이거나, 향리거나, 서출로 볼 수 있다. 벼슬아치가 별로 없기 때문에 《족보》를 아직 만들지 못하고 있다고 여겨진다.

(가) 3품 이상 고관에 오른 급제자

《족보》 자체가 없는 급제자 16명 가운데 3품 이상 고관에 오른 인물이 4명인데, 그 명단을 소개하면 다음과 같다.

김한金翰, **한세진**韓世珍 이 두 사람은 모두 벼슬이 목사(정3품)에 올랐는데 본관의 《족보》가 없어 신원을 알 수 없다. 한세진은 본관이 보령保寧인데 세 통합보에 《보령한씨보》가 없으며, 《실록》

에는 본계本系가 미천하다고 되어 있다. 《세종실록》〈지리지〉를 보면 보령에 한씨가 없으며, 조선시대 문과급제자도 그가 유일하다. 현재 청부한씨에 통합되어 인구가 없다.

박한朴翰 본관이 의흥義興으로 벼슬이 승문원 판교判校(정3품 당하관)에 올랐는데, 《의흥박씨보》가 없다. 조선시대 문과급제자 3명을 배출했는데, 박한이 두 번째이다.

이삼준李三俊 본관이 간성杆城으로 벼슬이 부사(종3품)에 올랐으나, 《간성이씨보》가 없다. 2000년 현재 인구는 319가구 965명의 희성으로 이삼준이 조선시대 첫 문과급제자이다.

(나) 시조가 된 급제자

《족보》 자체가 없는 급제자 16명 가운데에는 뒤에 자기 본관의 시조로 추앙된 인물이 9명에 이른다. 그 명단을 소개하면 다음과 같다.

진식陳植 벼슬이 의정부 사인舍人(정4품)에 올랐는데, 뒤에 부여진씨扶餘陳氏의 시조가 되었다. 《세종실록》〈지리지〉를 보면 부여에 진씨가 없는데, 진식이 벼슬한 다음 이곳에 뿌리를 내린 것으로 보인다. 2000년 현재 인구는 148가구 445명의 희성으로, 조선시대 문과급제자는 그가 유일하다.

이수영李守英 벼슬이 사간원 정언正言(정6품)에 올랐는데, 뒤에 예천이씨醴泉李氏의 시조가 되었다. 2000년 현재 예천이씨 인구는 268가구 888명의 희성으로, 조선시대 문과급제자는 이수영이 유일하다.

장흡張洽 벼슬이 성균관 박사博士(정7품)에 올랐는데, 뒤에 여주장씨驪州張氏의 시조가 되었다. 《세종실록》〈지리지〉를 보면 본래 여주에 장씨가 없는데, 장흡이 벼슬아치가 된 뒤로 여주에 뿌리를 내린 것으로 보인다. 인구는 2000년 현재 145가구 453명이며, 그가 조선시대 유일한 문과급제자이다.

정근원鄭謹元 벼슬이 군수(종4품)에 오르고, 뒤에 옥천정씨沃川鄭氏의 시조가 되었다. 인품이 비열鄙劣하다는 대간의 비판을 받았는데, 이는 신분이 낮음을 암시한다. 2000년 현재 인구는 307가구 1,050명이며, 정근원이 조선시대 유일한 문과급제자이다.

김환金紈 벼슬이 성균관 전적(정6품)에 올랐는데, 뒤에 황간김씨黃澗金氏의 시조가 되었다. 《세종실록》〈지리지〉를 보면 김씨는 황간의 속성續姓으로 되어 있어, 향리 출신일 가능성이 크다. 2000년 현재 인구는 1가구 3명으로, 김환이 조선시대 유일한 문과급제자이다. 다른 김씨에 통합된 것으로 보인다.

곽봉郭鳳 벼슬이 군수(종4품)에 이르렀는데, 뒤에 봉산곽씨鳳山郭氏의 시조가 되었다. 《세종실록》〈지리지〉에는 봉산에 곽씨가 없어졌다고 하므로 곽봉의 거주지는 이곳이 아니다. 2000년 현재 인구는 78가구 248명의 희성으로 조선시대 문과급제자 2명을 배출했는데, 그가 처음이다.

김한金翰 벼슬이 목사(정3품)에 올랐는데, 뒤에 경산김씨慶山金氏의 시조가 되었다. 조선시대 유일한 문과급제자이다. 《세종실록》〈지리지〉를 보면 김씨는 경산의 일반성이다.

최흥윤崔興潤 벼슬이 사헌부 감찰(정6품)에 올랐는데, 뒤에 하양최씨河陽崔氏의 시조가 되었다. 인물이 천박하다는 대간의 비판을 받았다. 《세종실록》〈지리지〉에는 하양에 최씨가 없어 최흥윤이 벼슬아치가 된 뒤에 본관으로 정한 듯하다. 2000년 현재 인구는 25가구 80명의 희성으로, 그가 조선시대 유일한 문과급제자이다.

윤취尹就 벼슬이 현감(종6품)에 올랐는데, 뒤에 청주윤씨淸州尹氏의 시조가 되었다. 《세종실록》 〈지리지〉에는 청주에 윤씨가 없어 윤취가 벼슬아치가 된 뒤에 이곳을 본관으로 정한 듯하다. 2000년 현재 인구는 157가구 532명으로, 조선시대 문과급제자는 그가 유일하다.

(다) 미천한 급제자로 칭송받은 인물

《족보》가 없는 급제자 16명 가운데에는 유일한 문과급제자가 많고, 인물이 미천微賤하다든가 용렬하다는 비판을 받는 경우도 많다. 그만큼 가세가 빈약하다는 뜻이다. 그러나 각고의 노력으로 출세한 인물로 추앙받는 인물이 있다.

안중손安仲孫 벼슬이 사헌부 장령掌令(정4품)에 올랐는데, 《실록》에서 칭송받고 있다. 곧 안중손은 경상도 고성固城 사람으로, 집이 너무 가난하여 주경야독晝耕夜讀하여 마침내 나이 40에 급제하였다고 한다. 본관은 고성이지만, 《고성안씨보》가 없다. 현재 인구도 알 수 없으며, 그가 유일한 문과급제자이다.

(3) 《족보》에 가계가 보이지 않는 급제자

본관과 《족보》는 있지만, 《족보》에 가계가 전혀 보이지 않는 급제자는 모두 74명에 이른다. 그러니까 신분이 낮은 급제자 188

명 가운데 약 40퍼센트, 전체 급제자의 8.22퍼센트가 여기에 해당한다. 이들은 집안이 미천하다든가, 인물이 용렬하다는 등의 이유로 서경을 거부당하는 일이 한두 번이 아니었다.

이들의 본관은 대체로 대성大姓인 경우가 많다. 그런데도 왜 《족보》에 오르지 못한 이유는 다양하다. 직계 조상 가운데 벼슬아치가 거의 없는 평민이거나, 향리거나, 아니면 서출일 가능성이 크다.

(가) 3품 이상 고관에 오른 급제자

《족보》에 가계가 보이지 않는 급제자 74명 가운데 3품 이상 고관에 오른 급제자는 26명에 이른다. 그 명단을 소개하면 다음과 같다.

박수량朴守良(1491~1554) 벼슬이 판서判書(정2품)와 지중부추사(정2품)에 올랐으며, 본관이 태인泰仁이지만 《태인박씨보》에 박수량의 가계가 보이지 않는다. 그런데 《실록》에는 그가 "초래草萊(시골)에서 일어났다", "향산鄕産(시골 출신)이다"라는 등의 표현이 보인다. 2000년 현재 태인박씨 인구는 140가구 456명의 희성으로, 그가 조선시대 유일한 문과급제자이다. 뒤에 청백리로 녹선되었다.

김윤제金允悌, **전여림**田汝霖, **신사형**辛士衡, **김성경**金成卿 이 네 사람은 모두 벼슬이 목사(정3품)에 올랐는데, 김윤제는 본관이 광주光州, 전여림은 남양南陽, 신사형은 영산靈山, 김성경은 공주公州인데, 모두 《족보》에 가계가 보이지 않는다. 그 가운데 전씨는 남양의 속성으로 되어 있어 향리일 가능성이 크다.

이사충李思忠 본관이 고양高陽으로 벼슬이 첨지僉知(정3품 당상관)에 올랐는데, 《고양이씨보》에 가계가 보이지 않는다. 2000년 현재 고양이씨 인구는 113가구 365명의 희성으로 조선시대 문과 급제자는 이사충이 유일하다.

조상현曺尙賢, **이배근**李培根, **장응선**張應旋 이 세 사람은 모두 벼슬이 시정(정3품 당하관)에 올랐다. 조상현은 본관이 창녕昌寧, 이배근은 부평富平, 장응선은 흥덕興德인데, 《족보》에 가계가 보이지 않는다. 더욱이 이배근은 《실록》에 인물이 아둔하고 용렬하다고 하여 대간이 서경을 거부한 일도 있었다.

장적張籍 본관이 창녕昌寧으로 벼슬이 호조참의(정3품 당상관)에 올랐으나, 《창녕장씨보》에 가계가 보이지 않는다.

박윤경朴潤卿 본관이 문의文義로, 벼슬이 홍문관 부제학(정3품 당상관)에 올랐으나, 《문의박씨보》에 가계가 보이지 않는다.

박원겸朴元謙, **강전**姜銓, **장한보**張漢輔, **박환**朴桓, **유세화**柳世華, **김순**金珣, **최홍도**崔弘渡, **진관**陳瓘 이들 8명은 모두 벼슬이 부사(종3품)에 올랐다. 박원겸은 본관이 무안務安, 강전은 진주晋州, 장한보는 울진蔚珍, 박환은 죽산竹山, 유세화는 전주全州, 김순은 선산善山, 최홍도는 양주楊州, 진관은 삼척三陟인데, 모두 《족보》에 가계가 보이지 않는다. 더욱이 장한보는 울진장씨 가문에서 유일한 급제자이며, 박환은 《실록》에 용렬하여 대간이 서경을 거부한 일도 있었으며, 최홍도는 인품이 나쁜 비부鄙夫라고 하였다. 이런 비판은 모두 신분이 낮은 사람을 암시하는 말이다.

이광식李光植 본관이 여흥驪興으로, 벼슬이 통례원 통례(정3품 당하관)에 올랐으나 《여흥이씨보》에 가계가 보이지 않는다. 아버지가 역관譯官이라는 이유로 대간이 서경을 거부하기도 했다.

강윤권姜胤權, **안주**安宙, **강인**姜麟, **신일**辛馹, **임회**林薈 이들 5명은 모두 벼슬이 감정監正(정3품 당하관)에 올랐다. 강윤권은 본관이 진주晋州, 안주는 광주廣州, 강인은 진주晋州, 신일은 영산靈山, 임회는 부안扶安인데, 모두 《족보》에 가계가 보이지 않는다. 더욱이 안주는 인물이 경망스럽고 물의物議가 있다 하여 대간이 서경을 거부한 일이 있었다.

서위徐偉 본관이 이천利川으로, 벼슬이 수군절도사(정3품)에 올랐으나, 《이천서씨보》에 가계가 보이지 않는다.

(나) 역관 출신

《족보》에 가계가 보이지 않는 급제자 가운데 아버지가 역관으로 알려진 급제자가 2명 있다.

이광식李光植 앞에 이미 설명했다.

주양우朱良佑 본관이 웅천熊川으로, 벼슬이 군수(종4품)에 올랐다. 아버지가 한어漢語를 잘하는 역관으로 집안이 미천하다고 《실록》에 기록되어 있다.

(다) 향리 출신

《족보》에 가계가 보이지 않는 급제자 가운데 향리 출신 급제자가 2명 있다.

양취영梁就盈 본관이 남원南原으로, 벼슬이 성균관 전적(정6품)에 올랐는데, 《방목》에 남원공생南原貢生이라고 되어 있어 양취영이 남원 향리였음을 알 수 있다. 《세종실록》〈지리지〉를 보면 양씨는 남원의 토성이자 인리성人吏姓(향리성)으로 되어 있어, 남원양씨 가운데 향리도 있다.

김세량金世良 본관이 경주慶州로, 벼슬이 성균관 직강直講(정5품)에 올랐는데, 본래 경주의 지인知印이라고 한다. 지인은 바로 향리를 말한다.

(4) 《족보》에 가계가 단절되어 있는 급제자

《족보》에 급제자 본인이나 아버지까지만 기록되어 있는데, 아버지는 벼슬이 없고, 그 윗대의 가계가 끊어져 있는 급제자는 모두 34명에 이른다. 신분이 낮은 급제자 188명 가운데 18퍼센트, 전체 급제자의 3.77퍼센트를 차지한다. 이들은 인구와 벼슬아치가 적은 희성의 평민이거나, 향리거나, 서출인 경우로 볼 수 있으며, 뒷날 시조로 추앙되거나 유일한 문과급제자인 경우도 적지 않다. 신분이 낮기 때문에 벼슬을 받을 때 인물이 미천하거나 용렬하다는 이유로 대간의 서경을 받지 못한 경우도 많다. 하지만 임금은 대간의 거부에도 아랑곳하지 않고 벼슬을 주었다.

(가) 3품 이상 고관에 오른 급제자

우선 《족보》에 가계가 단절된 급제자 가운데에도 3품 이상 고관에 오른 인물이 9명에 이른다. 그 명단은 다음과 같다.

윤계尹溪 벼슬이 첨지중추부사(정3품 당상관)에 올랐는데, 본관이 현풍玄風이다. 2000년 현재 인구는 128가구 430명의 희성으로, 조선시대 문과급제자는 모두 4명인데 윤계가 처음이다.

임계중任繼重 벼슬이 성균관 사성(종3품)에 올랐는데, 본관이 곡성谷城이다. 2000년 현재 인구는 1,771가구 5,686명의 희성으로, 조선시대 문과급제자 5명을 배출했는데, 임계중이 최초의 문과급제자이다.

전승개田承漑 벼슬이 예빈시정禮賓寺正(정3품 당하관)에 올랐는데, 본관이 예산禮山이다. 인물이 용렬하다는 이유로 대간이 서경을 거부한 일도 있었다. 《세종실록》〈지리지〉에는 예산에 전씨가 없어 후대에 이곳을 본관으로 정한 듯하다. 2000년 현재 인구는 113가구 377명의 희성으로, 전승개가 조선시대 유일한 문과급제자이다.

표윤表贇 벼슬이 시정(정3품 당하관)에 올랐는데, 본관은 신창新昌이다. 인물이 경망하고 비루하다는 이유로 대간이 서경을 거부한 일도 있었다.

김우석金禹錫 벼슬이 부정(종3품)에 올랐는데, 본관은 경주慶州이다. 인물이 용렬하고 어리석다는 이유로 대간이 서경을 거부한 일도 있었다.

최환崔渙 벼슬이 나주목사(정3품)에 올랐는데, 본관은 흥해興海이다.

김한경金漢卿 벼슬이 목사(정3품)에 올랐는데, 본관은 개성開城이다.

김자양金自陽 벼슬이 부사(종3품)에 올랐는데, 본관은 개성이다. 문벌이 낮다는 이유로 대간이 서경을 거부한 일도 있었다.

김이상金履祥 벼슬이 통례원 상례相禮(종3품)에 올랐는데, 본관은 김해金海이다.

(나) 향리 출신

《족보》에 가계가 단절된 급제자 가운데 향리 출신이 2명에 이른다.

김윤정金胤鼎 장원급제하여 벼슬이 성균관 직강(정5품)에 올랐는데, 본관이 가흥嘉興(진도)이다. 그런데 가흥의 김씨는 《세종실록》〈지리지〉에 속성이면서 향리를 하고 있다고 되어 있어, 김윤정도 향리 집안 출신임을 알 수 있다. 2000년 현재 가흥김씨 인구는 1명으로 알려져 있어 놀라운데, 아마도 다른 성씨에 통합된 듯하다. 그가 조선시대 유일한 문과급제자로, 시조가 되었다.

김승숭金承嵩 벼슬이 군수(종4품)에 올랐는데, 본관은 성주星州이다. 《세종실록》〈지리지〉를 보면 김씨는 성주의 속성이자 내성來姓으로, 모두 향리라고 한다. 이로 보아 김승숭도 향리 집안 출신임이 분명하다. 그는 조선시대 유일한 문과급제자로, 뒷날 성주김씨의 시조가 되었다.

(다) 시조가 된 급제자

《족보》에 가계가 단절된 급제자 가운데 시조가 된 사람은 7명이다. 그 명단을 소개하면 다음과 같다.

김윤정金胤鼎 앞에서 이미 설명했다.

고종필高宗弼 벼슬이 군수(종4품)에 올랐는데, 본관이 연안延安이다. 2000년 현재 연안고씨 인구는 129가구 373명의 희성으로, 조선시대 문과급제자는 고종필이 유일하고, 뒷날 시조로 추앙되었다.

양인梁訒 벼슬이 강원도 도사都事(종5품)에 올랐는데, 본관이 나

主羅州이다. 2000년 현재 인구는 514가구 1,571명의 희성으로 조선시대 문과급제자는 양인이 유일하며, 뒤에 시조로 추앙되었다. 그가 도사에 임명될 때 대간은 인물이 용렬하다는 이유로 서경을 거부했으나, 임금이 따르지 않았다.

김승숭金承嵩 앞에서 이미 설명했다.

최개崔漑 벼슬이 성균관 사예司藝(정4품)에 올랐는데, 본관은 진산珍山이다. 최개가 도사(종5품)에 임명되자 대간이 인물이 용렬하고 천하다는 이유로 서경을 거부한 일이 있었다. 2000년 현재 진산최씨 인구는 127가구 386명의 희성으로, 조선시대 문과급제자는 그가 유일하며, 뒷날 시조가 되었다.

이영준李英俊 벼슬이 군수(종4품)에 올랐는데, 본관이 진안鎭安이다. 2000년 현재 인구는 943가구 3,120명의 희성으로, 조선시대 문과급제자 2명을 배출했는데, 이영준이 처음이자 뒷날 시조가 되었다.

김시보金時輔 벼슬이 형조정랑(정5품)에 올랐는데, 본관이 용성龍城(함경도 용진)이다. 2000년 현재 인구는 32가구 104명의 희성으로, 김시보가 조선시대 유일한 문과급제자로 뒷날 용성김씨의 시조가 되었다.

(5) 내외 4대조 또는 그 윗대 가운데 벼슬아치가 없는 급제자

《족보》에 가계가 보이지만 내외 4대조 가운데 벼슬아치가 보이지 않는 급제자는 18명에 이른다. 이들 가운데에는 본관 자체는 명성이 있지만 직계가 한미한 계파가 있고, 향리 출신도 있다.

《실록》에는 이들의 인물이 미천하다든지, 한미하다는 등의 기록이 보이고, 그 때문에 대간이 서경을 거부하는 일이 한두 번이 아니었다. 이들 가운데에도 3품 이상 고관에 오른 인물이나 학문이 높은 명사 등 다양한 인물이 있다. 다음에 그 실례를 들어보기로 한다.

(가) 3품 이상 고관에 오른 급제자

내외 4대조 가운데 또는 그 윗대에도 벼슬아치가 없는 급제자 가운데 3품 이상 고관에 오른 사람은 9명이다. 그 명단을 소개하면 다음과 같다.

주세붕周世鵬(1495~1554) 벼슬이 호조참판(종2품)과 동지중추부사(종2품)에 올랐다. 풍기군수로 있을 때 백운동서원白雲洞書院을 건립하여 명성을 떨쳤다. 본관이 상주尙州 또는 초계草溪로 되어 있는데, 직계 3대조 가운데 벼슬아치가 없고 외조 이름도 알 수 없다.

유희춘柳希春(1513~1577) 벼슬이 홍문관 부제학(정3품 당상관)과 사헌부 대사헌(종2품)에 올랐고, 《미암일기眉巖日記》의 저자로도 유명하다. 본관은 선산善山이다. 그러나 《선산유씨보》를 보면, 직계 3대조 안에 벼슬아치가 없고, 다만 외조가 《동국통감》 편찬에 참여하여 유명한 최부崔傅이다.

이정李楨 벼슬이 사간원 대사간(정3품 당상관)과 참의(정3품 당상관), 그리고 홍문관 부제학(정3품 당상관)에 올랐는데, 본관이 사천泗川이다. 그러나 《사천이씨보》를 보면 내외 4대조 가운데 벼슬아치가 없다.

윤행尹行 벼슬이 목사(정3품)에 올랐는데, 인물이 용렬하고 비루하다는 이유로 대간의 서경을 받지 못한 일도 있었다. 본관이 해남海南이고, 직계 3대조와 외조 가운데 벼슬아치가 없다.

어영준魚泳濬 벼슬이 장악원정掌樂院正(정3품 당하관)에 올랐다. 신분이 미천함에도 홍문관 수찬을 거쳐 수령으로 나갔다고 《실록》에 기록되어 있다. 본관은 함종咸從이다.

태두남太斗南 벼슬이 시정(정3품 당하관)에 올랐는데, 본관이 영순永順(상주)이다. 그런데 《세종실록》〈지리지〉에는 태씨가 영순의 속성으로 향리를 한다고 되어 있어, 태두남도 향리 출신으로 보인다. 영순태씨 가문에서 조선시대 유일한 문과급제자이다.

노극창盧克昌 벼슬이 성균관 사성(종3품)에 올랐다. 본관이 함평咸平으로 노극창이 조선시대 유일한 문과급제자이다. 시조는 아버지이지만 실제로는 그가 최초의 벼슬아치다.

장응량張應樑 벼슬이 성균관 사성(종3품)에 올랐다. 본관이 흥덕興德으로 내외 4대조 가운데 벼슬아치가 없다.

김응두金應斗 벼슬이 부사(종3품)에 올랐다. 본관은 울산蔚山으로, 직계 3대조 가운데 벼슬아치가 없고 외조의 이름도 모른다.

(나) 향리 출신 급제자

내외 4대조 가운데 벼슬아치가 없는 급제자 가운데 향리 출신이 1명 있다.

태두남太斗南 앞에서 이미 설명했다.

(다) 시조가 된 급제자

내외 4대조 가운데 벼슬아치가 없는 급제자 가운데 뒷날 시조로 추앙된 인물은 2명이다. 그 명단을 소개하면 다음과 같다.

최산두崔山斗(1483~?) 평민이 지는 군역軍役인 군보軍保 출신으로 홍문록弘文錄에 오르고 뒤에 벼슬이 사헌부 장령掌令(정4품)에 이르렀다. 그런데 홍문록에 천거되자 대간은 최산두의 신분이 한미寒微하다는 이유로 서경을 거부했으나 임금은 이를 따르지 않았다. 그는 중종 대 기묘명현己卯名賢의 한 사람으로 이름을 떨치고, 학문이 높아 호남삼걸湖南三傑의 한 사람으로도 알려져 있었다. 본관은 광양光陽이며, 그가 유일한 문과급제자로서 뒤에 시조가 되었다. 《세종실록》〈지리지〉를 보면 광양 본정향本井鄕의 성씨 가운데 최씨가 있는데, 여기서 향鄕은 고려시대 부곡部曲과 비슷한 반半천민집단이다. 그래서 그는 군보를 지고 있다가 문과에 급제한 것이다. 2000년 현재 광양최씨 인구는 402가구 1,246명으로 희성에 속한다.

고몽필高夢弼 벼슬이 판관判官(종5품)에 올랐다. 뒤에 연안고씨延安高氏의 시조가 되었는데, 내외 4대조 가운데 벼슬아치가 없다. 2000년 현재 인구는 129가구 374명의 희성으로 고몽필이 첫 문과급제자이다.

(6) 서얼과 재가녀의 아들 등

신분이 낮은 급제자 188명 가운데에는 서얼의 아들이 2명, 재가녀再嫁女의 아들이 1명 있다. 그 명단을 소개하면 다음과 같다.

조광원曺光遠 벼슬이 판중추부사(종1품)에 올랐는데, 우찬성 조계상曺繼商의 서자라고 한다. 조광원의 가계는 《창녕조씨보》에 보인다.

반석평潘碩枰(?~1540) 벼슬이 형조판서(정2품)와 지중추부사(정2품)에 올랐다. 이보다 앞서 홍문관 관원에 임명되었을 때 대간은 신분에 하자가 있다는 것을 이유로 서경을 해 주지 않았는데, 임금의 결단으로 반석평을 재상의 지위에까지 올려주었다. 그런데 《중종실록》에 그의 신분은 천얼이라고 밝히고 있다. 비첩婢妾의 소생이라는 뜻이다. 그러면 그런 신분으로 어떻게 문과응시가 가능했는가? 《실록》을 보면 그의 재능을 아낀 할머니가 서울로 데리고 와서 셋집에 살면서 바느질로 돈을 벌어 키워서 문과에 응시했다고 한다. 또 다른 이야기에는 그를 양반집에 양자로 들여서 신분을 바꾼 뒤에 문과에 응시했다고도 한다. 《광주반씨보光州潘氏譜》에 그의 가계가 보이는데, 직계 3대조 가운데 벼슬아치가 있어서 아버지 쪽으로는 아무런 하자가 없었다.

진복창陳復昌 문과에 장원급제하여 벼슬이 대사헌大司憲(종2품)에 올랐다. 중종과 명종 대 깨끗한 선비들을 음해하여 악명을 얻은 인물이었는데, 《명종실록》을 보면 진복창의 출생에 관한 이야기가 자세히 전한다. 곧 그의 어머니는 처음에 말 거간꾼에게 시집갔다가 두 번째로 역관에게 시집갔으며, 세 번째로 녹사錄事로 있던 진의손陳義孫에게 시집가서 진복창을 낳았다. 따라서 그는 법적으로 재가녀의 아들이기 때문에 문과응시가 불가능했으나, 권신에 빌붙어 문과에 응시했다는 것이다.

한편, 《방목》의 가계와 《족보》의 가계가 서로 다른 급제자들이 2명이 있는데, 구체적인 실례는 생략한다.

이상 중종 대 신분이 낮은 급제자 188명의 신원을 여러 부류로 나누어 알아보았는데, 이를 총괄하여 특징적 사항을 정리해 보면 다음과 같다.

자기 본관의 시조로 추앙된 인물은 모두 17명이고, 자기 본관에서 조선시대 유일한 문과급제자로 알려진 인물이 27명, 향리 출신이 6명, 역관의 아들이 2명, 서얼 출신으로 확인된 인물이 2명, 장사꾼 집안이 1명, 죄를 짓고 북방으로 강제 이주한 사람이 1명, 재가녀의 아들이 1명, 평민의 군역인 군보 출신이 1명, 주경야독으로 급제한 인물이 1명이다.

여기서 시조가 된 인물과 유일급제자, 또는 향리 출신은 서로 겹치는 경우가 많은 것을 고려할 필요가 있다. 다시 말해 급제자가 시조로 된 집안은 그 시조가 유일급제자인 경우가 많고, 향리 출신도 시조가 된 뒤 그 집안에서 유일급제자가 된 경우가 많다는 점이다. 하지만 유일급제자는 반드시 자기 본관의 시조가 된 것은 아니다.

또 한 가지 주목할 일은 이들 신분이 낮은 급제자 가운데 명성이 높은 벼슬아치가 적지 않게 나왔다는 점이다. 조광원曺光遠(판중추부사), 반석평潘碩枰(판서), 박수량朴守良(판서), 유희춘柳希春(대사헌), 주세붕周世鵬(참판), 최산두崔山斗(장령), 안중손安仲孫(장령) 등이 그러하다.

그런데 중종 대의 특이한 현상은 이렇게 신분이 낮은 급제자들이 관직을 받을 때 대간에서 서경을 거부하는 사태가 자주 보인다는 점이다. "용렬하다", "미천하다", "한미하다", "비천하다", "잔열하다", "족계가 불명하다"는 등의 이유를 들고 있다. 임금은 대간의 반대를 따르는 경우도 있지만, 대개는 뒤에 다시 벼슬을 주었다.

이렇게 대간이 서경을 거부하는 사태는 신분이 낮은 급제자들이 대간의 벼슬을 받은 경우가 앞 시기에 견주어 낮은 것과 관련이 있다. 이 점은 다음 4)절을 참고할 필요가 있다.

4) 신분이 낮은 급제자의 벼슬

중종 대 문과급제자로서 신분이 낮은 급제자 188명이 받은 최고벼슬은 무엇이었을까? 우선 벼슬을 받지 못한 급제자는 2명이고, 그 나머지 186명은 벼슬을 받았다. 이제 이들이 받은 벼슬의 최고품계순으로 인원을 정리해 보면 다음과 같다.

벼 슬 과 품 계	인 원
판중추부사判中樞府事(종1품)	1명 (조광원)
의정부 참찬參贊(종1품)	1명 (박수량)
형조판서刑曹判書(정2품)	1명 (반석평)
판윤判尹(정2품)	1명
참판參判(종2품)	1명 (주세붕)
사헌부 대사헌大司憲(종2품)	2명 (진복창, 유희춘)
참의參議(정3품 당상관)	1명
첨지중추부사僉知中樞府事(정3품 당상관)	2명
사간원 대사간大司諫(정3품 당상관)	1명

목사牧使(정3품 당상관)	12명
수군절도사水軍節度使(정3품 당상관)	1명
홍문관 부제학副提學(정3품 당상관)	1명
통례원 통례通禮(정3품 당하관)	2명
승문원 판교判校(정3품)	1명
시정寺正(정3품)	8명
장악원정掌樂院正(정3품)	1명
감정監正(정3품)	5명
부정副正(종3품)	6명
성균관 사성司成(종3품)	4명
부사府使(종3품)	16명
통례원 상례相禮(종3품)	1명
1~3품	69명
사헌부 장령掌令(정4품)	2명
성균관 사예司藝(정4품)	4명
의정부 사인舍人(정4품)	1명
창수倉守(정4품)	1명
통례원 봉례奉禮(정4품)	1명
군수郡守(종4품)	19명
첨정僉正(종4품)	2명
정랑正郎(정5품)	9명
홍문관 교리校理(정5품)	1명
사헌부 지평持平(정5품)	1명
성균관 직강直講(정5품)	7명
교서관 교리校理(종5품)	2명
승문원 교리校理(종5품)	2명
현령縣令(종5품)	5명
판관判官(종5품)	2명
도사都事(종5품)	2명
평사評事(정6품)	3명
좌랑佐郎(정6품)	9명

사간원 정언正言(정6품)	2명
성균관 전적典籍(정6품)	11명
사헌부 감찰監察(정6품)	2명
현감縣監(종6품)	11명
찰방察訪(종6품)	1명
4~6품	100명
예문관 봉교奉敎(정7품)	1명
교서관 박사博士(정7품)	1명
성균관 박사博士(정7품)	1명
성균관 학정學正(정8품)	3명
성균관 학록學錄(정9품)	1명
예문관 검열檢閱(정9품)	1명
교서관 정자正字(정9품)	2명
성균관 학유學諭(종9품)	1명
교서관 권지權知(임시직)	5명
성균관 권지權知(임시직)	1명
7~9품	17명
벼슬을 받지 못한 급제자	2명
합 계	188명

위 표를 다시 정리하면, 신분이 낮은 급제자 188명 가운데 벼슬이 보이지 않는 급제자는 2명이므로 186명이 벼슬을 받았다. 그 가운데 3품 이상 고관에 오른 급제자는 69명으로 188명 가운데 36.79퍼센트를 차지한다. 당상관도 27명에 이르고 있다. 다만 아쉬운 것은 최고위직이 종1품에 그쳐 정1품에 해당하는 의정부 삼정승三政丞에 오른 인물이 없다는 사실이다. 또 판서직을 거친 인물이 2명 있으나, 인사권을 가진 이조판서吏曹判書나 병조판서兵曹判書에는 오르지 못하고 모두 형조판서에 머물렀다. 아마 이

점이 이들의 신분적 한계일 것이다.

4~6품에 이르는 참상관參上官에 오른 급제자는 100명이다. 이들이 받은 직종職種은 6조 낭관郎官을 비롯하여 사헌부, 사간원, 승문원, 성균관, 교서관, 예문관 등 중앙관직과 현령, 판관, 도사, 현감 등 지방관직에 이르기까지 골고루 진출하고 있다. 다만 중앙관직 가운데서는 한직閑職에 속하는 성균관으로 진출한 급제자가 22명으로 가장 많고, 청요직으로 불리는 홍문관弘文館이나 서경권署經權을 가진 사간원司諫院, 사헌부司憲府에 진출한 사람이 앞 시기에 견주어 적다. 대간이 서경권을 행사하면서 신분이 낮은 급제자의 벼슬을 거부하는 일이 많은 것은 대간의 자리에 집안이 좋은 출신이 많은 사실과 관련이 있다. 지방관은 43명으로 참상관의 거의 절반에 이르고 있다.

한편 7~9품에 이르는 참외관參外官 진출자는 모두 17명이다. 여기에서도 한직인 성균관 진출자가 가장 많다. 또 하나 눈길을 끄는 것은 임시직인 권지가 6명에 이르고 있다는 것이다. 이 또한 앞 시기와 비교하여 달라진 모습이다.

5) 중종 대 신분이 낮은 급제자 명단

중종 대 신분이 낮은 급제자 188명의 명단을 급제연도순으로 소개하면 다음과 같다.

1 **진식**陳植 진사로 중종 원년(1506) 별시에 장원급제하여 벼슬이 성균관 직강直講(정5품), 서산군수(종4품)를 거쳐 의정부 사인

舍人(정4품)에 이르렀다. 중종 10년 서산군수로 있으면서 겸춘추兼春秋에 임명되자, 사헌부에서는 세계世系가 분명치 않은 사람이라는 이유로 서경을 반대했다.137) 그러나 진식은 끝내 의정부 사인에까지 올랐다. 《방목》에는 벼슬과 아버지〔四敎〕 이름이 보이고, 본관이 부여扶餘로 되어 있다. 그러나 《청구》, 《만성》, 《씨족》에는 《부여진씨보》 자체가 없어 신원을 알 수 없다. 《세종실록》 〈지리지〉를 보면 부여에 진씨성이 없으므로, 토착민도 아니다. 2000년 현재 부여진씨 인구는 148가구 445명의 희성으로, 조선시대 문과급제자는 진식이 유일하며, 시조이다.

2 **임숭회**林崇檜 생원을 거쳐 중종 원년 별시에 급제하여 벼슬이 교서관 교검校檢(정6품)과 병조좌랑(정6품)에 이르렀다. 《방목》에는 벼슬과 아버지〔有良〕 이름이 보이고, 본관이 조양兆陽(보성의 속현)으로 되어 있다. 그런데 《청구》의 《조양임씨보》를 보면 아버지 유량 한 사람의 이름만 보이는데, 벼슬이 없다. 《만성》에는 《조양임씨보》 자체가 없으며, 《씨족》의 《조양임씨보》에는 아버지가 시조로 되어 있는데, 전주全州에 산다고 밝히고 벼슬이 없다. 따라서 임숭회는 전주 출신으로 조상 가운데 벼슬아치가 없다. 조선시대 문과급제자는 2명뿐인데, 그가 처음이다.

3 **어영준**魚泳濬(1483~1529) 생원으로 중종 2년(1507) 증광시에 갑과로 급제하여 벼슬이 홍문관 수찬修撰(정6품), 사간원 정언正言(정6품), 의정부 사인(정4품)을 거쳐 장악원정掌樂院正(정3품 당하관)에 이르렀고, 청백리로 녹선되었다. 《중종실록》을 보면 어

137) 《중종실록》 권22, 중종 10년 7월 22일 정미.

영준은 집안이 미천함에도 홍문관 수찬에 있다가 수령으로 나갔다고 한다.138) 《방목》에는 벼슬과 아버지〔漢綸〕 이름이 보이고, 본관이 함종咸從으로 되어 있다. 그런데 《만성》의 《함종어씨보》를 보면, 아버지 한륜은 벼슬이 사직司直(정5품)으로 무관직이며, 할아버지 효선孝善과 증조 변문變文은 벼슬이 없다. 한편 《씨족》의 《함종어씨보》를 보면 증조까지의 가계는 보이나 그 뒤는 보이지 않으며, 《청구》의 《함종어씨보》를 보면 증조는 벼슬이 없고 할아버지는 판중추判中樞(종1품)로 되어 있다. 판중추의 벼슬은 고관이므로 《실록》에 보여야 하는데 기록이 없는 것으로 보아, 《청구》의 기록은 사실로 믿기 어렵다. 따라서 세 《함종어씨보》 가운데 《씨족》의 기록이 가장 믿을 만하다. 출신이 미천하다는 《실록》의 기록을 존중한다면, 그는 평민 출신이거나 서출일 가능성도 있다. 《세종실록》 〈지리지〉에는 어씨가 평안도 함종의 입진성入鎭姓으로 되어 있어, 조선 초기 남방에서 강제로 평안도로 이주되었음을 알 수 있다.

4 **조상현**曺尙賢 생원으로 중종 2년 증광시에 급제하여 벼슬이 형조정랑(정5품)을 거쳐 목사(정3품)와 시정寺正(정3품 당하관)에 이르렀다. 《방목》에는 벼슬 말고 아무런 기록이 없다. 조씨의 본관은 창녕昌寧밖에 없는데, 《청구》, 《만성》, 《씨족》의 《창녕조씨보》에는 조상현의 가계가 보이지 않는다.

5 **박귀원**朴龜元 생원을 거쳐 중종 2년 증광시에 급제하여 벼슬이 현감(종6품)에 이르렀다. 《방목》에는 벼슬과 아버지〔孝先〕 이

138) 《중종실록》 권20, 중종 9년 2월 3일 정유.

름 말고 아무런 기록이 없어 신원을 알 수 없다.

6 **이유**李瑠 진사를 거쳐 중종 2년 증광시에 급제하여 벼슬이 사간원 정언(정6품)에 이르렀다. 《방목》에는 벼슬 이름이 보이고, 본관이 양성陽城으로 되어 있으나, 조상의 이름이 없다. 《청구》, 《만성》, 《씨족》의 《양성이씨보》에는 이유의 가계가 보이지 않는다.

7 **장적**張籍 충순위 별제別提(정6품)를 거쳐 중종 2년 증광시에 급제하여 벼슬이 호조참의(정3품 당상관)에 이르렀다. 《방목》에는 벼슬과 아버지〔玉堅〕, 할아버지〔季曾〕, 처부의 이름이 보이나, 본관이 없다. 할아버지 계증은 세종 대 문과에 급제하였으며, 본관이 창녕昌寧으로 되어 있다. 하지만 《청구》에는 《창녕장씨보》가 없고, 《만성》과 《씨족》의 《창녕장씨보》에는 장적의 가계가 보이지 않는다.

8 **이원화**李元和 유학을 거쳐 중종 2년 증광시에 급제하여 벼슬이 목사(정3품)에 이르렀다가 파직되었다. 《방목》에는 벼슬 말고 아무런 기록이 없어 신원을 알 수 없다.

9 **김숙보**金叔寶 생원으로 중종 2년 식년시에 급제하여 벼슬이 성균관 전적典籍(정6품)을 거쳐 호조정랑(정5품)에 이르렀다. 사간원에서는 김숙보가 잔열孱劣한 사람이라는 이유로 호조정랑에 임명하는 것은 부당하다고 반대했으나 임금은 이를 듣지 않았다.[139] 잔열하다는 사간원의 지적은 출신이 미천하다는 것을 암시한다. 《방목》에는 벼슬과 아버지〔致賢〕 이름 말고 아무런 기록

139) 《중종실록》 권66, 중종 24년 10월 15일 정축.

이 없어 신원을 알 수 없다.

10 **김시보**金時輔 생원으로 중종 2년 식년시에 급제하여 벼슬이 현감(종6품)을 거쳐 형조정랑(정5품)에 이르렀다. 《방목》에는 벼슬과 아버지〔義之〕 이름이 보이고, 본관이 용성龍城(함경도 용진)으로 되어 있다. 그러나 《청구》와 《씨족》에는 《용성김씨보》가 없다. 《만성》에는 《용성김씨보》가 보이는데, 오직 김시보 한 사람의 이름만 보인다. 따라서 그가 용성김씨의 시조라고 할 수 있다. 2000년 현재 인구는 32가구 104명의 희성으로, 조선시대 문과급제자는 그가 유일하다.

11 **손태우**孫台佑(일명 台佐) 계공랑(종7품)을 거쳐 중종 2년 식년시에 급제하여 벼슬이 성균관 전적(정6품)에 이르렀다. 《방목》에는 이름이 일명 태좌台佐라고 하며, 벼슬 이름과 한翰의 아버지임을 밝히고, 그 밖에 다른 기록이 없어 신원을 알 수 없다. 그런데 《청구》의 《밀성손씨보》에는 태좌와 태우가 형제로 나오고, 두 형제의 아버지, 할아버지, 증조는 벼슬이 없다. 《만성》과 《씨족》의 《밀양손씨보》와 《밀성손씨보》에는 모두 그의 가계가 보이지 않는다. 아들 손한孫翰은 명종 원년 문과에 급제했는데, 《방목》에는 본관이 기록되어 있지 않다.

12 **이하**李禬 병절교위(종6품)를 거쳐 중종 2년 식년시에 급제하여 벼슬이 성균관 전적(정6품)에 이르렀다. 《방목》에는 벼슬 이름이 보이고 본관이 기장機長(차성)으로 되어 있으나, 조상 이름이 전혀 없다. 그런데 《청구》의 《기장이씨보》에는 이하 한 사람만 기록되어 있고, 《만성》의 《기장이씨보》에는 그의 가계가 보이지 않으며, 《씨족》에는 《기장이씨보》 자체가 없다. 2000년 현

재 기장이씨 인구는 688가구 2,173명의 희성으로, 조선시대 문과 급제자는 그가 유일하다.

13 **이수영**李守英 진사를 거쳐 중종 2년 식년시에 급제하여 벼슬이 사간원 정언(정6품)에 이르렀다. 《방목》에는 벼슬 말고 아무런 기록이 없다. 지금 예천이씨醴泉李氏는 이수영을 시조로 받들고 있는데, 《청구》, 《만성》, 《씨족》에는 《예천이씨보》 자체가 없다. 이씨는 예천의 내성來姓이므로 토착민이 아니며, 2000년 현재 인구는 268가구 888명의 희성으로, 조선시대 문과급제자는 그가 유일하다.

14 **이영준**李英俊 생원으로 중종 2년 식년시에 급제하여 벼슬이 예조정랑(정5품)과 홍문관 수찬(정6품)을 거쳐 군수(종4품)에 이르렀다. 《방목》에는 벼슬과 아버지〔達孫〕 이름이 보이고, 본관이 진안鎭安으로 되어 있다. 그런데 《청구》의 《진안이씨보》에는 이영준이 시조로 기록되고, 아들 인현仁賢의 이름이 보일 뿐이다. 《만성》과 《씨족》에는 《진안이씨보》 자체가 없다. 2000년 현재 진안이씨 인구는 943가구 3,120명의 희성으로, 조선시대 문과급제자는 그와 아들 인현 등 2명뿐이다.

15 **반석평**潘碩枰(?~1540) 생원을 거쳐 중종 2년 식년시에 급제하여 벼슬이 형조판서(정2품)와 지중추부사(정2품)에 이르렀다. 《중종실록》에는 반석평의 출신과 관련된 숨은 이야기가 전한다. 곧 그는 천얼賤孽(노비 출신 서얼)로 시골에 살았다. 할머니는 그가 학문에 뜻이 있음을 알고, 신분을 숨기고 서울로 데리고 올라와 셋집에 살면서 길쌈과 바느질로 의식衣食을 이어가면서 학문을 가르쳐 마침내 과거에 급제시켰다고 한다.[140] 그러니까 그는 천

얼 출신인데 신분을 속이고 문과에 급제한 것이다. 이런 신분적 하자 때문에 그를 홍문관 관원으로 임명하려고 하자 사간원에서 서경을 해 주지 않은 일도 있었지만, 임금이 이를 거부하여 재상의 지위에 오를 수 있었다. 《방목》에는 아버지〔瑞潾〕, 할아버지〔崗〕, 증조〔思德〕의 이름이 보이고, 본관이 광주光州로 되어 있다. 그런데 《청구》의 《광주반씨보》를 보면 아버지, 할아버지는 모두 벼슬이 없고, 증조는 부호군副護軍으로 되어 있는데 이는 무반직이다. 한편 《씨족》의 《광주반씨보》를 보면 아버지는 벼슬이 없고, 할아버지는 판관, 증조는 부호군으로 되어 있다. 아마도 천얼이라고 한 것을 보면, 어머니가 비첩婢妾인 듯하다.

16 **김팽령**金彭齡 진사를 거쳐 중종 2년 식년시에 급제하여 벼슬이 성균관 학정學正(정8품)에 이르렀다. 《방목》에는 벼슬과 아버지〔銑〕 이름이 보이고, 본관이 부안扶安(부령)으로 되어 있다. 그러나 《청구》, 《만성》, 《씨족》의 《부안김씨보》에는 모두 김팽령의 가계가 보이지 않는다. 신원을 알 수 없다.

17 **장흡**張洽 진사로 중종 4년(1509) 별시에 급제하여 벼슬이 승정원 가주서假注書를 거쳐 성균관 박사博士(정7품)에 이르렀다. 《방목》에는 벼슬과 아버지〔季孫〕, 할아버지〔自仁〕의 이름이 보이나 본관이 없다. 그런데 현재 여주장씨驪州張氏가 장흡을 조상으로 받들고 있어, 본관이 여주임을 알 수 있다. 그러나 《청구》, 《만성》, 《씨족》에는 《여주장씨보》 자체가 없다. 《세종실록》 〈지리지〉를 보면 여주에 장씨가 없어, 후대에 이곳을 본관으로

140) 《중종실록》 권20, 중종 9년 2월 3일 정유.

정한 것으로 보인다. 2000년 현재 인구는 145가구 453명의 희성으로, 조선시대 문과급제자는 그가 유일하다.

18 **김간**金澗(또는 潤) 생원을 거쳐 중종 4년 별시에 급제하여 벼슬이 성균관 전적(정6품)을 거쳐 사예司藝(정4품)에 이르렀다. 《방목》에는 벼슬과 아버지〔自敬〕 이름 말고 아무런 기록이 없다. 그런데 《청구》의 《진도김씨보珍島金氏譜》에 김간과 아버지 김자경 등 두 사람의 이름만 보인다. 아버지는 선무랑(종6품)으로 되어 있는데, 이는 실직實職이 아니다. 《만성》과 《씨족》에는 《진도김씨보》 자체가 없다. 《세종실록》〈지리지〉에 진도 가흥의 성씨 가운데 김씨가 속성續姓으로 향리를 하고 있다고 되어 있어, 향리 출신일 가능성이 크다. 2000년 현재 인구는 442가구 1,464명의 희성으로, 조선시대 문과급제자는 그가 유일하다.

19 **정근원**鄭謹元(일명 漢元) 생원을 거쳐 중종 5년(1510) 식년시에 급제하여 벼슬이 공조정랑(정5품)과 군수(종4품)에 이르렀다. 사간원에서는 인품이 비열하여 6조 정랑에 적합한 인물이 아니라고 반대했으나, 임금은 이를 들어주지 않았다. 《방목》에는 벼슬과 아버지〔灌; 일명 瓘〕 이름 말고 아무런 기록이 없어 신원을 알 수 없다. 현재 옥천정씨沃川鄭氏는 정근원을 시조로 받들고 있어 본관이 옥천임을 알 수 있다. 그러나 《청구》, 《만성》, 《씨족》에는 《옥천정씨보》 자체가 없다. 《세종실록》〈지리지〉를 보면 옥천에 정씨가 없어 후대에 이곳을 본관으로 정한 것으로 보인다. 2000년 현재 옥천정씨 인구는 307가구 1,050명의 희성으로, 조선시대 문과급제자는 그가 유일하다.

20 **김이형**金以衡 생원을 거쳐 중종 5년 식년시에 급제하여 벼슬

이 군수(종4품)에 이르렀다. 《방목》에는 벼슬 말고 아무런 기록이 없어 신원을 알 수 없다.

21 **손수**孫洙(?~1522) 유학을 거쳐 중종 5년 식년시에 급제하여 벼슬이 홍문관 교리校理(정5품)와 정랑(정5품)에 이르렀다. 《방목》에는 벼슬 말고 아무런 기록이 없어 신원을 알 수 없다. 현재 본관이 밀양密陽으로 알려져 있으나, 《청구》, 《만성》, 《씨족》의 《밀양손씨보》에는 손수의 가계가 보이지 않는다.

22 **김희정**金希貞 유학을 거쳐 중종 5년 식년시에 급제하여 벼슬이 판윤判尹(정2품)에 이르렀다. 중종 16년 김희정을 6조 관원으로 임명하자 사헌부는 그가 "족계族系가 분명하지 않다"141)는 이유로 반대했으나 임금이 받아들이지 않았다. 그 뒤에도 사간원은 다시 "김희정은 본계本系가 미천微賤하다"142)는 이유로 예조 관원이 될 수 없다고 반대했다. 《방목》에는 벼슬 말고 아무런 기록이 없어 신원을 알 수 없다.

23 **김환**金紈 진사를 거쳐 중종 5년 식년시에 급하여 벼슬이 성균관 전적(정6품)에 이르렀다. 《방목》에는 벼슬과 아버지〔潤屋〕 이름 말고 아무런 기록이 없어 신원을 알 수 없다. 지금 황간김씨黃澗金氏가 김환을 시조로 받들고 있어, 그의 본관이 황간임을 알 수 있다. 그러나 《청구》, 《만성》, 《씨족》에는 《황간김씨보》 자체가 없다. 《세종실록》 〈지리지〉에는 김씨가 속성續姓으로 되어 있어. 향리일 가능성도 있다. 2000년 현재 황간김씨 인구는 1가구 3명뿐이며, 조선시대 문과급제자는 그가 유일하다.

---

141) 《중종실록》 권41, 중종 16년 4월 25일 병오.

142) 《중종실록》 권42, 중종 16년 5월 1일 임자.

24 **윤계**尹溪 진사를 거쳐 중종 6년(1511) 별시에 급제하여 벼슬이 첨지僉知(정3품 당상관)에 이르렀다. 《방목》에는 벼슬과 아버지〔輔殷〕 이름이 보이고, 종淙(중종 11년 문과급제)의 형이라는 것을 밝히며, 본관이 현풍玄風으로 되어 있다. 《청구》와 《씨족》의 《현풍윤씨보》에는 아버지 보은이 시조로 되어 있으나 벼슬이 없고, 《만성》에는 《현풍윤씨보》 자체가 없다. 2000년 현재 현풍윤씨 인구는 128가구 430명의 희성으로, 조선시대 문과급제자 4명을 배출했다.

25 **오윤**吳潤 진사를 거쳐 중종 6년 별시에 급제하여 벼슬이 성균관 학록學錄(정9품)에 이르렀다. 《방목》에는 벼슬과 아버지〔孝元〕 이름이 보이고, 행건行健의 할아버지라고 밝히며, 본관이 보성寶城으로 되어 있다. 그런데 《씨족》의 《보성오씨보》에는 오윤의 가계가 보이지 않는다. 《만성》의 《보성오씨보》에는 아버지와 할아버지〔仁憲〕의 벼슬이 없으며 증조는 진의부위進義副尉로 되어 있는데, 이런 벼슬은 없다. 이와 달리 《청구》의 《보성오씨보》를 보면 아버지는 찰방(종6품), 할아버지는 현감(종6품), 증조는 벼슬이 없는 것으로 나온다. 하지만 앞의 두 족보에 비추어 볼 때 이 벼슬들은 그대로 믿기 어렵다. 또 《방목》에는 그가 행건의 할아버지로 되어 있지만 《족보》에는 증조로 되어 있어 혼란스럽다.

26 **문서귀**文瑞龜 생원을 거쳐 중종 6년 별시에 급제하여 벼슬이 형조정랑(정5품)과 군수(종4품)에 이르렀다. 《방목》에는 벼슬 말고 아무런 기록이 없어 신원을 알 수 없다.

27 **김사달**金士達 진사를 거쳐 중종 6년 별시에 급제하여 벼슬이 성균관 전적(정6품)에 이르렀다. 《방목》에는 벼슬 말고 아무런

기록이 없어 신원을 알 수 없다.

28 **곽봉**郭鳳 생원을 거쳐 중종 6년 별시에 급제하여 벼슬이 군수(종4품)에 이르렀다. 《방목》에는 벼슬과 아버지〔宜山〕 이름, 그리고 희조熙朝(중종 23년 문과급제)의 아버지라는 것을 밝히고, 본관이 현풍玄風으로 되어 있다. 그러나 《청구》와 《만성》의 《현풍곽씨보》에는 곽봉의 가계가 보이지 않는다. 그런데 아들 곽희조의 본관이 봉산鳳山으로 되어 있고, 지금도 봉산곽씨는 곽봉을 시조로 받들고 있어, 그가 봉산곽씨의 시조임을 알 수 있다. 그러나 《청구》, 《만성》, 《씨족》에는 《봉산곽씨보》 자체가 없다. 2000년 현재 봉산곽씨 인구는 78가구 248명의 희성으로, 조선시대 문과급제자는 그와 아들 곽희조뿐이다.

29 **양취영**梁就盈 교수(종6품)를 거쳐 중종 6년 별시에 급제하여 벼슬이 성균관 전적(정6품)에 이르렀다. 《방목》에는 벼슬이 보이고, 조상 이름은 보이지 않으며, 남원공생南原貢生이라고 적어 양취영이 향리 출신임을 밝히고 있다. 《청구》, 《만성》, 《씨족》의 《남원양씨보》에는 그의 가계가 보이지 않는다. 《세종실록》〈지리지〉를 보면 양씨는 남원의 토성土姓이기도 하지만, 인리성人吏姓으로도 되어 있어, 그의 집안도 향리였음을 알 수 있다.

30 **이세화**李世華(일명 金世華) 장사랑(종9품)을 거쳐 중종 8년(1513) 별시에 급제하여 벼슬이 교서관 저작著作(정8품)과 현감(종6품)에 이르렀다. 《방목》에는 그의 성姓이 김金이라고도 한다고 적고, 조상과 본관은 없어 신원을 알 수 없다. 하지만 《실록》에 음성현감 이세화의 이름이 보이므로 이세화가 맞는 이름으로 보인다.

31 **최산두**崔山斗(1483~?) 원래 평민이 지는 군역인 군보軍保 출신으로, 생원을 거쳐 중종 8년 별시에 급제하여 벼슬이 사헌부 장령掌令(정4품)과 홍문관 교리(정5품)를 지내고 의정부 사인(정4품)에 이르렀다. 중종 10년 최산두가 홍문록弘文錄에 천거되자 대간은 신분이 한미寒微하다는 이유로 서경을 반대하였으나,143) 임금은 이를 따르지 않았다. 《실록》을 적는 사신도 대간의 말을 비판하면서 "최산두는 비록 한미한 집안 출신이나 사람됨이 학문도 있고, 덕행도 있다. 어진 이를 조정에 등용함에는 일정한 한계가 없는 것인데, 안될 일이 무엇이 있단 말인가?"라고 썼다. 그는 뒤에 조광조 일파인 기묘명현己卯名賢의 한 사람으로 지목되어 전라도 동복同福으로 유배당했다. 그곳에서 학문에 침잠했는데, 윤구尹衢, 유성춘柳成春과 더불어 '호남삼걸湖南三傑'로 알려졌다.

《방목》에는 본관이 광양光陽으로 되어 있고, 그 밖에 다른 기록이 없어 신원을 알 수 없다. 《청구》의 《광양최씨보》에는 최산두 한 사람만 기록하고 있어, 그가 광양최씨의 시조임을 알려주고 있다. 《만성》의 《광양최씨보》에도 그와 아버지 최한영崔漢英의 이름만 보이는데, 아버지는 벼슬이 없다. 《씨족》에는 《광양최씨보》 자체가 없다. 《세종실록》 〈지리지〉에는 광양 본정향本井鄕의 성씨 가운데 최씨가 있는데, 향鄕은 고려시대 천민이 살던 곳으로 그는 벼슬아치 집안이 아닌 것을 알 수 있다. 2000년 현재 광양최씨 인구는 402가구 1,246명의 희성으로, 조선시대 문과 급제자는 그가 유일하다.

143) 《중종실록》 권22, 중종 10년 5월 17일 계묘.

32 **박윤경**朴潤卿 진사로 중종 8년 식년시에 급제하여 벼슬이 사헌부 장령(정4품)을 거쳐 홍문관 부제학(정3품 당상관)에 이르렀다. 《방목》에는 벼슬과 아버지〔世延〕, 외조〔李存約〕의 이름이 보이나 본관이 없어 자세한 신원을 알 수 없다. 현재 본관이 문의文義로 알려져 있으나, 《청구》와 《만성》의 《문의박씨보》에는 박윤경의 가계가 보이지 않으며, 《씨족》에는 《문의박씨보》 자체가 없다.

33 **태두남**太斗南 생원으로 중종 8년 식년시에 급제하여 벼슬이 사헌부 지평持平(정5품)을 거쳐 부사(종3품)와 시정(정3품 당하관)에 이르렀다. 《방목》에는 벼슬과 아버지〔孝貞〕 이름이 보이고, 본관이 영순永順(상주 관내)으로 되어 있다. 《청구》와 《만성》의 《영순태씨보》를 보면 태씨의 시조는 발해 시조 대조영大祚榮이지만, 그 후손들의 족보는 불확실하다. 태두남의 아버지와 할아버지, 증조도 아무런 벼슬이 없어 평민으로 살아왔다. 《세종실록》〈지리지〉에는 태씨가 영순의 속성續姓으로 향리를 하고 있다고 되어 있으므로, 그는 향리 출신임을 알 수 있다. 조선시대 문과급제자는 그가 유일하다.

34 **안중손**安仲孫 참봉(종9품)을 거쳐 중종 8년 식년시에 급제하여 벼슬이 현령(종5품), 사간원 헌납獻納(정5품), 사헌부 장령(정4품)에 이르렀다. 《방목》에는 아버지〔浩〕 이름만을 기록하고, 본관이 없어 신원을 알 수 없다. 그런데 《중종실록》에 다음과 같은 기록이 보인다.

안중손은 경상도 고성固城 사람이다. 집안이 매우 빈한하여 삼 형제가 함께 살았는데 어린 남자 종 한 사람과 여자 종 한 사람을 부리고 있었다. 낮에는 밭에 나가 농사를 짓고, 밤에는 집에 돌아와 책을 읽었는데 한시도 게으름을 피우지 않았다. 가을에 수확한 뒤에 성균관에 나가 거주했는데, 계유년(중종 8)에 나이가 거의 40이 되어 과거에 합격했다. 천성이 술을 좋아하고 글 읽기를 즐기며, 궁핍하게 살면서도 추위와 배고픔 때문에 뜻을 바꾸지 않으니, 벗들이 그를 가엾이 여겨 부족한 것을 많이 도와주었다.144)

다시 말해 그는 경상도 고성 사람으로 집안이 가난하여 노비 두 명을 데리고 주경야독晝耕夜讀으로 공부하여 나이 40이 다 되어 문과에 합격했다는 것이다. 중종 12년 영의정 정광필鄭光弼은 그를 평하여 다음과 같이 말했다.

가난한 시골에서 안중손처럼 아침에 나가서 밭갈이하고, 밤에 돌아와 글을 읽는 사람은 쉽게 얻을 수 없습니다. 임금이 사람을 쓰는 데 그 재주를 아껴야 합니다.145)

하지만《청구》,《만성》,《씨족》에는《고성안씨보》자체가 없다. 현재 고성안씨 인구도 알 수 없다. 아마 다른 본관에 통합된 것으로 보인다.《세종실록》〈지리지〉에는 고성에 안씨가 없어 이곳 토착민이 아님을 알 수 있다.

35 **배수동**裵壽仝 교수(종6품)를 거쳐 중종 8년 식년시에 급제했

144)《중종실록》권29, 중종 12년 9월 13일 병술.
145) 위와 같음.

는데, 《방목》에는 아버지〔敬臣〕 이름 말고 아무런 기록이 없어 신원을 알 수 없다. 《실록》에도 기록을 찾을 수 없어 무슨 벼슬을 했는지도 모른다.

36 **고한정**高漢鼎 생원을 거쳐 중종 8년 식년시에 급제하여 벼슬이 성균관 전적(정6품), 공조좌랑(정6품)을 지내고, 서장관書狀官(4~6품)으로 중국을 다녀오기도 했다. 《방목》에는 벼슬 말고 아무런 기록이 없어 신원을 알 수 없다. 중종 19년 고한정을 공조좌랑에 임명할 때 대간은 그가 용렬하고 어리석어 6조 낭관에 적합하지 않다고 반대했는데, 임금은 이를 듣지 않았다.[146] 곧 대간은 신분이 한미한 것을 들어 "용렬하고 어리석다"고 말한 것이다. 《청구》, 《만성》, 《씨족》의 어느 고씨보에도 그의 가계는 보이지 않는다.

37 **정세웅**鄭世雄 진사로 중종 8년 식년시에 급제하여 벼슬이 사헌부 장령(정4품)과 성균관 사성司成(종3품), 부사府使(종3품)를 거쳐 통례원 통례通禮(정3품 당하관)에 이르렀다. 그런데 처妻가 너무 사나워 시키는 대로 따라, 수령직을 제대로 수행하지 못했다고 한다. 《방목》에는 벼슬 말고 아무런 기록이 없어 신원을 알 수 없다. 하지만 정세웅이 인천부사로 있을 때, 아내가 향리의 처를 데리고 동산東山으로 놀러갔다고 한 것으로 보아, 어쩌면 향리 출신일 수도 있다.

38 **정자견**丁自堅 생원을 거쳐 중종 8년 식년시에 급제하여 명종대 80세가 되어 수직壽職으로 통정대부通政大夫(정3품 당상관)로서

146) 《중종실록》 권50, 중종 19년 1월 10일 을해.

부정副正(종3품)에 이르렀다. 《방목》에는 벼슬 말고 아무런 기록이 없어 신원을 알 수 없다. 《청구》, 《만성》, 《씨족》의 어느 정씨보에도 정자견의 가계는 보이지 않는다.

39 **이배근**李培根 진사를 거쳐 중종 8년 식년시에 급제하여 벼슬이 목사(정3품)와 시정(정3품 당하관)에 이르렀다. 《방목》에는 벼슬과 아버지[宗軾], 외조[鄭權], 처부의 이름이 보이고, 본관이 부평富平으로 되어 있다. 그러나 《청구》와 《만성》의 《부평이씨보》에는 이배근의 가계가 보이지 않고, 《씨족》에는 《부평이씨보》 자체가 없다. 신원을 알 수 없다. 중종 38년 그가 감정(정3품 당하관)에 임명되자 대간은 "그가 아둔하고 용렬하여 감정의 자리를 지킬 수 없다"[147)]면서 반대했는데, 임금은 이를 따르지 않았다. 아마 집안이 좋지 않다는 뜻일 것이다.

40 **조충손**趙忠孫 유학으로 중종 9년(1514) 명경별시에 급제하여 벼슬이 현감(종6품)을 거쳐 성균관 사성(종3품)에 이르렀다. 《방목》에는 벼슬 말고 아무런 기록이 없어 신원을 알 수 없다.

41 **임계중**任繼重 생원으로 중종 9년 명경별시에 급제하여 벼슬이 성균관 전적(정6품), 부사(종3품)를 거쳐 성균관 사성(종3품)에 이르렀다. 《방목》에는 아버지[孝源]와 할아버지[幹甫], 증조[伏龍], 외조[金孟殷], 처부의 이름이 보이고, 본관이 곡성谷城으로 되어 있다. 그런데 《청구》의 《곡성임씨보》에는 임계중의 조상가계가 끊어진 상태로 기록되어 있어 그 계보를 알 수 없으며, 《만성》과 《씨족》에는 《곡성임씨보》 자체가 없다. 외조도 벼슬아치

147) 《중종실록》 권100, 중종 38년 1월 26일 신미.

가 아니다. 그는 곡성임씨 가문에서 첫 번째 문과급제자이다.

42 **박수량**朴守良(1491~1554) 진사로 중종 9년 별시에 급제하여 벼슬이 형조판서(정2품)와 지중추부사(정2품)를 거쳐 의정부 우참찬右參贊(종1품)에 이르렀으며, 청백리淸白吏로 녹선되었다. 《방목》에는 아버지〔宗元〕 이름만 보이고, 본관은 태인泰仁으로 되어 있다. 그런데 《청구》의 《태인박씨보》에는 시조와 중시조의 이름만 보일 뿐 박수량과 그 아버지의 이름은 보이지 않으며, 《만성》과 《씨족》에는 《태인박씨보》 자체가 없다.

한편 《명종실록》의 졸기卒記에는 "박수량은 호남 사람으로 스스로 초래草萊(초야)에서 몸을 일으켜 여러 화려한 직책을 거쳤다.……그의 아들이 서울에 집을 지으려 하자 그는 꾸짖기를 '나는 본래 향산鄕産(시골 태생)으로 우연히 성은聖恩을 입어 이렇게까지 되었지만, 너희들이 어찌 서울에 집을 지을 수 있느냐'고 했다"148)는 기록이 보인다. 여기서 스스로 초래에서 몸을 일으켰다는 말은 아주 보잘것없는 시골 사람이라는 뜻이다. 《세종실록》 〈지리지〉에는 박씨가 태인의 토성土姓의 하나로 되어 있어, 그의 집안도 토성으로 보인다. 2000년 현재 태인박씨 인구는 140가구 456명으로, 조선시대 문과급제자는 그가 유일하다.

43 **유성춘**柳成春 생원을 거쳐 중종 9년 별시에 급제하여 벼슬이 이조좌랑(종6품)에 이르렀다. 《방목》에는 벼슬과 아버지〔桂潾〕, 할아버지〔公濬〕, 증조〔陽秀〕, 외조〔崔溥〕의 이름이 보이고, 희춘希春의 형이라는 것을 밝히며, 본관이 선산善山으로 되어 있다. 그

148) 《명종실록》 권16, 명종 9년 1월 19일 경신.

런데 《만성》의 《선산유씨보》에는 유성춘의 가계가 보이지 않으며, 《청구》와 《씨족》의 《선산유씨보》에는 아버지, 할아버지, 증조가 모두 벼슬이 없다. 다만 외조부가 벼슬아치인 최부崔溥이다. 하지만 최부도 집안이 한미함은 앞에서 설명했다. 아우 유희춘은 《미암일기眉巖日記》의 저자로 유명하다.

44 **박원겸**朴元謙 진사로 중종 9년 별시에 급제하여 벼슬이 성균관 사예(정4품)를 거쳐 부사(종3품)에 이르렀다. 《방목》에는 벼슬과 아버지〔孝順〕 이름이 보이고, 본관이 무안務安으로 되어 있다. 그러나 《청구》, 《만성》, 《씨족》의 《무안박씨보》에는 박원겸의 가계가 보이지 않는다. 신원을 알 수 없다.

45 **최언삼**崔彦參 유학을 거쳐 중종 9년 별시에 급제하여 벼슬이 교권敎權(종6품?)에 이르렀다. 《방목》에는 벼슬과 아버지〔文星〕 이름 말고 아무런 기록이 없어 신원을 알 수 없다. 교권이라는 벼슬도 어떤 것인지 알 수 없으나 교수관권지敎授官權知의 뜻인 듯하다. 권지는 임시직을 말한다.

46 **남주**南趎 진사로 중종 9년 별시에 급제하여 벼슬이 성균관 학유學諭(종9품)와 홍문관 정자正字(정9품)를 거쳐 현감(종6품)에 이르렀다. 그런데 학유를 그만두고 고향인 곡성谷城에 있을 때 그곳 수령의 잘못을 감사에게 무고誣告한 죄로 처벌을 받기도 했다. 《방목》에는 벼슬과 아버지〔繼身〕 이름이 보이고, 본관이 고성固城으로 되어 있다. 그런데 《청구》와 《씨족》의 《고성남씨보》에는 남주의 가계가 보이지 않으며, 《만성》에는 《고성남씨보》 자체가 없다. 신원을 알 수 없다.

47 **박영건**朴永健 유학을 거쳐 중종 9년 별시에 급제하여 벼슬이

부정(종3품)에 이르렀다. 《방목》에는 벼슬과 아버지〔仲和〕 이름 말고 아무런 기록이 없어 신원을 알 수 없다.

48 **노극창**盧克昌 유학으로 중종 9년 별시에 급제하여 벼슬이 교서관 정자(종9품)를 거쳐 서장관(4~6품)으로 중국에 다녀오고, 성균관 사성(종3품)에 이르렀다. 《방목》에는 벼슬과 아버지〔尙枝〕 이름 말고 아무런 기록이 없어 신원을 알 수 없다. 그런데 《청구》의 《함평노씨보咸平盧氏譜》를 보면, 아버지 상지가 시조로 아무런 벼슬이 없고, 노극창의 이름이 보인다. 단 두 사람뿐이다. 《만성》과 《씨족》에는 《함평노씨보》 자체가 없다. 조선시대 문과급제자는 그가 유일하다.

49 **황유중**黃有中 교수(종6품)를 거쳐 중종 9년 별시에 급제하여 벼슬이 예조좌랑(정6품)과 성균관 전적(정6품)에 이르렀다. 《방목》에는 벼슬과 아버지〔子壽〕 이름만 보이고, 본관이 없다. 《중종실록》을 보면 "그의 조선祖先이 상판商販을 하여 지극히 미천微賤하다"149)고 한다. 그러니까 황유중은 상인商人의 후손이다. 사헌부는 집안이 미천한 것을 들어 그를 예조좌랑에 임명하는 것이 부당하다고 주장했으나 임금은 듣지 않았다.

50 **최세진**崔世津 개성 사람으로, 진사를 거쳐 중종 10년(1515) 별시에 급제하여 벼슬이 군수(종4품)에 이르렀다. 《방목》에는 벼슬 말고 아무런 기록이 없어 신원을 알 수 없다. 《중종실록》을 보면 최세진은 "인물이 가볍고 천박하여 수령에 적합하지 않다"는 이유로 대간이 수령 임명을 반대하기도 했는데, 임금은 이를

149) 《중종실록》 권40, 중종 15년 8월 25일 경진.

따르지 않았다. 신분이 한미한 것을 지적한 것으로 보인다. 《씨족》의 《통천최씨보通川崔氏譜》에 그의 이름이 보이는데, 가계가 끊어진 형태로 그와 아들 자립自立의 이름이 외따로 기록되어 있다. 한편 《청구》와 《만성》의 《통천최씨보》에는 그의 가계가 보이지 않는다.

51 **김학증**金學曾 생원으로 중종 11년(1516) 식년시에 급제하여 벼슬이 사간원 정언(정6품)과 사헌부 지평(정5품)에 이르렀다. 《방목》에는 벼슬과 아버지[啓昕] 이름 말고 아무런 기록이 없어 신원을 알 수 없다. 현재 본관이 영양英陽으로 알려져 있으나, 《청구》, 《만성》, 《씨족》의 《영양김씨보》에는 김학증의 가계가 보이지 않는다. 조선시대 문과급제자는 모두 2명이다.

52 **윤종**尹淙 생원을 거쳐 중종 11년 식년시에 급제하여 벼슬이 예조좌랑(정6품)에 이르렀다. 《방목》에는 아버지[輔殷] 이름만 보이고, 본관이 현풍玄風으로 되어 있다. 그런데 《청구》와 《씨족》의 《현풍윤씨보》를 보면 아버지 윤보은이 시조로 벼슬이 없고, 《만성》에는 《현풍윤씨보》 자체가 없다. 앞에 소개한 윤계尹溪의 동생이다.

53 **조구령**趙九齡 생원을 거쳐 중종 11년 식년시에 급제하여 벼슬이 예문관 봉교奉敎(정7품)에 이르렀다. 사관史官의 일을 맡았는데, 사간원에서는 조구령이 바른 인물이 아니라고 하면서 바꿀 것을 요청하여 임금이 이를 받아들였다.150) 이는 신분을 문제 삼은 것으로 보인다. 《방목》에는 벼슬과 아버지[俊孫], 할아버지[士

150) 《중종실록》 권37, 중종 14년 12월 8일 무진.

淳], 증조[龜山]의 이름이 보이고, 본관이 순창淳昌으로 되어 있다. 그런데 《청구》, 《만성》, 《씨족》의 《순창조씨보》에는 그의 가계가 보이지 않는다.

54 **이부손**李傅孫 교수(종6품)를 거쳐 중종 11년 식년시에 급제하여 벼슬이 예조좌랑(정6품)을 거쳐 현령(종5품)에 이르렀다. 예조좌랑에 임명되자 대간은 이부손이 6조 낭관에 적합한 인물이 아니라고 반대하는데,151) 아마 신분을 문제 삼은 것으로 보인다. 《방목》에는 아버지[從元], 할아버지[良茂], 증조[長密], 외조[崔沼南], 처부의 이름이 보이고, 본관이 영해寧海로 되어 있다. 그러나 《청구》와 《만성》의 《영해이씨보》에는 그의 가계가 보이지 않으며, 《씨족》에는 《영해이씨보》 자체가 없다.

55 **이승수**李承須 생원을 거쳐 중종 11년 식년시에 급제하여 벼슬이 승문원 교리(종5품)와 성균관 직강(정5품)에 이르렀다. 《방목》에는 벼슬과 아버지[繹] 이름이 보이나, 본관이 없다. 현재 본관이 양산陽山으로 알려져 있는데, 《청구》, 《만성》, 《씨족》에는 《양산이씨보》 자체가 없다. 조선시대 문과급제자는 이승수가 유일하다.

56 **안세호**安世豪 유학으로 중종 11년 식년시에 급제하여 벼슬이 현감(종6품)을 거쳐 부정(종3품)에 이르렀다. 중종 18년 안세호가 영동현감에 임명되자 대간은 인물이 잔약孱弱하여 직책을 감당하기 어렵다며 체직을 요청했으나 임금이 따르지 않았다.152) 《방목》에는 벼슬 말고 아무런 기록이 없어 신원을 알 수 없다.

151) 《중종실록》 권42, 중종 16년 7월 13일 임술.
152) 《중종실록》 권47, 중종 18년 4월 12일 계미.

57 **박형간**朴亨幹 생원을 거쳐 중종 11년 식년시에 급제하여 벼슬이 현감(종6품)에 이르렀다. 《방목》에는 벼슬 이름이 보이고, 본관이 밀양密陽으로 되어 있을 뿐, 조상에 대한 기록이 없어 신원을 알 수 없다. 그러나 《청구》, 《만성》, 《씨족》의 《밀양박씨보》에는 박형간의 가계가 보이지 않는다.

58 **이현령**李玄齡 선교랑宣敎郎(종6품)을 거쳐 중종 11년 식년시에 급제하여 벼슬이 성균관 직강(정5품)에 이르렀다. 《방목》에는 벼슬 말고 아무런 기록이 없어 신원을 알 수 없다. 현재 본관이 이산泥山으로 알려져 있으나, 《청구》, 《만성》, 《씨족》에는 《이산이씨보》 자체가 없다. 《세종실록》 〈지리지〉를 보면 이산에 이씨가 없어 후대에 이곳으로 이주한 것으로 보인다. 조선시대 문과급제자는 이현령이 유일하다.

59 **박원눌**朴元訥 유학을 거쳐 중종 11년 별시에 급제하여 벼슬이 평사評事(정6품)에 이르렀다. 《방목》에는 벼슬과 아버지〔孝順〕, 처부의 이름이 보이고, 본관이 무안務安으로 되어 있다. 그런데 《청구》, 《만성》, 《씨족》의 《무안박씨보》에는 박원눌의 가계가 보이지 않는다. 신원을 알 수 없다.

60 **이인**李認 진사를 거쳐 중종 12년(1517) 별시에 급제하여 벼슬이 사간원 정언(정6품), 홍문관 교리(정5품), 병조정랑(정5품)에 이르렀다. 《방목》에는 벼슬과 아버지〔壽增〕 이름 말고 아무런 기록이 없어 신원을 알 수 없다.

61 **정승주**鄭承周 진사로 중종 12년 별시에 급제하여 벼슬이 교서관 정자(정9품), 사간원 정언(정6품)을 거쳐 군수(종4품), 형조정랑(정5품)에 이르렀다. 《중종실록》을 보면 신분이 매우 비천卑

賤하여 시정市井 사람과 많이 사귀고[153] 수령이 되어서는 탐오한 짓을 많이 하여 파직되었다고 한다. 《방목》에는 벼슬과 아버지〔世榮〕 이름 말고 아무런 기록이 없어 신원을 알 수 없다. 그런데 《청구》의 《장기정씨보長鬐鄭氏譜》를 보면 오직 정승주 한 사람만이 기록되어 있어 본관이 장기임을 알 수 있다. 한편 《씨족》에는 《장기정씨보》가 없고, 《만성》(보유편)의 《장기정씨보》에는 아버지 세영은 참봉參奉, 할아버지 자오自悟는 봉사奉事, 증조 규珪는 생원으로 되어 있다. 그러나 《만성》(보유편)의 기록은 오류가 많아 그대로 믿기 어렵다. 2000년 현재 장기정씨 인구는 1,011가구 3,206명의 희성으로, 조선시대 문과급제자는 그가 유일하다.

62 **김한**金翰 유학을 거쳐 중종 12년 별시에 급제하여 벼슬이 목사(정3품)에 이르렀다. 《방목》에는 벼슬 말고 아무런 기록이 없어 신원을 알 수 없다. 현재 경산김씨慶山金氏가 김한을 시조로 떠받들고 있어 본관이 경산임을 알 수 있다. 그러나 《청구》, 《만성》, 《씨족》에는 《경산김씨보》 자체가 없다. 조선시대 문과급제자는 모두 2명이다.

63 **전승개**田承漑 생원을 거쳐 중종 12년 별시에 급제하여 벼슬이 형조정랑(정5품), 예산현감(종6품), 예빈시정(정3품 당하관)에 이르렀다. 《방목》에는 아버지〔實〕, 할아버지〔允德〕, 증조〔淯〕, 외조, 처부의 이름이 보이나, 본관이 없다. 그런데 《청구》의 《예산전씨보禮山田氏譜》에 오직 전승개 한 사람의 이름이 보여 본관이

153) 《중종실록》 권34, 중종 13년 7월 6일 계묘.

예산임을 알 수 있다. 《씨족》의 《예산전씨보》에는 아버지 전실田實부터 가계가 시작되고 있는데, 홍주洪州에 산다고 밝히고 벼슬이 없다. 《만성》에는 《예산전씨보》 자체가 없다. 《중종실록》에 그가 "인물이 용렬庸劣하다"든가, "사람이 거칠고 잡되었다"는 등 비판이 나오는데, 이는 출신이 미천한 것을 두고 하는 말로 보인다. 《세종실록》 〈지리지〉를 보면 예산에 전씨가 없어 후대에 이주한 것으로 보인다. 2000년 현재 인구는 113가구 377명의 희성으로, 조선시대 문과급제자는 그가 유일하다.

64 **김공간**金公侃 유학을 거쳐 중종 12년 별시에 급제하여 벼슬이 부사(종3품)에 이르렀다. 《방목》에는 벼슬 말고 아무런 기록이 없어 신원을 알 수 없다.

65 **박몽우**朴夢禹 유학을 거쳐 중종 12년 별시에 급제하여 벼슬이 공조정랑(정5품)에 이르렀다. 《방목》에는 벼슬과 아버지〔秀武〕 이름 말고 아무런 기록이 없어 신원을 알 수 없다. 《중종실록》을 보면, 박몽우가 공조정랑에 임명되자 대간은 인물이 용렬庸劣하여 6조 낭관에 적합하지 않다고 반대했으나 임금은 이를 받아들이지 않았다.[154] 여기서 인물이 용렬하다는 말은 신분이 미천하다는 뜻으로 보인다.

66 **정휘**鄭輝 진사를 거쳐 중종 14년(1519) 식년시에 급제하여 벼슬이 성균관 학유(종9품)에 이르렀다. 《방목》에는 벼슬과 아버지〔安孫〕 이름이 보이고, 본관이 연일延日로 되어 있다. 그러나 《청구》와 《만성》의 《연일정씨보》에는 정휘의 가계가 보이지 않

154) 《중종실록》 권70, 중종 25년 12월 25일 신사.

으며, 《씨족》의 《연일정씨보》에는 가계가 끊어진 형태로 외따로 기록되어 있다. 선계를 알 수 없다.

67 **전순인**全舜仁 유학으로 중종 14년 식년시에 급제하여 벼슬이 판관判官(종5품)과 성균관 직강(정5품)을 거쳐 부사(종3품)에 이르렀다. 그런데 전순인이 판관에 임명되자 사헌부는 사람됨이 광패하다는 이유로 파직을 요청하기도 했다.[155] 《방목》에는 벼슬 말고 아무런 기록이 없어 신원을 알 수 없다.

68 **이광식**李光植 참봉을 거쳐 중종 14년 식년시에 급제하여 벼슬이 병조좌랑(종6품)과 통례원 통례(정3품 당하관)에 이르렀다. 《방목》에는 벼슬과 아버지〔孝曾〕 이름이 보이고, 본관이 여흥驪興(여주)으로 되어 있다. 아버지 이효증은 여진통사女眞通事를 지낸 역관譯官이다. 그래서인지 이광식이 병조좌랑에 임명되자 대간에서는 병조 낭관에 적합하지 않아 서경을 할 수 없다고 반대했으나 임금은 이를 거절했다.[156] 《청구》, 《만성》, 《씨족》의 《여주이씨보驪州李氏譜》에는 그의 가계가 보이지 않는다.

69 **이원휘**李元輝 생원과 진사로 중종 14년 식년시에 급제하여 벼슬이 승문원 권지權知(임시직)를 거쳐 예문관 검열檢閱(정9품)에 이르렀다. 《방목》에는 벼슬과 아버지〔胤宗〕 이름이 보이고, 본관이 광주光州로 되어 있다. 그러나 《청구》, 《만성》, 《씨족》의 《광주이씨보》에는 이원휘의 가계가 보이지 않는다.

70 **김윤정**金允貞 진사를 거쳐 중종 14년 식년시에 급제하여 벼슬이 현령(종5품)에 이르렀다. 《방목》에는 벼슬과 아버지〔益之〕

155) 《중종실록》 권65, 중종 24년 5월 7일 신축.
156) 《중종실록》 권44, 중종 17년 5월 7일 임자.

이름 말고 아무런 기록이 없어 신원을 알 수 없다.

71 **강은**姜溵 진사로 중종 14년 현량과에 급제하여 벼슬이 예문관을 거쳐 성균관 전적(정6품)에 이르렀다. 《방목》에는 벼슬과 아버지〔子仁〕 이름이 보이고, 본관이 진주晋州로 되어 있다. 그런데 《청구》, 《만성》, 《씨족》의 《진주강씨보》에는 강은의 가계가 보이지 않는다.

72 **이수복**李壽福 진사를 거쳐 중종 14년 별시에 급제하여 벼슬이 군수(종4품)에 이르렀다. 《방목》에는 벼슬과 아버지〔葺〕, 처부의 이름이 보이나, 본관이 없어 신원을 알 수 없다. 현재 본관이 옹진甕津으로 알려져 있는데, 《청구》의 《옹진이씨보》에는 이수복의 가계가 보이지 않으며, 《만성》과 《씨족》에는 《옹진이씨보》 자체가 없다. 조선시대 문과급제자는 2명이다.

73 **박한**朴翰 진사를 거쳐 중종 14년 별시에 급제하여 벼슬이 승문원 판교判校(정3품 당하관)에 이르렀다. 《방목》에는 아버지〔圭〕 이름만 보이고, 본관은 의흥義興으로 되어 있다. 그런데 《청구》, 《만성》, 《씨족》에는 《의흥박씨보》 자체가 없다. 그러나 《세종실록》 〈지리지〉에는 박씨가 의흥의 토성土姓의 하나로 되어 있으며, 2000년 현재 의흥박씨 인구는 1,046가구 3,395명으로, 조선시대 문과급제자는 3명이다.

74 **표윤**表贇 진사로 중종 15년(1520) 별시에 급제하여 벼슬이 형조좌랑(정6품), 도사都事(종5품), 부사(종3품)를 거쳐 시정(정3품 당하관)에 이르렀다. 대간에서는 표윤이 인품이 경망스럽고 비루하다고 비판하면서 형조좌랑 임명을 반대했는데, 뒤에 다른 일로 파직되었다. 《방목》에는 본인의 이름 말고 아무런 기록이 없어

신원을 알 수 없다. 그러나 표씨의 본관은 신창新昌밖에 없는데, 《만성》의 《신창표씨보》에는 그의 가계가 보이지 않으며, 《씨족》의 《신창표씨보》에는 그와 아버지 표영명表永命이 가계가 끊어진 형태로 외따로 기록되어 있고 아버지는 벼슬이 없다. 한편 《청구》의 《신창표씨보》를 보면 아버지 정명貞命과 할아버지 위산偉山의 벼슬이 모두 참의參議로 되어 있다. 만약 실직이었다면 《실록》에 보여야 할 것인데 이름이 없다. 아마도 표윤으로 말미암아 받은 증직으로 보인다.

75 **강윤권**姜胤權 생원을 거쳐 중종 15년 별시에 급제하여 벼슬이 감정監正(정3품 당하관)에 이르렀다. 《방목》에는 벼슬과 아버지〔達成〕 이름이 보이고, 여개汝愷(명종 15년 문과급제)의 아버지라고 밝히며, 본관이 진주晉州로 되어 있다. 그런데 《청구》, 《만성》, 《씨족》의 《진주강씨보》에는 강윤권의 가계가 보이지 않는다. 신원을 알 수 없다.

76 **공규**公珪 진사를 거쳐 중종 16년(1521) 별시에 급제하여 벼슬이 봉화현감(종6품)과 성균관 전적(정6품)에 이르렀다. 《방목》에는 아버지〔子由〕 이름만 보이고, 본관은 나주羅州로 되어 있다. 그러나 《청구》에는 《나주공씨보》가 없고, 그 대신 《김포공씨보金浦公氏譜》에 공규와 그의 아버지 이름이 보이는데 아버지는 아무런 벼슬이 없다. 한편 《만성》과 《씨족》에는 《김포공씨보》 자체가 없다. 《세종실록》 〈지리지〉에는 공씨가 김포의 촌성村姓으로 되어 있어 평민 출신임을 알 수 있다. 2000년 현재 김포공씨 인구는 521가구 1,715명의 희성으로, 조선시대 문과급제자는 그가 유일하다.

77 **최운**崔雲 유학으로 중종 16년 별시에 급제하여 벼슬이 병조 정랑(정5품)과 군수(종4품)를 거쳐 시정(정3품 당하관)에 이르렀다. 《방목》에는 벼슬과 아버지〔讓孫〕 이름 말고 아무런 기록이 없어 신원을 알 수 없다. 《중종실록》을 보면 최운이 군수에 임명될 때 대간에서는 그의 인물됨이 용렬하고 망령되다고 말하면서 군수에 적합하지 않다고 반대했다.157) 아마 신분이 미천한 것을 두고 말한 것 같다.

78 **이수함**李秀咸 유학을 거쳐 중종 16년 별시에 급제하여 벼슬이 교서관 교리(종5품)에 이르렀는데, 장죄贓罪로 파직되었다. 《방목》에는 벼슬과 아버지〔石根〕 이름 말고 아무런 기록이 없어 신원을 알 수 없다.

79 **강전**姜銓 생원으로 중종 17년(1522) 식년시에 장원급제하여 벼슬이 예조좌랑(정6품)을 거쳐 부사(종3품)에 이르렀다. 중종 21년 강전을 예조좌랑에 임명하자, 대간에서는 그의 몸가짐이 근신하지 못하고 일을 그르친 것이 많으니 체차하라고 요구했으나 임금은 이를 듣지 않았다.158) 몸가짐이 근신하지 못하다는 대간의 주장은 아마도 미천한 신분을 가리키는 듯하다. 《방목》에는 벼슬과 아버지〔碩貞〕 이름이 보이고, 본관이 진주晋州로 되어 있다. 그러나 《청구》, 《만성》, 《씨족》의 《진주강씨보》에는 모두 그의 가계가 보이지 않는다.

80 **노세준**盧世俊 생원을 거쳐 중종 17년 식년시에 급제하여 벼슬이 호조좌랑(정6품)에 이르렀다. 《방목》에는 벼슬과 아버지〔處

157) 《중종실록》 권97, 중종 37년 1월 10일 신묘.
158) 《중종실록》 권56, 중종 21년 4월 3일 을묘.

元〕 이름이 보이고, 본관이 영광靈光으로 되어 있다. 그런데《만성》과《씨족》에는《영광노씨보》 자체가 없고,《청구》의《영광노씨보》에는 노세준과 아버지 처원의 이름만 보이며, 아버지는 벼슬이 없다.《중종실록》을 보면, 중종 19년 그가 호조좌랑에 임명되자 대간에서는 그의 아버지가 죄를 짓고 전가사변全家徙邊(온 가족이 북방으로 강제 이주됨)에 처해진 인물이므로 그를 낭관으로 삼는 것은 불가하다고 주장하여 임금은 이를 따랐다.

81 **이만균**李萬鈞 생원을 거쳐 중종 17년 식년시에 급제하여 벼슬이 교서관 정자(정9품), 함경도 도사(종5품), 예조정랑(정5품) 등에 임명되었다.《방목》에는 벼슬 말고 아무런 기록이 없다. 그런데《중종실록》을 보면 이만균이 예조좌랑에 임명되자 대간에서는 그의 인물이 용렬하고 천박하다는 이유로 체직을 요구했다. 이는 신분이 미천함을 가리키는 것으로 보인다.

82 **전헌**全獻(일명 金獻) 생원을 거쳐 중종 17년 식년시에 급제하여 벼슬이 성균관 권지(임시직)에 이르렀다.《방목》에는 성姓이 김金이라고도 한다고 적고, 벼슬과 아버지〔禧〕 이름 말고 아무런 기록이 없어 가계를 알 수 없다.《청구》의《하동전씨보河東全氏譜》에는 전헌 한 사람의 이름만 보이며,《만성》과《씨족》에는《하동전씨보》 자체가 없다.《세종실록》〈지리지〉를 보면 하동에 전씨가 없으며, 현재 인구도 파악되지 않는다.

83 **임지벽**林之璧 진사를 거쳐 중종 17년 식년시에 급제하여 벼슬이 군수(종4품)에 이르렀다.《방목》에는 벼슬과 아버지〔華〕 이름이 보이고, 본관이 익산益山으로 되어 있다. 그러나《청구》의《익산임씨보》에는 임지벽의 가계가 보이지 않으며,《만성》에는

《익산임씨보》 자체가 없다. 《씨족》의 《익산임씨보》에 그와 아버지 두 사람만 보이는데, 아버지는 함열咸悅에 거주한다고 밝히고, 벼슬이 훈도(종9품)로 되어 있다. 따라서 집안이 매우 한미한 것을 알 수 있다. 임씨는 익산의 토성土姓 가운데 하나이며, 2000년 현재 인구는 340가구 1,159명의 희성으로, 조선시대 문과급제자는 그가 유일하다.

84 **김응두**金應斗 생원으로 중종 17년 식년시에 급제하여 벼슬이 호조좌랑(정6품), 고부군수(종4품)를 거쳐 순천부사(종3품)에 이르렀다. 《방목》에는 벼슬과 아버지〔俊〕 이름이 보이고, 본관이 울산蔚山으로 되어 있다. 그런데 《청구》의 《울산김씨보》에는 김응두의 가계가 보이지 않는다. 《만성》의 《울산김씨보》를 보면 아버지는 벼슬이 없고, 할아버지 처리處离는 생원으로 지평(정5품)을 지냈다고 하나 생원이 지평이 되기는 어렵다. 증조 달지達枝는 동정同正으로 실직이 아니다. 한편 《씨족》의 《울산김씨보》를 보면 그가 별개의 가계를 이루고 있는데, 아버지가 김준이라고만 밝히고 있을 뿐 벼슬이 없다. 이를 종합해 보면, 그의 직계 3대조는 벼슬아치가 없다.

85 **임한문**任翰文 훈도訓導(종9품)를 거쳐 중종 17년 식년시에 급제하여 벼슬이 성균관 전적(정6품)에 이르렀다. 《방목》에는 벼슬 말고 아무런 기록이 없어 신원을 알 수 없다.

86 **김윤침**金允琛 유학을 거쳐 중종 17년 식년시에 급제하고 이어 중시에도 급제하여, 벼슬이 평안도 병마평사(정6품)에 이르렀다. 사헌부에서는 "김윤침은 문지門地가 비천卑賤하고 인물이 용패庸悖하여 평사의 직책에 맞지 않는다"159)고 반대했다. 이는 그

의 집안이 비천하다는 것을 암시한다. 《방목》에는 벼슬 말고 아무런 기록이 없어 신원을 알 수 없다.

87 **이숭지**李崇枝 유학을 거쳐 중종 17년 식년시에 급제하여 벼슬이 좌랑(정6품)에 이르렀는데, 《방목》에는 벼슬 말고 아무런 기록이 없어 신원을 알 수 없다.

88 **김주정**金周鼎 생원으로 중종 17년 식년시에 급제하여 벼슬이 성균관 전적(정6품)과 상주판관尙州判官(종5품)에 이르렀으나, 상주 지역 사족의 여자종과 간통한 죄로 파직되었다. 《방목》에는 벼슬과 아버지〔延老〕 이름이 보이고, 본관이 광주光州(광산)로 되어 있다. 그러나 《청구》, 《만성》, 《씨족》의 《광산김씨보光山金氏譜》에는 김주정의 가계가 보이지 않는다. 신원을 알 수 없다.

89 **김상**金湘 진사를 거쳐 중종 17년 식년시에 급제하여 벼슬이 성균관 사예(정4품), 함경도 도사(종5품), 군수(종4품)에 이르렀다. 《방목》에는 벼슬과 아버지〔世忠〕, 처부〔曹繼權〕의 이름이 보이고, 본관이 함창咸昌으로 되어 있다. 그런데 《청구》와 《만성》의 《함창김씨보》에는 김상의 가계가 보이지 않는다. 《씨족》의 《함창김씨보》에는 할아버지부터 가계가 독립되어 있는데, 할아버지 이름은 모른다고 되어 있고 아버지는 벼슬이 없다. 따라서 그는 조상의 가계가 분명치 않을 뿐 아니라 벼슬아치도 없다.

90 **백수영**白受英 교수(종6품)를 거쳐 중종 17년 문과에 급제하여 벼슬이 현감(종6품)에 이르렀다. 《방목》에는 벼슬 이름 말고 아무런 기록이 없어 신원을 알 수 없다. 《청구》, 《만성》, 《씨족》의

159) 《중종실록》 권67, 중종 25년 2월 19일 기묘.

어느 백씨보에도 백수영의 이름은 보이지 않는다.

91 **나의신**羅義臣 생원을 거쳐 중종 17년 식년시에 급제했는데, 《방목》에는 아버지〔振文〕 이름 말고 아무런 기록이 없어 벼슬과 신원을 알 수 없다. 《청구》, 《만성》, 《씨족》의 어느 나씨보에도 나의신의 가계는 보이지 않는다.

92 **주세붕**周世鵬(1495~1554) 생원으로 중종 17년 별시에 급제하여 벼슬이 홍문관 수찬(정6품), 사간원 헌납(정5품), 풍기군수(종4품)를 거쳐 호조참판(종2품)과 동지중추부사(종2품)에 이르렀다. 풍기군수로 있을 때 백운동서원白雲洞書院을 세운 것으로 유명하다. 《방목》에는 벼슬과 아버지〔文俌〕 이름이 보이고, 본관이 상주尙州로 되어 있다. 그런데 《청구》의 《상주주씨보》를 보면 아버지, 할아버지 장손長孫, 증조 상빈尙彬 모두 벼슬이 없다. 이와 달리 《씨족》에는 《초계주씨보草溪周氏譜》에 주세붕의 가계가 보이는데, 그와 아버지가 독립된 가계를 이루고 있으며 아버지는 벼슬이 없다. 초계草溪가 상주목에 속해 있으므로 본관을 초계라고 적은 것으로 보인다. 한편 《만성》의 《상주주씨보》에는 아버지가 시조로 참판參判을 한 것으로 되어 있지만 이는 증직이다. 따라서 그의 직계 3대조는 벼슬이 없고, 그 윗대는 가계를 알 수 없으며 외조도 알 수 없다.

93 **조상**曹祥 생원을 거쳐 중종 17년 별시에 급제하여 벼슬이 교서관 권지(임시직)에 이르렀다. 《방목》에는 벼슬과 아버지〔仲道〕 이름이 보이고, 본관이 청도淸道로 되어 있다. 그런데 《청구》, 《만성》, 《씨족》에는 《청도조씨보》 자체가 없다. 지금 청도조씨는 아버지 조중도를 시조로 받들고 있으며, 벼슬은 사직司直인데

이는 무반산직이다. 2000년 현재 청도조씨 인구는 97가구 334명의 희성으로, 문과급제자는 조상이 유일하다. 다만 조씨는 청도의 토성土姓 가운데 하나이다.

94 **장한보**張漢輔 유학으로 중종 17년 별시에 급제하여 벼슬이 사헌부 감찰監察(정6품)을 거쳐 부사(종3품)에 이르렀다. 《방목》에는 조상의 이름이 없으며, 본관이 울진蔚珍으로 되어 있다. 그런데 《청구》와 《씨족》에는 《울진장씨보》 자체가 없으며, 《만성》의 《울진장씨보》에는 장한보의 이름이 보이지 않는다. 다만 장씨는 울진의 토성土姓 가운데 하나로, 그가 첫 문과급제자이다.

95 **김정신**金鼎臣 진사를 거쳐 중종 19년(1524) 별시에 급제하여 벼슬이 부사(종3품)에 이르렀다. 《방목》에는 벼슬과 아버지〔承敬〕 이름 말고 아무런 기록이 없어 신원을 알 수 없다.

96 **고습**高習 진사를 거쳐 중조 19년 별시에 급제하여 벼슬이 성균관 직강(정5품)과 현감(종6품)에 이르렀다. 《방목》에는 벼슬과 아버지〔自愼〕 이름이 보이고, 본관이 장흥長興으로 되어 있다. 그러나 《청구》, 《만성》, 《씨족》의 《장흥고씨보》에는 고습의 가계가 보이지 않는다. 《중종실록》을 보면, 중종 39년 직강으로 임명될 때 사헌부는 그가 술을 좋아하고 아둔하고 망령되어 사유師儒에 적합하지 않다고 반대했다. 아마 신분이 미천한 것을 뜻하는 듯하다.

97 **김정**金鼎 진사를 거쳐 중종 19년 별시에 급제하여 벼슬이 교서관 교리(종5품)에 이르렀다. 《방목》에는 벼슬과 아버지〔宗砥〕 이름이 보이고, 본관이 해주海州로 되어 있다. 그런데 《씨족》에는 《해주김씨보》 자체가 없으며, 《청구》와 《만성》의 《해주김씨

보》에는 김정의 가계가 보이지 않는다. 《세종실록》〈지리지〉를 보면 해주에 김씨가 없어, 후대에 이곳으로 이주한 것으로 보인다. 해주김씨는 조선 초기에 문과급제자 2명을 배출하였고, 조선 후기에는 문과급제자가 없는 대신 역과譯科 6명, 의과醫科 21명, 음양과陰陽科 9명, 율과律科 1명, 주학籌學 5명의 급제자를 배출한 전형적인 중인가문의 하나가 되었다.

98 **이조손**李兆孫 생원으로 중종 19년 별시에 급제하여 벼슬이 성균관 전적(정6품)과 함경도 도사(종5품)를 거쳐 군수(종4품)에 이르렀는데, 인물됨이 혼우昏愚하다고 한다. 중종 27년에는 과거 시험장에서 서리書吏를 구타하여 죽게 한 죄로 추국당했다가 풀려나기도 했다. 《방목》에는 벼슬과 아버지〔章甫〕, 할아버지〔季孝〕, 증조〔肩〕의 이름이 보이고, 본관이 원주原州로 되어 있다. 그런데 《청구》, 《만성》, 《씨족》의 《원주이씨보》에는 이조손의 가계가 보이지 않는다.

99 **차희윤**車熙胤 진사를 거쳐 중종 20년(1525) 식년시에 급제하여 벼슬이 찰방(종6품), 도사(종5품), 형조정랑(정5품)에 올랐다. 《방목》에는 벼슬 말고 아무런 기록이 없어 신원을 알 수 없다. 《만성》과 《씨족》의 어느 차씨보에도 차희윤의 가계가 보이지 않는다. 다만 《청구》의 《연안차씨보延安車氏譜》에 그의 이름이 보이는데, 아버지는 경례敬禮로 아무런 벼슬이 없고, 조상의 가계와도 끊어져 있어 계보를 알 수 없다.

100 **김기**金璣 진사를 거쳐 중종 20년 식년시에 급제하고 이어 중시에도 급제하여, 벼슬이 군수(종4품)에 이르렀다. 《방목》에는 벼슬과 아버지〔萬鍾〕 이름이 보이고, 본관이 순천順天으로 되어

있다. 그런데 《청구》, 《만성》, 《씨족》의 《순천김씨보》에는 모두 김기의 가계가 보이지 않는다. 신원을 알 수 없다.

101 **정윤**鄭胤 장사랑(종9품)을 거쳐 중종 20년 식년시에 급제하여 벼슬이 교서관 권지(임시직)에 이르렀다. 《방목》에는 벼슬 말고 아무런 기록이 없어 신원을 알 수 없다.

102 **장순신**張舜臣 생원을 거쳐 중종 20년 식년시에 급제하여 벼슬이 교서관 권지(임시직)에 이르렀다. 《방목》에는 벼슬과 아버지〔淮〕 이름이 보이고, 본관이 인동仁同으로 되어 있다. 그러나 《청구》, 《만성》, 《씨족》의 《인동장씨보》에는 장순신의 가계가 보이지 않는다. 신원을 알 수 없다.

103 **김우석**金禹錫 생원으로 중종 21년(1526) 별시에 급제하여 벼슬이 성균관 전적(정6품)을 거쳐 명종 대 제용감 부정(종3품)에 이르렀다. 명종 5년 숭불소崇佛疏를 올려 불교는 숭신할 만하다고 임금에게 진언하여 선비들의 미움을 받았다. 이때 사간원은 김우석이 "본래 성품이 용렬하고 어리석은 자"라고 하면서 문정왕후의 비위를 맞추어 출세하려 한다고 비난하고 벼슬을 삭탈할 것을 진언하여 임금이 이를 따랐다.160) 《방목》에는 아버지〔玉昆〕 이름이 보이고, 기문起文의 아버지라고 밝히고 있으나, 본관이 없다. 그런데 아들 기문은 명종 원년(1546) 문과에 급제했는데, 본관이 경주慶州로 되어 있다. 《씨족》의 《경주김씨보》를 보면 김우석이 가계가 끊어진 형태로 외따로 아들과 함께 기록되어 있어 가계를 알 수가 없으며, 《청구》와 《만성》의 《경주김씨보》에

160) 《명종실록》 권10, 명종 5년 1월 25일 경인.

는 그의 가계가 보이지 않는다.

104 **최개**崔漑 훈도(종9품)를 거쳐 중종 21년 별시에 급제하여 벼슬이 성균관 사예(정4품), 강원도 도사(종5품)에 이르렀다. 중종 32년 최개가 도사에 임명되자 대간에서는 그의 인물이 용렬하고 천賤하다고 하면서 체차를 요구했다.[161] 《방목》에는 벼슬이 보이고, 조상의 이름이 없으며, 본관이 진산珍山으로 되어 있다. 《청구》의 《진산최씨보》를 보면 오직 그의 이름만 보인다. 따라서 그는 진산최씨의 시조라고 할 수 있다. 《만성》과 《씨족》에는 《진산최씨보》 자체가 없다. 《세종실록》 〈지리지〉에는 진산에 최씨가 없어 후대에 이곳을 본관으로 정한 것으로 보인다. 2000년 현재 진산최씨 인구는 127가구 386명으로, 조선시대 문과급제자는 그가 유일하다.

105 **배문보**裵文甫 생원을 거쳐 중종 21년 별시에 급제하여 벼슬이 군수(종4품)에 이르렀다. 《방목》에는 벼슬 말고 아무런 기록이 없어 신원을 알 수 없다. 현재 김해배씨金海裵氏는 배문보를 족인族人으로 여기고 있는데, 《청구》와 《씨족》에는 《김해배씨보》 자체가 없고, 《만성》의 《김해배씨보》에는 그의 가계가 보이지 않는다.

106 **우필순**禹弼舜 훈도(종9품)를 거쳐 중종 21년 별시에 급제하여 벼슬이 현령(종5품)에 이르렀다. 《실록》을 보면, 중종 30년 우필순이 개성부 도사(종5품)에 임명되자 대간에서는 그의 인물이 미욱하다는 점을 들어 반대했다.[162] 이는 신분이 미천한 것을 두

161) 《중종실록》 권85, 중종 32년 8월 9일 을묘.
162) 《중종실록》 권80, 중종 30년 10월 4일 임진.

고 한 말로 보인다. 《방목》에는 벼슬과 아버지〔致漢〕 이름 말고 아무런 기록이 없어 신원을 알 수 없다. 우씨는 본관이 단양丹陽뿐인데, 《청구》, 《만성》, 《씨족》의 《단양우씨보》에는 그의 가계가 보이지 않는다.

107 **안주**安宙 진사로 중종 23년(1528) 식년시에 급제하여 벼슬이 승정원 주서注書(정7품)를 거쳐 감정(정3품 당하관)에 이르렀다. 중종 26년 안주가 승정원 주서에 임명되자 대간은 그의 인물이 경망하여 근시近侍의 중임을 맡을 수 없다고 반대하여 체직했다.[163] 중종 30년에는 형조좌랑(정6품)으로 겸춘추에 임명하자, 사헌부가 다시 "안주는 물의物議가 있는 인물"[164]이므로 체직하기를 요청했다. 하지만 뒤에는 감정의 높은 지위에 올랐다. 《방목》에는 아버지〔勇知〕와 할아버지〔士英〕, 증조〔子欽〕의 이름이 보이고, 우宇의 동생이라고 밝히며, 본관이 광주廣州로 되어 있다. 그런데 《씨족》의 《광주안씨보》에는 형 안우의 이름은 보이나 그의 이름은 보이지 않으며, 《만성》의 《광주안씨보》에는 할아버지까지만 보이고, 그와 아버지의 이름은 보이지 않는다. 한편 《청구》의 《광주안씨보》에는 그의 이름이 보이는데, 아버지가 문과에 급제하여 부사(종3품)의 벼슬을 한 것으로 되어 있으나 이는 사실이 아니다. 더욱이 할아버지 이름을 몽득夢得이라고 적은 것도 《방목》과 다르다. 따라서 《씨족》과 《만성》의 기록이 믿을 만한데, 여기에는 모두 그의 이름이 보이지 않는다.

108 **조윤보**趙胤輔 생원을 거쳐 중종 23년 식년시에 급제하여 벼

163) 《중종실록》 권72, 중종 26년 12월 26일 을사.
164) 《중종실록》 권80, 중종 30년 10월 6일 갑오.

슬이 성균관 직강(정5품)에 이르렀다. 《방목》에는 벼슬과 아버지〔瑗〕 이름 말고 아무런 기록이 없어 신원을 알 수 없다. 지금 본관이 한양漢陽으로 알려져 있다. 그러나 《청구》, 《만성》, 《씨족》의 《한양조씨보》에는 조윤보의 가계가 보이지 않는다.

109 **강준**姜浚(일명 俊) 진사를 거쳐 중종 23년 식년시에 급제하여 벼슬이 현감(종6품)에 이르렀다. 《중종실록》에는 강준이 "일개 미천微賤한 선비"165)라는 표현이 보인다. 《방목》에는 벼슬과 아버지〔世安〕 이름이 보이고, 본관이 진주晋州로 되어 있다. 그런데 《청구》, 《만성》, 《씨족》의 《진주강씨보》에는 그의 가계가 보이지 않아 조상의 가계를 알 수 없다.

110 **이호**李豪 생원을 거쳐 중종 23년 식년시에 급제하여 벼슬이 성균관 학정(정8품)에 이르렀다. 《방목》에는 벼슬과 아버지〔庭樹〕 이름 말고 아무런 기록이 없어 신원을 알 수 없다.

111 **김홍**金泓 유학으로 중종 23년 식년시에 급제하여 벼슬이 사헌부 장령(정4품)을 거쳐 내자시 부정(종3품)과 목사(정3품)에 이르렀다. 《방목》에는 벼슬 말고 아무런 기록이 없어 신원을 알 수 없다. 《명종실록》에는 김홍의 성품이 각박하지만 일을 처리하는 재주가 있다고 한다.

112 **이삼준**李三俊 훈도(종9품)를 거쳐 중종 23년 식년시에 급제하여 벼슬이 부사(종3품)에 이르렀다. 중종 37년 이삼준이 함경도 도사(종5품)에 임명되자 대간에서는 그의 인물이 용상庸常(용렬하고 쌍스럽다)하다는 이유로 반대하기도 했다.166) 《방목》에는

---

165) 《중종실록》 권81, 중종 31년 2월 13일 무술.
166) 《중종실록》 권97, 중종 37년 1월 10일 신묘.

벼슬과 아버지〔眞〕 이름만 보이고, 본관이 간성杆城으로 되어 있다. 그러나 《청구》, 《만성》, 《씨족》에는 《간성이씨보》 자체가 없다. 2000년 현재 간성이씨 인구는 319가구 965명의 희성으로, 조선시대 문과급제자 5명을 배출했는데, 그가 처음이다.

113 **진문한**陳文翰 생원을 거쳐 중종 23년 식년시에 급제하여 벼슬이 마전군수麻田郡守(종4품)에 이르렀다. 중종 39년 진문한이 군수에 임명되자 사간원은 "그의 인물이 혼미하고 쇠약하여 일을 처리할 수 없다"[167]는 이유로 교체를 요청하였고 임금이 이를 따랐다. 《방목》에는 벼슬과 아버지〔以亨〕 이름 말고 아무런 기록이 없어 신원을 알 수 없다. 그런데 《청구》의 《여양진씨보驪陽陳氏譜》에 그는 가계가 끊어진 상태로 혼자 기록되어 있어, 본관이 여양인 것은 알 수 있으나 조상의 가계는 알 수 없다. 《만성》과 《씨족》의 《여양진씨보》에는 그의 가계가 보이지 않는다.

114 **박환**朴桓 참봉(종9품)으로 중종 23년 식년시에 급제하여 벼슬이 병조정랑(정5품)을 거쳐 부사(종3품)에 이르렀다. 중종 33년 박환을 병조정랑에 임명하자 대간은 그의 인물이 용렬하여 병조낭관에 적합하지 않다고 반대하기도 했다.[168] 아마 출신이 미천한 것이 이유인 듯하다. 《방목》에는 아버지〔謹孫〕, 할아버지〔復卿〕, 증조〔景祉〕의 이름이 보이고, 본관이 죽산竹山으로 되어 있다. 그런데 《청구》, 《만성》의 《죽산박씨보》에는 그의 가계가 보이지 않는다. 다만 《씨족》의 《죽산박씨보》에 아버지까지의 가계가 보이는데, 그의 이름은 보이지 않는다.

167) 《중종실록》 권104, 중종 39년 8월 4일 경오.
168) 《중종실록》 권87, 중종 33년 6월 26일 정묘.

115 서위徐偉 진사를 거쳐 중종 23년 별시에 급제하고 중시에도 급제했다. 무재武才가 있어 벼슬이 해주훈도(종9품)를 거쳐 수군절도사水軍節度使(정3품)에 이르렀다. 《방목》에는 벼슬과 아버지〔閔〕 이름이 보이고, 본관이 이천利川으로 되어 있다. 그러나 《청구》, 《만성》, 《씨족》의 《이천서씨보》에는 모두 서위의 가계가 보이지 않는다.

116 조광원曹光遠 생원으로 사옹원 관원과 부솔副率(정7품)을 지내면서 중종 23년 별시에 급제하였다. 벼슬이 사헌부 장령(정4품), 개성부 도사(종5품), 이조참의(정3품 당상관)를 거쳐 판중추부사(종1품)에 이르렀다. 《중종실록》을 보면 조광원은 우찬성 조계상曹繼商의 첩자妾子라고 한다.169) 따라서 그는 서얼이었지만, 문과에 급제하여 재상이라는 높은 지위에 오른 것이다. 《방목》에는 아버지, 할아버지〔九敍〕, 증조〔變隆〕, 외조, 처부의 이름까지 모두 보이고, 본관이 창녕昌寧으로 되어 있다.

117 김승숭金承嵩 무반직인 사과司果(정6품)를 거쳐 중종 23년 별시에 급제하여 벼슬이 군수(종4품)에 이르렀다. 《방목》에는 벼슬과 아버지〔斤重〕 이름이 보이고, 본관이 성주星州로 되어 있다. 그런데 《청구》의 《성주김씨보》를 보면, 아버지 개중介重(斤重의 오기로 보임)이 시조로 되어 있으나 벼슬이 없고, 아들인 김승숭이 기록되어 있다. 《만성》과 《씨족》에는 《성주김씨보》 자체가 없다. 《세종실록》 〈지리지〉를 보면 성주의 김씨는 내성來姓과 속성續姓으로, 모두 향리라고 한다. 이를 보면 그도 향리 출신으로

169) 《중종실록》 권79, 중종 30년 6월 25일 갑인.

보인다. 2000년 현재 성주김씨 인구는 928가구 3,022명의 희성으로, 조선시대 문과급제자는 그가 유일하다.

118 **최환**崔渙 진사로 중종 23년 별시에 급제하여 벼슬이 고성현령(종5품), 사헌부 장령(정4품)을 거쳐 나주목사(정3품)에 이르렀는데, 선정을 베풀어 칭송을 받았다. 《방목》에는 벼슬과 아버지〔繼重; 繼童〕 이름만 보이고, 본관이 흥해興海로 되어 있다. 그런데 《청구》의 《흥해최씨보》에는 최연崔淵만 기록되어 있고, 최환과 그 아버지의 이름은 보이지 않는다. 《만성》과 《씨족》에는 《흥해최씨보》 자체가 없다. 2000년 현재 흥해최씨 인구는 3,610가구 11,479명으로, 조선시대 문과급제자는 모두 3명이다. 그런데 아버지 이름과 비슷한 최계동崔繼潼이 세종 대 문과에 급제했는데, 그가 아버지인지는 알 수 없다.

119 **최흥윤**崔興潤 유학을 거쳐 중종 23년 별시에 급제하여 벼슬이 사헌부 감찰監察(정6품)과 호조좌랑(정6품)에 이르렀다. 중종 31년 최흥윤이 호조좌랑에 임명되자 대간은 "그의 인물이 용렬庸劣하고 천박하다"170)고 하면서 반대했다. 《방목》에는 벼슬과 아버지〔漢鼎〕 이름만 보이고, 본관이 하양河陽으로 되어 있다. 그런데 《청구》, 《만성》, 《씨족》에는 《하양최씨보》 자체가 없다. 《세종실록》 〈지리지〉에는 하양의 성씨 가운데 최씨가 보이지 않는 것으로 보아, 이곳 토착민이 아닌 듯하다. 2000년 현재 하양최씨 인구는 25가구 80명의 극희성으로, 조선시대 문과급제자는 그가 유일하며, 시조이다.

170) 《중종실록》 권83, 중종 31년 윤12월 20일 신미.

120 **손인호**孫仁好 유학을 거쳐 중종 23년 별시에 급제하여 벼슬이 예조좌랑(정6품)에 이르렀다. 중종 31년 손인호가 예조좌랑에 임명되자 대간은 "그의 인물이 가볍고 천하다"[171]고 하면서 반대했다. 《방목》에는 아버지〔順祖〕 이름만 보이고, 본관이 청주淸州로 되어 있다. 그런데 《청구》의 《청주손씨보》에는 그의 이름만 보인다. 한편 《만성》과 《씨족》에는 《청주손씨보》 자체가 없다. 2000년 현재 청주손씨 인구는 459가구 1,432명의 희성으로, 조선시대 문과급제자는 그가 유일하다

121 **양인**梁訒 유학을 거쳐 중종 23년 별시에 급제하여 벼슬이 강원도 도사(종5품)에 이르렀다. 중종 32년 양인이 도사에 임명되자 대간은 "그의 인물이 용렬庸劣하다"[172]는 것을 이유로 체직을 요청했다. 이는 신분이 천하다는 것을 암시한다. 《방목》에는 벼슬과 아버지〔悅〕 이름만 보이고, 본관이 나주羅州로 되어 있다. 《청구》의 《나주양씨보》에는 그와 아버지 양열 두 사람만이 기록되어 있는데, 아버지는 벼슬이 없다. 한편 《만성》과 《씨족》에는 《나주양씨보》 자체가 없다. 《세종실록》〈지리지〉를 보면 양씨는 나주목 회진현會津縣의 일반성一般姓 가운데 하나라고 한다. 2000년 현재 나주양씨 인구는 514가구 1,671명의 희성으로, 조선시대 문과급제자는 그가 유일하며, 시조이다.

122 **윤선**尹璇 유학으로 중종 23년 별시에 급제하여 벼슬이 현령(종5품)에 이르렀다. 《방목》에는 벼슬과 아버지〔密〕 이름만 보이고, 본관이 파평坡平으로 되어 있다. 그러나 《청구》, 《만성》, 《씨

171) 《중종실록》 권83, 중종 31년 윤12월 20일 신미.
172) 《중종실록》 권85, 중종 32년 8월 23일 기사.

족》의 《파평윤씨보》에는 윤선의 가계가 보이지 않는다.

123 **이당**李塘 진사를 거쳐 중종 23년 여주별시에 급제하여 벼슬이 사간원 정언(정6품)과 병조정랑(정5품)에 이르렀다. 중종 28년 이당을 정언에 임명할 때 신분에 하자가 있어 대간에서 서경을 거부한 일도 있었다.173) 《방목》에는 벼슬과 아버지〔承禧〕, 할아버지〔埅〕, 증조〔吉培〕의 이름이 나오고, 본관이 우봉牛峰으로 되어 있다. 《씨족》의 《우봉이씨보》는 《방목》과 똑같고, 3대조 모두 벼슬아치다. 그런데 《청구》의 《우봉이씨보》에는 증조의 이름만 보이고, 그 이후는 보이지 않는다. 한편 《만성》의 《우봉이씨보》에는 할아버지 이름이 이연李埏으로 나오고, 이질은 큰 할아버지로 나와 《방목》의 가계와 다르다. 여기서 《만성》의 기록을 진실로 받아들인다면 《방목》의 기록은 거짓이 된다. 대간이 서경을 거부한 이유가 여기에 있는 것이 아닌지 모르겠다.

124 **강인**姜麟 생원으로 중종 26년(1531) 식년시에 급제하여 벼슬이 상의원 직장直長(종7품), 형조정랑(정5품)을 거쳐 감정(정3품 당하관)에 이르렀다. 《방목》에는 벼슬과 아버지〔承緖〕 이름만 보이고, 본관이 진주晋州로 되어 있다. 그런데 《청구》, 《만성》, 《씨족》의 《진주강씨보》에는 강인의 가계가 보이지 않는다.

125 **유세화**柳世華 진사를 거쳐 중종 26년 식년시에 급제하여 벼슬이 장흥부사(종3품)에 이르렀다. 《방목》에는 벼슬과 아버지〔彭成〕 이름이 보이고, 본관이 전주全州로 되어 있다. 그런데 《청구》, 《만성》, 《씨족》의 《전주유씨보》에는 유세화의 가계가 보

173) 《중종실록》 권74, 중종 28년 5월 5일 정미.

이지 않는다. 신원을 알 수 없다.

126 **안여지**安汝止 생원을 거쳐 중종 26년 식년시에 급제하여 벼슬이 교서관 권지(임시직)에 이르렀다. 《방목》에는 벼슬과 아버지〔世俊〕 이름만 보이고, 본관이 죽산竹山으로 되어 있다. 그러나 《청구》, 《만성》, 《씨족》의 《죽산안씨보》에는 모두 안여지의 가계가 보이지 않는다. 신원을 알 수 없다.

127 **윤행**尹行 유학을 거쳐 중종 26년 식년시에 급제하여 벼슬이 목사(정3품)에 이르렀다. 명종 15년 윤행이 나주목사로 임명되자 《실록》의 찬자는 "인물이 용렬庸劣하고 비루鄙陋하다"[174]고 썼다. 《방목》에는 벼슬과 아버지〔孝貞〕, 처부의 이름만 보이고, 본관이 해남海南으로 되어 있다. 그러나 《청구》와 《만성》의 《해남윤씨보》에는 아버지 효정(생원)의 이름은 보이나 그의 이름은 보이지 않고, 대신 윤구尹衢가 아들로 되어 있다. 한편 《씨족》의 《해남윤씨보》에는 그의 가계가 모두 보이는데, 윤구는 그의 형이고 아버지는 벼슬이 없으며 할아버지와 증조는 증직贈職밖에 없다. 아마 윤효정의 세 아들이 3품 이상 고관에 오른 덕분에 받은 것으로 보인다. 《씨족》에는 외조의 이름도 보이지 않는다. 따라서 그는 내외 4대조 가운데 벼슬아치가 없다.

128 **선헌**宣憲 생원을 거쳐 중종 26년 식년시에 급제하여 벼슬이 공조좌랑(정6품)을 거쳐 군수(종4품)에 이르렀다. 중종 32년 선헌이 공조좌랑에 임명되자 대간에서는 그의 인물이 용렬庸劣하고 미천하여 6조 낭관에 맞지 않는다고 반대했다.[175] 《방목》에

174) 《명종실록》 권26, 명종 15년 7월 7일 신미.
175) 《중종실록》 권86, 중종 32년 12월 22일 정묘.

는 벼슬과 아버지〔大德〕, 처부의 이름만 보이고, 본관은 보성寶城으로 되어 있다. 그러나 《청구》, 《만성》, 《씨족》의 《보성선씨보》에는 그의 가계가 보이지 않는다. 신원을 알 수 없으나 집안이 한미할 것으로 짐작된다.

129 **장응선**張應旋 유학을 거쳐 중종 26년 식년시에 급제하여 벼슬이 정正(정3품 당하관)에 이르렀다. 《방목》에는 벼슬 말고 아무런 기록이 없어 신원을 알 수 없다. 현재 본관이 흥덕興德으로 알려져 있으나, 《청구》, 《만성》, 《씨족》의 《흥덕장씨보》에는 장응선의 가계가 보이지 않는다.

130 **김윤제**金允悌 진사로 중종 26년 식년시에 급제하여 벼슬이 판관(종5품)과 현감(종6품)을 거쳐 목사(정3품)에 이르렀다. 《방목》에는 벼슬과 아버지〔珝〕 이름만 보이고, 본관이 광주光州(광산)로 되어 있다. 그런데 《청구》, 《만성》, 《씨족》의 《광주김씨보》에는 김윤제의 가계가 보이지 않는다.

131 **윤취**尹就 생원을 거쳐 중종 27년(1532) 별시에 급제하여 벼슬이 현감(종6품)에 이르렀다. 《방목》에는 벼슬과 아버지〔拔〕 이름 말고 아무런 기록이 없어 신원을 알 수 없다. 현재 청주윤씨淸州尹氏의 시조로 알려져 있다. 하지만 《청구》, 《만성》, 《씨족》에는 《청주윤씨보》 자체가 없다. 2000년 현재 청주윤씨 인구는 157가구 532명의 희성으로, 조선시대 문과급제자는 윤취가 유일하다.

132 **이희성**李希聖 유학을 거쳐 중종 29년(1534) 식년시에 장원급제하여 벼슬이 성균관 직강(정5품)에 이르렀다. 《방목》에는 벼슬과 아버지〔世亨〕, 할아버지〔壽延〕의 이름이 보이고, 본관이 덕수

德水로 되어 있다. 그런데 《청구》, 《만성》, 《씨족》의 《덕수이씨보》에는 이희성의 가계가 보이지 않는다.

133 **김삼택**金三宅[176] 진사를 거쳐 중종 29년 식년시에 급제했는데, 《방목》에는 아버지〔世貞〕 이름 말고 아무런 기록이 없다. 본관은 영암靈岩으로 알려져 있다. 《청구》의 《영암김씨보》에는 오직 아버지 세정 한 사람만 기록되어 있는데, 벼슬이 없다. 《만성》(보유편)의 《영암김씨보》에는 아버지 이름이 문희文熙로 되어 있어 전혀 사실과 맞지 않는다. 《씨족》의 《영암김씨보》에는 아버지가 시조로 장흥長興 사람이며 벼슬은 병절교위(종6품)로 되어 있고, 김삼택의 벼슬은 현감縣監으로 되어 있다. 병절교위는 무반산직이다. 2000년 현재 영암김씨 인구는 787가구 2,568명의 희성이며, 조선시대 문과급제자는 5명으로 그가 처음이다.

134 **안충달**安忠達 생원을 거쳐 중종 29년 식년시에 급제하여 벼슬이 현령(종5품)에 이르렀다. 《방목》에는 벼슬과 아버지〔鱗〕 이름 말고 아무런 기록이 없어 신원을 알 수 없다.

135 **김협**金浹 유학을 거쳐 중종 29년 식년시에 급제하여 벼슬이 형조좌랑(정6품)에 이르렀다. 《방목》에는 벼슬과 아버지〔麗源〕 이름 말고 아무런 기록이 없어 신원을 알 수 없다.

136 **주양우**朱良佑 진사로 중종 29년 식년시에 급제하여 벼슬이 군기시 판관(종5품), 성균관 전적(정6품)을 거쳐 군수(종4품)에 이르렀다. 한어漢語를 잘 하여 북경에 사신으로 다녀오기도 했다. 《중종실록》을 보면 "그는 본래 미천微賤한 사람으로 일찍이 사

176) 《방목》에는 이름이 金宅三으로 되어 있으나, 이는 金三宅의 오기다.

역원司譯院의 생도가 되기를 희망하여 한어漢語를 익혔다"[177]고 한다. 그러니까 역관에 해당한다. 《방목》에는 벼슬과 아버지〔致亨〕, 처부의 이름이 보이고, 본관이 웅천熊川으로 되어 있다. 그런데 《청구》와 《만성》의 《웅천주씨보》에는 주양우의 가계가 보이지 않으며, 《씨족》에는 《웅천주씨보》 자체가 없다. 2000년 현재 웅천주씨 인구는 247가구 806명의 희성으로, 조선시대 문과급제자는 5명이다.

137 **장응량**張應樑 유학을 거쳐 중종 29년 식년시에 급제하여 벼슬이 성균관 사성(종3품)에 이르렀다. 《방목》에는 벼슬과 아버지〔錫〕 이름이 보이고, 건健의 아버지라고 했는데, 본관이 없다. 아들 장건은 명종 4년 문과에 급제했는데, 본관이 흥덕興德으로 되어 있어 장응량의 본관도 흥덕이다. 그러나 《청구》와 《씨족》의 《흥덕장씨보》에는 그의 가계가 보이지 않는다. 한편 《만성》의 《흥덕장씨보》를 보면 흥덕장씨의 시조는 할아버지 장합張合으로, 벼슬이 판정공감사判政工監事로 되어 있는데 그런 벼슬은 존재하지 않으며, 아버지 장석은 벼슬이 없고, 외조의 이름도 보이지 않는다. 따라서 그는 내외 4대조 가운데 벼슬아치가 없다.

138 **오대방**吳大防[178] 진사를 거쳐 중종 29년 식년시에 급제하여 벼슬이 군수(종4품)에 이르렀다. 《방목》에는 벼슬과 아버지〔自順〕 이름 말고 아무런 기록이 없어 신원을 알 수 없다.

139 **고종필**高宗弼 훈도(종9품)를 거쳐 중종 29년 식년시에 급제하여 벼슬이 군수(종4품)에 이르렀다. 《방목》에는 벼슬과 아버지

177) 《중종실록》 권79, 중종 30년 3월 3일 계해.
178) 《방목》에 呂大防으로 되어 있으나, 이는 오기다.

〔孝騫〕 이름 말고 아무런 기록이 없어 신원을 알 수 없다. 그런데 《청구》의 《연안고씨보延安高氏譜》에 고종필과 아버지의 이름이 보인다. 아버지는 벼슬이 없고, 고종필이 처음으로 벼슬을 한 것으로 나오며 그가 시조이다. 한편 《만성》과 《씨족》에는 《연안고씨보》 자체가 없다. 2000년 현재 연안고씨 인구는 129가구 373명의 희성으로, 조선시대 문과급제자는 그가 유일하다.

140 **김우석**金禹錫 교수(종6품)로 중종 29년 식년시에 급제하여 벼슬이 성균관 전적(정6품)과 직강(정5품)을 거쳐 제용감 부정(종3품)에 이르렀다. 《명종실록》을 보면, 김우석은 성품이 용렬하고 어리석다고 한다.[179] 이는 신분이 낮은 것을 암시한다. 《방목》에는 벼슬과 아버지〔玲〕 이름 말고 아무런 기록이 없어 가계를 알 수 없다.

141 **전여림**田汝霖 진사를 거쳐 중종 29년 식년시에 급제하여 벼슬이 목사(정3품)에 이르렀다. 《방목》에는 벼슬과 아버지〔沃〕 이름이 보이고, 본관이 남양南陽으로 되어 있다. 그런데 《청구》에는 《남양전씨보》 자체가 없고, 《만성》과 《씨족》의 《남양전씨보》에도 전여림의 가계는 보이지 않는다. 《세종실록》〈지리지〉에는 전씨가 남양의 속성續姓으로 되어 있는데, 속성의 대부분이 향리이므로 그도 향리 출신일 가능성이 크다.

142 **이준령**李峻齡 진사를 거쳐 중종 29년 별시에 급제하여 벼슬이 군수(종4품)에 이르렀다. 《방목》에는 벼슬과 아버지〔芳〕 이름 말고 아무런 기록이 없어 신원을 알 수 없다. 현재 본관이 광주

179) 《명종실록》 권10, 명종 5년 1월 25일 경인.

廣州로 알려져 있으나,《청구》,《만성》,《씨족》의《광주이씨보》에는 이준령의 가계가 보이지 않는다.

143 **김인**金忍 유학을 거쳐 중종 29년 별시문과에 급제하여 벼슬이 현감(종6품)에 이르렀다.《방목》에는 아버지〔克光〕이름만 보이고, 본관이 개성開城으로 되어 있다. 그런데《청구》와《씨족》의《개성김씨보》에는 김인의 가계가 보이지 않는다. 한편《만성》의《개성김씨보》에는 아버지 극광의 이름은 보이나 벼슬이 없고, 그의 이름은 보이지 않는다. 따라서 가계가 분명치 않다. 개성김씨는 조선시대 문과급제자 13명을 배출했는데, 그가 첫 급제자이다.

144 **안홍**安鴻 유학을 거쳐 중종 30년(1535) 별시에 급제하여 벼슬이 청주목사(정3품)에 이르렀다.《방목》에는 벼슬과 아버지〔淑孫〕이름이 보이고, 본관이 충주忠州로 되어 있다. 그러나《청구》의《충주안씨보》에는 안홍의 가계가 보이지 않으며,《만성》에는《충주안씨보》자체가 없다. 한편《씨족》의《충주안씨보》에는 그와 아버지 숙손이 가계가 끊어진 형태로 외따로 기록되어 있는데, 아버지는 벼슬이 없다. 따라서 그는 가계를 알 수 없다. 2000년 현재 충주안씨 인구는 245가구 778명의 희성으로, 조선시대 문과급제자 6명을 배출했다.

145 **김오**金鰲 진사를 거쳐 중종 30년 별시에 급제하여 벼슬이 첨정僉正(종4품)에 이르렀다.《방목》에는 벼슬 말고 아무런 기록이 없어 가계를 알 수 없다. 현재 본관이 청도淸道로 알려져 있으나,《청구》,《만성》,《씨족》의《청도김씨보》에는 김오의 가계가 보이지 않는다.

146 **이을규**李乙奎 진사로 중종 30년 별시에 장원급제하여 벼슬이 서장관(4~6품)을 거쳐 형조좌랑(정6품)과 승문원 교리(종5품)에 이르렀다. 《방목》에는 벼슬과 아버지〔漢柱〕 이름만 보이고, 본관이 경주慶州로 되어 있다. 그런데 《청구》, 《만성》, 《씨족》의 《경주이씨보》에는 이을규의 가계가 보이지 않는다.

147 **김세량**金世良 생원을 거쳐 중종 30년 별시에 급제하여 벼슬이 성균관 직강(정5품)에 이르렀다. 《방목》에는 벼슬과 아버지〔多慶〕 이름 말고 아무런 기록이 없어 가계를 알 수 없다. 그런데 본래 경주의 지인知印이었다고 하니, 향리 출신이다. 현재 본관이 경주慶州로 알려져 있으나, 《청구》, 《만성》, 《씨족》의 《경주김씨보》에는 김세량의 가계가 보이지 않는다.

148 **진복창**陳復昌 진사로 중종 30년 별시에 장원급제하여 벼슬이 부사(종3품)를 거쳐 대사헌大司憲(종2품)에 이르렀다. 《명종실록》에는 진복창의 신분에 관해 자세히 소개하고 있다. 그의 어머니가 처음에는 말 거간꾼에게 시집갔다가 7개월 만에 자식을 낳아 쫓겨나고, 두 번째로 역관에게 시집갔다가, 세 번째로 녹사錄事로 있던 진의손陳義孫에게 시집갔다는 것이다. 따라서 그는 행실이 나쁜 재가녀再嫁女의 아들이므로 과거응시가 불가능했으나, 유인숙柳仁淑, 유희령柳希齡의 족속과 연결된 것을 연고로 유씨가문을 빙자하여 과거를 보게 되었다는 것이다. 그는 뱀처럼 사악한 인물로 알려졌다. 《방목》에는 아버지, 할아버지〔錫卿〕, 증조〔有蕃〕, 처부의 이름이 보이고, 본관이 여양驪陽으로 되어 있다. 그런데 《청구》의 《여양진씨보》에는 아버지 의손(현감)과 그의 가계가 끊어진 형태로 외따로 기록되어 있어 정확한 가계를 알

수 없다. 《만성》의 《여양진씨보》에는 그는 말할 것도 없고 조상의 이름도 전혀 보이지 않는다. 이와 달리 《씨족》의 《여양진씨보》에는 가계가 모두 보이는데, 아버지는 현감, 할아버지는 벼슬이 없고, 증조는 군사郡事이다. 하지만 아버지와 증조의 벼슬이 증직贈職인지 실직實職인지 분명치 않다.

149 **김자양**金自陽 유학으로 중종 30년 별시에 급제하여 벼슬이 호조정랑(정5품)을 거쳐 부사(종3품)에 이르렀다. 명종 2년 김자양이 호조정랑에 임명되자 사헌부는 "김자양은 문벌이 낮은 사람으로서 호조정랑이 되는 것은 명기名器에 어긋난다"[180]고 반대했지만, 임금은 이를 따르지 않았다. 《방목》에는 벼슬과 처부의 이름만 보이고, 본관이 개성開城으로 되어 있다. 그런데 《청구》의 《개성김씨보》에는 고려시대 인물 김준金晙만 기록되어 있으며, 《만성》의 《개성김씨보》에도 그의 이름은 보이지 않는다. 한편 《씨족》의 《개성김씨보》에는 가계가 끊어진 형태로 그가 외따로 기록되어 있어 계보를 알 수 없다. 하지만 김씨는 개성의 토성土姓 가운데 하나이다.

150 **이정**李楨 유학으로 중종 31년(1536) 별시에 장원급제하여 벼슬이 목사(정3품), 사간원 대사간(정3품 당상관), 참의(정3품 당상관)를 거쳐 홍문관 부제학(정3품 당상관)에 이르렀다. 선조 초 벼슬을 버리고 고향으로 내려가 후진양성에 몰두했다. 《방목》에는 벼슬과 아버지〔湛〕, 할아버지〔以蕃〕, 증조〔孟柱〕의 이름이 보이고, 본관이 사천泗川으로 되어 있다. 그런데 《청구》의 《사천이씨보》

180) 《명종실록》 권6, 명종 2년 7월 24일 계유.

를 보면 조상 가운데 벼슬아치는 한 사람도 없다. 《만성》의 《사천이씨보》를 보아도 똑같다. 한편 《씨족》에는 《사천이씨보》 자체가 없다. 그러나 이씨는 사천의 토성土姓 가운데 하나이며, 조선시대 문과급제자 2명을 배출했다.

151 **김수옹**金守雍 유학을 거쳐 중종 31년 별시에 급제하여 벼슬이 평안도 평사(정6품), 예안현감(종6품), 경상도 도사(종5품)를 지내고 동지사 서장관(4~6품)으로 중국에 다녀오기도 했으며, 첨정(종4품)에 이르렀다. 중종 35년 김수옹이 평안도 평사에 임명되자 대간에서는 그가 "물망物望이 없다"는 이유로 반대했는데, 이는 신분이 미천함을 뜻한다. 《방목》에는 벼슬과 아버지〔珙〕 이름 말고 아무런 기록이 없어 신원을 알 수 없다.

152 **한세진**韓世珎 진사로 중종 32년(1537) 식년시에 급제하여 벼슬이 호조정랑(정5품)을 거쳐 목사(정3품)에 이르렀다. 중종 39년 한세진이 호조정랑에 임명되자 대간에서는 "한세진의 본계本系가 미천微賤하다"는 것을 이유로 6조 낭관에 적합하지 않다고 반대했으나 임금은 이를 받아들이지 않았다.[181] 《방목》에는 벼슬과 아버지〔永諿〕 이름이 보이고, 본관이 보령保寧으로 되어 있다. 그런데 《청구》, 《만성》, 《씨족》에는 《보령한씨보》 자체가 없다. 《세종실록》 〈지리지〉에도 보령의 성씨 가운데 한씨가 없다. 보령한씨는 현재 청주한씨에 통합되어 별도의 족보를 가지고 있지 않다. 보령한씨로서 조선시대 문과급제자는 그가 유일하다.

153 **권윤**權綸 생원을 거쳐 중종 32년 식년시에 급제하여 벼슬

181) 《중종실록》 권104, 중종 39년 8월 4일 경오.

이 성균관 사예(정4품)에 이르렀다. 《방목》에는 벼슬과 아버지〔壽康〕 이름이 보이고, 본관은 안동安東으로 되어 있다. 그런데 《청구》, 《만성》, 《씨족》의 《안동권씨보》에는 권윤의 가계가 보이지 않는다.

154 **최계창**崔繼昌 전연사典涓司 직장(종7품)을 거쳐 중종 32년 식년시에 급제하여 벼슬이 교서관 정자(정9품)에 이르렀다. 《방목》에는 벼슬 이름 말고 아무런 기록이 없어 신원을 알 수 없다. 다만 전연사 직장은 체아직遞兒職으로 품계는 정자(정9품)보다 높지만 실직이 아니다.

155 **고몽필**高夢弼 생원을 거쳐 중종 32년 식년시에 급제하여 벼슬이 판관(종5품)에 이르렀다. 《방목》에는 벼슬과 아버지〔孝騫〕 이름이 보이고, 본관이 연안延安으로 되어 있다. 그런데 《청구》의 《연안고씨보》에는 아버지 효건이 벼슬이 없다. 《만성》과 《씨족》에는 《연안고씨보》 자체가 없다. 2000년 현재 연안고씨 인구는 129가구 374명의 희성으로, 고몽필을 시조로 삼고 있으며, 조선시대 문과급제자는 2명이다. 다만 고씨는 세종 대 연안의 토성土姓 가운데 하나였다.

156 **남숭**南崧 유학을 거쳐 중종 32년 식년시에 급제하여 벼슬이 성균관 전적(정6품)에 이르렀다. 《방목》에는 벼슬과 아버지〔老〕 이름이 보이고, 본관이 의령宜寧으로 되어 있다. 그러나 《청구》, 《만성》, 《씨족》의 《의령남씨보》에는 모두 남숭의 가계가 보이지 않는다. 신원을 알 수 없다.

157 **오윤좌**吳允佐 생원을 거쳐 중종 32년 식년시에 급제하여 벼슬이 형조정랑(정5품)에 이르렀는데, 뒤에 반역죄로 처단되었다.

《방목》에는 벼슬 말고 아무런 기록이 없어 신원을 알 수 없다.

158 **이의번**李依蕃 진사를 거쳐 중종 32년 식년시에 급제하여 벼슬이 형조정랑(정5품)에 이르렀다. 《방목》에는 벼슬 말고 아무런 기록이 없어 신원을 알 수 없다. 현재 본관이 함평咸平으로 알려져 있으나, 《청구》, 《만성》, 《씨족》의 《함평이씨보》에는 이의번의 가계가 보이지 않는다.

159 **김명언**金明彦 유학으로 중종 32년 식년시에 급제하여 벼슬이 호조정랑(정5품)을 거쳐 김제군수(종4품)와 시정(정3품 당하관)에 이르렀다. 명종 2년 김명언이 호조정랑에 임명되자 사헌부에서는 "문벌門閥이 낮다"[182]는 이유로 체직하라고 하여 임금이 그대로 따랐다. 《방목》에는 벼슬 말고 아무런 기록이 없어 신원을 알 수 없다.

160 **오전**吳詮 유학을 거쳐 중종 32년 식년시에 급제하여 벼슬이 부정(종3품)에 이르렀다. 《방목》에는 벼슬 말고 아무런 기록이 없어 신원을 알 수 없다. 《실록》에도 오전에 관한 아무런 기록이 없다.

161 **신사형**辛士衡 생원으로 중종 32년 식년시에 급제하여 벼슬이 교서관 박사(정7품), 현감(종6품)을 거쳐 목사(정3품)에 이르렀다. 《방목》에는 벼슬 이름이 보이고, 본관이 영산靈山으로 되어 있다. 그런데 《청구》, 《만성》, 《씨족》의 《영산신씨보》에는 신사형의 가계가 보이지 않는다. 신원을 알 수 없다.[183]

---

182) 《명종실록》 권6, 명종 2년 7월 24일 계유.

183) 《청구》의 《영산신씨보》에 신사형辛士衡이라는 이름이 보이나 문과에 급제한 사실이 없고, 진사進士로서 벼슬이 좌윤으로 되어 있어 본인이 아닌 것 같다.

162 **서구연**徐九淵 유학을 거쳐 중종 32년 별시에 급제하여 벼슬이 군수(종4품)와 부사(종3품)에 이르렀다. 《방목》에는 벼슬과 아버지〔淑童〕 이름이 보이고, 본관이 달성達城(대구)으로 되어 있다. 그런데 《청구》, 《만성》, 《씨족》의 《대구서씨보大丘徐氏譜》에는 서구연의 가계가 보이지 않는다. 신원을 알 수 없다.

163 **김순**金珣 진사로 중종 32년 별시에 급제하여 벼슬이 병조정랑(정5품)을 거쳐 강계부사(종3품)에 이르렀다. 《방목》에는 벼슬과 아버지〔伯卿〕 이름이 보이고, 본관이 선산善山으로 되어 있다. 그런데 《청구》, 《만성》, 《씨족》의 《선산김씨보》와 《일선김씨보》에는 김순의 가계가 보이지 않는다.

164 **성준**成遵 생원을 거쳐 중종 33년(1538) 별시에 급제하여 벼슬이 군수(종4품)에 이르렀다. 《방목》에는 벼슬과 아버지〔震孫〕, 할아버지〔壽璘〕의 이름이 보이나, 본관이 없다. 성씨의 본관은 창녕昌寧뿐인데, 《청구》, 《만성》, 《씨족》의 《창녕성씨보》에는 성준의 가계가 보이지 않는다.

165 **신일**辛馹 유학으로 중종 33년 별시에 급제하여 벼슬이 선조 대 부사(종3품)를 거쳐 제용감정濟用監正(정3품 당하관)에 이르렀다. 《방목》에는 벼슬과 아버지〔國鈞〕, 처부〔安順民〕의 이름이 보이고, 본관이 영산靈山으로 되어 있다. 그런데 《청구》, 《만성》, 《씨족》의 《영산신씨보》에는 신일의 가계가 보이지 않는다.

166 **유희춘**柳希春(1513~1577) 생원을 거쳐 중종 32년 별시에 급제하여 현감(종6품), 수찬(정6품), 정언(정6품)을 지냈는데, 명종 2년 양재역 벽서사건에 연루되어 유배를 가기도 했다. 그러나 그가 가르친 선조가 즉위하자 다시 등용되어 벼슬이 홍문관 부제

학(정3품 당상관)과 대사헌(종2품)에 이르렀다. 전라도 해남 출신으로 《미암일기眉巖日記》의 저자로도 유명하다. 《방목》에는 벼슬과 아버지〔桂隣〕, 할아버지〔公濬〕, 증조〔陽秀〕, 외조〔崔溥〕, 처부〔宋駿〕의 이름이 보이고, 본관이 선산善山으로 되어 있다. 그런데 《청구》의 《선산유씨보》에는 3대조가 모두 벼슬이 없고, 《만성》의 《선산유씨보》에는 유희춘과 그 조상의 이름이 보이지 않는다. 이와 달리 《씨족》의 《선산유씨보》를 보면 증조는 벼슬이 없이 증직贈職으로 좌통례를 받았고, 할아버지도 증직으로 좌승지를 받았고, 아버지도 증직으로 이조참판을 받았다. 이 모든 증직은 유희춘이 고관에 오른 대가로 죽은 뒤에 받은 것이다. 《세종실록》〈지리지〉를 보면 유씨는 선산의 사성賜姓으로 되어 있다. 그는 직계直系가 한미했으나, 외조가 유명한 최부崔溥이지만 그의 가계도 한미하다. 중종 9년 문과에 급제한 성춘成春이 그의 형이다.

167 **성몽열**成夢說 유학으로 중종 34년(1539) 별시에 장원급제하여 벼슬이 봉상시 판관(종5품), 함경도 도사(종5품), 6조 정랑(정5품)을 거쳐 창수倉守(정4품)에 이르렀다. 중종 36년 성몽열이 함경도 도사에 임명되자 대간은 그의 인물이 "잔약孱弱하고 용렬庸劣하여 일을 감당하기 어렵다"[184]고 하면서 반대했는데, 한미한 출신을 가리킨 것으로 보인다. 《방목》에는 벼슬과 아버지〔世恭〕 이름 말고 아무런 기록이 없어 신원을 알 수 없다. 성씨의 본관은 오직 창녕昌寧뿐인데, 《청구》, 《만성》, 《씨족》의 《창녕성씨

184) 《중종실록》 권97, 중종 36년 12월 27일 무인.

보》에는 그의 가계가 보이지 않는다.

168 **최홍도**崔弘渡 유학으로 중종 34년 별시에 급제하여 벼슬이 사도시 부정(종3품)을 거쳐 명종 대 동래부사(종3품)에 이르렀다. 《방목》에는 벼슬과 아버지〔滉〕, 할아버지〔承涾〕, 증조〔涉〕, 처부〔鄭惟沈〕의 이름이 보이고, 본관이 양주楊州로 되어 있다. 그러나 《청구》와 《만성》의 《양주최씨보》에는 최홍도의 가계가 보이지 않으며, 《씨족》에는 《양주최씨보》 자체가 없다. 《실록》을 보면, 그는 "음험하고 탐욕스러운 비부鄙夫로서 권신 윤원형尹元衡의 첩인 난정蘭貞의 아들을 사위로 삼아 호가호위狐假虎威했다"185) 고 한다. 《세종실록》 〈지리지〉를 보면 최씨는 양주의 내성來姓으로서 수원에서 왔다고 되어 있다. 따라서 양주최씨는 본래 양주의 토박이가 아니었다. 2000년 현재 양주최씨 인구는 1,205가구 3,892명의 희성으로, 조선시대 문과급제자는 5명이다.

169 **김윤정**金胤鼎 진사를 거쳐 중종 35년(1540) 식년시에 장원 급제하여 벼슬이 성균관 직강(정5품)에 이르렀다. 《방목》에는 벼슬과 아버지〔得先〕, 처부〔李澤〕의 이름이 보이고, 본관이 가흥嘉興(진도)으로 되어 있다. 그런데 《청구》의 《가흥김씨보》를 보면 아버지 득광得光(得先의 오기로 보임)과 김윤정이 기록되어 있고 아버지는 벼슬이 없다. 한편 《만성》과 《씨족》에는 《가흥김씨보》 자체가 없다. 《세종실록》 〈지리지〉를 보면 진도군 소속 가흥의 성씨 가운데 김씨는 속성續姓으로 향리라고 기록되어 있어서, 그는 가흥 향리 출신으로 보인다. 2000년 현재 가흥김씨 인구는 1

185) 《명종실록》 권30, 명종 19년 10월 27일 병신.

명으로 알려져 있다. 조선시대 문과급제자는 그가 유일하고, 시조이다.

170 **허양**許亮 유학을 거쳐 중종 35년 식년시에 급제하여 벼슬이 도사(종5품)에 이르렀다. 《방목》에는 벼슬과 아버지〔輔〕 이름이 보이고, 본관이 하양河陽으로 되어 있다. 그런데 《청구》의 《하양허씨보》를 보면, 허양은 허조許稠의 후손으로 아버지, 할아버지〔忠〕, 증조〔延齡〕는 아무런 벼슬이 없다. 고조인 허조가 집현전 학사로 있다가 사육신사건에 연루되어 자살한 이후로 그 후손들이 3대에 걸쳐 벼슬을 포기한 것이다. 한편 《만성》과 《씨족》의 《하양허씨보》에는 아버지와 그의 이름이 보이지 않는다.

171 **김한경**金漢卿 유학으로 중종 35년 식년시에 급제하여 벼슬이 군수(종4품)를 거쳐 목사(정3품)에 이르렀다. 《방목》에는 벼슬과 아버지〔禮根〕, 처부의 이름이 보이고, 본관이 개성開城으로 되어 있다. 그런데 《청구》와 《만성》의 《개성김씨보》에는 김한경의 가계가 보이지 않는다. 한편 《씨족》의 《개성김씨보》를 보면 그와 아버지는 가계가 끊어진 형태로 외따로 기록되어 있는데, 아버지는 개성 사람으로 벼슬이 없다. 조상의 가계를 알 수 없는 인물이다.

172 **정경우**鄭景祐 진사를 거쳐 중종 35년 문과에 급제하여 벼슬이 감찰(정6품)에 이르렀다. 《방목》에는 벼슬과 아버지〔輝〕, 할아버지〔安孫〕의 이름이 보이고, 본관이 연일延日로 되어 있다. 그런데 《청구》, 《만성》, 《씨족》의 《연일정씨보》에는 모두 정경우의 가계가 보이지 않는다. 《실록》에도 아무런 기록이 없다. 신원을 알 수 없다.

173 **최수청**崔水淸 생원을 거쳐 중종 35년 식년시에 급제하여 벼슬이 성균관 전적(정6품)에 이르렀다. 《방목》에는 벼슬과 아버지〔碧〕 이름 말고 아무런 기록이 없다. 《실록》에도 아무런 기록이 보이지 않아 신원을 알 수 없다. 현재 본관이 전주全州로 알려져 있으나, 《청구》, 《만성》, 《씨족》의 《전주최씨보》에는 최수청의 가계가 보이지 않는다.

174 **김이상**金履祥 생원을 거쳐 중종 35년 별시에 급제하여 벼슬이 통례원 상례相禮(종3품)에 이르렀다. 《방목》에는 벼슬과 아버지〔守連〕 이름이 보이고, 본관이 김해金海로 되어 있다. 그런데 《청구》의 《김해김씨보》를 보면, 아버지 수련은 벼슬이 없고 김태검金泰劒의 후손이라고 적었다. 따라서 가까운 조상 가운데 벼슬아치를 확인할 수 없다. 한편 《만성》과 《씨족》의 《김해김씨보》에는 김이상의 가계가 보이지 않는다.

175 **노연령**魯延齡 훈도(종9품)를 거쳐 중종 35년 별시에 급제하여 벼슬이 찰방(종6품)에 이르렀다. 《방목》에는 벼슬과 아버지〔仁山〕 이름이 보이고, 본관이 함풍咸豊(함평)으로 되어 있다. 그런데 《청구》와 《만성》의 《함평노씨보咸平魯氏譜》에는 노연령의 가계가 보이지 않는다. 《씨족》의 《함평노씨보》에는 그와 아버지의 가계가 끊어진 형태로 외따로 기록되어 있는데, 아버지는 죽산竹山 사람으로 벼슬이 없다. 《실록》에도 아무런 기록이 없다. 다만 노씨는 함풍의 토성土姓 가운데 하나이며, 2000년 현재 함평노씨 인구는 1,604가구 5,131명의 희성으로, 조선시대 문과급제자 3명을 배출했다.

176 **임회**林薈(개명 誨) 진사를 거쳐 중종 35년 별시에 급제하여

벼슬이 감정(정3품 당하관)에 이르렀다. 《방목》에는 벼슬 말고 아무런 기록이 없으며, 《실록》도 마찬가지이다. 현재 본관이 부안扶安으로 알려져 있으나 《청구》와 《만성》에는 《부안임씨보》 자체가 없으며, 《씨족》의 《부안임씨보》에는 임회의 가계가 보이지 않는다.

177 **배숙기**裵淑綺 진사를 거쳐 중종 35년 별시에 급제하여 벼슬이 승문원 교리(종5품)에 이르렀다. 《방목》에는 벼슬과 아버지〔承敎〕 이름 말고 아무런 기록이 없어 신원을 알 수 없다. 《실록》에도 전혀 기록이 없다.

178 **이사충**李思忠 유학을 거쳐 중종 38년(1543) 문과에 급제하여 벼슬이 첨지(정3품 당상관)에 이르렀다. 《방목》에는 벼슬 말고 아무런 기록이 없어 신원을 알 수 없다. 현재 본관이 고양高陽으로 알려져 있으나, 《청구》, 《만성》, 《씨족》에는 《고양이씨보》 자체가 없다. 이씨는 고양의 내성來姓으로 토착민이 아니며, 2000년 현재 인구는 113가구 365명의 희성으로, 조선시대 문과 급제자는 이사충이 유일하다.

179 **김내옹**金乃雍 진사로 중종 38년 식년시에 급제하여 벼슬이 봉상시 주부(종6품)를 거쳐 형조정랑(정5품)에 이르렀다. 《방목》에는 벼슬과 아버지〔珙〕, 처부의 이름이 보이고, 수옹守雍(중종 31년 문과급제)의 아우라고 밝히고 있으나, 본관을 모른다. 신원을 알 수 없다.

180 **김삼달**金三達 중종 29년 문과에 급제한 김삼택金三宅의 아우로, 진사를 거쳐 중종 38년 식년시에 급제하고 중시에도 급제하여, 벼슬이 교서관 박사(정7품)에 이르렀다. 《방목》에는 벼슬

과 아버지〔世貞〕 이름이 보이고, 본관이 영암靈岩으로 되어 있다. 그런데 《청구》의 《영암김씨보》에는 아버지 세정만 기록되어 있고, 김삼달의 이름은 보이지 않는다. 한편 《만성》의 《영암김씨보》에는 그가 문희文熙의 아들로 되어 있고 김세정은 9대조로 되어 있어, 《방목》의 기록과 전혀 다르다. 또한 《씨족》의 《영암김씨보》에는 그와 아버지만이 가계가 끊어진 형태로 기록되어 있는데, 아버지 벼슬은 병절교위(종6품)로 이는 무반산직이다. 따라서 그의 가계는 혼란스러울 뿐 아니라, 조상 가운데 벼슬아치도 없다. 2000년 현재 영암김씨 인구는 787가구 2,568명의 희성으로, 조선시대 문과급제자 5명을 배출했다.

181 **도현보**都鉉輔 유학을 거쳐 중종 38년 식년시에 급제하여 벼슬이 현감(종6품)에 이르렀다. 《방목》에는 벼슬과 아버지〔鈞〕와 외조〔金叔熙〕의 이름이 보이고, 본관이 팔거八莒(성주)로 되어 있다. 그런데 《청구》와 《만성》의 《팔거도씨보》를 보면 아버지, 할아버지 맹령孟寧, 증조 이경以敬은 모두 벼슬이 없다. 《씨족》의 《팔거도씨보》에는 도현보의 6대조 가운데 벼슬아치가 없고, 가계도 중간 중간 끊어져 있다. 도씨는 성주星州의 속현인 팔거의 일반성 가운데 하나이며, 조선시대 문과급제자 16명을 배출했다.

182 **김희련**金希鍊 진사를 거쳐 중종 38년 식년시에 급제하여 벼슬이 평사(정6품)에 이르렀다. 《방목》에는 벼슬 말고 아무런 기록이 없다. 그런데 《씨족》의 《영암김씨보》에 김희련의 이름이 보이는데, 장흥長興 사람으로 가계가 끊어진 형태로 외따로 기록되어 있어 조상의 가계를 알 수 없다. 한편 《만성》에는 《영암김씨보》 자체가 없고, 《청구》의 《영암김씨보》에는 그의 이름이 보

이지 않는다. 영암김씨에 대한 것은 앞의 김삼달의 경우를 참고하기 바란다.

183 **진관**陳瓘 생원을 거쳐 중종 38년 식년시에 급제하여 벼슬이 부사(종3품)에 이르렀다. 《방목》에는 벼슬과 아버지〔嘉猷〕, 할아버지〔崇伯〕의 이름이 보이고, 본관이 삼척三陟으로 되어 있다. 그런데 《청구》, 《만성》, 《씨족》의 《삼척진씨보》에는 진관의 가계가 보이지 않는다. 삼척진씨는 현재 여양진씨로 통합되었으며, 조선시대 문과급제자는 모두 3명이다.

184 **이규**李葵(개명 蘷) 생원을 거쳐 중종 38년 식년시에 급제하여 벼슬이 현감(종6품)에 이르렀다. 《방목》에는 벼슬과 아버지〔仁壽〕 이름이 보이나, 본관이 없다. 현재 본관이 양성陽城으로 알려져 있는데, 《청구》, 《만성》, 《씨족》의 《양성이씨보》에는 이규의 가계가 보이지 않는다.

185 **이난**李蘭 생원을 거쳐 중종 38년 식년시에 급제하여 벼슬이 통례원 봉례奉禮(정4품)에 이르렀다. 《방목》에는 벼슬과 아버지〔克榮〕 이름이 보이고, 본관이 여흥呂興(여주)으로 되어 있다. 그러나 《청구》, 《만성》, 《씨족》의 《여주이씨보》에는 모두 이난의 가계가 보이지 않는다. 신원을 알 수 없다.

186 **김성경**金成卿 유학을 거쳐 중종 38년 식년시에 급제하여 벼슬이 청주목사(정3품)로 통정대부(정3품 당상관)에 올랐다. 《방목》에는 벼슬과 아버지〔祉吉〕 이름이 보이고, 본관이 공주公州로 되어 있다. 그런데 《청구》와 《만성》의 《공주김씨보》에는 김성경의 가계가 보이지 않으며, 《씨족》에는 《공주김씨보》 자체가 없다. 《세종실록》 〈지리지〉를 보면 공주김씨는 당나라에서 귀화

한 성씨라고 한다. 2000년 현재 인구는 2,401가구 7,587명이며, 조선시대 문과급제자 11명을 배출했다.

187 **정두형**鄭斗亨 생원을 거쳐 중종 39년(1544) 별시에 급제하여 벼슬이 부사(종3품)에 이르렀다. 《방목》에는 벼슬과 아버지〔忠元〕 이름 말고 아무런 기록이 없으며, 《실록》에도 마찬가지이다. 현재 본관이 연일延日로 알려져 있으나, 《청구》, 《만성》, 《씨족》의 《연일정씨보》에는 정두형의 가계가 보이지 않는다.

188 **노곤**盧鯤 진사를 거쳐 중종 39년 별시에 급제하여 벼슬이 성균관 전적(정6품)에 이르렀다. 《방목》에는 벼슬과 아버지〔守儉〕 이름이 보이고, 본관이 풍천豊川으로 되어 있다. 그런데 《청구》와 《만성》의 《풍천노씨보》에는 노곤의 가계가 보이지 않으며, 《씨족》의 《풍천노씨보》에는 그와 아버지가 외따로 가계가 끊어진 형태로 기록되어 있다. 여기에 아버지는 벼슬이 부사과(종6품)로 되어 있는데, 이는 무반산직에 지나지 않는다.

12
명종 대 신분이 낮은 급제자와 벼슬

1) 명종 대 서얼 차대 강화와 서얼허통

명종 대(1545~1567)는 서얼庶孼에 대한 차대가 더욱 강화되는 규정을 만들면서 동시에 서얼허통이 이루어져 상반된 두 모습을 보여주었다. 명종 10년(1555) 편찬한 《경국대전주해經國大典註解》에서는 《경국대전》에 규정된 '서얼자손'을 '서얼자자손손'으로 주해하여 서얼 후손을 영구히 금고시켜 놓았던 것이다.

그런데 《경국대전주해》가 편찬된 다음 해인 명종 11년(1556)에는, 다시 〈서얼허통절목庶孼許通節目〉을 만들어 양첩良妾이 낳은 서자庶子의 경우에는 손자 대에 이르러 문과응시가 가능하도록 조처했다.[186] 그러니까 천첩賤妾이 낳은 얼자孼子에게만 영구적인 금고조치가 내려진 셈이다.

명종 11년 이후로 이러한 조치가 내려진 것은 문정왕후文定王

186) 《명종실록》 권20, 명종 11년 2월 4일 계사.

后의 오라비이자 소윤파少尹派의 중심인물인 윤원형尹元衡 일파의 노력에 따른 것이라 한다. 윤원형은 첩妾을 처妻로 삼아 그 사이에 낳은 아들을 출세시키고자 서자의 문과응시를 허용하도록 만들었다고 당시 식자들은 이해하고 있었다. 그의 뜻을 따라준 인물은 영의정 심연원沈連源, 좌의정 상진尙震, 우의정 윤개尹漑 등이었다.[187]

이렇게 양첩자良妾子의 문과응시를 허용하면서 서류수속에는 반드시 시험지 안에 "아무개의 양첩자"라고 쓰고, 합격증서인 백패白牌(생원, 진사시 합격증서)와 홍패紅牌(문과급제증서), 그리고 《방목》에도 똑같이 쓰게 하여 사족士族과 혼동되지 않도록 했다.[188]

명종 대 서얼허통은 비록 권신의 사적인 목적에서 이루어진 것이지만 결과적으로는 양첩서자들에게는 큰 희망을 준 것이 사실이었다. 하지만 명종 대 전반적인 분위기는 신분이 낮은 평민의 벼슬을 억제하는 방향으로 움직이고 있었다. 그래서 급제자에게 청요직을 주려고 할 때 대간臺諫이 서경署經을 거부하는 사례가 적지 아니 보이고 있었다. 다음에 문과급제자의 구체적인 실례를 통해 그 실상을 알아보기로 한다.

2) 시험과목별 급제자 인원

중종(1506~1544) 다음에 인종(1544~1545)이 즉위했으나 재위 8

187) 《명종실록》 권15, 명종 8년 10월 7일 경진; 권15, 명종 8년 11월 12일 갑인.
188) 《명종실록》 권17, 명종 9년 8월 25일 계사.

개월 만에 세상을 떠나 문과시험이 거행되지 못했다. 그 다음 명종은 재위기간 22년 동안 문과급제자 470명을 선발했다. 시험과목별로 급제자 인원을 소개하면 다음 표와 같다.

식년시式年試	7회	240명
증광시增廣試	1회	33명
별시別試	9회	161명
친시親試, 정시庭試	2회	16명
알성시謁聖試	4회	20명
합 계		470명

식년시는 3년마다 시행되는 정기시험으로 초시급제자를 8도의 인구비율로 강제배분하는 까닭에 지방민에게 유리한 시험이다. 모두 7회 거행되어 240명을 선발했다. 매회 평균 34.28명을 선발한 셈인데, 이는 회마다 33명을 선발하는 규정을 다소 초과한 것이다. 연산군 대까지는 규정을 지켜오다가 중종 대는 평균 31.69명을 선발하여 규정의 수치를 밑돌다가 명종 대는 규정의 수치를 약간 넘어선 것이다. 하지만 이 정도의 변화는 큰 의미가 없다.

증광시는 식년시와 비슷한 것으로 명종 즉위를 기념하여 치러진 시험이다. 식년시와 증광시를 합친 인원은 273명으로 전체 급제자의 58퍼센트에 이른다. 한편 전체 급제자를 매년 평균으로 따지면 21.36명으로 이는 중종 대 23.07명에 견주어 약간 낮은 수치이지만, 이 또한 큰 의미는 없다.

3) 신분이 낮은 급제자

명종 대 전체 급제자 470명 가운데 신분이 낮은 것으로 판단되는 급제자는 모두 93명으로, 전체 급제자의 19.78퍼센트를 차지한다. 여기서 사용한 《족보》는 앞 시기와 마찬가지로 《청구》, 《만성》, 《씨족》의 세 통합보統合譜이다. 이 수치를 앞 시기와 비교하면 다음과 같다.

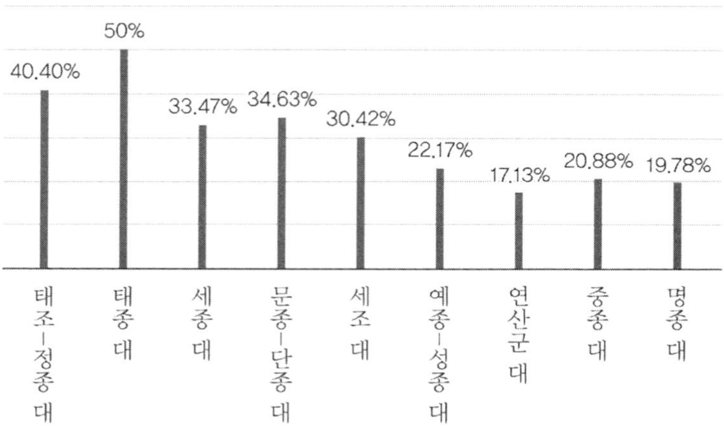

위 표를 다시 정리하면 태조-태종 대 40~50퍼센트를 차지하던 수치가 세종-세조 대에는 30퍼센트대로 내려가고, 다시 예종-성종 대 이후로는 20퍼센트 안팎으로 더 떨어지고 있음을 볼 수 있다. 이런 변화는 시대가 내려갈수록 급제자의 신분이 높아지고 있음을 말해준다.

명종 대 신분이 낮은 급제자 93명은 그 안에 여러 유형이 있다. ① 본관을 알 수 없는 급제자, ② 본관은 있으나 《족보》가 없는 급제자, ③ 《족보》는 있으나 급제자의 가계가 보이지 않는 급제자, ④ 《족보》에 조상의 가계가 끊어져 있는 급제자, ⑤ 내외 4대조 가운데 벼슬아치가 없는 급제자, ⑥ 서얼로 밝혀진 급제자 등이다. 이들의 실례를 소개하면 다음과 같다.

(1) 《방목》에 본관이 기록되지 않은 급제자

명종 대 신분이 낮은 급제자 93명 가운데 《방목》에 본관이 기록되어 있지 않고, 《족보》에서도 본관이 확인되지 않는 급제자는 모두 10명이다. 본관이 없다는 것은 그만큼 신분이 낮다는 뜻이다. 조상 가운데 벼슬아치가 없어 본관이 아직 형성되지 않았거나, 본관이 있더라도 이를 밝힐 만한 형편이 아닌 경우가 여기에 해당할 것이다. 아마도 대대로 평민으로 살아왔거나, 향리이거나, 서얼이거나, 그 밖에 잡학雜學을 하는 집안이거나, 노비가 양인으로 상승한 경우도 있을 것이다. 어쨌든 여러 가지 사정이 있는 사람들이다.

이 부류의 급제자들은 《방목》에 본관만 보이지 않는 것이 아니라 아버지 이름조차 보이지 않거나, 아니면 아버지 이상의 조상 이름도 보이지 않는다. 때로 처부의 이름이 보이는 경우도 있다. 이들의 벼슬은 모두 4품 이하에 머물고 있으며, 군수郡守(종4품)가 가장 많다. 앞 시기에는 이런 부류에서도 3품 이상 고관이 배출되었지만, 명종 대에는 그런 인물이 없다. 따라서 10명의 개별적인 명단은 생략하고, 뒤에 보이는 신분이 낮은 급제자 명단을 참고하기 바란다.

(2) 《족보》 자체가 없는 급제자

명종 대 신분이 낮은 급제자 93명 가운데 본관은 있으나, 그 본관의 《족보》가 세 통합보에 보이지 않는 급제자는 모두 3명이다. 이들은 인구가 적은 희성, 조상 가운데 벼슬아치가 거의 없는 평민, 향리, 노비로서 양인으로 올라간 사람들, 또는 서얼로서 급제한 인물들로 보인다. 어느 경우이든 신분이 낮은 부류로 볼 수 있다.

이 부류의 급제자로서 3품 이상 고관에 오른 인물은 한 사람도 없다. 이 점도 앞 시기와 견주어 다른 점이다. 3명 가운데 1명은 향리 출신이며, 다른 1명은 시조가 되었다. 이들의 명단을 소개하면 다음과 같다.

신호申濩 벼슬이 교리校理(종5품)에 올랐다. 본관이 영천永川이지만 《영천신씨보》 자체가 없다. 현재 인구를 알 수 없으며, 조선시대 문과급제자는 신호뿐이다. 인구가 적은 희성으로 벼슬아치가 없기 때문에 《족보》를 만들지 못한 것으로 보인다.

한세해韓世瀣 벼슬이 군수(종4품)에 올랐는데, 전력前歷이 공생貢生으로 되어 있어 향리 출신임을 알 수 있다. 본관은 탐진耽津(강진)인데 《탐진한씨보》가 없으며, 한세해가 유일한 문과급제자이다. 현재 탐진한씨는 청주한씨淸州韓氏로 통합되어 있어 인구도 알 수 없다.

조천령曺千齡 벼슬이 군수(종4품)에 올랐다. 본관이 가흥嘉興(진도)인데, 《가흥조씨보》가 없다. 2000년 현재 인구는 566가구 1,609명으로 희성에 속하며, 조천령이 시조이다.

(3) 《족보》에 가계가 보이지 않는 급제자

명종 대 신분이 낮은 급제자 93명 가운데 《족보》는 있으나 《족보》에 가계가 보이지 않는 급제자는 모두 53명으로, 가장 많은 비중을 차지하고 있다. 문과에 급제했음에도 《족보》에 오르지 못하고 있는 까닭은 성씨姓氏 자체가 희성인 경우도 있고, 본관은 대성大姓이지만 급제자의 직계直系조상이 출세하지 못한 경우, 서출이거나 향리, 또는 노비로서 양인으로 올라간 부류로 보인다.

(가) 3품 이상 고관에 오른 급제자

《족보》에 가계가 보이지 않는 급제자 53명 가운데 3품 이상 고관에 오른 인물은 12명이다. 그들을 소개하면 다음과 같다.

유세무柳世茂, **조유성**趙惟誠, **강원**姜源 이 세 사람은 벼슬이 목사(정3품)에 올랐는데, 유세무는 본관이 전주全州, 조유성은 순창淳昌, 강원은 진주晋州인데, 모두 《족보》에 가계가 보이지 않는다.

서극일徐克一 벼슬이 원정院正(정3품 당하관)에 올랐는데, 《이천서씨보》에 가계가 보이지 않는다.

우세신禹世臣, **이원린**李元麟, **안전**安佺 이 세 사람은 벼슬이 시정寺正(정3품 당하관)에 올랐는데, 우세신은 본관이 단양丹陽, 이원린은 전의全義, 안전은 순흥順興인데, 모두 《족보》에 가계가 보이지 않는다.

장문보張文輔 벼슬이 성균관 사성司成(종3품)에 올랐으나, 《순천장씨보》에 가계가 보이지 않는다.

유한충劉漢忠, **김청**金淸, **임백균**任百鈞, **임연복**任延福 이 4명은 벼슬이 부사(종3품)에 올랐는데, 유한충은 본관을 모르고, 김청은 경주慶州인데 아버지가 하급 아전인 서리書吏이다. 임백균은 장흥長興이고, 임연복은 곡성谷城인데, 모두 《족보》에 가계가 보이지 않는다.

(나) 시조가 된 급제자

《족보》에 오르지 못한 급제자 가운데에 시조가 된 급제자는 다음과 같다.

조윤서趙允瑞 벼슬이 군수(종4품)에 올랐는데, 본관은 흥양興陽이다. 2000년 현재 흥양조씨 인구는 174가구 532명의 희성으로, 조선시대 문과급제자는 조윤서가 유일하고, 시조가 되었다.

(다) 서얼 출신

《족보》에 가계가 보이지 않는 급제자 가운데에는 서얼 출신은 다음과 같다.

이경李璚 벼슬이 군수(종4품)에 올랐는데, 본관이 전주全州이다. 그런데 《전주이씨과거급제자총람》을 보면 그는 파미분류자派未分類者로 되어 있다. 그러니까 계파系派를 몰라 《족보》에 오르지 못한 인물로, 서출로 보인다.

(라) 서리의 아들

《족보》에 가계가 보이지 않는 급제자 가운데에는 서리書吏의 아들도 있다.

김청金淸 벼슬이 부사(종3품)에 올랐다. 본관이 명문인 경주慶州이지만, 아버지가 서리이다. 앞에서 이미 설명했다.

(마) 행상의 아들

《족보》에 가계가 보이지 않는 급제자 가운데에는 행상行商의 아들도 있다.

윤연尹淵 벼슬이 군수(종4품)를 거쳐 첨정僉正(종4품)에 올랐다. 《명종실록》에 "여염閭閻의 천인賤人"이고, "아비가 행상"이라고 한다. 그래서 과거에 응시할 때 아저씨를 아버지 이름으로 바꾸어 제출했다고 한다. 윤연은 영천윤씨永川尹氏로, 윤씨는 영천의 토성土姓이지만, 2000년 현재 인구는 275가구 841명의 희성에 속한다.

(바) 용렬한 급제자, 유일급제자 등

《족보》에 가계가 보이지 않는 급제자 가운데에는 유일한 문과 급제자이거나, 《실록》에 인물이 "용렬하다"고 기록되어 있는 인물들이 많다. 예를 들면 다음과 같다.

장응정張應禎 벼슬이 서윤庶尹(종4품)에 올랐는데, 인물이 추솔麤率하다는 이유로 대간이 서경을 거부한 일이 있었다. 본관은 울진蔚珍인데, 《울진장씨보》에는 가계가 보이지 않는다.

임희무林希茂 벼슬이 사간원 정언正言(정6품)에 올랐는데, 명망名望이 없다는 이유로 사헌부의 비판을 받았다. 본관이 회진會津(나주)인데, 《회진임씨보》에 가계가 보이지 않는다.

김응인金應寅 벼슬이 좌랑(정6품)에 올랐는데, 인물이 용렬庸劣

하다는 이유로 사간원의 비판을 받았다. 본관이 양산梁山이지만, 《양산김씨보》에 가계가 보이지 않는다. 2000년 현재 인구는 820가구 2,628명의 희성으로, 조선시대 문과급제자 3명을 배출했다.

신대수申大壽 벼슬이 현감(종6품)에 올랐다. 본관이 곡성谷城이지만 《곡성신씨보》에 가계가 보이지 않는다. 2000년 현재 인구는 172가구 545명의 희성으로, 조선시대 문과급제자는 신대수가 유일하다.

심굉沈鍧 벼슬이 현감(종6품)에 올랐다. 본관이 의령宜寧이지만 《의령심씨보》에 가계가 보이지 않는다. 2000년 현재 인구는 284가구 879명의 희성으로, 조선시대 문과급제자는 심굉이 유일하다.

(4) 《족보》에 조상의 가계가 단절된 급제자

《족보》에 본인이나 아버지 이름만 보이고, 윗대의 가계가 끊어져 있는 급제자는 모두 12명이다. 이런 경우는 자기 직계에서 처음 벼슬아치가 나왔다는 것을 말해주므로 집안이 매우 한미하다고 할 수 있다.

(가) 3품 이상 고관에 오른 급제자

《족보》에 가계가 단절된 급제자 12명 가운데서도 3품 이상 고관에 오른 인물이 8명이다. 그 명단을 소개하면 다음과 같다.

진억秦嶷 본관이 삼척三陟으로, 벼슬이 관찰사(종2품)에 올랐다. 《삼척진씨보》를 보면, 아버지부터 가계가 시작되는데, 아버지는 벼슬이 없다. 2000년 현재 인구는 295가구 964명의 희성으로 조선시대에 진억과 그 아들만이 문과에 급제했을 뿐이다. 진씨는 중국에서 귀화하여 사성賜姓된 성씨라고 한다.

최입崔岦(1539~1612) 본관이 통천通川으로, 벼슬이 승문원 제조(종2품)에 올랐다. 차천로車天輅, 한석봉韓石峰과 더불어 '송도삼절松都三絶'로 불리는 이름난 문장가이지만, 《실록》에는 "집안이 매우 한미寒微하다", "미천微賤하다", "천품賤品이다", "천얼 출신" 등의 표현이 나온다. 이는 최입이 비첩婢妾의 소생임을 말해준다.

안봉安鳳 본관이 태원太原 곧 충주忠州(태원)로, 벼슬이 동지중추부사(종2품)에 올랐다. 《태원안씨보》에는 아버지 이후부터 기록되어 있는데, 아버지는 벼슬이 없다.

노기盧麒, **옹몽진**邕夢辰 이 두 사람은 모두 벼슬이 원정院正(정3품 당하관)에 올랐다. 노기는 본관이 안강安康인데, 안강노씨는 2000년 현재 인구가 82가구 280명에 지나지 않는 희성이다. 조선 초기에는 안강에 노씨가 없었으므로 후대에 이곳을 본관으로 삼은 것을 알 수 있다. 옹몽진은 본관이 순창淳昌인데, 순창호장淳昌戶長의 아들이므로 향리 출신이다. 그가 유일한 문과급제자이며, 뒤에 순창옹씨의 시조가 되었다.

김한걸金漢傑, **전순필**全舜弼 이 두 사람은 모두 벼슬이 부사(종3품)에 올랐다. 김한걸은 본관이 개성開城이지만 《개성김씨보》에 가계가 단절되어 있으며, 전순필은 안동전씨安東全氏의 유일한 문과급제자이다.

오건吳健(1521~1574) 남명 조식曺植의 문인으로, 벼슬이 사헌부 집의執義(종3품)와 홍문관 전한典翰(종3품)에 이르렀다. 그러다가 벼슬을 버리고 고향 함양咸陽으로 내려가 학문에 전념하다가 세상을 떠났는데, 뒤에 서원에 배향되었다. 《함양오씨보》에는 아버지와 오건만 기록되어 있는데, 아버지는 벼슬이 없다.

(나) 시조가 된 급제자

《족보》에 가계가 단절된 급제자 가운데 뒷날 시조가 된 급제자는 2명이다.

옹몽진邕夢辰 앞에서 이미 설명했다.

장문한張文翰 벼슬이 서령署令(종5품)에 올랐는데, 뒤에 태원장씨太原張氏(충주장씨)의 시조가 되었다. 2000년 현재 인구는 140가구 433명의 희성으로, 조선시대 문과급제자는 장문한이 유일하다.

(다) 향리 출신 급제자

《족보》에 가계가 단절된 급제자 가운데 향리 출신은 1명이다.

옹몽진邕夢辰 앞에서 이미 설명했다.

(5) 내외 4대조 가운데 벼슬아치가 없는 급제자

명종 대 신분이 낮은 급제자 93명 가운데 《족보》에 가계가 보이지만, 내외 4대조 또는 그 윗대에도 벼슬아치가 없는 급제자는 모두 9명이다.

(가) 3품 이상 고관에 오른 급제자

내외 4대조 가운데 벼슬아치가 없지만 3품 이상 고관에 오른 인물이 3명 있다. 그 명단을 소개하면 다음과 같다.

최경장崔慶長 벼슬이 원정院正(정3품 당하관)에 올랐다. 본관이 해주海州로, 직계 조상 5대조 가운데 벼슬아치가 없고 외조의 이름도 알 수 없다.

안응조安應釣 벼슬이 부사(종3품)에 올랐다. 본관이 죽산竹山으로, 직계 4대조와 외조 가운데 벼슬아치가 없다.

정인관鄭仁寬 벼슬이 부사(종3품)에 올랐다. 본관이 광주光州로, 내외 4대조 가운데 벼슬아치가 없다.

(나) 기타

손흥서孫興緖 벼슬이 군수(종4품)에 올랐다. 본관이 밀양密陽으로, 직계 조상 7대조 가운데 벼슬아치가 없다.

백광홍白光弘(1522~1556) 벼슬이 평사評事(정6품)에 올라, 문장가로 이름을 떨쳤다. 본관이 수원水原 또는 해미海美로, 내외 4대조 가운데 벼슬아치가 없다.

(6) 서얼 출신 명신

명종 대 신분이 낮은 급제자가 93명 가운데 서얼로 알려진 급제자는 앞에서 최입崔岦과 이경李璥 등 2명을 언급했지만, 그 밖에 3명이 더 있다. 그들의 명단을 소개하면 다음과 같다.

최입崔岦 앞에서 이미 설명했다.

이경李璚 앞에서 이미 설명했다.

양사언楊士彦(1517~1584) 벼슬이 부사(종3품)이자 통정대부(정3품 당상관)에까지 올랐는데, 16세기를 대표하는 명필名筆로서 더 이름을 떨쳤다. 호가 봉래蓬萊이다. 그런데 신분상으로는 청주양씨淸州楊氏 양반 집안의 서출이다. 《청주양씨보》에는 이름이 올라 있다.

강문우姜文佑 벼슬이 교서관 교리校理(종5품)에 올랐다. 증조가 문종의 부마가 되었다가 다른 여자를 재취로 얻었는데, 정희왕후가 그녀를 첩으로 강등시켜 그 후손들이 서얼이 된 것이다. 강문우의 전력前歷은 《방목》에 서얼로 분명하게 밝혀 놓았다.

김현성金玄成(1542~1621) 벼슬이 동지돈녕부사(정2품)에 올랐는데, 시와 글씨에도 뛰어나서 17세기 초 서울문단을 이끌었던 침류대학사枕流臺學士의 한 사람으로도 이름을 날렸다. 호는 남창南窓이다. 그러나 김해김씨 집안의 서얼로, 벼슬하는 동안 집안이 한미寒微하고 용렬庸劣하다는 이유로 내내 대간臺諫이 서경署經을 거부하는 수모를 겪었다.

이상 명종 대 신분이 낮은 급제자 93명의 신원을 분류해서 알아보았다. 이를 통틀어 특징적인 현상을 정리하면 다음과 같다.

① 서출급제자는 모두 5명으로 확인되었는데, 그 가운데 한 사람은 천얼 곧 비첩소생으로 알려져 있다. 최입崔岦이 그렇다. 그들이 받은 벼슬도 《경국대전》의 규정을 훨씬 넘어서고 있었다. 하지만 이들은 너무 유명하여 신원이 확인되었을 뿐이고, 그 밖에 신원이 확인되지 않는 급제자들 가운데에도 상당수가 서출일

것으로 짐작된다.

② 향리 출신 급제자는 확인된 사람만 3명이다. 하지만 신원 미상 급제자 가운데에도 향리 출신이 더 있을 것으로 추측된다.

③ 시조로 추앙된 인물은 모두 5명이다.

④ 자기 본관에서 조선시대 유일한 문과급제자는 모두 8명이다. 그런데 유일급제자와 시조로 추앙된 인물은 서로 중복된 경우가 적지 않다.

⑤ 행상인의 아들로 확인된 급제자가 1명이다.

4) 신분이 낮은 급제자의 벼슬

명종 대 급제자 470명 가운데 신분이 낮은 급제자는 93명인데, 그 가운데 벼슬을 받지 못한 급제자는 1명이다. 그는 내외 4대조 가운데 벼슬아치가 없는 인물이다. 나머지 92명이 받은 벼슬을 품계순으로 인원을 정리해 보면 다음과 같다.

벼슬과 품계	인원
동지돈녕부사同知敦寧府事(정2품)	1명 (김현성)
관찰사觀察使(종2품)	1명 (진억)
동지중추부사同知中樞府事(종2품)	1명 (안봉)
승문원 제조提調(종2품)	1명 (최입)
목사牧使(정3품)	3명
정正(정3품 당하관)	7명
성균관 사성司成(종3품)	2명
부사府使(종3품)	9명
사헌부 집의執義(종3품)	1명

1~3품	26명
성균관 사예司藝(정4품)	1명
첨정僉正(종4품)	5명
서윤庶尹(종4품)	1명
군수郡守(종4품)	28명
장례원 사의司議(정5품)	1명
정랑正郎(정5품)	4명
교리校理(종5품)	4명
서령署令(종5품)	1명
도사都事(종5품)	1명
판관判官(종5품)	1명
평사評事(정6품)	1명
성균관 전적典籍(정6품)	2명
좌랑佐郎(정6품)	5명
사간원 정언正言(정6품)	2명
현감縣監(종6품)	2명
4~6품	59명
성균관 학정學正(정8품)	1명
정자正字(정9품)	3명
성균관 학유學諭(종9품)	1명
권지權知(임시직)	2명
7~9품	7명
벼슬을 받지 못한 급제자	1명
합 계	93명

위 표를 다시 정리하면, 신분이 낮은 급제자 93명 가운데 1명이 벼슬을 받지 못했고, 나머지 92명이 벼슬을 받았다. 그 가운데 3품 이상 고관에 오른 급제자는 모두 26명이다. 이는 93명의 27.95퍼센트를 차지한다. 그런데 정2품에 오른 인물도 있지만, 의정부 삼정승三政丞이나 판서判書, 참판參判 등 요직에 오른 인물

은 하나도 없는 것이 눈길을 끈다. 이 점은 앞 시기에 견주어 나빠진 점이다.

다음 4~6품에 이르는 참상관參上官에 오른 급제자는 모두 59명에 이른다. 직종별로 보면 군수가 28명으로 약 절반을 차지하고 있으며, 6조 낭관郎官에 나간 급제자는 모두 9명이지만 이조吏曹나 병조兵曹 등 인사권을 가진 요직에는 나가지 못했다. 사헌부, 사간원, 홍문관 등 청직淸職에 나간 인물은 사간원 정언(정6품) 2명에 지나지 않고, 사헌부를 거친 관원이 없지는 않으나 그 수효가 적다. 가장 중요한 청직인 홍문관에는 단 1명도 없다. 서경권署經權을 가진 대간臺諫으로 진출한 급제자가 적다는 것은 신분이 좋은 벼슬아치들이 서경권을 가지고 신분이 낮은 급제자들이 청요직으로 진출하는 것을 견제하고 있었음을 말해준다. 인물이 "미천微賤하다", "한미寒微하다", "용렬庸劣하다", "명망名望이 없다"는 등의 이유로 대간이 서경을 거부하는 사태가 자주 일어나는 까닭이 여기에 있다.

7~9품에 이르는 참외관參外官에 나간 급제자는 모두 7명인데, 그 가운데 9품 이하인 급제자가 5명이나 되고, 임시직인 권지가 2명에 이른다.

명종 대는 중종 대와 마찬가지로 신분이 낮은 급제자의 급제율이 19퍼센트대로 서로 비슷하지만 그들이 받은 벼슬은 상대적으로 더 낮아지고 있는 것이 차이점이다.

5) 명종 대 신분이 낮은 급제자 명단

명종 대 신분이 낮은 급제자 93명의 명단을 급제연대순으로 소개하면 다음과 같다.

1 **황우**黃祐(일명 佑) 유학을 거쳐 명종 원년(1546) 증광시에 급제하여 벼슬이 공조좌랑(정6품)에 이르렀다. 《방목》에는 벼슬과 아버지〔世淸〕 이름이 보이나 본관이 없어 신원을 알 수 없다. 본관은 지금 우주紆州(전주)로 알려져 있는데, 《청구》, 《만성》, 《씨족》의 《우주황씨보》에는 황우의 가계가 보이지 않는다. 조선시대 문과급제자는 모두 2명이다.

2 **주이**周怡 유학을 거쳐 명종 원년 증광시에 급제하여 벼슬이 도사都事(종5품)에 이르렀다. 《방목》에는 벼슬과 아버지〔世龜〕, 할아버지〔文佐〕의 이름이 보이고, 본관이 초계草溪(상주)로 되어 있다. 그런데 《청구》와 《씨족》의 《상주주씨보尙州周氏譜》를 보면 아버지 세구와 할아버지 문좌는 모두 벼슬이 없다. 《만성》의 《상주주씨보》에는 아버지와 주이의 이름이 보이지 않고 할아버지, 증조, 고조 모두 벼슬이 없다. 따라서 그의 집안은 한미하다.

3 **신호**申濩 진사를 거쳐 명종 원년 증광시에 급제하여 벼슬이 교리校理(종5품)에 이르렀다. 《방목》에는 벼슬과 아버지〔光弼〕, 처부의 이름이 보이나 본관이 없다. 본관은 현재 영천永川으로 알려져 있으나, 《청구》, 《만성》, 《씨족》에는 《영천신씨보》 자체가 없다. 조선시대 문과급제자는 신호가 유일하다.

4 **박위**朴偉 유학을 거쳐 명종 원년 증광시에 급제하여 벼슬이

형조좌랑(정6품)에 이르렀다. 《방목》에는 아버지〔承英〕와 할아버지〔俶〕의 이름이 보이고, 본관이 밀양密陽으로 되어 있다. 그런데 《청구》, 《만성》, 《씨족》의 《밀양박씨보》에는 박위의 가계가 보이지 않는다.

5 **육대춘**陸大春[189] 유학을 거쳐 명종 원년 증광시에 급제하여 벼슬이 교서관 저작著作(정8품)을 거쳐 첨정僉正(종4품)에 이르렀다. 《방목》에는 벼슬과 아버지〔始亨〕 이름이 보이고, 본관이 옥천沃川(관성)으로 되어 있다. 그런데 《청구》의 《관성육씨보管城陸氏譜》에 육대춘이 조상의 가계가 끊어진 형태로 기록되어 있고, 《만성》과 《씨족》의 《옥천육씨보》에는 그의 가계가 보이지 않는다. 육씨는 옥천의 토성土姓 가운데 하나로, 2000년 현재 인구는 6,259가구 20,173명으로 희성에 속한다. 조선시대 문과급제자는 그가 유일하다.

6 **김침**金沉 생원을 거쳐 명종 원년 식년시에 급제하여 벼슬이 군수(종4품)에 이르렀다. 《방목》에는 벼슬과 아버지〔順孫〕 이름 말고 아무런 기록이 없어 신원을 알 수 없다.

8 **전제광**田霽光 훈도(종9품)를 거쳐 명종 원년 식년시에 급제하여 벼슬이 자산군수(종4품)에 이르렀다. 《방목》에는 벼슬과 아버지〔潤〕 이름이 보이고, 본관이 남양南陽으로 되어 있다. 그런데 《만성》의 《남양전씨보》를 보면 아버지 이름은 보이나 전제광은 보이지 않는다. 《씨족》의 《남양전씨보》에는 그의 가계가 보이지 않으며, 《청구》에는 《남양전씨보》 자체가 없다. 《세종실록》〈지

189) 《방목》에는 陸大春의 이름이 睦大春으로 되어 있으나, 이는 오기다. 목씨의 본관은 사천泗川밖에 없는데, 육대춘의 본관이 옥천沃川으로 되어 있기 때문이다.

리지〉를 보면 남원에 전씨가 없다. 2000년 현재 인구는 319가구 1,009명의 희성으로, 조선시대 문과급제자는 모두 3명이다.

9 **서극일**徐克一 생원을 거쳐 명종 원년 식년시에 급제하여 벼슬이 원정院正(정3품 당하관)에 이르렀다. 《방목》에는 벼슬과 처부〔黃怡〕의 이름만 보이고, 본관이 이천利川으로 되어 있다. 그런데 《청구》, 《만성》, 《씨족》의 《이천서씨보》에는 서극일의 가계가 보이지 않는다.

10 **김용**金鎔 생원을 거쳐 명종 원년 문과에 급제하여 벼슬이 장례원掌隷院 사의司議(정5품)에 이르렀다. 《방목》에는 벼슬 말고 아무런 기록이 없어 신원을 알 수 없다.

11 **김정석**金廷碩 훈도(종9품)를 거쳐 명종 원년 식년시에 급제하여 벼슬이 군수(종4품)에 이르렀다. 《방목》에는 벼슬과 아버지〔季同〕 이름이 보이나, 본관이 없다. 그런데 《청구》의 《교하김씨보交河金氏譜》에 아버지와 김정석 두 사람의 이름이 기록되어 있고, 아버지는 벼슬이 없다. 《만성》의 《교하김씨보》에는 그의 가계가 보이지 않으며, 《씨족》에는 《교하김씨보》 자체가 없다. 2000년 현재 교하김씨 인구는 612가구 1,946명의 희성으로, 조선시대 문과급제자는 3명이고, 그가 처음이다.

12 **장문보**張文輔 생원으로 명종 원년 식년시에 급제하여 벼슬이 형조정랑(정5품)과 사헌부 장령(정4품)을 거쳐 성균관 사성司成(종3품)에 이르렀다. 《방목》에는 벼슬과 아버지〔侃〕 이름이 보이고, 본관이 순천順天으로 되어 있다. 그러나 《청구》와 《만성》의 《순천장씨보》에는 장문보의 가계가 보이지 않으며, 《씨족》에는 《순천장씨보》 자체가 없다. 조선시대 문과급제자는 2명으로, 그

가 처음이다.

13 **박호**朴虎 유학을 거쳐 명종 원년 식년시에 급제하여 벼슬이 군수(종4품)에 이르렀다. 《방목》에는 아버지〔仲文〕와 처부〔趙世英〕의 이름이 보이고, 본관이 밀양密陽으로 되어 있다. 그런데 《만성》과 《씨족》의 《밀양박씨보》에는 박호의 가계가 보이지 않는다. 《청구》의 《밀양박씨보》에만 가계가 보이는데, 직계 조상 3대조 가운데 벼슬아치가 없다.

14 **유한충**劉漢忠 유학으로 명종 원년 식년시에 급제하여 벼슬이 부사(종3품)에 이르렀다. 《방목》에는 벼슬과 아버지〔長宗〕, 처부〔朴仁貞〕의 이름이 보이나 본관이 없다. 《청구》, 《만성》, 《씨족》의 어느 유씨보에도 유한충의 가계는 보이지 않는다.

15 **유응두**柳應斗 진사를 거쳐 명종 원년 식년시에 급제하여 벼슬이 군수(종4품)에 이르렀다. 《방목》에는 벼슬과 아버지〔漢〕 이름이 보이나 본관이 없어 신원을 알 수 없다.

16 **양사언**楊士彦(1517~1584) 생원을 거쳐 명종 원년 식년시에 급제하여 벼슬이 군수(종4품)와 부사(종3품)로서 통정대부(정3품 당상관)에 이르렀다. 《방목》에는 아버지〔希洙, 군수〕, 할아버지〔啓達; 悌達, 동정〕, 증조〔治, 절도사〕, 외조의 이름이 보이고, 본관이 청주淸州로 되어 있다. 호가 봉래蓬萊로 명필로 유명하지만, 실은 서출庶出이다.190)

17 **김한걸**金漢傑 진사로 명종 원년 식년시에 급제하여 벼슬이 군수(종4품)를 거쳐 부사(종3품)에 이르렀다. 《방목》에는 벼슬과

190) 《영조실록》 권62, 영조 21년 7월 4일 갑술; 《정조실록》 권6, 정조 2년 8월 1일 무오.

아버지〔禮根〕 이름이 보이고, 본관이 개성開城으로 되어 있다. 그런데 《청구》와 《만성》의 《개성김씨보》에는 김한걸의 가계가 보이지 않는다. 한편 《씨족》의 《개성김씨보》를 보면 그와 아버지의 가계가 끊어진 형태로 외따로 기록되어 있어 조상의 신원을 알 수 없는데, 아버지는 개성 사람으로 벼슬이 없다.

18 **이성의**李成義 훈도(종9품)를 거쳐 명종 원년 식년시에 급제하여 벼슬이 군수(종4품)에 이르렀다. 《방목》에는 벼슬과 아버지〔國樑〕 이름이 보이고, 본관이 광주廣州로 되어 있다. 그런데 《청구》, 《만성》, 《씨족》의 《광주이씨보》에는 이성의의 가계가 보이지 않는다.

19 **김경언**金慶言 진사를 거쳐 명종 3년(1548) 별시에 급제하여 벼슬이 군수(종4품)에 이르렀다. 《방목》에는 벼슬과 아버지〔湘〕, 할아버지〔世忠〕, 외조〔曹繼權〕의 이름이 보이고, 본관이 함창咸昌으로 되어 있다. 그런데 《청구》, 《만성》의 《함창김씨보》에는 김경언의 가계가 보이지 않는다. 《씨족》의 《함창김씨보》를 보면 직계 3대조 가운데 벼슬아치가 없고, 그 위로는 가계가 끊어져 있다. 외조도 벼슬아치가 아니다.

20 **박거인**朴居仁 유학을 거쳐 명종 3년 별시에 급제하여 벼슬이 도사(종5품)를 거쳐 군수(종4품)에 이르렀다. 《방목》에는 벼슬과 아버지〔升明〕, 할아버지〔寅弼〕, 증조〔林禎〕의 이름이 보이고, 본관이 반남潘南(나주)으로 되어 있다. 그런데 《청구》와 《씨족》의 《반남박씨보》에는 박거인의 가계가 보이지 않으며, 《만성》의 《반남박씨보》에는 아버지까지의 가계만 보이고 그의 이름은 보이지 않는다.

21 **김세주**金世趎 진사를 거쳐 명종 3년 별시에 급제하여 벼슬이 성균관 사예司藝(정4품)에 이르렀다. 《방목》에는 벼슬과 아버지〔繼重〕 이름 말고 아무런 기록이 없어 신원을 알 수 없다. 《실록》에도 아무런 기록이 없다.

22 **이경**李璟 진사를 거쳐 명종 3년 별시에 급제하여 벼슬이 군수(종4품)에 이르렀다. 《방목》에는 아버지〔良孫〕 이름이 보이고, 그 밖에 아무런 기록이 없다. 그런데 《전주이씨과거급제자총람》을 보면 이경은 파미분류자派未分類者로 되어 있다. 따라서 그는 전주이씨지만 조상의 가계를 모르는 사람이다. 서출일 가능성이 크다.

23 **원팽수**元彭壽 유학으로 명종 4년(1549) 식년시에 급제하여 벼슬이 성균관 전적典籍(정6품)을 거쳐 첨정(종4품)에 이르렀다. 《방목》에는 벼슬과 아버지〔夢良〕, 처부〔雲溪令 李連宗〕의 이름이 보이고, 본관이 원주原州로 되어 있다. 그러나 《청구》, 《만성》, 《씨족》의 《원주원씨보》에는 원팽수의 가계가 보이지 않는다. 내외 4대조의 가계가 한미하므로 처부의 이름을 올린 것으로 보인다.

24 **박춘세**朴春世 생원과 진사를 거쳐 명종 4년 식년시에 급제하여 벼슬이 군수(종4품)에 이르렀다. 《방목》에는 벼슬과 아버지〔榮宗〕, 처부〔鄭義〕의 이름이 보이고, 본관이 밀양密陽으로 되어 있다. 그런데 《청구》, 《만성》, 《씨족》의 《밀양박씨보》에는 박춘세의 가계가 보이지 않는다.

25 **이유**李裕 생원을 거쳐 명종 4년 식년시에 급제하여 벼슬이 군수(종4품)에 이르렀다. 《방목》에는 벼슬과 아버지〔培根〕, 외조〔鄭權〕, 처부〔趙承胤〕의 이름이 보이고, 본관이 부평富平(수주)으로

되어 있다. 그런데 《청구》, 《만성》, 《씨족》의 《부평이씨보》에는 모두 이유의 가계가 보이지 않는다. 외조도 벼슬아치가 아니다.

26 **전순필**全舜弼191) 생원을 거쳐 명종 4년 식년시에 급제하여 벼슬이 부사(종3품)에 이르렀다. 《방목》에는 벼슬과 아버지〔璉〕 이름이 보이고, 본관이 안동安東으로 되어 있다. 그런데 《청구》의 《안동전씨보》에는 전순필 한 사람만 보이며, 《만성》과 《씨족》에는 《안동전씨보》 자체가 없다. 2000년 현재 안동전씨 인구는 1,123가구 3,680명의 희성으로, 조선시대 문과급제자는 그가 유일하다.

27 **조윤서**趙允瑞 생원을 거쳐 명종 4년 식년시에 급제하여 벼슬이 온양군수(종4품)에 이르렀다. 《방목》에는 벼슬과 아버지〔璧〕, 할아버지〔光憲〕, 증조〔琚〕의 이름이 보이고, 본관이 흥양興陽(홍주)으로 되어 있다. 《청구》의 《흥양조씨보》에는 아버지 이름만 보이는데 벼슬이 없고, 《만성》과 《씨족》에는 《흥양조씨보》 자체가 없다. 2000년 현재 흥양조씨 인구는 174가구 532명의 희성으로, 조선시대 문과급제자는 조윤서가 유일하며, 시조이다.

28 **오빈**吳賓 생원을 거쳐 명종 4년 식년시에 급제하여 벼슬이 성균관 권지權知(임시직)에 이르렀다. 《방목》에는 벼슬과 아버지〔健〕, 처부〔沈克禮〕의 이름이 보이고, 본관이 낙안樂安으로 되어 있다. 그런데 《청구》의 《낙안오씨보》에는 오빈의 가계가 보이지 않으며, 《만성》과 《씨족》에는 《낙안오씨보》 자체가 없다. 오씨는 낙안의 토성土姓에도 있고, 향리성鄕吏姓인 속성續姓에도 있

191) 《방목》에는 이름이 金舜弼로 되어 있으나, 이는 全舜弼의 오기다.

어, 오빈이 향리 출신일 가능성도 있다. 2000년 현재 인구는 9,135명으로 희성에 속한다. 조선시대 문과급제자는 모두 3명으로 그 가운데 2명이 조선 초기 인물이며, 조선 후기에는 역과譯科급제자 37명을 배출하여 중인가문의 하나가 되었다.

29 **장범**張範 진사로 명종 4년 식년시에 급제하여 벼슬이 형조정랑(정5품)을 거쳐 군수(종4품)에 이르렀다. 《방목》에는 벼슬과 아버지〔禹臣〕 이름이 보이고, 본관이 인동仁同으로 되어 있다. 그런데 《청구》, 《만성》, 《씨족》의 《인동장씨보》에는 장범의 가계가 보이지 않는다.

30 **고대혁**高大赫 진사를 거쳐 명종 4년 식년시에 급제하여 벼슬이 군수(종4품)에 이르렀다. 《방목》에는 벼슬과 아버지〔宗弼〕 이름이 보이고, 본관이 개성開城으로 되어 있다. 그런데 《청구》, 《만성》, 《씨족》의 《개성고씨보》에는 모두 고대혁의 가계가 보이지 않는다.

31 **이희령**李希齡 생원을 거쳐 명종 6년(1551) 별시에 급제하여 벼슬이 군수(종4품)에 이르렀다. 《방목》에는 벼슬과 아버지〔世翼〕, 처부의 이름이 보이나 본관이 없어 신원을 알 수 없다. 현재 본관이 용인龍仁으로 알려져 있으나, 《청구》, 《만성》, 《씨족》의 《용인이씨보》에는 이희령의 가계가 보이지 않는다.

32 **김응권**金應權 진사를 거쳐 명종 7년(1552) 식년시에 급제하여 벼슬이 군수(종4품)에 이르렀다. 《방목》에는 벼슬과 아버지〔叔晦〕 이름이 보이고, 본관이 김해金海로 되어 있다. 그런데 《청구》, 《만성》, 《씨족》의 《김해김씨보》에는 김응권의 가계가 보이지 않는다.

33 **유세무**柳世茂 진사로 명종 7년 식년시에 급제하여 벼슬이 성균관 학록學錄(정9품)을 거쳐 선조 대 배천군수(종4품), 이천부사(종3품), 해주목사(정3품)에 이르렀다. 《방목》에는 벼슬과 아버지〔彭城〕, 처부〔安麟壽〕의 이름이 보이고, 본관이 전주全州로 되어 있다. 그런데 《청구》, 《만성》, 《씨족》의 《전주유씨보》에는 유세무의 가계가 보이지 않는다. 신원을 알 수 없다.

34 **서희려**徐希呂 진사로 명종 7년 식년시에 급제하여 벼슬이 성균관 전적(정6품)을 거쳐 군수(종4품)에 이르렀다. 《방목》에는 벼슬과 아버지〔俊豪〕, 처부〔鄭滋〕의 이름이 보이나 본관이 없어 신원을 알 수 없다.

35 **백광홍**白光弘(1522~1556) 생원을 거쳐 명종 7년 식년시에 급제하여 벼슬이 평사評事(정6품)에 이르렀다. 글을 잘 지어 팔문장八文章의 하나라는 평가를 받았는데, 35세로 요절했다. 《방목》에는 벼슬과 아버지〔世仁〕, 할아버지〔文棋〕, 증조〔孟春〕, 처부〔金世柱〕의 이름이 보이고, 본관이 수원水原으로 되어 있다. 그러나 《청구》와 《씨족》의 《수원백씨보》에는 백광홍의 가계가 보이지 않는다. 《만성》의 《수원백씨보》에는 그의 가계가 보이나, 고조가 별파別派의 시조로 되어 있다. 시조 이후로 그에 이르기까지 직계 4대조 가운데 벼슬아치가 없고, 외조의 이름도 없다.

36 **권수**權洙 생원을 거쳐 명종 7년 식년시에 급제하여 벼슬이 성균관 학유學諭(종9품)에 이르렀다. 《방목》에는 벼슬과 아버지〔永老〕 이름이 보이고, 본관이 안동安東으로 되어 있다. 그러나 《청구》, 《만성》, 《씨족》의 《안동권씨보》에는 권수의 가계가 보이지 않아 신원을 알 수 없다.

37 **정인관**鄭仁寬 진사로 명종 7년 식년시에 급제하여 벼슬이 성균관 전적(정6품)을 거쳐 부사(종3품)에 이르렀다. 《방목》에는 벼슬과 아버지〔彪〕, 할아버지〔應鍾〕, 증조〔晊〕의 이름이 보이고, 본관이 광주光州로 되어 있다. 그런데 《청구》, 《만성》, 《씨족》의 《광주정씨보》를 보면, 직계 3대 조상 가운데 벼슬아치가 없고 외조의 이름도 보이지 않는다.

38 **주응정**朱應禎 진사와 훈도(종9품)를 거쳐 명종 7년 식년시에 급제하여 벼슬이 호조좌랑(정6품)에 이르렀다. 《방목》에는 벼슬과 아버지〔孟元〕 이름 말고 아무런 기록이 없어 신원을 알 수 없다. 《청구》, 《만성》, 《씨족》의 어느 주씨보에도 주응정의 가계는 보이지 않는다.

39 **우세신**禹世臣 생원으로 명종 7년 식년시에 급제하여 벼슬이 성균관 직강直講(정5품)을 거쳐 정正(정3품 당하관)에 이르렀다. 선조 23년 우세신을 직강에 임명하자 사헌부는 그가 "노쇠하고 용렬庸劣하므로 사유師儒에 적합하지 않다"[192]고 하면서 반대하기도 했다. 《방목》에는 벼슬과 아버지〔淹〕 이름 말고 아무런 기록이 없어 신원을 알 수 없다. 우씨의 본관은 단양丹陽뿐인데, 《청구》, 《만성》, 《씨족》의 《단양우씨보》에는 그의 가계가 보이지 않는다.

40 **이원린**李元麟 생원을 거쳐 명종 7년 식년시에 급제하여 벼슬이 시정寺正(정3품 당하관)에 이르렀다. 《방목》에는 벼슬과 아버지〔光胤〕 이름이 보이나 본관이 없다. 본관은 현재 전의全義로 알

192) 《선조실록》 권24, 선조 23년 12월 26일 갑오.

려져 있으나,《청구》,《만성》,《씨족》의《전의이씨보》에는 이원린의 가계가 보이지 않는다.

41 **안해**安海 진사를 거쳐 명종 7년 식년시에 급제하여 벼슬이 교서관 교리(종5품)에 이르렀다.《방목》에는 벼슬과 아버지〔孝參〕 이름이 보이고, 본관이 순흥順興으로 되어 있다. 그러나《청구》,《만성》,《씨족》의《순흥안씨보》에는 안해의 가계가 보이지 않는다. 신원을 알 수 없다.

42 **김전개**金田漑 생원으로 명종 8년(1553) 별시에 급제하여 벼슬이 현감(종6품)을 거쳐 판관判官(종5품)에 이르렀다.《방목》에는 벼슬과 아버지〔嗣光〕 이름 말고 아무런 기록이 없어 신원을 알 수 없다.

43 **이두춘**李逗春 생원을 거쳐 명종 8년 별시에 급제하여 벼슬이 군수(종4품)에 이르렀다.《방목》에는 벼슬과 아버지〔希淸〕, 할아버지〔繼根〕, 증조〔光基〕, 외조〔朴孟愚〕의 이름이 보이나, 본관이 없다. 본관은 현재 원주原州로 알려져 있으나,《청구》,《만성》,《씨족》의《원주이씨보》에는 이두춘의 가계가 보이지 않는다. 외조도 벼슬아치가 아니다.

44 **옹몽진**邕夢辰 진사를 거쳐 명종 8년 별시에 급제하여 벼슬이 정正(정3품 당하관)에 이르렀다.《방목》에는 벼슬 말고 아무런 기록이 없어 신원을 알 수 없다. 그런데《청구》의《순창옹씨보淳昌邕氏譜》를 보면 옹몽진 한 사람만 기록되어 있어 그가 시조임을 알 수 있다.《연조귀감》에 순창호장淳昌戶長의 아들이라고 하는 것으로 보아 향리 출신이다.《세종실록》〈지리지〉를 보면 옹씨가 순창의 토성土姓 가운데 하나이며, 2000년 현재 순창옹씨 인

구는 105가구 353명의 희성으로, 조선시대 문과급제자는 그가 유일하다.

45 **한세해**韓世瀣 공생貢生으로 명종 8년 별시에 급제하여 벼슬이 군수(종4품)에 이르렀다. 《방목》에는 벼슬 말고 아무런 기록이 없어 가계와 본관을 알 수 없다. 그러나 전직이 공생이라는 것은 향리 출신임을 말해준다. 본관은 탐진耽津(강진)으로 알려져 있는데, 조선시대 문과급제자는 한세해가 유일하다. 탐진한씨는 현재 청주한씨로 통합되었다.

46 **김원**金瑗 유학을 거쳐 명종 8년 별시에 급제하여 벼슬이 교서관 정자正字(정9품)에 이르렀다. 《방목》에는 벼슬 말고 아무런 기록이 없어 신원을 알 수 없다.

47 **이면**李勉 생원과 진사를 거쳐 명종 8년 별시에 급제하여 벼슬이 예조정랑(정5품)에 이르렀다. 《방목》에는 벼슬과 아버지〔成秦〕, 할아버지〔珹〕, 증조〔伯欽〕의 이름이 보이고, 본관이 원주原州로 되어 있다. 그러나 《청구》, 《만성》, 《씨족》의 《원주이씨보》에는 이면의 가계가 보이지 않는다. 신원을 알 수 없다.

48 **김청**金淸 영광靈光 사람으로, 유학을 거쳐 명종 8년 별시에 급제하여 벼슬이 영광군수(종4품)와 부사(종3품)에 이르렀다. 《방목》에는 벼슬과 아버지〔致章〕 이름이 보이고, 본관이 경주慶州로 되어 있다. 《예종실록》을 보면, 아버지 김치장은 풍저창 서리書吏였는데 도둑을 지키지 못한 죄로 충군充軍되었다.[193] 따라서 김청은 아전의 아들이다. 《청구》, 《만성》, 《씨족》의 《경주김씨

193) 《예종실록》 권6, 예종 원년 7월 9일 경인.

보》에는 그의 가계가 보이지 않는다.

49 **조유성**趙惟誠 생원으로 명종 10년(1555) 식년시에 급제하여 벼슬이 사헌부 장령掌令(정4품)을 거쳐 목사(정3품)에 이르렀다. 《방목》에는 벼슬과 아버지〔壽億〕, 할아버지〔汝玉〕의 이름이 보이고, 본관이 순창淳昌으로 되어 있다. 그런데 《청구》와 《만성》의 《순창조씨보》에는 조유성의 가계가 보이지 않는다. 한편 《씨족》의 《순창조씨보》에는 할아버지와 아버지가 외따로 기록되어 있는데, 그의 이름은 보이지 않는다. 《세종실록》〈지리지〉에 조씨는 순창군의 토성土姓으로도 나오고 인리성人吏姓으로도 나오고 있어, 이곳 아전衙前 출신일 가능성도 있다.

50 **김팔원**金八元 생원과 진사를 거쳐 명종 10년 식년시에 급제하여 벼슬이 성균관 전적(정6품)에 이르렀다. 《방목》에는 벼슬과 아버지〔績〕 이름이 보이고, 본관이 강릉江陵으로 되어 있다. 그런데 《청구》, 《만성》, 《씨족》의 《강릉김씨보》에는 김팔원의 가계가 보이지 않는다. 신원을 알 수 없다.

51 **손흥서**孫興緖 진사를 거쳐 명종 10년 식년시에 급제하여 벼슬이 군수(종4품)에 이르렀다. 《방목》에는 벼슬과 아버지〔鶴〕 이름이 보이고, 본관이 밀양密陽으로 되어 있다. 그런데 《청구》의 《밀양손씨보》를 보면 송흥서의 아버지에서 7대조에 이르기까지 단 한 사람의 벼슬아치도 없으며, 《만성》과 《씨족》의 《밀양손씨보》에는 그의 가계가 보이지 않는다.

52 **이여우**李如愚 유학을 거쳐 명종 10년 식년시에 급제하여 벼슬이 호조정랑(정5품)에 이르렀다. 《방목》에는 벼슬과 처부〔趙汝霖〕의 이름 말고 아무런 기록이 없어 신원을 알 수 없다.

53 **오창**吳昶 진사로 명종 10년 식년시에 급제하여 벼슬이 성균관 학정學正(정8품)에 이르렀다. 《방목》에는 벼슬과 아버지〔克誠〕 이름이 보이고, 본관이 보성寶城으로 되어 있다. 그런데 《청구》, 《만성》, 《씨족》의 《보성오씨보》에는 오창의 가계가 보이지 않는다. 《실록》에도 아무런 기록이 없어 신원을 알 수 없다.

54 **권욱**權昱 진사를 거쳐 명종 10년 식년시에 급제하여 벼슬이 성균관 전적(정6품)에 이르렀다. 《방목》에는 벼슬과 아버지〔守衡〕 이름이 보이고, 본관이 안동安東으로 되어 있다. 그런데 《청구》, 《만성》, 《씨족》의 《안동권씨보》에는 권욱의 가계가 보이지 않아 신원을 알 수 없다.

55 **진억**秦嶷 교수(종6품)를 거쳐 명종 10년 식년시에 급제하여 벼슬이 관찰사(종2품)에 이르렀다. 《방목》에는 벼슬과 아버지〔奉嶺〕 이름이 보이고, 본관이 삼척三陟으로 되어 있다. 그런데 《만성》과 《씨족》에는 《삼척진씨보》 자체가 없다. 한편 《청구》의 《삼척진씨보》에는 아버지 이후의 가계가 실려 있는데, 아버지는 벼슬이 없다. 《세종실록》〈지리지〉를 보면 진씨는 사성賜姓으로 되어 있는 귀화인이다. 2000년 현재 인구는 295가구 964명의 희성으로, 조선시대 문과급제자 2명을 배출했는데, 그와 아들 호신好信뿐이다.

56 **장응정**張應禎 진사를 거쳐 명종 10년 식년시에 급제하여 벼슬이 군수(종4품)와 서윤庶尹(종4품)에 이르렀다. 장응정이 서윤으로 있을 때 사헌부는 추솔麤率하고, 처사가 전도된 인물이라고 비판했다. 그러니까 집안이 변변치 않다는 뜻이다. 《방목》에는 벼슬과 아버지〔世範〕 이름이 보이고, 본관이 울진蔚珍으로 되어

있다. 그런데 《청구》와 《씨족》에는 《울진장씨보》 자체가 없으며, 《만성》의 《울진장씨보》에는 그의 가계가 보이지 않는다.

57 **강원**姜源 생원을 거쳐 명종 11년(1556) 별시에 급제하여 벼슬이 목사(정3품)에 이르렀다. 《방목》에는 벼슬과 아버지[世徵] 이름이 보이고, 본관이 진주晉州로 되어 있다. 그런데 《청구》, 《만성》, 《씨족》의 《진주강씨보》에는 강원의 가계가 보이지 않는다.

58 **노기**盧麒 생원을 거쳐 명종 11년 별시에 급제하여 벼슬이 원정(정3품 당하관)에 이르렀다. 《방목》에는 벼슬과 아버지[禹弼] 이름 말고 아무런 기록이 없다. 그런데 《청구》의 《안강노씨보安康盧氏譜》에는 노기의 가계가 끊어진 형태로 홀로 기록되어 있어 본관이 안강安康(경주)임을 알 수 있지만 가계를 모른다. 한편 《만성》과 《씨족》의 어느 노씨보에도 그의 가계가 보이지 않는다. 2000년 현재 안강노씨 인구는 82가구 280명의 희성으로, 조선시대 문과급제자 6명을 배출했다.

59 **장순수**張順受(일명 順慶) 유학을 거쳐 명종 11년 별시에 급제했는데, 《방목》에는 아버지[華]와 외조의 이름이 보일 뿐 그 밖에 아무런 기록이 없어 신원을 알 수 없다.

60 **안응조**安應釣 유학을 거쳐 명종 11년 별시에 급제하여 벼슬이 부사(종3품)에 이르렀다. 《방목》에는 벼슬과 아버지[宅], 할아버지[嗣源], 증조[從仁]의 이름이 보이고, 본관이 죽산竹山으로 되어 있다. 그러나 《청구》와 《만성》의 《죽산안씨보》에는 안응조의 가계가 보이지 않는다. 한편 《씨족》의 《죽산안씨보》를 보면 직계 조상 4대조 가운데 벼슬아치가 없고, 외조의 이름도 보이지

않는다.

61 **오운기**吳雲驥 유학을 거쳐 명종 13년(1558) 별시에 장원급제하여 벼슬이 사간원 정언正言(정6품)에 이르렀다. 《방목》에는 벼슬과 아버지[常] 이름이 보이고, 본관이 나주羅州로 되어 있다. 그런데 《청구》, 《만성》, 《씨족》의 《나주오씨보》에는 오운기의 가계가 보이지 않는다.

62 **강문우**姜文佑 서얼동몽훈도庶孼童蒙訓導를 거쳐 명종 13년 별시에 급제하여 벼슬이 교서관 교리(종5품)에 이르렀다. 《방목》에는 아버지[源], 할아버지[亨仝], 증조[子順]의 이름이 보이고, 본관이 진주晋州로 되어 있다. 그런데 전직을 '서얼동몽훈도'로 기록한 것으로 보아 서얼 출신임을 알 수 있다. 《만성》의 《진주강씨보》를 보면 증조 자순이 문종文宗의 부마가 되었다가 이길상의 딸을 재취로 얻었는데, 정희왕후가 그녀를 첩妾으로 강등시켰다. 그래서 그 후손들이 서얼이 된 것이다. 《실록》을 보면, 강문우는 일찍이 서경덕徐敬德의 문하에서 공부하였다고 한다.

63 **임희무**林希茂 유학을 거쳐 명종 13년 별시에 급제하여 벼슬이 사간원 정언(정6품)과 찰방察訪(종6품)에 이르렀다. 선조 9년 임희무가 어천찰방에 임명되자 사헌부는 본디 명망名望이 없는데다 본인이 부임하기를 꺼려하므로 파직하라고 요청했다.194) 《방목》에는 벼슬과 아버지[珪] 이름이 보이고, 본관이 회진會津(나주)으로 되어 있다. 그런데 《청구》, 《만성》, 《씨족》의 《나주임씨보羅州林氏譜》에는 그의 가계가 보이지 않는다.

194) 《선조실록》 권10, 선조 9년 10월 16일 을해.

64 **심굉**沈鍠 훈도(종9품)를 거쳐 명종 13년 식년시에 급제하여 벼슬이 현감(종6품)에 이르렀다. 《방목》에는 벼슬과 아버지〔世瑩〕 이름이 보이나 본관이 없다. 그런데 지금 본관은 의령宜寧으로 알려져 있는데, 《만성》과 《씨족》에는 《의령심씨보》 자체가 없고, 《청구》의 《의령심씨보》에는 심굉의 가계가 보이지 않는다. 심씨는 의령의 토성土姓 가운데 하나이며, 2000년 현재 의령심씨 인구는 284가구 879명의 희성으로, 조선시대 문과급제자는 그가 유일하다.

65 **정밀**鄭密 진사를 거쳐 명종 13년 식년시에 급제하여 벼슬이 첨정(종4품)에 이르렀다. 《방목》에는 벼슬과 아버지〔碩贇〕 이름이 보이고, 본관이 진주晋州로 되어 있다. 그런데 《청구》, 《만성》, 《씨족》의 《진주정씨보》에는 정밀의 가계가 보이지 않는다. 신원을 알 수 없다.

66 **조경란**趙慶蘭 무반산직인 창신교위(종5품)을 거쳐 명종 13년 식년시에 급제하여 벼슬이 형조정랑(정5품)에 이르렀다. 《방목》에는 벼슬과 아버지〔亨〕 이름이 보이고, 본관이 신창新昌으로 되어 있다. 《청구》의 《신창조씨보》에는 아버지와 조경란 두 사람만 기록되어 있는데, 아버지는 벼슬이 없다. 《만성》과 《씨족》에는 《신창조씨보》 자체가 없다. 《세종실록》 〈지리지〉를 보면 조씨는 신창의 토성土姓 가운데 하나이며, 조선시대 문과급제자는 모두 2명이다.

67 **안경빈**安敬賓 유학을 거쳐 명종 13년 식년시에 급제하여 벼슬이 군수(종4품)에 이르렀다. 《방목》에는 벼슬과 아버지〔璜〕 이름이 보이고, 본관이 순흥順興으로 되어 있다. 그런데 《만성》의

《순흥안씨보》에는 안경빈의 가계가 보이지 않으며, 《청구》의 《순흥안씨보》에는 아버지, 할아버지 효조孝祖의 벼슬이 없다. 한편 《씨족》의 《순흥안씨보》에는 아버지까지의 가계는 보이나 그의 이름이 보이지 않는다. 따라서 집안이 한미하다.

68 **김응인**金應寅 유학을 거쳐 명종 13년 식년시에 급제하여 벼슬이 좌랑(정6품)과 현감(종6품)에 이르렀다. 광해군 대 김응인이 정의현감에 임명되자 사간원은 인물이 용렬庸劣하다는 이유로 파직을 요청하기도 했다.[195] 《방목》에는 벼슬과 아버지〔亮〕 이름이 보이고, 본관이 양산梁山으로 되어 있다. 그런데 《청구》와 《씨족》의 《양산김씨보》에는 그의 가계가 보이지 않으며, 《만성》에는 《양산김씨보》 자체가 없다. 김씨는 양산의 토성土姓 가운데 하나이며, 2000년 현재 양산김씨 인구는 820가구 2,628명의 희성으로, 조선시대 문과급제자는 3명이다.

69 **최우경**崔遇慶 진사를 거쳐 명종 13년 식년시에 급제하여 벼슬이 군수(종4품)와 첨정(종4품)에 이르렀다. 《방목》에는 벼슬과 아버지〔漢源〕 이름이 보이고, 본관이 수원水原으로 되어 있다. 그런데 《청구》와 《만성》의 《수원최씨보》에는 최우경의 가계가 보이지 않는다. 한편 《씨족》의 《수원최씨보》에는 할아버지 천동千童과 아버지만 가계가 끊어진 형태로 외따로 보이는데, 그의 이름은 보이지 않는다. 아버지는 벼슬이 없고, 할아버지는 호분위부사정(정7품)이다. 낮은 무반집안으로 보이는데, 문과급제자인 그의 이름이 보이지 않는 것이 이상하다.

---

195) 《광해군일기》 권23, 광해군 원년 12월 29일 병자.

70 **오건**吳健(1521~1574) 산음山陰 사람으로, 어려서 아버지를 여의고 어머니가 병들자 날마다 어머니의 인분을 맛보며 건강을 염려하였다. 어머니가 세상을 떠나자 3년 동안 죽을 먹으면서 여묘살이를 하여 효행으로 복호復戶(요역 면제)의 혜택을 받았다.[196] 그러나 학문에 뜻을 두고 조식曺植의 문하에 들어가 학문을 닦았으며, 생원과 진사를 거쳐 명종 13년 식년시에 급제하여 벼슬이 좌랑(정6품), 의정부 사인舍人(정4품), 사헌부 집의執義(종3품), 홍문관 전한典翰(종3품) 등을 역임하였다. 그러다 벼슬을 버리고 고향 함양咸陽으로 내려가 학문에 침잠하다가 죽었는데, 뒤에 산천의 서계서원西溪書院에 제향되었다. 《방목》에는 벼슬과 아버지〔世元〕 이름이 보이고, 본관이 함양으로 되어 있다. 그런데 《청구》의 《함양오씨보》에는 아버지의 이름이 세기世紀(참봉)로 되어 있어 《방목》과 다르고, 《만성》의 《함양오씨보》에는 아버지의 이름이 세원으로 되어 있으나 벼슬이 없고 조상이 끊어져 있다. 한편 《씨족》의 《함양오씨보》에는 오건의 가계가 보이지 않는다.

71 **윤연**尹淵 유학으로 명종 13년 식년시에 급제하여 벼슬이 장연현감(종6품)을 거쳐 청평군수(종4품), 첨정(종4품)에 이르렀다. 《방목》에는 벼슬과 아버지〔良臣〕 이름이 보이나 본관이 없어 자세한 신원을 알 수 없다. 그런데 《명종실록》에 윤연의 신분이 다음과 같이 적혀 있다.

> 윤연은 여염閭閻의 천인賤人이다. 그 아비가 행상行商이었기 때문에

196) 《명종실록》 권9, 명종 4년 4월 30일 기사.

남에게 천대를 받았다. 그런 까닭으로 그는 과거를 보러 가서 이름을 올릴 때 자기 아비를 적어 내지 않고 아저씨 이름을 적어 냈다.197)

다시 말해 그는 행상의 아들로 과거에 급제했는데, 과거에 응시할 때 아버지 대신 아저씨 이름을 적어 냈다고 한다. 그런데도 급제가 취소되지 않고 벼슬길에 오르게 된 것이다. 사간원에서는 이런 사실을 들어 그가 장연현감에 임명되는 것을 반대했으나 임금은 이를 따르지 않았다. 본관은 지금 영천永川으로 알려져 있는데, 《청구》의 《영천윤씨보》에는 그의 가계가 보이지 않으며, 《만성》과 《씨족》에는 족보 자체가 없다. 2000년 현재 영천 윤씨 인구는 275가구 841명의 희성으로, 조선시대 문과급제자는 4명이다.

72 **장이길**張以吉 생원을 거쳐 명종 15년(1560) 별시에 급제하여 벼슬이 군수(종4품)에 이르렀다. 《방목》에는 벼슬과 아버지〔俔〕 이름이 보이고, 본관이 흥덕興德으로 되어 있다. 그런데 《청구》, 《만성》, 《씨족》의 《흥덕장씨보》에는 장이길의 가계가 보이지 않는다.

73 **강여개**姜汝愷 무반산직인 현신교위(종5품)를 거쳐 명종 15년 별시에 급제하여 벼슬이 군수(종4품)에 이르렀다. 《방목》에는 벼슬과 아버지〔允權〕 이름이 보이고, 본관은 진주晋州로 되어 있다. 그런데 《청구》, 《만성》, 《씨족》의 《진주강씨보》에는 강여개의 가계가 보이지 않는다.

197) 《명종실록》 권33, 명종 21년 6월 21일 경진.

74 **조천령**曹千齡 유학을 거쳐 명종 15년 별시에 급제하여 선조 대 벼슬이 재령군수(종4품)에 이르렀다. 그런데 사간원에서는 조천령의 인물이 아둔하고 용렬하다는 것을 이유로 파직을 요청하여 임금의 허락을 받았다.198) 《방목》에는 벼슬 이름 없이 아버지〔國柱〕 이름이 보이고, 본관이 가흥嘉興(진도)으로 되어 있다. 그런데 《청구》, 《만성》, 《씨족》에는 《가흥조씨보》 자체가 없다. 2000년 현재 인구는 566가구 1,609명의 희성으로, 조선시대 문과 급제자 4명을 배출했는데, 그를 시조로 받들고 있다.

75 **최입**崔岦(1539~1612) 이이李珥의 문인으로, 무반산직인 수의부위(종8품)를 거쳐 명종 16년(1561) 문과에 장원급제하였다. 벼슬이 전주부윤(종2품), 안변부사(종3품) 등을 거쳐 동지중추부사(종2품)와 승문원 제조提調(종2품)에 이르렀다. 개성 출신의 문장가로 이름을 떨쳐 선조 대 중국에 올린 외교문서의 대부분을 지었다. 차천로車天輅의 시, 한석봉의 글씨와 더불어 '송도삼절松都三絶'의 하나로 알려져 있다. 호는 간이簡易다. 《선조실록》에 "가세가 몹시 한미寒微하다"199)고 기록되어 있고, 조선 후기 《실록》에도 "집안이 미천하다",200) "천얼賤孽 출신이다",201) "최입은 본래 시골의 천품賤品이다"202)라는 기록이 계속 보인다. 조선 후기 책인 《행하술杏下述》에서도 최입을 중인으로 부르고 있는데, 이는 그가 서얼이라는 뜻이다. 다시 말해 어머니가 비첩婢妾이라는

198) 《선조실록》 권12, 선조 11년 7월 15일 갑자.
199) 《광해군일기》 권55, 광해군 4년 7월 11일 계묘(졸기).
200) 《정조실록》 권34, 정조 16년 4월 3일 신축.
201) 《순조실록》 권17, 순조 13년 6월 21일 병진.
202) 위와 같음.

뜻이기도 하다. 《방목》에는 아버지〔崔自陽〕 이름만 보이고, 본관은 통천通川으로 되어 있다. 그러나 《청구》의 《통천김씨보》에는 아버지 이름만 보이고, 그의 이름은 보이지 않는다. 그런데 《만성》의 《통천최씨보》에는 최자양이 시조로 되어 있고 그 아들 최입이 기록되어 있다. 한편 《씨족》의 《통천최씨보》에는 그의 가계가 보이지 않는다.

76 **이사영**李士英 진사를 거쳐 명종 16년 문과에 급제하여 벼슬이 군수(종4품)에 이르렀다. 《방목》에는 벼슬과 아버지〔槃〕, 할아버지〔蟹〕, 증조〔斗平〕, 처부의 이름이 보이고, 본관이 경주慶州로 되어 있다. 그러나 《청구》와 《만성》의 《경주이씨보》에는 이사영의 조상 이름은 보이나 그의 이름은 보이지 않으며, 《씨족》의 《경주이씨보》에는 그의 가계가 보이지 않는다.

77 **안봉**安鳳(1528~?) 훈도(종9품)를 거쳐 명종 16년 식년시에 급제하여 벼슬이 동지중추부사(종2품)에 이르렀다. 《방목》에는 벼슬과 아버지〔孟孫〕, 처부〔鄭思亮〕의 이름이 보이고, 본관이 태원太原(충주)으로 되어 있다. 《청구》의 《태원안씨보》를 보면 아버지부터 가계가 보이는데 아버지는 벼슬이 없다. 한편 《만성》에는 《태원안씨보》 자체가 없고, 《씨족》의 《충주안씨보忠州安氏譜》에는 아버지와 안봉의 이름이 외따로 기록되어 있는데, 아버지는 벼슬이 없고, 선계가 끊어져 있다. 《세종실록》 〈지리지〉를 보면 안씨는 태원 곧 충주의 토성土姓으로도 나오고, 광반석 부곡의 속성續姓으로도 나온다. 아마 안봉은 충주의 토성 출신이거나, 아니면 부곡의 속성 출신이 아닌가 추측된다. 2000년 현재 태원안씨 인구는 438가구 1,396명의 희성으로, 조선시대 문과급제자 2

명을 배출했는데, 그가 처음이다.

78 **고응척**高應陟 유학으로 명종 16년 식년시에 급제하여 벼슬이 현령(종5품)과 군수(종4품)를 거쳐 성균관 사성(종3품)에 이르렀다. 사람됨이 오활하여 남의 업신여김과 비웃음을 샀으며, 초야草野의 인물이라고 한다.203) 《방목》에는 벼슬과 아버지〔夢聃〕, 외조〔鄭世亨〕의 이름이 보이고, 본관이 안동安東으로 되어 있다. 그런데 《만성》과 《씨족》에는 《안동고씨보》 자체가 없으며, 《청구》의 《안동고씨보》를 보면, 아버지는 벼슬이 만호萬戶(종4품), 할아버지 식識은 벼슬이 없고, 증조 석동碩仝 또한 만호이다. 따라서 고응척의 집안은 문반 벼슬아치가 전혀 없었는데, 그에 이르러 비로소 문반 벼슬아치가 나오기 시작했다. 2000년 현재 안동고씨 인구는 520가구 1,615명의 희성으로, 조선시대 문과급제자 2명을 배출했는데 그가 처음으로, 안동고씨의 시조가 되었다.

79 **우천기**禹天機(1536~?) 진사를 거쳐 명종 16년 식년시에 급제하여 벼슬이 군수(종4품)에 이르렀다. 《방목》에는 벼슬과 아버지〔錫寶〕, 할아버지〔季淵〕, 증조〔孝誠〕의 이름이 보이고, 본관이 단양丹陽으로 되어 있다. 그런데 《청구》, 《만성》, 《씨족》의 《단양우씨보》에는 우천기의 가계가 보이지 않는다.

80 **조수기**趙壽期(1527~?) 생원으로 명종 16년 식년시에 급제하여 벼슬이 교서관 권지(임시직)에 이르렀다. 《방목》에는 벼슬과 아버지〔汝玉〕 이름이 보이고, 유성惟誠의 숙부임을 밝히며, 본관이 순창淳昌으로 되어 있다. 그런데 《청구》와 《만성》의 《순창조

203) 《선조실록》 권67, 선조 28년 9월 25일 갑오.

씨보》에는 조수기의 가계가 보이지 않고, 《씨족》의 《순창조씨보》에는 아버지 이름은 보이나 그의 이름은 보이지 않는다.

81 **김홍경**金弘慶 교수(종6품)를 거쳐 명종 16년 식년시에 급제하여 벼슬이 교리(종5품)에 이르렀다. 《방목》에는 벼슬과 아버지〔鈞〕 이름이 보이나, 본관이 없어 신원을 알 수 없다.

82 **임백균**任百鈞 생원을 거쳐 명종 16년 식년시에 급제하여 벼슬이 부사(종3품)에 이르렀다. 《방목》에는 벼슬과 아버지〔希重〕 이름이 보이고, 본관이 장흥長興으로 되어 있다. 그런데 《청구》, 《만성》, 《씨족》의 《장흥임씨보》에는 임백균의 가계가 보이지 않는다.

83 **장언린**張彦隣 훈도(종9품)를 거쳐 명종 17년(1562) 별시에 급제하여 벼슬이 교서관 정자(정9품)에 이르렀다. 《방목》에는 벼슬과 아버지〔瑾〕 이름이 보일 뿐 본관이 없어 신원을 알 수 없다.

84 **신대수**申大壽 진사를 거쳐 명종 19년(1564) 식년시에 급제하여 벼슬이 현감(종6품)에 이르렀다. 《방목》에는 벼슬과 아버지〔世達〕 이름이 보이고, 본관이 곡성谷城으로 되어 있다. 그런데 《청구》와 《만성》에는 《곡성신씨보》 자체가 없다. 한편 《씨족》의 《곡성신씨보》에는 아버지 이름만 보이고 신대수의 이름은 보이지 않는데, 아버지는 벼슬이 장사랑(종9품)으로 실직이 아니다. 그가 족보에 보이지 않는 이유를 알 수 없다. 2000년 현재 곡성 신씨 인구는 172가구 545명의 희성으로, 조선시대 문과급제자는 그가 유일하다.

85 **김현성**金玄成(1542~1621) 진사로 명종 19년 식년시에 급제하여 벼슬이 선조 대 군수(종4품), 목사(정3품), 사재감정司宰監正(정

3품 당하관), 봉상시 첨정(종4품)을 거쳐 동지돈녕부사(정2품)에 이르렀다. 시와 글씨에 뛰어난 재주가 있어 이수광李睟光을 비롯한 당대 명사들과 깊이 교유하였고, 유명한 침류대학사枕流臺學士의 일원이 되었다. 《방목》에는 벼슬과 아버지〔彦謙〕, 할아버지〔仁孫〕, 증조〔泰石〕, 처부의 이름이 보이고, 본관이 김해金海로 되어 있다. 아버지 언겸이 목사를 지냈으므로, 부계父系는 양반 집안 출신이다. 그러나 선조 6년 김현성이 봉상시 주부로 임명되자 사헌부와 사간원에서는 집안이 한미寒微하여 사람들이 모두 깔본다는 것을 이유로 반대했으며,[204] 선조 21년 가산군수로 임명되자 또 사간원에서 용렬庸劣하다는 이유로 반대했고,[205] 선조 35년 사재감정으로 임명되자 인물이 졸렬하다는 이유로 또 반대했다.[206] 하지만 이런 반대에도 그의 벼슬은 정2품 재상의 지위까지 올랐다. 대간이 집안이 한미하고 용렬하다고 한 이유는 그가 서얼 출신이기 때문이었다. 친구 이수광의 말을 빌리면, 그는 광해군 대 관직에서 밀려나 살면서 "집에는 한 항아리의 식량도 없고, 처자가 배고픈 기색이 있어도 개의하지 않았다"[207]고 한다. 17세기 말 실학자 유수원柳壽垣은 그를 중인中人이라고 말했는데, 이는 그가 서자임을 말하는 것이다.

86 **안전**安佺(1534~?) 장사랑(종9품)을 거쳐 명종 19년 식년시에 급제하여 벼슬이 시정(정3품 당하관)에 이르렀다. 《방목》에는 벼슬과 아버지〔忠輔〕, 할아버지〔瑞鳳〕, 처부의 이름이 보이고, 본관

204) 《선조실록》 권7, 선조 6년 3월 7일 정해.
205) 《선조실록》 권22, 선조 21년 2월 13일 병인.
206) 《선조실록》 권156, 선조 35년 11월 24일 신사.
207) 한영우, 《실학의 선구자 이수광》, 경세원, 2007, 67쪽 참고.

이 순흥順興으로 되어 있다. 그런데 《청구》와 《만성》의 《순흥안씨보》에는 안전의 가계가 보이지 않으며, 《씨족》의 《순흥안씨보》에는 아버지까지의 가계가 보이나 그의 이름은 보이지 않는다. 신원을 알 수 없다.

87 **박범**朴範(1522~?) 생원을 거쳐 명종 19년 식년시에 급제하여 벼슬이 교서관 정자(정9품)에 이르렀다. 《방목》에는 벼슬과 아버지〔至善〕 이름이 보이고, 본관이 순천順天(강남)으로 되어 있다. 그런데 《청구》, 《만성》, 《씨족》의 《순천박씨보》에는 박범의 가계가 보이지 않는다.

88 **박지형**朴之亨(1525~?) 생원을 거쳐 명종 19년 식년시에 급제하여 벼슬이 군수(종4품)에 이르렀다. 《방목》에는 벼슬과 아버지〔英昌〕 이름이 보이고, 본관이 함양咸陽으로 되어 있다. 그런데 《청구》, 《만성》, 《씨족》의 《함양박씨보》에는 박지형의 가계가 보이지 않는다. 신원을 알 수 없다.

89 **박민준**朴民俊 무공랑務功郎(정7품)을 거쳐 명종 19년 식년시에 급제하여 벼슬이 호조정랑(정5품)과 군수(종4품)에 이르렀다. 선조 13년 박민준이 정랑에 임명되자 사간원은 사리事理에 어두우니 체직하라고 임금에게 요청하여 허락을 얻었다.[208] 《방목》에는 벼슬과 아버지〔興孫〕 이름이 보이고, 본관이 밀양密陽으로 되어 있다. 그런데 《청구》, 《만성》, 《씨족》의 《밀양박씨보》에는 그의 가계가 보이지 않는다. 신원을 알 수 없다.

90 **최경장**崔慶長 생원을 거쳐 명종 19년 식년시에 급제하여 벼

208) 《선조실록》 권14, 선조 13년 10월 3일 기해.

슬이 원정(정3품 당하관)에 이르렀다. 임진왜란 때는 아우 경희慶會와 함께 의병장으로 활약하기도 했다. 《방목》에는 벼슬과 아버지〔天符〕, 할아버지〔尹範〕, 증조〔渾〕의 이름이 보이고, 본관이 해주海州(대령)로 되어 있다. 해주최씨는 고려시대에 최충崔冲을 배출하는 등 거족巨族으로 알려졌지만, 《청구》의 《해주최씨보》를 보면 최경장의 아버지, 할아버지, 증조는 말할 것도 없고 고조에 이르기까지 모두 벼슬이 없다. 《만성》을 보아도 직계 5대조가 조선왕조 이후로 벼슬을 하지 않았다. 한편 《씨족》의 《대령최씨보大寧崔氏譜》에는 증조까지의 가계만 보이고 그 뒤는 보이지 않는데, 증조의 윗대 2대조도 벼슬이 없다. 따라서 그의 5대조 가운데 벼슬아치가 없다.

91 **임연복**任延福 진사로 명종 19년 별시에 급제하여 벼슬이 성균관 박사(정7품)를 거쳐 부사(종3품)에 이르렀다. 《방목》에는 벼슬과 아버지〔繼重〕, 할아버지〔孝源〕, 증조〔幹甫〕의 이름이 보이고, 본관이 곡성谷城으로 되어 있다. 그러나 《씨족》에는 《곡성임씨보》 자체가 없고, 《청구》와 《만성》의 《곡성임씨보》에는 임연복의 가계가 보이지 않는다.

92 **나신국**羅藎國 생원으로 명종 21년(1566) 별시에 급제하여 벼슬이 좌랑(정6품)에 이르렀다. 《방목》에는 벼슬과 아버지〔孝孫〕, 처부〔申繼源〕의 이름이 보이고, 본관이 나주羅州로 되어 있다. 그런데 《청구》, 《만성》, 《씨족》의 《나주나씨보》에는 나신국의 가계가 보이지 않는다. 《실록》에도 아무런 기록이 없다.

93 **장문한**張文翰 장사랑(종9품)을 거쳐 명종 21년 별시에 급제하여 벼슬이 서령署令(종5품)에 이르렀다. 《방목》에는 벼슬과 아버

지[禮瑾] 이름이 보이고, 본관이 대원大元(太元; 太原; 忠州)으로 되어 있다. 그런데 《청구》와 《씨족》에는 《태원장씨보》 자체가 없고, 《만성》의 《태원장씨보》에는 오직 장문한 한 사람만 기록되어 있다. 2000년 현재 태원장씨 인구는 140가구 433명의 희성으로, 조선시대 문과급제자는 그가 유일하며, 시조가 되었다. 19세기 화원 장승업張承業도 태원장씨로 알려지고 있다.

13
선조 대 신분이 낮은 급제자와 벼슬

1) 시험과목별 급제자 인원

선조 대(1567~1608)에는 재위 41년 동안 58회에 걸쳐 문과시험이 거행되어 1,112명을 선발했다. 특기할 일은 임진왜란을 겪은 7년 동안에도 과거시험이 중단없이 거행되어 모두 11회를 기록했고, 의주義州와 전주全州 등 피난을 갔던 곳에서도 거행되었다는 사실이다. 이제 시험과목별로 급제자 인원을 살펴보면 다음 표와 같다.

식년시式年試	12회	405명
증광시增廣試	5회	176명
별시別試	23회	348명
춘당대시春塘臺試, 정시庭試, 친시親試	9회	97명
알성시謁聖試	9회	86명
합 계		1,112명

이를 다시 정리하면, 전체 급제자 1,112명은 매년 평균 27.12명을 선발한 셈이다. 이는 연산군 대 20.91명, 중종 대 23.17명, 명종 대 21.36명과 비교하여 크게 늘어난 것이다. 이

렇게 수치가 늘어나자 수요보다 공급의 과잉을 가져와 벼슬을 받지 못한 급제자가 15명에 이르렀다. 이는 전체 급제자의 1.34퍼센트를 차지하는데, 명종 대 0.60퍼센트와 비교하여 2배 이상 늘어난 것이다.

3년마다 거행되는 정기시험인 식년시는 재임 41년 동안으로 볼 때 13회 또는 14회를 거행했어야 하는데, 12회로 끝났다. 이는 임진왜란을 겪는 7년 동안 한 차례도 거행하지 못했기 때문이다. 그 대신 11회에 걸쳐 별시, 정시, 알성시 등을 거행하여 128명을 선발했다.

식년시는 초시급제자를 8도의 인구비율로 안배하기 때문에 지방민에게 상대적으로 유리한 시험이다. 이와 비슷한 성격의 시험이 증광시이다. 선조 대 식년시와 증광시급제자는 모두 581명으로, 전체 급제자의 52.24퍼센트를 차지하고 있다.

《경국대전》의 규정을 따르면 식년시와 증광시는 매회 33명을 선발하게 되어 있으나, 선조 대는 매회 평균 약 34명을 기록하고 있다. 이런 현상은 명종 대와 비슷하다. 시대가 지날수록 조금씩 정원이 늘어나고 있음을 알 수 있다.

2) 신분이 낮은 급제자

선조 대 문과급제자 1,112명 가운데 신분이 낮은 것으로 파악되는 급제자는 모두 186명에 이른다. 이는 전체 급제자의 16.72퍼센트를 차지한다. 이 수치를 앞 시기와 비교하면 다음과 같다.

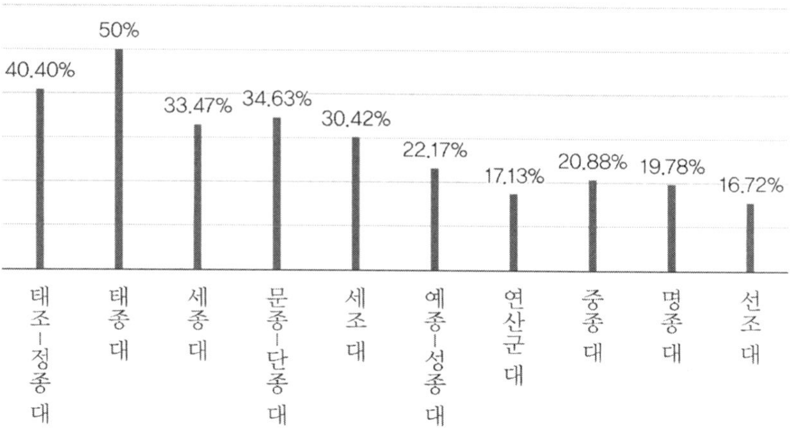

다시 정리하면, 태조에서 태종 대에 이르는 시기는 40~50퍼센트의 수치를 보이다가 세종에서 세조 대에는 30퍼센트대를 유지하고 있다. 성종에서 명종 대에는 20퍼센트 안팎으로 줄어들고, 다시 선조 대에 이르러서는 16퍼센트대로 더 떨어지고 있다.

참고로 선조 대 이후의 추세를 잠깐 소개한다면, 임진왜란 직후 광해군 대에 14.63퍼센트로 최하점을 기록하고, 그 다음 인조 대 이후로는 20퍼센트대로 상승하다가 숙종 대 이후로는 30퍼센트대로 상승한다. 정조 대 이후로는 50퍼센트대를 넘나들다가 고종 대에 이르러 58퍼센트대를 기록하게 되면서 과거제도 시대는 끝난다. 조선 후기에 관한 자세한 설명은 별도의 저서에서 다루기로 하고, 여기서는 큰 흐름만을 지적하는 데 그치고자 한다.

위에 소개한 수치의 변화는 임진왜란을 전후한 조선 중기 사회 곧 16세기 후반에서 17세기 후반에 이르는 시기가 상대적으로 문과를 통한 신분이동이 가장 저조하고, 이른바 문벌門閥로 불리는 소수가문의 관직 세습성이 가장 높아진 시기로 볼 수 있다. 그리고 이 시기는 17세기 후반 이후에 등장한 실학자實學者들, 예컨대 유형원柳馨遠, 이익李瀷, 유수원柳壽垣 등이 이구동성으로 문벌사회의 모순을 지적하던 시기와도 같다.

다시 선조 대로 돌아가서 신분이 낮은 급제자 186명의 신원을 좀 더 심층적으로 검토하면 다음과 같다. 급제자의 신분을 알아보기 위해 이용한 자료는 앞 시기와 마찬가지로 《청구》, 《만성》, 《씨족》 등 세 통합보統合譜이다. 여기에서 가계를 조사해 보고, 《실록》에서 급제자의 벼슬과 신원에 대한 기록을 찾아보고, 《세종실록》〈지리지〉를 통해 그 씨족의 성씨姓氏가 조선 초기에는 어떻게 인식되고 있었는가를 알아보았다. 또 인터넷을 통해 급제자 씨족의 현존 인구와 조선시대 문과급제자의 인원을 찾아서 그 씨족의 전체적인 위상을 가늠해 보기도 했다.

이상과 같은 방법을 통해 186명의 신분을 알아보면, 대략 다음과 같은 여러 부류가 있다. ① 본관 자체를 알 수 없는 급제자, ② 본관은 알 수 있으나 《족보》 자체가 세 통합보에 보이지 않는 급제자, ③ 《족보》는 있으나 《족보》에 가계가 보이지 않는 급제자, ④ 《족보》에 본인이나 아버지만 보이고 그 윗대 조상의 가계가 끊어져 있는 급제자, ⑤ 《족보》에 가계가 보이나 내외 4대조 또는 그 윗대 가운데 벼슬아치가 없는 급제자, ⑥ 《방목》과 《족보》의 기록이 서로 달라 신분이 불확실한 급제자, ⑦ 기타 등이다. 이제 이들의 실례實例를 들어보면 다음과 같다.

(1) 본관을 알 수 없는 급제자

선조 대 신분이 낮은 급제자 186명 가운데 《방목》에 본관이 기록되어 있지 않고, 다른 방법으로도 본관을 찾을 수 없는 급제자는 모두 12명이다. 본관이 없다는 것은 그만큼 집안이 한미하다는 것을 뜻한다. 대대로 벼슬아치가 없는 평민이거나, 향리거나, 서얼이거나, 또는 노비에서 양인으로 상승한 부류이거나, 또는 그 밖에 다른 이유로 본관을 밝히기 어려운 사람들로 보인다.

(가) 3품 이상 고관에 오른 급제자

본관을 모르는 급제자 12명 가운데 3품 이상 고관에 오른 인물은 오직 한 사람뿐이다. 앞 시기와 비교하여 너무나 수가 적다. 실례를 들면 다음과 같다.

김우윤金友尹 전라도 영광靈光 사람으로, 벼슬이 목사牧使(정3품)에 올랐는데, 본관을 알 수 없다.

(나) 한미한 출신, 천창의 아들

본관을 모르는 급제자 12명 가운데 1명만이 3품 이상 벼슬을 받았다. 나머지 11명 가운데 3명은 벼슬을 받지 못했으며, 그 나머지 8명은 모두 3품 이하 벼슬에 머물고 있다. 《실록》에 "문벌이 한미寒微하다"든가, "잔약하고 용렬하다"는 등의 이유로 대간이 서경을 거부한 인물이 있고, 천창賤倡의 아들도 1명 있다. 여기서 천창은 어머니가 천한 기생이라는 뜻이다. 다음에 몇 사람의 실례만 소개하기로 한다.

이응허李應虛 본관이 없는 급제자로, 벼슬이 현령縣令(종5품)에 이르렀다. 대간은 이응허가 문벌이 한미하고 인망人望이 가볍다는 이유로 서경을 거부했다.

김경덕金景德 함경도 무사武士의 아들로, 벼슬이 공조좌랑(정6품)과 현감(종6품)에 이르렀다. 대간은 그의 인물이 잔약孱弱하고 용렬庸劣하다는 이유로 서경을 거부하기도 했다. 그러나 임금은 대간의 반대에도 벼슬을 주었다.

이재영李再榮 장원급제하여 벼슬이 군수(종4품)에 이르렀다. 어머니가 사비私婢로서 천창(기생)이었는데, 판서 이선李選과 통하여 낳았다고도 하고, 시인 이달李達과 통하여 낳았다고도 한다. 어쨌든 이재영은 문과응시가 불가능한 결격자임에도 이이첨, 허균과 가까운 사이여서 급제가 인정되었다고 한다.

(2) 《족보》가 없는 급제자

본관은 알 수 있으나 《청구》, 《만성》, 《씨족》에 《족보》 자체가 올라 있지 않은 급제자는 모두 10명이다. 이들은 대부분 인구가 매우 적은 희성稀姓인 경우가 대부분이며, 이 가운데 3명은 자기 성관의 시조가 되었다. 이들의 실례를 들면 다음과 같다.

(가) 시조가 된 급제자

김언경金彦慶 본관이 삭령朔寧으로, 벼슬이 좌랑(정6품)에 올랐다. 《삭령김씨보》도 없고 현재 인구도 알 수 없을 정도로 희성이다. 김언경이 조선시대 유일한 문과급제자이자 시조이다.

하일청河一淸 본관이 강화江華로, 벼슬이 군수(종4품)에 이르렀다. 《강화하씨보》가 없으나, 2000년 현재 인구는 913명으로 하일청이 시조이다. 조선시대 문과급제자 2명을 배출했다.

강의봉康儀鳳 본관이 평안도 상원祥原으로, 벼슬이 공조정랑(정5품)에 이르렀다. 《상원강씨보》가 없으나, 2000년 현재 인구는 41가구 131명의 희성으로, 강의봉이 유일한 문과급제자이자 시조이다. 《세종실록》〈지리지〉를 보면 강씨는 입진성入鎭姓으로 되어 있어 조선 초기에 강제로 남방에서 이주한 주민이다.

(나) 희성 출신 급제자

구정열仇廷說 벼슬이 권지權知(임시직)에 이르렀다. 본관도 모르고, 《족보》도 없고 현재 인구도 모른다. 그래도 조선시대 문과급제자 2명을 배출했다. 《세종실록》〈지리지〉에 창원昌原의 촌성村姓으로 구씨仇氏가 있는 것으로 보아 본관은 창원으로 보이지만, 현재 구씨는 모두 구具로 성을 바꾸었다.

김경창金慶昌 본관이 경산慶山으로, 벼슬이 사간원 헌납獻納(정5품)에 이르렀다. 《경산김씨보》가 없으나, 2000년 현재 인구는 7,550명으로, 조선시대 문과급제자는 2명이다.

임개林愷 본관이 신평新平으로, 벼슬이 성균관 전적典籍(정6품)에 이르렀다. 《신평임씨보》도 없고, 현재 인구도 모르며, 임개가 유일한 문과급제자이다. 《세종실록》〈지리지〉와 《동국여지승람》에는 신평에 임씨가 없어 임개 이후에 이곳을 본관으로 삼은 듯하다.

최희열崔希說 본관이 창원昌原으로, 벼슬이 좌랑(정6품)에 이르렀다. 《창원최씨보》도 없고, 2000년 현재 인구는 227가구 786명의 희성으로, 최희열이 유일한 문과급제자이다. 《세종실록》〈지리지〉와 《동국여지승람》에는 창원에 최씨가 없어 최희열이 벼슬아치가 된 뒤에 이곳을 본관으로 삼은 것으로 보인다.

최여해崔汝海 본관이 봉산鳳山으로, 벼슬이 군수(종4품)에 이르렀다. 《봉산최씨보》도 없고, 2000년 현재 인구는 17가구 50명의 희성으로, 최여해가 유일한 문과급제자이다.

한우신韓禹臣 본관이 신평新平으로, 벼슬이 성균관 사예司藝(정4품)에 이르렀다. 《신평한씨보》도 없고, 현재는 청주한씨에 통합되었는데, 한우신이 유일한 문과급제자이다. 《세종실록》〈지리지〉와 《동국여지승람》에는 신평에 한씨가 없어 한우신이 벼슬아치가 된 뒤에 이곳을 본관으로 정한 듯하다.

이시립李時立 본관이 삼가三嘉로, 벼슬이 시정寺正(정3품 당하관)에 이르렀다. 《삼가이씨보》가 없고, 인구도 알 수 없다. 《실록》에는 인물이 용졸庸拙하다는 이유로 대간의 서경을 거부당한 일도 있었다.

(3) 《족보》에 가계가 보이지 않는 급제자

선조 대 신분이 낮은 급제자 186명 가운데 《족보》는 있으나 《족보》에 전혀 가계가 보이지 않는 급제자는 모두 100명에 이르러 신분이 낮은 급제자 186명 가운데 53.76퍼센트, 전체 급제자 가운데 약 9퍼센트를 차지하고 있다. 이들 100명 가운데 벼슬을 받지 못한 급제자는 8명이고, 나머지 92명은 벼슬을 받았다.

이 부류에 속한 급제자들의 성관 자체는 대체로 벼슬아치를 많이 배출한 대성大姓인 경우가 많다. 그럼에도 《족보》에 누락된 것은 급제자가 속한 계파系派의 신분이 좋지 않은 데 이유가 있는 것으로 보인다. 예를 들면 대대로 벼슬아치가 없는 평민 출신이거나, 서출이거나, 향리 출신이거나 하는 등의 이유일 것이다.

(가) 3품 이상 고관에 오른 급제자

《족보》에 가계가 보이지 않는 급제자 100명 가운데 3품 이상 고관에 오른 사람은 18명이다. 다음에 정3품 이상 고관에 오른 9명의 실례만 들면 다음과 같다.

박경남朴敬男 본관이 고령高靈으로, 벼슬이 병마절도사(종2품)에 올랐으나, 《고령박씨보》에 가계가 보이지 않는다.

박명박朴明博 본관이 밀양密陽으로, 벼슬이 예조참판(종2품)에 올랐는데, 《밀양박씨보》에 가계가 보이지 않는다. 《실록》을 보면, 박명박이 종사관從事官과 군수로 임명될 때 대간臺諫이 그의 인물이 "경망스럽다"는 이유로 몇 차례 파직을 요청하기도 했으나 임금은 듣지 않았다.

노경복盧景福 본관이 광주光州로, 벼슬이 군수를 거쳐 가선대부(종2품)에 올랐다. 《광주노씨보》에 가계가 보이지 않는다. 《실록》을 보면, 노경복이 군수에 임명될 때 대간은 그의 인물이 "용렬하다"는 이유로 서경을 거부하기도 했다.

박사제朴思濟 본관이 죽산竹山으로, 벼슬이 참의(정3품 당상관)와 승지(정3품 당상관)에 올랐는데, 《죽산박씨보》에 가계가 보이지 않는다.

신의립辛義立 본관이 영월寧越로, 벼슬이 형조참의(정3품 당상관)와 승지(정3품 당상관)에 올랐는데, 《영월신씨보》에 가계가 보이지 않는다. 《실록》을 보면, 신의립이 군수와 참의에 임명될 때 대간은 "명망名望도 없고 능력도 없다", "향리鄕里에서 버림받은 지 오래다"라는 등의 이유로 서경을 거부하기도 했다. 이는 그가 서얼임을 암시하는 듯하지만, 자세한 사정은 알 수 없다.

전영달全穎達 본관이 천안天安으로, 벼슬이 참의(정3품 당상관)에 올랐는데, 《천안전씨보》에 가계가 없다.

전이성全以成 본관이 용궁龍宮으로, 벼슬이 시정寺正(정3품 당하관)에 올랐는데, 《용궁전씨보》에 가계가 보이지 않는다. 《실록》을 보면, 전이성이 예조좌랑에 임명될 때 대간은 그의 인물이 "명칭名稱이 드러나지 않는다"며 체차를 요구하기도 했다.

배응경裵應褧 본관이 성주星州로, 벼슬이 목사(정3품)에 올라 임진왜란 때 의병을 일으키기도 했는데, 《성주배씨보》에 가계가 보이지 않는다.

임계영任啓英 본관이 장흥長興으로, 벼슬이 목사(정3품)에 올라 임진왜란 때 의병을 일으키기도 했는데, 《장흥임씨보》에는 가계가 보이지 않는다.

김태좌金台佐 본관이 공주公州로, 벼슬이 상주목사(정3품)에 올랐는데, 《공주김씨보》에 가계가 보이지 않는다. 《실록》을 보면 김태좌가 도사都事에 임명될 때 "문벌이 한미하다", "인물이 용렬하다"는 등의 이유로 대간은 서경을 거부한 일도 있었으나, 임금은 이를 듣지 않았다.

이 밖에 부사(종3품)에 오른 인물이 7명, 사간원 사간(종3품)에 오른 인물이 1명인데, 구체적인 인물은 급제자 명단을 참고하기 바란다.

《족보》에 가계가 보이지 않는 급제자들은 대부분 《실록》을 보면 "인물이 용렬하다", "문벌이 천하다", "문벌이 한미하다", "명성이 부족하다", "명망이 없다"는 등의 이유로 대간이 서경을 거부한 경우가 많다. 그러나 임금은 이에 별로 구애되지 않고 벼슬을 주었다. 여기서 이들에 대한 대간의 평가와 비판은 너무 관념적인 용어로 되어 있기 때문에 확실하게 평민이나 향리 또는 서얼이라고 단정하기는 어렵다. 하지만 대체로 그런 부류의 신분층을 가리키는 것으로 보아도 무방할 것이다.

(나) 서얼 출신

《족보》에 가계가 보이지 않는 급제자 100명 가운데 서출로 의심되는 급제자는 매우 많으나 서출이 확인된 급제자는 3명이다. 실례를 들면 다음과 같다.

안여지安汝止 본관이 탐진耽津(강진)으로 벼슬이 교서관 권지(임시직)에 이르렀는데, 《실록》을 보면 안여지는 서출이라고 한다.

이자해李自海 본관이 광주廣州로 벼슬이 현령(종5품)에 이르렀는데, 《방목》에 전력前歷이 서얼이라고 한다. 《실록》을 보면 "행동이 개, 돼지와 같다"고 혹평하고 있다. 이자해는 조상이 벼슬아치 집안이었지만, 《광주이씨보》에는 오르지 못했다.

양경우梁景遇(일명 慶遇) 본관이 남원南原으로 벼슬이 교서관 교리(종5품)를 거쳐 첨정(종4품)에 이르렀다. 임진왜란 때 의병을 일으켜 큰 공을 세운 양대박梁大樸의 아들로, 아버지가 서출이다. 그래서인지 《남원양씨보》에는 양경우의 이름이 보이지 않는다.

(다) 향리 출신

《족보》에 가계가 보이지 않는 급제자 100명 가운데 향리 출신으로 보이는 급제자가 2명 있다.

김노간金老幹(일명 孝幹) 벼슬이 군수(종4품)에 이르렀다. 본관이 연주燕州(연기)로, 《세종실록》 〈지리지〉를 보면 김씨는 연주의 속성續姓으로 되어 있어서 향리일 가능성이 크다.

윤지복尹之復 벼슬이 정랑(정5품)에 이르렀는데, 본관이 신녕新寧이다. 그런데 윤씨는 신녕의 속성續姓이므로 향리의 후손일 가능성이 크다. 2000년 현재 인구는 88가구 252명의 희성으로, 조선시대 문과급제자는 모두 2명이다.

(4) 《족보》에 가계가 단절된 급제자

선조 대 신분이 낮은 급제자 186명 가운데 《족보》에 이름이 보이지만, 본인이나 또는 아버지까지만 보이고, 그 윗대의 가계가 끊어진 급제자는 모두 35명이다. 《족보》에 본인이나 아버지 이상의 가계가 끊어져 있다는 것은 윗대 조상을 모르거나, 알더라도 내세울 인물이 없기 때문일 것이다. 아버지 이름이 보이더라도 아버지의 벼슬은 없으므로 본인이 첫 벼슬아치가 되는 셈이다.

(가) 시조가 된 급제자

《족보》에 가계가 단절된 급제자 35명 가운데 1명만 벼슬을 받지 못했고, 나머지 34명은 벼슬을 받았다. 그런데 이들 가운데 자기 본관의 시조로 추앙된 인물이 11명으로 거의 3분의 1에 이르고 있다. 그 밖에 조선시대 최초로 문과에 급제한 인물이 4명이 더 있는데, 이들도 실제로는 시조나 다름없다. 단적으로 이런 사실은 이 부류의 급제자들이 얼마나 집안이 한미한가를 말해준다. 시조로 추앙된 11명과 실질적인 시조로 보이는 5명의 명단을 소개하면 다음과 같다.

김기문金起門 벼슬이 현감(종6품)에 올랐다. 본관이 함경도 단천端川인데, 김기문이 유일한 문과급제자이자 시조이다. 2000년 현재 인구는 386가구 1,235명의 희성이다.

홍승범洪承範 벼슬이 교서관 권지(임시직)에 올랐다. 본관이 개성開城인데, 홍승범이 유일한 문과급제자로 시조가 되었다. 현재 인구는 알 수 없다. 《세종실록》〈지리지〉와 《동국여지승람》에는 개성에 홍씨가 없어 그가 벼슬아치가 된 뒤에 이곳을 본관으로 정한 듯하다.

이수령李壽寧 벼슬이 교수敎授(종6품)에 올랐다. 본관이 평안도 중화中和인데, 이수령이 유일한 문과급제자로 시조가 되었다. 현재 인구는 알 수 없다. 이씨는 중화의 입진성入鎭姓이다.

서만일徐萬鎰 벼슬이 교서관 권지(임시직)에 올랐다. 본관이 용궁龍宮인데, 서만일이 유일한 문과급제자로 시조가 되었다. 2000년 현재 인구는 10가구 37명에 지나지 않는다. 《세종실록》〈지리지〉와 《동국여지승람》에는 용궁에 서씨가 없어 그가 벼슬아치가 된 뒤에 이곳을 본관으로 정한 듯하다.

석함石涵 벼슬이 사헌부 감찰監察(정6품)에 올랐다. 본관이 광주光州인데, 석함이 유일한 문과급제자로 시조가 되었다. 2000년 현재 인구는 134가구 416명이다. 《세종실록》〈지리지〉와 《동국여지승람》에는 광주에 석씨가 없어 그가 벼슬아치가 된 뒤에 이곳을 본관으로 정한 듯하다.

장형운張亨運 벼슬이 없고, 본관이 단양丹陽으로 최초의 문과급제자이다. 《만성》의 《단양장씨보》에는 장형운을 시조로 기록하고 있다. 그러나 지금은 고려시대 인물 장순익을 시조로 받들고 있다.

김구정金九鼎 벼슬이 군수(종4품)에 올랐다. 본관이 함창咸昌인데, 《실록》을 보면 대간은 김구정이 용졸庸拙하다는 이유로 서경을 거부하기도 했다. 《만성》의 《함창김씨보》에는 그를 시조로 기록하고 있다. 그러나 지금은 가야왕 또는 김선을 시조로 받들고 있다.

황응성黃應聖 벼슬이 부사(종3품)에 올랐다. 본관이 황해도 황주黃州인데, 황응성이 시조가 되었다. 2000년 현재 인구는 260가구 861명에 지나지 않는다.

오응운吳應運 벼슬이 현감(종6품)에 올랐다. 본관이 낭산朗山(익산)인데, 오응운이 시조가 되었다. 2000년 현재 인구는 74가구 232명에 지나지 않는 희성이다.

유경상劉景祥 벼슬이 성균관 전적典籍(정6품)에 올랐다. 본관이 경주慶州로 유경상이 시조가 되었다. 2000년 현재 인구는 2,197가구 6,874명의 희성으로 조선시대 문과급제자 2명을 배출했는데 유경상이 처음이다.

정운붕鄭雲鵬 벼슬이 정랑正郞(정5품)에 올랐다. 본관이 장흥長興인데, 정운붕이 유일한 문과급제자로 장흥정씨의 시조가 되었다. 2000년 현재 인구는 106가구 360명에 지나지 않는다. 《세종실록》〈지리지〉와 《동국여지승람》에는 장흥에 정씨가 없어 그가 벼슬아치가 된 뒤에 이곳을 본관으로 정한 듯하다.

전견룡田見龍 벼슬이 시정寺正(정3품 당하관)에 올랐다. 본관이 우봉牛峰인데, 전견룡이 조선시대 최초의 문과급제자이다. 그래서 《청구》의 《우봉전씨보》에는 그를 시조로 적고 있다. 2000년 현재 인구는 36가구 109명으로 희성이다. 《세종실록》〈지리지〉와 《동국여지승람》에는 우봉에 정씨가 없어 그가 벼슬아치가 된 뒤에 이곳을 본관으로 정한 듯하다.

이응복李應福 벼슬이 부정副正(종3품)에 올랐다. 본관이 태안泰安인데, 이응복이 조선시대 최초의 문과급제자이다. 태안이씨는 고려 광종 대 중국에서 귀화한 성씨로 시조는 따로 있지만, 실제로는 그가 시조나 다름없다. 그래서 《청구》의 《태안이씨보》에는 그를 시조로 적고 있다. 조선 후기에는 수많은 잡과급제자를 배출하여 전형적인 중인가문이 되었다.

이경백李景白 벼슬이 판관判官(종5품)에 올랐다. 본관이 충주忠州인데, 이경백이 조선시대 최초의 문과급제자이다. 충주이씨의 시조는 고려시대 인물로 되어 있지만, 《청구》의 《충주이씨보》는 그를 시조로 적고 있다. 《세종실록》〈지리지〉와 《동국여지승람》에는 충주에 이씨가 없어 그가 벼슬아치가 된 뒤에 이곳을 본관으로 정한 듯하다.

이대이李大頤 벼슬이 군수(종4품)에 올랐다. 본관이 기계杞溪인데, 이대이가 조선시대 유일한 문과급제자이다. 그래서 《청구》의 《기계이씨보》를 보면 그를 실질적인 시조로 적고 있다. 《세종실록》 〈지리지〉와 《동국여지승람》에는 기계에 이씨가 없어 그가 벼슬아치가 된 뒤에 이곳을 본관으로 정한 듯하다. 현재 인구는 알 수 없다.

윤대형尹大衡 벼슬이 사헌부 감찰監察(정6품)에 이르렀다. 본관이 주천酒泉(원주)으로 윤대형이 조선시대 유일한 문과급제자이자 실질적인 시조이다. 그런데 《세종실록》 〈지리지〉를 보면 주천윤씨는 영월과 순흥 지역으로 이주하여 향리가 되었다고 하므로 향리의 후예일 가능성도 있다.

(나) 3품 이상 고관에 오른 급제자

《족보》에 본인 또는 아버지 이상의 가계가 끊어진 급제자 35명 가운데 3품 이상 고관에 오른 인물은 모두 5명이다. 그 명단을 소개하면 다음과 같다.

안곡安鵠 벼슬이 동지중추원사(종2품)에 올랐다. 본관은 태원太原(충주)이고, 2000년 현재 인구는 438가구 1,396명에 지나지 않는다.

전벽田闢 벼슬이 시정寺正(정3품 당하관)에 올랐는데, 본관은 담양潭陽이다.

전견룡田見龍 벼슬이 시정(정3품 당하관)에 올랐는데, 본관은 우봉牛峰이다. 앞에서 이미 설명했다.

이응복李應福 벼슬이 부정副正(종3품)에 올랐는데, 본관은 태안

泰安이다. 앞에서 이미 설명했다.

황응성黃應聖 벼슬이 부사(종3품)에 올랐는데, 본관이 황주黃州이다. 앞에서 이미 설명했다.

(5) 내외 4대조 또는 그 윗대에 벼슬아치가 없는 급제자

선조 대 신분이 낮은 급제자 186명 가운데 《족보》에 가계가 보이지만 내외 4대조(직계 3대와 외조), 또는 그 윗대까지도 벼슬아치가 보이지 않는 급제자는 모두 19명이다. 이들은 문과응시가 불가능한 것처럼 오해되고 있지만, 실제로는 아무런 지장이 없었음을 알 수 있다. 하지만 이들은 벼슬을 받을 때 인물이 용렬庸劣하다는 등의 이유로 대간이 서경을 거부한 일이 많았다.

(가) 3품 이상 고관에 오른 자

《족보》에 내외 4대조 또는 그 윗대의 조상 가운데 벼슬아치가 없는 급제자 19명 가운데 2명은 벼슬을 받지 못했고, 나머지 17명은 벼슬을 얻었다. 그 가운데 3품 이상 고관에 오른 자가 8명이다. 그런데 의외로 명신名臣으로 이름을 떨친 인물을 여럿 포함하고 있어 눈길을 끈다. 이들의 명단을 소개하면 다음과 같다.

정경세鄭經世(1563~1633) 유성룡柳成龍의 문인으로 성리학자로도 이름을 떨쳤고, 벼슬이 이조판서(정2품)에 올랐다. 그런데 《진주정씨보晋州鄭氏譜》를 보면 직계 4대조와 외조 가운데 벼슬아치가 없다.

김성일金誠一(1538~1593) 퇴계의 문인으로 성리학자로서 이름을 떨치고 벼슬이 관찰사(종2품)에 올랐다. 《의성김씨보義城金氏譜》를 보면 직계 3대조와 외조[閔世卿]는 모두 벼슬아치가 아니다.

최경회崔慶會 벼슬이 도병마사(종2품)에 오르고 임진왜란 때 의병운동에도 참여했다. 《해주최씨보海州崔氏譜》를 보면 직계 4대조와 외조 가운데 벼슬아치가 없다.

황여일黃汝一 벼슬이 목사(정3품)에 올랐다. 《평해황씨보平海黃氏譜》를 보면 직계 3대조와 외조 가운데 벼슬아치가 없으며, 벼슬을 받을 때 대간은 황여일이 어리석고 용렬하다는 이유로 서경을 거부하기도 했다.

박경립朴敬立 벼슬이 승지(정3품 당상관)에 올랐다. 《경주박씨보慶州朴氏譜》를 보면 직계 3대조와 외조 가운데 벼슬아치가 없다.

이함일李涵一 벼슬이 감정監正(정3품 당하관)에 올랐다. 《함평이씨보咸平李氏譜》를 보면 직계 3대조와 외조 가운데 벼슬아치가 없다.

이계록李繼祿 벼슬이 서령署令(종3품)에 올랐다. 《부평이씨보富平李氏譜》를 보면 직계 3대조와 외조 가운데 벼슬아치가 없다.

김치원金致遠 벼슬이 부사(종3품)에 올랐다. 《부안김씨보扶安金氏譜》를 보면 직계 3대조와 외조 가운데 벼슬아치가 없다.

(나) 직계 5대조 이상에 벼슬아치가 없는 급제자

이무일李無逸 벼슬을 받지 못했는데, 《홍주이씨보洪州李氏譜》를 보면 직계 6대조와 외조 가운데 벼슬아치가 없다.

이시정李時楨 벼슬이 사헌부 장령掌令(정4품)에 올랐는데, 《익흥(원주)이씨보益興李氏譜》를 보면 직계 5대조와 외조 가운데 벼슬아치가 없다. 《실록》을 보면, 이시정이 비천하다는 이유로 대간이 서경을 거부하기도 했다. 익흥이씨 인구는 2000년 현재 107가구 303명의 희성으로, 이시정이 유일한 문과급제자이다.

명광계明光啓 벼슬이 현감(종6품)에 이르렀다. 명씨는 원래 고려 말 중국에서 귀화한 명옥진明玉珍의 후손으로, 《서촉(연안)명씨보西蜀(延安)明氏譜》를 보면 아버지 이상의 가계가 끊어져 있어 가계를 알 수 없다. 그런데 명광계가 문과에 급제한 뒤로 문과급제자 4명이 더 배출되었다.

(6) 노비 출신, 신원이 불확실한 급제자 등

선조 대 급제자 가운데 노비 출신 급제자가 1명 있고, 《방목》과 《족보》의 조상 이름이 서로 다르거나 또는 《족보》에 따라 이름이 달라 어느 것이 진실인지 판단하기 어려운 급제자, 그리고 내외 4대조 가운데 벼슬아치가 있음에도 집안이 비미卑微하다고 천대받은 급제자 등 모두 10명이 있다. 그 가운데 몇 명의 실례를 들면 다음과 같다.

양극선梁克選 진사를 거쳐 식년시에 급제하여 벼슬이 목사(정3품)에 올랐다. 《광해군일기》를 보면 양극선은 다른 사람의 노비였는데, 면천免賤되지 않은 채 속임수를 써서 과거에 급제하여 이이첨李爾瞻 일파에 빌붙어 청반淸班에 오르게 되었다고 한다. 그의 본관은 남원南原인데, 《족보》마다 기록이 달라 믿기 어렵다. 어쨌든 그는 신분을 속이고 부정으로 급제하여 당상관에까지 올랐다.

허징許澂 전력이 이문학관吏文學官으로, 벼슬이 목사(정3품)에 이르렀다. 《실록》에는 그의 문지門地가 비미하고, 인물이 비루하다는 이유로 벼슬을 받을 때마다 대간의 비판을 받았는데, 《양천허씨보陽川許氏譜》를 보면 직계 3대조에 벼슬아치가 있다. 그럼에도 문지가 비미하다고 한 것을 보면 서출인 듯하다.

안종록安宗祿 장원급제하여 벼슬이 홍문관 수찬修撰(정6품)을 거쳐 부사(종3품)에 올랐다. 하지만 벼슬을 받을 때마다 대간은 안종록이 가행家行이 패려悖戾하고 사람됨이 비루鄙陋하여 청반에 오를 수 없는 인물이라는 이유로 여러 차례에 걸쳐 서경을 거부했다. 《만성》과 《씨족》의 《광주안씨보廣州安氏譜》에는 조상 이름이 보이나 그의 이름은 보이지 않는다. 오직 《청구》의 《광주안씨보》에만 그의 가계가 보이는데, 직계 3대조가 모두 벼슬아치로 되어 있다. 그럼에도 그가 청반에 들어갈 수 없는 인물이라고 한다면 혹시 서출인지도 모른다.

이상 선조 대 신분이 낮은 급제자 186명의 신분을 정리해 보았다. 이를 총괄해서 특징적인 현상만을 정리해 보면 다음과 같다.

자기 본관의 시조로 추앙받은 급제자는 모두 17명이고, 서출로 확인된 급제자는 모두 3명이다. 그 밖에 천창 곧 기생의 아들이 1명, 잡직 습독관習讀官의 후손이 1명, 노비 출신이 1명, 향리 후손으로 추정되는 인물이 3명이다. 하지만 나머지 급제자들의 대부분도 평민이거나, 향리 후예거나, 서얼로 추정된다.

또 선조 대에는, 앞선 시기인 명종 대와 마찬가지로, 신분이 낮은 급제자들에 대한 대간의 서경이 거부되는 사태가 무수히 발견되고 있어서 신분이 낮은 급제자에 대한 청요직 벼슬을 억제하는 분위기가 팽배하고 있었다는 사실을 감지할 수 있다.

3) 신분이 낮은 급제자의 벼슬

선조 대 전체 문과급제자 1,112명 가운데 신분이 낮은 급제자 186명은 어떤 벼슬을 받았을까? 우선 벼슬을 받지 못한 급제자는 15명인데, 《족보》에 가계가 보이지 않는 급제자가 7명, 본관이 없는 급제자가 3명, 내외 4대조 가운데 벼슬아치가 없는 급제자가 3명, 그리고 가계가 단절된 급제자 2명이 벼슬을 받지 못했다. 이 15명을 제외한 171명은 벼슬을 받았다. 이제 이들이 받은 벼슬의 최고품계순으로 인원을 정리하면 다음과 같다.

벼슬과 품계	인원
이조판서吏曹判書(정2품)	1명 (정경세)
관찰사觀察使(종2품)	1명 (김성일)
예조참판禮曹參判(종2품)	1명 (박명박)
병마절도사兵馬節度使(종2품)	2명 (최경회, 박경남)
동지중추원사同知中樞院事(종2품)	1명 (안곡)
가선대부嘉善大夫(종2품)	1명 (노경복)
승지承旨(정3품 당상관)	2명
참의參議(정3품 당상관)	3명
통정대부通政大夫(정3품 당상관)	2명
목사牧使(정3품)	8명
감정監正(정3품 당하관)	1명
시정寺正(정3품 당하관)	4명
사간원 사간司諫(종3품)	1명

부정副正(종3품)	1명
부사府使(종3품)	10명
서령署令(종3품)	1명
1~3품	40명
사헌부 장령掌令(정4품)	4명
성균관 사예司藝(정4품)	1명
시강원 필선弼善(정4품)	1명
첨정僉正(종4품)	5명
군수郡守(종4품)	20명
정랑正郎(정5품)	10명
사헌부 지평持平(정5품)	2명
사간원 헌납獻納(정5품)	1명
홍문관 교리校理(정5품)	2명
현령縣令(종5품)	5명
도사都事(종5품)	3명
판관判官(종5품)	7명
좌랑佐郎(정6품)	14명
사헌부 감찰監察(정6품)	2명
성균관 전적典籍(정6품)	5명
사간원 정언正言(정6품)	1명
현감縣監(종6품)	20명
찰방察訪(종6품)	3명
교수敎授(종6품)	2명
주부主簿(종6품)	1명
4~6품	109명
승정원 주서注書(정7품)	1명
교서관 박사博士(정7품)	3명
교서관 정자正字(정9품)	2명
승문원 정자正字(정9품)	1명
예문관 검열檢閱(정9품)	1명
성균관 학유學諭(정9품)	2명

제독관提督官	1명
교서관 권지權知(임시직)	8명
성균관 권지權知(임시직)	3명
7~9품	22명
벼슬을 받지 못한 급제자	15명
합 계	186명

위 표를 다시 정리하면, 벼슬을 받은 171명 가운데 3품 이상 고관에 오른 급제자는 모두 40명으로, 신분이 낮은 급제자 186명 가운데 21.50퍼센트를 차지한다. 이 수치를 앞 시기와 비교하면 다음과 같다.

왕 대	3품 이상 고관에 오른 급제자	전체 급제자에 대한 비율
태조-정종 대	32.50%	13.13%
태종 대	24.81%	12.40%
세종 대	25.80%	8.63%
문종-단종 대	25.80%	8.90%
세조 대	24.46%	7.44%
예종-성종 대	31.13%	6.90%
연산군 대	30.23%	5.18%
중종 대	36.70%	7.66%
명종 대	27.95%	5.53%
선조 대	21.50%	3.59%

위 수치는 신분이 낮은 급제자들이 어느 정도 높은 벼슬에 올라갔는가를 보여주는 지표가 된다. 앞의 수치는 신분이 낮은 급제자 가운데 3품 이상으로 올라간 급제자의 비율이고, 뒤의 수치는 급제자 전체 인원 가운데에서 신분이 낮은 급제자가 차지하

는 비율이다.

위 수치의 변화를 정리하면, 태조-정종 대 32.50퍼센트와 13.13퍼센트를 보여주던 수치가 시대가 내려가면서 점차로 줄어들어 선조 대에는 21.50퍼센트와 3.59퍼센트로 낮아진 것을 보여준다. 이는 신분이 낮은 급제자들이 고관으로 올라가는 비율이 갈수록 낮아지고 있다는 것을 뜻한다.

그래도 선조 대 3품 이상으로 올라간 급제자 가운데에는 2품 이상에 오른 인물이 7명, 정3품 당상관 이상은 22명이다. 그 가운데 최고위직은 이조판서(정2품)에 오른 정경세鄭經世이다. 그는 진주정씨晋州鄭氏 후손이지만 내외 4대조 가운데 벼슬아치가 없다고 앞에서 이미 설명하였다.

그 다음 고위직은 홍문관 부제학과 성균관 대사성을 거쳐 관찰사(종2품)에 오른 김성일金誠一이다. 그 또한 명문 의성김씨義城金氏 후손이지만 내외 4대조 가운데 벼슬아치가 없다.

예조참판(종2품)에 오른 박명박朴明博은 《족보》에 가계가 보이지 않고, 병마절도사(종2품)에 오른 최경회崔慶會는 내외 4대조 가운데 벼슬아치가 없고, 박경남朴敬男은 《족보》에 가계가 보이지 않는다. 동지중추원사(종2품)에 오른 안곡安鵠은 조상의 가계가 단절되어 있고, 가선대부(종2품)에 오른 노경복盧景福은 《족보》에 가계가 보이지 않는다.

2품 이상 고위직 가운데 의정부의 정승政丞은 단 1명도 없는데, 이는 앞 시기와 마찬가지로서 신분이 낮은 급제자의 한계라고 할 수 있다.

다음 4~6품에 이르는 참상관參上官에 오른 급제자는 모두 109

명이다. 중앙직으로는 6조 낭관郎官(5~6품)이 24명인데, 인사권을 가진 이조吏曹 낭관은 없다. 또 사헌부, 사간원, 홍문관, 성균관 등 청직淸職과 관각館閣으로 나간 인물은 그리 많지 않고, 더욱이 청요직의 상징인 홍문관弘文館 교리(정5품)에 나간 인물은 단 2명에 지나지 않는다. 군수(종4품) 이하 수령守令으로 나간 인물이 60명에 이르러 압도적으로 큰 비중을 차지하고 있다.

마지막으로 7~9품에 이르는 참외관參外官에 오른 급제자는 모두 22명으로 앞 시기에 비해 수치가 늘어났다. 가장 인기가 없는 교서관校書館과 성균관成均館의 임시직인 권지에 오른 급제자가 11명이나 되는 것도 주목된 현상이다. 점점 벼슬을 얻기가 힘들어지고 있는 양상을 읽을 수 있다. 직종별로 본다면 교서관에 나간 급제자가 13명으로 가장 많고, 그 다음으로 성균관이 5명이다. 교서관과 성균관은 신분이 낮은 급제자의 첫 벼슬로 점차 굳어져가고 있음을 볼 수 있다.

4) 선조 대 신분이 낮은 급제자 명단

선조 대 신분이 낮은 급제자 186명의 명단을 급제연대순으로 소개하면 다음과 같다.

1 **소혜**蘇傒 유학을 거쳐 선조 즉위년(1567) 식년시에 급제하여 벼슬이 도사都事(종5품)에 이르렀다. 《방목》에는 벼슬과 아버지〔世貞〕 이름이 보이고, 본관이 진주晋州로 되어 있다. 그런데 《청구》에는 《진주소씨보》가 아니라 《흥양소씨보興陽蘇氏譜》에 소혜

와 그 아버지의 이름이 기록되어 있는데, 아버지는 벼슬이 없다. 한편 《만성》과 《씨족》에는 《흥양소씨보》 자체가 없고, 《진주소씨보》에는 그의 가계가 보이지 않는다. 아마도 본관이 본래 진주였다가 그가 벼슬을 하면서 흥양(충청도 홍주 관내)으로 바꾼 것으로 보인다. 현재 인구나 조선시대 문과급제자의 인원을 모두 알 수 없다.

2 **최경회**崔慶會(1532~?) 생원으로 선조 즉위년 식년시에 급제하여 벼슬이 군수(종4품)를 거쳐 경상도병마사(종2품)에 이르렀다. 임진왜란 중에는 의병을 일으키기도 했다. 《방목》에는 벼슬과 아버지〔天符〕, 할아버지〔尹範〕, 증조〔渾〕의 이름이 보이고, 본관이 해주海州(대령)로 되어 있다. 그런데 《만성》과 《씨족》의 《해주최씨보》에는 선계만 보일 뿐 최경회의 이름이 보이지 않고, 오직 《청구》의 《해주최씨보》에만 이름이 보인다. 하지만 직계 4대조와 외조 가운데 벼슬아치가 없다. 형 경장慶長은 명종 대 문과에 급제했는데, 앞에서 이미 설명했다.

3 **정언식**鄭彦湜(1538~?) 생원으로 선조 즉위년 식년시에 급제하여 벼슬이 남원판관(종5품)을 거쳐 공조좌랑(정6품)에 이르렀다. 《방목》에는 벼슬과 아버지〔公裕〕 이름이 보이고, 본관이 해남海南으로 되어 있다. 같은 해 형 언홍彦洪도 식년시에 급제하여 벼슬이 공조정랑(정5품)에 이르렀다. 그런데 《청구》의 《해남정씨보》를 보면 아버지부터 가계가 시작되는데 벼슬이 없다. 《만성》에는 《해남정씨보》 자체가 없으며, 《씨족》의 《해남정씨보》에는 아버지와 언식, 언홍 두 아들만 기록되어 있는데, 아버지는 해남 사람으로 벼슬이 없다. 2000년 현재 해남정씨 인구는 368가구

1,223명의 희성으로, 조선시대 문과급제자는 정언식 형제뿐이다.

4 **김기문**金起門(1535~?) 진사를 거쳐 선조 즉위년 식년시에 급제하여 벼슬이 현감(종6품)에 이르렀다.《방목》에는 벼슬과 아버지〔礪〕 이름이 보이고, 본관이 진위振威, 거주지가 함길도 단천端川으로 되어 있다.《청구》와《만성》의《진위김씨보》를 보면, 아버지와 김기문 두 사람만 기록되어 있는데, 아버지는 벼슬이 없다. 한편《씨족》에는《진위김씨보》 자체가 없다. 2000년 현재 진위김씨 인구는 386가구 1,235명의 희성으로, 조선시대 문과급제자는 그가 유일하며, 진위김씨의 시조이다.

5 **이언양**李彦讓(1511~?) 생원을 거쳐 선조 즉위년 식년시에 급제하여 벼슬이 군수(종4품)에 이르렀다.《방목》에는 벼슬과 아버지〔琳〕 이름이 보이고, 본관이 양성陽城으로 되어 있다. 그런데《청구》,《만성》,《씨족》의《양성이씨보》에는 이언양의 가계가 보이지 않는다. 동생 언상彦祥은 선조 10년 문과에 급제했다.

6 **조헌**趙憲(1544~1592) 김포 출생으로, 율곡 문하에서 학문을 배웠다. 훈도(종9품)를 거쳐 선조 즉위년 식년시에 급제하여 벼슬이 현감(종6품), 예조좌랑(정6품)을 지내고 봉상시 첨정僉正(종4품)에 이르렀다. 임진왜란 중에는 의병장으로 활약하다가 세상을 떠났는데, 죽은 다음 문열文烈이라는 시호를 받았다. 그 뒤에 이조판서로 추증되고 문묘文廟에 배향되었다. 호는 중봉重峰이다.《방목》에는 벼슬과 아버지〔應祉〕, 할아버지〔世佑〕, 증조〔璜〕, 외조〔車順達〕의 이름이 보이고, 본관이 배천白川으로 되어 있다. 그런데《청구》와《만성》의《배천조씨보》를 보면, 조헌의 직계 3대조는 모두 벼슬이 없고 증조만 진사進士였다. 외조 차순달도 벼슬이

없다. 따라서 그는 내외 4대조 가운데 벼슬아치가 없다.

7 **이응복**李應福 교수(종6품)로 선조 즉위년 식년시에 급제하여 벼슬이 부정副正(종3품)에 이르렀다. 《방목》에는 벼슬과 아버지〔璋〕, 처부〔金秀孝〕의 이름이 보이고, 본관이 태안泰安으로 되어 있다. 그런데 《청구》의 《태안이씨보》에는 이응복이 시조로 기록되어 있고, 《만성》에는 《태안이씨보》 자체가 없으며, 《씨족》의 《태안이씨보》에는 그의 가계가 보이지 않는다. 태안이씨는 조선시대 문과급제자 6명을 배출했지만, 조선 후기에는 역과 22명, 의과 45명, 주학 103명, 음양과 3명, 율과 2명의 급제자를 배출한 대표적인 중인가문이 되었다. 그는 최초의 문과급제자이다.

8 **전견룡**田見龍 진사를 거쳐 선조 원년(1568) 증광시에 급제하여 벼슬이 시정寺正(정3품 당하관)에 이르렀다. 《방목》에는 벼슬과 아버지〔祥〕 이름이 보이고, 대년大年의 아버지라고 밝히며, 본관이 우봉牛峰으로 되어 있다. 그런데 《청구》의 《우봉전씨보》를 보면 전견룡이 시조로 기록되어 있으며, 《만성》과 《씨족》에는 《우봉전씨보》 자체가 없다. 《세종실록》 〈지리지〉를 보면 우봉에 전씨가 없어, 그가 벼슬아치가 되면서 본관을 바꾼 것으로 보인다. 2000년 현재 우봉전씨 인구는 36가구 109명의 희성으로, 조선시대 문과급제자 3명을 배출했으며, 그가 처음이다.

9 **김신옥**金信玉 생원을 거쳐 선조 원년 증광시에 급제하여 벼슬이 납속納粟으로 통정대부(정3품 당상관)에 이르렀다. 《방목》에는 벼슬과 아버지〔世琰〕, 할아버지〔磧〕의 이름이 보이고, 본관이 선산善山으로 되어 있다. 그러나 《청구》, 《만성》, 《씨족》의 《선산김씨보》에는 김신옥의 가계가 보이지 않는다. 납속으로 통정대부

에 올랐다는 것은 임진왜란 중에 나라에 곡식을 바치고 그 대가로 벼슬을 받았다는 것이다. 통정대부는 실직이 아니고, 대개 신분이 낮은 사람들이 받는 경우가 많다.

10 **이윤희**李胤禧 어모장군(정3품 당하관)을 거쳐 선조 원년 증광시에 급제하여 벼슬이 부사(종3품)에 이르렀다. 《방목》에는 벼슬과 아버지〔嗣元〕, 외조〔趙仲謹〕의 이름이 보이고, 본관이 합천陜川으로 되어 있다. 그런데 《청구》와 《만성》의 《합천이씨보》에는 이윤희의 가계가 보이지 않고, 《씨족》에는 《합천이씨보》 자체가 없다. 더욱이 정3품 어모장군의 무산직武散職을 가지고 있으면서, 문과에 급제하여 그보다 더 낮은 종3품 부사에 오른 것은 그가 서출임을 암시한다. 곧 그는 무과를 거쳐 문과로 전향하여 신분 상승을 시도한 것으로 보인다.

11 **김성일**金誠一(1538~1593) 진사를 거쳐 선조 원년 증광시에 급제하여 벼슬이 임진왜란 중에 경상도 관찰사(종2품)에 이르렀다. 이황의 문인으로 이름을 떨친 유학자이기도 하다. 호는 학봉鶴峰이다. 《방목》에는 벼슬과 아버지〔璡〕, 할아버지〔禮範〕, 증조〔萬謹〕, 외조〔閔世卿〕의 이름이 보이고, 본관은 의성義城으로 되어 있다. 그런데 《청구》와 《만성》의 《의성김씨보》를 보면 아버지는 진사(《만성》에는 생원), 할아버지는 원래 벼슬이 없다가 죽은 뒤에 증직으로 승지를 받았으며, 증조도 진사에 지나지 않는다. 한편 《씨족》의 《의성김씨보》에는 고조 이상의 가계가 끊어져 있는데, 벼슬아치가 없다. 외조도 벼슬아치가 아닌 듯하다. 그러나 김성일의 5형제가 모두 벼슬을 하여 가문을 빛냈다.

12 **원사용**元士容 유학을 거쳐 선조 2년(1569) 알성시에 급제하

여 벼슬이 군수(종4품)에 이르렀다. 《방목》에는 벼슬과 아버지〔鵬〕, 할아버지〔孟賢〕, 증조〔柱〕, 외조〔尹殷佐〕의 이름이 보이고, 본관이 원주原州로 되어 있다. 그러나 《청구》와 《만성》의 《원주원씨보》에는 원사용의 가계가 보이지 않으며, 《씨족》의 《원주원씨보》에는 증조까지의 가계가 보이나 그 뒤는 보이지 않는다. 《실록》에도 아무런 기록이 없다.

13 **신호인**申灝仁 유학을 거쳐 선조 2년 별시에 급제하여 벼슬이 현감(종6품)에 이르렀다. 《방목》에는 벼슬과 아버지〔季渠〕 이름이 보이나 본관이 없어 신원을 알 수 없다.

14 **김대명**金大鳴(1536~1593) 생원을 거쳐 선조 3년(1570) 35세로 식년시에 장원급제하여 벼슬이 도사(종5품)를 지내고 풍기군수(종4품)에 이르렀다. 벼슬을 버리고 은거하다가 임진왜란 때 김성일金誠一을 도와 공을 세웠다. 《방목》에는 벼슬과 아버지〔樞〕 이름이 보이고, 본관이 울산蔚山으로 되어 있다. 그러나 《청구》, 《만성》, 《씨족》의 《울산김씨보》에는 김대명의 가계가 보이지 않는다.

15 **이방주**李邦柱(1542~?) 진사를 거쳐 선조 3년 29세로 식년시에 급제하여 벼슬이 찰방(종6품)과 현감(종6품)을 지내고 군수(종4품)에 이르렀다. 《방목》에는 벼슬과 아버지〔俊〕, 할아버지〔筌〕, 증조〔從愚〕, 처부의 이름이 보이고, 본관이 함평咸平으로 되어 있다. 그러나 《만성》과 《씨족》의 《함평이씨보》에는 이방주의 가계가 보이지 않는다. 《청구》의 《함평이씨보》에는 그의 이름이 보이나, 할아버지 이름이 정전庭全으로 되어 있어서 《방목》의 기록과 다르다. 또 아버지와 할아버지는 모두 벼슬이 없으며, 증조

는 무과 출신이다. 신원이 애매한 인물이다.

16 **이담룡**李聃龍 승사랑(종8품)을 거쳐 선조 3년 식년시에 급제하여 벼슬이 현령(종5품)에 이르렀다. 《방목》에는 아버지〔龜年〕 이름만 보이고 아무런 기록이 없어 신원을 알 수 없다. 현재 본관이 담양潭陽으로 알려져 있으나, 《청구》, 《만성》, 《씨족》의 《담양이씨보》에는 이담룡의 가계가 보이지 않는다.

17 **황거정**黃居正 유학으로 선조 3년 식년시에 급제하여 벼슬이 현감(종6품)에 이르렀다. 《방목》에는 벼슬과 아버지〔翰〕 이름만 보이고, 본관이 평해平海로 되어 있다. 그런데 《청구》, 《만성》, 《씨족》의 《평해황씨보》에는 황거정의 가계가 보이지 않는다.

18 **이인홍**李仁弘 어모장군(정3품 당하관)을 거쳐 선조 3년 식년시에 급제하여 벼슬이 군수(종4품)와 호조정랑(정5품)에 이르렀다. 이인홍이 군수와 정랑에 임명되자 대간에서는 "인물이 비루하다" 또는 "용렬하다"는 이유를 들어 체직을 요청했다.[209] 이는 신분을 문제 삼은 것이다. 《방목》에는 벼슬과 아버지〔龜年〕, 할아버지〔信茂〕, 처부의 이름이 보이고, 본관이 상주尙州(상산)로 되어 있다. 그런데 《청구》와 《만성》의 《상산이씨보商山李氏譜》에는 아버지, 할아버지의 이름은 보이나 그의 이름은 보이지 않으며, 《씨족》에는 《상산이씨보》 자체가 없다. 무반武班 정3품인 어모장군이었다가 문과에 급제한 뒤의 벼슬이 그보다 더 낮은 종4품 군수에 그쳤다는 것은 그의 신분이 서출임을 암시하는 듯하다. 2000년 현재 상주이씨 인구는 427가구 1,379명의 희성으로 조선

209) 《선조실록》 권10, 선조 9년 10월 20일 기묘; 권14, 선조 13년 3월 10일 임자.

시대 문과급제자는 그가 유일하다.

19 **박문룡**朴文龍 장사랑(종9품)을 거쳐 선조 3년 식년시에 급제하여 벼슬이 현감(종6품)에 이르렀다. 《방목》에는 벼슬과 아버지〔芸〕 이름이 보이고, 본관이 함양咸陽(속함)으로 되어 있다. 그런데 《청구》, 《만성》, 《씨족》의 《함양박씨보》에는 박문룡의 가계가 보이지 않는다.

20 **김응문**金應文 훈도(종9품)를 거쳐 선조 3년 식년시에 급제하여 벼슬이 찰방(종6품)에 이르렀다. 《방목》에는 벼슬과 아버지〔麗新〕 이름이 보이고, 본관이 아산牙山으로 되어 있다. 그러나 《청구》의 《아산김씨보》에는 김응문의 가계가 보이지 않고, 《만성》과 《씨족》에는 《아산김씨보》 자체가 없다. 《세종실록》 〈지리지〉와 《동국여지승람》에는 아산에 김씨가 없으므로, 그가 벼슬아치가 된 뒤에 이곳을 본관으로 정한 것으로 보인다. 2000년 현재 아산김씨 인구는 4가구 13명의 희성으로, 그는 조선시대 유일한 문과급제자이다.

21 **김몽웅**金夢熊 생원을 거쳐 선조 3년 식년시에 급제했는데, 《방목》에는 아버지〔漢禎〕 이름만 보이고, 본관이 김해金海로 되어 있다. 그러나 《청구》, 《만성》, 《씨족》의 《김해김씨보》에는 김몽웅의 가계가 보이지 않는다. 신원도, 벼슬도 알 수 없다.

22 **하일청**河一淸 선무랑(종6품)을 거쳐 선조 3년 식년시에 급제하여 벼슬이 군수(종4품)에 이르렀다. 《방목》에는 벼슬과 아버지〔世璉〕 이름만 보이고, 본관이 강화江華로 되어 있다. 그러나 《청구》, 《만성》, 《씨족》에는 《강화하씨보》 자체가 없다. 《세종실록》 〈지리지〉와 《동국여지승람》을 보면 강화에 하씨가 없어 그

가 벼슬아치가 된 뒤에 이곳을 본관으로 삼은 것으로 보인다. 2000년 현재 인구는 913명의 희성이고, 조선시대 문과급제자는 2명인데, 하일청이 처음으로, 뒤에 시조가 되었다.

23 **홍승범**洪承範 생원을 거쳐 선조 3년 식년시에 급제하여 벼슬이 교서관 권지權知(임시직)에 이르렀다. 《방목》에는 벼슬과 아버지〔瀊〕 이름만 보이고, 본관이 개성開城으로 되어 있다. 그런데 《청구》의 《개성홍씨보》에는 홍승범이 시조로 되어 있으며, 《만성》과 《씨족》에는 《개성홍씨보》 자체가 없다. 《세종실록》〈지리지〉와 《동국여지승람》을 보면 개성에 홍씨가 없어 그가 벼슬아치가 되면서 이곳을 본관으로 정한 것으로 보인다. 현재 인구도 알 수 없고, 조선시대 문과급제자는 그가 유일하다.

24 **이수령**李壽寧 진사를 거쳐 선조 3년 식년시에 급제하여 벼슬이 교수(종6품)에 이르렀다. 《방목》에는 벼슬과 아버지〔漢文〕 이름만 보이고, 본관이 없다. 그런데 《청구》의 《중화이씨보中和李氏譜》에 이수령 한 사람만 기록되어 있어 그가 중화이씨의 시조임을 알 수 있다. 《만성》과 《씨족》에는 《중화이씨보》 자체가 없다. 《세종실록》〈지리지〉를 보면 이씨는 장연長淵에서 들어온 입진성入鎭姓으로 되어 있어 이곳 토착민이 아니었음을 알 수 있으며, 현재 인구도 알 수 없다. 조선시대 문과급제자는 그가 유일하다.

25 **김언경**金彦慶 훈도(종9품)를 거쳐 선조 3년 식년시에 급제하여 벼슬이 공조좌랑(정6품)에 이르렀다. 《방목》에는 벼슬과 아버지〔潤固〕 이름만 보이고, 본관이 삭령朔寧으로 되어 있다. 그러나 《청구》, 《만성》, 《씨족》에는 《삭령김씨보》 자체가 없다. 《세종

실록》〈지리지〉에는 김씨가 삭령의 일반성으로 나오는데, 현재 인구는 알 수 없다. 조선시대 문과급제자는 김언경이 유일하다.

26 **구정열**仇廷說 유학을 거쳐 선조 5년(1572) 별시에 급제하여 벼슬이 교서관 권지(임시직)에 이르렀다. 《방목》에는 벼슬과 아버지〔恕〕 이름만 보일 뿐 본관이 없다. 《세종실록》〈지리지〉를 보면 구씨는 창원昌原과 개령開寧의 촌성村姓 가운데 하나이므로 신분이 낮은 것을 알 수 있다. 그런데 구씨는 원래 고려 때 송나라에서 귀화한 성씨로, 정조 대 구씨具氏로 사성賜姓되어 지금은 구씨仇氏가 없다. 단종 2년 문과에 급제한 구자평仇自平의 경우 본관이 창원으로 되어 있어서 구정열의 본관도 창원일 가능성이 크다. 그런데 《청구》, 《만성》, 《씨족》에는 《창원구씨보》 자체가 없다.

27 **김우윤**金友尹 유학으로 선조 5년 별시에 급제하여 벼슬이 공조좌랑(정6품)을 거쳐 목사(정3품)에 이르렀다. 정유재란 때 왜군에게 붙잡힌 어머니를 구하려다 함께 피살되었다. 고향은 영광靈光이다. 《방목》에는 벼슬과 아버지〔孝儉〕 이름만 보이고 본관이 없어 신원을 알 수 없다. 그러나 고향이 영광이므로 본관도 영광일 가능성이 크다. 하지만 《청구》, 《만성》, 《씨족》의 《영광김씨보》에는 김우윤의 가계가 보이지 않는다.

28 **이일원**李一元 유학을 거쳐 선조 5년 별시에 급제하여 벼슬이 현령(종5품)에 이르렀다. 《방목》에는 벼슬과 아버지〔昌業〕 이름이 보이고, 본관이 개성開城으로 되어 있다. 그런데 《청구》의 《개성이씨보》에는 이일원의 가계가 보이지 않으며, 《만성》과 《씨족》에는 《개성이씨보》 자체가 없다. 이씨는 개성의 내접성內接姓으

로 토착민이 아니며, 2000년 현재 개성이씨 인구는 5,473명의 희성에 속한다. 조선시대 문과급제자는 모두 2명이다.

29 **박천거**朴天擧 유학을 거쳐 선조 5년 별시에 급제하여 벼슬이 교서관 권지(임시직)에 이르렀다. 《방목》에는 벼슬과 아버지〔弘良〕 이름이 보이고, 본관이 죽산竹山으로 되어 있다. 그러나 《청구》, 《만성》, 《씨족》의 《죽산박씨보》에는 박천거의 가계가 보이지 않아 신원을 알 수 없다.

30 **주덕원**朱德元 훈도(종9품)를 거쳐 선조 6년(1573) 식년시에 급제하여 벼슬이 군수(종4품)에 이르렀다. 《방목》에는 벼슬과 아버지〔良祐〕, 할아버지〔致亨〕, 외조〔李均衡〕의 이름이 보이고, 본관이 웅천熊川으로 되어 있다. 그런데 《청구》와 《만성》의 《웅천주씨보》에는 주덕원의 가계가 보이지 않으며, 《씨족》에는 《웅천주씨보》 자체가 없다. 2000년 현재 웅천주씨 인구는 247가구 806명의 희성으로, 조선시대 문과급제자 5명을 배출했다.

31 **김수**金粹 훈도(종9품)를 거쳐 선조 6년 식년시에 급제하여 벼슬이 군수(종4품)에 이르렀다. 벼슬과 아버지〔潤老〕 이름이 보이나, 본관이 없어 신원을 알 수 없다.

32 **김경창**金慶昌(1532~?) 진사를 거쳐 선조 6년 42세로 문과에 급제하여 벼슬이 사간원 정언正言(정6품)을 지내고 헌납獻納(정5품)에 이르렀다. 《방목》에는 벼슬과 아버지〔珣〕 이름이 보이고, 본관이 경산慶山으로 되어 있다. 그런데 《청구》, 《만성》, 《씨족》에는 《경산김씨보》 자체가 없어 신원을 알 수 없다. 김씨는 경산의 토성土姓 가운데 하나이며. 조선시대 문과급제자는 모두 2명이다.

33 **전방경**全方慶 유학을 거쳐 선조 6년 식년시에 급제하여 벼슬이 현감(종6품)에 이르렀다. 《방목》에는 벼슬과 아버지〔光佑〕 이름 보이나, 본관이 없어 신원을 알 수 없다.

34 **문승수**文承洙(1525~?) 훈도(종9품)를 거쳐 선조 6년 49세로 식년시에 급제하여 벼슬이 현감(종6품)에 이르렀다. 《방목》에는 벼슬과 아버지〔世郁〕 이름이 보이고, 본관이 개령開寧으로 되어 있다. 그런데 《청구》의 《개령문씨보》를 보면 아버지와 문승수의 가계가 끊어진 형태로 기록되어 있는데, 아버지는 벼슬이 없다. 한편 《만성》과 《씨족》에는 《개령문씨보》 자체가 없다. 문씨는 개령의 토성土姓 가운데 하나로, 2000년 현재 인구는 132가구 432명의 희성으로, 조선시대 문과급제자는 모두 4명이며, 그가 처음이다.

35 **이무일**李無逸(1544~?) 생원을 거쳐 선조 6년 30세로 식년시에 급제했는데, 《방목》에는 아버지〔鶴齡〕 이름이 보이고, 본관이 홍주洪州로 되어 있으나 벼슬 이름이 없다. 그런데 《청구》와 《씨족》의 《홍주이씨보》에는 이무일의 가계가 보이지 않는다. 한편 《만성》(보유편)의 《홍주이씨보》를 보면 직계 6대조 가운데 벼슬아치가 없고, 외조 이름도 없으며, 그의 벼슬도 없다. 《실록》에도 아무런 기록이 없어 신원을 알 수 없다. 조선시대 문과급제자는 모두 8명인데, 그가 처음이다.

36 **권가행**權可行 유학을 거쳐 선조 6년 식년시에 급제하여 벼슬이 좌랑(정6품)에 이르렀다. 《방목》에는 벼슬과 아버지〔烈〕, 처부〔元彭壽〕의 이름이 보이나, 본관이 없어 신원을 알 수 없다. 그러나 《청구》, 《만성》, 《씨족》의 《안동권씨보》와 《예천권씨보》 어

디에도 권가행의 가계는 보이지 않는다.

37 **이덕수**李德秀 훈도(종9품)를 거쳐 선조 6년 식년시에 급제하여 벼슬이 현감(종6품)에 이르렀다. 《방목》에는 벼슬과 아버지〔得壕〕 이름이 보이나, 본관이 없어 신원을 알 수 없다. 현재 본관이 단양丹陽으로 알려져 있는데, 《청구》, 《만성》, 《씨족》의 《단양이씨보》에는 이덕수의 가계가 보이지 않는다.

38 **배응경**裵應褧(1544~1602) 생원을 거쳐 선조 9년(1576) 33세로 식년시에 급제하여 벼슬이 통정대부(정3품 당상관)로 목사牧使(정3품)에 이르렀으며, 임진왜란 중에 의병을 일으키기도 했다. 《방목》에는 벼슬과 아버지〔茂先〕 이름이 보이고, 본관이 성주星州로 되어 있다. 그런데 《청구》, 《만성》, 《씨족》의 《성주배씨보》에는 배응경의 가계가 보이지 않는다. 신원을 알 수 없다.

39 **조팽년**趙彭年(1549~?) 생원을 거쳐 선조 9년 28세로 식년시에 급제하여 벼슬이 정랑(정5품)을 지내고 군수(종4품)에 이르렀다. 선조 21년 조팽년이 전의현감(종6품)에 임명되자 사간원에서는 조망躁妄하다는 이유로 체직을 요청했으며,[210] 선조 32년 여산군수에 임명되자 또 사헌부에서 인물이 용렬庸劣하고 모자라다는 이유로 파직을 요청하기도 했다.[211] 이는 그의 신분에 하자가 있음을 트집 잡은 것으로 보인다. 《방목》에는 벼슬과 아버지〔世傑〕 이름이 보이고, 본관이 평산平山으로 되어 있다. 그런데 《청구》와 《만성》의 《평산조씨보》에는 그의 가계가 보이지 않으며, 《씨족》에는 《평산조씨보》 자체가 없다. 조씨는 평산의 망성亡姓

210) 《선조실록》 권22, 선조 21년 윤6월 16일 정유.
211) 《선조실록》 권120, 선조 32년 12월 16일 신묘.

으로 이미 조선 초기에 없어진 성씨이며, 2000년 현재 평산조씨 인구는 996가구 3,196명의 희성으로, 조선시대 문과급제자는 모두 3명이다.

40 **고상안**高尙顔(1553~?) 진사를 거쳐 선조 9년 24세로 식년시에 급제하여 벼슬이 군수(종4품)에 이르렀다. 선조 21년 고상안이 형조좌랑(정6품)에 임명되고 선조 38년 함양군수에 임명되자, 대간은 인물이 용렬庸劣하다는 것을 이유로 체직을 요청했다.[212] 여기서 용렬하다는 것은 신분이 한미한 것을 가리키는 것으로 보인다. 《방목》에는 벼슬과 아버지〔天佑〕, 외조〔姜希彦〕의 이름이 보이고, 본관이 개성開城으로 되어 있다. 그런데 《씨족》과 《만성》의 《개성고씨보》에는 그의 가계가 보이지 않는다. 한편 《청구》의 《개성고씨보》를 보면 아버지와 할아버지 극공克恭이 벼슬이 없으며 증조 수연壽延은 군인이고, 외조의 이름은 알 수 없다.

41 **황승헌**黃承憲(1540~?) 유학을 거쳐 선조 9년 37세로 식년시에 급제하여 벼슬이 현령(종5품)에 이르렀다. 《방목》에는 벼슬과 아버지〔慶瑞〕 이름이 보이고, 본관이 장수長水로 되어 있다. 그러나 《청구》, 《만성》, 《씨족》의 《장수황씨보》에는 황승헌의 가계가 보이지 않는다. 신원을 알 수 없다.

42 **김옹**金雍(1540~?) 유학을 거쳐 선조 9년 37세로 식년시에 급제하여 벼슬이 현감(종6품)에 이르렀다. 《방목》에는 벼슬과 아버지〔世茂〕의 이름이 보이고, 본관이 안산安山으로 되어 있다. 그러나 《청구》, 《만성》, 《씨족》의 《안산김씨보》에는 김옹의 가계가

212) 《선조실록》 권22, 선조 21년 3월 11일 갑오; 권183, 선조 38년 1월 25일 경자.

보이지 않는다.

43 **안곡**安鵠(1534~?) 유학을 거쳐 선조 9년 43세로 식년시에 급제하여 벼슬이 주부主簿(종6품)와 형조정랑(정5품)을 지내고 동지중추원사(종2품)에 이르렀다. 《방목》에는 벼슬과 아버지〔孟孫〕 이름이 보이고, 본관이 태원太原(충주)으로 되어 있다. 그런데 《청구》와 《씨족》의 《태원안씨보》를 보면 아버지 맹손과 세 아들의 가계가 끊어진 형태로 외따로 기록되어 있는데, 아버지는 벼슬이 없고 세 아들 봉鳳, 곡, 홍鴻이 문과에 급제한 것으로 나온다. 한편 《만성》에는 《태원안씨보》 자체가 없다. 2000년 현재 태원안씨 인구는 438가구 1,396명으로, 안곡이 조선시대 최초의 문과급제자이다.

44 **서만일**徐萬鎰(1535~?) 훈도(종9품)를 거쳐 선조 9년 42세로 식년시에 급제하여 벼슬이 교서관 권지(임시직)에 이르렀다. 《방목》에는 벼슬과 아버지〔永壽〕 이름이 보이고, 본관이 용궁龍宮으로 되어 있다. 그런데 《만성》과 《씨족》에는 《용궁서씨보》 자체가 없으며, 《청구》의 《용궁서씨보》에는 아버지와 서만일 두 사람만 기록되어 있는데, 아버지는 벼슬이 없다. 《세종실록》〈지리지〉와 《동국여지승람》을 보면 용궁에 서씨가 없어 그가 벼슬아치가 된 뒤에 이곳을 본관으로 정한 것으로 보인다. 2000년 현재 용궁서씨 인구는 10가구 37명의 희성으로, 조선시대 문과급제자는 그가 유일하며, 시조이다.

45 **명광계**明光啓(1543~?) 진사로 선조 9년 34세로 식년시에 급제하여 벼슬이 현감(종6품)에 이르렀다. 《방목》에는 벼슬과 아버지〔世謙〕 이름이 보이고, 본관이 서촉西蜀(연안)으로 되어 있다.

그런데 《청구》의 《서촉명씨보》를 보면 조상 가운데 벼슬아치가 한 사람도 없고, 《만성》의 《연안명씨보延安明氏譜》에는 명광계의 이름이 보이지 않는다. 한편 《씨족》의 《연안명씨보》를 보면 아버지와 그의 가계가 끊어진 형태로 외따로 기록되어 있는데, 아버지는 벼슬이 없다. 조상의 신원을 알 수 없다. 원래 명씨는 고려 말 중국에서 대하大夏라는 나라를 세웠다가 망명한 명옥진明玉珍의 후손이다. 《세종실록》 〈지리지〉와 《동국여지승람》을 보면 연안에 명씨가 없어 그가 벼슬아치가 된 다음 이곳을 본관으로 정한 듯하다. 2000년 현재 인구는 1,809가구 5,561명의 희성으로 조선시대 문과급제자 5명을 배출했으며, 그가 처음이다.

46 **이흡**李洽(1548~?) 유학을 거쳐 선조 9년 29세로 식년시에 급제하여 벼슬이 사헌부 장령掌令(정4품)을 지내고 부사(종3품)에 이르렀다. 《방목》에는 벼슬과 아버지〔壽永〕 이름이 보이고, 본관이 양성陽城으로 되어 있다. 그런데 《청구》, 《만성》, 《씨족》의 《양성이씨보》에는 이흡의 가계가 보이지 않는다.

47 **윤대형**尹大衡(1540~?) 생원을 거쳐 선조 9년 37세로 별시에 급제하여 벼슬이 사헌부 감찰監察(정6품)에 이르렀다. 《방목》에는 벼슬과 아버지〔圭〕 이름이 보이고, 본관이 주천酒泉(원주)으로 되어 있다. 그런데 《청구》의 《주천윤씨보》에는 아버지와 윤대현만 기록되어 있는데, 아버지는 벼슬이 없으며, 《만성》과 《씨족》에는 《주천윤씨보》 자체가 없다. 《세종실록》 〈지리지〉를 보면 윤씨는 본래 주천의 일반성씨 가운데 하나인데, 영월寧越과 순흥順興으로 이주한 사람들은 모두 향리가 되었다고 한다. 따라서 그는 향리의 자손일 가능성이 크다.

48 이응허李應虛 유학을 거쳐 선조 9년 별시에 급제하여 벼슬이 현령(종5품)에 이르렀다. 선조 23년 이응허를 안악현감에 임명하자 사헌부는 "문벌이 한미寒微하고 인망이 가벼워 큰 지방을 진압할 만한 능력이 부족하다"[213]는 이유로 체차를 요구하기도 했다. 《방목》에는 벼슬과 아버지〔殷榮〕 이름이 보이나, 본관이 없어서 신원을 알 수 없다. 그러나 집안이 한미한 것은 사실이다.

49 김현도金玄度(1551~?) 유학을 거쳐 선조 9년 26세로 별시에 급제하여 벼슬이 해주목사(정3품), 감정監正(정3품 당하관)에 이르렀다. 선조 35년 김현도가 해주목사에 임명되자 대간에서는 인물이 보잘것없다는 이유로 파면을 요청하기도 했는데,[214] 이는 신분이 미천함을 가리킨다. 《방목》에는 벼슬과 아버지〔汝鼎〕 이름이 보이고, 본관이 예안禮安(선성)으로 되어 있다. 그런데 《청구》의 《선성김씨보宣城金氏譜》를 보면 직계 조상 6대조 가운데 벼슬아치는 오직 아버지가 직장(종7품)을 한 것뿐이며, 《만성》의 《예안김씨보》에는 아버지 이름이 사희士熙로 되어 있어서 《방목》과 다르다. 한편 《씨족》의 《예안김씨보》에는 그의 가계가 보이지 않는다. 가계가 불명확하고 집안이 매우 한미한 것을 알 수 있다.

50 임계영任啓英 유학으로 선조 9년 별시에 급제하여 벼슬이 임실현감(종6품)을 거쳐 통정대부(정3품 당상관)로서 목사(정3품)에 이르렀다. 임진왜란 중에는 전라도에서 의병을 일으켜 공을 세우기도 했다. 《방목》에는 벼슬과 아버지〔希重〕 이름이 보이고, 백영百英(百鈞)의 아우라고 밝히며, 본관이 장흥長興으로 되어 있다.

---

213) 《선조실록》 권24, 선조 23년 1월 19일 임술.
214) 《선조실록》 권150, 선조 35년 5월 20일 신사.

그런데 《청구》, 《만성》, 《씨족》의 《장흥임씨보》에는 모두 임계영의 가계가 보이지 않는다. 형 백영은 명종 16년 문과에 급제했는데, 《장흥임씨보》에 이름이 보인다. 하지만 가계가 끊어진 형태로 홀로 기록되어 있어 가계를 알 수 없다. 요컨대 그는 신원이 불확실한 인물이다.

51 **안여지**安汝止(1532~?) 진사를 거쳐 선조 10년(1577) 46세로 알성시에 급제하여 벼슬이 교서관 권지(임시직)에 이르렀다. 광해군 대 허균의 반역에 함께한 김광위金光煒의 아내의 얼사촌孼四寸이라고 한다.[215] 다시 말해 서얼 출신이라는 뜻이다. 《방목》에는 벼슬과 아버지〔國璡〕, 처부의 이름이 보이고, 본관이 탐진耽津으로 되어 있다. 그런데 《청구》에는 《탐진안씨보》가 없으며, 《만성》과 《씨족》의 《탐진안씨보》에는 안여지의 가계가 보이지 않는다. 서출이므로 족보에 빠진 것으로 보인다.

52 **이경백**李景白(1545~?) 진사를 거쳐 선조 10년 33세로 알성시에 급제하여 벼슬이 판관判官(종5품)에 이르렀다. 광해군 대 인목대비의 폐비를 적극 지지하는 발언을 하기도 했다. 《방목》에는 벼슬과 아버지〔世灝〕 이름이 보이고, 본관이 충주忠州로 되어 있다. 그런데 《청구》의 《충주이씨보》에는 이경백이 시조로 기록되어 있고, 《만성》의 《충주이씨보》에는 그의 가계가 보이지 않으며, 《씨족》에는 《충주이씨보》 자체가 없다. 《세종실록》 〈지리지〉와 《동국여지승람》을 보면 충주에 이씨가 없어 그가 벼슬아치가 된 다음 이곳을 본관으로 정한 것으로 보인다. 2000년 현재

215) 《광해군일기》 권178, 광해군 14년 6월 1일 을축.

충주이씨 인구는 1,306가구 4,022명의 희성으로, 조선시대 문과 급제자 4명을 배출했는데, 그가 처음이다.

53 **오적**吳績 유학을 거쳐 선조 10년 별시에 급제하여 벼슬이 현감(종6품)에 이르렀다. 《방목》에는 벼슬 말고 아무런 기록이 없어 신원을 알 수 없다.

54 **이언상**李彦祥 유학을 거쳐 선조 10년 별시에 급제하여 벼슬이 성균관 권지(임시직)에 이르렀다. 《방목》에는 벼슬과 아버지〔琳〕 이름이 보이고, 본관이 양성陽城으로 되어 있다. 그런데 《청구》, 《만성》, 《씨족》의 《양성이씨보》에는 이언상의 가계가 보이지 않는다. 신원을 알 수 없다.

55 **전영달**全穎達(1550~?)216) 생원을 거쳐 선조 10년 28세로 별시에 급제하여 벼슬이 부사(종3품)를 지내고 참의參議(정3품 당상관)에 이르렀다. 《방목》에는 벼슬과 아버지〔守愚〕 이름이 보이고, 본관이 천안天安217)으로 되어 있다. 그런데 《청구》, 《만성》의 《천안전씨보》에는 전영달의 가계가 보이지 않으며, 《씨족》에는 《천안전씨보》 자체가 없다.

56 **유파**柳坡(1533~?) 생원을 거쳐 선조 12년(1579) 47세로 식년시에 급제하여 벼슬이 공조정랑(정5품)에 이르렀다. 《방목》에는 벼슬과 아버지〔信汀〕 이름이 보이고, 본관이 문화文化로 되어 있다. 그런데 《청구》, 《만성》, 《씨족》의 《문화유씨보》에는 유파의 가계가 보이지 않는다.

57 **석함**石涵(1538~?) 봉직랑(종5품)을 거쳐 선조 12년 42세로 식

216) 《방목》에는 이름이 金穎達로 되어 있으나, 이는 全穎達의 오기다.
217) 《방목》에는 본관이 광양光陽으로 되어 있으나, 이는 천안天安의 오기다.

년시에 급제하여 벼슬이 사헌부 감찰(정6품)에 이르렀다. 《방목》에는 벼슬과 아버지〔守道〕 이름이 보이고, 본관이 광주廣州로 되어 있다. 《청구》의 《광주석씨보》에는 아버지와 석함의 이름만 기록되어 있는데, 아버지는 벼슬이 없으며, 《만성》과 《씨족》에는 《광주석씨보》 자체가 없다. 2000년 현재 인구는 134가구 416명의 희성으로, 조선시대 문과급제자는 그가 유일하며, 광주석씨의 시조가 되었다.

58 **김경덕**金景德(일명 景憲) 훈도(종9품)로 선조 12년 식년시에 급제하여 벼슬이 공조좌랑(정6품)을 거쳐 태인현감(종6품)에 이르렀다. 선조 6년 김경덕이 현감으로 있을 때 사헌부는 인물이 잔약孱弱하고 용렬庸劣하여 아랫사람을 진압하지 못하고 있으니 파면하라고 요구하여 임금이 이를 따랐다.[218] 여기서 인물이 잔약하고 용렬하다는 말은 신분이 낮다는 뜻이다. 《방목》에는 아버지〔應秋〕 이름만 보이고, 그 밖에 아무런 기록이 없어 신원을 알 수 없다. 선조 10년 아버지 응추는 함경도 무사로 별시사別試射에 급제하여 전시殿試에 직부直赴하게 했다는 기록이 보이는데, 이로 보아 그는 함경도의 군인임을 알 수 있다.

59 **이대이**李大頤(1543~?) 진사를 거쳐 선조 12년 35세로 식년시에 급제하여 벼슬이 군수(종4품)에 이르렀다. 《방목》에는 벼슬과 아버지〔允昌〕 이름이 보이고, 본관이 기계杞溪로 되어 있다. 《청구》의 《기계이씨보》에는 아버지와 이대이 두 사람만 기록되어 있는데, 아버지는 벼슬이 없어 이대이가 첫 벼슬아치이자 시조임

218) 《선조실록》 권7, 선조 6년 7월 11일 기축.

을 알 수 있다. 한편 《만성》과 《씨족》에는 《기계이씨보》 자체가 없다. 2000년 현재 인구를 알 수 없으며, 조선시대 문과급제자는 그가 유일하다. 《세종실록》〈지리지〉와 《동국여지승람》에는 기계에 이씨가 없어 그가 벼슬아치가 된 뒤에 이곳을 본관으로 정한 듯하다.

60 **김대윤**金大潤 진사를 거쳐 선조 12년 식년시에 급제했는데, 《방목》에는 아버지〔玉貞〕 이름 말고 아무런 기록이 없어 벼슬도, 신원도 알 수 없다.

61 **하홍수**河弘秀 훈도(종9품)를 거쳐 선조 12년 식년시에 급제하여 벼슬이 순안현령(종5품)에 이르렀다. 그 지방을 잘 다스려 통정대부(정3품 당상관)로 가자했다. 《방목》에는 벼슬 말고 아무런 기록이 없다. 하씨의 본관은 진주晋州뿐이지만, 《청구》, 《만성》, 《씨족》의 어느 하씨보에도 하홍수의 가계는 보이지 않는다.

62 **김준**金遵(1545~?) 생원을 거쳐 선조 12년 33세로 식년시에 급제하여 벼슬이 교서관 박사(정7품)에 이르렀다. 그런데 시골집에 앉아서 근무에 태만하다 하여 선조 21년 파직되었다. 《방목》에는 아버지〔安節〕 이름이 나오고, 본관이 선산善山으로 되어 있다. 그런데 《청구》, 《만성》, 《씨족》의 《선산김씨보》 또는 《일선김씨보一善金氏譜》 어디에도 김준의 가계는 보이지 않는다.

63 **이인수**李麟壽(1542~?) 생원을 거쳐 선조 12년 36세로 식년시에 급제하여 벼슬이 현감(종6품)에 이르렀다. 《방목》에는 벼슬과 아버지〔亨祿〕 이름이 보이고, 본관이 덕수德水로 되어 있다. 그러나 《청구》, 《만성》, 《씨족》의 《덕수이씨보》에는 이인수의 가계가 보이지 않는다. 신원을 알 수 없다.

64 **이진**李晋 유학을 거쳐 선조 12년 식년시에 급제했는데, 《방목》에는 아버지〔文國〕 이름 말고 아무런 기록이 없어 신원을 알 수 없다.

65 **양사원**梁士元 유학을 거쳐 선조 12년 식년시에 급제하여 벼슬이 좌랑(정6품)에 이르렀다. 《방목》에는 벼슬과 아버지〔世節〕 이름이 보이고, 본관이 남원南原으로 되어 있다. 그러나 《청구》, 《만성》, 《씨족》의 《남원양씨보》에는 양사원의 가계가 보이지 않는다. 신원을 알 수 없다.

66 **정명세**鄭名世(1550~?) 진사를 거쳐 선조 12년 28세로 식년시에 급제하여 벼슬이 현감(종6품)에 이르렀다. 《방목》에는 벼슬과 아버지〔希章〕 이름이 보이고, 본관이 진주晋州로 되어 있다. 그런데 《청구》의 《진주정씨보》에는 정명세의 가계가 보이지 않으며, 《만성》의 《진주정씨보》를 보면 직계 4대조 가운데 벼슬아치가 없다. 5대조는 단종 복위운동에 가담하여 피살된 우의정 정분鄭苯이므로 가문 자체가 한미한 것은 아니지만, 4대에 걸쳐 벼슬을 하지 못해 실제로 평민과 다름없다.

67 **노경복**盧景福 유학으로 선조 12년 식년시에 급제하여 벼슬이 군수(종4품)를 거쳐 가선대부(종2품)에 이르렀다. 선조 33년 노경복이 영천군수로 있을 때, 사헌부는 위인이 용렬庸劣하고 성품이 탐학스럽다고 비판했다.219) 위인이 용렬하다 함은 신분이 한미함을 지적한 것이다. 《방목》에는 벼슬과 아버지〔彭壽〕 이름이 보이고, 본관이 광주光州로 되어 있다. 그런데 《청구》, 《만성》, 《씨

219) 《선조실록》 권123, 선조 33년 3월 16일 기미.

족》의 《광주노씨보》에는 그의 가계가 보이지 않는다.

68 **이효남**李孝男 유학을 거쳐 선조 12년 식년시에 급제하여 벼슬이 형조좌랑(정6품)에 이르렀다. 《방목》에는 벼슬과 아버지〔愼〕 이름이 보이고, 본관이 고성固城(철성)으로 되어 있다. 그런데 《청구》, 《만성》, 《씨족》의 《고성이씨보》에는 이효남의 가계가 보이지 않는다. 신원을 알 수 없다.

69 **임개**林愷(1525~?) 선교랑(종6품)을 거쳐 선조 12년 55세로 식년시에 급제하여 벼슬이 성균관 전적典籍(정6품)에 이르렀다. 《방목》에는 벼슬과 아버지〔漢蕃〕 이름이 보이고, 본관이 신평新平으로 되어 있다. 그러나 《청구》, 《만성》, 《씨족》에는 《신평임씨보》 자체가 없다. 《세종실록》〈지리지〉와 《동국여지승람》을 보면 신평에 임씨가 없어 임개가 벼슬아치가 된 뒤에 이곳을 본관으로 정한 것으로 보인다. 현재 인구는 알 수 없고, 조선시대 문과급제자는 그가 유일하다.

70 **김공희**金公喜(1540~?) 진사를 거쳐 선조 13년(1580) 41세로 별시에 급제했다. 《방목》에는 벼슬 이름 없이 아버지〔胤〕 이름이 보이고, 본관이 광주光州(광산)로 되어 있다. 그런데 《청구》, 《만성》, 《씨족》의 《광주김씨보》에는 모두 김공희의 가계가 보이지 않는다.

71 **김빙**金憑(1549~?) 유학을 거쳐 선조 13년 32세로 별시에 급제하여 벼슬이 형조좌랑(정6품)에 이르렀다. 《방목》에는 벼슬과 아버지〔翼漢〕 이름이 보이고, 본관이 통주通州(통천)로 되어 있다. 《청구》의 《통천김씨보通川金氏譜》를 보면 아버지와 김빙의 이름이 보이는데 아버지는 벼슬이 없고, 《만성》의 《통천김씨보》에는

그의 가계가 보이지 않으며, 《씨족》에는 《통천김씨보》 자체가 없다. 김씨는 통천의 토성土姓 가운데 하나이며, 2000년 현재 통천김씨 인구는 1,548가구 4,981명으로 희성에 속한다. 조선시대 문과급제자 4명을 배출했다.

72 **장형운**張亨運(1551~?) 유학을 거쳐 선조 13년 30세로 별시에 급제했다. 《방목》에는 아버지〔思善〕 이름만 보이고, 벼슬이 없으며, 본관이 단양丹陽으로 되어 있다. 그런데 《청구》에는 《단양장씨보》가 없으며, 《만성》의 《단양장씨보》에는 장형운이 시조로 되어 있고, 《씨족》의 《단양장씨보》에는 그의 가계가 보이지 않는다. 가계를 알 수 없고, 벼슬도 알 수 없다. 장씨는 단양의 토성土姓 가운데 하나이며, 2000년 현재 인구는 10,541가구 33,295명으로, 조선시대 문과급제자는 2명이다.

73 **문행**文行(1549~?) 생원을 거쳐 선조 13년 32세로 별시에 급제했다. 《방목》에는 벼슬이 없이 아버지〔應井〕 이름이 보이고, 본관이 남평南平으로 되어 있다. 그런데 《청구》, 《만성》, 《씨족》의 《남평문씨보》에는 모두 문행의 가계가 보이지 않아 신원을 알 수 없다.

74 **강의봉**康儀鳳(또는 姜儀鳳, 1557~?) 생원을 거쳐 선조 13년 24세로 별시에 급제하여 벼슬이 공조정랑(정5품)에 이르렀다. 《방목》에는 성씨가 강姜으로 되어 있으나 《실록》에는 강康으로 나와 이를 따르기로 한다. 《방목》에는 벼슬과 아버지〔彦輔〕 이름이 보이고, 본관이 평안도 상원祥原으로 되어 있다. 그런데 《청구》, 《만성》, 《씨족》에는 《상원강씨보》 자체가 없어 신원을 알 수 없다. 강씨는 상원의 입진성入鎭姓 가운데 하나이므로 남방에서

강제로 이주해 온 사람들이다. 2000년 현재 상원강씨 인구는 41가구 131명의 희성으로, 조선시대 문과급제자는 강의봉이 유일하며, 시조로 보인다.

75 **한경린**韓景麟(1544~?) 생원을 거쳐 선조 15년(1582) 37세로 식년시에 급제하여 벼슬이 강원도 도사(종5품)에 이르렀다. 《방목》에는 벼슬과 아버지〔瑜〕 이름이 보이고, 경갑景甲의 형이라고 밝히며, 본관이 청주淸州로 되어 있다. 그러나 《청구》, 《만성》, 《씨족》의 《청주한씨보》에는 한경린의 가계가 보이지 않는다.

76 **최희열**崔希說(1536~?) 진사를 거쳐 선조 15년 45세로 식년시에 급제하여 벼슬이 예조좌랑(정6품)에 이르렀다. 《방목》에는 벼슬과 아버지〔樂窮〕 이름이 보이고, 본관이 창원昌原으로 되어 있다. 그러나 《청구》, 《만성》, 《씨족》에는 《창원최씨보》 자체가 없어 신원을 알 수 없다. 《세종실록》 〈지리지〉와 《동국여지승람》을 보면 창원에 최씨가 없어 최희열이 벼슬아치가 된 뒤에 이곳을 본관으로 정한 듯하다. 2000년 현재 창원최씨 인구는 227가구 786명의 희성이다. 혹시 본관이 수원水原인데 창원으로 잘못 기록했을 가능성도 있다. 하지만 《청구》, 《만성》, 《씨족》의 《수원최씨보》에도 그의 가계는 보이지 않는다.

77 **최여해**崔汝海(초명 汝翰, 1537~?) 생원, 진사, 무공랑(정7품)을 거쳐 선조 15년 44세로 식년시에 급제하여 벼슬이 군수(종4품)에 이르렀다. 《방목》에는 벼슬과 아버지〔倫〕 이름이 보이고, 본관이 봉산鳳山으로 되어 있다. 그런데 《청구》, 《만성》, 《씨족》에는 《봉산최씨보》 자체가 없어 신원을 알 수 없다. 최씨는 봉산의 외성外姓의 하나이며, 2000년 현재 인구는 17가구 50명의 희성으

로, 조선시대 문과급제자는 최여해가 유일하다.

78 **배덕수**裵德秀 무공랑務功郞(정7품)을 거쳐 선조 15년 식년시에 급제하여 벼슬이 교서관 박사(정7품)에 이르렀다. 《방목》에는 벼슬과 아버지〔晟〕 이름이 보이나 본관이 없다. 《청구》, 《만성》, 《씨족》의 어느 배씨보에도 배덕수의 가계는 보이지 않는다. 현재 함흥배씨咸興裵氏가 그를 시조로 받들고 있으며, 2000년 현재 인구는 271명의 희성으로, 조선시대 문과급제자는 그가 유일하다. 《세종실록》〈지리지〉와 《동국여지승람》을 보면 함흥에 배씨가 없어 그가 벼슬아치가 된 다음에 이곳을 본관으로 정한 듯하다.

79 **김구정**金九鼎(1550~?) 생원을 거쳐 선조 15년 33세로 식년시에 급제하여 벼슬이 군수(종4품)에 이르렀다. 광해군 1년 김구정이 의성현령에 임명되자 대간에서는 인물이 용졸庸拙하다는 이유로 체직을 요청하였고, 임금은 이를 따랐다.220) 인물이 용졸하다는 것은 신분이 한미하다는 뜻도 있다. 《방목》에는 벼슬과 아버지〔希俊〕, 외조〔鄭孝宗〕의 이름이 보이나, 본관이 없다. 그런데 《만성》의 《함창김씨보咸昌金氏譜》를 보면 그는 조상의 가계가 끊어진 형태로 이름이 나오고 시조라고 적었다. 한편 《청구》와 《씨족》의 《함창김씨보》에는 그의 가계가 보이지 않는다.

80 **서희신**徐希信(1542~?) 생원을 거쳐 선조 15년 41세로 식년시에 급제하여 벼슬이 찰방을 거쳐 군수(종4품)에 이르렀다. 《방목》에는 벼슬이 없이 아버지〔弘弼〕 이름이 보이고, 본관이 남평南

220) 《광해군일기》 권19, 광해군 원년 8월 2일 경술.

平으로 되어 있다. 그러나 《청구》, 《만성》, 《씨족》의 《남평서씨보》에는 서희신의 가계가 보이지 않는다. 신원을 알 수 없다. 2000년 현재 남평서씨 인구는 361가구 979명의 희성으로, 조선시대 문과급제자는 모두 3명이다.

81 **이여해**李汝海 유학을 거쳐 선조 15년 식년시에 급제하여 벼슬이 판관(종5품)에 이르렀다. 《방목》에는 벼슬과 아버지〔仁俊〕 이름이 보이나, 본관이 없다. 현재 본관은 공주公州로 알려져 있는데, 《청구》, 《만성》, 《씨족》의 《공주이씨보》에는 이여해의 가계가 보이지 않는다.

82 **김니**金柅(1540~?) 진사를 거쳐 선조 15년 43세로 식년시에 급제하여 벼슬이 통정대부(정3품 당상관)로 부사(종3품)에 이르렀다. 《선조실록》을 보면, 김니에 관해 다음과 같은 사신史臣의 논평이 보인다.

> 김니는 북방에서 출생하였기 때문에 현질顯秩에 통하지 못하고 단지 수령만을 허락하였다. 그런데 가는 곳마다 통치를 잘한다는 소문이 났으니, 그의 재주가 쓸 만한 것이 이와 같았다. 그렇다면 임금으로서 남북의 한계를 두어 인재를 산지散地에 국한시켜서야 되겠는가? 아까운 일이다.221)

이 기사에서 그가 북방 출신의 한미한 집안 사람임을 알 수 있다. 그런데 국가에서는 그의 치적을 기려 통정대부의 벼슬을 내렸던 것이다. 《방목》에는 벼슬과 아버지〔璡〕 이름이 보이나 본관

221) 《선조실록》 권160, 선조 36년 3월 18일 갑술.

이 없다. 현재 본관은 전주全州로 알려져 있는데, 《청구》의 《전주김씨보》에는 그의 가계가 보이지 않으며, 《만성》과 《씨족》에는 《전주김씨보》 자체가 없다. 전주김씨는 조선시대 문과급제자 20명을 배출했는데, 거의 대부분 평안도와 함경도 사람으로 《전주김씨보》에는 오르지 못하였다.

83 **위천우**魏天佑(1537~?) 생원을 거쳐 선조 15년 46세로 식년시에 급제하여 벼슬이 현감(종6품)에 이르렀다. 《방목》에는 벼슬과 아버지〔仁傑〕 이름만 보이고, 본관이 장흥長興(수령)으로 되어 있다. 그런데 《청구》의 《장흥위씨보》를 보면 아버지 이름은 보이지 않고 위천우만이 외따로 기록되어 있다. 또한 《씨족》의 《수령위씨보遂寧魏氏譜》에는 아버지와 그의 가계가 끊어진 형태로 외따로 기록되어 있는데, 아버지는 벼슬이 없다. 가계를 알 수 없는 인물이다. 조선시대 문과급제자는 13명인데, 그가 첫 번째 급제자이다.

84 **김계**金洎(1538~?) 진사를 거쳐 선조 15년 45세로 식년시에 급제하여 벼슬이 승정원 주서注書(정7품)에 이르렀다. 《방목》에는 벼슬과 아버지〔蘭宗〕 이름이 보이고, 본관이 김해金海로 되어 있다. 그런데 《청구》, 《만성》, 《씨족》의 《김해김씨보》에는 김계의 가계가 보이지 않는다.

85 **홍사즙**洪士楫 유학을 거쳐 선조 16년(1583) 알성시에 급제하여 벼슬이 공조좌랑(정6품)과 찰방(종6품)에 이르렀다. 선조 39년 홍사즙이 찰방에 임명되자 사헌부는 인물이 소우疎迂하다는 이유로 체차를 요청했는데,[222] 여기서 인물이 소우하다는 것은 신분이 한미하다는 뜻이다. 《방목》에는 벼슬과 아버지〔麟壽〕, 처부〔李

萬億]의 이름이 보이고, 본관이 남양南陽으로 되어 있다. 그런데 《청구》, 《만성》, 《씨족》의 《남양홍씨보》에는 그의 가계가 보이지 않아 신원을 알 수 없다.

86 **신정의**辛廷懿 유학을 거쳐 선조 16년 알성시에 급제하여 벼슬이 과거시험을 감독하는 제독관提督官(차비관)에 이르렀다. 《방목》에는 벼슬과 아버지〔瑞獜〕, 할아버지〔淑; 淑生의 오기〕, 증조〔舜鼎〕, 처부〔李彦恒〕의 이름이 보이고, 본관이 영산靈山으로 되어 있다. 그런데 《청구》의 《영산신씨보》에는 증조와 할아버지의 이름은 보이나, 아버지와 신정의의 이름은 보이지 않는다. 한편 《만성》의 《영산신씨보》에는 아버지 이름은 보이나 그의 이름은 보이지 않으며, 《씨족》에는 《영산신씨보》 자체가 없다. 위 기록을 모두 합쳐서 해석하면 그는 직계 3대조 가운데 벼슬아치가 없다.

87 **최흡**崔洽(1544~?) 유학을 거쳐 선조 16년 40세로 별시에 급제하여 벼슬이 공조정랑(정5품)을 지내고 부사(종3품)에 이르렀다. 《방목》에는 벼슬과 아버지〔熙慶〕 이름이 보이고, 본관이 전주全州로 되어 있다. 그런데 《청구》, 《만성》, 《씨족》의 《전주최씨보》에는 최흡의 가계가 보이지 않는다. 신원을 알 수 없다.

88 **송주빈**宋周賓(1551~?) 유학을 거쳐 선조 16년 33세로 별시에 급제하여 벼슬이 호조좌랑(정6품)에 이르렀다. 《방목》에는 벼슬과 아버지〔瑗〕 이름이 보이고, 본관이 진천鎭川으로 되어 있다. 그런데 《청구》, 《만성》, 《씨족》의 《진천송씨보》에는 송주빈의 가계가 보이지 않는다. 신원을 알 수 없다.

222) 《선조실록》 권195, 선조 39년 1월 4일 계유.

89 **김희진**金希津(1559~?) 유학을 거쳐 선조 16년 25세로 별시에 급제하여 벼슬이 첨정僉正(종4품)에 이르렀다. 《방목》에는 벼슬과 아버지〔瀥〕 이름이 보이고, 본관이 의성義城으로 되어 있다. 그런데 《청구》, 《만성》, 《씨족》의 《의성김씨보》에는 김희진의 가계가 보이지 않아 신원을 알 수 없다.

90 **권덕요**權德饒(일명 德曉, 1548~?) 유학을 거쳐 선조 16년 36세로 별시에 급제했다. 《방목》에는 벼슬 이름 없이 아버지〔世經〕 이름만 보이고, 본관이 없다. 권씨는 본관이 안동安東과 예천醴泉밖에 없는데 《만성》, 《청구》, 《씨족》의 《안동권씨보》와 《예천권씨보》에는 권덕요의 가계가 보이지 않아 신원을 알 수 없다.

91 **이계우**李繼禹(1538~?) 유학을 거쳐 선조 16년 46세로 별시에 급제하여 벼슬이 교서관 정자正字(정9품)에 이르렀다. 《방목》에는 벼슬과 아버지〔億壽〕 이름이 보이고, 본관이 태안泰安으로 되어 있다. 그런데 《청구》와 《씨족》의 《태안이씨보》에는 이계우의 가계가 보이지 않으며, 《만성》에는 《태안이씨보》 자체가 없다. 이씨는 태안의 토성土姓 가운데 하나인데, 2000년 현재 인구는 1,262가구 4,084명으로 희성에 속한다. 조선시대 문과급제자 6명을 배출했을 뿐 아니라, 조선 후기에는 역과 22명, 의과 45명, 율과 2명, 음양과 3명, 주학 103명의 급제자를 배출하여 대표적인 중인가문의 하나를 이루었다. 태안이씨는 고려 광종 대 중국에서 귀화한 이승남의 후손으로 알려져 있다.

92 **박몽열**朴夢說(1542~?) 유학을 거쳐 선조 16년 42세로 별시에 급제하여 벼슬이 교서관 저작(정8품)을 지내고 현감(종6품)에 이르렀다. 정유재란 때 먼저 도망간 관원 가운데 하나로 기록되어

있다.223) 《방목》에는 벼슬과 아버지〔亨良〕 이름이 보이고, 본관이 울산蔚山으로 되어 있다. 그런데 《청구》와 《만성》의 《울산박씨보》에는 박몽열의 가계가 보이지 않는다. 《씨족》의 《울산박씨보》에는 아버지와 그의 가계가 끊어진 형태로 독립되어 기록되어 있는데, 아버지는 벼슬이 없다. 조상 가운데 벼슬아치가 보이지 않는 한미한 집안인 것을 알 수 있다.

93 **문덕교**文德敎(1551~?) 함흥 사람으로, 생원을 거쳐 선조 18년(1585) 35세로 식년시에 급제하여 벼슬이 흥덕현감(종6품)을 지내고 형조좌랑(정6품)에 이르렀다. 《방목》에는 벼슬과 아버지〔鰲〕 이름이 보이고, 본관이 개령開寧으로 되어 있다. 그런데 《청구》의 《개령문씨보》에는 문덕교의 가계가 끊어진 형태로 외따로 기록되어 있으며, 《만성》과 《씨족》에는 《개령문씨보》 자체가 없다. 문씨는 개령의 토성土姓 가운데 하나이며, 2000년 현재 인구는 100가구 432명의 희성으로, 조선시대 문과급제자 4명을 배출했다.

94 **강칭**康偁(姜偁, 1542~?) 진사를 거쳐 선조 18년 44세로 식년시에 급제했다. 《방목》에는 벼슬 이름 없이 아버지〔世雲〕 이름이 보이고, 성이 강姜이라고 하며, 본관이 충주忠州로 되어 있다. 그런데 《청구》의 《신천강씨보信川康氏譜》에 강칭의 가계가 보여 성姓과 본관이 모두 《방목》과 다르다. 이 《신천강씨보》를 보면 그의 직계 4대조는 모두 벼슬이 없다. 한편 《만성》과 《씨족》의 《신천강씨보》에는 그의 가계가 보이지 않는다.

223) 《선조실록》 권122, 선조 33년 2월 7일 신사.

95 **김취의**金就義(1548~?) 무반산직인 진용교위(정6품)를 거쳐 선조 18년 38세로 식년시에 급제하여 벼슬이 봉상시 주부(종6품)를 거쳐 형조정랑(정5품)에 이르렀다. 선조 38년 김취의가 봉상시 주부에 임명되자 사헌부에서는 인물이 우소迂踈(우활하고 거칠다)하다는 이유로 체직을 요청했다.224) 이는 신분이 한미하다는 뜻이다. 《방목》에는 벼슬과 아버지〔嶉〕 이름이 보이고, 본관이 안산安山으로 되어 있다. 그런데 《청구》, 《만성》, 《씨족》의 《안산김씨보》에는 그의 가계가 보이지 않는다.

96 **황해**黃諧(1548~?) 생원을 거쳐 선조 18년 38세로 식년시에 급제했다. 《방목》에는 벼슬 이름 없이 아버지〔潤瑄〕, 할아버지〔友參〕, 증조〔鐵堅〕, 외조〔金彦誠〕의 이름이 보이고, 본관이 회덕懷德으로 되어 있다. 그런데 《청구》와 《씨족》의 《회덕황씨보》에는 할아버지까지의 가계만 보이고 아버지와 황해의 이름은 보이지 않으며, 《만성》의 《회덕황씨보》에는 아버지와 할아버지의 이름이 보이나 벼슬이 없고 그의 이름은 보이지 않는다. 따라서 황해는 세 《회덕황씨보》에 모두 보이지 않는다. 벼슬과 신원을 알 수 없다.

97 **유종개**柳宗介(1558~?) 진사와 훈도(종9품)를 거쳐 선조 18년 28세로 식년시에 급제하여 벼슬이 교서관 권지(임시직)에 이르렀다. 임진왜란 때 경상도에서 의병을 일으켜 싸우다가 전사하여 참판參判으로 추증되었다. 《선조실록》을 보면, 유종개의 아버지 유윤柳贇은 학문과 덕행이 있었으나 시골에서 이름을 감추고 살

224) 《선조실록》 권192, 선조 38년 10월 28일 기사.

았다고 하는데,[225] 이는 신분상의 문제로 출세를 단념한 것으로 보인다. 《방목》에는 벼슬과 아버지 이름이 보이고, 본관이 풍산豐山으로 되어 있다. 그러나 《청구》, 《만성》, 《씨족》의 《풍산유씨보》에는 그의 가계가 보이지 않는다.

98 **이방준**李邦俊(1552~?) 생원을 거쳐 선조 18년 34세로 식년시에 급제하여 벼슬이 현감(종6품)에 이르렀다. 《방목》에는 벼슬 이름 없이 아버지〔慦〕 이름만 보이고, 본관이 경주慶州로 되어 있다. 그런데 《청구》, 《만성》, 《씨족》의 《경주이씨보》에는 이방준의 가계가 보이지 않는다.

99 **권승형**權承衡(1540~?) 훈도(종9품)를 거쳐 선조 18년 46세로 식년시에 급제하여 벼슬이 형조좌랑(정6품)에 이르렀다. 《방목》에는 벼슬과 아버지〔萬鈞〕 이름이 보이고, 본관이 안동安東으로 되어 있다. 그런데 《청구》, 《만성》, 《씨족》의 《안동권씨보》에는 권승형의 가계가 보이지 않아 신원을 알 수 없다.

100 **황응성**黃應聖(1556~?) 생원을 거쳐 선조 18년 30세로 식년시에 급제하여 벼슬이 부사(종3품)에 이르렀다. 《방목》에는 벼슬과 아버지〔大臨〕, 할아버지〔世章〕, 증조〔賢孫〕의 이름이 보이고, 본관이 황주黃州(제안)로 되어 있다. 그런데 《청구》의 《제주황씨보濟州黃氏譜》에 황응성의 이름이 첫머리에 보이는데, 이는 제안齊安의 오기로 보인다. 한편 《만성》의 《제안황씨보》에는 그의 가계가 보이지 않으며, 《씨족》에는 《제안황씨보》가 없다. 황씨는 황주 토성土姓 가운데 하나이며, 2000년 현재 인구는 260가구

225) 《선조실록》 권26, 선조 25년 8월 1일 무자.

861명의 희성으로, 그를 시조로 받들고 있으며, 조선시대 문과급제자 6명을 배출했다.

101 **황여일**黃汝一(1556~?) 진사를 거쳐 선조 18년 30세로 별시에 급제하여 벼슬이 예문관 검열檢閱(정9품), 형조정랑(정5품), 사헌부 장령(정4품), 군수(종4품)를 거쳐 목사(정3품)에 이르렀다. 《방목》에는 벼슬과 아버지〔應澄〕, 할아버지〔璉〕, 증조〔世忠〕, 처부의 이름이 보이나, 본관이 없다. 그런데 《청구》와 《만성》의 《평해황씨보平海黃氏譜》를 보면 황여일과 그 아버지 이름이 보인다. 그러나 할아버지와 증조의 이름은 《방목》과 달리 우瑀와 보곤輔坤으로 되어 있다. 《씨족》의 《평해황씨보》에는 아버지 응징의 아들이 염恬으로 되어 있고, 황여일의 이름은 보이지 않는다. 이렇게 《평해황씨보》와 《방목》의 기록이 서로 달라 혼란스럽다. 다만 《평해황씨보》에 나오는 직계 3대조는 모두 벼슬이 없다. 그는 스스로 "성격이 어리석고 용렬하여 걸핏하면 남의 비방을 많이 사고 있다"[226]고 말한 바 있으며, 《실록》의 사관史官도 "황여일은 글을 잘 짓고, 사람됨은 어리석지만 용기가 많다"고 했는데, 이는 신분상 약점을 지적한 것으로 볼 수 있다.

102 **안희**安熹(1551~1613) 진사를 거쳐 선조 18년 35세로 별시에 급제하여 벼슬이 통정대부(정3품 당상관)로서 대구부사(종3품)에 이르렀다. 《방목》에는 벼슬과 아버지〔公軫〕 이름이 보이고, 본관이 순흥順興으로 되어 있다. 그런데 《청구》, 《만성》, 《씨족》의 《순흥안씨보》에는 모두 안희의 가계가 보이지 않아 신원을 알

226) 《선조실록》 권105, 선조 31년 10월 7일 기미.

수 없다.

103 **정경세**鄭經世(1563~1633) 유성룡柳成龍의 문인으로, 진사를 거쳐 선조 19년(1586) 24세로 알성시에 급제하여 벼슬이 여러 요직을 지내고 이조판서吏曹判書(정2품)에 이르렀다. 성리학자로 이름을 떨쳤고, 사후에 문숙文肅이라는 시호를 받았는데, 호는 우복愚伏이다. 《방목》에는 벼슬과 아버지〔汝寬〕, 할아버지〔銀成〕, 증조〔繼咸〕, 처부의 이름이 보이고, 본관이 진주晋州로 되어 있다. 그런데 《청구》와 《만성》의 《진주정씨보》에는 직계 4대조와 외조〔李軻〕 가운데 벼슬아치가 없고, 《씨족》의 《진주정씨보》에는 정경세의 가계가 보이지 않는다.

104 **허징**許澂 학관學官(이문학관)을 거쳐 선조 19년 알성시에 급제하여 벼슬이 통정대부(정3품 당상관)로 목사(정3품)에 이르렀다. 선조 29년 허징이 사섬시정司贍寺正(정3품 당하관)에 임명되자 사헌부는 "문지門地가 비미卑微하고, 인물이 용잡庸雜하다"[227]는 것을 이유로 체차를 요구했다. 이어 선조 32년에도 《실록》을 편찬한 사관史官이 그에 대해 "허징은 사람됨이 비루하고 탐욕스러우며……다만 이문吏文에 능하기 때문에 늘 승문원 교검校檢, 교리校理 등 일을 맡아 자문咨文을 찬술했다"[228]고 썼다. 인물이 비루하다고 한 것은 신분이 미천함을 지적한 것이다. 《방목》에는 벼슬과 아버지〔碖〕, 할아버지〔琨〕, 증조〔芝〕의 이름이 보이고, 본관이 양천陽川으로 되어 있다. 그런데 《청구》와 《씨족》의 《양천허씨보》에는 조상 이름은 보이나 그의 이름은 보이지 않는다. 다만

227) 《선조실록》 권83, 선조 29년 12월 23일 을유; 권115, 선조 32년 7월 24일 신미.
228) 《선조실록》 권115, 선조 32년 7월 24일 신미.

《만성》의 《양천허씨보》에 그의 이름이 보이는데, 직계 3대조가 모두 벼슬아치다. 이렇듯 집안이 미천한 것은 아님에도 문지門地를 비미卑微하다고 한 것은 서출임을 암시한다. 외조의 이름이 보이지 않는 것도 이상하다.

105 **이진길**李震吉(1561~1589) 유학을 거쳐 선조 19년 26세로 별시에 급제하여 벼슬이 예문관 검열(정9품)에 이르렀다. 정여립 모반사건 때 정여립의 생질로서 관여하여 죽임을 당했다. 《방목》에는 벼슬 말고 아무런 기록이 없어 신원을 알 수 없다. 그런데 《청구》의 《도안(청안)이씨보道安(淸安)李氏譜》를 보면, 이진길은 의신義臣의 아들로 나오는데, 의신은 벼슬이 없다. 한편 《만성》의 《청안이씨보》에는 그의 가계가 보이지 않으며, 《씨족》에는 《청안이씨보》 자체가 없다. 죄인이라서 족보에서 뺀 것으로 보이지만, 집안이 한미한 것은 사실이다.

106 **배홍렬**裵弘烈(1557~?) 생원을 거쳐 선조 19년 30세로 별시에 급제했다. 《방목》에는 벼슬 이름 없이 아버지[鍊], 할아버지[漢元]의 이름이 보이고, 본관이 화순和順으로 되어 있다. 그런데 《청구》의 《화순배씨보》에는 아버지와 배홍렬 두 사람의 이름만 보이는데, 아버지는 벼슬이 없다. 배씨는 화순의 토성土姓 가운데 하나이며, 2000년 현재 화순배씨 인구는 234명의 희성으로, 조선시대 문과급제자는 그가 유일하다.

107 **한우신**韓禹臣(1556~?) 생원을 거쳐 선조 19년 31세로 별시에 급제하여 벼슬이 현감(종6품)과 군수(종4품)를 지내고 성균관 사예司藝(정4품)에 이르렀다. 선조 35년 한우신이 현감에 임명되자, 사간원은 가문이 한미寒微하다는 것을 이유로 체차를 요청했

다.[229] 그러나 그는 수령으로서 고을을 잘 다스렸다는 평을 받았다. 《방목》에는 벼슬과 아버지〔中海〕 이름이 보이고, 본관이 신평新平으로 되어 있다. 그러나 《청구》, 《만성》, 《씨족》에는 《신평한씨보》 자체가 없다. 신평한씨는 현재 청주한씨로 통합되었으며, 조선시대 문과급제자는 그가 유일하다. 《세종실록》 〈지리지〉와 《동국여지승람》에는 신평에 한씨가 없어 그가 벼슬아치가 된 뒤에 이곳을 본관으로 정한 듯하다.

108 **유팽로**柳彭老(1554~1592) 진사를 거쳐 선조 21년(1588) 35세로 식년시에 급제하여 벼슬이 성균관 학유學諭(종9품)에 이르렀다. 임진왜란이 일어나자 의병장 고경명高敬命 휘하에서 싸우다가 금산에서 전사했다. 《방목》에는 벼슬과 아버지〔景顔〕 이름이 보이고, 본관이 문화文化로 되어 있다. 그러나 《청구》, 《만성》, 《씨족》의 《문화유씨보》에는 유팽로의 가계가 보이지 않아 신원을 알 수 없다.

109 **김택룡**金澤龍(1547~?) 참봉(종9품)으로 선조 21년 42세로 식년시에 급제하여 벼슬이 병조좌랑(정6품), 성균관 직강直講(정5품), 사헌부 지평持平(정5품), 정랑(정5품)에 이르렀다. 선조 33년 김택룡이 성균관 전적에 임명되자 사관史官은 다음과 같은 인물평을 《선조실록》에 실었다.

> 사람됨이 어리석고 비루하며, 고약스럽고 용렬하였다. 문벌門閥도 매우 천해 향리에서 모두 천시하고 미워했다. 정경세鄭經世에게 빌붙어 양사兩司를 드나들자 사람마다 모두 침을 뱉으며 욕하였다.[230]

229) 《선조실록》 권147, 선조 35년 윤2월 20일 계축.

다소 악의적인 글이지만, 그의 신분이 미천함은 분명하다. 《방목》에는 벼슬과 아버지〔楊震〕 이름이 보이고, 본관은 예안禮安(선성)으로 되어 있다. 그런데 《청구》, 《만성》, 《씨족》의 《예안김씨보》에는 그의 가계가 보이지 않는다.

110 **허수겸**許守謙(1563~?) 유학을 거쳐 선조 21년 26세로 식년시에 급제하여 벼슬이 부여현감과 강진현감(종6품)에 이르렀다. 사헌부에서는 "문벌이 한미寒微하고 명망이 가볍다"231)는 것을 이유로 수령을 감당하기 어렵다고 하면서 파직을 요청했다. 《방목》에는 벼슬 이름 없이 아버지〔億富〕 이름만 보이고, 본관이 김해金海로 되어 있다. 그런데 《청구》, 《만성》, 《씨족》의 《김해허씨보》에는 허수겸의 가계가 보이지 않는다.

111 **이여기**李汝機(1554~?) 유학을 거쳐 선조 21년 35세로 식년시에 급제하여 벼슬이 형조정랑(정5품)과 현감(종6품)을 지내고 정선군수(종4품)에 이르렀다. 《방목》에는 벼슬과 처부의 이름만 보이고, 본관이 우계羽溪(강릉의 속현)로 되어 있다. 그러나 《청구》, 《만성》, 《씨족》의 《우계이씨보》에는 이여기의 가계가 보이지 않는다. 이씨는 우계의 일반성 가운데 하나이며, 조선시대 문과급제자는 모두 16명에 이른다.

112 **오응운**吳應運(1531~?) 생원을 거쳐 선조 21년 58세로 식년시에 급제하여 벼슬이 현감(종6품)에 이르렀다. 《방목》에는 벼슬과 아버지〔下蒙〕 이름이 보이고, 본관이 낭산朗山(익산)으로 되어 있다. 그런데 《청구》의 《낭산오씨보》에는 오직 오응운 한 사람

230) 《선조실록》 권129, 선조 33년 9월 25일 을축.
231) 《선조실록》 권157, 선조 35년 12월 22일 기유.

만 기록되어 있고, 《만성》과 《씨족》에는 《낭산오씨보》 자체가 없다. 오씨는 낭산의 일반성 가운데 하나이며, 2000년 현재 낭산 오씨 인구는 74가구 232명의 희성으로, 조선시대 문과급제자는 2명인데, 그가 처음이며, 시조다.

113 **유경상**劉景祥(1550~?) 생원을 거쳐 선조 21년 39세로 식년시에 급제하여 벼슬이 교서관 박사(정7품)를 지내고 성균관 전적(정6품)에 이르렀다. 《방목》에는 벼슬과 아버지〔彦臣〕 이름이 보이고, 본관이 경주慶州로 되어 있다. 그런데 《청구》의 《경주유씨보》에는 오직 유경상 한 사람만 기록되어 있고, 《만성》과 《씨족》에는 《경주유씨보》 자체가 없다. 《세종실록》 〈지리지〉와 《동국여지승람》을 보면 경주에 유씨가 없어, 그가 벼슬아치가 된 뒤에 이곳을 본관으로 정한 것으로 보인다. 2000년 현재 경주 유씨 인구는 2,197가구 6,874명으로, 조선시대 문과급제자 2명을 배출했는데, 그가 처음이며, 시조가 되었다.

114 **김태좌**金台佐(1541~?) 진사와 계공랑(종7품)을 거쳐 선조 21년 48세로 식년시에 급제하여 벼슬이 함경도 도사(종5품)와 군수(종4품), 중화부사(종3품), 상주목사(정3품), 첨지僉知(정3품 당상관)에 이르렀다. 선조 26년 김태좌가 함경도 도사에 임명되자 사헌부에서는 문벌이 한미寒微하고 인물이 용렬庸劣하다는 이유로 체차를 요구하기도 했으나,[232] 그의 승진은 계속되었다. 《방목》에는 벼슬과 아버지〔成卿〕 이름이 보이고, 본관이 공주公州로 되어 있다. 그런데 《청구》와 《만성》의 《공주김씨보》에는 그의 가계

232) 《선조실록》 권43, 선조 26년 10월 26일 병오.

가 보이지 않으며, 《씨족》에는 《공주김씨보》 자체가 없다. 《세종실록》〈지리지〉를 보면 김씨는 당나라에서 귀화한 투화성投化姓이라고 한다. 2000년 현재 인구는 2,401가구 7,587명이며, 조선시대 문과급제자 11명을 배출했는데, 대부분 평안도 출신이다.

115 **김여련**金汝鍊(1556~?) 유학을 거쳐 선조 21년 33세로 식년시에 급제했다. 《방목》에는 벼슬 이름 없이 아버지〔塡〕 이름만 보이고, 본관이 통천通川으로 되어 있다. 그러나 《청구》와 《만성》의 《통천김씨보》에는 김여련의 가계가 보이지 않으며, 《씨족》에는 《통천김씨보》 자체가 없다. 《실록》에도 아무런 기록이 없어 벼슬을 알 수 없다. 김씨는 통천의 토성土姓 가운데 하나이며, 2000년 현재 인구는 1,548가구 4,981명으로 희성에 속한다. 조선시대 문과급제자 4명을 배출했다.

116 **이진**李軫(1557~?) 진사를 거쳐 선조 21년 32세로 식년시에 급제하여 벼슬이 부사(종3품)에 이르렀다. 《방목》에는 벼슬과 아버지〔舜岭〕 이름이 보이고, 본관이 양성陽城으로 되어 있다. 그런데 《청구》, 《만성》, 《씨족》의 《양성이씨보》에는 이진의 가계가 보이지 않아 신원을 알 수 없다.

117 **노개방**盧盖邦 유학을 거쳐 선조 21년 식년시에 급제하여 벼슬이 부산교수(종6품)를 지내고 성균관 권지(임시직)에 이르렀다. 《방목》에는 벼슬 이름만 나올 뿐 다른 기록이 없고, 본관이 풍천豊川으로 되어 있다. 그런데 《청구》의 《풍천노씨보》에는 노개방의 직계 4대조는 모두 벼슬이 없고, 《만성》과 《씨족》의 《풍천노씨보》에는 그의 가계가 보이지 않는다. 집안이 한미한 것을 알 수 있다.

118 **박경남**朴敬男(1550~?) 진사를 거쳐 선조 21년 39세로 알성시에 급제하여 벼슬이 병마절도사(종2품)에 이르렀다. 《방목》에는 벼슬과 아버지〔壽漢〕 이름이 보이고, 본관이 고령高靈으로 되어 있다. 그런데 《청구》, 《만성》, 《씨족》의 《고령박씨보》에는 박경남의 가계가 보이지 않는다. 신원을 알 수 없는 인물이다.

119 **한응시**韓應時(1542~?) 생원과 선교랑(종6품)을 거쳐 선조 21년 47세로 알성시에 급제하여 벼슬이 교서관 박사(정7품)에 이르렀다. 《방목》에는 벼슬이 없이 아버지〔忠輔〕 이름이 보이고, 본관이 청주淸州로 되어 있다. 그런데 《청구》, 《만성》, 《씨족》의 《청주한씨보》에는 한응시의 가계가 보이지 않으며, 현행 《청주한씨대동보》에도 그의 가계가 보이지 않는다. 신원을 알 수 없다.

120 **박사제**朴思濟(1556~?) 진사를 거쳐 선조 22년(1589) 34세로 증광시에 급제하여 벼슬이 예조정랑(정5품)과 사간원 정언(정6품) 등을 지내고 참의參議(정3품 당상관)와 승지(정3품 당상관)에 이르렀다. 《방목》에는 벼슬과 아버지〔優〕 이름이 보이고, 본관이 죽산竹山으로 되어 있다. 그런데 《청구》, 《만성》, 《씨족》의 《죽산박씨보》에는 박사제의 가계가 보이지 않는다.

121 **현덕승**玄德升(1564~1627) 진사를 거쳐 선조 23년(1590) 27세로 증광시에 급제하여 벼슬이 승문원 저작著作(정8품)을 지내고 울산판관(종5품)에 이르렀으나, 기생과 간통한 것이 발각되어 파직되기도 했다. 《방목》에는 벼슬과 아버지〔璹〕, 할아버지〔龜孫〕, 증조〔碩獜〕, 처부의 이름이 보이고, 본관이 창원昌原으로 되어 있다. 그런데 《청구》에는 《창원현씨보》가 없으며, 《만성》의 《창원현씨보》에는 증조(군수, 종4품)가 할아버지(무직)로 되어 있어

《방목》과 다르다. 할아버지가 벼슬이 없어서 군수를 지낸 증조를 할아버지로 바꾼 것으로 보인다. 한편 《씨족》의 《창원현씨보》에는 할아버지까지의 가계만 보이고, 아버지와 현덕승의 이름은 보이지 않는다. 이를 모두 종합해서 판단하면 직계 3대조 가운데 벼슬아치가 없다.

122 **오비**吳玭 유학을 거쳐 선조 23년 증광시에 급제하여 벼슬이 교서관 권지(임시직)에 이르렀다. 《방목》에는 벼슬과 아버지〔思雲〕 이름이 보이고, 본관이 없다. 현재 본관은 함양咸陽으로 알려져 있는데, 《청구》, 《만성》, 《씨족》의 《함양오씨보》에는 오비의 가계가 보이지 않는다. 신원을 알 수 없다.

123 **박명박**朴明搏(1571~?) 유학을 거쳐 선조 23년 20세로 증광시에 급제하여 벼슬이 판관(종5품), 군수(종4품)를 거쳐 예조참판(종2품)에 이르렀다. 선조 31년 박명박이 접반사의 종사관에 임명되자 사헌부는 "인물이 경망스럽고 몸가짐을 삼가지 않는다"233)는 이유로 파직을 요청했으며, 광해군 2년 합천군수로 일하자 사간원은 "사람됨이 경망하다"234)는 이유로 파직을 요청했다. 《방목》에는 벼슬과 아버지〔檠〕 이름이 보일 뿐 본관이 없어 신원을 알 수 없다. 현재 본관이 밀양密陽으로 알려져 있는데, 《청구》, 《만성》, 《씨족》의 《밀양박씨보》에는 그의 가계가 보이지 않는다.

124 **이계록**李繼祿(1538~?) 생원과 참봉(종9품)을 거쳐 선조 24년(1591) 54세로 식년시에 갑과로 급제하여 벼슬이 형조정랑(정5

233) 《선조실록》 권104, 선조 31년 9월 5일 정해.
234) 《광해군일기》 권25, 광해군 2년 2월 28일 갑술.

품)을 지내고 서령署令(종3품)에 이르렀다. 《방목》에는 벼슬과 아버지〔沃〕 이름이 보이고, 계정繼禎의 형이라고 밝히며, 본관이 부평富平으로 되어 있다. 그런데 《만성》과 《씨족》의 《부평이씨보》에는 이계록의 가계가 보이지 않으며, 《청구》의 《부평이씨보》에만 그의 가계가 보이는데, 아버지가 문과에 급제하여 정언(정6품)을 하였다고 하나 이는 사실이 아니다. 《방목》에는 아버지 이옥이 보이지 않기 때문이다. 다시 말해 직계 3대조 가운데 벼슬아치가 없고, 그 윗대는 가계가 끊어져 있으며, 외조의 이름도 알 수 없다.

125 **정사제**鄭思悌(1556~?) 생원을 거쳐 선조 24년 36세로 식년시에 급제하여 벼슬이 교서관 권지(임시직)에 이르렀다. 《방목》에는 벼슬과 아버지〔誠〕 이름이 보이고, 본관이 진주晋州로 되어 있다. 그러나 《청구》, 《만성》, 《씨족》의 《진주정씨보》에는 정사제의 가계가 보이지 않는다. 신원을 알 수 없다.

126 **김노간**金老幹(일명 孝幹, 1564~?) 유학을 거쳐 선조 24년 28세로 식년시에 급제하여 벼슬이 군수(종4품)에 이르렀다. 《방목》에는 벼슬과 아버지〔鏘〕 이름이 보이나 본관이 없어 신원을 알 수 없다. 본관은 현재 연주燕州(연기)로 알려져 있는데, 《청구》의 《연주김씨보》에는 김노간의 가계가 보이지 않으며, 《만성》과 《씨족》에는 《연주김씨보》 자체가 없다. 《세종실록》 〈지리지〉에는 김씨가 연주의 속성續姓으로 되어 있어 향리로 보인다. 2000년 현재 인구는 228가구 655명의 희성으로, 조선시대 문과급제자는 3명이다.

127 **강욱**康昱(1558~1621) 유학을 거쳐 선조 24년 34세로 식년시

에 급제하여 벼슬이 승정원 주서(정7품), 성균관 전적(정6품), 군수(종4품)를 지내고 형조정랑(정5품), 예조정랑(정5품) 등에 이르렀다. 광해군 대 병조참의(정3품 당상관)로 진위사陳慰使의 사명을 띠고 중국에 다녀오다가 폭풍을 만나 익사했다. 《실록》에는 출신이 미천微賤하여 낭관에 임명하는 것은 적당치 않다는 사간원의 상소가 두 차례나 있었다.[235] 《방목》에는 벼슬과 아버지〔德寬〕 이름이 보이고, 본관이 신천信川으로 되어 있다. 그런데 《만성》과 《씨족》의 《신천강씨보》에는 강욱의 가계가 보이지 않고, 《청구》의 《신천강씨보》에는 직계 3대조의 가계가 끊어진 형태로 따로 기록되어 있는데, 아버지는 찰방, 할아버지 순恂은 승지, 증조 숙정淑貞은 호조참의로 되어 있다. 하지만 이들의 이름은 《실록》에 전혀 보이지 않는다. 3대조의 윗대가 끊어져 있는 것과 《신천강씨보》의 맨 마지막에 기록한 것 등으로 보아 진실성이 의심된다. 《실록》에서 출신이 미천하다고 하다고 하였으므로 조상 가운데 벼슬아치가 없거나, 아니면 서출인지도 모른다.

128 **문승사**文承泗(1539~?) 훈도(종9품)를 거쳐 선조 24년 53세로 식년시에 급제하여 벼슬이 성균관 권지(임시직)에 이르렀다. 《방목》에는 벼슬과 아버지〔世郁〕, 외조〔柳仁洪〕의 이름이 보이고, 본관이 개령開寧으로 되어 있다. 그런데 《만성》과 《씨족》에는 《개령문씨보》 자체가 없고, 《청구》의 《개령문씨보》에는 아버지와 문승사의 이름이 보이는데, 아버지는 벼슬이 없다. 외조인 유인홍도 벼슬아치는 아닌 것으로 보인다.[236] 문씨는 개령의 토성土

235) 《선조실록》 권122, 선조 33년 2월 5일 기묘; 권190, 선조 38년 8월 10일 임자.
236) 《방목》을 보면 성종 12년(1481) 문과에 급제한 유인홍의 이름이 보이는데, 문승사는 그보

姓 가운데 하나이며, 2000년 현재 인구는 132가구 432명의 희성으로, 조선시대 문과급제자 4명을 배출했는데, 그가 처음이다.

129 **이함림**李咸臨(1564~?) 유학을 거쳐 선조 24년 28세로 식년시에 급제하여 벼슬이 현감(종6품)에 이르렀다. 《방목》에는 벼슬과 아버지〔大仁〕, 할아버지〔勳〕, 증조〔世獻〕의 이름이 보이나, 본관이 없어 신원을 알 수 없다. 본관은 현재 연안延安으로 알려져 있으나, 《청구》, 《만성》, 《씨족》의 《연안이씨보》에는 이함림의 가계가 보이지 않는다.

130 **정인**鄭寅(1561~?) 생원을 거쳐 선조 24년 31세로 별시에 급제하여 벼슬이 사헌부 지평(정5품)에 이르렀다. 《방목》에는 벼슬과 아버지〔希文〕 이름이 보이고, 본관이 초계草溪로 되어 있다. 그런데 《청구》, 《만성》, 《씨족》의 《초계정씨보》에는 정인의 가계가 보이지 않아 신원을 알 수 없다.

131 **이자해**李自海 서얼로 임진왜란 중인 선조 25년(1591) 7월 의주에서 시행된 별시에 급제하여 벼슬이 현령(종5품)에 이르렀다. 《방목》에는 벼슬과 아버지〔元慶, 주부〕, 할아버지〔守震, 현감〕, 증조〔世傑, 첨중〕의 이름이 보이고, 본관이 광주廣州로 되어 있다. 이자해는 국가에서 서얼임을 공식으로 인정하고 문과응시를 허락했다. 하지만 선조 27년 장연현감에 임명되자 사헌부에서는 그의 "본성이 패망悖妄한 자로 어려서부터 무뢰배와 친교를 맺고 행동이 개돼지와 같았는데……요행히 변란을 만나 벼슬길에 끼었다"[237]고 하면서 수령의 직책에 맞지 않는다고 비판했다. 《청

다 110년 뒤인 1591년에 급제했으므로 두 사람의 나이 차이가 너무 크다. 따라서 유인홍이 문승사의 외조는 아닌 것으로 보인다.

구》, 《만성》, 《씨족》의 《광주이씨보》에는 그의 가계가 보이지 않는다.

132 **홍적**洪適 유학을 거쳐 임진왜란 중인 선조 25년 7월 의주에서 시행된 별시에 급제했다. 《방목》에는 이름 말고 아무런 기록이 없어 신원을 전혀 알 수 없다.

133 **곽운립**郭雲立(일명 雲笠, 1559~?) 유학을 거쳐 임진왜란 중인 선조 26년(1593) 전주全州에서 실시된 별시에 35세로 급제하여 벼슬이 승문원 정자(정9품)에 이르렀다. 《방목》에는 벼슬과 아버지〔仁〕 이름이 보이고, 본관이 현풍玄風으로 되어 있다. 그러나 《청구》, 《만성》, 《씨족》의 《현풍곽씨보》에는 그의 가계가 보이지 않아 신원을 알 수 없다.

134 **김홍우**金弘宇(1539~?) 유학을 거쳐 임진왜란 중인 선조 26년 전주에서 시행된 별시에 55세로 급제하여 벼슬이 성균관 전적(정6품)에 이르렀다. 《방목》에는 벼슬과 아버지〔景熹〕 이름이 보이고, 본관이 광주光州(광산)로 되어 있다. 그런데 《청구》와 《씨족》의 《광산김씨보》에는 김홍우의 가계가 보이지 않는다. 다만 《만성》(보유편)의 《광산김씨보》에는 그의 가계가 보이는데, 아버지는 벼슬이 없고, 할아버지 기서麒瑞는 참봉, 증조 명원命元은 통훈대부(정3품)로 되어 있다. 그러나 고조가 조선왕조 개창기에 두문동으로 들어갔다고 한 것으로 보아 그 아들과 손자의 벼슬은 그대로 믿기 어렵다. 《청구》와 《씨족》의 《광산김씨보》에 이름이 보이지 않는 이유가 여기에 있을 것이다.

237) 《선조실록》 권53, 선조 27년 7월 13일 기축.

135 **최계옥**崔啓沃(1536~?) 선무랑(종6품)을 거쳐 선조 27년(1594) 서울의 시어소時御所(경운궁)에서 실시된 정시문과에 59세로 급제하여 벼슬이 성균관 전적(정6품)에 이르렀는데, 정유재란 때 먼저 도망간 죄로 관직을 삭탈당했다. 《방목》에는 벼슬과 아버지〔駟〕 이름이 보이고, 본관이 전주全州로 되어 있다. 그런데 《청구》, 《만성》, 《씨족》의 《전주최씨보》에는 최계옥의 가계가 보이지 않아 신원을 알 수 없다.

136 **채형**蔡衡(1567~?) 유학을 거쳐 선조 27년 28세로 별시에 급제하여 벼슬이 예조좌랑(정6품), 예조정랑(정5품), 성균관 직강(정5품), 사헌부 장령(정4품)에 이르렀다. 선조 35년 윤2월 채형이 사간원 정언에 임명되었을 때 사신史臣은 "사람됨이 어리석고 용렬하며 범상하다"[238]고 평했으며, 선조 35년 7월 정언에 다시 임명되었을 때에도 "그는 어리석고 용렬하다"[239]고 거듭 평하고 있다. 이렇게 인물의 흠을 잡는 이유는 그의 출신과 관계가 있어 보인다. 《방목》에는 벼슬과 아버지〔興慶〕, 증조〔忱, 대사헌〕, 처부의 이름이 보이고, 본관이 평강平康으로 되어 있다. 할아버지 이름이 빠져 있다. 그런데 《씨족》의 《평강채씨보》에는 아버지까지의 가계만 보이고, 그의 이름은 보이지 않으며, 《청구》와 《만성》의 《평강채씨보》에는 아버지 이름이 흥경이 아니라 운룡雲龍(현감)으로 되어 있어 혼란스럽다. 신원을 알 수 없다.

137 **정영국**鄭榮國(1564~1623) 유학을 거쳐 임진왜란 중인 선조 27년 31세로 별시에 급제하여 벼슬이 병조좌랑, 공조좌랑, 병조

238) 《선조실록》 권147, 선조 35년 윤2월 3일 병신.
239) 《선조실록》 권152, 선조 35년 7월 26일 을유.

정랑, 도사, 판관, 현감, 군수 등을 역임하다가 승지(정3품 당상관)에 이르렀다. 벼슬하는 동안 집안이 한미寒微하다는 이유로 여러 차례 대간의 비판을 받았다. 그러나 정영국은 자신이 정자영鄭自英의 후손으로 서울에서 태어났다는 것을 들어 대간의 말을 반박하는 상소를 올려 선조가 그의 편을 들어주었다.240) 대간은 풍문만을 듣고 그의 문벌이 한미하다고 판단했다고 하면서 사직을 요청하여 파문이 일어났다. 《방목》에는 벼슬과 아버지〔鴻〕, 할아버지〔允仁〕, 증조〔繼同〕의 이름이 보이고, 본관이 영덕盈德으로 되어 있다. 그런데 《청구》의 《영덕정씨보》를 보면, 할아버지와 증조의 이름이 《방목》과 다르다. 곧 할아버지는 윤인이 아니라 윤의允義로, 증조는 계동이 아니라 자영自英으로 되어 있다. 한편 《만성》과 《씨족》에는 《영덕정씨보》 자체가 없다. 《방목》과 《청구》의 《영덕정씨보》의 기록 가운데 어느 것이 진실인지는 알 수 없으나, 영덕정씨 가문에서 문과급제자는 세종 대 유신儒臣이었던 정자영과 선조 대 벼슬한 정영국 두 사람뿐인 것은 족보를 통해 알 수 있으므로 가문이 한미한 것은 사실이다. 《세종실록》〈지리지〉에는 정씨가 영덕의 촌성村姓 가운데 하나로 되어 있으므로, 신분이 낮은 것을 알 수 있다. 2000년 현재 영덕정씨 인구는 395가구 1,299명으로 희성에 속한다.

138 **정협**鄭浹(1548~1613) 여절교위(종6품)를 거쳐 선조 28년(1595) 별시에 48세로 급제하여 벼슬이 판관(종5품)에 이르렀다. 광해군 5년 서양갑, 박응서 등 서얼들과 결탁하여 인목대비의 아

240) 《선조실록》 권118, 선조 32년 10월 8일 갑신.

들 영창대군을 옹립하려는 반역을 꾀했다는 이이첨 일파의 무고를 받고 처형되었다. 《방목》에는 벼슬과 아버지〔玄福〕 이름이 보이고, 본관이 광주光州로 되어 있다. 그런데 《청구》, 《만성》, 《씨족》의 《광주정씨보》에는 정협의 가계가 보이지 않는다.

139 **안종록**安宗祿(1566~?) 직장(종7품)을 거쳐 선조 29년(1596) 31세로 정시문과에 장원급제하여 벼슬이 형조정랑(정5품), 사헌부 지평(정5품), 성균관 전적(정6품), 홍문관 수찬修撰(정6품) 등을 지내고 군수(종4품)와 부사(종3품)에 이르렀다. 선조 32년 3월 안종록이 경성판관에 임명되자 사간원에서는 그의 명망名望이 약하다는 것을 이유로 체차를 요청했으며,[241] 이해 6월 사헌부 지평에 임명되자 사신史臣은 "사람됨이 거칠고 비루하여 선비들이 천하게 여겼다"[242]고 썼다. 그 뒤 8월 다시 지평에 임명되자 사신은 "사람됨이 용렬하고 비루함에도 외람스럽게도 청반淸班에 들어가서 세상 사람들이 비웃었다"[243]고 썼다. 선조 33년 6월 그가 홍문관 수찬에 임명되자 사헌부에서는 "안종록은 본디 가행家行이 없어 사람들에게 버림받은 지 오래다. 지난번에 권세가에게 빌붙어 청반淸班에 오르자 사람들이 모두 더럽게 여겼다. 그런데 이제 홍문관 수찬에 제수되었으므로 여론이 분개하고 있다"[244]고 하면서 파직하라고 요구했다. 이어 다음날에도 사헌부는 "홍문관 수찬 안종록은 가행이 패려悖戾하여 윤기倫紀에 죄를 지었으므로 사람으로 보지 않은 지 오래되었다"[245]라고 하면서 체차

241) 《선조실록》 권110, 선조 32년 3월 23일 임인.
242) 《선조실록》 권114, 선조 32년 6월 20일 정유.
243) 《선조실록》 권116, 선조 32년 8월 17일 계사.
244) 《선조실록》 권126, 선조 33년 6월 12일 계미.

를 강력하게 요청했다. 그가 장원급제한 수재임에도 이렇듯 세상 사람들의 비웃음을 산 것은 바로 신분에 어떤 문제가 있음을 말해준다.

《방목》에는 벼슬 이름 없이 아버지〔沂〕, 할아버지〔汝恒〕, 외조〔鄭彦智〕의 이름이 보이고, 본관이 광주廣州로 되어 있다. 그런데 《만성》의 《광주안씨보》를 보면, 할아버지는 여항이 아니라 여경汝敬으로, 아버지 기의 아들은 종록이 아니라 종복宗福으로 되어 있어 그의 이름은 보이지 않는다. 《씨족》의 《광주안씨보》에도 할아버지까지의 가계만 보이고, 그 뒤는 보이지 않는다. 다만 《청구》의 《광주안씨보》에 보이는 가계는 《방목》과 똑같은데, 아버지는 사과司果, 할아버지는 직장直長, 증조는 부사府使로 모두 벼슬아치다. 그런데도 그가 벼슬하는 동안 가행이 패려하다는 등의 비난을 받고, 청반에 오를 수 없는 인물로 지목된 것을 보면, 그는 어쩌면 서출인지도 모른다.

140 **성몽길**成夢吉(1573~?) 유학을 거쳐 선조 29년 24세로 정시 문과에 급제하여 벼슬이 홍문관 교리校理(정5품)에 이르렀다. 《방목》에는 벼슬과 아버지〔希舜〕 이름이 보이고, 본관이 창녕昌寧으로 되어 있다. 그런데 《청구》, 《만성》, 《씨족》의 《창녕성씨보》에는 성몽길의 가계가 보이지 않는다. 《실록》에는 정유재란 때 먼저 달아난 관원 가운데 하나로 기록되어 있을 뿐, 그 밖에 다른 기록이 없다.

141 **윤서**尹曙(1561~?) 유학을 거쳐 정유재란이 일어난 선조 30

245) 《선조실록》 권126, 선조 33년 6월 13일 갑신.

년(1597) 37세로 별시에 급제하여 벼슬이 성균관 권지(임시직)에 이르렀다. 《방목》에는 벼슬과 아버지〔民新〕, 할아버지〔淸〕, 증조〔時英〕, 외조〔李敬宗〕의 이름이 보이고, 본관이 남원南原으로 되어 있다. 그런데 《청구》, 《만성》, 《씨족》의 《남원윤씨보》에는 조상 이름은 보이나 윤서의 이름은 보이지 않는다. 아버지는 벼슬이 없지만 할아버지는 판관, 증조는 군기감정이었으므로 벼슬아치 집안인데, 왜 그의 이름이 없는지 알 수 없다. 서출일 가능성도 있다.

142 **양몽열**梁夢說 유학을 거쳐 정유재란이 일어난 선조 30년 별시에 급제하여 벼슬이 강계판관江界判官(종5품)을 지내고 정랑(정5품)에 이르렀다. 《방목》에는 벼슬과 아버지〔國傑〕 이름만 보이고, 본관이 남원南原으로 되어 있다. 그런데 《청구》, 《만성》, 《씨족》의 《남원양씨보》에는 양몽열의 가계가 보이지 않는다.

143 **양경우**梁景遇(일명 慶遇) 참봉(종9품)을 거쳐 선조 30년 별시에 급제하여 벼슬이 현감(종6품)과 판관(종5품)을 지내고 광해군 대 중시에도 급제하여 교리(종5품)와 첨정(종4품)에 이르렀다. 임진왜란 중에는 아버지 양대박梁大樸과 더불어 의병을 일으켜 큰 공을 세우기도 했다. 선조 32년 양경우가 현감에 임명되자 사헌부에서는 인물이 범람汎濫하다는 이유로 체차를 요청했다.[246] 한편 《인조실록》을 보면 그는 "서얼 소생"[247]이라고 되어 있으며, 정조 대에는 그의 공로를 기려 임금이 《제호집霽湖集》을 간행하도록 명하기도 했다.[248]

---

246) 《선조실록》 권119, 선조 32년 11월 10일 을묘.
247) 《인조실록》 권5, 인조 2년 3월 10일 갑자.

《방목》에는 벼슬과 아버지〔大樸〕, 할아버지〔艤〕, 증조〔自潤〕의 이름이 보이나, 본관이 없다. 그러나 본관은 남원南原으로 아버지 양대박은 임진왜란 때 의병을 일으켜 큰 공을 세웠다. 정조는 그의 공로를 기려 《양대사마실기梁大司馬實記》를 편찬하기도 했다. 그런데 《청구》, 《만성》, 《씨족》의 《남원양씨보》에는 그의 가계가 보이지 않는다. 서출이기 때문에 족보에서 뺀 것으로 보인다.

144 **이재영**李再榮(?~1623) 사과(정6품)를 거쳐 선조 32년(1599) 3월 17일 정시문과에 장원급제하여 벼슬이 한어漢語 이학관吏學官과 승문원 교검校檢(정6품), 봉상시 주부(종6품)를 지내고 군수(종4품)에 이르렀다. 이이첨, 허균과 매우 가까운 사이였다. 그런데 이재영은 과거에 급제한 직후부터 신분에 문제가 있다며 급제를 취소하자는 주장이 일어났다. 사헌부는 그의 어머니가 사비私婢로 천창賤倡(천한 기생) 학금鶴今의 아들이라고 주장했으며,[249] 판서 이선李選의 서자라고도 하며, 또는 시인 이달李達이 간통해서 낳은 자식이라고도 한다.[250] 급제한 뒤 4관四館에서 신분조사를 하여 그가 결격자라는 것을 알았으나, 이이첨 등이 봐주어 통과되었다고 한다. 《방목》에는 이름 말고 아무런 기록이 없어 본관이 어디인지도 알 수 없다. 만약 아버지가 이선이라면 본관이 영천永川이고, 아버지가 이달이라면 본관이 신평新平이지만, 어느 족보에도 오르지 못했다.

145 **이경익**李景益 유학을 거쳐 선조 32년 정시문과에 급제하여

248) 《정조실록》 권45, 정조 20년 8월 9일 신사.
249) 《선조실록》 권110, 선조 32년 3월 19일 무술.
250) 《인조실록》 권1, 인조 원년 3월 18일 무신.

벼슬이 홍문관 교리(정5품)에 이르렀다. 《방목》에는 벼슬과 아버지〔世灝〕 이름이 보이고, 경백景白의 아우라고 적으며, 본관이 충주忠州로 되어 있다. 그런데 《만성》의 《충주이씨보》에는 이경익의 가계가 보이지 않는다. 《청구》의 《충주이씨보》에는 형 경백의 이름은 보이나 그의 이름은 보이지 않으며, 《씨족》에는 《충주이씨보》 자체가 없다. 《세종실록》 〈지리지〉나 《동국여지승람》 어디에도 충주에 이씨 성이 없는 것으로 보아 충주이씨는 충주에 뿌리를 둔 성씨가 아니다. 조선시대 문과급제자 4명을 배출했다.

146 **이삼성**李三省(1564~?) 유학을 거쳐 선조 32년 36세로 별시에 급제하여 벼슬이 판관(종5품)과 현감(종6품)에 이르렀다. 선조 37년 이삼성이 판관에 임명되자 사헌부는 명망名望이 없다는 이유로 체직을 요청했으며,[251] 선조 39년 강진현감에 제수되자 사신史臣은 《실록》에 그가 용렬庸劣하다는 평을 실었다.[252] 명망이 없다든가, 용렬하다는 표현은 신분이 낮은 것을 뜻한다. 《방목》에는 벼슬과 아버지〔春蘭〕 이름이 보이고, 본관이 성주星州로 되어 있다. 그런데 《청구》, 《만성》, 《씨족》의 《성주이씨보》에는 그의 가계가 보이지 않는다.

147 **박춘형**朴春亨(1537~?) 진사를 거쳐 선조 32년 63세로 별시에 급제했다. 《방목》에는 벼슬 이름 없이 아버지〔世良〕 이름이 보이고, 본관이 순천順天으로 되어 있다. 그런데 《청구》, 《만성》, 《씨족》의 《순천박씨보》에는 박춘형의 가계가 보이지 않는다.

251) 《선조실록》 권180, 선조 37년 10월 10일 병진.
252) 《선조실록》 권199, 선조 39년 5월 6일 계유.

《실록》에도 그에 관한 기록이 전혀 없어 무슨 벼슬을 했는지도 알 수 없다.

148 **이시정**李時楨 유학을 거쳐 선조 33년(1600) 별시에 장원급제하여 벼슬이 판관(종5품), 형조와 예조 좌랑(정6품)을 지내고 광해군 대 사헌부 장령(정4품)에 이르렀다. 《광해군일기》에는 그의 출신이 비천卑賤하다고 적었다.[253] 《방목》에는 벼슬과 아버지〔約〕, 할아버지〔鳴商〕, 증조〔文甫〕, 외조〔李希芳〕, 처부의 이름이 보이고, 본관이 익흥益興(원주)으로 되어 있다. 그러나 《청구》와 《만성》의 《익흥이씨보》를 보면, 증조 이름이 문보가 아니라 조손兆孫으로 되어 있으며 조상 5대조 가운데 벼슬아치가 없다. 한편 《씨족》의 《원주이씨보原州李氏譜》에는 이시정의 가계가 보이지 않는다. 2000년 현재 익흥이씨 인구는 107가구 303명의 희성으로, 조선시대 문과급제자는 그가 유일하다.

149 **남복규**南復圭(1559~?) 생원을 거쳐 선조 33년 42세로 별시에 급제하여 벼슬이 사헌부 장령(정4품)에 이르렀다. 선조 37년 남복규가 평안도 평사評事에 임명되자 사간원은 "우졸愚拙한 서생으로 명망名望이 드러나지 않으므로 체차해야 한다"[254]고 요청했다. 이로 보아 그의 신분이 낮은 것을 알 수 있다. 《방목》에는 벼슬과 아버지〔好仁〕, 할아버지〔瑞龜〕, 증조〔恒年〕, 외조〔權海〕의 이름이 보이고, 본관이 영양英陽으로 되어 있다. 그런데 《청구》와 《만성》의 《영양남씨보》에는 그의 가계가 보이지 않는다. 다만 《씨족》의 《영양남씨보》에는 할아버지까지의 가계가 보이는데,

253) 《광해군일기》 권184, 광해군 14년 12월 16일 정축.
254) 《선조실록》 권174, 선조 37년 5월 15일 을축.

할아버지는 아들이 없다고 기록하고 있다. 그러니까 아버지와 남복규는 서귀의 자식이 아니라는 말이다. 그렇다면《방목》의 가계는 거짓이다.

150 **이오**李璈 유학을 거쳐 선조 33년 별시에 급제하여 벼슬이 사헌부 감찰(정6품), 현감(종6품), 성균관 전적(정6품), 예조정랑(정5품) 등을 지내고 군수(종4품)에 이르렀다. 선조 39년 이오를 옹진현감으로 임명하자 사신史臣은《실록》에 인물이 용렬庸劣하다는 평을 달았으며,[255] 광해군 2년 예조정랑에 임명하자 사간원은 인물이 본디 인망人望이 없으므로 체직해야 한다고 요청했다.[256] 그러나 그는 벼슬이 군수에까지 이르렀다.《방목》에는 벼슬과 아버지〔褌〕, 할아버지〔彦臣〕, 증조〔傅孫〕, 외조〔崔奇雲〕, 처부의 이름이 보이고, 본관이 영해寧海로 되어 있다. 그런데《청구》와《만성》의《영해이씨보》에는 그의 가계가 보이지 않으며,《씨족》에는《영해이씨보》 자체가 없다. 하지만 증조 이부손은 중종 대 문과에 급제하여 벼슬이 현령에 이르렀는데, 족보에 나오지 않는다. 2000년 현재 영해이씨 인구는 664가구 2,101명의 희성으로, 조선시대 문과급제자 6명을 배출했다.

151 **유중룡**柳仲龍(1558~?) 진사를 거쳐 선조 33년 43세로 별시에 급제하여 벼슬이 예조좌랑(정6품), 도사(종5품), 시강원 필선弼善(정4품), 홍문관 수찬(정6품) 등을 지내고 인조 대 홍문관 교리(정5품)에 이르렀다.《방목》에는 벼슬과 아버지〔有春〕 이름이 보이고, 본관이 문화文化로 되어 있다. 그런데《청구》,《만성》,《씨

255)《선조실록》 권205, 선조 39년 11월 16일 신사.

256)《광해군일기》 권29, 광해군 2년 5월 6일 경술.

족》의 《문화유씨보》에는 유중룡의 가계가 보이지 않는다.

152 **박여량**朴汝樑(1554~1611) 진사와 참봉(종9품)을 거쳐 선조 33년 47세로 별시에 급제하여 벼슬이 예문관 검열(정9품)과 봉교奉敎(정7품)를 지내고 병조좌랑(정6품), 판관(종5품), 형조정랑(정5품), 사헌부 지평(정5품)에 이르렀다. 선조 33년 박여량이 예문관 검열에 임명되자 사간원은 문벌이 한미寒微하고 인망人望이 가벼워 본직에 합당하지 않으므로 체차하라고 임금에게 요청했는데,[257] 그는 계속 청요직으로 승진하여 사헌부 지평에 이르렀다. 《방목》에는 벼슬과 아버지〔賢佐〕 이름이 보이고, 본관이 삼척三陟으로 되어 있다. 《청구》의 《삼척박씨보》에는 그와 아버지 두 사람만 기록되어 있는데, 아버지는 벼슬이 없다. 한편 《만성》과 《씨족》에는 《삼척박씨보》 자체가 없다. 2000년 현재 삼척박씨 인구는 1,535가구 4,929명의 희성으로, 조선시대 문과급제자는 2명이며, 그가 처음이다.

153 **최숭**崔嵩(1572~?) 생원과 훈도(종9품)를 거쳐 선조 34년(1601) 30세로 식년시에 급제하여 벼슬이 성균관 전적(정6품)을 지내고 판관(종5품)에 이르렀다. 《방목》에는 벼슬과 아버지〔彦國〕 이름이 보이고, 본관이 수원水原으로 되어 있다. 그런데 《청구》, 《만성》, 《씨족》의 《수원최씨보》에는 최숭의 가계가 보이지 않는다. 신원을 알 수 없다.

154 **김응련**金應鍊(1566~?) 진사와 참봉(종9품)을 거쳐 선조 34년 36세로 식년시에 급제하여 벼슬이 평사評事(정6품), 찰방(종6품)

257) 《선조실록》 권129, 선조 33년 9월 21일 신유.

을 지내고 병조정랑(정5품)에 이르렀다. 《방목》에는 벼슬과 아버지〔𪊍〕, 할아버지〔守長〕, 증조〔鶴壽〕, 외조〔鄭經〕의 이름이 보이고, 본관이 경주慶州로 되어 있다. 그런데 《청구》와 《만성》의 《경주김씨보》에는 김응련의 가계가 보이지 않는다. 《씨족》의 《경주김씨보》에는 그의 가계가 보이는데, 아버지 이름이 그 아우인 벽𪊍으로 되어 있으며, 직계 4대조 가운데 벼슬아치가 없고 외조도 벼슬아치가 아니다.

155 유기문柳起門(1564~?) 생원과 진사를 거쳐 선조 34년 38세로 식년시에 급제하여 벼슬이 사헌부 장령(정4품)과 시강원 필선弼善(정4품)에 이르렀다. 선조 35년 유기문이 병조좌랑에 임명되자 사간원은 "명론名論이 현저하지 못하여 정조政曹(인사권을 가진 자리)의 중요한 자리에 적합하지 않다"[258]고 하면서 반대했으며, 광해군 2년 충청도 도사에 임명되자 사간원은 그의 명성名聲이 부족하다는 이유로 체차를 요구하기도 했다.[259] 《방목》에는 벼슬과 아버지〔獻民〕 이름이 보이고, 본관이 문화文化로 되어 있다. 그런데 《청구》, 《만성》, 《씨족》의 《문화유씨보》에는 그의 가계가 보이지 않는다. 신원을 알 수 없다.

156 신광립申光立(1567~?)[260] 참봉(종9품)을 거쳐 선조 34년 35세로 식년시에 급제하여 벼슬이 홍문관을 지내고 통정대부(정3품 당상관)로 부사(종3품)에 이르렀다. 《방목》에는 벼슬과 아버지〔澮〕 이름이 보이고, 본관이 평산平山으로 되어 있다. 그런데, 《청

258) 《선조실록》 권156, 선조 35년 11월 7일 갑자.

259) 《광해군일기》 권25, 광해군 2년 2월 28일 갑술.

260) 《방목》에는 申光立의 이름이 車光立으로 되어 있는데, 이는 오기다. 물론 평산신씨가 없는 것은 아니지만, 선조 대 차광립이라는 인물이 보이지 않는다.

구》, 《만성》, 《씨족》의 《평산신씨보》에는 신광립의 가계가 보이지 않는다.

157 **전위**田煒(1564~?) 정산定山 사람으로, 생원을 거쳐 선조 34년 38세로 식년시에 급제하여 벼슬이 봉상시奉常寺 주부(종6품)에 이르렀다. 선조 40년 전위가 봉상시 주부에 임명되자 사간원에서는 인물됨이 용렬庸劣하다는 이유로 체차를 요청하는 상소를 올렸는데,261) 이는 신분이 한미함을 말한 것이다. 《방목》에는 벼슬과 아버지〔有秋〕 이름이 보이고, 본관이 담양潭陽으로 되어 있다. 그런데 《청구》, 《만성》의 《담양전씨보》에는 그의 가계가 보이지 않는다. 다만 《씨족》의 《담양전씨보》에는 아버지와 그의 가계가 끊어진 형태로 외따로 기록되어 있는데, 아버지는 벼슬이 없다. 집안이 한미한 것을 알 수 있다.

158 **박대빈**朴大彬(1572~?) 유학을 거쳐 선조 34년 식년시에 급제하여 벼슬이 승정원 가주서假注書를 지내고 찰방(종6품)에 이르렀다. 《방목》에는 벼슬과 아버지〔居義〕 이름이 보이고, 본관이 상주尙州로 되어 있다. 그런데 《청구》, 《만성》, 《씨족》의 《상주박씨보》에는 박대빈의 가계가 보이지 않는다. 집안이 한미한 것을 알 수 있다.

159 **조색**趙穡(1564~?) 생원을 거쳐 선조 36년(1603) 40세로 식년시에 급제하여 벼슬이 찰방(종6품)과 현감(종6품)에 이르렀다. 《방목》에는 벼슬과 아버지〔應亨〕, 할아버지〔瓊〕, 증조〔允琛〕, 외조의 이름이 보이고, 본관이 직산稷山으로 되어 있다. 그런데 《청

261) 《선조실록》 권208, 선조 40년 2월 25일 무오.

구》의 《직산조씨보》에는 조색의 가계가 보이지 않으며, 《만성》과 《씨족》의 《직산조씨보》에는 조상 이름은 보이지만 그의 이름은 보이지 않는다. 그 이유를 알 수 없으나 신분상 문제가 있는 것 같다.

160 **홍내범**洪乃範(1564~?) 유학을 거쳐 선조 36년 40세로 식년시에 급제하여 벼슬이 찰방(종6품)에 오르고 통정대부(정3품 당상관)의 산직을 받았다. 《방목》에는 벼슬과 아버지〔瓊〕 이름이 보이나, 본관이 없어 신원을 알 수 없다. 현재 본관이 남양南陽으로 알려져 있으나, 《청구》, 《만성》, 《씨족》의 《남양홍씨보》에는 홍내범의 가계가 보이지 않는다.

161 **이함일**李涵一(1562~?) 진사를 거쳐 선조 36년 42세로 식년시에 급제하여 벼슬이 현감(종6품), 형조정랑(정5품)을 지내고 감정監正(정3품 당하관)에 이르렀다. 《방목》에는 벼슬과 아버지〔邦弼〕 이름이 보이고, 본관이 함창咸昌으로 되어 있다. 그런데 함창이씨는 없으며 《청구》의 《함평이씨보咸平李氏譜》에 이함일의 가계가 보인다. 여기에 직계 4대조 가운데 벼슬아치가 없다.

162 **박언룡**朴彦龍(1562~?) 진사를 거쳐 선조 36년 42세로 식년시에 급제하여 벼슬이 현감(종6품)을 지내고 병조정랑(정5품)과 군수(종4품)에 이르렀다. 《방목》에는 벼슬과 아버지〔成霖〕 이름이 보이고, 본관이 함양咸陽으로 되어 있다. 그러나 《청구》, 《만성》의 《함양박씨보》에는 아버지까지의 가계만 보이며, 《씨족》의 《함양박씨보》에는 박언룡의 가계가 보이지 않는다.

163 **신의립**辛義立 유학을 거쳐 선조 36년 식년시에 급제하여 벼슬이 평안도 도사(종5품)를 지내고 광해군 대 서장관書狀官(4~6

품)으로 중국에 다녀와 공조참의, 형조참의(정3품 당상관), 분승지分承旨(정3품 당상관)에 이르렀다. 광해군 3년 신의립이 양산군수에 임명되자 사헌부는 명망도 없고 능력도 모자란다는 이유로 체차를 요구했으며,[262] 광해군 10년 공조참의에 임명되자 사헌부는 다시 그가 향리에서 버림받은 인물임을 들어 체차를 요구했다.[263] 이는 출신이 미천함을 말하는 것으로 보인다. 《방목》에는 벼슬과 아버지〔乃沃〕, 할아버지〔仲坤〕의 이름이 보이고, 본관이 영월寧越로 되어 있다. 그러나 《청구》, 《만성》, 《씨족》의 《영월신씨보》에는 그의 가계가 보이지 않는다.

164 **이중립**李中立(1570~?) 진사를 거쳐 선조 36년 34세로 식년시에 급제하여 벼슬이 형조좌랑(정6품)에 이르렀다. 선조 40년 이중립을 형조좌랑에 임명하자 사헌부는 문벌이 미천하다는 것을 이유로 좌랑의 직책에 합당하지 않다고 하면서 체차를 요구했다.[264] 《방목》에는 벼슬과 아버지〔應千〕 이름이 보이고, 본관이 고령高靈으로 되어 있다. 그런데 《만성》의 《고령이씨보》에는 그의 가계가 보이지 않으며, 《청구》의 《고령이씨보》에는 가계가 끊어진 형태로 그의 이름이 외따로 기록되어 있어 가계를 알 수 없다. 《씨족》에는 《고령이씨보》 자체가 없어 신원을 알 수 없다. 이씨는 고령의 토성土姓 가운데 하나이며, 2000년 현재 인구는 882가구 2,765명의 희성으로, 조선시대 문과급제자는 그와 아우 이성립 형제뿐이다.

---

262) 《광해군일기》 권45, 광해군 3년 9월 22일 무오.
263) 《광해군일기》 권129, 광해군 10년 6월 3일 경신.
264) 《선조실록》 권219, 선조 40년 12월 13일 신미.

165 **이성립**李誠立(1573~1611) 이중립李中立의 아우로, 생원을 거쳐 선조 36년 31세로 식년시에 형과 나란히 급제하여 벼슬이 호조좌랑(정6품)에 이르렀다. 그의 신원은 이중립과 마찬가지로 알 수 없다.

166 **전의민**全義民 훈도(종9품)를 거쳐 선조 36년 식년시에 급제하여 벼슬이 공조좌랑(정6품)에 이르렀다. 《방목》에는 벼슬과 아버지〔軸〕 이름이 보이나 본관이 없어 신원을 알 수 없다.

167 **안담수**安聃壽(1552~?) 직장(종7품)을 거쳐 선조 36년 52세로 식년시에 급제하여 벼슬이 찰방(종6품)을 지내고 장악원 첨정(종4품)에 이르렀다. 선조 38년 안담수가 벽사찰방에 임명되자 사헌부는 성품이 본래 오활하여 마정馬政을 제대로 수행할 수 없다고 보고 체차를 요구했으며,[265] 광해군 9년 장악원 첨정에 임명되자 사헌부는 다시 그의 인품이 용렬庸劣하고 나이가 많은 것을 이유로 파직하기를 요청하기도 했다.[266] 이는 출신이 한미한 것을 지적한 것이다. 그러나 그의 벼슬길이 이 때문에 막히지는 않았다. 《방목》에는 벼슬 없이 아버지〔景老〕, 할아버지〔恂〕의 이름이 보이고, 본관이 순흥順興으로 되어 있다. 그런데 《청구》의 《순흥안씨보》를 보면, 아버지는 벼슬이 없고 할아버지와 증조는 모두 습독관習讀官으로 되어 있다. 습독관은 잡직 기술직에 해당하므로 문반의 전통을 가진 집안은 아니다. 한편 《만성》과 《씨족》의 《순흥안씨보》에는 그의 가계가 보이지 않는다.

168 **김치원**金致遠(1572~?) 유학을 거쳐 선조 36년 32세로 식년

265) 《선조실록》 권190, 선조 38년 8월 2일 갑진.
266) 《광해군일기》 권115, 광해군 9년 5월 11일 갑술.

시에 급제하여 벼슬이 병조정랑(정5품), 사간원 정언(정6품)을 지내고 인조 대 서흥부사(종3품)에 이르렀다. 《광해군일기》를 보면 김치원은 환관 민희건의 문객門客이고, 이이첨 일파에 속한다고 한다. 《방목》에는 벼슬과 아버지〔鏘〕, 할아버지〔承貞〕, 증조〔宗〕의 이름이 보이고, 본관이 부안扶安으로 되어 있다. 《청구》, 《만성》, 《씨족》의 《부안김씨보》를 보면 그의 직계 3대조는 모두 벼슬이 없으며, 외조가 누구인지도 알 수 없다.

169 **정인서**鄭麟瑞 유학을 거쳐 선조 36년 식년시에 급제하여 벼슬이 성균관 전적(정6품)에 이르렀다. 광해군 대 임금에게 망언을 한 죄로 추국당했다. 《방목》에는 벼슬과 아버지〔逵〕 이름이 보이나, 본관이 없다. 그런데 《청구》의 《해주정씨보海州鄭氏譜》에 정인서의 이름이 보이는데, 직계 3대조는 모두 진사로 벼슬아치가 없다. 《만성》과 《씨족》의 《해주정씨보》에는 그의 가계가 보이지 않는다. 외조도 알 수 없다.

170 **최정호**崔挺豪(1563~?) 진사를 거쳐 선조 36년 41세로 식년시에 급제하여 벼슬이 광해군 대 사간원 정언(정6품)에 이르렀다. 광해군 1년 최정호가 정언에 임명되자 사신史臣은 《실록》에 "어리석고 용렬하다"[267]는 평을 실었다. 이는 출신이 미천하다는 뜻이다. 《방목》에는 벼슬과 아버지〔守道〕, 할아버지〔大觀〕, 증조〔洪〕의 이름이 보이고, 본관이 충주忠州로 되어 있다. 그런데 《청구》의 《충주최씨보》에는 조상이 끊어진 형태로 그의 이름이 외따로 보여 조상의 신원을 알 수 없으며, 《만성》과 《씨족》의 《충주최

267) 《광해군일기》 권17, 광해군 원년 6월 21일 경오.

씨보》에는 그의 가계가 보이지 않는다.

171 **오정길**吳廷吉(1558~?) 생원을 거쳐 선조 36년 46세로 식년시에 급제하여 벼슬이 교서관 정자(정9품)에 이르렀다. 《방목》에는 벼슬과 아버지〔遂成〕 이름만 보이고, 본관이 해주海州로 되어 있다. 그런데 《청구》, 《만성》, 《씨족》의 《해주오씨보》에는 오정길의 가계가 보이지 않는다. 신원을 알 수 없다.

172 **김혜**金惠(1566~?) 진사와 사헌부 감찰(정6품)을 거쳐 선조 38년(1605) 40세로 증광시에 급제하여 벼슬이 광해군 대 호조좌랑(정6품), 판관(종5품)을 지내고 도사(종5품)와 군수(종4품)에 이르렀다. 광해군 11년 김혜가 함경도 도사에 임명되자 사신史臣은 《실록》에 "인물이 나약하고 졸렬拙劣하다"268)는 평을 썼다. 《방목》에는 벼슬과 아버지〔綏吉〕 이름이 보이고, 본관이 상주尙州로 되어 있다. 그런데 《청구》, 《만성》, 《씨족》의 《상주김씨보》에는 그의 가계가 보이지 않아 신원을 알 수 없다.

173 **김극성**金克成(1567~?) 생원을 거쳐 선조 38년 39세로 증광시에 급제하여 벼슬이 사간원 정언(정6품), 병조좌랑(정6품)을 지내고 광해군 대 사헌부 지평(정5품)과 사간司諫(종3품)에 이르렀다. 광해군 5년 김극성이 지평에 임명되자 사신史臣은 "사람됨이 추악하고, 시골에 있을 때 행실이 거칠었다. 당시 의론에 빌붙어 갑자기 대사臺司에 들어갔는데, 오로지 사적인 원한을 갚는 것만 일삼았다"고 평했다. 이는 그가 출신이 미약하면서 대북파에 빌붙어 출세한 것을 비웃은 것이다. 《방목》에는 벼슬과 아버지〔範〕

268) 《광해군일기》 권136, 광해군 11년 1월 20일 갑진.

이름이 보이고, 본관이 영광靈光으로 되어 있다. 그런데 《청구》, 《만성》, 《씨족》의 《영광김씨보》에는 그의 가계가 보이지 않는다. 신원을 알 수 없다.

174 **소사원**蘇泗源(1563~?) 생원을 거쳐 선조 38년 43세로 증광시에 급제하여 벼슬이 강진현감(종6품)에 이르렀다. 광해군 4년 소사원이 현감에 임명되자 사간원은 사람됨이 어리석고 용렬하여 정사를 하리下吏에게 맡기고 있다고 하면서, 그를 파직시키고 명망 있는 문관을 임명하라고 요구했다.[269] 《방목》에는 벼슬 없이 아버지〔益先〕 이름이 보이고, 본관이 진주晉州로 되어 있다. 그런데 《청구》와 《만성》의 《진주소씨보》에는 그의 가계가 보이지 않으며, 《씨족》의 《진주소씨보》에 가계가 보이는데, 직계 4대조 가운데 벼슬아치가 없고 외조도 알 수 없다.

175 **고경오**高敬五 유학을 거쳐 선조 38년 증광시에 급제하여 벼슬이 성균관 학유(종9품)에 이르렀다. 다음 해 성균관 유생들의 변란사건에 연루되어 형장刑杖을 맞고 죽었다. 선조 39년 고경오가 성균관 학유로 임명되자 사신史臣은 "사람됨이 형편없었는데 성균관의 변란에 연루되어 형장을 맞고 죽었다"[270]고 평했으며, 이어 "경망하고 어리석어 형륙刑戮을 자초했다"[271]고 적었다. 《방목》에는 벼슬 이름만 보이고, 본관이 횡성橫城으로 되어 있다. 그런데 《만성》에는 《횡성고씨보》 자체가 없으며, 《청구》의 《횡성고씨보》에는 조상의 가계가 끊어진 형태로 그의 이름이 외

269) 《광해군일기》 권52, 광해군 4년 4월 29일 계사.
270) 《선조실록》 권198, 선조 39년 4월 16일 갑인.
271) 《선조실록》 권200, 선조 39년 6월 16일 계축.

따로 보이며, 《씨족》의 《횡성고씨보》에는 그의 가계가 보이지 않는다. 신원을 알 수 없다. 조선시대 문과급제자는 중종 대 판서를 역임한 고형산高荊山과 고경오 두 사람뿐이다.

176 **박경립**朴敬立(일명 弘美, 1571~1642) 생원을 거쳐 선조 38년 35세로 증광시에 급제하여 벼슬이 광해군 대 병조좌랑(정6품)을 지내고 인조 대 창원부사(종3품)와 경주부윤(종2품), 승지(정3품 당상관)에 이르렀다. 《방목》에는 벼슬과 아버지〔顯龍〕 이름이 보이고, 본관이 경주慶州로 되어 있다. 그런데 《청구》와 《씨족》의 《경주박씨보》에는 박경립의 가계가 보이지 않는다. 다만 《만성》의 《경주박씨보》에는 그의 가계가 보이는데, 아버지, 할아버지 사공士恭, 증조 신겸信謙이 모두 벼슬이 없고, 외조도 누구인지 알 수 없다.

177 **박율**朴慄(1567~?) 진사를 거쳐 선조 38년 39세로 증광시에 급제하여 벼슬이 광해군 대 군기시첨정(종4품)에 이르렀다. 그런데 인목대비의 폐비론에 참여한 죄로 인조반정 후 파직되었다.[272] 《방목》에는 벼슬과 아버지〔裕〕, 할아버지〔沃〕, 증조〔讓〕의 이름이 보이고, 본관이 나주羅州로 되어 있다. 그런데 《청구》에는 《나주박씨보》가 없으며, 《만성》과 《씨족》의 《나주박씨보》에는 박율의 가계가 보이지 않는다.

178 **이시립**李時立(1548~?) 진사를 거쳐 선조 38년 별시에 급제하여 벼슬이 성균관 전적(정6품), 감찰(정6품), 현감(종6품)을 지내고 군수(종4품), 시정(정3품 당하관)에 이르렀다. 광해군 6년 이시

272) 《인조실록》 권1, 인조 원년 4월 29일 무자.

립이 괴산군수에 임명되자 사간원은 인물이 용졸庸拙하다는 이유로 체차를 요구했는데,273) 이는 출신이 미천함을 말한다. 《방목》에는 벼슬과 아버지〔忠範〕, 할아버지〔元良〕, 처부의 이름이 보이고, 본관이 삼가三嘉로 되어 있다. 그러나 삼가이씨는 없다. 그 대신 《청구》의 《인천이씨보》에 그의 할아버지 이름이 보이는 것으로 보아 그는 인천이씨다. 그런데 여기에는 아버지와 그의 이름은 보이지 않는다. 한편 《만성》과 《씨족》의 《인천이씨보》에도 그의 가계는 보이지 않는다. 신원을 알 수 없다.

179 **김형**金瀅(1565~?) 진사를 거쳐 선조 39년(1606) 42세로 증광시에 급제하여 벼슬이 충청도 도사(종5품)에 이르렀다. 《방목》에는 벼슬과 아버지〔壽伯〕 이름이 보이고, 본관이 용궁龍宮으로 되어 있다. 그런데 《청구》의 《용궁김씨보》에는 고려시대 인물 김존중金存中 한 사람밖에 없으며, 《만성》의 《용궁김씨보》에도 김형의 가계는 보이지 않고, 《씨족》에는 《용궁김씨보》 자체가 없다. 김씨는 용궁의 토성土姓 가운데 하나이며, 2000년 현재 용궁김씨 인구는 3,325가구 10,660명이다. 조선시대 문과급제자는 모두 2명으로 그가 처음이다.

180 **임기**林㙉(1567~?) 생원을 거쳐 선조 39년 40세로 식년시에 장원급제하여 벼슬이 공조정랑(정5품)에 이르렀다. 광해군 3년 임기가 전라도 도사에 임명되자 사헌부는 인물이 용렬庸劣한데다 집이 본도에 있어 폐단을 일으킬 수 있다는 이유로 체차를 요했으며,274) 광해군 9년에도 사간원은 그의 사람됨이 어리석고 비루

273) 《광해군일기》 권77, 광해군 6년 4월 17일 기해.
274) 《광해군일기》 권48, 광해군 3년 12월 7일 임신.

하여 사람들에게 무시당하고 있다는 것을 이유로 파직을 요청하여 임금이 이를 따랐다.[275] 《방목》에는 벼슬과 아버지〔惕〕 이름이 보이고, 본관이 조양兆陽(보성)으로 되어 있다. 그런데 《청구》와 《씨족》의 《조양임씨보》에는 그의 가계가 보이지 않으며, 《만성》에는 《조양임씨보》 자체가 없어 신원을 알 수 없다. 조선시대 문과급제자는 모두 2명이다.

181 **윤지복**尹之復(1569~?) 진사를 거쳐 선조 39년 38세로 식년시에 급제하여 벼슬이 찰방(종6품)과 현감(종6품)을 지내고 형조정랑(정5품)에 이르렀다. 《방목》에는 벼슬과 아버지〔弼殷〕, 할아버지〔世鈞〕, 증조〔忱〕의 이름이 보이고, 본관이 신녕新寧으로 되어 있다. 그런데 《청구》의 《신녕윤씨보》에는 윤지복의 가계가 보이지 않으며, 《만성》과 《씨족》에는 《신녕윤씨보》 자체가 없어 신원을 알 수 없다. 《세종실록》 〈지리지〉에는 윤씨가 신녕의 속성續姓으로 되어 있어 향리일 가능성도 있다. 2000년 현재 신녕윤씨 인구는 88가구 252명의 희성으로, 조선시대 문과급제자는 2명이다.

182 **정운붕**鄭雲鵬(1563~?) 유학을 거쳐 선조 39년 44세로 식년시에 급제하여 벼슬이 형조정랑(정5품)에 이르렀다. 《방목》에는 벼슬과 아버지〔應辰〕 이름이 보이고, 본관이 장흥長興으로 되어 있다. 《청구》의 《장흥정씨보》에는 오직 정운붕 한 사람만 기록되어 있어 그가 시조임을 알 수 있다. 한편 《만성》과 《씨족》에는 《장흥정씨보》 자체가 없다. 《세종실록》 〈지리지〉와 《동국여

275) 《광해군일기》 권116, 광해군 9년 6월 25일 무오.

지승람》에는 장흥에 정씨가 없어 그가 벼슬아치가 된 뒤에 이곳을 본관으로 정한 듯하다. 2000년 현재 인구는 106가구 360명의 희성으로, 조선시대 문과급제자는 그가 유일하다.

183 **장희성**張希聖(1558~?) 진사와 참봉을 거쳐 선조 39년 49세로 식년시에 급제했다. 《방목》에는 벼슬 없이 아버지〔夢良〕 이름이 보이고, 본관이 흥덕興德으로 되어 있다. 그런데 《청구》, 《만성》, 《씨족》의 《흥덕장씨보》에는 장희성의 가계가 보이지 않는다. 《실록》에도 아무런 기록이 없어 신원을 알 수 없다. 흥덕장씨는 조선시대 문과급제자 13명을 배출했다.

184 **전이성**全以成(1578~?) 유학을 거쳐 선조 39년 29세로 식년시에 급제하여 벼슬이 예조좌랑(정6품)을 지내고 인조 대 부사(종3품)와 시정(정3품 당하관)에 이르렀다. 광해군 7년 전이성이 예조좌랑에 임명되자 사헌부는 그의 명칭名稱이 드러나지 않아 예조의 직책에 합당하지 않으니 체차하라고 요구했으나,276) 임금은 이를 따르지 않았다. 이는 신분이 한미하다는 뜻이다. 《방목》에는 벼슬과 아버지〔緯〕 이름이 보이고, 본관이 용궁龍宮으로 되어 있다. 그런데 《청구》에는 《용궁전씨보》가 없으며, 《만성》과 《씨족》의 《용궁전씨보》에는 그의 가계가 보이지 않는다.

185 **양극선**梁克選(1575~?) 진사를 거쳐 선조 39년 32세로 식년시에 급제하여 벼슬이 통례원 좌통례左通禮(정3품 당하관)를 지내고 공주목사(정3품)에 이르렀다. 광해군 9년 양극선이 좌통례에 임명되자 사신史臣은 "양극선은 다른 사람의 종이었는데 면천免

276) 《광해군일기》 권86, 광해군 7년 1월 25일 임신.

賤되지 않은 채 속임수를 써서 과거에 급제했다. 역당逆黨(이이첨 당)에 빌붙어 여러 차례 흉악한 상소를 올려 청반淸班에 오르게 되었다"고 썼다. 이 말이 사실이라면 그는 노비 출신으로 속임수로 문과에 응시하여 급제한 것이다. 《방목》에는 벼슬과 아버지〔汝止〕 이름이 보이고, 본관이 남원南原으로 되어 있다. 《청구》의 《남원양씨보》를 보면, 그의 아버지는 봉사奉事, 할아버지 경우慶祐는 무과급제자이고, 증조 사수士壽는 벼슬이 없다. 한편 《만성》의 《남원양씨보》에는 아버지 이름이 여정汝正(무직), 할아버지는 경우慶佑(무과, 경력), 증조는 천수千壽(무직)로 되어 있어서 이름이 조금씩 다르다. 《씨족》의 《남원양씨보》에는 그의 가계가 보이지 않는다. 여기서 《실록》의 기사를 사실로 믿어야 할지, 《남원양씨보》를 믿어야 할지 모르겠으나, 《실록》을 믿는다면 《남원양씨보》의 기록은 거짓이 된다.

186 **전벽**田闢(1586~?) 생원을 거쳐 선조 39년 21세로 식년시에 급제하여 벼슬이 시정(정3품 당하관)에 이르렀다. 《방목》에는 벼슬과 아버지〔大福〕, 생부〔大祿〕의 이름이 보이고, 본관이 남원南原으로 되어 있다. 그러나 남원전씨는 없다. 그런데 《청구》의 《담양전씨보潭陽田氏譜》를 보면, 아버지와 전벽이 기록되어 있는데, 아버지는 벼슬이 없다. 한편 《만성》과 《씨족》의 《담양전씨보》에는 그의 가계가 보이지 않는다. 신원을 알 수 없는 인물이다.

14

조선 전기 낮은 신분의 문과급제자에 대한 종합적 정리

1) 신분이 낮은 급제자의 비율

1392년 태조의 건국에서부터 1608년 선조 대에 이르는 217년 동안 선발된 문과급제자는 모두 4,527명이다. 조선시대 전체 급제자 14,615명의 30.97퍼센트를 차지한다. 이는 매년 평균 20.86명을 선발한 셈이다.

한편 1608년 광해군 대에서 1894년 갑오경장에 이르는 287년 동안 급제한 인원은 10,080명으로, 매년 평균 35.14명을 선발했다. 조선 전기에 견주어 조선 후기에 매회 평균 선발인원이 늘어난 것은 국가규모가 커졌을 뿐 아니라, 사회통합 차원에서 관직 수요보다 공급을 늘린 데에 더 큰 원인이 있었다.

조선 전기 문과급제자 4,527명 가운데 신분이 낮은 급제자로 판명된 사람은 1,100명으로, 전체 급제자의 24.29퍼센트를 차지한다. 하지만 이 수치를 각 왕대별로 살펴보면 적지 않은 기복이 있는데, 이를 표로 만들어 보면 다음과 같다.

왕 대	전 체 급 제 자	신분이 낮은 급제자	비 율
태조-정종 대	99명	40명	40.40%
태종 대	266명	133명	50%
세종 대	463명	155명	33.47%
문종-단종 대	179명	62명	34.63%
세조 대	309명	94명	30.42%
예종-성종 대	478명	106명	22.17%
중간 합계	1,794명	590명	평균 32.88%
연산군 대	251명	43명	17.13%
중종 대	900명	188명	20.88%
명종 대	470명	93명	19.78%
선조 대	1,112명	186명	16.72%
중간 합계	2,733명	510명	평균 18.66%
합 계	4,527명	1,100명	평균 24.29%

먼저, 태조에서 성종 대에 이르는 103년 동안에는 문과급제자 전체 인원이 1,794명인데, 신분이 낮은 급제자는 590명으로 32.88퍼센트를 차지한다. 한편, 연산군에서 선조 대에 이르는 114년 동안에는 문과급제자 전체 인원이 2,733명이고, 신분이 낮은 급제자는 510명으로 18.66퍼센트를 차지한다. 여기서 신분이 낮은 급제자의 비율이 15세기보다 16세기에 크게 적어졌음을 알 수 있다. 이는 시대가 내려갈수록 신분이동이 점차 위축되고 있다는 것을 말해준다.

그러면 조선왕조 건국 초기의 상황은 어떠했는가? 태조에서 태종에 이르는 왕조 창업기에는 신분이 낮은 급제자의 비율이

40~50퍼센트를 차지하고 있는 것을 볼 수 있다. 이는 그만큼 신분이동이 격심했다는 것을 말해준다. 그 다음 세종 대 수성기로 접어들면서 그 비율은 30퍼센트대로 내려가다가 왕조의 틀이 잡힌 성종 대에는 22퍼센트대로 더 내려가고, 이른바 중쇠기中衰期로 불리는 연산군-명종 대에는 20퍼센트대를 오르내리다가 선조 대에는 16.72퍼센트로 떨어지고 있는 것을 볼 수 있다. 바로 이 시점이 조광조趙光祖나 이이李珥 같은 진보적인 사림士林이 등장하여 사회개혁을 부르짖기 시작하는 시점과 맞물려 있다.

하지만 조선 전기를 평균적으로 볼 때에는 신분이 낮은 급제자의 비율이 24퍼센트대를 유지하고 있다는 것은 우리가 상상하는 것 이상으로 과거시험을 통한 신분이동이 역동성을 지니고 있다는 것을 말해준다.

2) 신분이 낮은 급제자로 3품 이상 고관에 오른 인원

조선 전기 신분이 낮은 급제자가 모두 1,100명으로, 이들 가운데 3품 이상 고관에 오른 급제자는 모두 306명에 이른다. 이 수치를 각 왕대별로 살펴보면 다음과 같다.

왕 대	신분이 낮은 급제자	3품 이상 오른 급제자
태조-정종 대	40명	13명 (32.50%)
태종 대	133명	33명 (24.81%)
세종 대	155명	40명 (25.80%)
문종-단종 대	62명	16명 (25.80%)
세조 대	94명	23명 (24.46%)

예종-성종 대	106명	33명 (31.13%)
연산군 대	43명	13명 (30.23%)
중종 대	188명	69명 (36.70%)
명종 대	93명	26명 (27.95%)
선조 대	186명	40명 (21.50%)
합 계	1,100명	306명 (27.81%)

여기서 신분이 낮은 급제자 1,100명 가운데 3품 이상 고관에 오른 급제자 306명이 차지하는 비율은 평균적으로 27.81퍼센트이고, 전체 급제자 4,527명 가운데서 차지하는 비율은 6.76퍼센트이다.

그런데 이 수치를 각 왕대별로 살펴보면 중종 대가 가장 높은 36.70퍼센트를 차지하고, 그 다음이 태조-정종 대 32.50퍼센트, 예종-성종 대가 31.13퍼센트를 보여주고 있으며, 선조 대가 가장 낮은 21.50퍼센트를 보이고 있다. 그리고 나머지 시대는 대체로 평균치를 크게 벗어나지 않고 있음을 볼 수 있다.

《경국대전》에 규정된 3품 이상 관원은 전체 관원의 약 10퍼센트 정도에 지나지 않는 고위직으로서 이 자리에 오른다는 것은 매우 어려운 일이다. 그런데 신분이 낮은 급제자들이 그 가운데 6.72퍼센트를 차지하고 있다는 것은 만만한 수치가 아니다. 더욱이 문과를 거치지 않은 공신功臣들이 고위직을 차지한 사례가 많았던 시정을 함께 고려할 필요가 있다.

한편 3품 이상 벼슬도 그 안에 여러 계급이 있으므로, 어느 위치에까지 올랐느냐가 중요하다. 이 문제는 뒤에 다시 검토하겠지만, 결론부터 말하면 15세기에는 정1품에 해당하는 의정부 정승

政丞이나 정2품에 해당하는 6조 판서判書가 적지 아니 배출되었고, 16세기 후반기 이후에는 정승과 판서의 배출은 거의 보이지 않고 있다. 바로 이 점이 15세기와 16세기의 차이라고 말할 수 있다.

3) 신분이 낮은 급제자의 여러 유형

조선 전기 신분이 낮은 급제자 1,100명을 좀더 심층적으로 분석해 보면 여러 유형이 있다. 여기서 신분을 분석하는 방법은 《방목》, 《족보》, 《실록》뿐 아니라, 현재의 성관별 인구통계, 그리고 성관별 급제자 인원 등을 폭넓게 조사하여 입체적으로 신분을 추적하는 방법을 따랐다. 그 결과 다음과 같은 여러 유형이 발견되었다. ① 《방목》에 본관이 기록되지 않은 급제자, ② 본관은 알아도 그 본관의 《족보》가 《청구씨보靑邱氏譜》, 《만성대동보萬姓大同譜》, 《씨족원류氏族源流》의 세 통합보統合譜에 공통적으로 보이지 않은 급제자, 곧 《족보》 자체가 없는 급제자, ③ 세 통합보에 《족보》가 보이지만, 본인의 가계가 일체 보이지 않는 급제자, ④ 《족보》에 가계가 보이지만 본인이나 아버지까지의 이름만 보이고 그 윗대의 가계가 끊어져 있는 급제자, ⑤ 《족보》에 가계가 보이지만 내외 4대조나 또는 그 윗대에도 여러 대에 걸쳐 벼슬아치가 보이지 않는 급제자 등이다.

(가) 《방목》에 본관이 없는 급제자와 벼슬

《방목》에는 원칙적으로 급제자의 전력前歷, 이름, 벼슬, 나이,

내외 4대조의 이름, 거주지, 그리고 본관 등이 기록되는 것이 원칙이고, 여기에 처부妻父의 이름이나 벼슬한 친척 등이 예외적으로 기록한 경우가 있다. 그 가운데 가장 중요한 것은 본관이다. 본관을 알아야 《족보》를 통한 신분 추적이 가능하기 때문이다.

그런데 조선 전기 《방목》을 보면 의외로 본관이 기록되지 않은 급제자가 많다. 이들은 내외 4대조의 이름도 전혀 없거나, 아버지 이름이나 처부의 이름만 보이는 경우가 대부분이다. 이런 경우는 《방목》을 편찬한 사람이 실수로 기록을 누락시켰다고 볼 수 있을지 모르나 그렇지 않다. 왜냐하면 이런 유형의 급제자는 《실록》이나 다른 자료에서도 이름이 보이지 않고, 급제한 뒤에도 벼슬을 받지 못한 경우가 적지 않기 때문이다. 따라서 이들은 신분이 매우 낮은 부류로 볼 수밖에 없다. 평민平民, 향리鄕吏, 서얼庶孼, 그 밖에 노비奴婢였다가 양인良人으로 상승하여 벼슬아치가 된 경우, 또는 신분을 속인 경우가 여기에 해당할 것이다.

조선 전기 전체 급제자 4,527명 가운데 본관이 기록되지 않은 급제자는 모두 443명으로 전체 급제자의 9.78퍼센트를 차지하고, 신분이 낮은 급제자의 40.27퍼센트를 차지하고 있다. 이 수치를 왕대별로 조사해 보면 다음과 같다.

왕 대	전체 급제자	신분이 낮은 급제자		본관이 없는 급 제 자	비 율	
태조-정종 대	99명	40명	40.40%	28명	70%	28.28%
태종 대	266명	133명	50%	75명	56.39%	28.19%
세종 대	463명	155명	33.47%	99명	63.87%	21.38%
문종-단종 대	179명	62명	34.63%	35명	56.45%	19.55%
세조 대	309명	94명	30.42%	53명	56.38%	17.10%

예종-성종 대	478명	106명	22.17%	71명	66.98%	14.85%
연산군 대	251명	43명	17.13%	21명	48.83%	8.36%
중종 대	900명	188명	20.88%	39명	20.74%	4.33%
명종 대	470명	93명	19.78%	10명	10.75%	2.12%
선조 대	1,112명	186명	16.72%	12명	6.45%	1.08%
합 계	4,527명	1,100명	24.29%	443명	40.27%	9.78%

* 비고: 비율의 앞부분은 신분이 낮은 급제자와의 비율이고, 뒷부분은 전체 급제자와의 비율이다.

여기서 본관이 없는 급제자가 신분이 낮은 급제자와 전체 급제자에서 차지하는 비율이 200년 동안 엄청나게 변한 것을 알 수 있다. 다시 말해 태조-정종 대 70퍼센트(신분이 낮은 급제자)와 28.28퍼센트(전체 급제자)를 차지했던 비율이 선조 대에는 6.45퍼센트와 1.08퍼센트로 떨어진다. 바꿔 말하면 선조 대에 이르러 본관이 없는 급제자는 거의 사라지고 있다는 것을 말해준다.

그러면 이들 본관 없는 급제자들 가운데 3품 이상 고관에 오른 비율은 어떨까? 그 비율을 왕대별로 살펴보면 다음과 같다.

왕 대	인 원	비 율	벼 슬
태조-정종 대	6명	21.42%	판서, 한성윤, 부윤, 사간 등
태종 대	7명	9.33%	대사성, 대사간 등
세종 대	15명	15.15%	이조판서, 참판, 집현전 직제학 등
문종-단종 대	5명	14.28%	판서, 대사간, 관찰사 등
세조 대	6명	11.32%	대사성, 관찰사, 첨지 등
예종-성종 대	10명	14.08%	대사간, 첨지중추부사 등
연산군 대	4명	19.04%	참의, 목사 등
중종 대	15명	38.46%	판윤, 시정, 부정 등
명종 대	-	-	-
선조 대	1명	0.83%	목사

여기서 가장 눈에 띄는 것은 명종과 선조 대에 이르러 본관이 없는 급제자 가운데 3품 이상 고관에 오른 급제자가 거의 없어졌다는 사실이다. 또 한 가지 주목할 것은 태조에서 성종 대까지는 본관이 없는 급제자 가운데 판서判書(정2품) 3명이 나오고, 참판參判(종2품) 1명, 관찰사觀察使(종2품) 1명, 부윤府尹(종2품) 1명, 유후留後(종2품) 2명, 그 밖에 사간원 대사간大司諫(정3품 당상관) 4명, 성균관 대사성大司成(정3품 당상관) 2명, 집현전 직제학直提學(정3품 당하관) 1명 등 요직에도 적지 아니 진출했으나, 연산군 대 이후로는 이런 요직 진출이 현저히 줄어들고 있다는 점이다.

(나) 《족보》 자체가 없는 급제자와 벼슬

본관은 있으나 본관의 《족보》가 《청구씨보》, 《만성대동보》, 《씨족원류》의 세 통합보에 보이지 않는 급제자는 모두 42명으로, 신분이 낮은 전체 급제자 1,100명 가운데 3.81퍼센트를 차지한다. 《족보》 자체가 없는 부류는 희성稀姓의 평민인 경우가 대부분이다. 다시 말해 인구가 적고, 조상 가운데 벼슬아치도 별로 없어 《족보》를 제대로 만들지 못한 것이라고 할 수 있다. 하지만 그 가운데에는 향리나, 서얼도 있고, 노비로 양인에 올라간 부류도 없지 않을 것이다. 이 부류에 속하는 급제자의 인원과 벼슬을 왕대별로 소개하면 다음과 같다.

왕대	인원	3품 이상 벼슬에 오른 급제자
태조-정종 대	없음	
태종 대	5명	직제학 1명, 관찰사 1명
세종 대	4명	1명; 관찰사

문종-단종 대	없음	
세조 대	없음	
예종-성종 대	없음	
연산군 대	4명	2명; 부사 1명, 참교 1명
중종 대	16명	4명; 목사 2명, 판교 1명, 부사 1명
명종 대	3명	없음
선조 대	10명	없음
합 계	42명(3.81%)	9명

여기서 각 왕대별 인원은 큰 의미가 없다. 그보다 중요한 것은 《족보》가 없는 급제자가 받은 벼슬이다. 중종 대까지는 관찰사觀察使(종2품)나 목사牧使(정3품), 직제학直提學(정3품 당하관) 등 3품 이상의 요인이 9명 배출되었으나, 명종과 선조 대에는 단 한 명도 없다. 이는 16세기 후반 이후로 신분이 낮은 급제자의 고관 진출이 그만큼 억제되고 있다는 증거이다.

(다) 《족보》에 가계가 보이지 않는 급제자와 벼슬

《청구》, 《만성》, 《씨족》의 세 통합보에 《족보》가 있지만, 그 《족보》에 가계가 보이지 않는 급제자는 모두 339명으로, 신분이 낮은 급제자 1,100명의 30.81퍼센트, 전체 급제자 4,527명 가운데 7.48퍼센트를 차지한다. 문과에 급제했음에도 《족보》에 오르지 못했다면 상당한 이유가 있다고 보아야 한다. 아마도 조상 가운데 내세울 만한 벼슬아치가 없는 평민이거나, 향리거나, 서얼이거나, 본인 이후로 가계가 끊어졌거나, 노비였다가 양인이 되었거나, 그 밖에 신분을 위조했거나 등의 이유가 있을 것이다.

하지만 이 부류 가운데에는 본관 자체가 명문名門인 경우도 적지 않다. 그러니까 문제는 본관이 한미寒微한 것이 아니라 본인의 가계가 한미하기 때문에 《족보》에서 누락된 것이다. 이제 339명 가운데 3품 이상 벼슬에 오른 급제자 인원을 왕대별로 살펴보면 다음과 같다.

〈족보에 가계가 보이지 않는 급제자의 인원과 3품 이상 고관에 오른 급제자〉

왕 대	인 원	비 율	3품 이상 벼 슬	비 율
태조-정종 대	8명 (40명)	20%	-	-
태종 대	24명 (133명)	18.04%	12명	50%
세종 대	19명 (155명)	12.25%	6명	31.57%
문종-단종 대	10명 (62명)	16.12%	4명	40%
세조 대	14명 (94명)	14.89%	2명	14.28%
예종-성종 대	18명 (106명)	9.43%	9명	50%
연산군 대	19명 (43명)	44.18%	4명	21.05%
중종 대	74명 (188명)	39.36%	27명	36.48%
명종 대	53명 (93명)	56.98%	12명	22.64%
선조 대	100명 (186명)	53.76%	18명	18%
합 계	339명(1,100명)	30.81%	94명	27.72%

* 괄호 안의 숫자는 신분이 낮은 급제자 인원

여기서 《족보》에 가계가 보이지 않는 급제자 339명 가운데 3품 이상 고관에 오른 자는 모두 94명으로, 평균 27.72퍼센트를 차지한다. 하지만 이 수치를 왕대별로 살펴보면, 태종과 성종 대에 50퍼센트에서 선조 대에는 18퍼센트로 내려가, 시대가 지날수록 줄어들고 있음을 알 수 있다. 이것 또한 16세기 후반기에 이르러 신분이동이 상대적으로 위축되어 가는 추세를 반영하는 것이다.

3품 이상 고관에 오른 급제자 가운데에는 판중추부사判中樞府事(종1품) 1명, 판서判書(정2품) 2명, 참판參判(종2품) 1명, 관찰사觀察使(종2품) 2명, 참의參議(정3품 당상관) 6명, 성균관 대사성大司成(정3품 당상관) 1명, 승지承旨(정3품 당상관) 2명 등이 보이는데, 명종과 선조 대 이후에는 2품 이상 고관은 거의 보이지 않는다.

(라) 《족보》에 가계가 단절된 급제자

《족보》에 가계가 보이지만, 본인이나 아버지의 이름만 보이고, 그 윗대의 가계가 끊어져 있는 급제자는 모두 154명이다. 신분이 낮은 전체 급제자 1,100명의 14퍼센트, 전체 급제자 4,527명의 3.40퍼센트를 차지한다.

이 부류는 본인 또는 아버지 윗대에 벼슬아치가 없는 평민이거나, 향리 출신이거나, 서얼이거나, 그 밖에 어떤 사유로 별파別派를 형성하고 있는 경우로 볼 수 있다.

이 부류 가운데에는 뒤에 자기 본관의 시조로 추앙된 인물이 많으며, 인구가 매우 적은 희성稀姓인 경우가 대부분이다. 다음에 각 왕대별로 가계가 단절된 급제자의 인원과 3품 이상 벼슬을 받은 급제자의 인원을 살펴보면 다음과 같다.

〈족보에 가계가 단절된 급제자 인원과 3품 이상 고관에 오른 급제자〉

왕 대	인 원	3품 이상 인원		주 요 벼 슬
태조-정종 대	8명	6명	75%	2품 이상 3명(이조판서, 관찰사) 시조 6명
태종 대	12명	6명	50%	1품 이상 2명(영중추부사)
세종 대	9명	4명	44.44%	2품 이상 1명(예조판서)
문종-단종 대	5명	4명	80%	2품 이상 1명(관찰사)

세조 대	21명	5명	23.80%	2품 이상 1명(지중추부사)
예종-성종 대	10명	4명	40%	2품 이상 2명(참판, 관찰사)
연산군 대	8명	3명	37.50%	2품 이상 1명(동지중추부사)
중종 대	34명	9명	26.47%	2품 이상 없음
명종 대	12명	8명	66.66%	2품 이상 3명(동지중추부사, 관찰사, 제조)
선조 대	35명	5명	14.28%	2품 이상 1명(동지중추부사) 시조 11명
합 계	154명(14%)	54명	35%	2품 이상 15명

여기서 보면, 《족보》에 가계가 단절된 급제자 154명 가운데 3품 이상 고관에 오른 급제자는 54명으로 35퍼센트를 차지하고 있다. 그런데 이 수치를 왕대별로 살펴보면 태조-정종 대 75퍼센트에서 시작하여 선조 대에 이르러 14.28퍼센트로 내려간 것을 알 수 있다. 시대가 내려갈수록 3품 이상 고관에 오른 급제자의 비율이 줄어들고 있다.

한편 3품 이상 고관에 오른 54명이 받은 최고벼슬도 조선 초기에는 판서判書(정2품)가 2명, 영중추부사領中樞府事(종1품)가 1명 나오는 등 1~2품을 가진 자가 있었으나, 시대가 내려오면 판서는 보이지 않는다. 이 부류에서 배출된 명신으로는 세종 대 정인지鄭麟趾와 더불어 《용비어천가》를 편찬하고 영중추부사(정1품)에 오른 안지安止, 집현전 부제학을 거쳐 판중추부사(종1품)에 오른 김구金鉤, 예조판서(정2품)에 오른 정자영鄭自英, 중종 대 역관譯官 출신으로 승문원 제조提調와 동지중추부사(종2품)에 오른 최세진崔世珍, 선조 대 문장가로 이름을 떨친 최입崔岦 등을 들 수 있다.

(마) 내외 4대조 또는 가까운 윗대에 벼슬아치가 없는 급제자

내외 4대조, 또는 가까운 윗대에도 벼슬아치가 없는 급제자는 모두 77명으로 신분이 낮은 급제자 1,100명 가운데 7퍼센트를 차지한다. 이들 가운데 3품 이상 고관에 오른 급제자는 23명으로 그 인원을 왕대별로 살펴보면 다음과 같다.

왕 대	인 원	3품 이상 벼슬에 오른 급제자
태조-정종 대	1명	없음
태종 대	4명	1명(공조참판 이긍)
세종 대	3명	1명
문종-단종 대	5명	1명(영의정 홍윤성)
세조 대	5명	4명(이조판서 홍귀달)
예종-성종 대	7명	2명(의정부 찬성 고형산, 병조판서 방유령)
연산군 대	6명	1명(대사헌 서지)
중종 대	18명	2명(호조참판 주세붕, 대사헌 유희춘)
명종 대	9명	3명(2품 이상 없음)
선조 대	19명	8명(2품 이상 2명; 이조판서 정경세, 관찰사 김성일)
합 계	77명	23명

여기서 가장 먼저 눈에 띄는 것은 세조 대 영의정領議政(정1품)에 오른 홍윤성洪允成과 중종 대 판서判書를 거쳐 의정부 찬성贊成(종1품)에 오른 고형산高荊山이 이 부류에서 배출되었다는 점이다. 이 밖에 이조판서吏曹判書에 오른 홍귀달洪貴達과 병조판서兵曹判書에 오른 방유령方有寧 등도 조선 초기 이 부류에서 배출되었다. 이들은 모두 시골 출신으로 집안이 매우 한미했음에도 고위직에 오른 대표적인 인물로 알려져 있다.

그런데 16세기에 들어서면 1품 관리는 한 명도 배출되지 않았으며, 최고벼슬이 2품에 머물고 있음을 볼 수 있다. 대표적인 인물은 이조판서에 오른 정경세鄭經世, 호조참판에 오른 주세붕周世鵬, 대사헌에 오른 유희춘柳希春, 관찰사에 오른 김성일金誠一 등을 들 수 있다. 이들은 성리학자로도 명성을 떨치고 있는 인물이지만, 내외 4대조 가운데 벼슬아치가 없는 집안에서 배출되었다는 것은 뜻밖의 일로 여겨진다. 16세기 사회가 15세기에 견주어 상대적으로 폐쇄성을 띠고 있었지만, 그래도 사림사회의 지도급 인사들이 한미한 집안에서 배출되었다는 것은 이 시대가 아직도 상당한 개방성을 띠고 있었음을 말해준다.

(바) 시조가 된 급제자

조선 전기 신분이 낮은 급제자 1,100명 가운데 뒤에 자기 본관의 시조로 추앙받은 급제자는 모두 78명으로 7.09퍼센트를 차지한다. 시조가 되었다는 것은 조상 가운데 벼슬아치가 없었다는 증거로, 평민이거나 향리 출신임을 말해준다. 확증은 없지만 노비였다가 양인으로 상승하여 문과에 급제한 경우도 이 속에 포함되어 있을 가능성이 있다. 이들의 인원을 각 왕대별로 살펴보고, 나아가 이들이 속한 본관의 현재 인구를 살펴보면 다음과 같다. 인구는 2000년 현재 대한민국 통계청에서 발표한 수치다.

〈시조가 된 문과급제자의 왕대별 인원〉

왕 대	성 씨		시 조 와 벼 슬	현 재 인 구
태조	6명	부안한씨扶安韓氏	한이韓彝 (판관; 종5품)	137가구 414명
정종		강서김씨江西金氏	김반金泮 (대사성; 정3품 당상관)	1,210가구 3,870명

대		영흥김씨永興金氏	김염金濂 (부윤; 종2품)	인구 미상
		함흥이씨咸興李氏	이양부李陽敷 (총제; 정2품)	229가구 786명
		남해조씨南海趙氏	조현수趙玄璲 (서장관; 4~6품)	138가구 375명
		연안유씨延安柳氏	유종규柳宗揆 (관찰사; 종2품)	195가구 622명
태종대	8명	아산김씨牙山金氏	김구金鉤 (예문관 제학; 종2품)	4가구 13명
		상주엄씨尙州嚴氏	엄간嚴幹 (주부; 종6품)	292가구 917명
		임실강씨任實康氏	강이康理 (군수; 종4품)	80가구 233명
		경주윤씨慶州尹氏	윤통尹統 (서운부정; 종3품)	543가구 1,684명
		장성김씨長城金氏	김극신金克信 (벼슬 모름)	159가구 525명
		봉산이씨鳳山李氏	이수李隨 (이조판서; 정2품)	2,284가구 7,389명
		순창이씨淳昌李氏	이사동李士侗 (현감; 종6품)	인구 미상
		해미강씨海美姜氏	강제로姜齊老 (판관; 종5품)	62가구 223명
세종대	9명	금천장씨衿川莊氏	장숙莊淑 (현감; 종6품)	166가구 476명
		청주안씨淸州安氏	안자립安自立 (호조참의; 정3품)	538가구 1,678명
		태인허씨泰仁許氏	허사문許斯文 (지평; 정5품)	2,070가구 6,472명
		강진조씨康津趙氏	조주趙注 (호조참판; 종2품)	630가구 1,998명
		영산김씨靈山金氏[277]	김순金淳 (대사헌; 종2품)	5,349가구 17,120명
		영천정씨永川鄭氏	정차공鄭次恭 (직제학; 정3품)	332가구 1,074명
		함창허씨咸昌許氏	허종항許從恒 (목사; 정3품)	32가구 115명
		강흥이씨江興李氏	이선로李善老 (집현전 교리; 정5품)	인구 미상
		풍기주씨豊基周氏	주숙손周叔孫 (집의; 종3품)	47가구 160명
문종단종대	3명	신녕윤씨新寧尹氏	윤자임尹自任 (정언; 정6품)	88가구 252명
		두원오씨荳原吳氏	오백창吳伯昌 (대사헌; 종2품)	16가구 47명
		장성이씨長城李氏	이병규李丙奎 (예조정랑; 정5품)	244가구 760명
세조대	2명	낙안이씨樂安李氏	이인미李仁美 (현감; 종6품)	2가구 5명
		연안단씨延安段氏	단유인段由仁 (현감; 종6품, 향리 출신)	437가구 1,429명
예종성종대	7명	청산김씨靑山金氏	김치제金治濟 (벼슬 모름)	260가구 810명
		정산정씨定山鄭氏	정치형鄭致亨 (헌납; 정5품)	98가구 342명
		구례손씨求禮孫氏	손원로孫元老 (사재감정; 정3품)	472가구 1,526명
		연주김씨燕州金氏	김준손金俊孫 (군; 정1품)	170가구 584명

		장흥이씨長興李氏	이원성李元成 (헌납; 정5품)	625가구 2,121명
		담양김씨潭陽金氏	김삼준金三俊 (군수; 종4품)	288가구 900명
		주천조씨酒泉趙氏	조호문趙好問 (도사; 종5품)	25가구 82명
연산군대	5명	해주김씨海州金氏	김우한金佑漢 (목사; 정3품)	1,823가구 5,864명
		정산나씨定山羅氏	나승간羅承幹 (전적; 정6품)	53가구 138명
		청도노씨淸道盧氏	노윤창盧允昌 (현령; 종5품)	82가구 280명
		천안이씨天安李氏	이득전李得全 (장령; 정4품, 향리 출신)	709가구 2,297명
		의성오씨義城吳氏	오영년吳永年 (장령; 정4품, 향리 출신)	179가구 562명
중종대	16명	부여진씨扶餘陳氏	진식陳植 (사인; 정4품)	148가구 445명
		예천이씨醴泉李氏	이수영李守英 (정언; 정6품)	268가구 888명
		여주장씨驪州張氏	장흡張洽 (성균관 박사; 정7품)	145가구 453명
		옥천정씨沃川鄭氏	정근원鄭謹元 (군수; 종4품)	307가구 1,050명
		황간김씨黃澗金氏	김환金執 (성균관 전적; 정6품)	1가구 3명
		경산김씨慶山金氏[278]	김한金翰 (목사; 정3품)	2,393가구 7,550명
		하양최씨河陽崔氏	최흥윤崔興潤 (감찰; 정6품)	25가구 80명
		청주윤씨淸州尹氏	윤취尹就 (현감; 종6품)	157가구 532명
		가흥김씨嘉興金氏	김윤정金胤鼎 (성균관 직강; 정5품, 향리 출신)	1명
		연안고씨延安高氏	고종필高宗弼 (군수; 종4품)	129가구 374명
		나주양씨羅州梁氏	양인梁訒 (도사; 종5품)	514가구 1,671명
		성주김씨星州金氏[279]	김승숭金承嵩 (군수; 종4품, 향리 출신)	928가구 3,022명
		진산최씨珍山崔氏	최개崔慨 (성균관 사예; 정4품)	127가구 386명
		진안이씨鎭安李氏[280]	이영준李英俊 (군수; 종4품)	943가구 3,120명
		용성김씨龍城金氏	김시보金時輔 (정랑; 정5품)	32가구 104명
		광양최씨光陽崔氏	최산두崔山斗 (장령; 정4품)	402가구 1,246명
명종대	5명	가흥조씨嘉興曺氏	조천령曺千齡 (군수; 종4품)	566가구 1,609명
		흥양조씨興陽趙氏	조윤서趙允瑞 (군수; 종4품)	174가구 532명
		순창옹씨淳昌邕氏	옹몽진邕夢辰 (원정; 정3품, 향리 출신)	105가구 353명

		태원장씨太原張氏	장문한張文翰 (서령; 종5품)	140가구 433명
		안동고씨安東高氏	고응척高應陟 (사성; 종3품)	520가구 1,615명
선조대	17명	삭령김씨朔寧金氏	김언경金彦慶 (좌랑; 정6품)	인구 미상
		상원강씨祥原康氏	강의봉康儀鳳 (정랑; 정5품)	41가구 131명
		강화하씨江華河氏	하일청河一淸 (군수; 종4품)	283가구 913명
		단천김씨端川金氏	김기문金起門 (현감; 종6품)	386가구 1,235명
		개성홍씨開城洪氏	홍승범洪承範 (권지; 임시직)	인구 미상
		중화이씨中和李氏	이수령李壽寧 (교수; 종6품)	인구 미상
		용궁서씨龍宮徐氏	서만일徐萬鎰 (권지; 임시직)	10가구 37명
		광주석씨光州石氏	석함石涵 (감찰; 정6품)	134가구 416명
		함창김씨咸昌金氏[281]	김구정金九鼎 (군수; 종4품)	8,391가구 26,318명
		황주황씨黃州黃氏	황응성黃應聖 (부사; 종3품)	260가구 861명
		낭산오씨朗山吳氏	오응운吳應運 (현감; 종6품)	74가구 232명
		경주유씨慶州劉氏	유경상劉景祥 (전적; 정6품)	2,197가구 6,874명
		우봉전씨牛峰田氏	전견룡田見龍 (시정; 정3품)	36가구 109명
		태안이씨泰安李氏	이응복李應福 (부정; 종3품)	1,262가구 4,084명
		충주이씨忠州李氏[282]	이경백李景白 (판관; 종5품)	1,306가구 4,022명
		기계이씨杞溪李氏	이대이李大頤 (군수; 종4품)	인구 미상
		주천윤씨酒泉尹氏	윤대형尹大衡 (감찰; 정6품, 향리 출신)	인구 미상
합 계	78명			

277) 영산김씨는 신라 경순왕의 후손으로 알려져 있으나, 시조는 김순金淳으로 정하고 있다.

278) 경산김씨는 신라 경순왕의 후손인 김인궤金仁軌를 시조로 하고 있는데, 중간 계보가 실전되어 있으며, 《조선씨족통보》에서는 김한金翰을 시조로 적고 있다.

279) 성주김씨 시조는 고려시대 대장군을 지낸 김맹金孟으로 보는 설이 있으나, 《만성시조보萬姓始祖譜》에서는 김승숭을 시조로 하고 있다.

280) 진안이씨의 시조는 조선시대 인물 이특룡李特龍으로 알려져 있으나, 어느 시기 인물인지 알 수 없으며, 벼슬도 없다. 그 후손들 가운데에도 벼슬아치가 있다고 알려져 있으나 확인이 어렵다. 정사正史에서 확인되는 인물은 이영준李英俊으로 진안이씨 최초의 문과급제자이다. 《청구씨보》에는 이영준이 첫머리에 기록되어 있다.

281) 함창김씨의 시조는 고령가야의 임금인 김선金瑄으로 알려져 있는데, 《만성대동보》를 보면, 김구정이 함창김씨 별파別派의 시조로 되어 있다.

282) 충주이씨의 시조는 고려시대 평장사를 지낸 이관李寬으로 알려져 있으나, 그 후손의 계보

여기서 시조 78명을 배출한 본관의 현재 인구를 보면 1,000명 미만의 본관이 42개이고, 인구를 알 수 없는 본관이 7개인데, 인구가 파악되지 않은 본관은 아마도 다른 성씨에 통합된 것으로 보인다. 이 둘을 합치면 49개로 전체 본관의 62.82퍼센트를 차지한다. 나머지 본관들 가운데 1만 명이 넘은 본관은 2개에 지나지 않고, 그 나머지는 모두 8천 명 이내의 희성에 머물고 있다.

위에 소개한 본관에서는 조선시대 대부분 문과급제자 1명 또는 2명을 배출하는 데 그치고 있다. 하지만 인구비율로 본다면 급제자 수백 명을 배출한 대성大姓보다도 오히려 높다고 할 수 있다. 예를 들어 조선시대 가장 많은 문과급제자 866명을 배출한 전주이씨全州李氏의 경우 현재 인구는 약 260만 명인데, 이는 대략 3천 명에 급제자 1명을 배출한 셈이다.

다음에 이들 시조가 받은 벼슬을 보면, 태조에서 성종 대에 이르는 15세기에는 시조 35명이 나왔는데, 그 가운데 15명이 3품 이상 고관에 올랐다. 이와 달리 연산군에서 선조 대에 이르는 기간에는 시조 43명이 나왔는데, 그 가운데 3품 이상 벼슬을 받은 사람은 7명에 지나지 않는다. 여기서도 15세기가 16세기보다 신분이 낮은 급제자가 우대받았다는 증거를 찾을 수 있다.

시조가 된 급제자의 본관은 인구가 적고, 문과급제자가 적으며, 《족보》에 가계가 보이지 않거나, 조상의 가계가 끊어져 있는 경우가 대부분이다. 그런데 그 가운데 향리 출신으로 확인된 인

가 확실치 않으며, 최초의 문과급제자는 이경백李景白이다. 《청구씨보》에서도 이경백을 첫머리에 기록하고 있다. 《세종실록》과 《동국여지승람》에는 충주에 이씨가 없어 중종 대까지도 충주에는 이씨가 없었다. 따라서 선조 대에 이경백이 벼슬아치가 되면서 처음으로 충주와 인연을 맺고 본관으로 삼은 것으로 보인다.

물이 7명이다. 연안단씨延安段氏의 단유인段由仁, 천안이씨天安李氏의 이득전李得全, 의성오씨義城吳氏의 오영년吳永年, 가흥김씨嘉興金氏의 김윤정金胤鼎, 성주김씨星州金氏의 김승숭金承嵩, 순창옹씨淳昌邕氏의 옹몽진邕夢辰, 주천윤씨酒泉尹氏의 윤대형尹大衡이 그들이다. 그러나 실제는 이보다 더 많을 것으로 추정된다.

시조가 된 급제자들은 설사 아주 먼 조상 가운데 벼슬아치가 있었다 하더라도, 이들 시조들이 문과에 급제하여 벼슬을 받을 때에는 대간臺諫으로부터 집안이 한미寒微하다, 미천微賤하다, 인물이 용렬庸劣하다는 등의 비판을 받고 서경署經을 거부당하는 경우가 많았다. 하지만 임금은 대간과 달리 신분에 너그러운 태도를 지니고 있어서 대간의 요청을 모두 받아들이지는 않았다.

(사) 향리 출신 급제자

조선 전기 문과급제자 가운데 향리 출신으로 확인된 급제자는 32명에 이르고 있다. 그 가운데 《방목》에 전력前歷을 공생貢生으로 기록한 7명은 틀림없는 향리이지만, 이 밖에 유학幼學이나 생원, 진사로 기록된 급제자 가운데에도 향리가 적지 않다. 《세종실록》〈지리지〉에 속성續姓이면서 향리를 하고 있다고 되어 있는 성씨를 본관으로 하고 있으면 향리 출신으로 여겼다. 이 밖에 향리의 역사를 적은 《연조귀감掾曹龜鑑》 등의 자료를 통해서 확인하기도 하고, 전력前歷이 지인知印이거나 서리胥吏로 되어 있는 경우에도 향리로 보았다. 이제 이들의 인원을 각 왕대별로 살펴보면 다음 표와 같다.

왕 대	인 원	벼 슬
태조-정종 대	3명	대사성 윤상, 예문관 직학 김종리, 경차관 전예(공생)
태종 대	3명	직제학 유상지, 정랑 유상리, 대제학 정척
세종 대	2명	예조참판 민원, 감찰 김탁
문종-단종 대	1명	사간 국경례(공생)
세조 대	4명	전적 박서남, 사예 임건, 현감 단유인, 군수 김양완(지인)
예종-성종 대	4명	장령 이순명(공생), 전적 강자어(호장), 전적 양자해(공생), 헌납 김수문(지인)
연산군 대	3명	장령 오영년, 장령 이득전(공생), 사예 박곤(향리의 아들)
중종 대	6명	시정 태두남, 직강 김윤정, 군수 김승숭, 전적 양취영(공생), 직강 김세량(지인), 목사 전여림
명종 대	3명	원정 옹몽진(호장의 아들), 부사 김청(서리의 아들), 군수 한세해(공생)
선조 대	3명	감찰 윤대형, 군수 김노간, 정랑 윤지복
합 계	32명	

여기서 향리 출신 문과급제자로 확인된 32명을 15세기와 16세기로 나누어 보면, 태조에서 성종 대에 이르는 기간에는 17명이고, 연산군에서 선조 대에 이르는 기간에는 15명이다.

그들이 받은 벼슬을 보면 15세기에는 3품 이상 고관에 오른 인물이 6명에 이르고 있다. 윤상尹祥은 예천 출신으로 대사성大司成(정3품 당상관)의 높은 지위에 오르고, 성균관 유생들로부터 별동선생別洞先生으로 불리면서 높은 존경을 받았다. 정척鄭陟은 진주향리 출신인데, 벼슬이 대제학大提學(정2품)에 오르고, 양성지와 더불어 〈동국지도〉를 만든 인물로 유명하다. 한편 16세기에는 3품 이상 고관에 오른 인물이 4명으로, 15세기에 견주어 벼슬이 높지 않은 것을 알 수 있으며, 특별히 명신名臣으로 알려진 인물도 없다.

향리 출신 급제자 가운데 자기 본관의 시조로 추앙된 인물은 5명이다. 이 점에 대해서는 이미 앞에서 설명했으므로 생략한다.

하지만 위에 소개한 32명만을 향리 출신으로 보는 것은 곤란하다. 《족보》 자체가 없거나, 《족보》에 가계가 보이지 않는 급제자의 상당수는 향리가 아니면 평민으로 볼 수 있기 때문이다.

(아) 서얼 출신 급제자

조선 전기 문과급제자 가운데 서얼 출신으로 확인된 급제자는 모두 17명이다. 원래 양첩良妾의 아들은 서자庶子, 천첩賤妾의 아들은 얼자孼子라고 불렀는데 이를 합쳐서 서얼이라고 한다. 이들 17명을 각 왕대별로 살펴보면 다음과 같다.

왕 대	인 원	벼 슬
태조-정종 대	없음	
태종 대	없음	
세종 대	1명	판서 이선
문종-단종 대	없음	
세조 대	2명	부원군 유자광, 지중추부사 최적
예종-성종 대	1명	군수 최서[283]
연산군 대	없음	
중종 대	3명	판중추부사 조광원(조계상의 서자), 도정 이사종, 목사 신잠
명종 대	5명	제조 최입(천얼), 군수 이경(파미분류자), 부사 양사언(통정대부), 교리 강문우(서얼동몽훈도), 동지돈녕부사 김현성

선조 대	5명	권지 안여지, 현령 이자해(서얼), 첨정 양경우, 목사 허징,[284] 군수 이재영
합 계	17명	

여기서 서얼로 확인된 급제자는 모두 17명에 지나지 않지만, 실제로는 이보다 한층 많았을 것으로 추측된다. 여기서 확인된 서얼은 아버지가 너무나 유명하여 세상에 드러난 사람들뿐이고, 이 밖에 시골의 이름 없는 집안의 서출은 세상에 알려지기 어렵다. 왜냐하면 서얼은 문과응시가 법으로 금지되어 있어서 신분을 노출시킬 수 없었기 때문이다. 《족보》 자체가 없다든가, 《족보》에 가계가 보이지 않는 급제자들 가운데에는 상당수의 서얼이 포함되어 있을 것으로 보인다.

서얼에게 문과응시가 허용된 것은 명종 11년 〈서얼허통절목〉이 발표된 이후부터라는 것은 앞에서 이미 설명한 바 있다. 하지만 명종 11년 이전에 급제한 서얼도 임금의 허락을 받아 합법적으로 응시한 인물들이었다. 다만 그들의 신분이 미천微賤하다는 이유로 대간이 서경을 거부하는 사건은 없지 않았지만, 임금은 이를 듣지 않았다.

서얼 출신 가운데에는 저명한 인물도 적지 않다. 벼슬이 부원군府院君(정1품)에 오르고 연산조 대 무오사화戊午士禍를 일으킨 유자광柳子光은 부윤 유규柳規의 서자이다. 세조 대 판서判書에

283) 최서는 벼슬을 받은 뒤에 자신의 신분이 서얼이 아니라는 것을 밝혀냈으나, 그 이전에 이미 성균관 전적典籍(정6품)의 벼슬을 받았다.

284) 《규사葵史》의 〈현인록賢人錄〉에 허징은 서얼이라고 한다. 그는 선조 19년 알성시에 급제했다.

오른 이선李宣은 이성계의 서얼 외손자이며, 벼슬이 세조 대 지중추부사(종2품)에 오른 최적崔適은 기생첩의 아들이었다.

중종 대 벼슬이 판중추부사(종1품)에 오른 조광원曺光遠은 의정부 찬성을 지낸 조계상曺繼商의 서자이고, 벼슬이 도정都正(정3품)에 오른 이사종李嗣宗은 이오李晤의 서자이다. 벼슬이 목사(정3품)에 오른 신잠申潛은 신숙주申叔舟의 손자이자 신종확申從濩의 서자이다.

명종 대 급제하여 벼슬이 참판(종2품)과 승문원 제조(정2품)에 오른 최입崔岦은 문장가로 이름을 떨쳤다. 송도삼절松都三絶로 불렸는데, 천얼賤孼 출신으로 알려져 있다. 그러니까 여자종이 낳은 아들이라는 뜻이다. 명종 대 부사府使(종3품)에 오른 양사언楊士彦은 당대의 명필로 유명하다. 명종 대 급제하여 벼슬이 동지돈녕부사(종2품)에 오른 김현성金玄成도 문장가로 이름을 떨쳤다. 신분이 미천하다는 이유로 대간이 서경을 거부하는 일이 많았는데, 그도 서자로 알려져 있다. 조선 후기 지식인들은 그를 중인中人으로 부르기도 했다. 벼슬이 군수에 오른 이경李璚은 《전주이씨과거급제자총람》에 파미분류자派未分類者로 기록되어 있는데, 이는 《전주이씨족보》에 오르지 못한 인물이라는 뜻이다. 이는 그가 서자임을 말해준다.

선조 대 벼슬이 첨정에 오른 양경우梁慶遇는 왜란 때 의병장으로 이름을 떨친 양대박梁大樸의 아들인데, 양대박은 서출이다.

(자) 과거를 거치지 않은 서얼 벼슬아치

조선 전기에는 문과를 거쳐 벼슬아치가 된 인물도 있지만, 고려 말 이미 문과에 급제했거나 또는 왕조 개국 후 문과를 거치지 않고 임금의 특선으로 벼슬아치가 된 서얼은 이보다 훨씬 많았다. 《실록》에 보이는 주요 사례를 소개하면 다음과 같다. 여기에 소개한 인물은 고관대작에 오른 저명한 인물 48명에 지나지 않지만, 정국공신이나 정난공신, 또는 납속으로 벼슬을 받은 이들은 헤아릴 수 없이 많다.

이원계李元桂 태조 이성계의 아버지 환조 이자춘桓祖 李子春은 두 비첩婢妾을 두었는데, 내은장[李氏]이 낳은 아들이 이원계로 회군공신回軍功臣에 올랐다. 그는 태조 이성계의 서형庶兄이다.

이양우李良祐 이원계의 아들로, 벼슬이 정사공신定社功臣으로 찬성사贊成事(종1품)에 올랐다.

이천우李天祐 이원계의 아들로, 벼슬이 이조판서를 거쳐 찬성사(종1품)에 올랐다.

이조李朝 이원계의 아들로, 벼슬이 상장군上將軍(정3품)에 올랐다.

이백온李伯溫 이원계의 아들로, 벼슬이 지돈녕부사知敦寧府事(종2품)에 올랐다.

이흥발李興發 이양우의 아들로, 벼슬이 지중추원사(정2품)에 올랐다.

이화李和(?~1408) 이자춘의 또 다른 비첩 고음가[金氏]가 낳은 아들이다. 개국공신으로 벼슬이 태종 대 영의정부사領議政府事(정1품)에 올랐다.

이지숭李之崇 이화의 아들로, 벼슬이 판경승부사判敬承府事(정3품)에 올랐다.

이숙李淑 이화의 아들로, 벼슬이 찬성사贊成事(종1품)에 올랐다.

이징李澄 이화의 아들로, 벼슬이 판중추부사判中樞府事(종1품)에 올랐다.

이담李湛 이화의 아들로, 벼슬이 지돈녕부사(정2품)에 올랐다.

이점李漸 이화의 아들로, 벼슬이 동지돈녕부사同知敦寧府事(종2품)에 올랐다.

조온趙溫(1347~1417), **조견**趙狷 이자춘의 비첩 내은장 이씨의 딸, 그러니까 이원계의 누이가 조인벽趙仁璧에게 시집갔는데, 그 사이에 낳은 아들이 조온과 조견이다.[285] 조온은 개국공신이 되었고, 그의 4대손이 기묘사림의 지도자 조광조趙光祖이다. 조온은 어머니가 비첩인 셈이다. 부모로부터 받은 것이 피육皮肉뿐이었으나 이성계가 돌보아 출세시킨 인물이었다. 뒤에 태종의 즉위를 도와 정사공신定社功臣과 좌명공신佐命功臣에 책록되고, 벼슬이 의정부 찬성사贊成事(종1품)에 이르렀다.

권중화權仲和(1322~1408) 권한공權漢功의 얼자로,[286] 개국 초 도평의사사都評議使司(정1품)에 오르고,[287] 태종 대 영의정領議政(정1품)에 올랐다.

하윤河崙 태종 대 명재상으로, 《차문절공유사車文節公遺事》를 보면 어머니가 연안차씨延安車氏의 얼손으로 알려져 있다.

황희黃喜 세종 대 명재상으로, 판강릉부사 황군서黃君瑞의 서자라고 한다.[288]

285) 한영우, 《조선전기사회경제연구》, 을유문화사, 1983, 133쪽 참고.
286) 《명종실록》 권15, 명종 8년 10월 15일 무자.
287) 《명종실록》 권15, 명종 8년 10월 15일 무자.
288) 《세종실록》 권40, 세종 10년 6월 25일 병오; 《단종실록》 권2, 단종 즉위년 7월 4일 을미.

남여南輿 좌의정 남지南智의 서제庶弟인데, 벼슬을 받았다.289)

오계종吳繼宗 개국공신 오사충吳思忠의 첩자妾子로,290) 세종 대 상주판관尙州判官(종5품)을 지냈다.

우참찬 안숭선安崇善**의 얼자**孼子 아버지 음덕으로 벼슬을 받았다.291)

홍순로洪純老 홍약洪約의 얼자로, 세조의 집권을 도와 정난공신靖難功臣이 되고, 동지중추원사(종2품)와 당성군唐城君(1품)의 벼슬을 받았다.292)

이몽가李夢哥 예문관 대제학 이행李行의 얼자로, 세조의 집권을 도와 정난공신이 되고, 벼슬이 지중추원사(정2품)로 정헌대부와 여천군에 올랐다.293)

이양생李陽生(1423~1488) 본관이 경주로 이종직李從直의 서자이다. 세조 대 이시애의 난에 공을 세워 적개공신敵愾功臣이 되고, 벼슬이 계성군鷄城君과 가선대부(종2품)에 올랐다.294)

하복생河福生 태종 대 대신 하윤河崙의 아들 하구河久의 첩자妾子로,295) 세종은 하복생에게도 문과응시자격을 주려고 했다. 비록 신하들의 반대로 무산되었지만, 그에게 군자감 판사判事(정3품)라는 요직을 주었다. 뒤에 세조의 집권을 도운 공으로 원종공신原從功臣이 되었다.

289) 《문종실록》 권8, 문종 원년 6월 28일 을미.
290) 《태종실록》 권11, 태종 6년 2월 10일 신미.
291) 《문종실록》 권8, 문종 원년 6월 28일 을미.
292) 《성종실록》 권41, 성종 5년 4월 20일 갑술.
293) 《성종실록》 권201, 성종 18년 3월 18일 무오.
294) 《명종실록》 권20, 명종 11년 6월 20일 정미.
295) 《세종실록》 권55, 세종 14년 3월 14일 계유.

최적崔適 귀화 여진인 최보로와 기첩妓妾 사이에 출생하였다. 세조는 최적의 무재를 아껴 위장衛將을 삼았으며,296) 성종 대에는 지중추부사(정2품)에까지 올랐다.297)

강대생姜帶生 서자인데 예종 대 풍저창 주부(종6품)에 임명되었다.298)

이평보李平甫, **신보**申誧, **노영겸**盧永謙 이 세 사람은 모두 서얼로 성종 대 왕자王子와 군君의 사부師傅가 되었다.299)

황진黃眞 영의정 황수신黃守信의 첩자妾子로, 예종 대 무과응시를 허락했다.300)

권경희權景禧 처가 서얼로 조정에서 문제가 되었으나, 성종은 신하들의 반대를 물리치고 권경희를 공조좌랑工曹佐郞(정6품)에 제수했다.301)

강석경姜碩卿 비婢의 소생으로, 성종 17년 내승內乘(정3품)에 올랐다.302) 신하들은 강석경이 천례賤隷라는 이유로 내승 임명을 반대했으나 임금은 이를 거절했다.

서복경徐福慶 서거정徐居正의 서자로, 벼슬이 연산군 대 안악군수(종4품)에 올랐다.303)

윤삼尹參 서얼로, 명종 즉위년 정난위사공신靖難衛社功臣으로 책

296) 《성종실록》 권46, 성종 5년 8월 18일 경자.
297) 《성종실록》 권199, 성종 18년 1월 29일 경오.
298) 《성종실록》 권8, 성종 원년 12월 6일 기유.
299) 《성종실록》 권242, 성종 21년 7월 14일 갑자.
300) 《예종실록》 권7, 예종 원년 8월 20일 신미.
301) 《성종실록》 권116, 성종 11년 4월 28일 무인.
302) 《성종실록》 권188, 성종 17년 2월 29일 을사.
303) 《연산군일기》 권61, 연산군 12년 1월 28일 무신.

봉되고, 벼슬이 내수사 별좌(정5품)로 있다가 공신 겸 절충장군(정3품)으로 제수되었다.[304]

정덕규鄭德珪 서얼로, 벼슬이 선조 대 내승內乘(정3품)에 올랐다.[305]

정국공신靖國功臣 연산군을 몰아내고 중종을 추대한 정국공신靖國功臣 가운데에는 류자광柳子光만이 아니라 무부武夫와 한졸悍卒, 천얼賤蘗들이 무더기로 참여하여 공신으로 책봉되었다.[306] 그 이름을 일일이 열거하는 것은 생략하겠다.

노영손盧永孫**과 정난공신**定難功臣 예종 대 남이 등을 제거하여 익대공신翊戴功臣이 되고, 중종 2년에 다시 정난공신으로 책봉된 노영손은 서출로 우림위羽林衛 군인이었으나 공신이 된 후 정2품 당상관에까지 올랐다. 이때 사헌부 관리들은 그가 서얼로 육경六卿(판서) 위의 지위에 오른 것은 부당하다고 항의했으나 임금은 이를 받아들이지 않았다.[307]

조신曺伸 울진현령 조계문曺繼門의 아들이자, 무오사화 때 화를 입은 사림학자 조위曺偉의 서제庶弟로, 중종 대 이문학관吏文學官을 거쳐 대군大君의 사부師傅와 내시부 교관을 지냈다. 《소문쇄록謏聞瑣錄》의 저자로도 유명하다.[308]

정화鄭和 중종 대 영의정을 지낸 정광필鄭光弼의 서자로, 외교문서인 이문吏文에 밝아 중종 대 사역원정司譯院正(정3품 당하관)

304) 《명종실록》 권2, 명종 즉위년 9월 27일 정해.
305) 《선조실록》 권110, 선조 32년 3월 6일 을유.
306) 《중종실록》 권5, 중종 3년 1월 26일 갑자; 권20, 중종 9년 2월 10일 갑진.
307) 《중종실록》 권20, 중종 9년 2월 10일 갑진.
308) 《규사》, 〈현인록賢人錄〉.

을 지냈다.[309]

어숙권魚叔權 서얼로,[310] 한어와 이문吏文(외교문서)에 능통하여 중종-명종 대 이문학관吏文學官을 지냈다.[311] 《패관잡기稗官雜記》와 《고사촬요故事撮要》를 지어 명성을 떨쳤다.

정번鄭藩 노비였다가 양인良人으로 속량된 자의 아들로, 중종 대 알성시에 합격했다가 서류를 위조한 것이 드러나 취소되었다. 그러나 문장이 뛰어나고 이문吏文에 능통하여 중종 18년 이문학관에 임명했다.[312]

박지화朴枝華(1513~1592) 개성 출신의 서얼로,[313] 김근공金謹恭과 서경덕徐敬德의 문하에 들어가 공부하여 기수학氣數學에 능통했다. 이문吏文에도 뛰어나 현감(종6품)의 벼슬을 받았다. 임진왜란이 일어나자 백운산에 들어가서 물에 투신하여 죽었다. 그 뒤에 청안의 구계서원龜溪書院에 배향되었다. 문집으로 《수암유고守庵遺稿》가 있다.

유조인柳祖訒 유우柳藕의 서자로,[314] 충효가 뛰어난 인물이었다. 선조 대 천거로 이천현감과 우봉현감을 거쳐 임진왜란 때 호종하여 선조 28년 이조참의(정3품 당상관)에 임명했다.[315] 유조인은 벼슬을 하면서 문과 합격을 꿈꿔 별시에 응시하고자 했으나 신하들의 반대로 무산되었다. 죽은 뒤에 호조참판戶曹參判에 추증

309) 《규사》, 〈현인록〉.
310) 《영조실록》 권2, 영조 즉위년 12월 17일 병술.
311) 《중종실록》 권84, 중종 32년 4월 30일 무인.
312) 《중종실록》 권49, 중종 18년 8월 30일 정묘.
313) 《영조실록》 권2, 영조 즉위년 12월 9일 신사; 《정조실록》 권6, 정조 2년 8월 1일 무오.
314) 《규사》, 〈현인록〉; 《정조실록》 권6, 정조 2년 8월 1일 무오.
315) 《선조실록》 권63, 선조 28년 5월 11일 계미.

되었다.

박희현朴希賢 서얼로,[316] 이문吏文(외교문서)에 뛰어나 선조에게 특채되고 인조 대 벼슬이 마전현감(종6품)에 이르렀다.[317]

선조 대 서얼 납속허통 임진왜란에 효과적으로 대응하기 위해 서얼이나 공사천公私賤으로서 국가에 곡식을 바치거나 적의 목을 베어오는 자에게 문무과응시를 허통하는 제도를 시행했다. 그러나 임진왜란이 끝난 뒤에는 이 제도를 다시 중지했다.[318]

양대박梁大樸 임진왜란 때에는 서얼이나 천민으로서 큰 공을 세운 인물들이 많았다. 양대박은 사재를 털어 의병운동을 일으켜 고경명을 도운 공으로 정조正祖가 병조판서를 추증하고, 규장각에 명하여 그의 전기를 정리하여 《양대사마실기梁大司馬實記》를 편찬하게 했다.[319] 아들 양경우梁慶遇도 함께 표창되었다.[320] 양대박은 《청계집靑溪集》이라는 문집을 남겼다. 아들 양경우는 문과에 급제하여 벼슬이 현령에 이르렀으며, 문집 《제호집霽湖集》을 남겼다. 양경우에 대해서는 앞에서 이미 설명했다.

이산겸李山謙 서얼로, 임진왜란 때 의병을 일으켜 싸우다 죽었다.[321]

홍계남洪季男 서얼로, 임진왜란 때 이산겸과 더불어 안성과 충청도에서 의병을 일으켜 싸우다 전사하여 국가에서 증직했다.[322]

---

316) 《정조실록》 권6, 정조 2년 8월 1일 무오.

317) 《인조실록》 권26, 인조 10년 1월 8일 병오.

318) 《선조실록》 권142, 선조 34년 10월 2일 병인.

319) 《영조실록》 권2, 영조 즉위년 12월 17일 병술; 《정조실록》 권45, 정조 20년 8월 9일 신사; 한영우, 《문화정치의 산실 규장각》, 지식산업사, 2008 참고.

320) 《정조실록》 권45, 정조 20년 8월 9일 신사.

321) 《영조실록》 권2, 영조 즉위년 12월 17일 병술; 《규사》, 〈현인록〉 참고.

유극량劉克良(?~1592) 개성 지방의 서얼로,[323] 이순신이 부임하기 직전에 전라좌수사全羅左水使(정3품)를 지냈다. 임진왜란 때 임진강을 치열하게 방어하다가 전사하여 국가에서 추증하고 충절을 표창했다.[324] 선조 24년 유극량이 전라좌수사로 임명될 때 집안이 한미寒微하여 부하들이 말을 듣지 않을 것이므로 직책을 주지 말아야 한다는 사헌부의 건의가 있었으나, 임금이 그의 능력을 평가하여 직책을 주었다.[325]

(차) 잡학, 잡과 출신 급제자

의관醫官, 역관譯官, 천문관天文官, 율관律官 등은 잡과雜科를 통해 벼슬길에 오른다고 하여 잡직관雜職官으로 불리고, 화원畵員은 이보다도 더 낮은 유외잡직流外雜職으로 불렸다. 그런데 이들 가운데에도 문과급제자가 적지 않게 배출되었다. 조선 후기에는 이들 직업이 세습되는 경향이 강하여 양반과 구별되는 중인中人으로 불렸지만, 조선 전기에는 세습성이 높지도 않았고, 중인으로 불린 일도 없었다. 이들 17명의 명단을 소개하면 다음과 같다.

왕 대	인 원	벼 슬 과 이 름
태조-정종 대	1명	사간원 헌납(정5품) 한고韓皐(협율랑)
태종 대	2명	승문원 제조(정2품) 김청金聽(역관 출신) 정신鄭信(율과 출신)
세종 대	2명	예조판서(정2품) 김하金何(역관) 판중추부사(종1품) 이변李邊(한어 능통)

322) 《영조실록》 권2, 영조 즉위년 12월 17일 병술.
323) 《영조실록》 권2, 영조 즉위년 12월 17일 병술.
324) 《선조실록》 권77, 선조 29년 7월 2일 정묘.
325) 《선조실록》 권25, 선조 24년 2월 8일 을해.

문종-단종 대	1명	장령(정4품) 김윤종金潤宗(이문습독관)
세조 대	2명	직제학(정3품 당하관) 유원로兪元老(의관 출신) 성균관 사예(정4품) 임건林乾(검율)
예종-성종 대	4명	정랑(정5품) 이춘경李春景(역관 출신) 이조참의(정3품 당상관) 박삼길朴三吉(역관 출신) 성균관 전적(정6품) 안소희安紹禧(화원의 아들) 이조참의(정3품 당상관) 최해崔瀣(한어습독관)
연산군 대	1명	승문원 제조(정2품) 최세진崔世珍(역관 출신)
중종 대	3명	통례(정3품 당하관) 이광식李光植(역관의 아들) 군수(종4품) 주양우朱良佑(역관의 아들) 군수(종4품) 유중영柳仲郢(천문습독관의 아들)
명종 대	없음	
선조 대	1명	첨정(종4품) 안담수安聃壽(이문습독관)
합 계	17명	

여기서 17명 가운데 역관 출신 또는 외국어에 능통한 인물이 12명으로 가장 많다. 그들이 받은 벼슬도 판중추부사(종1품), 예조판서(정2품), 이조참의(정3품 당상관), 통례원 통례通禮(정3품 당하관), 사헌부 장령掌令(정4품), 6조 정랑(정5품), 군수(종4품), 첨정僉正(종4품) 등 당당한 청요직에 속한다.

17명 가운데 역관이나 이문습독관 출신으로 정3품 당상관堂上官 이상에 오른 인물은 6명이다. 세종 대 이변李邊은 한어漢語에 능통하여 벼슬이 판중추부사(종1품)에 이르렀고, 역관 김하金何는 예조판서(정2품)에 올랐다. 태종 대 역관 김청金聽과 중종 대 역관 최세진崔世珍(?~1542)은 모두 승문원제조(정2품)에까지 올랐다. 성종 대 박삼길朴三吉과 최해崔瀣는 모두 이조참의(정3품 당상관)에 올랐다. 역관이 당상관에 오른다는 것은 조선 후기에 가면 불가능한 일이다.

다음 의관으로 문과에 급제한 인물은 유원로兪元老뿐이지만, 그의 벼슬도 청요직인 직제학直提學(정3품 당하관)에 올랐다.

율관으로 문과에 급제한 인물은 2명이다. 하나는 태종 대 정신鄭信으로 그의 벼슬은 알 수 없으며, 또 다른 급제자는 세조 대 검율檢律(종9품)로 문과에 급제하여 벼슬이 성균관 사예司藝(정4품)에 오른 임건林乾이다.

화원의 아들로 문과에 급제한 인물은 화원 안견安堅의 아들인 안소희安紹禧이다. 그는 벼슬이 성종 대 성균관 전적典籍(정6품)에 올랐다.

마지막으로 한고韓皐는 봉상시奉常寺에서 음악연주를 관리하는 협율랑協律郞(정7품)으로, 태조 대 문과에 급제하여 벼슬이 사간원 헌납獻納(정5품)에 이르렀다.

그런데 조선 전기에는 비록 문과에 급제하지 않았더라도 고관에 오른 잡과 출신자들이 적지 않았다. 더욱이 의관과 역관 가운데 정3품 당상관 이상에 오른 인물이 많았는데, 예를 들면 세조 대에는 의관 전순의全循義가 정헌대부(정2품)에 오르고, 성종 대에는 의관 송흠宋欽과 김흥수金興守 등에게 당상관의 품계를 제수한 일이 있었다.

또한 화원은 원칙적으로 유외잡직流外雜職으로 6품 이상은 올라갈 수 없었으나, 세종 대 안견은 정4품 호군護軍에까지 올랐으며, 그 아들 안소희가 문과에 급제했음은 앞에서 이미 설명한 바와 같다. 성종 대에는 화원 최경崔涇이 한때 당상관의 품계를 받기도 했다.

여기서 마지막으로 지적할 것은 이른바 잡과 출신이나 유외잡직에 속하는 기술직 관원들이 중인으로 불리기 시작한 것은 17세기 초, 더 구체적으로 말하면 인조 대 이후라는 사실이다.[326]

(카) 행상, 수군, 군보, 노비, 정재인 등의 급제자

조선 전기 문과급제자 가운데에는 행상行商의 아들이 2명, 그 밖에 갑사甲士의 아들, 수군水軍 출신, 군보軍保 출신, 노비 출신, 궁중연회에서 춤추는 정재인呈才人의 아들, 재가녀再嫁女의 아들 등도 있다. 이들의 명단을 소개하면 다음과 같다.

황유중黃有中 행상의 아들로, 중종 대 문과에 급제하여 벼슬이 좌랑佐郞(정6품)에 올랐다.

윤연尹淵 행상의 아들로, 명종 대 문과에 급제하여 벼슬이 첨정僉正(종4품)에 올랐다.

김의정金義貞 수군으로 있으면서, 단종 대 문과에 급제하여 벼슬이 현감(종6품)에 이르렀다.

최산두崔山斗 평민이 지는 군역인 군보로 있으면서, 중종 대 문과에 급제하여 벼슬이 사헌부 장령掌令(정4품)에 이르렀다. 뒤에 조광조와 더불어 기묘명현己卯名賢의 한 사람이 되었다.

손효문孫孝文 궁중연회 때 춤추는 광대廣大인 정재인의 아들로, 세종 대 문과에 급제하여 벼슬이 현감(종6품)에 이르렀다.

진복창陳復昌 어머니가 여러 사람에게 시집간 재가녀로, 중종 대 문과에 급제하여 벼슬이 대사헌(종2품)과 공조참판(종2품)에 이르렀다.

326) 한영우, 《조선시대신분사연구》, 집문당, 1997 참고.

반석평潘碩枰(?~1540) 중종 대 문과에 급제하여 벼슬이 정2품 공조판서와 형조판서에 올랐는데, 청렴한 관리로 명성을 떨쳤다. 그의 신분은 본래 천얼賤孽이었다고 한다. 할머니가 손자의 재주를 아껴 서울로 와서 신분을 속이고 셋집에 살면서 길쌈과 바느질로 살아가면서 가르쳐서 문과에 급제시켜 큰 벼슬아치를 만들었다고 한다.[327] 한편 어느 재상宰相의 종이었는데, 재상이 부잣집에 보내어 아들로 삼게 하여 과거에 급제시켰다는 이야기도 있다.

안중손安仲孫 중종 대 문과에 급제하여 벼슬이 사헌부 장령掌令(정4품)에 이르렀다. 《중종실록》을 보면, 그는 집이 너무 가난하여 주경야독晝耕夜讀으로 농사지으면서 공부하여 과거에 급제했다고 한다.[328]

(타) 신분이 한미, 미천, 용렬한 급제자

조선 전기 문과급제자 가운데에는 벼슬을 받을 때 대간臺諫이 서경署經을 거부하면서, 그 이유로 신분이 한미寒微(썰렁하고 보잘것없다)하다, 미천微賤(보잘것없고 천하다)하다, 용렬庸劣하다는 등을 이유로 내거는 경우가 매우 많았다. 더욱이 중종 대 이후부터 그런 경향이 많이 나타난다. 하지만 임금은 대간의 거부에도 이를 모두 따르지는 않았다.

이런 부류의 급제자들은 평민이거나, 서얼이거나, 향리거나, 노비로서 양인이 되었거나, 그 밖에 신분에 어떤 하자가 있는 경

327) 《중종실록》 권20, 중종 9년 2월 3일 정유.

328) 《중종실록》 권29, 중종 12년 9월 12일 병술.

우로 볼 수 있다. 조선 전기 신분이 낮은 급제자 1,100명의 절대다수가 이런 부류에 속하므로 이들의 명단을 여기에 모두 소개하는 것은 불가능하다. 각 왕대별로 그들의 명단이 소개되어 있으므로 이를 참고하기 바란다.

4) 조선 전기 전주이씨 급제자의 인원

조선시대 전체를 통하여 가장 많은 문과급제자를 배출한 성씨는 잘 알려진 바처럼 전주이씨全州李氏로, 모두 급제자 866명을 배출했다. 그런데 전주이씨는 왕족이므로 특별한 대우를 받았다.

우선 《경국대전》의 규정을 보면, 왕자王子들은 세자世子를 빼고는 모두 종친부宗親府에 소속되어 아들, 손자, 증손자의 4대에 걸쳐 대군大君이나 군君 등의 봉작封爵을 세습하면서 녹봉만 받도록 하고, 실직實職에는 나갈 수 없도록 했던 것이다. 이런 조치는 가까운 종친이 벼슬을 가지면 폐단이 일어나는 것을 막기 위함이었다. 그래서 4대가 지나야 비로소 과거 응시가 가능했다. 조선왕조 개국 후 약 100년이 지나서야 4대가 끝나게 된 것이고, 그 시기가 바로 중종 대였다.

조선 전기 200년 동안 전주이씨 급제자는 모두 120명으로 전체 급제자 866명 가운데 13.85퍼센트에 지나지 않는다. 그 이유는 바로 《경국대전》의 규정 때문에 대략 100년이 지나서 문과응시가 가능해진 까닭이었다. 하지만 왕실과 촌수가 먼 전주이씨들은 개국 직후에도 문과응시가 가능했기에 몇 명의 급제자가 배출되었지만, 그 수효는 매우 적었다. 이제 조선 전기 전주이씨 문과급제자 120명을 왕대별로 살펴보면 다음과 같다.

왕 대	인 원
태종 대	1명
세종 대	1명
문종 대	1명
세조 대	1명
연산군 대	2명
중종 대	13명(1.44%)
명종 대	24명(5.10%)
선조 대	77명(완산이씨 22명, 전주이씨 55명) (6.92%)
합 계	120명

위 표를 다시 정리하면, 태조 대에는 단 1명의 급제자도 없다가, 태종 대부터 세조 대까지 1명씩 배출되었으며, 연산군 대 2명으로 늘고, 중종 대 13명, 명종 대 24명, 그리고 선조 대 77명으로 크게 늘어나고 있음을 볼 수 있다. 이 수치를 매년 평균으로 나누어 보면, 중종 대는 0.33명, 명종 대는 1.09명, 선조 대는 1.87명이다. 시대가 지나면서 급제율이 점차 높아지고 있음을 볼 수 있다.

5) 나가면서

이 책은 전4권 가운데 제1권에 해당한다. 제2권은 광해군에서 영조 대까지, 제3권은 정조부터 철종 대까지, 제4권은 고종 대를 다루게 될 것이다. 전4권의 원고는 이미 완결되었으나 동시에 출간하지 못하는 사정으로 조선 전기와 조선 후기를 한 눈으로 직접 비교하지 못하는 것이 아쉽다. 그래서 조선 후기 신분이 낮은 급제자의 비율을 대략적으로 소개하는 것으로 아쉬움의 일부를 달래고자 한다.

광해군 대에는 신분이 낮은 급제자의 비율이 14.63퍼센트로 선조 대 16.72퍼센트보다도 더 낮아진다. 이를 최저점으로 다시 상승곡선을 그리기 시작하는데 인조 대에는 20.90퍼센트대로 올라가고, 효종 대에는 19.59퍼센트, 숙종 대에는 30.20퍼센트, 경종 대에는 34.4퍼센트, 영조 대에는 37.20퍼센트로 올라간다.

18세기 후반기에 접어든 정조 대 이후로는 급제율이 급상승하여 53퍼센트대를 보이고, 그 이후 순조 대에는 54퍼센트대, 헌종 대에는 50퍼센트대, 철종 대에는 46퍼센트대를 보이다가 고종 대에 이르러 58퍼센트대를 보이면서 과거제도는 1894년의 갑오경장으로 문을 닫는다.

위와 같은 추세는 조선 중기에 해당하는 17세기를 전후한 시기가 신분이 낮은 자의 급제율이 상대적으로 떨어지는 시기로서, 이를 뒤집어 말하면 문벌양반門閥兩班의 득세가 가장 컸던 시기로 볼 수 있다. 우리가 흔히 생각하는 양반兩班, 중인中人, 상민常民이 분화한 시기가 바로 여기에 해당하며, 동시에 유형원柳馨遠, 이익李瀷, 유수원柳壽垣 등 실학자들이 등장하여 문벌의 횡포를 비판하면서 그 타파를 주장하던 시기이기도 하다.

필자의 실증적 연구는 바로 실학자들의 비판이 왜 일어나게 되었는지를 증명한 결과를 가져왔다고 믿는다. 동시에 유수원이 조선 초기에는 문벌이 없었고, 시골의 향곡에서도 유명한 재상과 대신들이 배출되다가 명종과 선조 연간부터 문벌이 생겨나기 시작했다는 주장이 진실성이 크다는 것을 입증했다고 볼 수 있다.

나아가 탕평정치와 민국民國의 건설을 표방하면서 개혁정치를 추구하고 왕조의 중흥을 가져왔던 영조와 정조시대가 인사정책에서도 하층민을 적극 포용하는 것으로 나타났음도 증명할 수 있게 되었다. 그리고 끝으로 고종시대는 갑오경장 이전에 이미 신분제도가 무너진 상태에서 과거제도가 운영되고 있었음도 알게 되었다고 믿는다.

결론적으로, 조선사회가 지닌 신분적 개방성과 폐쇄성이 어느 정도이었는가를 통계적 수치를 통해서 확인함으로써 조선사회의 역동성을 이해할 수 있었다.